全 世 界 无 产 者 , 联 合 起 来 !

马克思恩格斯选集

第 四 卷

中共中央 马克思　恩格斯 著作编译局编译
列　宁　斯大林

人 民 出 版 社

编 辑 说 明

一、《马克思恩格斯选集》是在马克思主义中国化、时代化、大众化事业不断推进的形势下,为适应广大读者学习和研究马克思主义理论的需要而编辑的马克思恩格斯著作精选本。1972 年,四卷本《马克思恩格斯选集》第一版问世,译文选自《马克思恩格斯全集》第一版。1995 年,我们对第一版篇目作了调整,对译文进行了校订,出版了四卷本《马克思恩格斯选集》第二版。2009 年,十卷本《马克思恩格斯文集》正式出版,这是马克思主义理论研究和建设工程的重点项目和标志性成果,为深入学习和研究马克思主义理论提供了译文更准确、选编更精当、资料更翔实的基础文本。我们充分利用文集的编译和研究成果,编辑出版《马克思恩格斯选集》第三版。

二、《马克思恩格斯选集》第三版力求在有限的篇幅内完整准确地反映马克思和恩格斯创立的科学理论体系,集中涵盖马克思主义哲学、政治经济学和科学社会主义,以及马克思和恩格斯在政治、法学、史学、教育、科学技术、文学艺术、军事、民族、宗教等方面的重要论述,并体现马克思主义理论体系形成和发展的历史进程。《马克思恩格斯选集》第三版仍编为四卷,所收的著作按编年与专题相结合的方式编排:第一卷选辑马克思和恩格斯 1843—1859 年的著作,其中论述中国问题的十篇文章和论述印度问题的两篇文章分别集中编排;第二卷为马克思主义政治经济学专卷,内容包括马克思《资本论》节选和经济学手稿摘选,同时收录了马克思和恩格斯的四篇经济学论文;第三卷选辑马克思和恩格斯1864—1883年的著作;第四卷选辑恩格斯1884—1895年的著作,以及马克思和恩格斯1842—1895年写的102封书信。在选集中,马克思和恩格斯在不同时期为某一著作写的序言、导言一般同原著作编在一起,以方便读者阅读和研究;如果原著作没有收入选集,或者序言、导言本身已成为独立的论文,则按照写作和发表的时间顺序编排。

三、《马克思恩格斯选集》第三版吸收了第二版的编辑成果,同时在认真研究的基础上,对整体结构作了必要的调整,对各卷篇目作了适当的增删。第一卷增加了恩格斯的《国民经济学批判大纲》和《英国工人阶级状况》(节选),删去了恩格斯的《英国状况。十八世纪》。第二卷充实了《资本论》节选的内容,增加了马克思经济学手稿摘选,并将经济学著作以外的其他文献调整到第三卷。第三卷增加了马克思的《法国工人党纲领导言(草案)》以及《给维·伊·查苏利奇的复信》第三稿。第四卷增加了恩格斯的《纪念巴黎公社十五周年》以及他为《〈人民国家报〉国际问题论文集(1871—1875)》撰写的序言;在这一卷的书信部分,增收了马克思和恩格斯的四封书信,即恩格斯1847年11月23—24日致马克思的信、马克思1858年2月22日致斐迪南·拉萨尔的信、马克思1864年11月4日致恩格斯的信、恩格斯1895年3月8日致理查·费舍的信。恩格斯的《自然辩证法》(节选)原收入第四卷,现按写作年代编入第三卷,并增补了一些内容。在编辑过程中,我们对所有文献的写作和发表时间进行了核查和考订,以保证编排顺序和相关说明的科学性。

四、《马克思恩格斯选集》第三版所收的全部著作均采用《马克思恩格斯文集》的译文,以保证经典著作译文的统一性和准确性。

五、《马克思恩格斯选集》第三版所附的各种资料都经过全面审核和修订,努力做到严谨翔实,便于读者查考和检索。各卷正文之前刊有该卷说明,对本卷著作的时代背景和主要观点进行简要的综述。各卷卷末均附有著作题注、资料性注释和人名索引。第四卷所收的书信内容丰富,涉及面很广,我们除了在该卷说明中进行综合介绍,还专门编写了马克思恩格斯书信分类索引,附在该卷卷末。此外,第四卷还附有涵盖整部选集内容的名目索引,以及马克思恩格斯生平大事年表。这些资料旨在帮助读者更好地理解和把握经典著作的内涵。

六、《马克思恩格斯选集》第三版的目录和正文中,凡标有星花 * 的标题都是编者加的;引文中尖括号〈 〉内的文字和标点符号是马克思、恩格斯加的,引文中加圈点处是马克思、恩格斯加着重号的地方;目录和正文中方括号 [ ] 内的文字是编者加的;未注明“编者注”的脚注是马克思、恩格斯的原注。

中共中央 马克思　恩格斯 著作编译局
　　　　 列　宁　斯大林

2012 年 8 月

目　录

1857 年

1858 年

1859 年

1863 年

1864 年

1865 年

1866 年

1868 年

1869 年

1870 年

1871 年

1878 年

1879 年

1881 年

1882 年

1883 年

第四卷说明

《马克思恩格斯选集》第四卷选收恩格斯1884—1895年的著作以及马克思和恩格斯1842—1895年写的102封书信。

19世纪后期,西方资本主义国家生产力水平显著提高,科学技术迅速发展,资本的积聚和集中不断加速,资本主义逐步从自由竞争阶段过渡到垄断阶段。资本主义国家内部社会矛盾日益加深,对市场和资源的争夺日趋激烈,与经济落后国家以及殖民地、半殖民地国家的矛盾愈加凸显。与此同时,工人阶级反对资本主义统治的斗争蓬勃高涨,在欧洲大多数国家,以科学社会主义为指导的工人政党不断巩固和壮大,各国无产阶级的联系和团结不断加强。1889年成立了新的工人阶级国际组织,即第二国际,标志着国际工人运动的发展出现了新的局面。

1883年马克思逝世后,恩格斯独立承担起指导国际工人运动的重任。他密切关注和深入分析资本主义的发展趋势和阶级斗争的新特点,根据新的历史条件制定无产阶级的斗争策略,帮助和指导欧美各国工人政党巩固和发展自己的组织,开展反对各种错误思潮的斗争,进一步团结和壮大国际无产阶级的革命力量。他呕心沥血整理马克思的文献遗产,编辑和出版了《资本论》第二、三卷,公开发表或再版了马克思的许多重要论著,为捍卫和发展马克思主义、传播科学社会主义真理进行了不懈努力。他还深入研究社会科学和自然科学的最新成就,积极吸收人类文明的优秀成果,撰写了许多重要理论著作,丰富了马克思主义思想宝库。

收入本卷的《家庭、私有制和国家的起源》是恩格斯阐发历史唯物主义基本理论的重要著作。在这部著作中,恩格斯运用唯物史观系统地研究了人类社会早期发展阶段的历史,论述了氏族组织的结构、特点和作用以及家庭的起源和发展,揭示了原始社会制度解体和以私有制为基础的阶级社会形成过程,指出家庭的形式是随着生产的发展而改变的,在人类历史发展的早期阶段,家庭血缘关系曾对社会制度起过重要作用;随着私有制和阶级的产生,以血族关系为基础的社会就被受私有制支配的社会所代替;私有制是人类社会在一定历史阶段的产物,是与生产力发展到一定阶段相联系的;私有制的出现导致剥削制度的产生和对抗阶级的形成。他分析了国家从阶级对立中产生的历史条件,总结了国家起源的三种主要形式,揭示了国家的本质特征及其发展和消亡的规律,指出国家是人类社会在一定发展阶段上的产物;国家是最强大的、在经济上占统治地位的阶级的国家,这个阶级借助于国家而在政治上也成为占统治地位的阶级,因而获得了镇压和剥削被压迫阶级的新手段;国家随着阶级的产生而产生,也必然随着阶级的消灭和共产主义的胜利而消亡。他进一步阐述了历史唯物主义关于物质生产是社会发展的决定性因素的基本原理,指出历史中的决定性因素归根结底是直接生活的生产和再生产;生产本身包括物质资料的生产和人自身的生产;一定历史时代和一定地区内的人们生活于其下的社会制度,受着两种生产的制约:一方面受劳动的发展阶段的制约,另一方面受家庭的发展阶段的制约。他在这部著作中还论证了妇女解放和社会解放的关系,阐明了在私有制统治下妇女不平等地位的经济基础,指出只有消灭资本主义生产方式,婚姻自由和妇女的彻底解放才有可能。

《路德维希·费尔巴哈和德国古典哲学的终结》是恩格斯阐述马克思主义哲学基本原理的重要著作。在这部著作中,恩格斯回顾了马克思主义哲学形成和发展的历史过程,系统论述了马克思主义哲学同德国古典哲学之间的批判继承关系和本质区别,深刻揭示了马克思主义哲学的诞生在哲学领域中引起革命变革的实质和意义。他首次把思维和存在的关系问题概括为哲学的基本问题,阐明了划分唯物主义和唯心主义的科学依据,批判了怀疑和否定人认识世界的可能性的错误观点,指出对这种错误观点和其他一切哲学怪论的最令人信服的驳斥是实践,即实验和工业。他论述了马克思主义哲学产生的自然科学基础,阐明了自然科学的发展,特别是19世纪中叶自然科学领域中的三大发现对辩证唯物主义自然观和历史观形成的作用,指出像唯心主义一样,唯物主义也经历了一系列的发展阶段;随着自然科学领域中每一个划时代的发现,唯物主义也必然要改变自己的形式。他阐述了辩证唯物主义自然观和历史观的一致性,指出社会发展史具有不同于自然发展史的特点,但是历史进程仍然受到内在的一般规律支配,问题在于揭示历史发展规律。此外,他还系统地阐发了关于历史发展的动力、经济基础的决定作用和上层建筑的反作用、人民群众是历史的创造者等重要观点,丰富和发展了历史唯物主义基本原理。

这一时期,恩格斯对工人运动和社会主义运动的历史和现状、理论和实践进行了深入研究和总结,为指导无产阶级政党制定正确的纲领和策略作出了巨大贡献。《马克思和〈新莱茵报〉(1848—1849年)》回顾了马克思和恩格斯创办革命报纸、教育和鼓舞无产阶级群众的历程,高度评价了《新莱茵报》在1848—1849年欧洲革命中的作用,重申了《共产党宣言》为无产阶级制定的纲领、原则和策略。《关于共产主义者同盟的历史》阐述了共产主义者同盟的成立背景、历史地位和奋斗目标,论述了同盟内部的思想斗争,阐明了马克思和恩格斯创立的科学世界观对于国际工人运动的指导意义。《纪念巴黎公社十五周年》高度评价了工人阶级第一次掌握政权的伟大历史意义,总结了国际工人运动的新成就和新经验。《美国工人运动》批驳了所谓在美国工人和资本家之间不可能产生阶级斗争、社会主义不可能在美国的土壤中生根的错误观点,论述了在资本主义制度下无产阶级和资产阶级发生冲突和斗争的必然性,阐明了无产阶级肩负的彻底改造资本主义制度的历史使命,指出美国工人阶级为了实现共同利益,应当把分散的工人组织联合为一支全国性的工人大军,应当创建以科学社会主义理论为指导的全国性的工人政党。《未来的意大利革命和社会党》分析了意大利的社会经济状况,论述了无产阶级政党的斗争目标和策略原则,强调要把一般策略同具体斗争条件结合起来,要从实际出发制定斗争策略。《法德农民问题》阐明了农民对于无产阶级革命事业的重要性,论述了无产阶级政党在夺取政权后对农业进行社会主义改造的方针,并根据对农村中的不同阶级和阶层状况的科学分析,提出了区别对待的原则。

《1891年社会民主党纲领草案批判》是恩格斯批判机会主义、阐明无产阶级政党的策略问题的重要文献。在这篇文章中,恩格斯批判了认为专制制度下的德国可以和平长入新社会的机会主义观点,指出工人政党内部的机会主义的实质是:为了眼前暂时的利益而忘记根本大计,只图一时的成就而不顾后果,为了运动的现在而牺牲运动的未来。恩格斯还指出,德国工人阶级及其政党的近期目标是争取实现民主共和国,无产阶级只有在民主共和国这种形式下才能取得统治,民主共和国甚至是无产阶级专政的特殊形式。在《〈人民国家报〉国际问题论文集(1871—1875)》的序言中,恩格斯阐明了共产主义和社会民主主义的区别,解释了他在七十年代论述国际问题的文章中不把自己称做社会民主主义者而称做共产主义者的原因,指出当时那些自称是社会民主主义者的人根本不把全部生产资料转归社会所有的口号写在自己旗帜上。

结合资本主义新变化和社会主义运动新经验,恩格斯晚年撰写了一系列阐述无产阶级新的斗争策略的文章。在《卡·马克思〈1848年至1850年的法兰西阶级斗争〉一书导言》中,他分析了欧洲国家经济、社会和政治状况的发展变化,强调无产阶级政党应当根据新形势的要求制定新的斗争策略。他充分肯定德国社会民主党利用普选权取得的成就,指出应当利用普选权这一合法斗争形式为未来的决战积蓄和准备力量,但决不能放弃革命暴力和革命权,强调革命权是唯一的真正"历史权利"。在《给〈社会民主党人报〉读者的告别信》中,他指出工人阶级可以用自己争得的合法手段同资产阶级进行斗争,但必须随时准备用革命手段来对付反革命的暴力。

本卷还选收了恩格斯在这一时期写的其他重要文章。《给〈萨克森工人报〉编辑部的答复》批判了德国社会民主党内"青年派"歪曲马克思主义、无视党的实际斗争条件的错误做法,论述了如何对待马克思主义以及无产阶级政党的领导人应当怎样提高自身素养的问题。在《致国际社会主义者大学生代表大会》的信中,恩格斯表示希望从大学生中产生出"脑力劳动无产阶级",强调无产阶级掌权后需要各种专门人才。在《〈论俄国的社会问题〉跋》中他分析了俄国社会经济发展的情况,批判了那种不顾客观社会历史条件,把农村公社当做直接过渡到社会主义社会的手段的看法,强调在考察复杂社会问题时必须坚持辩证唯物主义的方法论原则。在《论原始基督教的历史》中他阐明了研究宗教问题的基本立场和方法论原则,对基督教产生的历史原因、演变过程和社会本质作了科学的分析。

马克思和恩格斯一生留下了大量书信,这些书信题材广泛、内容丰富,是马克思主义文献遗产和思想贡献的重要组成部分,对于完整准确地把握马克思主义科学体系、思想精髓和理论品格,研究马克思主义发展史和国际工人运动史,了解马克思和恩格斯为人类解放事业奋斗的革命精神和崇高品德,具有十分重要的价值。本卷主要收录那些在马克思主义形成和发展史上具有重要理论价值以及反映马克思和恩格斯各个时期的革命实践活动的书信。

探索、创立并不断丰富和发展科学的世界观,贯穿于马克思和恩格斯的全部理论和实践活动。本卷精选了马克思和恩格斯论述历史唯物主义的一些书信。在早年创立新世界观时期写的书信中,马克思初步阐述了唯物史观的基本范畴和基本思想。他指出:社会是人们交互活动的产物,人们的物质关系构成他们的一切关系的基础;在生产力发展的一定状况下,就会有相应的交换和消费形式,有相应的社会制度形式、家庭、等级或阶级组织,从而就会有相应的政治国家;随着新的生产力的获得,人们便改变自己的生产方式,从而改变一切社会关系。在以唯物史观为指导总结1848—1849年欧洲革命以来的实践经验的书信中,马克思和恩格斯论述了阶级斗争是历史发展的动力、无产阶级革命必然导致无产阶级专政、无产阶级革命必须打碎旧的国家机器、人民群众是历史的创造者、历史发展是偶然性和必然性的辩证统一等重要思想。恩格斯晚年批判了把唯物史观片面化、庸俗化的所谓经济唯物主义观点,强调历史进程表现为社会生活各种因素间的相互作用,历史发展是各种因素的合力作用的结果,因此对参与相互作用的因素都要认真地加以研究;现实生活的生产和再生产归根到底是历史过程中的决定因素,但是国家、法、意识形态等因素具有相对独立性并对经济基础、历史进程产生反作用,影响历史斗争的进程和形式。

围绕《资本论》、《反杜林论》、《自然辩证法》等重要著作的创作,马克思和恩格斯写了大量书信进行深入的理论探讨。这些书信既包括他们对有关著作结构和阐述方法的构思和解释,也包括他们对某些具体问题和观点的阐发、修改和补充,生动地反映了一些重要理论观点的形成和发展过程。有关《资本论》的书信还包含这部著作创作、编辑和出版过程的一些重要史实。

以科学的理论指导无产阶级革命斗争,是马克思和恩格斯书信的重要论题。在论述共产主义者同盟、国际工人协会、巴黎公社和欧美各国工人政党斗争实践的书信中,马克思和恩格斯密切关注国际无产阶级运动的实际进程,充分肯定各国无产阶级运动的成就和创造性,同时指出运动中出现的错误,揭示产生错误的原因,并及时提供理论上和斗争策略上的指导。他们宣传并捍卫关于无产阶级运动的斗争目标和斗争形式、无产阶级的团结和统一、无产阶级政党的性质和地位的根本原则,对蒲鲁东主义、巴枯宁主义、拉萨尔主义等各种错误思潮进行坚决的斗争,消除它们对工人运动的消极影响,帮助各国无产阶级确立科学的指导思想,建立独立的政党,制定革命的行动纲领。他们历来重视革命策略问题,善于把革命原则和革命策略结合起来,把无产阶级的历史使命和无产阶级运动在不同时期、不同国家的具体条件结合起来,用适当形式提出适用于不同斗争条件的具体的斗争目标和任务,主张在始终坚持革命立场毫不动摇的同时,灵活运用各种斗争形式,实现推翻资本主义制度、建立共产主义新社会的伟大目标。

马克思和恩格斯非常关心欧洲和亚洲经济落后国家的发展前途,他们在书信中分析了当时世界上主要资本主义国家以外的许多国家(包括中国)的社会关系和经济发展条件,揭露了资本主义的扩张给这些国家造成的灾难,探讨了这些国家发生社会变革的途径和前景。他们支持被压迫民族、殖民地国家反对外来压迫和殖民统治的斗争,论述了争取民族解放的斗争对于国际工人运动和民主运动的意义,阐明了无产阶级的国际主义原则,指出胜利了的无产阶级不能强迫他国人民接受任何替他们造福的办法,否则就会断送自己的胜利。

马克思和恩格斯毕生强调用实践的原则和发展的观点对待科学理论,反对把理论变成僵死的教条。他们在书信中批评那种不顾实际情况照搬照抄他们的理论的错误做法,强调指出他们的理论是发展着的理论,而不是必须背得烂熟并机械地加以重复的教条;不能把"唯物主义"当做标签贴到一切事物上去,必须研究全部历史,必须研究各种社会形态存在的条件,从中得出相应的理论观点。他们反对把任何社会形态看做固定不变的东西,始终运用唯物史观及时研究资本主义各国经济、政治和社会生活中的新变化、新情况,不断丰富和深化他们关于资本主义社会运动规律和发展趋势的论述。他们特别强调根据社会实践的发展变化认识未来的社会发展,反对凭主观愿望和想象预先作出虚构。恩格斯明确指出,未来的社会主义社会不是一种一成不变的东西,而应当和任何其他社会制度一样,把它看成经常变化和改革的社会。

马克思和恩格斯高度重视人类文明发展的最新成果,广泛涉猎各个科学领域,对许多问题作了深入研究并提出了科学见解。在关于科学技术的书信中,他们论述了科学技术的应用对于促进生产和社会进步的意义,同时揭示了社会需要对科学发展的巨大推动作用。在论述妇女问题的书信中,他们高度评价了妇女在社会变革中的伟大作用,并指出了彻底实现妇女解放的条件。在关于文学艺术的书信中,他们阐述了无产阶级文艺的发展道路和现实主义的创作方法,指出文艺创作应当反映历史前进的方向,特别是要着力描绘工人阶级和劳动群众的生活与斗争;应当注重思想内容同表现形式的完美结合,真实地再现典型环境中的典型人物,用生动、自然的艺术形式表达作品的倾向。他们在书信中还探讨了语言、民族史、军事等方面的问题,发表了一系列深刻的理论观点。

　　此外,本卷还收录了一些生动反映马克思和恩格斯坚定不移的理想信念、一往无前的革命精神以及他们之间的伟大友谊的书信。

弗·恩格斯

马克思和《新莱茵报》
(1848—1849 年)¹

当二月革命²爆发的时候，我们所称的德国"共产党"仅仅是一个人数不多的核心，即作为秘密宣传团体而组成的共产主义者同盟³。同盟之所以是秘密的，只是因为当时在德国没有结社和集会的权利。同盟除了得以从中吸收盟员的国外各工人协会之外，在本国大约有 30 个支部或小组，此外，在许多地方还有单个的盟员。但是，这个不大的战斗队，却拥有一个大家都乐于服从的、第一流的领袖**马克思**，并且赖有他才拥有一个至今还完全适用的原则性的和策略的纲领——《共产主义宣言》①。

这里应该谈到的首先是纲领的策略部分。这一部分一般地指出：

"共产党人不是同其他工人政党相对立的特殊政党。

他们没有任何同整个无产阶级的利益不同的利益。

他们不提出任何特殊的原则，用以塑造无产阶级的运动。

---

① 即《共产党宣言》。——编者注

共产党人同其他无产阶级政党不同的地方只是：一方面，在无产者不同的民族的斗争中，共产党人强调和坚持整个无产阶级**共同的不分民族的利益**；另一方面，在无产阶级和资产阶级的斗争所经历的各个发展阶段上，共产党人始终代表**整个运动的利益**。

因此，**在实践方面**，共产党人是各国工人政党中最坚决的、始终起推动作用的部分；**在理论方面**，他们胜过其余无产阶级群众的地方在于他们了解无产阶级运动的条件、进程和一般结果。"①

而对于德国党，则特别指出：

"在德国，只要资产阶级采取革命的行动，共产党就同它一起去反对专制君主制、封建土地所有制和小资产阶级。

但是，共产党一分钟也不忽略教育工人尽可能明确地意识到资产阶级和无产阶级的敌对的对立，以便德国工人能够立刻利用资产阶级统治所必然带来的社会的和政治的条件作为反对资产阶级的武器，以便在推翻德国的反动阶级之后立即开始反对资产阶级本身的斗争。

共产党人把自己的主要注意力集中在德国，因为德国正处在资产阶级革命的前夜"等等(《宣言》第四章)②。

从来没有一个策略纲领像这个策略纲领那样得到了证实。它在革命前夜被提出后，就经受住了这次革命的检验；并且从那时起，任何一个工人政党每当背离这个策略纲领的时候，都因此而受到了惩罚。而现在，差不多过了 40 年以后，它已经成为欧洲——从马德里到彼得堡所有坚决而有觉悟的工人政党的准则。

巴黎的二月事变²促使即将来临的德国革命匆忙上阵，从而改

---

① 马克思和恩格斯《共产党宣言》，本选集第 1 卷第 413 页。——编者注
② 同上，第 434—435 页。——编者注

变了这次革命的性质。德国资产阶级不是依靠自己的力量取得胜利,而是仰仗法国工人革命才取得了胜利。它还没有来得及把自己那些旧的敌人即专制君主制、封建土地所有制、官僚以及怯懦的小市民阶级彻底打倒,就已经不得不转过来反对新的敌人即无产阶级了。但是这时,德国比法英两国落后得多的经济状况以及因此同样落后的阶级关系的影响,立刻就显露出来了。

当时德国资产阶级还刚刚开始建立自己的大工业,它既没有力量,也没有勇气,更没有迫切要求去争得在国家中的绝对统治地位;无产阶级也是同样不发展的,是在完全的精神奴役中成长起来的,没有组织起来,甚至还没有能力独立地进行组织,它只是模糊地感觉到自己的利益同资产阶级的利益的深刻对立。因此,虽然它在实际上是资产阶级的危险敌人,但是另一方面它仍然是资产阶级的政治附庸。资产阶级不是被德国无产阶级当时的样子所吓倒,而是被它势将变成而法国无产阶级已经变成的样子所吓倒,所以资产阶级认为唯一的生路就是去同君主制度和贵族实行任何的,甚至是最懦弱的妥协;而无产阶级则由于还不知道它自己应该扮演的历史角色,所以它的绝大多数起初不得不充当资产阶级先进的极左翼的角色。当时德国工人应当首先争得那些为他们独立地组成阶级政党所必需的权利:新闻出版、结社和集会的自由——这些权利本来是资产阶级为了它自己的统治必须争得的,但是它现在由于害怕竟不赞成工人们享有这些权利。几百个分散的同盟盟员消失在突然卷入运动的广大群众中间了。因此,德国无产阶级最初是作为最极端的民主派登上政治舞台的。

当我们在德国创办一种大型报纸[4]的时候,我们就有了现成的旗帜。这个旗帜只能是民主派的旗帜,但这个民主派到处都在各种具体场合强调自己的特殊的无产阶级性质,这种性质是它还不能一下子就写在自己旗帜上的。如果我们当时不愿意这样做,不愿意站在已经存在的、最先进的、实际上是无产阶级的那一端去参加运动并推动运动前进,那我们就只好在某一偏僻地方的小报上宣传共产主义,只好创立一个小小的宗派而不是创立一个大型的行动党了。但是我们已经不适于做沙漠中的布道者:我们对空想主义者研究得太清楚了,而我们制定自己的纲领目的也不在这里。

当我们到达科隆的时候,那里已经由民主派人士,部分地也由共产主义者在筹备创办大型报纸。他们想把报纸办成纯地方性的,即科隆的报纸,而把我们赶到柏林去。可是,我们(主要是由于有马克思)在24小时内就把阵地夺了过来;报纸成了我们的;不过我们作了让步,把**亨利希·毕尔格尔斯**列入编辑部。此人只写过**一篇**文章(刊登在第2号上),以后就什么也没有写。

当时我们要去的地方正是科隆,而不是柏林。首先,科隆是莱茵省的中心,而莱茵省经历过法国革命,通过拿破仑法典**5**而保持有**现代**法的观念,发展了规模极大的大工业,当时在各方面它都是德国最先进的部分。我们根据自己的观察,十分了解当时的柏林,知道那里有刚刚诞生的资产阶级,有口头上勇敢、行动上怯懦的奴颜婢膝的小资产阶级,有发展程度极低的工人,有大批的官僚以及贵族的和宫廷的奴仆,我们知道柏林仅仅作为一个"京城"所具有的一切特点。但是,关键是:在柏林实行的是可怜的普鲁士邦法**6**,并且政治案件是由职业法官审理的;而在莱茵地区实行的则是拿破仑法典,由于已经存在书报检查制度,法典中根本没有涉及报刊案件;人们受陪审法庭审判并不是由于政治上违法,而只是由于某种**犯罪行为**。在柏林,革命**以后**,年轻的施勒弗尔为了一点小事就被判处一年徒刑**7**,而在莱茵地区,我们却享有绝对的新闻出版自由,我们也充分利用了这个自由。

我们于 1848 年 6 月 1 日开始出版报纸,当时只拥有很少的股份资本,其中只有一小部分付了款;并且股东本身也极不可靠。第一号出版后就有一半股东退出了,而到月底竟一个也没有剩下。

编辑部的制度是完全由马克思一人决断。一家必须定时出版的大型日报,如果采用别的制度,就不能保持一种贯彻始终的立场。况且对我们来说,由马克思一人决断是理所当然和毋庸置疑的,我们大家都乐于接受它。首先是马克思的洞察力和坚定立场,才使得这家日报成了革命年代德国最著名的报纸。

《新莱茵报》的政治纲领有两个要点:

建立统一的、不可分割的、民主的德意志共和国和对俄国进行一场包括恢复波兰的战争。

小资产阶级民主派当时分为两个派别:希望有一个民主的普鲁士皇帝的北德意志派,和希望把德国变成瑞士式联邦共和国的南德意志派,后者当时几乎是清一色的巴登人。我们当时应该对这两派都进行斗争。不论是把德国普鲁士化,或者是把德国的小邦分立状况永远保存下去,都是无产阶级的利益所不能容许的。无产阶级的利益迫切要求德国彻底统一成一个**民族**,只有这样才能造成一个清除了过去遗留下来的一切琐碎障碍、让无产阶级同资产阶级可以较量的战场。但是,建立普鲁士的领导地位同样也是无产阶级的利益所不容许的;普鲁士国家及其全部制度、传统和王朝,正是德国革命应当打倒的唯一的国内劲敌;此外,普鲁士只有先把德国分裂,只有先把德意志奥地利从德国排除出去,才能统一德国。普鲁士国家的消灭,奥地利国家的崩溃,德国真正统一成为共和国——我们在最近将来的革命纲领只能是这样的。要实现这个纲领,就要通过对俄战争,而且只有走这条路。关于这一点后面还要讲到。

此外,报纸的语调完全不是庄重、严肃或热烈的。我们的敌人全都很卑鄙,我们对他们一律采取极端鄙视的态度。进行密谋的王权、权奸、贵族、《十字报》**8**,引起庸人极大的道义愤慨的整个"反动派"——对待他们我们只用嘲笑和讽刺。但是,我们对那些由革命创造的新偶像,如三月的大臣们、法兰克福议会和柏林议会(无论对其右派或左派)的态度也没有两样。第一号报纸就开始刊载一篇文章来讽刺法兰克福议会形同虚设,讽刺它的冗长的演说无济于事,讽刺它的怯懦的决议毫无用处。① 这篇文章的代价就是使我们失去了一半股东。法兰克福议会甚至连辩论俱乐部都算不上;这里几乎根本不进行什么辩论,而大多都是宣读预先准备好的学院式论文,通过一些用来鼓舞德国庸人,但却无人理睬的决议。

柏林议会就具有较大的意义了,它是在同一种实际力量相对抗,它是在平地上,而不是在法兰克福的空中楼阁里进行辩论和通过决议。因此,对它就谈得较为详细。可是,我们对待那里的左派偶像,如舒尔采-德里奇、贝伦兹、埃尔斯纳、施泰因等的态度,也像对待法兰克福分子的态度一样尖锐;我们无情地揭露了他们的犹豫、畏缩和瞻前顾后,向他们指出,他们怎样用自己的妥协一步一步地出卖了革命。这一点自然引起了民主派小资产者的恐惧,他们正是为了供自己使用才制造出这些偶像。但是,这种恐惧恰好证明我们击中了要害。

同样,我们也反对了小资产阶级热心散布的一种错觉,仿佛革命已经随着三月事变**9**而告结束,现在只需收获它的果实了。在我们看来,2月和3月只有在下述情况下才能具有真正革命的意义,

---

① 指恩格斯《法兰克福议会》一文,见《马克思恩格斯全集》中文第1版第5卷。——编者注

那就是:它们不是长期革命运动的终点,相反,它们是长期革命运动的起点,在这个革命运动中,像在法国伟大的变革时期一样,人民在自己的斗争过程中不断发展起来,各个政党越来越明显地区分开来,直到它们同各个大阶级即资产阶级、小资产阶级和无产阶级完全相吻合为止,而无产阶级则在一系列战斗中相继夺得各个阵地。所以,凡是民主派小资产阶级想用它惯用的词句——我们大家的愿望都是一样的,一切分歧只是出于误会——来抹杀它与无产阶级的阶级对立的场合,我们也反对了民主派小资产阶级。而我们越是不让小资产阶级对我们无产阶级民主派发生误解,它对我们就越顺从,越容易妥协。越是激烈和坚决地反对它,它就越容易屈服,就越是对工人政党作更多的让步。这一点我们已经体会到了。

最后,我们揭露了各种所谓国民议会的议会迷(用马克思的说法)**10**。这些先生们放过了一切权力手段,把它们重新交还给——部分是自愿地交还给——政府。在柏林和法兰克福,在重新巩固起来的反动政府旁边存在着无权的议会,但这种议会却以为自己的无力的决议能扭转乾坤。这种痴迷不悟的自我欺骗,支配了直到极左派为止的所有的人。我们告诫他们:他们在议会中的胜利,同时也将是他们在实际上的失败。

在柏林和法兰克福结果正是这样。当"左派"获得多数时,政府便把整个议会解散了;政府之所以能够这样做,是因为议会已经失去人民的信任。

当我后来读到**布日尔论马拉**的一本书①时,我便发觉,我们在许多方面都不知不觉地仿效了真正的(不是保皇党人伪造的)《人

---

① 阿·布日尔《马拉,人民之友》1865年巴黎版第1—2卷。——编者注

民之友》**11**的伟大榜样;各种疯狂的叫嚣之所以出现,各种使人们将近一百年来只知道一个被歪曲得面目全非的马拉的伪造历史的行径之所以产生,其原因只有一个,那就是马拉无情地扯下了显赫一时的偶像——拉斐德、巴伊等人的假面具,揭露了他们已经成了十足的革命叛徒的面目,而且他也像我们一样,要求不宣布革命已经结束,而宣布革命是不断的革命。

我们曾经公开声明,我们所代表的派别,只有在德国现有的正式政党中最极端的政党掌握政权的时候,才能为达到我们党的真正目的而展开斗争:那时我们将成为反对派,同这个最极端的政党相对立。

但是,事变却要求人们除了嘲笑德国的敌人以外,还要表现出一种昂扬的激情。1848 年 6 月巴黎工人起义**12**的时候,我们正守卫在自己岗位上。从第一声枪响,我们便坚决站到起义者方面。他们失败以后,马克思写了一篇极其有力的论文向战败者致敬。①

这时最后一些股东也离开了我们。但是,使我们感到满意的是,当各国资产阶级和小市民对战败者横加诽谤的时候,在德国,并且几乎是在全欧洲,我们的报纸是高举遭到镇压的无产阶级的旗帜的唯一报纸。

我们的对外政策很简单:支持一切革命民族,号召革命的欧洲对欧洲反动派的强大支柱——俄国,进行一场普遍的战争。从 2 月24 日起,我们已经清楚了解到,革命只有**一个**真正可怕的敌人——俄国,运动越是具有全欧洲的规模,这个敌人也就越是不得不投入战斗。**13**维也纳事变、米兰事变、柏林事变**14**不免延迟了俄

---

① 指马克思《六月革命》,见《马克思恩格斯全集》中文第 1 版第 5 卷。——编者注

国的进攻,然而革命越是逼近俄国,这一进攻的最终到来就越是肯定无疑。可是,如果能使德国对俄国作战,那么,哈布斯堡王朝和霍亨索伦王朝就会灭亡,而革命就会在全线获得胜利了。

在俄军真正入侵匈牙利以前,这一政策贯穿于每一号报纸,而俄军的入侵完全证实了我们的预见并决定了革命的失败。

在 1849 年春季,决战临近的时候,报纸的语调就变得一号比一号更猛烈和充满激情。**威廉·沃尔弗**在《西里西亚的十亿》(共八篇论文)[15]中提醒西里西亚的农民,在他们解脱封建义务时,领主怎样在政府的帮助下骗取了他们的钱财和土地,并要求 10 亿塔勒的赔偿费。

与此同时,**马克思**关于雇佣劳动与资本的著作①在 4 月间以一组社论的形式发表了,这部著作明确指出了我们的政策的社会目的。每一号报纸、每一个号外,都指出一场伟大战斗正在准备中,指出在法国、意大利、德国和匈牙利各种对立正在尖锐化。特别是 4 月、5 月两月间出版的号外,都是号召人民准备战斗的。

在整个德国,人们感到惊讶的是,我们敢于在普鲁士的头等堡垒里面对着 8 000 驻军和岗哨做出这一切事情;但编辑室内的 8 支步枪和 250 发子弹,以及排字工人头上戴着的红色雅各宾帽[16],使得我们的报馆在军官们眼中也成了一个不能用简单的奇袭来夺取的堡垒。

1849 年 5 月 18 日,打击终于到来了。

德累斯顿和埃尔伯费尔德的起义被镇压下去了,伊瑟隆的起义被围困;莱茵省和威斯特伐利亚遍布军队,在彻底镇压普鲁士莱

---

① 指马克思《雇佣劳动与资本》,见本选集第 1 卷。——编者注

茵地区之后就要向普法尔茨和巴登进军。这时政府终于敢来进攻我们了。编辑部人员有一半受到法庭迫害;另一半作为非普鲁士人被驱逐出境。面对这种情况,我们毫无办法,因为政府有整个军队作为后盾。我们不得不交出自己的堡垒,但我们退却时携带着自己的武器和行装,奏着军乐,高举着印成红色的最后一号报纸的飘扬旗帜,我们在这号报纸上警告科隆工人不要举行毫无希望的起义,并且对他们说:

"《新莱茵报》的编辑们在向你们告别的时候,对你们给予他们的同情表示衷心的感谢。无论何时何地,他们的最后一句话将始终是:**工人阶级的解放!**"①

《新莱茵报》在它创办即将一周年时就这样停刊了。开始时它几乎没有任何资金——我已经说过,人们答应给它的一笔不大的款子没有照付——,而在 9 月它已经差不多发行到 5 000 份了。在科隆宣布戒严时,报纸曾经一度被封;在 10 月中报纸又不得不重新开始。但是,1849 年 5 月,在它被禁止时,它又有了 6 000 订户,而当时《科隆日报》[17],据它自己承认,也不过只有 9 000 订户。没有一家德国报纸——无论在以前或以后——像《新莱茵报》这样有威力和有影响,这样善于鼓舞无产阶级群众。

而这一点首先归功于**马克思**。

遭到打击后,编辑部解散了。**马克思**去了巴黎,当时那里正准备着 1849 年 6 月 13 日[18]到来的结局;**威廉·沃尔弗**这时已经在法兰克福议会里占有他的席位——当时这个议会正面临着抉择:要么被上面解散,要么投向革命;而我则到了普法尔茨,做了维利

---

① 参看马克思和恩格斯《致科隆工人》,《马克思恩格斯全集》中文第 1 版第 6 卷第 619 页。——编者注

希志愿军团中的副官[19]。

弗·恩格斯写于 1884 年 2 月
中—3 月初

载于 1884 年 3 月 13 日《社会
民主党人报》第 11 号

原文是德文

选自《马克思恩格斯文集》
第 4 卷第 3—12 页

弗·恩格斯

家庭、私有制和国家的起源[20]

就路易斯·亨·摩尔根的研究成果而作

1884年第一版序言

以下各章,在某种程度上是实现遗愿。不是别人,正是卡尔·马克思曾打算联系他的——在某种限度内我可以说是我们两人的——唯物主义的历史研究所得出的结论来阐述摩尔根的研究成果,并且只是这样来阐明这些成果的全部意义。原来,摩尔根在美国,以他自己的方式,重新发现了40年前马克思所发现的唯物主义历史观,并且以此为指导,在把野蛮时代和文明时代加以对比的时候,在主要点上得出了与马克思相同的结果。正如德国的职业经济学家多年来热心地抄袭《资本论》同时又顽强地抹杀它一样,英国"史前史"科学的代表对摩尔根的《古代社会》①,也用了同样

① 恩格斯在这里加了一个注:"路易斯·亨利·摩尔根《古代社会,或人类从蒙昧时代经过野蛮时代到文明时代的发展过程的研究》1877年伦敦麦克米伦公司版。该书在美国刊印,在伦敦极难买到。作者已于数年前去世。"——编者注

的办法。我这本书,只能稍稍补偿我的亡友未能完成的工作。不过,我手中有他写在摩尔根一书的详细摘要①中的批语,这些批语我在本书中有关的地方就加以引用。

根据唯物主义观点,历史中的决定性因素,归根结底是直接生活的生产和再生产。但是,生产本身又有两种。一方面是生活资料即食物、衣服、住房以及为此所必需的工具的生产;另一方面是人自身的生产,即种的繁衍。一定历史时代和一定地区内的人们生活于其下的社会制度,受着两种生产的制约:一方面受劳动的发展阶段的制约,另一方面受家庭的发展阶段的制约。劳动越不发展,劳动产品的数量,从而社会的财富越受限制,社会制度就越在较大程度上受血族关系的支配。然而,在以血族关系为基础的这种社会结构中,劳动生产率日益发展起来;与此同时,私有制和交换、财产差别、使用他人劳动力的可能性,从而阶级对立的基础等等新的社会成分,也日益发展起来;这些新的社会成分在几个世代中竭力使旧的社会制度适应新的条件,直到两者的不相容性最后导致一个彻底的变革为止。以血族团体为基础的旧社会,由于新形成的各社会阶级的冲突而被炸毁;代之而起的是组成为国家的新社会,而国家的基层单位已经不是血族团体,而是地区团体了。在这种社会中,家庭制度完全受所有制的支配,阶级对立和阶级斗争从此自由开展起来,这种阶级对立和阶级斗争构成了直到今日的全部**成文**史的内容。

摩尔根的伟大功绩,就在于他在主要特点上发现和恢复了我们成文史的这种史前的基础,并且在北美印第安人的血族团体中

---

① 马克思《路易斯·亨·摩尔根〈古代社会〉一书摘要》,见《马克思恩格斯全集》中文第 1 版第 45 卷。——编者注

找到了一把解开希腊、罗马和德意志上古史上那些极为重要而至今尚未解决的哑谜的钥匙。而他的著作也并非一日之功。他研究自己所得的材料，到完全掌握为止，前后大约有 40 年。然而也正因为如此，他这本书才成为今日划时代的少数著作之一。

在后面的叙述中，读者大体上很容易辨别出来，哪些是属于摩尔根的，哪些是我补充的。在关于希腊和罗马历史的章节中，我没有局限于摩尔根的例证，而是补充了我所掌握的材料。关于凯尔特人和德意志人的章节，基本上是属于我的；在这里，摩尔根所掌握的差不多只是第二手的材料，而关于德意志人的材料——除了塔西佗以外——还只是弗里曼先生的不高明的自由主义的赝品①。经济方面的论证，对摩尔根的目的来说已经很充分了，对我的目的来说就完全不够，所以我把它全部重新改写过了。最后，凡是没有明确引证摩尔根而作出的结论，当然都由我来负责。

弗·恩格斯写于 1884 年 3 月底—5 月 26 日

载于 1884 年在苏黎世出版的《家庭、私有制和国家的起源》一书

原文是德文

选自《马克思恩格斯文集》第 4 卷第 15—17 页

---

① 爱·弗里曼《比较政治》1873 年伦敦版。——编者注

1891 年第四版序言[21]

本书以前各版,印数虽多,但在差不多半年以前就脱销了,出版者①早就希望我准备新版。更紧迫的工作一直拖住我,使我不能做这件事。自本书初版问世以来,已经有七年了;在这几年间,对于原始家庭形式的认识,已经获得了很大的进展。因此,在这里必须用心地加以修订和补充;加之这次文本的排印预定要铸成铅版,这将使我在相当时期内无法作进一步的修改。②

因此,我仔细地校阅了全文,并作了许多补充,希望在这些补充中恰如其分地照顾到了今天的科学状况。其次,在这篇序言里,我将把自巴霍芬至摩尔根对于家庭史的观点的发展,作一简短的评述;我之所以要这样做,主要是因为带有沙文主义情绪的英国史前史学派,仍然尽一切可能闭口不提摩尔根的发现在原始历史观中所引起的革命,同时却丝毫不客气地把摩尔根所得的成果掠为己有。而在其他国家,也间或有人非常热衷于效尤英国。

我的这本书已被译成了各种外文。最先译成意大利文:《家庭、私有制和国家的起源》,帕斯夸勒·马尔提涅蒂译,并经作者

---

① 约·狄茨。——编者注

② 在《新时代》刊载的文本里,在"加之"后面是"新版将大量印行,这在德国社会主义文献中现在已经是常见的事,不过对于德国出版界来说仍然是非常罕见的"。——编者注

审阅,1885 年贝内文托版。后来译成罗马尼亚文:《家庭、私有制和国家的起源》,若安·纳杰日杰译,载于 1885 年 9 月至 1886 年5 月在雅西出版的《现代人》[22]杂志。以后又译成丹麦文:《家庭、私有制和国家的起源》,由格尔松·特里尔 1888 年在哥本哈根出版。昂利·腊韦从德文本版译成的法文本,正在印刷中。

————

在 60 年代开始以前,根本谈不到家庭史。历史科学在这一方面还是完全处在摩西五经的影响之下。人们不仅毫无保留地认为那里比任何地方都描写得更为详尽的家长制的家庭形式是最古的形式,而且把它——除一夫多妻制外——跟现代资产阶级的家庭等同起来,这样一来,家庭实际上就根本没有经历过任何历史的发展;至多认为在原始时代可能有过杂乱的性关系的时期。——诚然,除个体婚制之外,一般所知道的还有东方的一夫多妻制及印度和西藏的一妻多夫制;可是,这三种形式并不能按历史的顺序排列起来,它们彼此并立而没有任何相互的联系。至于说在古代历史的个别民族中间,以及至今尚存的若干蒙昧人中间,世系不是依照父亲而是依照母亲计算,因此,女系被认为是唯一有效的;在今天的许多民族中间,某些相当大的集团(那时还没有被详细研究过)内部禁止通婚,而且这种习俗在各大洲都可见到——这种种事实诚然已经是众所周知,而且这样的例子搜集得一天比一天多。但是没有人知道应当怎样去处理它们,甚至在爱·伯·泰勒所著的《人类原始历史的研究》(1865 年版)[①]一书中,也还是把这些事实简单地看做"奇怪习俗",而与某些蒙昧人不许用铁器接触燃烧的

————

① 爱·伯·泰勒《人类原始历史和文明的产生的研究》1865 年伦敦版。——编者注

木头以及类似的宗教上的滑稽怪事相提并论。

家庭史的研究是从 1861 年,即从巴霍芬的《母权论》①的出版开始的。作者在这本书中提出了以下的论点:(1)最初人们实行着毫无限制的性关系,他把这种性关系用了一个不恰当的名词"淫游"来表示;(2)这种关系排除了任何可以确切认知的父亲,因此,世系只能依照女系——依照母权制——计算,古代的一切民族,起初都是如此;(3)因此,妇女作为母亲,作为年轻一代的唯一确切知道的亲长,享有高度的尊敬和威望,据巴霍芬的意见,高度的尊敬和威望上升到了完全的妇女统治(Gynaikokratie);(4)向一个女子专属于一个男子的个体婚制的过渡,含有对远古宗教戒律的侵犯(就是说,实际上侵犯了其余男子自古享有的可以占有这位女子的权利),这种侵犯要求由女子暂时有限地献身于外人来赎罪或赎买对这种行为的容忍。

巴霍芬从他极其勤奋地搜集来的无数段古代经典著作中,为这些论点找出了证据。由"淫游"到专偶婚的发展,以及由母权制到父权制的发展,据他的意见——特别是在希腊人中间——是由于宗教观念的进一步发展,由于代表新观念的新神挤入体现旧观念的传统神内部;因此,旧神就越来越被新神排挤到后边去了。所以,照巴霍芬看来,并不是人们的现实生活条件的发展,而是这些条件在这些人们头脑中的宗教反映,引起了男女两性相互的社会地位的历史性的变化。根据这一点,巴霍芬指出,埃斯库罗斯的《奥列斯特》三部曲是用戏剧的形式来描写没落的母权制跟发生于英雄时代并日益获得胜利的父权制之间的斗争。克丽达妮斯特

---

① 约·雅·巴霍芬《母权论。根据古代世界的宗教的和法的本质对古代世界的妇女统治的研究》1861 年斯图加特版。——编者注

拉为了她的情人亚格斯都士,杀死了她的刚从特洛伊战争归来的
丈夫亚加米农;而她和亚加米农所生的儿子奥列斯特又杀死自己
的母亲,以报杀父之仇。为此,他受到母权制的凶恶维护者依理逆
司神的追究,因为按照母权制,杀母是不可赎的大罪。但是,曾通
过自己的传谕者鼓励奥列斯特去做这件事情的阿波罗和被请来当
裁判官的雅典娜这两位在这里代表父权制新秩序的神,则庇护奥
列斯特;雅典娜听取了双方的申诉。整个争论点集中地表现在奥
列斯特与依理逆司神的辩论中。奥列斯特的理由是:克丽达妮斯
特拉既杀了**自己的**丈夫,同时又杀了**他的**父亲,犯了两重罪。为什
么依理逆司神要追究他,而不追究罪行严重得多的她呢? 回答是
明确的:

　　"她跟她所杀死的男人**没有血缘亲属关系**。"①

　　杀死一个没有血缘亲属关系的男人,即使他是那个女凶手的
丈夫,也是可以赎罪的,是跟依理逆司神毫不相干的;她们的职务
只是追究血缘亲属中间的谋杀案件,在这里,按照母权制,杀母是
最不可赎的大罪。这时,阿波罗出来做奥列斯特的辩护人;于是雅
典娜就把问题提交阿雷奥帕格的法官们——雅典娜的陪审员
们——投票表决;主张宣告无罪与主张有罪判刑的票数相等;这
时,雅典娜以审判长的资格,给奥列斯特投了一票,宣告他无罪。
父权制战胜了母权制;"幼辈的神"(依理逆司神自己这样称呼他
们)战胜了依理逆司神,后者终于也同意担任新的职务,转而为新
的秩序服务了。

　　对《奥列斯特》三部曲的这个新的但完全正确的解释,是巴霍

---

① 埃斯库罗斯《奥列斯特》三部曲中的《厄默尼德》。——编者注

芬全书中最美妙精彩的地方之一,但它同时证明,巴霍芬至少是像
当年的埃斯库罗斯一样地信仰依理逆司神、阿波罗神及雅典娜神;
也就是说,他相信这些神在希腊的英雄时代创造了用父权制推翻
母权制的奇迹。显然,这种认为宗教是世界历史的决定性杠杆的
观点,归根结底必然导致纯粹的神秘主义。所以,仔细研究巴霍芬
的这部四开本的大部头著作,乃是一件吃力而绝非始终值得的事
情。不过,所有这一切并不降低他开辟道路的功绩;他头一个抛弃
了关于性关系杂乱的尚未认知的原始状态的空谈,而证明古代经
典著作向我们提出了大量的证据,这些证据表明,在希腊人及亚洲
人那里,在个体婚制之前,确实存在过这样的状态,即不但一个男
子与几个女子发生性的关系,而且一个女子也与几个男子发生性
的关系,都不违反习俗;他证明,这种习俗在消失的时候留下了一
种痕迹,即妇女必须在一定限度内献身于外人,以赎买实行个体婚
的权利;因此,世系最初只能依女系即从母亲到母亲来计算;女系
的这种唯一有效性,在父亲的身份已经确定或至少已被承认的个
体婚制时代,还保存了很久;最后,母亲作为自己子女的唯一确实
可靠的亲长的这种最初的地位,便为她们,从而也为所有妇女保证
了一种自此以后她们再也没有占据过的崇高的社会地位。诚然,
巴霍芬并没有这样明确地表述这些论点——他的神秘主义的观点
妨碍他这样做。但是他证明了这些论点,而这在 1861 年是一个完
全的革命。

巴霍芬的这部四开本的大部头著作,是用德文写的,即用那时
对现代家庭的史前史最不感兴趣的民族的语言写的。因此,他的
这本书一直湮没无闻。1865 年在同一领域里出现的巴霍芬的直
接后继人,甚至没有听说过他。

这个后继人,就是约·弗·麦克伦南,他和他的先驱者正好相

反。在这里我们所看到的,不是一个天才的神秘主义者,而是一个枯燥无味的法学家;不是诗人的才气横溢的想象,而是出庭的辩护士的振振有词的推论。麦克伦南在古代及近代的许多蒙昧民族、野蛮民族以至文明民族中间,发现了这样一种结婚形式,即新郎必须一个人或者与他的朋友们一起假装用暴力把新娘从她的亲属手里抢过来。这个习俗,应当是较早的一种习俗的遗迹,那时一个部落的男子确实是用暴力到外边从别的部落为自己抢劫妻子。那么这种"抢劫婚姻"是怎样发生的呢? 当男子在本部落内可以找到足够的妻子时,是没有任何理由这样做的。不过,我们也常常发现,在不发达的民族中间,有一些集团(在 1865 年时,还常常把这种集团与部落本身等同起来)禁止内部通婚,因此,男子不得不在本集团以外去娶妻,女子也不得不在本集团以外去找丈夫;而另外有些民族,却又有这样一种习俗,即某一集团的男子只能在自己本集团以内娶妻。麦克伦南把第一种集团叫做外婚制集团,把第二种集团叫做内婚制集团,并且直截了当地虚构出外婚制"部落"与内婚制"部落"的僵硬的对立。虽然他自己对外婚制的研究使他迎面就碰到这样一件事实,即这种对立即使不是在大多数场合,乃至一切场合,它在许多场合都只是存在于他的想象中,可是他仍然把这种对立作为他的整个理论的基础。根据这一说法,外婚制的部落只能从别的部落娶妻,而这在与蒙昧时代相适应的各部落之间战争不断的状态下,只有用抢劫的办法才能做到。

麦克伦南接着问道:这种外婚制的习俗是从哪里来的呢? 他认为血缘亲属关系的观念和血亲婚配的观念与此毫不相干,因为这些观念只是在很久以后才发展起来的。但在蒙昧人中间广泛流行的女孩出生后立即杀死的习俗,则可能与此有关。他说,这种习俗使各个部落内发生男子过剩,其直接后果便必然是几个男子共有一个妻子,即一妻多夫制;由此又造成:人们只知道谁是孩子的母亲而不知道谁是孩子的父亲,于是,亲属关系只能依照女系,而不能依照男系计算,这就是母权制。部落内部妇女缺少——这种缺少虽然由一妻多夫制所缓和,但并未消除——的第二个后果,便是一贯地用暴力抢劫别的部落里的妇女。

"外婚制与一妻多夫制既是起于同一原因——两性数目的不等,那么我们就应当认为,**一切外婚制的种族起初都是一妻多夫制的**…… 因此,我们应当认为不容争辩的是,在外婚制的种族中间,最初的亲属制度乃是仅由母亲方面来认知血缘关系的制度。"(麦克伦南《古代史研究》1886 年版。《原始婚姻》第 124 页)**[23]**

麦克伦南的功绩就在于他指出了他所谓的外婚制的到处流行及其重大意义。他根本没有**发现**外婚制集团存在的事实,也完全没有理解这个事实。且不说许多观察者的更早的个别记载——这些正是麦克伦南的材料来源,莱瑟姆就精确而可靠地叙述过印度马加尔人**[24]**的外婚制度(《记述民族学》1859 年版),并且说,这种制度曾普遍流行,在各大洲都可见到——这个地方麦克伦南自己就引用过。而且,我们的摩尔根早在 1847 年他的关于易洛魁人的通信(发表于《美国评论》杂志上)中,以及 1851 年在《易洛魁联盟》一书中**[25]**,也证明了在这个民族集团里存在着这种制度,并正确地记述了它,可是麦克伦南的辩护士般的头脑,如我们将要看到的,在这个问题上,造成了比巴霍芬的神秘主义想象在母权制方面所造成的更大得多的混乱。麦克伦南的又一个功绩,就在于他认定母权制的世系制度是最初的制度,虽然在这一点上,像他本人后来所承认的那样,巴霍芬已比他先说过了。但即使是在这里,他也没有把问题弄清楚;他经常说到"只依照女系计算的亲属关系"(kinship through females only),并且一直把这个对较早发展阶段说来是正确的用语也应用于较后的一些发展阶段,而在这些发展阶段上,世系和继承权虽然还是只依照女系计算,但亲属关系也依照男子方面来承认和表示了。这是法学家的局限性,法学家创造了一个固定的法律用语,然后就一成不变地把它应用于早已不再适用的情况。

麦克伦南的理论,虽然好像讲得头头是道,然而即使在作者本人看来,似乎也缺乏牢固的根据。至少他本人注意到

"值得注意的是,〈假装的〉抢劫妇女的形式,正是在**男子**亲属关系〈应该说依照男系计算的世系〉占统治地位的民族中间表现得最突出,最明显"(第140页)。

而且,他又说:

"这是一个奇怪的事实,据我们所知,在外婚制与最古的亲属关系形式并存的任何地方,都没有杀婴的习俗。"(第146页)

这两点都是事实,是和他的说明方法显然矛盾的,他只能用新的更加混乱的假说来反驳它们。

可是,他的理论在英国仍然得到了很多的支持和响应:在英国,麦克伦南被普遍认为是家庭史的创始者和这个领域的第一个权威。他那外婚制"部落"与内婚制"部落"的对立,虽然人们也认为有个别的例外并加以修改,但依然是占统治地位的观点的公认基础,而且变成了眼罩,使得任何不抱成见地通观这一研究领域,从而取得任何决定性的进步都成为不可能。鉴于在英国,而且别国也仿效英国普遍对麦克伦南的功绩估价过高,我们应当着重指出一个事实,即他那纯粹理解错了的外婚制"部落"与内婚制"部落"的对立所造成的害处,要多于他的研究所带来的益处。

而不久便开始出现越来越多的、无法装进他的理论的纤巧框

框中去的事实。麦克伦南只知道三种婚姻形式:一夫多妻制、一妻多夫制和个体婚制。但是当注意力集中到这一点的时候,就发现了越来越多的证据,证明在不发达的各民族中间,存在过一列男子共同占有一列女子的婚姻形式;而**拉伯克**(《文明的起源》1870 年版①)则认定这种群婚(Communal marriage)是历史的事实。

紧接着,在 1871 年,**摩尔根**又提出了新的、在许多方面都是决定性的材料。他确信,易洛魁人所通行的那种特殊的亲属制度,乃是美国的一切土著居民所共有的制度,因此,它流行于整个大陆,虽然它同那里通行的婚姻制度所实际产生的亲属等级是直接矛盾的。他促使美国联邦政府,根据他自己所拟定的问题和表格,了解有关其他各民族的亲属制度的情况。他从答案中发现:(1)美洲印第安人的亲属制度,也流行于亚洲的许多部落,并且以略有改变的形式,流行于非洲及澳洲的许多部落。(2)这种制度,在夏威夷及其他澳洲岛屿上正处于消亡阶段的群婚形式中,找到了完全的说明。(3)但是,在这些岛屿上,与这种婚姻形式并存而流行的亲属制度,则是一种只有用更为原始而如今业已消失的群婚形式才能说明的亲属制度。他把所搜集的材料与他从中得出的结论,一同发表在他的《血亲制度和姻亲制度》(1871 年版②)一书中,因而把争论转移到更无比广大的领域里来了。他从亲属制度出发,恢复了与之相应的家庭形式,这就开辟了一条新的研究途径及进一步追溯人类史前史的可能。如果这个方法能够成立,麦克伦南的

---

① 约·拉伯克《文明的起源和人的原始状态。蒙昧民族的精神状态和社会状态》1870 年伦敦版。——编者注

② 路·亨·摩尔根《人类家庭的血亲制度和姻亲制度》1871 年华盛顿版。——编者注

精巧设计就要烟消云散了。

麦克伦南在《原始婚姻》的新版(《古代史研究》1876年版)中起而为自己的理论辩护。他自己只根据假说完全人为地编造出一套家庭史,却要求拉伯克和摩尔根不仅要对他们的每一个论点提出证据,而且要提出只有在苏格兰法庭上才会要求的那种不可争辩的确凿证据。而提出这种要求的同一个人,却根据德意志人中的舅甥之间的密切关系(塔西佗《日耳曼尼亚志》第20章),根据凯撒关于布列吞人每10个或12个男子有共同的妻子的记述,根据古代著作家关于野蛮人共妻的其他一切记述,毫不犹豫地作出结论说,所有这些民族都盛行过一妻多夫制!这就好像在听这样一位检察官讲话,他在起诉时可以信口开河,然而却要求辩护人每句话都要有最明确的、有法律效力的证据。

他断言群婚是纯粹的虚构,这样,他便比巴霍芬落后了许多。他认为,摩尔根所说的亲属制度,乃是纯粹的社交礼仪的规则,并拿印第安人把异族人、白种人也称呼为父亲或兄弟这一事实作为证明。这正如某人因为人们把天主教的教士和修道院女院长也称为父亲和母亲,而修士和修女,甚至共济会会员和英国同业公会会员在庄严的集会上,彼此也用兄弟和姊妹相称,就硬说父母、兄弟、姊妹等称呼是根本毫无意义的称呼一样。总之,麦克伦南的辩护是极端软弱无力的。

不过他还有一点没有被攻破。他的全部体系所依据的外婚制"部落"与内婚制"部落"的对立,不仅没有被动摇,而且甚至被公认为全部家庭史的基石。人们承认,麦克伦南试图给这个对立所作的解释是不够有力的,而且跟他自己所举出的一些事实相矛盾。不过这一对立本身,即存在着两种相互排斥的独立自主的部落,其中一种是在本部落以内娶妻,而另一种则绝对禁止这样做,却被认为是不可辩驳的真理。请参看例如日罗-特隆的《家庭的起源》(1874 年版),甚至拉伯克的《文明的起源》(1882 年第 4 版)。

摩尔根的主要著作《古代社会》(1877 年版)(本书即以这部著作为基础),就是针对这一点的。摩尔根在 1871 年仅仅模糊地推测到的,在这里已经十分明确地发挥出来了。内婚制和外婚制根本不构成对立;外婚制"部落"的存在,直到现在也没有在任何地方找到证明。不过,在群婚还盛行的时代——群婚完全可能一度到处盛行——,一个部落分为好几个母系血缘亲属集团,即氏族,在氏族内部,严格禁止通婚,因此,某一氏族的男子,虽能在部落以内娶妻,并且照例都是如此,却必须是在氏族以外娶妻。这样,要是氏族是严格外婚制的,那么包括了所有这些氏族的部落,便成了同样严格内婚制的了。这就彻底推翻了麦克伦南人为地编造的理论的最后残余。

但是摩尔根并不满足于此。美洲印第安人的氏族还帮助他在他所研究的领域内迈出了有决定意义的第二步。他发现,这种按母权制建立的氏族,就是后来按父权制建立的氏族——即我们在古希腊罗马时代文明民族中可以看到的氏族——所由以发展起来的原始形式。希腊的和罗马的氏族,对于迄今所有的历史编纂学家来说都是一个谜,如今可以用印第安人的氏族来说明了,因而也就为全部原始历史找到了一个新的基础。

确定原始的母权制氏族是文明民族的父权制氏族以前的阶段的这个重新发现,对于原始历史所具有的意义,正如达尔文的进化理论对于生物学和马克思的剩余价值理论对于政治经济学的意义一样。它使摩尔根得以首次绘出家庭史的略图;这一略图,在目前已知的资料所容许的限度内,至少把典型的发展阶段大体上初步确定下来了。非常清楚,这样就在原始历史的研究方面开始了一个新时代。母权制氏族成了整个这门科学所围着旋转的轴心；自从它被发现以后，人们才知道，应该朝着什么方向研究和研究什么，以及应该如何去整理所得的结果。因此，目前在这一领域内正取得比摩尔根的著作出版以前更加迅速得多的进步。

摩尔根的发现，如今也为英国所有的史前史学家所承认，或者更确切些说，所窃取了。但是，他们几乎没有一个人肯公开承认，这一观点上的革命恰恰应该归功于摩尔根。在英国，人们对他的书尽可能保持沉默，而对他本人则只是以宽大地称赞他**以前的**成绩来敷衍一下；对他的叙述中的细节尽力吹毛求疵，而对他的真正伟大的发现却顽固地闭口不提。《古代社会》的第一版已经脱销；在美国，这类书没有应有的销路；在英国，这本书看来是一贯受到压制；这本划时代的著作的唯一一还在出售的版本，就是德文译本。

这种冷漠态度很难不令人想到是一种共同蓄意采取的沉默抵制行为，尤其是如果考虑到我们那些公认的史前史学家的著作中充满了仅仅是出于客气而作的许多引证，以及其他对同行表示尊敬的证据，就更会使人这样想——这种冷漠态度的原因何在呢？是不是因为摩尔根是个美国人，而令英国的史前史学家极其难堪的是，他们尽管在热心地搜集材料方面值得高度赞扬，但是在整理与分析这种材料所应用的一般观点方面，一句话，在他们的思想方面，却要依赖两个天才的外国人——巴霍芬和摩尔根呢？要是德国人的话，他们还可以容忍，但是对一个美国人怎能容忍呢？在美国人面前，每个英国人都成了爱国主义者，关于这一点，我在美国看到了许多可笑的例子。[26]何况麦克伦南可以说是官方任命的英国史前史学派的创始人和领袖；史前史学界在某种程度上已经形成一种规矩，只能以莫大的敬意谈论他那从杀婴到一妻多夫制、抢劫婚姻再到母权制家庭的人工编造的历史理论；对于绝对相互排斥的外婚制

"部落"和内婚制"部落"的存在稍有怀疑,便被视为放肆的邪说;这样,把所有这些神圣教条打得粉碎的摩尔根,就是犯了某种渎圣罪。加之,摩尔根在打破这些教条时,又是用一经说出便立即人人明白的方式;因此,一直茫然彷徨于外婚制与内婚制之间的麦克伦南的崇拜者,现在简直要用拳头敲着自己的脑门大叫起来:我们怎么会这样愚蠢,自己没有老早把它发现出来呢!

如果说这些罪过还不足以使官方学派非把摩尔根冷漠地撇在一边不可,那么他还有一个实在太过分的地方,就是他不仅用类似傅立叶使用的方式对文明,对商品生产社会,对我们现代社会的基本形式进行了批评,而且还用了卡尔·马克思才能说的话来谈论这一社会的未来的改造。所以,摩尔根就罪有应得,麦克伦南愤然地责难"他根本厌恶历史方法"[1],而且日内瓦的教授日罗-特隆先生在 1884 年也重申了这一点。可是要知道,这位日罗-特隆先生在 1874 年(《家庭的起源》)还束手无策地徘徊于麦克伦南的外婚制的迷宫中,全仗摩尔根才被解救出来!

摩尔根在原始历史学上的其他成就,在这里没有考察的必要;在这一方面需要提到的,在本书有关的地方都可以找到。自从摩尔根的主要著作出版以来已经 14 年了,这 14 年间,关于人类原始社会史的材料,已经大大丰富起来;除了人类学家、旅行家及职业的史前史学家以外,比较法学家也参加进来了,他们有的提供了新的材料,有的提出了新的观点。结果,摩尔根有一些假说便被动摇,甚至站不住脚了。不过,新搜集的资料,不论在什么地方,都没有导致必须用其他的观点来代替他的卓越的基本观点。他给原始

---

① 约·麦克伦南《古代史研究》1876 年伦敦版第 333 页。——编者注

历史建立的系统,在基本的要点上,今天仍然有效。甚至可以说,越是有人力图隐瞒摩尔根是这一伟大进步的奠基者,他所建立的这个系统就越将获得大家的公认。①

弗里德里希·恩格斯

1891 年 6 月 16 日于伦敦

弗·恩格斯写于 1891 年 5 月
20 日—6 月 16 日

原文是德文

载于 1890—1891 年《新时代》
杂志第 9 年卷第 2 册第 41 期

选自《马克思恩格斯文集》
第 4 卷第 18—31 页

---

① 恩格斯在这里加了一个注:"我于 1888 年 9 月从纽约返欧途中,遇到一位罗切斯特选区的前国会议员,他认识摩尔根,可惜,关于摩尔根的事他能给我述说的并不多。摩尔根以个人的身份住在罗切斯特,仅仅从事自己的学术研究工作。他的兄弟是个上校,曾在华盛顿国防部供职;靠这位兄弟的介绍,摩尔根得以使政府对他的研究加以关注,用公款出版了他的几种著作;据我的交谈者自己说,他在任国会议员期间,也曾多次帮过摩尔根的忙。"——编者注

家庭、私有制和国家的起源

一 史前各文化阶段

摩尔根是第一个具有专门知识而尝试给人类的史前史建立一个确定的系统的人;他所提出的分期法,在没有大量增加的资料要求作出改变以前,无疑依旧是有效的。

在三个主要时代——蒙昧时代、野蛮时代和文明时代中,不消说,他所研究的只是前两个时代以及向第三个时代的过渡。他根据生活资料生产的进步,又把这两个时代中的每一时代分为低级阶段、中级阶段和高级阶段,因为,他说:

"这一生产上的技能,对于人类的优越程度和支配自然的程度具有决定性的意义;一切生物之中,只有人类达到了几乎绝对控制食物生产的地步。人类进步的一切大的时代,是跟生活来源扩充的各时代多少直接相符合的。"①

家庭的发展与此并行,不过,这一发展对于时期的划分没有提供这样显著的标志。

---

① 路·亨·摩尔根《古代社会》1877 年伦敦版第 19 页。参看马克思《路易斯·亨·摩尔根〈古代社会〉一书摘要》(《马克思恩格斯全集》中文第 1 版第 45 卷第 331—332 页)。——编者注

1. 蒙昧时代

1. 低级阶段。这是人类的童年。人还住在自己最初居住的地方，即住在热带的或亚热带的森林中。他们至少是部分地住在树上，只有这样才可以说明，为什么他们在大猛兽中间还能生存。他们以果实、坚果、根作为食物；音节清晰的语言的产生是这一时期的主要成就。在有史时期所知道的一切民族中，已经没有一个是处在这种原始状态的了。虽然这一状态大概延续了好几千年之久，但我们却不能根据直接的证据去证明它；不过，我们既然承认人是起源于动物界的，那么，我们就不能不承认这种过渡状态了。

2. 中级阶段。从采用鱼类（我们把虾类、贝壳类及其他水栖动物都算在内）作为食物和使用火开始。这两者是互相联系着的，因为鱼类食物，只有用火才能做成完全可吃的东西。而自从有了这种新的食物以后，人们便不受气候和地域的限制了；他们沿着河流和海岸，甚至在蒙昧状态下已散布在地球上的大部分地区。石器时代早期的粗制的、未加磨制的石器，即所谓旧石器时代的石器（这些石器完全属于或大部分都属于这一阶段）遍布于各大洲，就是这种迁徙的证据。新移居的地带，以及不断的活跃的探索欲，加上掌握了摩擦取火的本领，就提供了新的食物，这就是在热灰或烧穴（地灶）中煨烤的淀粉质的根和块茎，以及随着最初武器即棍棒和标枪的发明而间或取得的附加食物——猎物。像书籍中所描写的纯粹的狩猎民族，即专靠打猎为生的民族，从未有过；靠猎物来维持生活，是极其靠不住的。由于食物来源经常没有保证，在这个阶段上大概发生了食人之风，这种风气，此后保持颇久。即在今日,澳大利亚人和许多波利尼西亚人还是处在蒙昧时代的这个中级阶段上。

3. 高级阶段。从弓箭的发明开始。由于有了弓箭,猎物便成了通常的食物,而打猎也成了常规的劳动部门之一。弓、弦、箭已经是很复杂的工具,发明这些工具需要有长期积累的经验和较发达的智力,因而也要同时熟悉其他许多发明。如果把已经知道弓箭,但还不知道制陶术(摩尔根认为向野蛮时代过渡就是从制陶术开始)的各民族,彼此对照一下,我们的确就可以看到,已经有定居而成村落的某些萌芽,以及对生活资料生产的某种程度的掌握,如:木制的容器和用具,用韧皮纤维做成的手工织物(没有织机),用韧皮或芦苇编成的篮子,以及磨制的(新石器时代的)石器。火和石斧通常已经使人能够制造独木舟,有的地方已经使人能够用方木和木板来建筑房屋了。例如,在美洲西北部的印第安人中间,我们就可以看到这一切进步,这些印第安人虽然已经使用弓和箭,但还不知道制陶术。弓箭对于蒙昧时代,正如铁剑对于野蛮时代和火器对于文明时代一样,乃是决定性的武器。

2. 野蛮时代

1. 低级阶段。从学会制陶术开始。可以证明,在许多地方,也许是在一切地方,陶器的制造都是由于在编制的或木制的容器上涂上黏土使之能够耐火而产生的。在这样做时,人们不久便发现,成型的黏土不要内部的容器,同样可以使用。

在此以前,我们可以把发展过程看做普遍适用于一切民族的一定时期的过程,而不管他们所生活的地域如何。但是,随着野蛮时代的到来,我们达到了这样一个阶段,这时两大陆的自然条件上的差异,就有了意义。野蛮时代的特有的标志,是动物的驯养、繁殖和植物的种植。东大陆,即所谓旧大陆,差不多有着一切适于驯养的动物和除一种以外一切适于种植的谷物;而西大陆,即美洲,在一切适于驯养的哺乳动物中,只有羊驼一种,并且只是在南部某些地方才有;而在一切可种植的谷物中,也只有一种,但却是最好的一种,即玉蜀黍。由于自然条件的这种差异,两个半球上的居民,从此以后,便各自循着自己独特的道路发展,而表示各个阶段的界标在两个半球也就各不相同了。

2. 中级阶段。在东大陆,是从驯养家畜开始;在西大陆,是从靠灌溉之助栽培食用植物以及在建筑上使用土坯(即用阳光晒干的砖)和石头开始。

我们先从西大陆说起,因为在这里,在被欧洲人征服以前,不论什么地方,都还没有越过这个阶段。

处于野蛮时代低级阶段的印第安人(凡是在密西西比河以东看到的都属于这种印第安人),到他们被发现的时候,已经知道在园圃里种植玉蜀黍,可能还有南瓜、甜瓜及其他园圃植物的某种方法,这些东西构成他们食物的极为重要的部分;他们住在木造的房子里,村落用木栅围起来。西北各部落,特别是住在哥伦比亚河流域的各部落,尚处于蒙昧时代高级阶段,他们既不知道制陶术,也不知道任何植物的种植。反之,新墨西哥的所谓普韦布洛印第安人[27],以及墨西哥人、中美洲人和秘鲁人,当他们被征服时,已经处于野蛮时代中级阶段:他们住的房屋是用土坯或石头造成的,类似城堡,并且在人工灌溉的园圃内种植玉蜀黍和其他各种依所住地区和气候而不同的食用植物,这些东西是他们食物的主要来源,他们甚至已经驯养了某几种动物:墨西哥人饲养火鸡及其他禽类,秘鲁人饲养羊驼。而且,他们还知道了金属的加工——唯有铁除外,因此他们还仍然不得不使用石制的武器和工具。西班牙人的征服打断了他们的任何进一步的独立发展。

在东大陆,野蛮时代的中级阶段是从驯养供给乳和肉的动物开始的,而植物的种植,在这里似乎直到这一时期的晚期还不为人所知。牲畜的驯养和繁殖以及较大规模的畜群的形成,看来是使雅利安人和闪米特人从其余的野蛮人群中分离出来的原因。在欧亚两洲的雅利安人中间,家畜的名称还是共通的;而栽培植物的名称却几乎完全不同。

畜群的形成,在适于畜牧的地方导致了游牧生活:闪米特人在幼发拉底河和底格里斯河的草原上,雅利安人在印度、奥克苏斯河和药杀水、顿河和第聂伯河的草原上。动物的驯养,最初大概是在这种牧区的边缘上实行的。因此,后人便以为游牧民族是起源于这样一些地方,这种地方根本不会是人类的摇篮,相反,对于人类的祖先蒙昧人,甚至对于野蛮时代低级阶段的人,都几乎是不适于居住的。反之,一旦这些处于中级阶段的野蛮人习惯了游牧生活以后,就永远不会想到从水草丰美的沿河平原自愿回到他们的祖先居住过的林区去了。甚至当闪米特人和雅利安人继续被挤向北部和西部的时候,要不是他们已经能够通过谷物的种植在亚洲西部的和欧洲的森林地带这种不大适宜的土壤上养活他们的牲畜,特别是在这里过冬,那他们也是不会移居这里的。十分可能,谷物的种植在这里起初是由牲畜饲料的需要所引起的,只是到了后来,才成为人类食物的重要来源。

雅利安人和闪米特人这两个种族的卓越的发展,或许应归功于他们的丰富的肉乳食物,特别是这种食物对于儿童发育的有利影响。的确,不得不几乎专以植物为食的新墨西哥的普韦布洛印第安人,他们的脑子比那些处于野蛮时代低级阶段而吃肉类和鱼类较多的印第安人的脑子要小些。不管怎样,在这个阶段上,食人之风正在逐渐消失,仅仅当做一种宗教活动或巫术(在这里差不多是一回事)而保存着。

3. 高级阶段。从铁矿石的冶炼开始,并由于拼音文字的发明及其应用于文献记录而过渡到文明时代。这一阶段,前面已经说过,只是在东半球才独立经历过,其生产的进步,要比过去一切阶段的总和还要来得丰富。英雄时代的希腊人、罗马建城前不久的各意大利部落、塔西佗时代的德意志人、海盗²⁸时代的诺曼人①,都属于这个阶段。

首先,我们在这里初次看到了带有铁铧的用牲畜拉的犁;有犁以后,大规模耕种土地,即**田野农业**,从而生活资料在当时条件下实际上无限制地增加,便都有可能了;从而也能够砍伐森林使之变为耕地和牧场了,这件事,如果没有铁斧和铁锹,也不可能大规模进行。但这样一来,人口也开始迅速增长起来,稠密地聚居在不大的地域内。而在田野农业产生以前,要有极其特殊的条件才能把50万人联合在一个统一的中央领导之下;这样的事大概从来都没有过。

野蛮时代高级阶段的全盛时期,我们在荷马的诗中,特别是在《伊利亚特》中可以看到。发达的铁制工具、风箱、手磨、陶工的辘轳、榨油和酿酒、成为手工艺的发达的金属加工、货车和战车、用方木和木板造船、作为艺术的建筑术的萌芽、由设塔楼和雉堞的城墙围绕起来的城市、荷马的史诗以及全部神话——这就是希腊人由

---

① 在1884年版中不是"塔西佗时代的德意志人、海盗时代的诺曼人",而是"凯撒时代的德意志人(或者是我们更习惯说的,塔西佗时代的德意志人)"。——编者注

野蛮时代带入文明时代的主要遗产。如果我们把凯撒,甚至塔西佗对日耳曼人的记述①跟这些成就作一比较,便可看出,野蛮时代高级阶段在生产的发展上已取得多么丰富的成就,那时日耳曼人尚处在这个文化阶段的初期,而荷马时代的希腊人已经准备由这个文化阶段过渡到更高的阶段了。

我在这里根据摩尔根的著作描绘的这幅人类经过蒙昧时代和野蛮时代达到文明时代的开端的发展图景,已经包含足够多的新特征了,而尤其重要的是,这些特征都是不可争辩的,因为它们是直接从生产中得来的。不过,这幅图景跟我们此次遨游终了时将展现在我们面前的那幅图景比较起来,就会显得暗淡和可怜;只有在那个时候,才能充分看到从野蛮时代到文明时代的过渡以及两者之间的显著对立。现在我们可以把摩尔根的分期概括如下:蒙昧时代是以获取现成的天然产物为主的时期;人工产品主要是用做获取天然产物的辅助工具。野蛮时代是学会畜牧和农耕的时期,是学会靠人的活动来增加天然产物生产的方法的时期。文明时代是学会对天然产物进一步加工的时期,是真正的工业和艺术的时期。

二　家　庭

摩尔根一生的大部分,是在易洛魁人中间度过的,这种易洛魁人现在还居住在纽约州;他并且被一个易洛魁人部落(塞讷卡人部落)接纳入族。他发现,易洛魁人奉行着一种同他们的实际的

---

① 指凯撒的《高卢战记》和塔西佗的《日耳曼尼亚志》。——编者注

家庭关系相矛盾的亲属制度。在易洛魁人中间盛行的,是一种双方可以轻易解除的个体婚姻,摩尔根把它称为"对偶制家庭"。因此,这种夫妻的子女,是众所周知和大家公认的;对谁应该用父亲、母亲、儿子、女儿、兄弟、姊妹等称呼,是不会有疑问的。但是,这些称呼的实际使用,却与此矛盾。易洛魁人的男子,不仅把自己亲生的子女称为自己的儿子和女儿,而且把他兄弟的子女也称为自己的儿子和女儿,而他们都称他为父亲。他把自己姊妹的子女则称为自己的外甥和外甥女,他们称他为舅父。反之,易洛魁人的女子,把自己姊妹的子女和她自己亲生的子女一概都称为自己的儿子和女儿,而他们都称她为母亲。她把自己兄弟的子女则称为自己的内侄和内侄女,她自己被称为他们的姑母。同样,兄弟的子女们互称兄弟姊妹,姊妹的子女们也互称兄弟姊妹。而一个女人的子女和她兄弟的子女,则互称为表兄弟和表姊妹。这并不是一些空洞的名称,而是实际上流行的对血缘亲属关系的亲疏和辈分的观点的表达;这种观点是一种完备地制定了的亲属制度的基础,这种亲属制度可以表达单个人的数百种不同的亲属关系。不仅如此,这种亲属制度不仅在所有美洲印第安人中(直到现在还没有发现过例外)完全有效,而且在印度最古的居民中,在德干的达罗毗荼人部落和印度斯坦的戈拉人部落中,也差不多毫无变更地实行着。在南印度的泰米尔人和纽约州的塞讷卡部落的易洛魁人用来表达亲属关系的名称中,至今还有200种以上不同的亲属关系是用相同的名称来表达的。所以在印度的这些部落中间,正和在所有美洲印第安人中间一样,从现行家庭形式中产生的亲属关系,也是同亲属制度相矛盾的。

怎样来说明这一点呢? 由于亲属关系在一切蒙昧民族和野蛮民族的社会制度中起着决定作用,因此,我们不能只用说空话来抹杀这一如此广泛流行的制度的意义。在美洲普遍流行的制度,在种族全然不同的亚洲各民族中间也存在着,在非洲和澳洲各地也经常可以发现它的多少改变了的形式,像这样的一种制度,是需要从历史上来说明的,决不能像例如麦克伦南所企图做的那样含糊过去。父亲、子女、兄弟、姊妹等称呼,并不是单纯的荣誉称号,而是代表着完全确定的、异常郑重的相互义务,这些义务的总和构成这些民族的社会制度的实质部分。说明终于找到了。在桑威奇(夏威夷)群岛上,本世纪上半叶还存在着一种家庭形式,这种家庭所产生的父亲和母亲、兄弟和姊妹、儿子和女儿、舅父和姑母、外甥和外甥女、内侄和内侄女,正好同美洲及古印度人的亲属制度所要求的一样。然而,好奇怪! 夏威夷群岛上流行的亲属制度,又是同当地事实上存在的家庭形式不相符合的。因为,那里凡是兄弟姊妹的子女,都毫无例外地是兄弟姊妹;他们不仅被看做自己母亲及其姊妹或自己父亲及其兄弟的共同的子女,而且毫无区别地被看做自己双亲的一切兄弟姊妹的共同的子女。由此可见,如果说美洲的亲属制度,是以在美洲已经不存在,而我们在夏威夷确实还找到的比较原始的家庭形式为前提,那么,另一方面,夏威夷的亲属制度却向我们指出了一种更加原始的家庭形式,诚然,这一家庭形式的存在,现在我们在任何地方都不能加以证明,但是它**一定**是存在过的,否则,就不会产生相应的亲属制度。摩尔根说:

"家庭是一个能动的要素;它从来不是静止不动的,而是随着社会从较低阶段向较高阶段的发展,从较低的形式进到较高的形式。反之,亲属制度却是被动的;它只是把家庭经过一个长久时期所发生的进步记录下来,并且只是在家庭已经根本变化了的时候,它才发生根本的变化。"①

---

① 路·亨·摩尔根《古代社会》1877 年伦敦版第 435 页。——编者注

"同样",马克思补充说,"政治的、法律的、宗教的、哲学的体系,一般都是如此。"[29]当家庭继续发展的时候,亲属制度却僵化起来;当后者以习惯的方式继续存在的时候,家庭却已经超过它了。不过,正像居维叶可以根据巴黎附近所发现的有袋动物骨骼的骨片,来确实地断定这种骨骼属于有袋动物,并断定那里曾经生存过这种已经绝迹的有袋动物一样,我们也可以根据历史上所留传下来的亲属制度,同样确实地断定,曾经存在过一种与这个制度相适应的业已绝迹的家庭形式。

刚刚讲过的那些亲属制度和家庭形式,同现在所盛行的亲属制度和家庭形式不同的地方,就在于每个孩子有几个父亲和母亲。按照美洲的亲属制度(夏威夷的家庭是与它相适应的),兄弟和姊妹不能成为同一个孩子的父亲和母亲;反之,夏威夷的亲属制度,却以通常都是这种情形的家庭为前提。在这里,我们可以看见一系列家庭形式,这些家庭形式,同那些迄今习惯上认为唯一通行的形式正相矛盾。传统的观念只知道有个体婚制,以及和它并存的一夫多妻制,至多还有一妻多夫制,同时,正如满口道德的庸人所应当做的那样,还把实践偷偷地但毫不知耻地逾越官方社会所定的界限这一事实隐瞒起来。反之,原始历史的研究却向我们展示了这样一种状态,在这种状态下,男子过着多妻制的生活,而他们的妻子同时也过着多夫制的生活,所以,他们两者的子女都被看做大家共有的子女;这种状态本身,在最终分解为个体婚姻以前,又经历了一系列的变化。这些变化是这样的:被共同的婚姻纽带所联结的范围,起初是很广泛的,后来越来越缩小,直到最后只留下现在占主要地位的成对配偶为止。

摩尔根在这样考证过去的家庭的历史时,同他的多数同行一致,也认为曾经存在过一种原始的状态,那时部落内部盛行毫无限制的性关系,因此,每个女子属于每个男子,同样,每个男子也属于每个女子①。这种原始状态,早在上一个世纪就有人谈过,不过只是一般谈谈而已;只有巴霍芬才第一个认真对待这个问题,并且到历史的和宗教的传说中寻找这种原始状态的痕迹②,这是他的伟大功绩之一。现在我们知道,他所找出的这些痕迹,决没有追溯到杂乱的性关系的社会阶段,而只是追溯到晚得多的一个形式,即群婚制。那个原始社会阶段,如果确实存在过的话,也是属于非常遥远的时代,以致在社会的化石,即在落后的蒙昧人中间,我们未必可以找到它在过去存在的**直接**证据了。巴霍芬的功绩,就在于他把这个问题提了出来作为考察的中心。③

　　近年来,否认人类性生活的这个初期阶段,已成时髦了。人们想使人类免去这一"耻辱"。在这里,人们不仅以缺乏任何直接的

---

① 以下直到"**1. 血缘家庭**"(本卷第44页)以前是恩格斯在1891年版中增补的。1884年版中是:"这种原始状态的发现,是巴霍芬的第一个伟大功绩。从这种原始状态中,大概很早就发展出以下几种家庭形式。"——编者注

② 约·雅·巴霍芬《母权论。根据古代世界的宗教的和法的本质对古代世界的妇女统治的研究》1861年斯图加特版。——编者注

③ 恩格斯在这里加了一个注:"巴霍芬把这种原始状态叫做**淫游**,从而表明,他是多么不了解他所发现的,或者更确切地说,他所猜到的东西。希腊人使用淫游这个名词,是表示未婚男子或过个体婚生活的男子跟未婚的女子的性关系;这种淫游,总是以一定的婚姻形式的存在为前提,在这个婚姻形式之外发生这种性关系,并且包含着至少是一种可能性的卖淫。这个名词,从来没有在别的意义上使用过,我和摩尔根就是在这个意义上使用它的。巴霍芬的极端重要的发现,到处都被他的幻想——即认为历史上发生的男女之间的关系,总是起源于当时人们的宗教观念,而不是起源于人们的现实生活条件——弄得神秘化了,令人难以置信。"——编者注

证据为口实,而且还特别引用其他动物界的例子;从其他动物界里,勒土尔诺(《婚姻和家庭之进化》1888 年版)搜集了许多事实,表明完全杂乱的性关系即使在这里也应该属于低级发展阶段。但是,我从这一切事实中只能得出这样一个结论,即它们对于人类及其原始生活条件绝对证明不了任何东西。脊椎动物长期的成对同居,用生理的原因足以说明,例如在鸟类中,是由于雌鸟在孵卵期间需要扶助;在鸟类中存在的忠实的专偶制的例子,对于人类丝毫不能有所证明,因为人类并非起源于鸟类。如果严格的专偶制是各种美德的最高峰,那么优胜的棕叶就应当属于绦虫了,因为绦虫在其 50—200 个关节或体节的每一节中都有完备的雌雄性器官,终生都在每个体节中自行交合。而如果我们只限于谈哺乳动物,那么我们在这里就可以找出性生活的一切形式——杂交、类似群婚的形式、多妻制、个体婚制;所缺乏的只是多夫制,这一点只有人类才能做得出来。甚至我们的近亲——猿猴类,在雌雄的配合上也显露了种种可能的差别;如果再缩小范围,仅仅考察一下四种类人猿,那么在这里勒土尔诺只能说,它们有时是专偶制,有时是多偶制,而从日罗-特隆的著作来看,索绪尔则断言它们是专偶制。[30]最近韦斯特马克(《人类婚姻史》1891 年伦敦版)关于类人猿是专偶制的断语,也远不能作为证据。总之,现有材料的性质使得诚实的勒土尔诺承认:

"不过,在哺乳动物中,智力发展的程度和性关系的形式之间,根本没有严格的关系。"[①]

---

① 沙·勒土尔诺《婚姻和家庭之进化》1888 年巴黎版第 41 页。——编者注

而埃斯皮纳斯(《论动物的社会》1877年版)则率直地说：

"群是我们在动物中所能看到的最高的社会集团。它**大概**是由家庭构成的，但是**家庭和群**一开始就**处在对抗之中**，它们是以反比例发展的。"

从上述情况已经可以看出，我们关于类人猿的家庭集团及其他共居生活集团还几乎没有丝毫确定的知识；现有的材料都是直接互相矛盾的。这也没有什么稀奇。甚至我们所掌握的关于蒙昧人类族系的一切材料，也是十分矛盾，十分需要严格考证和精选的；而观察猿猴社会，比观察人类社会，还要困难得多。因此，凡根据这样绝对不可靠的报告而作的任何结论，我们都必须加以摒弃。

反之，上面所引的埃斯皮纳斯的命题却给了我们一个较好的论据。高等动物的群和家庭并不是互相补充，而是互相对立的。埃斯皮纳斯非常清楚地说明了，雄性在交配期内的忌妒是怎样削弱或者暂时瓦解任何共居生活的群。

"在家庭紧密结合的地方，群只是一种稀有的例外。反之，在自由的性关系或多偶制盛行的地方，群差不多是自动地形成的…… 为了使群能够组成，家庭的纽结必然要放松，个体必然要重新自由。因此，我们在鸟类中才极少见到有组织的群…… 反之，我们在哺乳动物中之所以能发现在某种程度上有组织的社会，正因为个体在这里没有被家庭所吞没…… 所以，群的集体感在其发生时的大敌，莫过于家庭的集体感。我们可以毫不迟疑地说：如果说一种比家庭更高级的社会形式已经发展起来，那么这只是由于它把遭受了彻底变化的家庭容纳于自身之中才能发生；这并不排除，这些家庭正是由于这一点以后才有可能在无限优越的环境中重新组成。"（埃斯皮纳斯《论动物的社会》，转引自日罗-特隆《婚姻与家的起源》1884年版第518—520页）

由此可见，动物社会对于推断人类社会确有某种价值——但只是反面的价值而已。在较高等的脊椎动物中，据我们所知，只有两种家庭形式:多妻制和成对配偶制;在这两种家庭形式中,都只许有一个成年的雄者,只许有一个丈夫。雄者的忌妒,既联结又限制着动物的家庭,使动物的家庭跟群对立起来;由于这种忌妒,作为共居生活较高形式的群,在一些场合成为不可能,而在另一些场合则被削弱,或在交配期间趋于瓦解,在最好的情况下,其进一步的发展也受到阻碍。单是这一点就足以证明,动物的家庭和人类的原始社会是两不相容的东西;正在努力脱离动物状态的原始人类,或者根本没有家庭,或者至多只有动物中所没有的那种家庭。像正在形成中的人这样一种没有武器的动物,即使互相隔绝,以成对配偶为共居生活的最高形式,就像韦斯特马克根据猎人的口述所断定的大猩猩和黑猩猩的情况那样,也是能够以不多的数量生存下去的。为了在发展过程中脱离动物状态,实现自然界中的最伟大的进步,还需要一种因素:以群的联合力量和集体行动来弥补个体自卫能力的不足。用现今类人猿那样的生活条件根本无法解释向人类状态的过渡;这种类人猿给我们的印象,毋宁说是一种正在逐渐灭绝的、至少也是处于衰落状态的脱离正轨的旁系。只此一点,就足以驳倒由它们的家庭形式类推原始人类的家庭形式的任何论调了。而成年雄者的相互宽容,没有忌妒,则是形成较大的持久的集团的首要条件,只有在这种集团中才能实现由动物向人的转变。的确,我们发现历史上可以确切证明并且现在某些地方还可以加以研究的最古老、最原始的家庭形式是什么呢? 那就是群婚,即整群的男子与整群的女子互为所有,很少有忌妒余地的婚姻形式。其次,在较晚的一个发展阶段上,我们又发现了多夫制这种例外形式,这一形式更是直接同一切忌妒的感情相矛盾,因而是动物所没有的。不过,我们所知道的群婚形式都伴有特殊复杂的条件,以致必然使我们追溯到各种更早、更简单的性关系的形式,从而归根结底使我们追溯到一个同从动物状态向人类状态的过渡相适应的杂乱的性关系的时期,这样,动物婚姻形式的引证,就使我们恰好回到这些引证本来要使我们永远离开的那一点上去了。

那么,杂乱的性关系究竟是什么意思呢?这就是说,现在或较早时期通行的禁规在那时是没有效力的。我们已经看到,忌妒所造成的限制是怎样崩溃的。如果说有什么可以确定的话,那就是:忌妒是一种较后发展起来的感情。血亲婚配的观念,也是如此。不仅兄弟和姊妹起初曾经是夫妇,而且父母和子女之间的性关系今日在许多民族中也还是允许的。班克罗夫特(《北美太平洋沿岸各州的土著民族》1875 年版第 1 卷)证明,白令海峡沿岸的加惟基人、阿拉斯加附近的科迪亚克岛上的人、英属北美内地的提纳人,都有这种关系;勒土尔诺也提出了关于印第安赤北韦人、智利的库库人、加勒比人、印度支那半岛的克伦人的同样事实的报告;至于古希腊人和古罗马人关于帕提亚人、波斯人、西徐亚人、匈奴人等的故事,在这里就不必说了。在血亲婚配尚未发明之前(这的确是一种发明,而且是一种极其宝贵的发明),父母和子女之间的性关系所引起的憎恶,并不大于其他不同辈的人们之间的性关系;而后者即使今日在最市侩气的国家里也还在发生,而且并不引起多大的惊骇;甚至年逾 60 的老"姑娘",如果她们十分富有的话,有时也可以嫁给一个 30 来岁的青年男子。不过,如果我们从我们所知道的最原始的家庭形式上抛弃那种与它们连在一起的血亲婚配的观念——这种观念跟我们的观念完全不同,而且往往是跟它们直接冲突的——,那么我们就得出一种只能叫做杂乱的性关系的形式了。所谓杂乱,是说后来由习俗所规定的那些限制那时还不存在。但是由此决不能说,在日常实践中也必然是一片混乱。短时期的成对配偶决不是不可能的,正如在群婚制中,当时的多数情况也是成对配偶那样。所以,如果说韦斯特马克(他是最近的一个否认这种原始状态的人)把两性在生孩子以前一切成对同居状态,都叫做婚姻,那么就应该说,这种婚姻完全可以在杂乱的性关系状态下发生,而它跟杂交状态,即不存在习俗规定的对性关系的限制的那种状态不相矛盾。当然,韦斯特马克是从如下的观点出发的,他认为:

"杂交状态包含着对个人爱恋的压抑",因而"卖淫是这种状态的最真实的形式"①。

而我却以为,只要还戴着妓院眼镜去观察原始状态,便永远不可能对它有任何理解。我们在研究群婚时,再来谈这个问题吧。

按照摩尔根的意见,从这种杂乱的性关系的原始状态中,大概很早就发展出了以下几种家庭形式:

1. 血缘家庭——这是家庭的第一个阶段。在这里,婚姻集团是按照辈分来划分的:在家庭范围以内的所有祖父和祖母,都互为夫妻;他们的子女,即父亲和母亲,也是如此;同样,后者的子女,构成第三个共同夫妻圈子。而他们的子女,即第一个集团的曾孙子女们,又构成第四个圈子。这样,这一家庭形式中,仅仅排斥了祖先和子孙之间、双亲和子女之间互为夫妻的权利和义务(用现代的说法)。同胞兄弟姊妹、从(表)兄弟姊妹、再从(表)兄弟姊妹和血统更远一些的从(表)兄弟姊妹,都互为兄弟姊妹,**正因为如此**,也一概互为夫妻。兄弟姊妹的关系,在家庭的这一阶段上,也自然

---

① 爱·韦斯特马克《人类婚姻史》1891年伦敦—纽约版第70—71页。——编者注

而然地包括相互的性关系。① 这种家庭的典型形式,应该是一对配偶的子孙中每一代都互为兄弟姊妹,正因为如此,也互为夫妻。

血缘家庭已经绝迹了。甚至在历史所记载的最粗野的民族中间,也找不出一个可以证实的例子来。不过,这种家庭**一定**是存在过的,如今还在整个波利尼西亚通行的夏威夷亲属制度使我们不能不承认这一点,因为它所表现的血缘亲属等级只有在这种家庭形式之下才能产生;家庭后来的全部发展,使我们不能不承认这一

---

① 恩格斯在 1884 年版上加了一个注:"马克思在 1882 年春季所写的一封信**31**中,以最强烈的措辞,批评瓦格纳的《尼贝龙根》歌词中比比皆是的对原始时代的完全曲解。歌词中说:'谁曾听说哥哥抱着妹妹做新娘?'**32**瓦格纳的这些'色情之神',完全以现代方式,通过一些血亲婚配的情节使自己的风流勾当更加耸人听闻;马克思对此回答道:'在原始时代,**姊妹曾经是妻子,而这是合乎道德的**'。"

　　恩格斯在 1891 年版上补加的注文:"瓦格纳的一位法国友人和崇拜者,不同意这个注,说在瓦格纳所根据的老《艾达》中,在《厄革斯德列克》中,洛基就曾指责弗莱雅说:'在诸神面前,你拥抱自己的哥哥。'可见,兄弟姊妹婚姻在那时候已经被唾弃。不过,《厄革斯德列克》乃是对古代神话的信仰已经完全丧失的那一时代的表现;这是纯粹琉善式的对神的讽刺。要是作为靡菲斯特斐勒司的洛基在这里对弗莱雅作了这样的指责,那么这倒是反驳了瓦格纳。而且,在后边数行诗中,洛基对尼奥德尔说:'你同你的妹妹生了一个(这样的)儿子'(vidh systur thinni gaztu slikan mög)**33**。尼奥德尔本不是亚萨神,而是瓦那神,所以他在《英格林加传说》中说,兄弟姊妹婚姻,在瓦那国是很普通的,但在亚萨神中间并不如此。**34**这大概是表明,瓦那神是比亚萨神更古的神。无论如何,尼奥德尔是作为同亚萨神一样的神生活在亚萨神中间的,因此,《厄革斯德列克》毋宁说是证明,在挪威的关于诸神的传说产生的时代,至少诸神之间的兄弟姊妹婚姻尚未引起任何憎恶。要是想为瓦格纳辩护,引用《艾达》倒不如引用歌德,歌德在关于神和舞妓的叙事诗中,说到妇女在寺院献身的宗教义务时也犯了同样的错误,他过于把这种风俗习惯比做现代的卖淫了。"——编者注

点,因为这一家庭形式作为必然的最初阶段决定着家庭后来的全部发展。

2. 普那路亚家庭。如果说家庭组织上的第一个进步在于排除了父母和子女之间相互的性关系,那么,第二个进步就在于对于姊妹和兄弟也排除了这种关系。这一进步,由于当事者的年龄比较接近,所以比第一个进步重要得多,但也困难得多。这一进步是逐渐实现的,大概①先从排除同胞的(即母方的)兄弟姊妹之间的性关系开始,起初是在个别场合,以后逐渐成为惯例(在夏威夷群岛上,在本世纪尚有例外),最后甚至禁止旁系兄弟姊妹之间结婚,用现代的称谓来说,就是禁止同胞兄弟姊妹的子女、孙子女以及曾孙子女之间结婚;按照摩尔根的看法,这一进步可以作为

"自然选择原则在发生作用的最好说明"②。

不容置疑,凡近亲繁殖因这一进步而受到限制的部落,其发展一定要比那些依然把兄弟姊妹婚姻当做惯例和规定的部落更加迅速,更加完全。这一进步的影响有多么大,可以由**氏族**的建立来证明,氏族就是由这一进步直接引起的,而且远远超出了最初的目的,它构成地球上即使不是所有的也是大多数野蛮民族的社会制度的基础,并且在希腊和罗马我们还由氏族直接进入了文明时代。

每个原始家庭,至迟经过几代以后是一定要分裂的。原始共产制的共同的家户经济(它毫无例外地一直盛行到野蛮时代中级阶段的后期),决定着家庭公社的最大限度的规模,这种规模虽然依条件而变化,但是在每个地方都是相当确定的。不过,认为同母

---

① "大概"是恩格斯在 1891 年版上增补的。——编者注
② 路·亨·摩尔根《古代社会》1877 年伦敦版第 425 页。——编者注

所生的子女之间的性关系不妥的观念一旦发生,这种观念就一定要影响到旧家庭公社的分裂和新家庭公社的建立(这种新的家庭公社这时并不必然同家庭群体相一致)。一列或者数列姊妹成为一个公社的核心,而她们的同胞兄弟则成为另一个公社的核心。摩尔根称之为普那路亚家庭的形式,便经过这样或类似的途径而由血缘家庭产生出来了。按照夏威夷的习俗,若干数目的姊妹——同胞的或血统较远的即从(表)姊妹,再从(表)姊妹或更远一些的姊妹——是她们共同丈夫们的共同的妻子,但是在这些共同丈夫之中,排除了她们的兄弟;这些丈夫彼此已不再互称兄弟,他们也不再必须是兄弟了,而是互称普那路亚,即亲密的同伴,即所谓 associé。同样,一列兄弟——同胞的或血统较远的——则跟若干数目的女子(只要**不是**自己的姊妹)共同结婚,这些女子也互称普那路亚。这是古典形式的一种家庭结构;这种形式后来又有一系列变种,它的主要特征是一定的家庭范围内相互的共夫和共妻,不过,妻子的兄弟(起初是同胞的,以后更及于血统较远的)被排除在这个家庭范围以外,另一方面也把丈夫的姊妹除外。

这种家庭形式十分精确地向我们提供了美洲的制度所表现的亲属等级。我母亲的姊妹的子女,依然是我母亲的子女,同样,我父亲的兄弟的子女,也依然是我父亲的子女,他们全都是我的兄弟姊妹;但是我母亲的兄弟的子女,现在都是我母亲的内侄和内侄女,我父亲的姊妹的子女,现在都是我父亲的外甥和外甥女,而他们全都是我的表兄弟和表姊妹了。因为,固然我母亲的姊妹的丈夫们依然是我母亲的丈夫们,同样,我父亲的兄弟的妻子们也依然是我父亲的妻子们——即使事实上不总是如此,在道理上却是如此——,但由于社会禁止兄弟姊妹之间的性关系,结果就使迄今不加区别地被作为兄弟姊妹来对待的兄弟姊妹的子女划分为两类:

有一些人像过去一样,相互之间依然是(血统较远的)兄弟姊妹,另一些人即一方面兄弟的子女和另一方面姊妹的子女,再也**不能**是兄弟姊妹,再也不能有共同的双亲了——无论是共同的父亲,共同的母亲,或是共同的父母;因此,在这里,第一次发生了分为外甥和外甥女、内侄和内侄女、表兄弟和表姊妹这一类别的必要,而这一类别在从前的家庭制度之下恐怕是没有任何意义的。美洲的亲属制度,在以某种个体婚为基础的任何家庭形式下,看来都是极其荒诞的事情,现在它在普那路亚家庭中,连最细微的地方,都获得了合理的解释和自然的根据。只要美洲的亲属制度流行过,普那路亚家庭或某种与它类似的形式①至少也应该同样存在过。

如果虔诚的传教士,像美洲早先的西班牙修道士一样,在这种反基督教的关系中,除去简单的"丑事"②外能够看一看更多的东西,那么,大概在整个波利尼西亚都可以找到这种已被证明确实存在于夏威夷群岛上的家庭形式。如果说,凯撒在谈到当时处于野蛮时代中级阶段的布列吞人时曾告诉我们说,他们"每10个或12个男子共妻,而且多半是兄弟和兄弟,父母和子女"[36],那么,这最好解释为群婚③。野蛮时代的母亲不会有10个至12个这样年龄的儿子,以致可以有共同的妻子们;而跟普那路亚家庭相适应的美

---

① "或某种与它类似的形式"是恩格斯在1891年版上增补的。——编者注
② 恩格斯在这里加了一个注:"巴霍芬认为是他发现的不加区别的性关系,即他所谓的'污泥生殖'(Sumpfzeugung)的遗迹,这些遗迹是来自群婚制,现在关于这一点再也不容怀疑了。'如果巴霍芬认为这种普那路亚婚姻是"非法的",那么,那一时代的人也许会认为大多数今日血统近的和远的从兄弟姊妹或表兄弟姊妹之间结婚,都是血亲婚配,正如亲兄弟和亲姊妹之间结婚一样。'(马克思语)[35]"——编者注
③ 在1884年版中不是"群婚",而是"普那路亚家庭"。——编者注

洲的亲属制度,却能提供好多兄弟,因为每个男子的一切血统近的和远的从(表)兄弟都是他的兄弟。所谓"父母和子女",大概是凯撒弄错了;在这个制度下,固然还没有绝对排除父亲和儿子或母亲和女儿属于同一婚姻集团的可能性,但是却不许父亲和女儿或母亲和儿子处在同一婚姻集团内。同样,这种群婚形式或与它类似的群婚形式①,最容易说明希罗多德及其他古代著作家关于蒙昧民族和野蛮民族中共妻情况的报告。这也可以说明沃森和凯(《印度的居民》)所叙述的关于奥德(在恒河以北)的蒂库尔人的情况,即:

"他们共同地〈即在性关系上〉生活在大公社中,差不多毫无区别,要是他们之间有二人被视为夫妻,那么,这种关系只不过是名义上的。"②

看来,**氏族**制度,在绝大多数情况下,都是从普那路亚家庭中直接发生的。诚然,澳大利亚的级别制度也可以成为产生氏族的出发点**37**;澳大利亚人有氏族,但他们还没有普那路亚家庭,而只有比较粗陋的群婚形式③。

在一切形式的群婚家庭中,谁是某一个孩子的父亲是不确定的,但谁是孩子的母亲则是确定的。即使母亲把共同家庭的**一切**子女都叫做自己的子女,对于他们都担负母亲的义务,但她仍然能够把她自己亲生的子女同其余一切子女区别开来。由此可知,只

---

① 在1884年版中不是"这种群婚形式或与它类似的群婚形式",而是"这种家庭形式"。——编者注
② 约·福·沃森和约·威·凯编《印度的居民》1868年伦敦版第2卷第85页。——编者注
③ 在1884年版中不是"而只有比较粗陋的群婚形式",而是"他们的组织具有十分个别的性质,我们就不要管它了"。——编者注

要存在着群婚,那么世系就只能从**母亲**方面来确定,因此,也只承认**女系**。一切蒙昧民族和处在野蛮时代低级阶段的民族,实际上都是这样;所以巴霍芬的第二个伟大功绩,就在于他第一个发现了这一点。他把这种只从母亲方面确认世系的情况和由此逐渐发展起来的继承关系叫做母权制;为了简便起见,我保留了这一名称;不过它是不大恰当的,因为在社会发展的这一阶段上,还谈不到法律意义上的权利。

如果我们现在从普那路亚家庭中取它的两个典型集团之一,即由一列同胞姊妹和血统较远的姊妹(亦即同胞姊妹所派生的第一等级、第二等级或更远等级的姊妹)连同她们的子女以及她们母方的同胞兄弟和血统较远的兄弟(按照我们的前提,他们**不是**她们的丈夫)所组成的典型集团来看,那么,摆在我们面前的这一群人,正是后来构成原始形式的氏族的成员。她们全体有一个共同的女始祖;由于世系出自同一个女始祖,后代的所有女性每一代都是姊妹。但是,这些姊妹的丈夫们,再也不能是她们的兄弟,从而不能是出自这个女始祖的,因而也不包括在血缘亲属集团即后来的氏族以内了;然而,他们的子女却属于这个集团,因为只有唯一确知的母方世系才具有决定的作用。一切兄弟和姊妹间,甚至母方最远的旁系亲属间的性关系的禁规一经确立,上述的集团便转化为氏族了,换言之,即组成一个确定的、彼此不能结婚的女系血缘亲属集团;从这时起,这种集团就由于其他共同的社会的和宗教的设施而日益巩固起来,并且与同一部落内的其他氏族区别开来了。关于这一点,以后还要详细谈到。不过,我们既然看到氏族不仅是必然地,而且简直是自然而然地从普那路亚家庭发展起来的,那么我们就有理由认定,在氏族制度可得到证实的一切民族中,即差不多在一切野蛮人和一切文明民族中,几乎毫无疑问地都曾经存在过这种家庭形式。①

　　当摩尔根写他的著作的时候,我们关于群婚的知识还是非常有限的。我们仅略略知道一点那种组织为级别的澳大利亚人的群婚,此外就是摩尔根早在1871年发表了他所得到的关于夏威夷普那路亚家庭的材料②。普那路亚家庭,一方面,给美洲印第安人中盛行的亲属制度提供了完备的说明,而这一制度曾经是摩尔根的全部研究的出发点;另一方面,它又是一个引出母权制氏族的现成的出发点;最后,它乃是远比澳大利亚的级别制度更高的一个发展阶段。因此,摩尔根把这个形式看做必然先于对偶婚存在的一个发展阶段,并且认定它在较早的时期普遍流行,这是可以理解的。自从那时以来,我们了解了群婚的一系列其他形式,现在我们知道,摩尔根在这里走得太远了。不过,他仍然很幸运,在他的普那路亚家庭中碰到了最高的、典型的群婚形式,即可以用来十分容易地说明向更高形式过渡的那种形式。

　　使我们关于群婚的知识大大丰富起来的,是英国传教士洛里默·法伊森,他在这种家庭形式的典型地区——澳大利亚,对群婚作了多年的研究。[38]他在南澳大利亚的芒特甘比尔地区的澳大利亚黑人中发现了最低的发展阶段。在这里,整个部落分为两个级别:克洛基和库米德。每个级别内部都严格禁止性关系;反之,一级别的每个男子生来就是另一级别的每个女子的丈夫,而后者生来也是前者的妻子。不是单个人,而是整个集团相互结婚,即级别

---

① 以下直到"**3. 对偶制家庭**"(本卷第54页)以前是恩格斯在1891年版上增补的。——编者注

② 路·亨·摩尔根《人类家庭的血亲制度和姻亲制度》1871年华盛顿版。——编者注

和级别结婚。而且应当指出,这里除了两个外婚制级别的划分所造成的限制以外,年龄差别或某种特殊血缘亲属关系都没有造成什么障碍。对克洛基的任何男子说来,库米德的每个女子都是他的当然的妻子;但是,他自己的女儿,既是库米德女性所生,根据母权制也是库米德,所以,她生来就是每个克洛基男人的妻子,从而也是自己父亲的妻子。至少,我们所知道的这种级别组织对于这一点是没有加以禁止的。所以,或者是在这种组织产生的那个时期,虽然已有限制近亲婚配的朦胧意向,但是人们还不把父母和子女间的性关系看做特别可怕的事情——在这种情况下,级别制度就是从杂乱的性关系的状态中直接产生的;或者是在级别产生的时候,父母和子女间的性关系业已为习俗所禁止——在这种情况下,当前的状态就表明在它以前曾经存在过血缘家庭,而它是走出血缘家庭的第一步。后面这一种情况,比较可信。据我所知,在澳大利亚,父母和子女间的婚姻关系的例子,还没有人提到过;而比较晚一些的外婚形式,即母权制氏族,通常也默然以禁止这种关系为前提,把这种禁规看做一种在氏族产生时就已存在的事情。

两个级别的制度,除了南澳大利亚的芒特甘比尔地区以外,在更靠东部的达令河流域和东北部的昆士兰也有,所以,这个制度流行颇广。它只排除母方兄弟姊妹间、母方兄弟的子女间、母方姊妹的子女间的婚姻,因为他们都是属于同一级别的;反之,姊妹的子女和兄弟的子女却能相互结婚。进一步阻止近亲婚配的办法,可以在新南威尔士达令河流域的卡米拉罗依人中间看到,在那里,两个最初的级别分裂成四个,而这四个级别之中每一级别又都跟其他一定的级别整体结婚。最初的两个级别生来就互为夫妻;根据母亲属于第一或第二级别,她的子女就属于第三或第四级别;这后两个同样互相结婚的级别,其子女又加入第一和第二级别。这样,一代总是属于第一和第二级别,下一代则属于第三和第四级别,第三代又重新属于第一和第二级别。根据这一制度,兄弟姊妹的子女(母方的)不得为夫妻,但是兄弟姊妹的孙子孙女却可以为夫妻。这一特别而复杂的制度,由于母权制氏族嫁接上来——肯定是在较后的时期——而更加复杂。不过,在这里我们不能研讨这个了。这样,我们看到,阻止近亲婚配的意向,一而再再而三地表现出来,然而这是自发地摸索着进行的,并没有明确的目的意识。

群婚在澳大利亚还是一种级别婚,它是往往分布于全大陆的整个一级别的男子和同样广布的一级别的女子的群众性夫妻关系——这种群婚,如果加以详细的观察,并不完全像习惯于娼妓制度的庸人幻想所想象的那样可怕。相反,过了许多年以后,人们才猜测到有这种群婚存在,而不久以前又对它争论起来。在肤浅的观察者看来,它是一种不牢固的个体婚制,而在某些地方则是与偶尔的通奸并行的多妻制。只有像法伊森和豪伊特那样,花费许多年工夫,才能在这些使普通的欧洲人对于其实践反倒更感到亲切的婚姻关系中发现一种调节规则,根据这种规则,一个外地的澳大利亚黑人在离开本乡数千公里的地方,在说着他所不懂的语言的人们中间,往往依然可以在一个个住宿地,在一个个部落里,找到毫无反抗和怨恨地委身于他的女子,而根据这种规则有着几个妻子的男人,也要让出一个妻子给自己的客人去过夜。在欧洲人视为不道德和无规则的地方,事实上都盛行着一种严格的规则。这些女子属于客人的通婚级别,因而她们生来就是他的妻子;把双方结合起来的那个道德规则,同时又用剥夺权利的惩罚方法,禁止相互所属的通婚级别以外的任何性关系。甚至在抢劫妇女(这是经常的,某些地方还是通例)的地方,也很慎重地遵守级别的规则。

顺便提一下,抢劫妇女的现象,已经表现出向个体婚制过渡的迹象,至少是以对偶婚的形式表现出这种迹象:当一个青年男子在朋友们的帮助下劫得或拐得一个姑娘的时候,他们便轮流同她发生性关系;但是在此以后,这个姑娘便被认为是那个发动抢劫的青年男子的妻子。反之,要是被劫来的女子背夫潜逃,而被另一个男子捕获,那么她就成为后者的妻子,前者就丧失了他的特权。这样,与普遍继续存在的群婚并行,并且在它的范围以内,就形成了一种排斥他人的关系,即或长或短时期内的成对配偶制以及与此并行的多妻制,于是在这里群婚也开始消亡,问题只在于:在欧洲人的影响下,首先消失的是什么——是群婚制还是奉行群婚制的澳大利亚黑人。

像澳大利亚所盛行的那种整个级别的结婚,无论如何,乃是群婚的一种十分低级的、原始的形式;而普那路亚家庭,就我们所知道的而论,则是群婚的最高发展阶段。前者大概是同漂泊不定的蒙昧人的社会状况相适应的,后者则是以已经有了比较牢固的共产制公社的居民点为前提,并且直接导向下一个更高的发展阶段。在这两种婚姻形式之间,我们无疑还会发现某些中间阶段;在这里,摆在我们面前的还是一个刚刚敞开而尚未有人进入的研究领域。

3. 对偶制家庭。某种或长或短时期内的成对配偶制,在群婚①制度下,或者更早的时候,就已经发生了;一个男子在许多妻子中有一个主妻(还不能称为爱妻),而他对于这个女子来说是她的许多丈夫中的最主要的丈夫。这种情况,在不小的程度上助长了传教士中间的混乱,这些传教士们有时把群婚看做一种杂乱的

---

① 在1884年版中不是"群婚",而是"普那路亚家庭"。——编者注

共妻,有时又把它看做一种任意的通奸。但是,这种习惯上的成对配偶制,随着氏族日趋发达,随着不许互相通婚的"兄弟"和"姊妹"级别的日益增多,必然要日益巩固起来。氏族在禁止血缘亲属结婚方面所起的推动作用,使事情更加向前发展了。例如我们看到,在易洛魁人和其他处于野蛮时代低级阶段的大多数印第安人那里,在他们的亲属制度所点到的**一切**亲属之间都禁止结婚,其数多至几百种。由于婚姻禁规日益错综复杂,群婚就越来越不可能;群婚就被**对偶制家庭**排挤了。在这一阶段上,一个男子和一个女子共同生活;不过,多妻和偶尔的通奸,则仍然是男子的权利,虽然由于经济的原因,很少有实行多妻制的;同时,在同居期间,多半都要求妇女严守贞操,要是有了通奸的情事,便残酷地加以处罚。然而,婚姻关系是很容易由任何一方解除的,而子女像以前一样仍然只属于母亲。

在这种越来越排除血缘亲属结婚的事情上,自然选择的效果也继续表现出来。用摩尔根的话来说就是:

"没有血缘亲属关系的氏族之间的婚姻,生育出在体质上和智力上都更强健的人种;两个正在进步的部落混合在一起了,新生代的颅骨和脑髓便自然地扩大到综合了两个部落的才能的程度。"①

这样,实行氏族制度的部落便必然会对落后的部落取得上风,或者带动它们来仿效自己。

由此可见,原始历史上家庭的发展,就在于不断缩小最初包括整个部落并在内部盛行两性共同婚姻的那个范围。由于次第排斥

---

① 路·亨·摩尔根《古代社会》1877 年伦敦版第 459 页。参看马克思《路易斯·亨·摩尔根〈古代社会〉一书摘要》(《马克思恩格斯全集》中文第 1 版第 45 卷第 363 页)。——编者注

亲属通婚(起初是血统较近的,后来是血统越来越远的亲属,最后甚至是仅有姻亲关系的),任何群婚形式终于在实际上成为不可能的了,结果,只剩下一对暂时松散地结合的配偶,即一旦解体整个婚姻就终止的分子。从这一点就已经可以看出,个体婚制的发生同现代字面意义上的个人性爱是多么不相干。所有正处于这一发展阶段的各民族的实践,更加证明了这一点。在以前的各种家庭形式下,男子是从来不缺乏女子的,相反,女子倒是多了一点;而现在女子却稀少起来,不得不去寻找了。因此,随着对偶婚的发生,便开始出现抢劫和购买妇女的现象,这是发生了一个深刻得多的变化的普遍**迹象**,不过只是迹象而已;但是苏格兰的学究麦克伦南,却把这些迹象,这些单纯的求妻方法,说成是"抢劫婚姻"和"买卖婚姻",虚构为两种特殊的家庭。此外,在美洲印第安人和其他处于同一发展阶段的民族中间,缔结婚姻并不是当事人本人的事情(甚至往往不同他们商量),而是他们的母亲的事情。这样,订婚的往往是两个彼此全不相识的人,只是到婚期临近时,才告诉他们业已订婚。在婚礼之前,新郎赠送礼物给新娘的同氏族亲属(即新娘的母方亲属,而不是她的父亲和父亲的亲属);这种礼物算是被出让的女儿的代价。婚姻可以根据夫妇任何一方的意愿而解除,但是在许多部落中,例如在易洛魁人中,逐渐形成了对这种离婚采取否定态度的社会舆论;在夫妇不和时,双方的氏族亲属便出面调解,只有在调解无效时,才实行离婚,此时子女仍归妻方,以后双方都有重新结婚的自由。

这种对偶制家庭,本身还很脆弱,还很不稳定,不能使人需要有或者只是希望有自己的家户经济,因此它根本没有使早期传下来的共产制家户经济解体。而共产制家户经济意味着妇女在家内的统治,正如在不能确认生身父亲的条件下只承认生身母亲意着对妇女即母亲的高度尊敬一样。那种认为妇女在最初的社会里曾经是男子的奴隶的意见,是 18 世纪启蒙时代所留传下来的最荒谬的观念之一。在一切蒙昧人中,在一切处于野蛮时代低级阶段、中级阶段、部分地还有处于高级阶段的野蛮人中,妇女不仅居于自由的地位,而且居于受到高度尊敬的地位。这种地位到了对偶婚时期是怎样的情形,可以由在塞讷卡部落的易洛魁人中做过多年传教士的阿瑟·莱特作证明。他说:

> "讲到他们的家庭,当他们还住在老式长屋〈包含几个家庭的共产制家户经济〉中的时候……　那里总是由某一个克兰³⁹〈氏族〉占统治地位,因此妇女是从别的克兰〈氏族〉中招来丈夫的……　通常是女方在家中支配一切;贮藏品是公有的;但是,倒霉的是那种过于怠惰或过于笨拙因而不能给公共贮藏品增加一分的不幸的丈夫或情人。不管他在家里有多少子女或占有多少财产,仍然要随时听候命令,收拾行李,准备滚蛋。对于这个命令,他不可有反抗的企图;他无法在这栋房子里住下去,他非回到自己的克兰〈氏族〉去不可;或者像他们通常所做的那样,到别的克兰内重新结婚。妇女在克兰〈氏族〉里,乃至一般在任何地方,都有很大的势力。有时,她们可以毫不犹豫地撤换酋长,把他贬为普通的战士。"⁴⁰

在共产制家户经济中,大多数或全体妇女都属于同一氏族,而男子则来自不同的氏族,这种共产制家户经济是原始时代普遍流行的妇女占统治地位的客观基础,发现妇女占统治地位,乃是巴霍芬的第三个功绩。——为补充起见,我还要指出:旅行家和传教士关于蒙昧人和野蛮人的妇女都担负过重工作的报告,同上面所说的并不矛盾。决定两性间的分工的原因,是同决定妇女社会地位的原因完全不同的。有些民族的妇女所做的工作比我们所设想的要多得多,这些民族比我们欧洲人常常对妇女怀着更多的真正尊敬。外表上受尊敬的、脱离一切实际劳动的文明时代的贵妇人,比起野蛮时代辛苦劳动的妇女来,其社会地位是无比低下的;后者在本民族中被看做真正的贵妇人（lady，frowa，Frau＝女主人），而就其地位的性质说来，她们也确是如此。

要弄清现在美洲的群婚①是否已完全被对偶婚所排除的问题，必须更加仔细地研究一下还处于蒙昧时代高级阶段的西北部民族，特别是南美的各民族。关于后者，流传着各种各样的性关系不受限制的事例，使人很难设想在这里旧时的群婚已经完全克服。② 无论如何，群婚的遗迹还没有完全消失。在北美的至少40个部落中，同长姊结婚的男子有权把她的一俟达到婚龄的一切妹妹也娶为妻子——这是一整群姊妹共夫的遗风。而加利福尼亚半岛的居民（蒙昧时代高级阶段），据班克罗夫特说，则有一些节日，在节日里几个"部落"聚集在一起，不加区别地发生性关系。**41** 这显然是指一些氏族，它们在这些节日里，对于从前一个氏族的妇女以另一氏族的所有男子为她们的共同丈夫，而男子则以另一氏族的所有妇女为他们的共同妻子的时代，还保留着一点朦胧的记忆。③ 这种习俗在澳大利亚仍然盛行着。有些民族中，还有这种情形，即男性长者、酋长和巫师，利用共妻制来为自己服务，自己独占大多数妇女；但是，他们在一定节日和民众大集会时，必须重新实行以前的共妻制，让自己的妻子去和年轻的男子们寻乐。韦斯

---

① 在1884年版中不是"群婚"，而是"普那路亚家庭"。——编者注

② "使人很难设想……"这句话是恩格斯在1891年版上增补的。——编者注

③ 以下直到"对偶制家庭产生于蒙昧时代和野蛮时代交替的时期"（本卷第61页）以前，在1884年版中是如下一句话："旧大陆的这一类遗迹是众所周知的，例如，腓尼基姑娘在阿斯塔尔塔节在寺庙中献身的风俗；甚至中世纪的初夜权，也是大概由凯尔特氏族（克兰）传下来的普那路亚家庭的残余，尽管德国的新浪漫派竭力掩饰这个事实，初夜权却极其确凿地存在过。"——编者注

特马克在他的《人类婚姻史》一书第 28—29 页，举了许多例子，表明在印度的霍人、桑塔尔人、潘札人和科塔尔人部落中，在某些非洲民族和其他民族中，都有这种定期的沙特恩节**42**，即在一个短时期内恢复旧时的自由的性关系。奇怪的是，韦斯特马克由此得出一个结论，说这并不是他所否认的群婚的残余，而是原始人和其他动物所共有的交配期的残余。

在这里，我们便接触到了巴霍芬的第四个伟大的发现：广泛流行的从群婚到对偶婚的过渡形式。被巴霍芬说成是对违反古代神戒的赎罪，即妇女用以赎买贞操权利的赎罪，事实上不过是对一种赎身办法的神秘化的说法，妇女用这种办法，把自己从旧时的共夫制之下赎出来，而获得只委身于**一个**男子的权利。这种赎身，是一种有限制的献身：巴比伦的女子每年须有一次在米莉塔庙里献身；其他前亚细亚各民族把自己的姑娘送到阿娜伊蒂斯庙去住好几年，让她们在那里同自己的意中人进行自由恋爱，然后才允许她们结婚；穿上宗教外衣的类似的风俗，差不多在地中海和恒河之间的所有亚洲民族中间都是共同的。为赎身而作出的赎罪牺牲，随着时间的进展而越来越轻，正如巴霍芬已经指出的：

> "年年提供的这种牺牲，让位于一次的供奉；从前是妇人的淫游，现在是姑娘的淫游；从前是在结婚后进行，现在是在结婚前进行；从前是不加选择地献身于任何人，现在是只献身于某些人了。"（《母权论》第 XIX 页）①

在其他民族中，没有这种宗教的外衣；在有些民族中——在古代有色雷斯人、凯尔特人等，在现代则有印度的许多土著居民、马

---

① 约·雅·巴霍芬《母权论。根据古代世界的宗教的和法的本质对古代世界的妇女统治的研究》1861 年斯图加特版。——编者注

来亚各民族、太平洋岛屿的居民,和许多美洲印第安人——姑娘在出嫁以前,都享有极大的性的自由。特别是在南美洲,差不多到处都是如此,只要稍稍深入到该大陆内地的人,都可以证明这一点。例如,阿加西斯(《巴西旅行记》1868年波士顿—纽约版第266页)曾经谈到一个印第安人世系的富有家庭。当他被介绍同这一家的女儿认识时,他问到她的父亲,意思是指她母亲的丈夫,一个正在参加对巴拉圭战争的军官,但是母亲含笑回答道:Naõ tem pai,é filha da fortuna——她没有父亲,她是一个偶然生的孩子。

"印第安妇女或混血种妇女,总是这样毫不害羞或者说毫无自责之意地谈到她们的非婚生子女;这远不是什么不寻常的事,似乎倒是相反的情形才是例外。孩子们……往往只知道母亲,因为一切的照顾和责任都落在她的身上;他们对于父亲却毫无所知;看来妇女也从来没有想到她或她的子女对他应当有什么要求。"

在这里使文明人感到奇怪的事情,按照母权制和在群婚制中却是一种通例。

在另一些民族中,新郎的朋友和亲属或请来参加婚礼的客人,在举行婚礼时,都可以提出古代遗传下来的对新娘的权利,新郎按次序是最后的一个;在巴利阿里群岛和在非洲的奥及娄人中,在古时都是如此;而在阿比西尼亚的巴里人中,现在也还是如此。在另一些民族中,则由一个有公职的人——部落或氏族的头目、酋长、萨满、祭司、诸侯或其他不管是什么头衔的人,代表公社行使对新娘的初夜权。尽管新浪漫主义者竭力掩饰这一事实,但这种初夜权至今还作为群婚的残余,存在于阿拉斯加地区的大多数居民(班克罗夫特《土著民族》第1卷第81页)、墨西哥北部的塔胡人(同上,第584页)及其他民族中;在整个中世纪,它至少存在于原为凯尔特人的各个国家中,例如在阿拉贡;在这些地方,它是直接由群婚传下来的。在卡斯蒂利亚，农民虽然从来没有成为农奴，但在阿拉贡却盛行过极丑恶的农奴制，直到1486年天主教徒斐迪南作出裁决为止。**43**在这个文件中说：

"兹决定并宣告，上述领主〈senyors，男爵〉……亦不得在农民娶妻时与其妻同睡第一夜，或在婚礼之夜，新娘躺在床上以后，跨越该床及该女子，作为自己统治的标志；上述领主亦不得违反农民的女儿或儿子的意志去差使他们，无论偿付报酬与否。"（转引自祖根海姆《农奴制度》①1861年圣彼得堡版第35页上的加泰罗尼亚语原文）

其次，巴霍芬坚决地断定，从他所说的"淫游"或"污泥生殖"向个体婚制的过渡，主要是由妇女所完成，这是绝对正确的。古代遗传下来的两性间的关系，越是随着经济生活条件的发展，从而随着古代共产制的解体和人口密度的增大，而失去森林原始生活的素朴性质，就必然越使妇女感到屈辱和压抑；妇女也就必然越迫切地要求取得保持贞操的权利，取得暂时地或长久地只同一个男子结婚的权利作为解救的办法。这个进步决不可能由男子首创，这至少是因为男子从来不会想到甚至直到今天也不会想到要放弃事实上的群婚的便利。只有在由妇女实现了向对偶婚的过渡以后，男子才能实行严格的专偶制——自然，这种专偶制只是对妇女而言的。

对偶制家庭产生于蒙昧时代和野蛮时代交替的时期，大部分是在蒙昧时代高级阶段，有些地方刚刚到达野蛮时代低级阶段。这是野蛮时代所特有的家庭形式，正如群婚之于蒙昧时代，专偶制之于文明时代一样。要使对偶制家庭进一步发展为牢固的专偶

---

① 赛·祖根海姆《19世纪中叶以前欧洲废除农奴制度和人身依附的历史》。——编者注

制,需要有别的原因,这种原因与我们已经看到的一直起着作用的那些原因不同。在成对配偶制中,群已经减缩到它的最后单位,仅由两个原子组成的分子,即一男和一女。自然选择已经通过日益缩小婚姻共同体的范围而完成了自己的使命;在这一方面,它再也没有事可做了。因此,如果没有新的、**社会的**动力发生作用,那么,从成对配偶制中就没有任何根据产生新的家庭形式了。但是,这种动力开始发生作用了。

我们现在撇开美洲这个对偶制家庭的典型地区不谈吧。没有任何迹象可以使我们作出结论说,在美洲曾经发展起更高级的家庭形式,或者在美洲被发现和被征服以前,在这里的什么地方曾经存在过牢固的专偶制。而旧大陆的情况却不是这样。

在旧大陆,家畜的驯养和畜群的繁殖,开发出前所未有的财富的来源,并创造了全新的社会关系。直到野蛮时代低级阶段,固定的财富差不多只限于住房、衣服、粗糙的装饰品以及获得食物和制作食物的工具:小船、武器、最简单的家庭用具。天天都要重新获得食物。现在,日益前进的游牧民族——住在印度五河地区和恒河地区,以及当时水草更丰茂的奥克苏斯河和药杀水草原的雅利安人,住在幼发拉底河和底格里斯河流域的闪米特人——已经有了马、骆驼、驴、牛、绵羊、山羊和猪等畜群,这些财产,只须加以看管和最简单的照顾,就可以越来越多地繁殖起来,供给非常充裕的乳肉食物。以前一切获取食物的方法,现在都退居次要地位了;打猎在从前曾经是必需的,如今也成了一种奢侈。

但是,这种新的财富归谁所有呢?最初无疑是归氏族所有。然而,对畜群的私有制,一定是很早就已经发展起来了。至于亚伯拉罕族长被所谓摩西一经的作者看做畜群的占有者,究竟是依据他作为家庭公社首领所拥有的权利,还是依据他作为实际上世袭的氏族酋长的身份,这是很难断定的。只有一点没有疑问,那就是我们不应该把他设想为现代意义上的财产所有者。其次,没有疑问的是,在成文史的最初期,我们就已经到处都可以看到畜群乃是家庭首领的特殊财产①,完全同野蛮时代的工艺品一样,同金属器具、奢侈品以及人畜——奴隶一样。

因为这时奴隶制度也已经发明了。对于低级阶段的野蛮人来说,奴隶是没有价值的。所以,美洲印第安人处置战败敌人的办法,与较高发展阶段上的人们的处置办法完全不同。男子被杀死或者被当做兄弟编入胜利者的部落;妇女则作为妻子,或者把她们同她们尚存的子女一起收养入族。在这个阶段上,人的劳动力还不能提供超出维持它的费用的显著的盈余。由于采用牲畜繁殖、金属加工、纺织以及最后田野耕作,情况就改变了。正如以前容易得到的妻子现在具有了交换价值②而可以购买一样,劳动力也发生了同样的变化,特别是在畜群完全转归家庭所有③以后。家庭并不像牲畜那样迅速繁殖。现在需要有更多的人来看管牲畜;为此正可以利用被俘虏的敌人,何况这些敌人像牲畜一样,也是可以继续繁殖的。

这些财富,一旦转归家庭④私有并且迅速增加起来,就给了以对偶婚和母权制氏族为基础的社会一个强有力的打击。对偶婚给家庭添加了一个新的因素。除了生身的母亲以外,它又确立了确实的生身的父亲,而且这个生身的父亲,大概比今天的许多"父亲"

---

① 在1884年版中不是"特殊财产",而是"私有财产"。——编者注
② 在1884年版中不是"以前容易得到的妻子现在具有了交换价值",而是"以前众多的妻子现在具有了价值"。——编者注
③ 在1884年版中不是"家庭所有",而是"私人所有"。——编者注
④ "家庭"是恩格斯在1891年版上增补的。——编者注

还要确实一些。按照当时家庭内的分工,丈夫的责任是获得食物和为此所必需的劳动工具,从而,他也取得了劳动工具的所有权;在离婚时,他就随身带走这些劳动工具,而妻子则保留她的家庭用具。所以,根据当时社会的习惯,丈夫也是食物的新来源即家畜的所有者,而后来又是新的劳动工具即奴隶的所有者。但是根据同一社会的习惯,他的子女却不能继承他的财产,因为关于继承问题有如下的情形。

根据母权制,就是说,当世系还是只按女系计算的时候,并根据氏族内最初的继承习惯,氏族成员死亡以后起初是由他的同氏族亲属继承的。财产必须留在氏族以内。最初,由于财物不多,在实践上大概总是转归最亲近的同氏族亲属所有,就是说,转归母方的血缘亲属所有。但是,男性死者的子女并不属于死者的氏族,而是属于他们的母亲的氏族;最初他们是同母亲的其他血缘亲属共同继承母亲的,后来,可能就首先由他们来继承了;不过,他们不能继承自己的父亲,因为他们不属于父亲的氏族,而父亲的财产应该留在父亲自己的氏族内。所以,畜群的占有者死亡以后,他的畜群首先应当转归他的兄弟姊妹和他的姊妹的子女,或者转归他母亲的姊妹的后代。他自己的子女则被剥夺了继承权。

因此,随着财富的增加,财富便一方面使丈夫在家庭中占据比妻子更重要的地位;另一方面,又产生了利用这个增强了的地位来废除传统的继承制度使之有利于子女的原动力。但是,当世系还是按母权制来确定的时候,这是不可能的。因此,必须废除母权制,而它也就被废除了。这并不像我们现在所想象的那样困难,因为这一革命——人类所经历过的最深刻的革命之一——并不需要侵害到任何一个活着的氏族成员。氏族的全体成员都仍然能够和以前一样。只要有一个简单的决定,规定以后氏族男性成员的子女应该留在本氏族内,而女性成员的子女应该离开本氏族,转到他们父亲的氏族中去就行了。这样就废除了按女系计算世系的办法和母系的继承权,确立了按男系计算世系的办法和父系的继承权。这一革命在文明民族中是怎样和在何时发生的,我们毫无所知。它是完全属于史前时代的事。不过这一革命确实**发生过**,关于这一点,特别是巴霍芬所搜集的关于母权制的许多遗迹的材料可以充分证明;至于这一革命是怎样容易地完成的,可以从许许多多印第安人部落的例子上看出来;在那里,部分地由于日益增长的财富和改变了的生活方式(从森林移居大草原)的影响,部分地由于文明和传教士的道德上的影响,这一革命不久以前方才发生,现在还在进行。在密苏里河流域的八个部落中,有六个是实行男系世系和男系继承制的,只有两个还按女系。在肖尼人、迈阿密人和德拉韦人各部落中,已经形成一种习俗,即用属于父亲氏族的一个氏族人名来给子女取名字,用这种方法把他们列入父亲的氏族,以便他们能继承自己的父亲。"借更改名称以改变事物,乃是人类天赋的决疑法! 于是就寻找一个缝隙,当实际利益提供足够的推动力时在传统的范围以内打破传统!"(马克思语)①因此,就发生了一个不可救药的混乱,这种混乱只有通过向父权制的过渡才能消除,而且确实部分地被这样消除了。"这看来是一个十分自然的过渡。"(马克思语)①至于②比较法学家们对这一过渡在旧大陆的各文明民族中是如何完成的说法——当然几乎全部只是一些假说而已——,见马·柯瓦列夫斯基《家庭及所有制的起源和发展概论》

---

① 参看马克思《路易斯·亨·摩尔根〈古代社会〉一书摘要》,《马克思恩格斯全集》中文第 1 版第 45 卷第 467 和 469 页。——编者注

② 从这里起到本段结束是恩格斯在 1891 年版上增补的。——编者注

1890 年斯德哥尔摩版。

母权制被推翻,乃是**女性的具有世界历史意义的失败**。丈夫在家中也掌握了权柄,而妻子则被贬低,被奴役,变成丈夫淫欲的奴隶,变成单纯的生孩子的工具了。妇女的这种被贬低了的地位,在英雄时代,尤其是古典时代的希腊人中间,表现得特别露骨,虽然它逐渐被粉饰伪装起来,有些地方还披上了较温和的外衣,但是丝毫也没有消除。

这样确立的男子独裁的第一个结果,表现在这时发生的家长制家庭这一中间形式上。这一形式的主要特点不是多妻制(关于这一点后边再讲),而是若干数目的自由人和非自由人在家长的父权之下组成一个家庭。在闪米特类型的家庭中,这个家长过着多妻的生活,非自由人也有妻子和子女,而整个组织的目的在于在一定的地域范围以内照管畜群。① 这种家庭的根本之处在于,一是把非自由人包括在内,一是父权;所以,这种家庭形式的完善的典型是罗马人的家庭。Familia 这个词,起初并不表示现代庸人的那种由脉脉温情同家庭龃龉组合起来的理想;在罗马人那里,它起初甚至不是指夫妻及其子女,而只是指奴隶。Famulus 的意思是一个家庭奴隶,而 familia 则是指属于一个人的全体奴隶。还在盖尤斯时代,familia,id est patrimonium(即遗产),就是通过遗嘱遗留的。这一用语是罗马人所发明,用以表示一种新的社会机体,这种机体的首长,以罗马的父权支配着妻子、子女和一定数量的奴隶,并且对他们握有生杀之权。

---

① 参看路·亨·摩尔根《古代社会》1877 年伦敦版第 465—466 页,以及马克思《路易斯·亨·摩尔根〈古代社会〉一书摘要》(《马克思恩格斯全集》中文第 1 版第 45 卷第 364 页)。——编者注

"因此,这一用语不会比拉丁部落的严酷的家庭制度更早,这种家庭制度是在采用田野耕作和奴隶制合法化以后,也是在雅利安意大利人同希腊人分离以后发生的。"①

对这一点,马克思补充说:"现代家庭在萌芽时,不仅包含着奴隶制(servitus),而且也包含着农奴制,因为它从一开始就是同田野耕作的劳役有关的。它**以缩影的形式**包含了一切后来在社会及其国家中广泛发展起来的对立。"②

这种家庭形式表示着从对偶婚向专偶婚的过渡。为了保证妻子的贞操,从而保证子女出生自一定的父亲,妻子便落在丈夫的绝对权力之下了;即使打死了她,那也不过是行使他的权利罢了。③

随着家长制家庭的出现,我们便进入成文史的领域,从而也进入比较法学能给我们以很大帮助的领域了。而比较法学在这里也确实给我们带来了重大的进步。我们感谢马克西姆·柯瓦列夫斯基(《家庭及所有制的起源和发展概论》1890 年斯德哥尔摩版第60—100 页),他向我们证明了,今天我们在塞尔维亚人和保加利亚人中还可以见到的那种称为扎德鲁加⁴⁴(大意为大家庭)和Bratstvo(兄弟社)的家长制家庭公社,以及在东方各民族中所见到的那种形式有所改变的家长制家庭公社,乃是一个由群婚中产生的母权制家庭和现代世界的个体家庭之间的过渡阶段。至少对于旧大陆各文明民族说来,对于雅利安人和闪米特人说来,这一点看来已经得到证明了。

---

① 路·亨·摩尔根《古代社会》1877 年伦敦版第 470 页。——编者注
② 参看马克思《路易斯·亨·摩尔根〈古代社会〉一书摘要》,《马克思恩格斯全集》中文第 1 版第 45 卷第 366 页。——编者注
③ 以下直到"在说到随着母权制的覆灭"(本卷第 70 页)以前是恩格斯在1891 年版上增补的。——编者注

南方斯拉夫的扎德鲁加是这种家庭公社现存的最好的例子。它包括一个父亲所生的数代子孙和他们的妻子,他们住在一起,共同耕种自己的田地,衣食都出自共同的储存,共同占有剩余产品。公社处于一个家长(domáćin)的最高管理之下,家长对外代表公社,有权出让小物品,掌管财务,并对财务和对整个家务的正常经营负责。他是选举产生的,完全不一定是最年长者。妇女和她们的工作受主妇(domáćica)领导,主妇通常是家长的妻子。在为姑娘择婿时,主妇也起着重要的,而且往往是决定性的作用。但是,最高权力集中在家庭会议,即全体成年男女社员的会议。家长向这个会议作报告;会议通过各项重大决议,对公社成员进行审判,对比较重要的买卖特别是地产的买卖等作出决定。

只是在大约十年以前,才证明了在俄国也还继续存在着这种大家庭公社[45];现在大家都承认,这种家庭公社,像农村公社[46]一样在俄国的民间习俗中深深地扎下了根子。它们出现在俄罗斯最古的法典即《雅罗斯拉夫的真理》[47]中,其名称(vervj)和达尔马提亚法典[48]中所用的相同;它们在波兰和捷克的史料中也可以得到证明。

根据霍伊斯勒(《德意志私法制度》)①的意见,德意志人的经济单位起初也不是现代意义上的个体家庭,而是由几代人或者说几个个体家庭所构成的,并且往往还包括许多非自由人的"家庭公社"。罗马的家庭也被归入这种类型,因此,家长的绝对权力,其他家庭成员对家长的无权地位,近来是受到很大怀疑的。在爱尔兰的凯尔特人中,据说也存在过类似的家庭公社;在法国的尼韦

---

① 安·霍伊斯勒《德意志私法制度》1886 年莱比锡版第 2 卷。——编者注

奈,直到法国革命时期,这种家庭公社还以 parçonneries 为名称保存着;而在弗朗什孔泰,它直到现在也还没有完全消失。在卢昂地区(在索恩-卢瓦尔省),还可以见到巨大的农民住房,中间是公用的、很高的、直达屋顶的大厅,四周是卧室,由六级至八级的梯子登入,在这里住着同一家庭的好几代人。

在印度,实行共同耕作的家庭公社,在亚历山大大帝时代奈阿尔科斯就已经提到过①,它今天也还存在于原来那些地方,即旁遮普和该国的整个西北部。在高加索,柯瓦列夫斯基本人就可以证明这种家庭公社的存在。在阿尔及利亚,它还存在于卡比尔人中间。甚至在美洲,据说它也曾经存在过;苏里塔所记述的古墨西哥的"calpullis"**49**,人们就想把它看做是家庭公社;而库诺(1890 年《外国》**50**杂志第 42—44 期)十分清楚地证明,在秘鲁被征服时,存在过一种马尔克制度(而且很奇怪,这种马尔克[Mark]叫做 marca),实行定期的重新分配耕地,从而实行个体耕作。②

无论如何,实行土地的共同占有和共同耕作的家长制家庭公社,现在就具有了和以前完全不同的意义。我们对于它在旧大陆各文明民族和其他若干民族中,在母权制家庭和个体家庭之间所起的重要的过渡作用,已不能有所怀疑了。在以后的阐述中,我们还要说到柯瓦列夫斯基所作的进一步的结论,即这种家长制家庭公社也是实行个体耕作以及起初是定期的而后来是永久的分配耕地和草地的农村公社或马尔克公社从中发展起来的过渡

---

① 参看斯特拉本《地理学》1829 年莱比锡铅印版第 15 卷第 1 章。——编者注
② 参看亨·库诺《古秘鲁的农村公社和马尔克公社》,载于 1890 年 10 月20、27 日和 11 月 3 日《外国》杂志第 42—44 期。——编者注

阶段。

谈到这种家庭公社内部的家庭生活,应当指出,至少在俄国,大家都知道,家长对于公社的年轻妇女,特别是对他的儿媳常常滥用他的地位,而且往往把她们作为后房;俄罗斯民歌对于这点的描述很有说服力。

在说到随着母权制的覆灭而迅速发展起来的专偶制以前,我们再就多妻制和多夫制说几句话。这两种婚姻形式,只能算是例外,可以说是历史的奢侈品,除非它们在某一个国家内同时并存,但是大家知道这是没有的事。因此,由于被排除在多妻制以外的男子并不能从因多夫制而成为多余的妇女那里求得安慰,而且男女的数目,不管社会制度如何,迄今又差不多是相等的,所以,不论多妻制或多夫制的婚姻形式都不能上升为普遍通行的形式。事实上,一夫多妻制显然是奴隶制度的产物,并且限于个别占据特殊地位的人物。在闪米特人的家长制家庭中,只有家长本人,至多还有他的几个儿子,过着多妻制的生活,其余的人都以一人一妻为满足。现在整个东方还是如此;多妻制是富人和显贵人物的特权,多妻主要是用购买女奴隶的方法取得的;人民大众都是过着专偶制的生活。印度和西藏的多夫制,也同样是个例外;关于它起源于群婚①这个肯定并非无关紧要的问题,还需要作进一步的研究。而在实践上,多夫制的容让性看来要比伊斯兰教徒的富于忌妒的后房制度大得多。例如至少在印度的纳伊尔人中间,虽然每三四个或更多的男子共有一个妻子,但是他们每人同时还可以和别的三个或更多的男子共有第二个,甚至第三个、第四个……妻子。奇怪

---

① 在1884年版中不是"群婚",而是"普那路亚家庭"。——编者注

的是,麦克伦南在叙述这种婚姻俱乐部时(其成员可以同时加入几个俱乐部),竟没有发现**俱乐部婚姻**这个新类别。不过,这种婚姻俱乐部的制度,决不是真正的多夫制;恰好相反,正如日罗–特隆已经指出的,①这只是群婚的一种特殊化了的形式;男子过着多妻制的生活,而妇女则过着多夫制的生活。②

4. 专偶制家庭。如上所述,它是在野蛮时代的中级阶段和高级阶段交替的时期从对偶制家庭中产生的;它的最后胜利乃是文明时代开始的标志之一。它是建立在丈夫的统治之上的,其明显的目的就是生育有确凿无疑的生父的子女;而确定这种生父之所以必要,是因为子女将来要以亲生的继承人的资格继承他们父亲的财产。专偶制家庭和对偶制不同的地方,就在于婚姻关系要牢固得多,这种关系现在已不能由双方任意解除了。这时通例只有丈夫可以解除婚姻关系,赶走他的妻子。对婚姻不忠的权利,这时至少仍然有习俗保证丈夫享有(拿破仑法典[5]明确规定丈夫享有这种权利,只要他不把姘妇带到家里来③);而且随着社会的进一步发展,这种权利也行使得越来越广泛;如果妻子回忆起昔日的性的实践而想加以恢复时,她就要受到比过去任何时候都更严厉的惩罚。

这种新的家庭形式的全部严酷性,我们在希腊人那里可以看到。正如马克思所指出的,神话中的女神的地位给我们展示了一个更早的时期,那时妇女还享有比较自由和比较受尊敬的地位,[51]但是到了英雄时代,我们就看到妇女已经由于男子的统治和女奴

---

① 亚·日罗–特隆《婚姻与家庭的起源》1884 年日内瓦—巴黎版。——编者注

② 最后一句话是恩格斯在 1891 年版上增补的。——编者注

③ 1804 年拿破仑统治时期通过的《民法典》第 230 条。——编者注

隶的竞争而被贬低了。① 只要读一下《奥德赛》，就可以看到特里曼珠是怎样打断他母亲的话并要求她缄默的。② 在荷马的史诗中，被俘虏的年轻妇女都成了胜利者的肉欲的牺牲品；军事首领们按照他们的军阶依次选择其中的最美丽者；大家也知道全部《伊利亚特》都是以阿基里斯和亚加米农二人争夺这样一个女奴隶的纠纷为中心的。荷马的史诗每提到一个重要的英雄，都要讲到同他共享帐篷和枕席的被俘的姑娘。这些姑娘也被带回胜利者的故乡和家里去同居，例如在埃斯库罗斯的作品中，亚加米农对珈桑德拉就是这样做的③；同这些女奴隶所生的儿子可以得到父亲遗产的一小部分，并被认为是自由民；特夫克尔就是铁拉孟的这样一个非婚生的儿子，他可以按父名给自己取名字。对于正式的妻子，则要她容忍这一切，同时还要她自己严格保持贞操和对丈夫的忠诚。虽然英雄时代的希腊妇女比文明时代的妇女较受尊敬，但是归根结底，她对于男子说来仍不过是他的婚生的嗣子的母亲、他的最高的管家婆和女奴隶的总管而已，他可以随意纳这些女奴隶为妾，而

---

① 在1884年版中，这句话的末尾是这样的："但是到了英雄时代，我们就看到，妇女处于半囚禁的隔绝状态，以便保证子女确实出自父亲。"自此以下直到"但是，尽管有这些幽禁和监视"（本卷第75页）以前的几大段文字，都是恩格斯在1891年版上增补的，以代替1884年版中的如下一段话："相反，男人却以被俘的女奴隶、他的战时共享帐篷的女伴来寻欢作乐。古典时期的情况未必更好。从贝克尔《哈里克尔》一书我们可以较为详细地查阅到希腊人如何对待妇女的情形。她们虽说不是被幽禁，但也是与世隔绝的，她们成了自己丈夫最高等的婢女，只能主要同其他的婢女来往。姑娘们则干脆被幽禁起来；妇女们只有由女奴做伴才能离家外出。如有男子来访，妇女就躲进自己的房间里去。"——编者注
② 荷马《奥德赛》第1首歌。——编者注
③ 埃斯库罗斯《奥列斯特》三部曲中的《亚加米农》。——编者注

且事实上也是这样做的。正是奴隶制与专偶制的并存，正是完全受**男子**支配的年轻美貌的女奴隶的存在，使专偶制从一开始就具有了它的特殊的性质，使它成了**只是对妇女**而不是对男子的专偶制。这种性质它到现在还保存着。

　　谈到较后时期的希腊人，应该把多立斯人同伊奥尼亚人区别开来。前者以斯巴达为典范，他们的婚姻关系在许多方面甚至比荷马本人所描写的婚姻关系还要古老。在斯巴达，是一种由国家根据当地的观点而改变了的对偶婚制，这种对偶婚制在有些方面还像群婚。不育子女的婚姻可以解除；国王阿拿克散德里德（约公元前 650 年）在一个不育的妻子以外又娶了一个，有着两个家；大约在同一时期，国王阿里斯东除了有两个不育的妻子以外还娶了第三个，而把前两妻中的一个退了。另一方面，几个兄弟可以有一个共同的妻子；一个人如果喜欢自己朋友的妻子，就可以和那个朋友共同享有她；而且把自己的妻子交给一个像俾斯麦所说的壮健的"种马"去支配，即使这个家伙本人并不属于公民之列，也被认为是合乎体统的事情。在普卢塔克的作品中，有一个地方谈到，一个斯巴达妇女叫一个向她求爱的情人去找她的丈夫商量；因此，按照舍曼的看法，可以认为在习俗上甚至存在着更大的自由。①所以，真正的通奸，妻背夫不贞，是从来没有听说过的。另一方面，斯巴达至少在其全盛时代，还没有家务奴隶，而处于农奴地位的黑劳士则另外居住在庄园里，因此，斯巴达人**52**占有他们的妻子的机会比较少。在这些条件下，斯巴达的妇女自然享有比其他希腊妇女受人尊敬得多的地位。斯巴达的妇女和少数优秀的雅典淫游

---

①　参看普卢塔克《斯巴达妇女的格言》第 5 章，以及格·弗·舍曼《希腊的古代文化》1855 年柏林版第 1 卷第 268 页。——编者注

女,是受古人尊崇并认为她们的言行是值得记载的举世无双的希腊妇女。

我们看到,在以雅典人为代表的伊奥尼亚人中间,情况就完全不同了。姑娘们只学习纺织缝纫,至多也不过学一点读写而已。她们差不多是被幽禁起来,只能同别的妇女有所交往。妇女所住的房间是家中的单独一部分,在楼上或者在后屋中,男子,特别是陌生人不容易入内,如果有男子来到家里,妇女就躲到那里去。妇女没有女奴隶做伴就不能离家外出;她们在家里实际上受着监视;阿里斯托芬曾经提到摩罗西狗,说人们饲养它们是为了吓走奸夫①,而且,至少在亚洲各城市,还用阉人来监视妇女,早在希罗多德时代,在希俄斯岛上就制造这种阉人出售,据瓦克斯穆特说,并不是只卖给野蛮人。② 在欧里庇得斯的作品中,妻子被称为oikurema③,即用来照管家务的一种物件(这个词是一个中性名词);在雅典人看来,妻子除生育子女以外,不过是一个婢女的头领而已。丈夫从事竞技运动和公共事业,而妻子不许参加;此外,丈夫还常常有女奴隶供他支配,而在雅典的全盛时期,则广泛盛行至少是受国家保护的卖淫。希腊妇女那超群出众的品性,正是在这种卖淫的基础上发展起来的,她们由于才智和艺术上的审美教养而高出于古代妇女的一般水平之上,正如斯巴达妇女由于性格刚烈而高出一般水平之上一样。但是,要成为妇人,必须先成为淫游女,这是对雅典家庭的最严厉的判决。

---

① 阿里斯托芬《费斯莫佛里节日中的妇女》。——编者注
② 参看希罗多德《历史》第 8 卷第 104 和 105 章,以及威·瓦克斯穆特《从国家观点研究希腊古代》1830 年哈雷版第 2 部第 2 篇第 77 页。——编者注
③ 欧里庇得斯《奥列斯特》。——编者注

　　这种雅典家庭随着时间的进展,成了一种范例,不仅其余的伊奥尼亚人,而且本土和殖民地的所有希腊人都逐渐按照这种范例来建立他们的家庭关系。但是,尽管有这些幽禁和监视,希腊妇女仍然常常可以找到欺瞒自己丈夫的机会。那些似乎耻于对自己妻子表示任何爱情的丈夫,就同淫游女纵情取乐;但对妇女的侮辱,却在男子身上得到了报复并侮辱了男子本身,直到他们堕落到玩弄男童的丑恶地步,并且通过加尼米德的神话使他们的神同他们自己一样都受到侮辱。

　　根据我们对古代最文明、最发达的民族所能作的考察,专偶制的起源就是如此。它决不是个人性爱的结果,它同个人性爱绝对没有关系,因为婚姻和以前一样仍然是权衡利害的婚姻。专偶制是不以自然条件为基础,而以经济条件为基础,即以私有制对原始的自然产生的公有制的胜利为基础的第一个家庭形式。① 丈夫在家庭中居于统治地位,以及生育只可能是他自己的并且确定继承他的财产的子女——这就是希腊人坦率宣布的个体婚制的唯一目的。其实,个体婚制对希腊人说来就是一种负担,是一种必须履行的对神、对国家和对自己祖先的义务。在雅典,法律不仅规定必须结婚,而且规定丈夫必须履行一定的最低限度的所谓婚姻义务。②

　　可见,个体婚制在历史上决不是作为男女之间的和好而出现的,更不是作为这种和好的最高形式而出现的。恰好相反。它是作为女性被男性奴役,作为整个史前时代所未有的两性冲突的宣告而出现的。在马克思和我于1846年合写的一个旧的、未发表的

---

① 在1884年版中这句话是"专偶制是不以自然条件为基础,而以社会条件为基础的第一个家庭形式"。——编者注
② 最后一句话是恩格斯在1891年版上增补的。——编者注

手稿中,我发现了如下一句话:"最初的分工是男女之间为了生育子女而发生的分工。"**53**现在我可以补充几句:在历史上出现的最初的阶级对立,是同个体婚制下夫妻间的对抗的发展同时发生的,而最初的阶级压迫是同男性对女性的压迫同时发生的。个体婚制是一个伟大的历史的进步,但同时它同奴隶制和私有制一起,却开辟了一个一直继续到今天的时代,在这个时代中,任何进步同时也是相对的退步,因为在这种进步中,一些人的幸福和发展是通过另一些人的痛苦和受压抑而实现的。个体婚制是文明社会的细胞形态,根据这种形态,我们就可以研究文明社会内部充分发展着的对立和矛盾的本质。

旧时性关系的相对自由,决没有随着对偶婚或者甚至个体婚的胜利而消失。

"旧的婚姻制度,虽然由于普那路亚集团的逐渐消亡而缩小到更加狭小的范围内,但仍然围绕着正在向前发展的家庭,并且伴随着它直到文明时代的最初期……这种旧制度最后终于消失在新型的淫游制中,这种新型的淫游制伴随着人类直到进入文明时代,就像一个阴影笼罩在家庭上面。"①

摩尔根所说的淫游制,是指**与个体婚制并存**的男子和未婚妇女在婚姻之外发生的性关系,这种性关系,大家知道,以各种不同的形式盛行于整个文明时代,而且日益变为公开的卖淫了。② 这种淫游制直接起源于群婚制,起源于妇女为赎买贞操权利而作的献身牺牲。为金钱而献身,最初是一种宗教行为,它是在爱神庙举行的,所得的钱最初都归于神庙的财库。亚美尼亚的阿娜伊蒂斯

---

① 路·亨·摩尔根《古代社会》1877 年伦敦版第 504 页。——编者注

② 以下直到"淫游制和社会的任何其他制度一样"(本卷第 77 页)以前是恩格斯在 1891 年版上增补的。——编者注

庙、科林斯的阿芙罗狄蒂庙的庙奴[54]，以及印度神庙中的宗教舞女，即所谓 Bajaderen（葡萄牙语 bailadeira——舞女一词的讹误），都是最初的娼妓。这种献身起初是每个妇女的义务，后来便只由这些女祭司代替其他所有妇女来实行了。在其他一些民族中，这种淫游制起源于允许姑娘们在结婚前有性的自由，因此也是群婚制的残余，只不过这种残余是通过另外一种途径传到今天的。随着财产差别的产生，亦即早在野蛮时代高级阶段，与奴隶劳动并存就零散地出现了雇佣劳动，同时，作为它的必然补充，也出现了与女奴隶的强制献身并存的自由妇女的职业卖淫。由此可见，群婚制传给文明时代的遗产是两重的，正如文明时代所产生的一切都是两重的、双面的、分裂为二的、对立的一样：一方面是专偶制，另一方面则是淫游制以及它的最极端的形式——卖淫。淫游制和社会的任何其他制度一样，也是一种社会的制度；它使旧时的性的自由继续存在，以利于男子。在实际上不仅被容忍而且特别为统治阶级所乐于实行的淫游制，在口头上是受到诅咒的。但是实际上，这种诅咒决不是针对着参与此事的男子，而只是针对着妇女：她们被剥夺权利，被排斥在外，以便用这种方法再一次宣布男子对妇女的无条件统治乃是社会的根本法则。

但是，在专偶制内部，第二种对立也因此而发展起来了。同靠淫游制来使自己的生活更美好的丈夫并存的还有一个被冷落的妻子。[①] 正如吃了半个苹果以后就再不能有一个整苹果一样，没有对立的另一面，就不可能有对立的这一面。尽管如此，男子的想法似乎仍然不是这样，直到他们的妻子教训了他们，使他们醒悟为

---

① 这两句话是恩格斯在 1891 年版上增补的。——编者注

止。随着个体婚制,出现了两种经常性的、以前所不知道的特有的社会人物:妻子的经常的情人和戴绿帽子的丈夫。男子获得了对妇女的胜利,但是桂冠是由失败者宽宏大量地给胜利者加上的。虽然加以禁止、严惩但终不能根除的通奸,已成为与个体婚制和淫游制并行的不可避免的社会的制度了。子女是否确凿无疑地出自父亲,像从前一样,至多只能依据道德的信念;所以,为了解决这个无法解决的矛盾,《拿破仑法典》第 312 条规定:

"L'enfant conçu pendant le mariage a pour père le mari"——凡在结婚以后怀胎的婴儿,以丈夫为父。

这便是个体婚制 3 000 年的最后结果。

这样,在个体家庭中,在仍然忠实于其历史起源并使由于丈夫的独占统治而出现的男女之间的冲突凸显的场合,我们就看到了自文明时代开始分裂为阶级的社会在其中运动的、既不能解决又不能克服的那些对立和矛盾的一幅缩图。自然,我在这里所说的,只是个体婚制的如下一些场合,即夫妻生活确实是按照这整个制度的最初性质的规则来进行而妻子反抗丈夫统治的场合。至于说并不是一切婚姻都是这样进行的,这一点没有人比德国庸人知道得更清楚了,他不知道怎样维护他在家中的统治,正如他不知道怎样维护他在国家中的统治一样,所以,他的妻子有充分权利操起不配由他掌握的权柄。但是他却自以为,他比他的同样不幸的、比他本人更常遇到恶劣得多的境遇的法国难友要优越得多。

不过,个体家庭决不是在任何地方和任何时候都具有像在希腊人中间所有的那种古典的粗野形式。罗马人作为世界的未来征服者,具有虽不如希腊人细致但比他们远大的见识,在罗马人中间,妇女是比较自由和受尊敬的。罗马的男子认为,妻子的贞操已经由于他对妻子有生杀之权而得到了充分的保证。此外,这里的妇女同男子一样,可以自愿解除婚姻关系。但是,在个体婚制发展方面的最大进步,无疑是随着德意志人登上历史舞台而发生的,因为在德意志人中间,大概由于他们贫穷的缘故,专偶制看来在那个时候还没有从对偶制中完全发展起来。我们是根据塔西佗所提到的如下三种情况而得出这个结论的。第一,尽管十分尊重婚姻——"他们以一个妻子为满足,妇女生活在被贞操防卫起来的环境中"①——,但是在他们的显要人物和部落首长中间却实行多妻制,同我们在实行对偶婚的美洲人中间看到的情况类似。第二,从母权制向父权制的过渡,在他们那里可能只是在此前不久的时候才完成的,因为母亲的兄弟——按照母权制是最近的男性的同氏族亲属——在他们那里仍然被认为是比自己的父亲更亲近的亲属,这一点也是与美洲印第安人的观点相一致的;正如马克思所常常说的,他在美洲印第安人中间找到了一把了解我们自己的原始时代的钥匙。第三,在德意志人中间,妇女很受尊敬并且对公共事务也有很大的影响,这同专偶制所特有的男子统治是直接对立的。差不多在这一切方面,德意志人都与斯巴达人相一致;正如我们已经看到的,在斯巴达人中间,对偶婚也还没有完全被放弃。②因此,在这方面,一个崭新的要素也随着德意志人的出现而获得了在世界上的统治地位。在各民族混合的过程中,在罗马世界的废墟上发展起来的新的专偶制,使男子的统治具有了比较温和的形式,而使妇女至少从外表上看来有了古典古代所从未有过的更受尊敬和更加自由的地位。这样就第一次造成了一种可能性,在这

---

① 塔西佗《日耳曼尼亚志》第18—19章。——编者注
② 后半句话是恩格斯在1891年版上增补的。——编者注

种可能性的基础上,从专偶制之中——因情况的不同,或在它的内部,或与它并行,或与它相反——发展起来了我们应归功于专偶制的最伟大的道德进步:整个过去的世界所不知道的现代的个人性爱。

但是,这个进步无疑是由这样的情况引起的,即德意志人还生活在对偶制家庭中,他们在可能的范围内把适应于对偶制家庭的妇女地位嫁接到专偶制上来;这一进步决不是由于德意志人的什么传奇性的、道德上纯洁得令人惊奇的天性所引起的,这种天性只不过是:对偶制实际上并不像专偶制那样在明显的道德对立中发展。恰好相反,德意志人在其迁徙时期,特别是在向东南方,即黑海沿岸草原游牧民族区迁徙时期,在道德上堕落得很厉害,除骑马术以外,他们还从这些游牧民族那里染上了丑恶的反常情的恶习,阿米亚努斯关于泰发耳人,普罗科皮乌斯关于海鲁莱人的叙述就是明显的证明。①

不过,如果说在我们所知道的一切家庭形式中,专偶制是现代的性爱能在其中发展起来的唯一形式,那么这并不是说,现代的性爱作为夫妇相互的爱完全或主要是在这一形式中发展起来的。在男子统治下的牢固的个体婚制的整个本质,是排斥这一点的。在一切历史上主动的阶级中间,即在一切统治阶级中间,婚姻的缔结和对偶婚以来的做法相同,仍然是一种由父母安排的、权衡利害的事情。所以,第一个出现在历史上的性爱形式,表现为热恋,表现为每个人(至少是统治阶级中的每个人)都能享受到的热恋,表现

---

① 参看阿米亚努斯·马尔采利努斯《罗马史》第 31 卷第 9 章,以及凯撒里亚的普罗科皮乌斯《查士丁尼同波斯人、汪达尔人及哥特人的战争史》第 6 卷。——编者注

为性的冲动的最高形式(这正是性爱的特性),而这第一个出现的性爱形式,中世纪的那种骑士之爱,根本不是夫妇之爱。恰好相反,古典方式的、普罗旺斯人的骑士之爱,正是极力要破坏夫妻的忠实,而他们的诗人们所歌颂的也正是这个。Albas,用德文来说就是破晓歌,是普罗旺斯爱情诗①的精华。它用热烈的笔调描写骑士怎样睡在他的情人——别人的妻子——的床上,门外站着侍卫,当晨曦(alba)初露时,便通知骑士,使他能悄悄地溜走,而不被人发觉;接着是叙述离别的情景,这是歌词的最高潮。北部法兰西人和老实的德意志人,也学到了这种诗体和与它相适应的骑士之爱的方式,而我们的老沃尔弗拉姆·冯·埃申巴赫也以这种挑逗性的主题留下了三首美妙的破晓歌,我觉得这些诗歌比他的三篇很长的英雄诗更好。

在今日的资产阶级中间,缔结婚姻有两种方式。在天主教国家中,父母照旧为年轻的资产阶级儿子选择适当的妻子,其结果自然是专偶制所固有的矛盾得到了最充分的发展:丈夫方面是大肆实行淫游,妻子方面是大肆通奸。天主教会禁止离婚,恐怕也只是因为它确信对付通奸就像对付死亡一样,是没有任何药物可治的。相反,在新教国家中,通例是允许资产阶级的儿子有或多或少的自由去从本阶级选择妻子;因此,一定程度的爱可能成为结婚的基础,而且,为了体面,也始终以此为前提,这一点符合新教伪善的精神。在这里,丈夫实行淫游并不那么厉害,而妻子的通奸也比较不那么常见。不过,在任何婚姻形式下,人们结婚后和结婚前仍然是同样的人,而新教国家的资产者又大多是些庸人,所以,这种新教

---

① 指 11 世纪末至 13 世纪初法国南部的行吟诗人们的诗歌。——编者注

的专偶制,即使拿一般最好的场合来看,也只不过是导致被叫做家庭幸福的极端枯燥无聊的婚姻共同体罢了。小说就是这两种缔结婚姻的方法的最好的镜子:法国的小说是天主教婚姻的镜子;德国的①小说是新教婚姻的镜子。在这两种场合,"他都有所得";在德国小说中是青年得到了少女;在法国小说中是丈夫得到了绿帽子。两者之中究竟谁的处境更坏,不是每次都可以弄清楚的。因此,德国小说的枯燥之于法国资产者,正如法国小说的"不道德"之于德国的庸人一样是令人不寒而栗的。可是,最近,自从"柏林成为世界都市"以来,德国小说也开始不那么胆怯地描写当地早就为人所知的淫游和通奸了。

但是,在这两种场合,婚姻都是由当事人的阶级地位来决定的,因此总是权衡利害的婚姻。② 这种权衡利害的婚姻,在这两种场合都往往变为最粗鄙的卖淫——有时是双方,而更常见的是妻子。妻子和普通娼妓的不同之处,只在于她不是像雇佣女工做计件工作那样出租自己的身体,而是把身体一次永远出卖为奴隶。所以,傅立叶的一句话,可适用于一切权衡利害的婚姻,他说:

"正如在文法上两个否定构成一个肯定一样,在婚姻道德上两个卖淫则算做一个美德。"**55**

只有在被压迫阶级中间,而在今天就是在无产阶级中间,性爱才成为而且也才可能成为对妇女的关系的常规,不管这种关系是否为官方所认可。不过,在这里,古典的专偶制的全部基础也就除

---

① 在1884年版中是"德国的和瑞典的"。——编者注
② 以下直到"只有在被压迫阶级中间"以前是恩格斯在1891年版上增补的。——编者注

去了。在这里没有任何财产,而专偶制和男子的统治原是为了保存和继承财产而建立的;因此,在这里也就没有建立男子统治的任何推动力了。况且,在这里也没有达到这个目的的手段:维护男子统治的资产阶级法律,只是为了维护有产者和他们同无产者的相互关系而存在的;它是要花费金钱的,而因为工人贫穷的缘故,它对于工人同他的妻子的关系就没有效力了。在这里,起决定作用的完全是另一种个人的和社会的关系。此外,自从大工业迫使妇女从家庭进入劳动市场和工厂,而且往往把她们变为家庭的供养者以后,在无产者家庭中,除了自专偶制出现以来就蔓延开来的对妻子的野蛮粗暴也许还遗留一些以外,男子统治的最后残余也已失去了任何基础。这样一来,无产者的家庭,甚至在双方都保持最热烈的爱情和最牢固的忠实的情况下,并且不管有可能得到什么样的宗教的和世俗的祝福,也不再是严格意义上的专偶制的家庭了。所以,专偶制的经常伴侣——淫游和通奸,在这里只有极其微小的作用;妻子事实上重新取得了离婚的权利,当双方不能和睦相处时,他们就宁愿分离。一句话,无产者的婚姻之为专偶制,是在这个名词的词源学意义上说的,决不是在这个名词的历史意义上说的。①

诚然,我们的法学家认为,立法的进步使妇女越来越失去申诉不平的任何根据。现代各文明国家的法律体系越来越承认,第一,为了使婚姻有效,它必须是一种双方自愿缔结的契约;第二,在结婚同居期间,双方在相互关系上必须具有平等的权利和义务。如果这两种要求都能彻底实现,那么妇女就有了她们所能希望的一切了。

---

① 　以下直到"现在让我们再回过来谈摩尔根吧"(本卷第94页)以前是恩格斯在1891年版上增补的。——编者注

　　这种纯法律的论据,同激进的共和派资产者用来击退和安抚无产者的论据完全一样。劳动契约据说是由双方自愿缔结的。而只要法律**在字面上**规定双方平等,这个契约就算是自愿缔结。至于不同的阶级地位给予一方的权力,以及这一权力加于另一方的压迫,即双方实际的经济地位——这是与法律毫不相干的。在劳动契约有效期间,只要此方或彼方没有明白表示放弃,双方仍然被认为是权利平等的。至于经济地位迫使工人甚至把最后一点表面上的平等权利也放弃掉,这又是与法律无关的。

　　在婚姻问题上,法律,即使是最进步的法律,只要当事人让人把他们出于自愿一事正式记录在案,也就十分满足了。至于法律幕后的现实生活发生了什么事,这种自愿是怎样造成的,法律和法学家都可以置之不问。但是,最简单的法制比较,在这里也会向法学家们表明,这种自愿究竟是怎么一回事。在法律保证子女继承父母财产的应得部分,因而不能剥夺他们继承权的各国——在德国,在采用法国法制的各国以及其他一些国家中——,子女的婚事必须得到父母的同意。在采用英国法制的各国,法律并不要求结婚要得到父母的同意,在这些国家,父母对自己的财产也有完全的遗赠自由,他们可以任意剥夺子女的继承权。很明显,尽管如此,甚至正因为如此,在英国和美国,在有财产可继承的阶级中间,结婚的自由在事实上丝毫也不比在法国和德国更多些。

　　男女婚后在法律上的平等权利,情况也不见得更好些。我们从过去的社会关系中继承下来的两性的法律上的不平等,并不是妇女在经济上受压迫的原因,而是它的结果。在包括许多夫妇和他们的子女的古代共产制家户经济中,由妇女料理家务,正如由男子获得食物一样,都是一种公共的、为社会所必需的事业。随着家长制家庭,尤其是随着专偶制个体家庭的产生,情况就改变了。料理家务失去了它的公共的性质。它与社会不再相干了。它变成了**一种私人的服务**；妻子成为主要的家庭女仆，被排斥在社会生产之外。只有现代的大工业，才又给妇女——只是给无产阶级的妇女——开辟了参加社会生产的途径。但在这种情况下，如果她们仍然履行自己对家庭中的私人的服务的义务，那么她们就仍然被排除于公共的生产之外，而不能有什么收入了；如果她们愿意参加公共的事业而有独立的收入，那么就不能履行家庭中的义务。不论在工厂里，或是在一切行业直到医务界和律师界，妇女的地位都是这样的。现代的个体家庭建立在公开的或隐蔽的妇女的家务奴隶制之上，而现代社会则是纯粹以个体家庭为分子而构成的一个总体。现今在大多数情形之下，丈夫都必须是挣钱的人，赡养家庭的人，至少在有产阶级中间是如此，这就使丈夫占据一种无须任何特别的法律特权加以保证的统治地位。在家庭中，丈夫是资产者，妻子则相当于无产阶级。不过，在工业领域内，只有在资本家阶级的一切法定的特权被废除，而两个阶级在法律上的完全平等的权利确立以后，无产阶级所受的经济压迫的独特性质，才会最明白地显露出来；民主共和国并不消除两个阶级的对立，相反，正是它才提供了一个为解决这一对立而斗争的地盘。同样，在现代家庭中丈夫对妻子的统治的独特性质，以及确立双方的真正社会平等的必要性和方法，只有当双方在法律上完全平等的时候，才会充分表现出来。那时就可以看出，妇女解放的第一个先决条件就是一切女性重新回到公共的事业中去；而要达到这一点，又要求消除个体家庭作为社会的经济单位的属性。

————

这样，我们便有了三种主要的婚姻形式，这三种婚姻形式大体上与人类发展的三个主要阶段相适应。群婚制是与蒙昧时代相适应的,对偶婚制是与野蛮时代相适应的,以通奸和卖淫为补充的专偶制是与文明时代相适应的。在野蛮时代高级阶段,在对偶婚制和专偶制之间,插入了男子对女奴隶的统治和多妻制。

以上全部论述证明,在这种顺序中所表现的进步,其特征就在于,妇女越来越被剥夺了群婚的性的自由,而男性却没有被剥夺。的确,群婚对于男子到今天事实上仍然存在着。凡在妇女方面被认为是犯罪并且要引起严重的法律后果和社会后果的一切,对于男子却被认为是一种光荣,至多也不过被当做可以欣然接受的道德上的小污点。但是,自古就有的淫游制现今在资本主义商品生产的影响下变化越大,越适应于资本主义商品生产,越变为露骨的卖淫,它在道德上的腐蚀作用也就越大。而且它在道德上对男子的腐蚀,比对妇女的腐蚀要厉害得多。卖淫只是使妇女中间不幸成为受害者的人堕落,而且她们也远没有堕落到普通所想象的那种程度。与此相反,它败坏着全体男子的品格。所以,举例来说,长期的未婚夫状态,十有八九都是婚后不忠实的真正的预备学校。

但是,我们现在正在走向一种社会变革,那时,专偶制的迄今存在的经济基础,正像它的补充物即卖淫的经济基础一样,不可避免地都要消失。专偶制的产生是由于大量财富集中于一人之手,也就是男子之手,而且这种财富必须传给这一男子的子女,而不是传给其他人的子女。为此,就需要妻子方面的专偶制,而不是丈夫方面的专偶制,所以这种妻子方面的专偶制根本不妨碍丈夫的公开的或秘密的多偶制。但是,行将到来的社会变革至少将把绝大部分耐久的、可继承的财富——生产资料——变为社会所有,从而把这一切对于传授遗产的关切减少到最低限度。可是,既然专偶制是由于经济的原因而产生的,那么当这种原因消失的时候,它是不是也要消失呢?

可以不无理由地回答：它不仅不会消失，而且相反，只有那时它才能完全地实现。因为随着生产资料转归社会所有，雇佣劳动、无产阶级，从而一定数量的——用统计方法可以计算出来的——妇女为金钱而献身的必要性，也要消失了。卖淫将要消失，而专偶制不仅不会灭亡，而且最后对于男子也将成为现实。

这样一来，男子的地位无论如何要发生很大的变化。而妇女的地位，**一切**妇女的地位也要发生很大的转变。随着生产资料转归公有，个体家庭就不再是社会的经济单位了。私人的家务变为社会的事业。孩子的抚养和教育成为公共的事情；社会同等地关怀一切儿童，无论是婚生的还是非婚生的。因此，对于"后果"的担心也就消除了，这种担心在今天成了妨碍少女毫无顾虑地委身于所爱的男子的最重要的社会因素——既是道德的也是经济的因素。那么，会不会由于这个原因，就足以逐渐产生更随便的性关系，从而也逐渐产生对处女的荣誉和女性的羞耻都更加马虎的社会舆论呢？最后，难道我们没有看见，在现代世界上专偶制和卖淫虽然是对立物，却是不可分离的对立物，是同一社会秩序的两极吗？能叫卖淫消失而不叫专偶制与它同归于尽吗？

在这里，一个在专偶制发展的时候最多只处于萌芽状态的新的因素——个人的性爱，开始发生作用了。

在中世纪以前，是谈不到个人的性爱的。不言而喻，形体的美丽、亲密的交往、融洽的性情等等，都曾引起异性对于发生性关系的热望；同谁发生这种最亲密的关系，无论对男子还是对女子都不是完全无所谓的。但是这距离现代的性爱还很远很远。在整个古代，婚姻都是由父母为当事人缔结的，当事人则安心顺从。古代所仅有的那一点夫妇之爱，并不是主观的爱好，而是客观的义务；不是婚姻的基础，而是婚姻的附加物。现代意义上的爱情关系，在古代只是在官方社会以外才有。忒俄克里托斯和莫斯库斯曾歌颂其爱情的喜悦和痛苦的那些牧人,朗格的达夫尼斯和赫洛娅,全都是不参与国家事务,不参与自由民活动的奴隶。而除去奴隶以外,我们所遇到的爱情纠纷只是灭亡中的古代世界解体的产物,而且是与同样也处在官方社会以外的妇女,与淫游女,即异地妇女或被释女奴隶发生的纠纷:在雅典是从它灭亡的前夜开始,在罗马是在帝政时期。如果说在自由民男女之间确实发生过爱情纠纷,那只是就婚后通奸而言的。所以,对于那位古代的古典爱情诗人老阿那克里翁来说,现代意义上的性爱竟是如此无关紧要,以致被爱者的性别对于他来说也成了无关紧要的事情。

现代的性爱,同古代人的单纯的性要求,同厄洛斯[情欲],是根本不同的。第一,性爱是以所爱者的对应的爱为前提的;从这方面说,妇女处于同男子平等的地位,而在古代的厄洛斯时代,决不是一向都征求妇女同意的。第二,性爱常常达到这样强烈和持久的程度,如果不能结合而彼此分离,对双方来说即使不是一个最大的不幸,也是一个大不幸;为了能彼此结合,双方甘冒很大的危险,直至拿生命孤注一掷,而这种事情在古代充其量只是在通奸的场合才会发生。最后,对于性关系的评价,产生了一种新的道德标准,人们不仅要问:它是婚姻的还是私通的,而且要问:是不是由于爱和对应的爱而发生的? 自然,在封建的或资产阶级的实践中,这个新的标准,并不比其他一切道德标准的境遇更好——人们对它视若无睹。不过,它的境遇也并非更坏;它和其他道德标准一样——在理论上,在字面上,也是被承认的。而更高的要求目前它就不能提了。

中世纪是从具有性爱的萌芽的古代世界停止前进的地方接着向前走的,它以通奸的方式接着前进。我们已经叙述过那创造了破晓歌的骑士之爱。从这种力图破坏婚姻的爱情,到那种应该成为婚姻的基础的爱情,还有一段漫长的路程,这段路程骑士们将永远走不到尽头。甚至我们由轻浮的罗曼语各民族进而考察有德行的德意志人时,在《尼贝龙根之歌》**32** 中也可以发现,克里姆希耳德虽然暗中钟情于齐格弗里特,而且不亚于齐格弗里特对她的钟情,但是当贡特尔宣布已把她许配给一个骑士(他没有说出他的名字)时,她却简单地回答道:

> "您不必问我;您要我怎样,我总是照办;老爷,您要我嫁给谁,我就乐意和他订婚。"①

她甚至连想也没有想,她的爱情在这里是可以加以考虑的。贡特尔向布龙希耳德求婚,埃策耳向克里姆希耳德求婚,他们一次也不曾见过她们;同样,在《古德龙》**56** 中,爱尔兰的齐格班特向挪威的乌黛求婚,黑盖林格的黑特耳向爱尔兰的希尔达求婚,以及莫尔兰的齐格弗里特、诺曼的哈尔特木特和西兰的黑尔维希向古德龙求婚,都是如此;而这里第一次出现古德龙自愿嫁给黑尔维希。按照通例,年轻王公的未婚妻都是由父母选择的,只要父母还活着;否则他就同大诸侯们商议,自行选择,大诸侯们的意见在一切场合总是起着很大的作用。而且也不能不如此。对于骑士或男爵,像对于王公一样,结婚是一种政治行为,是一种借新的联姻来扩大自己势力的机会;起决定作用的是**家族**的利益,而决不是个人的意愿。在这种条件下,爱情怎能对婚姻问题有最后决定权呢?

中世纪城市的行会师傅也是如此。单是保护着他的那些特权,带有各种限制的行会条例,在法律上把他同别的行会,或者同

---

① 《尼贝龙根之歌》第 10 首歌。——编者注

本行会的同事,或者同他的帮工和学徒分开的种种人为的界限,就大大缩小了他寻求适当的妻子的范围。至于这些女子当中谁是最适当的,在这种错综复杂的体系下,决定这个问题的绝对不是他个人的意愿,而是家庭的利益。

因此,直到中世纪末期,在绝大多数场合,婚姻的缔结仍然和最初一样,不是由当事人决定的事情。起初,人们一出世就已经结了婚——同整个一群异性结了婚。在较后的各种群婚形式中,大概仍然存在着类似的状态,只是群的范围逐渐缩小罢了。在对偶婚之下,通例是由母亲给自己的子女说定婚事;在这里关于新的亲戚关系的考虑也起着决定的作用,这种新的亲戚关系应该使年轻夫妇在氏族和部落中占有更牢固的地位。当父权制和专偶制随着私有财产的分量超过共同财产以及随着对继承权的关切而占了统治地位的时候,结婚便更加依经济上的考虑为转移了。买卖婚姻的**形式**正在消失,但它的实质却在越来越大的范围内实现,以致不仅对妇女,而且对男子都规定了价格,而且不是根据他们的个人品质,而是根据他们的财产来规定价格。当事人双方的相互爱慕应当高于其他一切而成为婚姻基础的事情,在统治阶级的实践中是自古以来都没有的。至多只是在浪漫故事中,或者在不受重视的被压迫阶级中,才有这样的事情。

这就是从地理发现的时代起,资本主义生产通过世界贸易和工场手工业而准备取得在世界上的统治地位的时候它所遇到的状况。人们想必认为,这种结婚方式对于资本主义生产是非常合适的,而事实上也确实如此。但是——世界历史的讽刺神秘莫测——正是资本主义生产注定要把这种结婚方式打开一个决定性的缺口。它把一切都变成了商品,从而消灭了过去留传下来的一切古老的关系,它用买卖、"自由"契约代替了世代相因的习俗,历史的法。英国的法学家亨·萨·梅恩说,同以前的各个时代相比,我们的全部进步就在于从身份进到契约,从过去留传下来的状态进到自由契约所规定的状态。① 他自以为他的这种说法是一个伟大的发现,其实,这一点,就其正确之处而言,在《共产主义宣言》②中早已说过了③。

然而,只有能够自由地支配自己的人身、行动和财产并且彼此权利平等的人们才能缔结契约。创造这种"自由"和"平等"的人们,正是资本主义生产的主要工作之一。虽然这在最初不过是半自觉地发生的,并且穿上了宗教的外衣,但是自路德和加尔文的宗教改革以来,就牢固地确立了一个原则,即一个人只有在他以完全自由的意志去行动时,他才能对他的这些行动负完全的责任,而对于任何强迫人从事不道德行为的做法进行反抗,乃是道德上的义务。但是这同迄今为止的订立婚约的实践怎么能协调起来呢? 按照资产阶级的理解,婚姻是一种契约,是一种法律行为,而且是一种最重要的法律行为,因为它就两个人终身的肉体和精神的问题作出规定。虽然这种契约那时在形式上是自愿缔结的;没有当事人双方的同意就不能解决问题。不过人人都非常明白,这一同意是如何取得的,实际上是谁在订立婚约。然而,在缔结别的契约时要求真正自由的决定,那么在订立婚约时为什么不要求这种自由呢? 难道两个将要被撮合的青年人没有权利自由地支配他们自己、他们的身体以及身体的器官吗? 难

① 参看亨·萨·梅恩《古代法:它与社会早期历史的联系和它与现代观念的关系》1866年伦敦第3版第170页。——编者注
② 即《共产党宣言》。——编者注
③ 见本选集第1卷第400—413页。——编者注

道性爱不是由于骑士而成为时髦,与骑士的通奸之爱相比,难道夫妇之爱不是性爱的正确的资产阶级形式吗? 既然彼此相爱是夫妇的义务,那么相爱者彼此结婚而不是同任何别人结婚不同样也是他们的义务吗? 难道相爱者的这种权利不是高于父母、亲属以及其他传统的婚姻中介人和媒妁的权利吗? 既然自由的、个人审定的权利已经无礼地侵入教会和宗教的领域,它怎么能在老一代支配下一代的肉体、灵魂、财产、幸福和不幸这种无法容忍的要求面前停步呢?

这些问题,在社会的一切旧有的联系正在松弛,一切因袭的观念正在动摇的时候,是必然要提出来的。世界一下子大了差不多十倍;现在展现在西欧人眼前的,已不是一个半球的四分之一,而是整个地球了,他们正忙着去占据其余的七个四分之一。传统的中世纪思想方式的千年藩篱,同旧日的狭隘的故乡藩篱一样崩溃了。在人的外在的眼睛和内心的眼睛前面,都展开了无比广大的视野。在为印度的财富、墨西哥和波托西的金矿银矿所引诱的青年男子看来,尊长们的赞许以及世代相传的荣耀的行会特权能有什么意义呢? 这是资产阶级的漫游骑士的时代;这个时代也有自己的浪漫故事和爱情幻想,但都是按照资产阶级的方式,而且归根到底是抱着资产阶级的目的的。

于是就发生了这样的情况:正在兴起的资产阶级,特别是在现存制度最受动摇的新教国家里,都越来越承认在婚姻方面也有缔结契约的自由,并用上述方式来实现这一自由。婚姻仍然是阶级的婚姻,但在阶级内部则承认当事者享有某种程度的选择的自由。在字面上,在道德理论上以及在诗歌描写上,再也没有比认为不以夫妻相互性爱和真正自由的协议为基础的任何婚姻都是不道德的那种观念更加牢固而不可动摇的了。总之,恋爱婚姻被宣布为人权,并且不仅是 droit de l'homme①,而且在例外的情况下也是妇女的权利。

但是,这种人权有一点是与其他一切所谓人权不同的。当后者实际上只限于统治阶级即资产阶级,而对于被压迫阶级即无产阶级则直接或间接地被削减了的时候,历史的讽刺又应验了。统治阶级仍然为众所周知的经济影响所支配,因此在他们中间,真正自由缔结的婚姻只是例外,而在被统治阶级中间,像我们已看到的,这种婚姻却是通例。

因此,结婚的充分自由,只有在消灭了资本主义生产和它所造成的财产关系,从而把今日对选择配偶还有巨大影响的一切附加的经济考虑消除以后,才能普遍实现。到那时,除了相互的爱慕以外,就再也不会有别的动机了。　.

既然性爱按其本性来说就是排他的——虽然这种排他性今日只是在妇女身上无例外地得到实现——,那么,以性爱为基础的婚姻,按其本性来说就是个体婚姻。我们已经看到,巴霍芬认为由群婚向个体婚过渡这一进步主要应归功于妇女,是多么的正确;只有由对偶婚制向专偶制的进步才是男子的功劳;在历史上,后一进步实质上是使妇女地位恶化,而便利了男子的不忠实。因此,那种迫使妇女容忍男子的这些通常的不忠实行为的经济考虑——例如对自己的生活,特别是对自己子女的未来的担心———旦消失,那么由此而达到的妇女的平等地位,根据以往的全部经验来判断,与其说会促进妇女的多夫制,倒不如说会在无比大的程度上促进男子的真正的专偶制。

---

① "droit de l'homme"既有"人的权利"的意思,也有"男子的权利"的意思。
　　——编者注

但是，专偶制完全肯定地将要失掉的东西，就是它因起源于财产关系而被烙上的全部特征，这些特征是：第一，男子的统治，第二，婚姻的不可解除性。男子在婚姻上的统治完全是他的经济统治的结果，它将自然地随着后者的消失而消失。婚姻的不可解除性，部分地是专偶制所赖以产生的经济状况的结果，部分地是这种经济状况和专偶制之间的联系还没有被正确地理解并且被宗教加以夸大的那个时代留下的传统。这种不可解除性现在就已经遭到千万次的破坏了。如果说只有以爱情为基础的婚姻才是合乎道德的，那么也只有继续保持爱情的婚姻才合乎道德。不过，个人性爱的持久性在各个不同的个人中间，尤其在男子中间，是很不相同的，如果感情确实已经消失或者已经被新的热烈的爱情所排挤，那就会使离婚无论对于双方或对于社会都成为幸事。只是要使人们免于陷入离婚诉讼的无益的泥潭才好。

这样，我们现在关于资本主义生产行将消灭以后的两性关系的秩序所能推想的，主要是否定性质的，大都限于将要消失的东西。但是，取而代之的将是什么呢？这要在新的一代成长起来的时候才能确定：这一代男子一生中将永远不会用金钱或其他社会权力手段去买得妇女的献身；而这一代妇女除了真正的爱情以外，也永远不会再出于其他某种考虑而委身于男子，或者由于担心经济后果而拒绝委身于她所爱的男子。这样的人们一经出现，对于今日人们认为他们应该做的一切，他们都将不去理会，他们自己将做出他们自己的实践，并且造成他们的与此相适应的关于个人实践的社会舆论——如此而已。

现在让我们再回过来谈摩尔根吧，我们已经把他丢开很远了。对于在文明时期发展起来的社会制度进行历史的考察，是超出了他的著作的范围的。所以，他只是非常简单地论述了一下专偶制在这一时期的命运。他也认为专偶制家庭的进一步发展是一种进步，是一种向两性权利完全平等的接近，而这一目标他并不认为已经达到了。不过，他说：

　　"如果承认家庭已经依次经过四种形式而现在正处在第五种形式中这一事实，那就要产生一个问题：这一形式在将来会不会永久存在？可能的答案只有一个：它正如迄今的情形一样，一定要随着社会的发展而发展，随着社会的变化而变化。它是社会制度的产物，它将反映社会制度的发展状况。既然专偶制家庭从文明时代开始以来，已经改进了，而在现代特别显著，那么我们至少可以推测，它能够进一步完善，直至达到两性的平等为止。如果专偶制家庭在遥远的将来不能满足社会的需要，那也无法预言，它的后继者将具有什么性质了。"①

三　易洛魁人的氏族

　　我们现在来谈一谈摩尔根的另一发现，这一发现至少与他根据亲属制度恢复原始家庭形式有着同等重要的意义。摩尔根证明：美洲印第安人部落内部用动物名称命名的血族团体，实质上是与希腊人的氏族［genea］、罗马人的氏族［gentes］相同的；美洲的形式是原始的形式，而希腊—罗马的形式是晚出的、派生的形式；原始时代希腊人和罗马人的氏族、胞族和部落的全部社会组织，跟美洲印第安人的组织极其相似；氏族，直到野蛮人进入文明时代为止，甚至再往后一点，是一切野蛮人所共有的制度（就现有资料而

---

①　路·亨·摩尔根《古代社会》1877 年伦敦版第 491—492 页。参看马克思《路易斯·亨·摩尔根〈古代社会〉一书摘要》（《马克思恩格斯全集》中文第 1 版第 45 卷第 374—375 页）。——编者注

言）。摩尔根证明了这一切以后，便一下子说明了希腊、罗马上古史中最困难的地方，同时，出乎意料地给我们阐明了原始时代——**国家**产生以前社会制度的基本特征。虽然这个发现在人们一旦知道它之后显得十分简单，但是，摩尔根只是最近才做到这一点的；在他于1871年出版的前一部著作①中，他还没有看透这个秘密，而这个秘密揭开之后，就使一向那样自信的英国原始史学家们一时②沉默了下去。

摩尔根普遍用以表示这种血族团体的拉丁语氏族［gens］一词，像同意义的希腊语 genos 一词一样，来源于共同的雅利安语的词根 gan（德语为 kan，因为在德语中，通例是用 k 代替雅利安语的 g），gan 的意思是"生育"。gens，genos，梵语的 dschanas，哥特语（依照上面所说的通例）的 kuni，古斯堪的纳维亚语和盎格鲁撒克逊语的 kyn，英语的 kin，中古高地德语的 künne，都同样表示血族、世系。不过拉丁语的 gens 和希腊语的 genos，都是专用以表示这样的一种血族团体，这种团体自夸有共同的世系（这里指的是出自一个共同的男始祖），并且借某种社会的和宗教的制度而组成一个特殊的公社。但是这种血族团体的起源与本性，我们的一切历史编纂学家迄今为止却一直弄不清楚。

我们在前面，在研究普那路亚家庭时，已经看到原始形式的氏族是怎样构成的。凡由于普那路亚婚姻，并且依照这种婚姻中必然占统治地位的观念而成为一个确定的女始祖即氏族创立者的公认后代的人，都是这种氏族的成员，这样就组成了氏族。由于在这

---

① 路·亨·摩尔根《人类家庭的血亲制度和姻亲制度》1871年华盛顿版。——编者注

② "一时"是恩格斯在1891年版上增补的。——编者注

种家庭形式下父系血统不能确定,所以只承认女系。又由于兄弟不得娶自己的姊妹为妻,只能同其他世系的妇女结婚,所以,根据母权制,同这些异族妇女所生的子女,便列在氏族以外。这样,留在血族团体内部的只有各代**女儿**的子孙;儿子的子孙则归入其母亲的氏族。一俟这种血缘亲属集团构成一个面对同一部落内其他类似集团的特殊集团,它又是什么样子呢?

摩尔根举出易洛魁人的氏族,特别是塞讷卡部落的氏族,作为这种原始氏族的古典形式。这个部落内有八个氏族,都以动物的名称命名:(1)狼,(2)熊,(3)龟,(4)海狸,(5)鹿,(6)鹬,(7)苍鹭,(8)鹰。每个氏族内都盛行以下的习俗:

1. 氏族选举一个酋长(平时的首脑)和一个酋帅(军事领袖)。酋长必须从本氏族成员中选出,他的职位在氏族内世袭,一旦出缺,必须立刻重新补上;军事领袖,也可以从氏族以外的人中选出并且有时可以暂缺。由于易洛魁人奉行母权制,因而酋长的儿子属于另一氏族,所以从不选举前一酋长的儿子做酋长,而是往往选举他的兄弟做酋长,或者选举他的姊妹的儿子做酋长。所有的人,无论男女,都参加选举。不过选举须经其余七个氏族确认,只有在这以后,当选为酋长的人才被隆重地,就是说由全易洛魁联盟的联合议事会委任。这样做的意义,在后面就可以看出来。酋长在氏族内部的权力,是父亲般的、纯粹道义性质的;他手里没有强制的手段。此外,由于他的职位,他也是塞讷卡部落议事会以及全体易洛魁人联盟的议事会的成员。酋帅仅仅在出征时才能发号施令。

2. 氏族可以任意罢免酋长和酋帅。这仍是由男女共同决定的。被罢免的人,此后便像其他人一样成为普通战士,成为私人。此外,部落议事会也可以甚至违反氏族的意志而罢免酋长。

3. 氏族的任何成员都不得在氏族内部通婚。这是氏族的根本规则,维系氏族的纽带;这是极其肯定的血缘亲属关系的否定表现,赖有这种血缘亲属关系,它所包括的个人才成为一个氏族。摩尔根由于发现了这个简单的事实,就第一次揭示了氏族的本质。从前关于蒙昧人和野蛮人的报告,把构成氏族制度的各种集团,糊里糊涂地、不加分别地混为一谈,统称为部落、克兰[39]、萨姆[57]等等,而且往往说,在这种集团内部禁止通婚,这证明以前人们对于氏族是多么不了解。这便造成了一种不可救药的混乱,麦克伦南先生就在这个混乱中得以充当拿破仑,用最后的判决建立了这样的秩序:一切部落分为部落内部禁止通婚的(外婚制的)和许可通婚的(内婚制的)两种。他这样把问题更加彻底混淆以后,便埋头于最深沉的研究中,去探讨在他的两个无聊乏味的类别中,究竟哪一种更加古老:是外婚制还是内婚制。自从发现了以血缘亲属关系为基础的,因此其成员间不能通婚的氏族之后,这种荒谬的说法就不攻自破了。不言而喻,在我们见到的易洛魁人所处的那种发展阶段,氏族内部禁止通婚是被严格遵守着的。

4. 死者的财产转归同氏族其余的人所有,它必须留在氏族中。因为易洛魁人所能遗留的东西为数很少,所以他的遗产就由他最近的同氏族亲属分享;男子死时,由他的同胞兄弟、姊妹以及母亲的兄弟分享;妇女死时,由她的子女和同胞姊妹而不是由她的兄弟分享。根据同一理由,夫妇不能彼此继承,子女也不得继承父亲。

5. 同氏族人必须互相援助、保护,特别是在受到外族人伤害时,要帮助报仇。个人依靠氏族来保护自己的安全,而且也能做到这一点;凡伤害个人,便是伤害了整个氏族。因而,从氏族的血族关系中便产生了为易洛魁人所绝对承认的血族复仇的义务。假使一个氏族成员被外族人杀害了,那么被害者的全氏族就有义务实行血族复仇。起初是试行调解；行凶者的氏族议事会开会，大抵用道歉与赠送厚礼的方式，向被害者的氏族的议事会提议和平了结事件。如果提议被接受，事情就算解决了。否则，受害的氏族就指定一个或几个复仇者，他们的义务就是去追寻行凶者，把他杀死。如果这样做了，行凶者的氏族也没有诉怨的权利，事情就算了结了。

6. 氏族有固定的人名或几套人名，在全部落内只有该氏族才能使用这些人名，因此，氏族各个成员的名字，也就表明了他属于哪一氏族。氏族的人名自始就伴有氏族的权利。

7. 氏族可以接纳外人入族，并由此吸收他们为整个部落的成员。例如在塞讷卡部落中，未杀死的俘虏，由于被一个氏族接纳入族，就成为部落的成员，从而获得了氏族和部落的一切权利。接纳外人入族的事情，是根据氏族的个别成员的提议而实行的：男子可以提议接纳外人为兄弟或姊妹；女子可以提议接纳外人为自己的孩子；为了确认这种接纳，必须举行入族仪式。个别因特殊情形而人丁不旺的氏族，常常由于大批接纳另一氏族（得到它的同意）的人入族而重新兴旺起来。在易洛魁人中间，入族仪式在部落议事会的公共集会上举行，实际上已经变为一种宗教仪式。

8. 印第安人的氏族有无专有的宗教祭祀，很难确定；不过印第安人的宗教仪式多少都是和氏族联系在一起的。在易洛魁人的六个一年一度的宗教节日期间，各个氏族的酋长和酋帅，由于他们的职位，都被列为"信仰守护人"，而执行祭司的职能。

9. 氏族有着共同的墓地。纽约州境内四周都为白种人包围的易洛魁人，他们的墓地现在已经绝迹了，但从前是存在过的。在其他印第安人那里，这种墓地还保存着；例如，和易洛魁人有近亲关系的吐斯卡罗腊人，他们虽然是基督徒，但在教堂墓地中，每一氏族都独成一排,所以,总是把母亲而不是把父亲和孩子埋在同一排。而在易洛魁人中间,死者的全氏族都要参加葬仪,营造坟墓,致悼词等等。

10. 氏族有议事会,它是氏族的一切成年男女享有平等表决权的民主集会。这种议事会选举、罢免酋长和酋帅,以及其余的"信仰守护人";它作出为被杀害的氏族成员接受赎罪献礼(杀人赔偿金)或实行血族复仇的决定;它收养外人加入氏族。总之,它是氏族的最高权力机关。

典型的印第安人氏族的职能就是这样。

"它的全体成员都是自由人,都有相互保卫自由的义务;在个人权利方面平等,不论酋长或军事领袖都不能要求任何优先权;他们是由血亲纽带结合起来的同胞。自由、平等、博爱,虽然从来没有明确表达出来,却是氏族的根本原则,而氏族又是整个社会制度的单位,是有组织的印第安人社会的基础。这就可以说明,为什么印第安人具有那种受到普遍承认的强烈的独立感和自尊心。"①

到发现美洲的时候,全北美洲的印第安人都是按照母权制组成为氏族。仅在某几个部落如达科塔人的部落,氏族已然衰落;在另外几个部落中间,如在奥季布瓦、奥马哈等部落中间,氏族已经是按照父权制组成了。

在许多有五六个以上氏族的印第安人部落中间,我们看到,每三四个或更多的氏族联合成一个特殊的集团,摩尔根根据希腊语对类似集团的称呼,忠实地把印第安语的名称译过来,把这种集团

---

① 路·亨·摩尔根《古代社会》1877年伦敦版第85—86页。参看马克思《路易斯·亨·摩尔根〈古代社会〉一书摘要》(《马克思恩格斯全集》中文第1版第45卷第416页)。——编者注

叫做 Phratrie(胞族)。例如,塞讷卡部落有两个胞族;第一个胞族包括1—4四个氏族,第二个胞族包括5—8四个氏族。更详细的研究表明,这种胞族大抵是当初由部落分裂成的最初的氏族;因为在氏族内部禁止通婚的情况下,每个部落必须至少包括两个氏族才能独立存在。随着部落的增殖,每个氏族又分裂成两个或两个以上的氏族,这些氏族如今也作为单个的氏族而存在;而包括一切女儿氏族的最初的氏族,则作为胞族继续存在。在塞讷卡人和大多数其他印第安人中间,一个胞族内的各氏族被认为是兄弟氏族,而其他胞族的各氏族则被认为是它们的从兄弟氏族——这种称呼,在美洲亲属制度中,像我们在前边所看到的,都具有极其真实而明确的意义。塞讷卡人起初在胞族内也不能通婚,但是这种习俗久已废除了,如今只限于氏族。塞讷卡部落有一种传说,"熊"和"鹿"两个氏族是最初的氏族,其他氏族都是从这两个氏族分化出来的。这个新组织扎下根以后,便根据需要而改变;要是某一胞族的一些氏族灭亡了,那么为均衡起见,有时就从别的胞族中拨几个氏族去补充它。因此,我们在不同的部落中间,可以看到名称相同的氏族以不同的方式集结在各胞族中。

易洛魁人的胞族的职能,部分地是社会性质的,部分地是宗教性质的。(1)胞族间互相赛球竞技;每一胞族派出自己的优秀球员,其余的人按胞族旁立观看,并以本胞族球员的获胜打赌。(2)在部落议事会上,每个胞族的酋长和军事领袖坐在一起,两个胞族彼此相对,每个发言者都面对各胞族的代表讲话,把他们当做特别的团体。(3)如果部落内发生杀人事件,当行凶者与被害者不属于同一个胞族时,被害者的氏族往往诉诸自己的兄弟氏族;于是这些氏族就举行胞族议事会,把对方胞族作为一个整体进行交涉,使对方胞族也召集自己的议事会,以谋求事件的解决。因此,在这里,胞族又以最初的氏族的资格出现,并且比它派生的较微弱的单个氏族更有获胜的希望。(4)在重要人物死亡时,对方胞族办理安葬和丧礼,而死者胞族的成员则以死者的近亲服丧人资格参与葬仪。酋长死时,对方胞族将出缺一事通知易洛魁人的联盟议事会。(5)在选举酋长时,胞族议事会也出面参与。兄弟氏族对选举的确认,被认为是一种当然的事情;但另一个胞族的氏族则可能提出异议。在这种情况下,这个胞族的议事会即召开会议;如果议事会认为异议是正当的,选举就算无效。(6)从前,易洛魁人有一些特殊的宗教神秘仪式,白种人把它称为巫术集会。这种神秘仪式在塞讷卡人那里,是由两个宗教团体举行的;新会员入会时还举行正式的入会仪式;两个胞族中各有一个这样的团体。(7)在征服时期①,住在特拉斯卡拉四个区的四个 lineages(血族),如果是——而这差不多是肯定的——四个胞族的话,那么这证明,像希腊人的胞族以及德意志人的类似的血族团体一样,这种胞族也都有军事单位的意义;这四个血族在作战时各成一队,各穿自己的制服,有自己的旗帜和自己的首领。

正如几个氏族组成一个胞族一样,几个胞族就古典形式来说则组成一个部落;而那些大大衰微的部落则往往没有胞族这种中间环节。那么,美洲印第安人部落有什么特征呢?

1. 有自己的地区和自己的名称。每一部落除自己实际居住的地方以外,还占有相当大的地区供打猎和捕鱼之用。在这个地区之外,还有一块广阔的中立地带,一直延伸到邻近部落的地区边上;在语言接近的各部落间,这种中立地带比较狭小,在语言不

---

① 指 1519—1521 年西班牙侵略者征服墨西哥的时期。——编者注

接近的各部落中间,中立地带比较宽大。这种地带跟德意志人的边境森林、凯撒的苏维汇人在他们地区四周所设的荒地相同;这也跟丹麦人和德意志人之间的 îsarnholt（丹麦语为 jarnved, limes Danicus）、德意志人和斯拉夫人之间的萨克森森林和 branibor（斯拉夫语,意即"防卫林",勃兰登堡这一名称即由此而来）相同。由这种不确定的疆界隔开的地区,乃是部落的公有土地,而为相邻部落所承认,并由部落自己来防卫,以免他人侵占。疆界的不确定,多半仅在人口大量增加的时候,才会在实际上感到不方便。部落的名称,看来多半是偶然形成的,而不是有意选择的。随着时间的推移,往往一个部落被邻近各部落取了另外的名称,与该部落自己使用的名称不同,像德意志人历史上最初的统称"日耳曼人"是由凯尔特人给他们取的一样。

2. 有独特的、仅为这个部落所用的**方言**。事实上,部落和方言在实质上范围是一致的;因分裂而形成新部落与新方言的事情,不久以前还在美洲发生,时至今日,也未必完全停止。在两个衰落的部落合而为一的地方,有时例外地在同一个部落内说着两种极为相近的方言。美洲各部落的平均人数在 2 000 人以下;但是彻罗基部落却有 26 000 人,这是在合众国说同一方言的数目最多的印第安人。

3. 有隆重委任氏族所选出的酋长和军事领袖的权利。

4. 有罢免他们的权利,甚至可以违反他们氏族的愿望而罢免他们。由于这些酋长和军事领袖都是部落议事会的成员,部落对他们有这种权利是当然的。凡已经组成部落联盟而且一切部落都有代表参加联盟议事会的地方,上述权利便转归联盟议事会了。

5. 有共同的宗教观念（神话）和崇拜仪式。

"印第安人,是按照野蛮人方式信仰宗教的人民。"①

他们的神话迄今还远没有得到考证性的研究;他们已经给自己的宗教观念——各种精灵——赋予人的形象,但是他们还处在野蛮时代低级阶段,所以还不知道具体的造像,即所谓偶像。这是一种正向多神教发展的自然崇拜与自然力崇拜。各部落都有其定期的节日和一定的崇拜形式,特别是舞蹈和竞技;舞蹈尤其是一切宗教祭祀的主要组成部分;每一部落各自庆祝自己的节日。

6. 有管理公共事务的部落议事会。它是由各个氏族的酋长和军事领袖组成的——这些人是氏族的真正代表,因为他们是随时都可以罢免的;议事会公开开会,四周围着其余的部落成员,这些成员有权加入讨论和发表自己的意见;决议则由议事会作出。按照通例,每个出席的人都可以随意发表意见,妇女也可以通过她们所选出的演说人陈述自己的意见。在易洛魁人中间,最后的决定需要一致通过,跟德意志人的马尔克公社在作出某些决定时一样。部落议事会特别负有调整同其他部落的关系的责任;它接待和派遣使者,宣战及媾和。要是发生战争,大多由志愿者去作战。在原则上,每一个部落只要没有同其他部落订立明确的和平条约,它同这些部落便都算是处在战争状态。反对这种敌人的军事行动,大多由一些优秀的战士来组织;这些战士发起一个战争舞蹈,凡参加舞蹈的人,就等于宣告加入了出征队,队伍便立刻组织起来,即刻出动。部落的领土若被侵犯,其防卫也大多由志愿者来担任。这种队伍的出发和归来,总要举行公共的典礼。这种出征并

---

① 路·亨·摩尔根《古代社会》1877 年伦敦版第 115 页。参看马克思《路易斯·亨·摩尔根〈古代社会〉一书摘要》(《马克思恩格斯全集》中文第 1 版第 45 卷第 436 页)。——编者注

不需要得到部落议事会的同意,没有人去征求这种同意,也没有人给予这种同意。这正和塔西佗所记述的德意志人扈从队的私人出征一样①,不过德意志人的扈从队伍,已具有比较常备的性质,而成为一种在平时也有组织,在战时集结其他志愿兵的强固核心了。这种武装队伍的人数一般不多;印第安人的最重要的出征,即使到距离很远的地方去,也是由不大的战斗力量来进行的。假如有几支这样的扈从队为了一次大规模战事而联合起来时,其中每支队伍只服从它自己的首领;作战计划的统一,好歹由这些首领的议事会来保证。据阿米亚努斯·马尔采利努斯的记载②,4世纪阿勒曼尼人在上莱茵的作战方法,就是如此。

7. 在有些部落中间,有一个最高的首领,但他的权力很小。他是酋长之一,当需要紧急行动时,他应当在议事会召集会议作出最后决定之前采取临时的措施。这是一种具有执行权力的官员的微弱萌芽,不过它在进一步发展中多半都没有什么成果;这种官员,如我们在后面将要看到的,虽不是到处,但在大多数场合,都是由最高军事首长发展来的。

大多数的美洲印第安人,都没有超过联合为部落的阶段。他们的人数不多的部落,彼此由广大的边境地带隔离开来,而且为不绝的战争所削弱,这样他们就以少数的人口占有辽阔的地区。亲属部落间的联盟,常因暂时的紧急需要而结成,随着这一需要的消失即告解散。但在个别地方,最初本是亲属部落的一些部落从分散状态中又重新团结为永久的联盟,这样就朝民族[Nation]的形

---

① 塔西佗《日耳曼尼亚志》。——编者注

② 《阿米亚努斯·马尔采利努斯著作摘录》,D.科斯特博士译,载于《德国史前史学家》第2卷《原始时代》1879年莱比锡版。——编者注

成跨出了第一步。在合众国,我们在易洛魁人中间,便可以见到这种联盟的最发达的形式。他们从密西西比河以西的地方(在这里,他们大概是很大的达科塔族系的一个分支)迁移出来,经过长期漂泊才定居在今日的纽约州,并分成了五个部落:塞讷卡、卡尤加、奥嫩多加、欧奈达及摩霍克。他们以捕鱼、打猎及原始园艺为生;住在大多用栅栏防卫起来的村落中。他们的人数从未超过两万;五个部落中有几个氏族是共同的;他们说着同一种语言的非常近似的方言,占有互相接壤的、为五个部落所瓜分的地区。因为这个地区是他们不久以前才征服来的,所以这些部落惯于团结起来对付被他们驱逐的部落,是自然而然的事。这样至迟到15世纪初,就发展成为一种正式的"永世联盟",这种联盟,一经意识到它的新的实力,便立刻具有了进攻的性质,在1675年前后,当它达到了极盛的时候,便征服了它四周的广大土地,把这些地方上的居民一部分驱逐出境,一部分使之纳贡。易洛魁人联盟是尚未越过野蛮时代低级阶段的印第安人(因而,墨西哥人、新墨西哥人[27]和秘鲁人除外)所曾达到的最进步的社会组织。联盟的基本特点如下:

1. 五个血缘亲属部落以完全平等和在部落的一切内部事务上的独立为基础,结成永世联盟。这种血缘亲属关系是联盟的真实基础。五个部落中有三个称为父亲部落,互为兄弟部落;其余两个称为儿子部落,也互为兄弟部落。有三个氏族——最老的——在五个部落中都还存在着,另外有三个氏族在三个部落中都还存在着;这些氏族中的每一个氏族,其成员在所有五个部落中都被认为是兄弟。仅在方言上有差异的共同语言,便是共同世系的表现和证明。

2. 联盟的机关是联盟议事会,由50个地位和威信平等的酋长组成;这个议事会对联盟的一切事务作最后的决定。

3. 这50个酋长,在联盟成立时,被分配在各部落和氏族中,担任专为联盟目的而设立的新的公职。当出缺时,有关的氏族便重新进行选举,同时有关的氏族也可以随时罢免他们;不过委任权则属于联盟议事会。

4. 联盟的这些酋长们,在他们各自的部落中也是酋长,享有参加部落议事会和表决的权利。

5. 联盟议事会的一切决议,须经全体一致通过。

6. 表决是按部落举行的,这样,每个部落以及每个部落内的议事会全体成员,都必须一致赞成,决议才算有效。

7. 五个部落议事会中每一个都可以召集联盟议事会,但联盟议事会本身不得自行召集。

8. 会议在聚集起来的民众面前公开举行,每个易洛魁人都可以发言;但只有议事会才能作决定。

9. 联盟没有一长制首长,即没有主掌执行权的首脑。

10. 但联盟有两个具有平等职能和平等权力的最高军事首长(类似斯巴达人的两“王”,罗马的两执政官)。

易洛魁人在其中生活了400余年,而且直至今日还生活于其中的整个社会制度,就是如此。我依据摩尔根,比较详细地叙述了这种制度,因为我们在这里有机会研究一种尚不知**国家**为何物的社会的组织情况。国家是以一种与全体固定成员相脱离的特殊的公共权力为前提的,所以毛勒凭其正确的直觉,确认德意志的马尔克制度是一种纯粹社会的制度,虽然它以后大部分成了国家的基础,但在本质上它是和国家不同的。因此,毛勒在他的一切著作中所研究的,是公共权力逐渐从马尔克、乡村、农户、城市等最初的组织中产生和与之并行产生的情形。**58**我们从北美印第安人那里可以看出,一个原来统一的氏族集团怎样逐渐散布于辽阔的大陆;各部落怎样通过分裂而转化为各民族[Völker],转化为整个的部落集团;语言怎样改变,以致不仅成了互相不懂的东西,而且差不多失去了原来统一性的任何痕迹;与此同时,在部落内部,单个的氏族怎样分裂为好几个氏族,老的母亲氏族作为胞族保存下来,但是这些最老的氏族的名称,在彼此相距极远的、老早就分离了的部落中间仍是一样的——"狼"和"熊"在大多数印第安人部落中仍然是氏族的名称。一般说来,上述的社会制度适用于印第安人的一切部落,只是有许多部落没有达到亲属部落联盟的程度罢了。

但是,我们也看到,氏族作为社会单位出现以后,氏族、胞族和部落这整个社会组织就怎样以几乎不可抗拒的必然性(因为是天然性)从这种单位中发展出来。这三种集团代表着不同层次的血缘亲属关系,每个都是闭关自守,自己的事情自己管理,但是又互相补充。归它们管辖的事情,包括低级阶段上的野蛮人的全部公共事务。所以,我们凡遇见某一民族是把氏族作为社会单位时,我们也就可以去寻找类似前面所讲的那种部落组织;凡有充足资料的地方,如在希腊人和罗马人那里,我们不仅能找出这种组织,而且也会确信,即使在没有资料作为依据的地方,只要与美洲社会制度作一比较,也有助于我们解决最困难的疑难和哑谜。

而这种十分单纯质朴的氏族制度是一种多么美妙的制度呵!没有士兵、宪兵和警察,没有贵族、国王、总督、地方官和法官,没有监狱,没有诉讼,而一切都是有条有理的。一切争端和纠纷,都由当事人的全体即氏族或部落来解决,或者由各个氏族相互解决;血族复仇仅仅当做一种极端的、很少应用的威胁手段;我们今日的死刑,只是这种复仇的文明形式,而带有文明的一切好处与弊害。虽然当时的公共事务比今日多得多——家户经济是由一组家庭按照共产制共同经营的,土地是全部落的财产,仅有小小的园圃归家户经济暂时使用——,可是,丝毫没有今日这样臃肿复杂的管理机关。一切问题,都由当事人自己解决,在大多数情况下,历来的习俗就把一切调整好了。不会有贫穷困苦的人,因为共产制的家户经济和氏族都知道它们对于老年人、病人和战争残废者所负的义务。大家都是平等、自由的,包括妇女在内。他们还不曾有奴隶;奴役异族部落的事情,照例也是没有的。当易洛魁人在1651年前后征服伊利部落和"中立民族"[59]的时候,他们曾建议这两个部落作为完全平等的成员加入他们的联盟;被征服者只是在拒绝了这个建议之后,才被驱逐出自己所居住的地区。凡与未被腐蚀的印第安人接触过的白种人,都称赞这种野蛮人的自尊心、公正、刚强和勇敢,这些称赞证明了,这样的社会能够产生怎样的男子,怎样的妇女。

不久以前,我们在非洲看到了这种勇敢的例证。祖鲁卡菲尔人在数年前,也像努比亚人在数月前一样——两者都是至今还保存着氏族制度的部落——曾做出了任何欧洲军队都不能做到的事情。[60]他们没有枪炮,仅仅用长矛和投枪武装起来,在英国步兵——在密集队形战斗上被公认为世界第一——的后装枪的弹雨之下,竟然一直向前冲到刺刀跟前,不止一次打散英军队伍,甚至使英军溃退,尽管在武器上非常悬殊,尽管他们根本没有服过兵役,也不知道什么是操练。英国人诉苦说,卡菲尔人比马走得还快,一昼夜比马走得还远,这就可以证明这种野蛮人的能力和毅力。"他们的最小的一条筋都暴栗起来,坚硬如钢,像鞭条一样。"——一位英国的画家这样说。

在没有分化为不同的阶级以前,人类和人类社会就是如此。要是我们把他们的状况和现代绝大多数文明人的状况作一比较,那么就可以看出,在今日的无产者和小农同古代自由的氏族成员之间,差距是巨大的。

这是一个方面。但我们不要忘记,这种组织是注定要灭亡的。它没有超出部落的范围;部落联盟的建立就已经标志着这种组织开始崩溃,这一点我们在后面将会看到,易洛魁人征服其他部落的企图也表明了这一点。凡是部落以外的,便是不受法律保护的。在没有明确的和平条约的地方,部落与部落之间便存在着战争,而且这种战争进行得很残酷,使别的动物无法和人类相比,只是到后来,才因物质利益的影响而缓和一些。全盛时期的氏族制度,如我们在美洲所见的,其前提是生产极不发展,因而广大地区内人口极度稀少;因此,人类差不多完全受着同他异己地对立着的、不可理解的外部大自然的支配,这也就反映在幼稚的宗教观念中。部落始终是人们的界限,无论对其他部落的人来说或者对他们自己来说都是如此:部落、氏族及其制度,都是神圣而不可侵犯的,都是自然所赋予的最高权力,个人在感情、思想和行动上始终是无条件服从的。这个时代的人们,虽然令我们感到值得赞叹,但他们彼此完全没有差别,他们都还依存于——用马克思的话说——自然形成的共同体的脐带①。这种自然形成的共同体的权力必然要被打破,而且也确实被打破了。不过它是被那种使人感到从一开始就是一种退化,一种离开古代氏族社会的纯朴道德高峰的堕落的势力所打破的。最卑下的利益——无耻的贪欲、狂暴的享受、卑劣的名利欲、对公共财产的自私自利的掠夺——揭开了新的、文明的阶级社会;最卑鄙的手段——偷盗、强制、欺诈、背信——毁坏了古老

---

① 参看马克思《资本论》第 1 卷,《马克思恩格斯文集》第 5 卷第 97 页。——编者注

的没有阶级的氏族社会,把它引向崩溃。而这一新社会自身,在其整整两千五百余年的存在期间,只不过是一幅区区少数人靠牺牲被剥削和被压迫的大多数人而求得发展的图画罢了,而这种情形,现在比从前更加厉害了。

四　希腊人的氏族

希腊人,像皮拉斯基人以及其他起源于同一部落的民族一样,在史前时代,就已经按照美洲人的那种有机的序列——氏族、胞族、部落、部落联盟组织起来了。胞族可能是没有的,在多立斯人中间就是这样;部落联盟也不是到处都有成立的必要,但无论如何氏族是基本的单位。希腊人,在他们出现在历史舞台上的时候,已经站在文明时代的门槛上了;他们与上述美洲部落之间,横亘着差不多整整两个很大的发展时期,亦即英雄时代的希腊人超过易洛魁人两个时期。所以,希腊人的氏族也决不再是易洛魁人的那种古老的氏族了,群婚①的痕迹正开始显著地消失。母权制已让位给父权制;正在产生的私有制就这样在氏族制度上打开了第一个缺口。第二个缺口是第一个缺口的自然结果:由于在实行父权制以后,富有的女继承人的财产在她出嫁时应当归她的丈夫所有,从而归别的氏族所有,所以,这便摧毁了整个氏族权利的基础,在这种情况下,为了把少女的财产保存在氏族以内,不仅容许少女在氏族内出嫁,而且也**规定**要这样做。

根据格罗特的《希腊史》,其中雅典的氏族是建立在以下的基

---

① 在1884年版中不是"群婚",而是"普那路亚家庭"。——编者注

础上的：

1. 共同的宗教祭祀和祭司为祀奉一定的神所拥有的特权。这种神被假想为氏族的男始祖，并用独特的名称做这种地位的标志。

2. 共同的墓地（参看狄摩西尼《反驳欧布利得》**61**）。

3. 相互继承权。

4. 在受到侵害时提供帮助、保护和支援的相互义务。

5. 在一定情况下，特别是在事关孤女或女继承人的时候，在氏族内部通婚的相互权利和义务。

6. 至少在某些情况下拥有共同财产，有自己的一位 Archon（酋长）和一位司库。

此后，几个氏族结合为一个比较不那么密切的胞族；但是在这里我们也可以看到类似的相互权利与义务，特别是共同举行一定的宗教仪式以及在胞族成员被杀害时进行追究的权利。一个部落的所有胞族，又有共同的定期举行的祭祀，由一个从贵族（Eupatriden）中间选出的 Phylobasileus（部落酋长）主持。①

格罗特所说的，就是这样。马克思补充说："但是，透过希腊氏族，也可以清楚地看到蒙昧人（例如易洛魁人）。"②要是我们作进一步的研究，那就看得更加清楚。

希腊的氏族还具有以下这几个特征：

---

① 参看乔·格罗特《希腊史》1869 年伦敦版第 3 卷第 54—55 页，以及马克思《路易斯·亨·摩尔根〈古代社会〉一书摘要》（《马克思恩格斯全集》中文第 1 版第 45 卷第 496—497 页）。——编者注

② 参看马克思《路易斯·亨·摩尔根〈古代社会〉一书摘要》,《马克思恩格斯全集》中文第 1 版第 45 卷第 497 页。——编者注

7. 按照父权制计算世系。

8. 禁止氏族内部通婚,但女继承人例外。这一例外及其确立成为规定,就证明旧时的规则仍然有效。这也是从下述普遍通行的原则中产生的,即妇女出嫁后,就不再参加本氏族的宗教仪式,而改行她丈夫的氏族的宗教仪式,注籍于她丈夫的胞族。根据这一点以及狄凯阿尔科斯的著名的一段话[62]看来,可知外婚乃是规则,而贝克尔在《哈里克尔》一书中径直认为,无论什么人都不得在本氏族内部通婚。①

9. 接纳外人入族的权利;这是用家庭接纳的办法来实现的,不过要有公开的仪式,而且只限于例外情形。

10. 选举和罢免酋长的权利。我们知道,每一氏族都有自己的酋长;但是,任何地方都没有说过这一职务是在一定的家庭里世袭的。在野蛮时代结束以前,不大可能有严格的②世袭制,因为这种世袭制是同富人和穷人在氏族内部享有完全平等权利的秩序不相容的。

不仅格罗特,而且尼布尔、蒙森以及迄今为止的其他一切古典古代历史编纂学家,都没有解决氏族问题。不论他们多么正确地叙述了氏族的许多特征,但是他们总是把氏族看做**家庭集团**,因此便不能理解氏族的本性和起源。在氏族制度之下,家庭从来不是,也不可能是一个组织单位,因为夫与妻必然属于两个不同的氏族。

---

① 参看威·阿·贝克尔《哈里克尔。古代希腊习俗状况。对希腊人的私生活的较详细的介绍》1840年莱比锡版第2册第447页,以及马克思《路易斯·亨·摩尔根〈古代社会〉一书摘要》(《马克思恩格斯全集》中文第1版第45卷第497—498页)。——编者注

② "严格的"是恩格斯在1891年版上增补的。——编者注

氏族整个包括在胞族内，胞族整个包括在部落内；而家庭却是一半包括在丈夫的氏族内，一半包括在妻子的氏族内。国家在公法上也不承认家庭，到今日为止，家庭不过存在于私法上而已。然而我们的全部历史编纂学直至现在都是从以下一个荒诞的，尤其在18世纪已成为不可侵犯的假定出发的：与文明时代几乎同时出现的专偶制个体家庭，曾是社会和国家围绕它而逐渐萌发起来的核心。

马克思补充说："格罗特先生应当进一步注意到，虽然希腊人是从神话中引申出他们的氏族的，但是这些氏族比**他们自己**所创造的神话及其诸神和半神要古老些。"①

摩尔根爱引用格罗特的话，因为后者是一个很有名望的和十分受人信任的证人。格罗特又说到，每个雅典氏族都有一个从它的假想的男始祖留传下来的名称；在梭伦时代以前，死者的财产一律由同氏族人（gennêtes）继承，在梭伦时代以后，死者如无遗言，其财产亦由同氏族人继承；遇有杀害事件，首先是被害者的亲属有权利和义务向法庭控告犯罪者，其次是同氏族人，最后是同胞族人：

"我们所知道的关于最古的雅典法律的一切，都是以划分成氏族和胞族为基础的。"②

氏族起源于共同祖先，成了"庸人学者"（马克思语）③绞尽脑

---

① 参看马克思《路易斯·亨·摩尔根〈古代社会〉一书摘要》，《马克思恩格斯全集》中文第1版第45卷第500页。——编者注

② 乔·格罗特《希腊史》1869年伦敦版第3卷第66页。参看马克思《路易斯·亨·摩尔根〈古代社会〉一书摘要》（《马克思恩格斯全集》中文第1版第45卷第501页）。——编者注

③ 参看马克思《路易斯·亨·摩尔根〈古代社会〉一书摘要》，《马克思恩格斯全集》中文第1版第45卷第502页。——编者注

汁而不能解决的难题。既然他们很自然地认为这种祖先纯粹是神话人物,他们便根本没有可能解释氏族是怎样从许多彼此相邻的、起初完全没有亲属关系的家庭中产生出来的,然而单是为了解释氏族的存在,他们还是非这样做不可。这样他们便陷入了说空话的圈子,不能超出这样一个论题:族系的确是一种虚构,但氏族是一个现实,因此,格罗特终于说(括弧内的话是马克思加的):

"我们只是偶尔听到这种族系,因为仅仅在一定的、特别隆重的场合才公开把它提出来。可是,比较卑微的氏族也有其共同的宗教仪式(这真奇怪,格罗特先生!),有一个共同的超人的男始祖和族系,像比较有名的氏族那样(格罗特先生,这在**比较卑微的**氏族那里真十分奇怪啊!);根本的结构和观念的基础(亲爱的先生! 不是**观念的**而是物质的,直白地说是**肉欲的**!)在一切氏族中都是相同的。"①

马克思把摩尔根对这个问题的答案概括如下:"与原始形态的氏族——希腊人像其他凡人一样也曾有过这种形态的氏族——相适应的血缘亲属制度,保存了全体氏族成员彼此之间的亲属关系的知识。他们从童年时代起,就在实践上熟悉了这种对他们极其重要的事物。随着专偶制家庭的产生,这种事物就湮没无闻了。氏族名称创造了一个族系,相形之下,个体家庭的族系便显得没有意义。氏族名称的作用就在于使具有这种名称的人不忘他们有共同世系的事实;但是氏族的族系已经十分久远,以致氏族的成员,除了有较近的共同祖先的少数场合以外,已经不能证明他们相互之间有事实上的亲属关系了。氏族名称本身就是共同世系的证

---

① 乔·格罗特《希腊史》1869年伦敦版第3卷第60页。参看马克思《路易斯·亨·摩尔根〈古代社会〉一书摘要》(《马克思恩格斯全集》中文第1版第45卷第503页)。——编者注

据,而且除了接纳外人入族的情形以外,也是不可更改的证据。反之,像格罗特①和尼布尔所做的那样,把氏族变为纯粹虚构和幻想的产物,从而事实上否定氏族成员之间的任何亲属关系,这是只有'观念的',亦即蛰居式的书斋学者才能干出来的事情。由于血族联系(尤其是专偶制发生后)已经湮远,而过去的现实看来是反映在神话的幻想中,于是老实的庸人们便作出了而且还在继续作着一种结论,即幻想的族系创造了现实的氏族!"②

胞族,像在美洲人那里一样,是一种分裂成几个女儿氏族同时又把它们联合起来的母亲氏族,这种母亲氏族常常还能表明所有这些女儿氏族出自一个共同的男始祖。比如,据格罗特说:

"赫卡泰胞族的所有同时代的成员,都承认在第十六亲属等级内有一个共同的神为其男始祖。"③

所以,这一胞族的一切氏族都是真正的兄弟氏族。在荷马的诗篇中,还把胞族看做军事单位,在那著名的一段中,奈斯托尔劝告亚加米农说:要按照部落和胞族来编制军队,以便胞族帮助胞族,部落帮助部落。④ 此外,胞族在其成员被害时有追究的权利和

---

① 在马克思的手稿中不是格罗特,而是格罗特经常引用其著作的公元 2 世纪的希腊学者波卢克斯。——编者注
② 参看马克思《路易斯·亨·摩尔根〈古代社会〉一书摘要》,《马克思恩格斯全集》中文第 1 版第 45 卷第 503—504 页。——编者注
③ 乔·格罗特《希腊史》1869 年伦敦版第 3 卷第 58—59 页。参看马克思《路易斯·亨·摩尔根〈古代社会〉一书摘要》(《马克思恩格斯全集》中文第 1 版第 45 卷第 505 页)。——编者注
④ 参看荷马《伊利亚特》第 2 首歌,以及马克思《路易斯·亨·摩尔根〈古代社会〉一书摘要》(《马克思恩格斯全集》中文第 1 版第 45 卷第 506 页)。——编者注

义务;可见在较早的时代,胞族也有血族复仇的义务。其次,胞族有共同的神殿和节日,而且,从古代雅利安人的传统的自然崇拜而来的全部希腊神话,其发展本身,实质上也是由氏族及胞族所制约并在它们内部进行的。再次,胞族有一个胞族长(phratriarchos),据德·库朗日说,它还有全体大会,通过必须执行的决定,拥有法庭和行政机关。① 甚至以后的轻视氏族的国家,也给胞族保留下了若干公共的行政性的职能。

几个亲属胞族构成一个部落。在阿提卡,共有四个部落,每个部落有三个胞族,每个胞族有三十个氏族。这样细密的集团划分,是以有意识地和有计划地干涉自然形成的秩序为前提的。至于这是怎样发生的,什么时候发生的,发生的原因何在,希腊历史都没有提到,希腊人自己关于他们的历史所保存下来的记忆仅仅追溯到英雄时代为止。

拥挤在一个比较小的地区上的希腊人,其方言上的差异不像在广大的美洲森林中那样显著;但是就是在这里我们也看到,只有主要方言相同的部落才联合成为一个大的整体;甚至小小的阿提卡也有独特的方言,这一方言后来获得了统治地位而成为共同的散文语言。

在荷马的诗中,我们可以看到希腊的各部落大多数已联合成为一些小民族[kleine Völkerschaften];在这种小民族内部,氏族、胞族和部落仍然完全保持着它们的独立性。它们已经住在有城墙保护的城市里;人口的数目随着畜群的增加、农业的扩展以及

---

① 参看菲斯泰尔·德·库朗日《古代城市》1864 年巴黎—斯特拉斯堡版第 146 页,以及马克思《路易斯·亨·摩尔根〈古代社会〉一书摘要》(《马克思恩格斯全集》中文第 1 版第 45 卷第 506—507 页)。——编者注

手工业的萌芽而日益增长；与此同时，产生了财产上的差别，随之也就在古代自然形成的民主制内部产生了贵族分子。各个小民族［Völkchen］，为了占有最好的土地，也为了掠夺战利品，进行着不断的战争；以俘虏充做奴隶，已成为公认的制度。

这些部落和小民族的组织如下：

1. 常设的权力机关为**议事会**（bulê），这种议事会最初大概是由各氏族的酋长组成的，后来，由于其人数增加得太多，便由其中选出的一部分人组成，这就造成了发展和加强贵族分子的机会；狄奥尼修斯所描述的英雄时代的议事会正是这样由贵族（kratistoi）组成的。[1] 议事会对于一切重要问题作出最后决定；例如，在埃斯库罗斯的作品中就谈到过忒拜议事会曾作了一个对当时局势有决定意义的决议，即为伊托克列斯举行荣誉葬礼，而波吕涅克斯的尸体则扔出去让狗吃掉。[2] 随着国家的设立，这种议事会就变为元老院了。

2. **人民大会**（阿哥腊［agora］）。我们在易洛魁人中间已经看到，当议事会开会时，人民——男男女女都站在周围，有秩序地参加讨论，这样来影响它的决定。在荷马所描写的希腊人中间，这种"围立"［Umstand］（这是古代德意志人的法庭用语）已经发展成为一种真正的人民大会，这种情形在古代德意志人那里也有。人民大会由议事会召集，以解决各项重要事务；每个男子都可以发言。

---

[1] 参看哈利卡纳苏的狄奥尼修斯《古代罗马史》第 2 册第 12 章，以及马克思《路易斯·亨·摩尔根〈古代社会〉一书摘要》（《马克思恩格斯全集》中文第 1 版第 45 卷第 508 页）。——编者注

[2] 参看埃斯库罗斯《七雄攻打忒拜》，以及马克思《路易斯·亨·摩尔根〈古代社会〉一书摘要》（《马克思恩格斯全集》中文第 1 版第 45 卷第 508—509 页）。——编者注

决定是用举手(埃斯库罗斯的《乞援人》)或欢呼通过的。人民大会是最高级的权力,因为,正如舍曼所说(《希腊的古代文化》),

"当谈到一件需要人民协助来办的事情的时候,荷马并未向我们指出任何可以违反人民意志而强迫他们来这样做的手段"①。

原来,当部落中每个成年男子都是战士的时候,那脱离了人民的、有可能和人民对抗的公共权力还不存在。自然形成的民主制还处于全盛时期,所以无论在判断议事会的或者巴赛勒斯的权力与地位时,都应当以此为出发点。

3. **军事首长**(巴赛勒斯[Basileus])。关于这一点马克思说道:"欧洲的学者们大都是天生的宫廷奴才,他们把巴赛勒斯变为现代意义上的君主。共和党人美国佬摩尔根是反对这一点的。他极其辛辣地,但很公正地说到油滑的格莱斯顿先生和他的《世界的少年时代》一书②:

‘格莱斯顿先生向我们把英雄时代的希腊酋长描写成国王和公侯,而且还给他们加上绅士的资格,但是他本人不得不承认:总的说来,我们发现在他们那里似乎有长子继承制的习惯或法律,而且规定得很充分,但是并不十分明确’。"③

看来,格莱斯顿先生本人也会觉得,这样一种带有种种附加条

① 格·弗·舍曼《希腊的古代文化》1855年柏林版第1卷第27页。参看马克思《路易斯·亨·摩尔根〈古代社会〉一书摘要》(《马克思恩格斯全集》中文第1版第45卷第510页)。——编者注
② 指威·尤·格莱斯顿《世界的少年时代。英雄时代的神和人》第11章,见该书1869年伦敦版第428页。——编者注
③ 路·亨·摩尔根《古代社会》1877年伦敦版第248页。参看马克思《路易斯·亨·摩尔根〈古代社会〉一书摘要》(《马克思恩格斯全集》中文第1版第45卷第510页)。——编者注

件的长子继承制十足是没有意义的东西,尽管这一点还不是表现得十分明确。

我们已经看到,易洛魁人和其他印第安人的酋长职位是怎样继承的。一切职位多半都是在氏族内部选举的,因而是在氏族范围内继承的。出缺时,最亲近的同氏族男亲属——兄弟,或姊妹的儿子,逐渐享有了优先权,除非有理由摒弃他。因此,如果说在希腊人中间,在父权制统治之下,巴赛勒斯的职位通常是传给儿子或儿子中的一个,那么这仅仅证明,儿子们在这里很有可能通过人民选举而获得继承权,但决不证明不经过人民选举就实行合法继承。这里所说的情况,在易洛魁人和希腊人那里,就是氏族内部特殊的贵族家庭的最初萌芽,而在希腊人那里,除此之外还是未来的世袭元首或君主制的最初萌芽。因此,这种推想说明,希腊人的巴赛勒斯,正像罗马的"王"(勒克斯)一样,必定是或者由人民选举的,或者为人民的公认的机关——议事会或人民大会——所认可的。

在《伊利亚特》里,勇士的统领亚加米农,并不是作为希腊人的最高国王,而是作为围城盟军的最高统帅而出现的。当希腊人中间发生内讧时,奥德赛在一段著名的话中指明了他的这一地位:多头指挥是不好的,应该由一个人做统帅等等(此外还有一节人人爱诵的关于权杖的诗,但这是后人加的)。[①] "奥德赛在这里并不是讲述统治的形式,而是要求服从战争中的最高统帅。对于在特洛伊城下仅仅作为军队出现的希腊人说来,人民大会是进行得

---

① 参看荷马《伊利亚特》第 2 首歌,以及马克思《路易斯·亨·摩尔根〈古代社会〉一书摘要》(《马克思恩格斯全集》中文第 1 版第 45 卷第 511 页)。——编者注

十分民主的。阿基里斯在说到赠品，即说到分配战利品时，总是既不让亚加米农也不让其他某个巴赛勒斯来分配，而是让'亚该亚人的儿子们'即人民来分配。'宙斯所生的'，'宙斯所养的'这一类称号，不能证明任何东西，因为**每个**氏族都起源于一个神，而部落首长的氏族则起源于一个'更显赫'的神，在这里就是起源于宙斯。甚至人身不自由的人，例如牧猪人优玛士等人，也都是'神的'（dioi 和 theioi），这是在《奥德赛》中所描述的情形，即在比《伊利亚特》晚得多的时期中发生的情形；在这本《奥德赛》中，'英雄'的称号还给予传令官木利奥斯和盲人歌手德莫多克。[1] 简言之，希腊著作家用来表示荷马所说的王权的巴赛勒亚［basileia］一词（因为这一权力的主要特征是军事的统率），在同时存在议事会和人民大会的情况下，其意不过是军事民主制而已。"（马克思语）[2]

巴赛勒斯除军事的权限以外，还有祭祀的和审判的权限；审判的权限没有详细规定，但祭祀的权限是他作为部落或部落联盟的最高代表而被赋予的。关于民政、行政的权限从来没有提到过；但是巴赛勒斯由于职位的关系大概也是议事会的成员。可见，用König 来翻译 Basileus 一词，在语源上是完全正确的，因为 König（Kuning）是由 Kuni、Künne 而来的，即氏族酋长的意思。不过，古希腊文的 basileus 跟现代意义的 König 一词是完全不相符合的。修昔的底斯把古代的 basileia 很确定地叫做 patrikê，即由氏族产生

---

[1] 在马克思的手稿中接着还有一句为恩格斯所省略的话："奥德赛用来称呼亚加米农的'科伊腊诺斯'（κοίρανος）这个词和'巴赛勒斯'这个词一样，也仅仅意味着'战争中军队的统帅'。"——编者注

[2] 参看马克思《路易斯·亨·摩尔根〈古代社会〉一书摘要》，《马克思恩格斯全集》中文第 1 版第 45 卷第 511—512 页。——编者注

的意思,并说 basileia 有明确规定的,因而是有限的权限。① 亚里士多德也说,英雄时代的 basileia 是对自由人的统率,巴赛勒斯是军事首长、法官和最高祭司②;可见,巴赛勒斯并未握有后来的意义上的统治权力。③

这样,我们看到,在英雄时代的希腊社会制度中,古代的氏族组织还是很有活力的,不过我们也已经看到,它的瓦解已经开始:由子女继承财产的父权制,促进了财产积累于家庭中,并且使家庭变成一种与氏族对立的力量;财产的差别,通过世袭贵族和王权的最初萌芽的形成,对社会制度发生反作用;奴隶制起初虽然仅限于俘虏,但已经开辟了奴役同部落人甚至同氏族人的前景;古代部落对部落的战争,已经逐渐蜕变为在陆上和海上为攫夺牲畜、奴隶和财宝而不断进行的抢劫,变为一种正常的营生,一句话,财富被当做最高的价值而受到赞美和崇敬,古代氏族制度被滥用来替暴力掠夺财富的行为辩护。所缺少的只是一件东西,即这样一个机关,

---

① 参看修昔的底斯《伯罗奔尼撒战争史》第 1 卷第 13 章,以及马克思《路易斯·亨·摩尔根〈古代社会〉一书摘要》(《马克思恩格斯全集》中文第 1 版第 45 卷第 513 页)。——编者注

② 参看亚里士多德《政治学》第 3 篇第 10 章,以及马克思《路易斯·亨·摩尔根〈古代社会〉一书摘要》(《马克思恩格斯全集》中文第 1 版第 45 卷第 513 页)。——编者注

③ 恩格斯在这里加了一个注:"就像希腊的巴赛勒斯一样,阿兹特克人的军事首长也被误解为近代的王公。摩尔根最先对于西班牙人的起初是出于误会和夸张,后来简直是说谎的报告作了历史的考证,并证明,墨西哥人处于野蛮时代中级阶段,但他们的发展程度超过了新墨西哥的普韦布洛印第安人[27],根据被曲解了的报告所提供的资料来判断,他们的社会制度相当于以下的情形:这是一个包括三个部落的联盟,它征服了其他几个部落并使之纳贡;它由联盟议事会和联盟军事首长来管理,西班牙人就是把这个联盟军事首长变成了'皇帝'。"——编者注

它不仅保障单个人新获得的财富不受氏族制度的共产制传统的侵犯,不仅使以前被轻视的私有财产神圣化,并宣布这种神圣化是整个人类社会的最高目的,而且还给相继发展起来的获得财产从而不断加速财富积累的新的形式,盖上社会普遍承认的印章;所缺少的只是这样一个机关,它不仅使正在开始的社会分裂为阶级的现象永久化,而且使有产者阶级剥削无产者阶级的权利以及前者对后者的统治永久化。

而这样的机关也就出现了。**国家被发明出来了。**

五　雅典国家的产生

国家怎样靠部分地改造氏族制度的机关,部分地用设置新机关来排挤掉它们,并且最后完全以真正的国家机关来取代它们而发展起来;与此同时,受这些国家机关支配的,因而也可以被用来反对人民的、武装的"公共权力",又怎样代替了氏族、胞族和部落中自己保卫自己的、真正的"武装的人民"——关于这一切,至少是它的初始阶段,最好是从古雅典来加以研究。各种形式的更替,基本上已由摩尔根描绘出来了;我所要补充的,多半是引起这种形式更替的经济内容。

在英雄时代,雅典人的四个部落,还分居在阿提卡的各个地区;甚至组成这四个部落的十二个胞族,看来也还有自己单独的居住地,即凯克罗普斯的十二个城市。制度也是英雄时代的制度:人民大会、人民议事会和巴赛勒斯。从有成文历史的时候起,土地已被分割而成了私有财产,这种情形正是和野蛮时代高级阶段末期已经比较发达的商品生产以及与之相适应的商品交易相符合的。

除了谷物以外,还生产葡萄酒和植物油;爱琴海的海上贸易,逐渐脱离腓尼基人的控制而大半落于阿提卡居民之手。由于地产的买卖,由于农业和手工业、商业和航海业之间的分工的进一步发展,氏族、胞族和部落的成员,很快就都杂居起来;在胞族和部落的地区内,移来了这样的居民,他们虽然也是本民族的同胞,但并不属于这些团体,因而他们在自己的居住地上被看做外人。在和平时期,每一个胞族和每一个部落都是自己管理自己的事务,也不向雅典的人民议事会或巴赛勒斯请示。但是那些住在胞族或部落的地区内而不属于这个胞族或部落的人,自然是不能参与这种管理的。

这就扰乱了氏族制度机关的正常活动,以致在英雄时代就需要设法补救。于是实行了据说是提修斯所规定的制度。这一改变首先在于,在雅典设立了一个中央管理机关,就是说,以前由各部落独立处理的一部分事务,被宣布为共同的事务,而移交给设在雅典的共同的议事会管辖了。由于这一点,雅典人比美洲任何土著民族都前进了一步:相邻的各部落的单纯的联盟,已经由这些部落融合为单一的民族[Volk]所代替了。于是就产生了凌驾于各个部落和氏族的法的习惯之上的在雅典普遍适用的民族法[Volksrecht];只要是雅典的公民,即使在非自己部落的地区,也取得了确定的权利和新的法律保护。但这样一来就跨出了摧毁氏族制度的第一步,因为这是后来容许不属于全阿提卡任何部落并且始终都完全处于雅典氏族制度以外的人也成为公民的第一步。据说是提修斯所规定的第二个制度,就是把全体人民,不问氏族、胞族或部落,一概分为 Eupatriden 即贵族,Geomoren 即农民和 Demiurgen 即手工业者三个阶级,并赋予贵族以担任公职的独占权。不过这一划分,除了由贵族担任公职以外,并没有起什么作用,因为除此以外,它并没有规定各个阶级之间的任何权利上的差别。① 但它有着重大的意义,因为它向我们展示了新的、悄悄发展起来的社会要素。它表明,由一定家庭的成员担任氏族公职的习惯,已经变为这些家庭担任公职的无可争辩的权利;这些因拥有财富而本来就有势力的家庭,开始在自己的氏族之外联合成一种独特的特权阶级;而刚刚萌芽的国家,也就使这种霸占行为神圣化。其次,它表明,农民和手工业者之间的分工已经如此牢固,以致以前氏族和部落的划分在社会意义方面已不是最重要的。最后,它宣告了氏族社会和国家之间的不可调和的对立;建立国家的最初企图,就在于破坏氏族的联系,其办法就是把每一氏族的成员分为特权者和非特权者,把非特权者又按照他们的职业分为两个阶级,从而使之互相对立起来。

以后的雅典政治史,直到梭伦时代,人们知道得很不完全。巴赛勒斯一职已经废除;国家首脑人物已由贵族中所选出的执政官来充任。贵族的统治日益加强,到了公元前600年前后,已经变得令人不能忍受了。这时,货币和高利贷已成为压制人民自由的主要手段。贵族们的主要居住地是雅典及其近郊,在那里,海上贸易以及附带的有时仍然进行的海上掠夺,使贵族们发财致富,并使货币财富集中在他们手中。由此而日益发达的货币经济,就像腐蚀性的酸类一样,渗入了农村公社的以自然经济为基础的传统的生活方式。氏族制度同货币经济绝对不能相容;阿提卡小农的破产是与保护他们的旧的氏族联系的松弛同时发生的。债务契约和土地抵押(雅典人已经发明了抵押办法)既不理会氏族,也不理会胞

---

① 在1884年版中这句话的结尾是这样写的:"因为其余两个阶级并未获得任何特殊的权利。"——编者注

族。而旧的氏族制度既不知有货币，也不知有贷款，更不知有货币债务。因此，贵族的日益扩展的货币统治，为了保护债权人对付债务人，为了使货币占有者对小农的剥削神圣化，也造成了一种新的习惯法。在阿提卡的田地上到处都竖立着抵押柱，上面写着这块地已经以多少钱抵押给某某人了。没有竖这种柱子的田地，大半都因未按期付还押款或利息而出售，归贵族高利贷者所有了；农民只要被允许做佃户租种原地，能得自己劳动生产品的**六分之一**以维持生活，把其余**六分之五**作为地租交给新主人，那他就谢天谢地了。不仅如此，如果出卖土地所得的钱不够还债，或者债务没有抵押保证，那么债务人便不得不把自己的子女出卖到国外去做奴隶，以偿还债务。父亲出卖子女——这就是父权制和专偶制的第一个果实！要是吸血鬼还不满足，那么他可以把债务人本身卖为奴隶。雅典人民的文明时代的欢乐的曙光，就是如此。

　　以前，当人民的生活条件和氏族制度还相适应时，这样的变革是不可能的；但是现在这一变革发生了，人们不知道它是怎样发生的。我们暂且回转来看一下易洛魁人吧。这时强加在雅典人身上而他们可以说并未参与策划并且又确乎违反他们意志的状况，在易洛魁人中间是不能想象的。在易洛魁人那里，年年不变的生产生活资料的方式，决不会产生这种仿佛从外面强加的冲突，这种富人与穷人、剥削者与被剥削者之间的对立。易洛魁人离支配自然的地步还远得很，但是在他们能起作用的自然界限以内，他们是支配着自己的生产的。除开他们的小小园圃的歉收，他们的河流湖泊内的鱼类的罄竭以及森林中猎物的绝迹以外，他们知道他们获取生活资料的方式会产生什么结果。所必然产生的结果是生活资料，尽管有时少，有时多；但是决不会产生那种无意中产生的社会变革，氏族联系的破裂，或同氏族人和同部落人分裂为互相斗争的对立阶级。生产是在极狭隘的范围内进行的,但生产品完全由生产者支配。这是野蛮时代的生产的巨大优越性,这一优越性随着文明时代的到来便丧失了。夺回这一优越性,但是以今日人类所获得的对自然的有力支配以及今日已有可能的自由联合为基础,这将是下几代人的任务。

希腊人的情形就不同了。业已出现的对畜群和奢侈品的私人占有,引起了单个人之间的交换,使产品变成了**商品**。这就包含着随之而来的全部变革的萌芽。当生产者不再直接消费自己的产品,而是通过交换把它转让出去的时候,他们就失去了对自己的产品的支配权力。他们已不再知道产品的结局如何,于是产品有那么一天被用来反对生产者、剥削和压迫生产者的可能性便产生了。因此,不论哪一个社会,只要它不消灭单个人之间的交换,它便不能长久保持对它自己的生产的支配,不能长久保持对自己生产过程的社会效果的控制。

然而,产品是怎样在单个人之间的交换发生以后以及随着产品变成商品而迅速地支配了它的生产者的——这一点雅典人不得不亲自来体验了。随着商品生产,出现了个人单独经营的土地耕作,以后不久又出现了个人的土地所有制。随后就出现了货币,即其余一切商品都可以与之交换的普遍商品。但是当人们发明货币的时候,他们并没有想到,这样一来他们就创造了一种新的社会力量,一种整个社会都要向它屈膝的普遍力量。这种未经它自身创造者的预知并违反其意志而突然崛起的新力量,就以它那全部青春时代的粗暴性使雅典人感受到它的支配了。

怎么办呢?古老的氏族制度,不仅无力反对货币的胜利进军,而且也绝对没有办法能在自己的结构内部给货币、债权人、债务人以及逼债等找到立足之地。但是新的社会力量已经存在;挽回旧的美好时光的虔诚愿望和渴望,都没有能再把货币和高利贷从世界上消除。而且,在氏族制度中已经打开了一系列其他的次要缺口。在全部阿提卡境内,特别是在雅典城本身,各氏族和胞族的成员相互杂居,已经一代比一代厉害了,尽管这时雅典人仍然只能把土地而不能把自己的住宅卖给本氏族以外的人。随着工业和交换的进一步发展,各种生产部门——农业、手工业(在手工业内又有无数行业)、商业、航海业等——之间的分工日益充分地发展起来;居民现在依其职业分成了相当稳定的集团;其中每个集团都有好多新的共同的利益,这种利益在氏族或胞族内是没有存在的余地的,因而就需要创设新的公职来处理这种利益。奴隶的数量已经大大增加,那个时候肯定就已经远远超过自由的雅典人的数量;氏族制度最初并没有奴隶制,因而也就没有控制这大批非自由人的手段。最后,贸易把许多外地人吸引到雅典来,这些外地人是为了易于赚钱而定居这里的;按照旧制度,他们既没有权利,也不受法律保护,所以尽管有传统的容忍精神,他们仍然是人民中间令人不安的异己分子。

一句话,氏族制度已经走到了尽头。社会一天天成长,越来越超出氏族制度的范围;即使是最严重的坏事在它眼前发生,它也既不能阻止,又不能铲除了。但在这时,国家已经不知不觉地发展起来。最初在城市和乡村间,然后在各种城市劳动部门间实行的分工所造成的新集团,创立了新的机关以保护自己的利益;各种公职都设置起来了。这时,年轻的国家首先就需要一支自己的军事力量,而在操航海业的雅典人中间,起初只能是一支海上的军事力量,用以进行个别的小规模战争和保护商船。在梭伦以前的一个不能确知的时期,设置了诺克拉里,即小规模的区,每个部落设十二个;每一诺克拉里必须提供一只战船,配备上武器和船员,此外,还要提供两个骑士。这种设置对氏族制度起了双重的破坏作用：第一，它造成了一种已不再直接等同于武装起来的全体人民的公共权力；第二，它第一次不依亲属集团而依**共同居住地区**为了公共目的来划分人民。这有什么意义，可以从下面看出来。

既然氏族制度对于被剥削的人民不能有任何帮助，于是就只有期望正在产生的国家。而国家也确实以梭伦制度的形式给予了这种帮助，同时它又靠牺牲旧制度来增强自己。梭伦揭开了一系列所谓政治革命，而且是以侵犯所有制来揭开的，至于他在公元前594年实现改革的方式，我们在这里可以不谈。迄今的一切革命，都是为了保护一种所有制而反对另一种所有制的革命。它们如果不侵犯另一种所有制，便不能保护这一种所有制。在法国大革命时期，是牺牲封建的所有制以拯救资产阶级的所有制；在梭伦所进行的革命中，应当是损害债权人的财产以保护债务人的财产。债务简单地被宣布无效了。详情我们虽然不太清楚，但是梭伦在他的诗中自夸说，他清除了负债土地上的抵押柱，使那些因债务而被出卖和逃亡到海外的人都重返家园。这只有通过公开侵犯财产所有权才能做到。的确，一切所谓政治革命，从头一个起到末一个止，都是为了保护**某种**财产而实行的，都是通过没收（或者也叫做盗窃）**另一种**财产而进行的。所以毫无疑问，2 500年来私有财产之所以能保存下来，只是由于侵犯了财产所有权的缘故。

但现在必须防止这种使自由的雅典人变为奴隶的情形重演。这一点，首先是通过普遍实行的措施而做到的，例如禁止缔结以债务人的人身作抵押的债务契约。此外，又规定了个人所能占有的地产的最大数额，以便至少把贵族对于农民土地的无限贪欲限制一下。然后又对制度本身作了修改；对我们说来，最重要的有以下几点：

议事会规定由 400 人组成,每一部落为 100 人;因此在这里,部落依然是基础。不过这是新的国家组织从旧制度中接受下来的唯一方面。至于其他方面,梭伦把公民按照他们的地产和收入分为四个阶级;500、300 及 150 袋谷物(1 袋约等于 41 升),为前三个阶级的最低限度的收入额;只有较少地产或完全没有地产的人,则属于第四阶级。一切公职只有三个上等阶级的人才能担任;最高的公职只有第一阶级的人才能担任;第四阶级只有在人民大会上发言和投票的权利,但是,一切官吏都是在这里选出的,一切官吏都要在这里报告自己的工作;一切法律都是在这里制定的;而第四阶级在这里占多数。贵族的特权,部分地以财富特权的形式得到更新;但人民却保留有决定的权力。此外,四个阶级都是新的军队组织的基础。前两个阶级提供骑兵,第三阶级提供重装步兵,第四阶级提供不穿甲胄的轻装步兵或在海军中服务,大概还领薪饷。

这样,在制度中便加入了一个全新的因素——私有财产。公民的权利和义务,是按照他们的地产的多寡来规定的,于是,随着有产阶级日益获得势力,旧的血缘亲属团体也就日益遭到排斥;氏族制度遭到了新的失败。

然而,按照财产来规定政治权利,并不是国家不可缺少的办法。虽然这种办法在国家制度史上起过很大的作用,但是许多国家,而且恰好是最发达的国家,都是不需要它的。即使在雅典,它也只起了暂时的作用;从亚里斯泰迪兹的时候起,一切公职对每个公民都是开放的。[63]

其后 80 年间,雅典社会就逐渐采取了一个它在以后数百年中都遵循着的发展方向。在梭伦以前的时代盛行的农村高利贷,以及地产的无限制的集中,都受到了节制。商业以及靠奴隶劳动日益大规模发展起来的手工业和工艺,都成了流行的职业。人们也比较开通了。旧时残酷剥削自己同胞的方法,已经弃而不用,如今主要是剥削奴隶和雅典以外的买主了。动产,即由货币、奴隶以及商船构成的财富,日益增加。但是,这时它已经不是单单用做购置地产的手段,像在眼光狭小的最初时期那样。它已经变成目的本身了。结果,一方面形成了新阶级即从事工商业的富人对旧的贵族权力的胜利竞争,而另一方面,也使旧的氏族制度的残余失去了它的最后地盘。现在氏族、胞族和部落的成员遍布于全阿提卡并完全杂居在一起,因此,氏族、胞族和部落已不适宜于作为政治集团了;大量的雅典公民不属于任何氏族;他们是移民,他们虽然取得了公民权,但是并没有被接纳入任何旧的血族团体;此外,还有不断增加的仅仅被保护的外来的移民[64]。

这时,帮派斗争在进行着;贵族想夺回他们以前的特权,并在短时期内占了上风,直到克利斯提尼革命(公元前 509 年)[65]最终把他们推翻,但与此同时也推翻了氏族制度的最后残余。

克利斯提尼的新制度撇开了以氏族和胞族为基础的四个旧部落。代替它们的是一种全新的组织,这种组织是以曾经用诺克拉里试验过的只依居住地区来划分公民的办法为基础的。有决定意义的已不是血族团体的族籍,而只是常住地区了;现在要加以划分的,不是人民,而是地区了;居民在政治上已变为地区的简单的附属物了。

全阿提卡被划分成 100 个区域,即所谓德莫,分别实行自治。居住在每个德莫内的公民(德莫特),选举出自己的区长(德马赫)和司库,以及审理轻微案件的 30 个法官。各个德莫同样都有自己的神庙及守护神或英雄,并选出侍奉他们的祭司。德莫的最高权力属于德莫特大会。摩尔根说得对,这是实行自治的美洲市镇区的一种原型。当时在雅典正在产生的国家借以开始的单位,正好和现代国家在其最高发展阶段上借以完结的单位相同。

10个这样的单位,即德莫,构成一个部落,但是这种部落和过去的血族部落不同,现在它被叫做地区部落。地区部落不仅是一种自治的政治组织,而且也是一种军事组织;它选出一个菲拉尔赫①即部落长,指挥骑兵;一个塔克色阿赫,指挥步兵;一个将军,统率在部落境内征召的全体军人。其次,它提供五艘配有船员和船长的战船,并且有阿提卡的一位英雄作为自己的守护神,英雄的名字也就是部落的名称。最后,它选举50名代表参加雅典议事会。

结果组成了雅典国家,它是由10个部落所选出的500名代表组成的议事会来管理的,最后一级的管理权属于人民大会,每个雅典公民都可以参加这个大会并享有投票权;此外,有执政官和其他官员掌管各行政部门和司法事务。在雅典没有总揽执行权力的最高官员。

由于实施这个新制度和容纳大量被保护民——一部分是移民,一部分是被释奴隶——,血族制度的各种机关便受到排挤而不再过问公事;它们下降为私人性质的团体和宗教社团。不过,旧氏族时代的道德影响、传统的观点和思想方式,还保存了很久才逐渐消亡下去。这一点从下面的一个国家设施中可以看出来。

我们已经看到,国家的本质特征,是和人民大众分离的公共权力。雅典在当时只有一支国民军和一支直接由人民提供的舰队,它们被用来抵御外敌和压制当时已占人口绝大多数的奴隶。对于公民,这种公共权力起初只不过作为警察而存在,警察和国家一样

---

① 来源于古希腊文的"菲拉"(部落)一词。——编者注

古老,所以 18 世纪的质朴的法国人就不讲文明民族而讲警察民族
(nations policées)①。这样,雅典人在创立他们的国家的同时,也
创立了警察,即由步行的和骑马的弓箭手组成的真正的宪兵队,也
就是德国南部和瑞士所说的 Landjäger②。不过,这种宪兵队却是
由**奴隶**组成的。这种警察职务,在自由的雅典人看来是非常卑贱
的,以致他们宁愿让武装的奴隶逮捕自己,而自己却不肯去干这种
丢脸的工作。这仍是旧的氏族观念。国家是不能没有警察的,不
过国家还很年轻,还未享有充分的道义上的威望,使那种必然要被
旧氏族成员视为卑贱的行业受到尊敬。

现在已经大体上形成的国家是多么适合雅典人的新的社会状
况,这可以从财富、商业和工业的迅速繁荣中得到证明。现在社会
制度和政治制度所赖以建立的阶级对立,已经不再是贵族和平民
之间的对立,而是奴隶和自由民之间的对立、被保护民和公民之间
的对立了。到了雅典全盛时期,自由公民的总数,连妇女和儿童在
内,约为 9 万人,而男女奴隶为 365 000 人,被保护民——外地人
和被释奴隶为 45 000 人。这样,每个成年的男性公民至少有 18
个奴隶和 2 个以上的被保护民。大量奴隶聚集在一起,是由于许
多奴隶在监工的监督下在手工工场,在大房间内一起工作。但是,
随着商业和工业的发展,发生了财富积累和集中于少数人手中,以
及大批自由公民贫困化的现象;摆在自由公民面前的只有两条道
路:或者从事手工业去跟奴隶劳动竞争,而这被认为是可耻的、卑
贱的职业,而且也不会有什么成效;或者就变成穷光蛋。他们在当
时条件下必不可免地走上了后一条道路;由于他们数量很大,于是

---

① 法文"police"(警察)的形容词"policé"意为"文明的"。——编者注
② 方言,意即宪兵。——编者注

就把整个雅典国家引向了灭亡。所以,使雅典灭亡的并不是民主制,像欧洲那些讨好君主的学究们所断言的那样,而是排斥自由公民劳动的奴隶制。

雅典人国家的产生乃是一般国家形成的一种非常典型的例子,一方面,因为它的形成过程非常纯粹,没有受到任何外来的或内部的暴力干涉——庇西特拉图的篡位为时很短,并未留下任何痕迹[66]——,另一方面,因为它使一个具有很高发展形态的国家,民主共和国,直接从氏族社会中产生;最后,因为我们是充分知道这个国家形成的一切重要详情的。

六　罗马的氏族和国家

从罗马建城的传说中可以看出,最早在这里定居的是由许多拉丁氏族(传说有 100 个)联合而成的一个部落;不久又加入了一个萨伯力安部落,据说也有 100 个氏族;最后加入的是一个由各种不同的分子构成的第三个部落,传说它也有 100 个氏族。初看起来,这全部故事表明,在这里除了氏族以外,很少再有自然形成的东西,连氏族本身在许多情况下,也只不过是在故土上继续存在的母亲氏族的分支。各个部落都带有人为构成的痕迹,但它们大部分都是由有亲属关系的分子构成的,并且不是按照人为的部落而是按照古代的已经长成的部落的样子构成的;同时仍不排除三个部落中每一个部落的核心都是一个真正的老部落。中间环节——胞族,是由 10 个氏族组成的,叫做库里亚;因此,共有 30 个库里亚。

人们公认,罗马氏族的制度和希腊氏族的制度是相同的;如果说，希腊氏族是我们在美洲红种人中间发现其原始形态的那种社会单位的进一步发展，那么，这对于罗马氏族也完全适用。因此，我们在这里可以谈得简单些。

罗马的氏族，至少在该城存在的早期，有以下的制度：

1. 氏族成员的相互继承权；财产仍保留在氏族以内。在罗马氏族里，也像在希腊氏族里一样，因为父权制已经盛行，所以女系后裔已经没有继承权。根据我们所知道的最古的罗马成文法即十二铜表法**67**，首先是子女作为直系继承人继承财产；要是没有子女，则由父方宗亲（**男系**亲属）继承；倘若连父方宗亲也没有，则由同氏族人继承。无论在哪种情况下，财产都是留在氏族以内的。在这里我们看到，由财富的增加和专偶制所产生的新的法律规范已逐渐渗入氏族的习俗：同氏族人的原先是平等的继承权，起初——如前面所说的在很早的时期——在实践上只限于父方宗亲，最后只限于亲生子女及其男系后裔；不言而喻，这和十二铜表法上的顺序是相反的。

2. 拥有共同的墓地。克劳狄名门氏族，在由雷吉尔城迁到罗马时，得到了一块土地，此外还在城内得到了一块共同墓地。还在奥古斯都时代，死在条顿堡林山的瓦鲁斯**68**的首级运到罗马后，即埋在氏族坟地；可见他的氏族（昆提利）还有专用的坟地。①

3. 共同的宗教节日。这些氏族祭典是众所周知的。

4. 氏族内部不得通婚。这在罗马似乎从来没有成为一种成文法，但一直是一种习俗。在名字一直保存到今天的大量罗马人夫妇中，没有一对夫妇的氏族名称是相同的。继承权也证实了这

---

① "可见他的氏族（昆提利）还有专用的坟地"是恩格斯在1891年版上增补的。——编者注

一规则。妇女出嫁后就丧失了她的父方宗亲的权利,而退出自己的氏族;不论她或她的子女都不能继承她的父亲或父亲的兄弟,因为不然的话,父亲的氏族就会失掉一部分财产。这一惯例只有在女子不能和同氏族人结婚的前提下才有意义。

5. 共同的地产。这在原始时代,从部落土地开始实行分配的时候起,始终是存在的。在各拉丁部落中间,我们看到,土地一部分为部落占有,一部分为氏族占有,一部分为家户占有,那时这种家户未必是①个体家庭。相传罗慕洛第一次把土地分配给了个人,每人大约一公顷(二罗马亩)。但是后来我们也还看到氏族掌握的地产,至于成为共和国全部内政史的轴心的国有土地,就更不必说了。

6. 同氏族人有互相保护和援助的义务。关于这一点,成文史仅有片断的记载;罗马国家,一开始就表现为这样一种超乎一切的力量,以致防御侵害的权利转到了它的手里。当亚庇乌斯·克劳狄乌斯[69]被捕时,他的氏族的全体成员,包括他的私敌在内,都穿上丧服。在第二次布匿战争[70]时,各氏族都联合起来,赎回他们的被俘的同氏族人;元老院则**禁止**它们这样做。

7. 使用氏族名称的权利。这种权利一直保持到帝政时代;被释奴隶可以采用他们从前的主人的氏族名称,但不能获得氏族的权利。

8. 接纳外人入族的权利。其办法是接纳到某一家庭中(像印第安人所做的那样),这同时也就是接纳入族。

9. 选举和罢免酋长的权利,在任何地方都没有被提到过。但

---

① 在1884年版中不是"未必是",而是"并不必定是"。——编者注

是,由于在罗马存在的最初时期,从选举产生的王起,自上而下一切官职都是选举或任命的,同时,库里亚的祭司也是由库里亚选举的,因此我们可以推断,氏族酋长(principes)也定然如此,虽然氏族酋长从氏族内同一家庭选出的办法可能已成为规则。

这就是罗马氏族的职能。除了已经完成向父权制的过渡这一点以外,这些职能完全是易洛魁氏族的权利与义务的再版;在这里也"可以清楚地看到易洛魁人"①。

今天②甚至最著名的历史编纂学家们在谈到罗马的氏族制度时还是怎样的一片混乱,仅举一例就可以看出。在蒙森关于共和时代和奥古斯都时代罗马氏族名称的论著(《罗马研究》1864年柏林版第1卷)中,有这样一段话:

"除了血族的一切男性成员以外——被接纳入族和受保护的人包括在内,但奴隶当然除外——,血族的名称也给予妇女…… 部落〈蒙森在这里如此翻译 gens 一词〉是……一个从共同的——真实的或推测的甚至虚构的——世系中产生的,由共同的节日、墓地和继承权联合起来的共同体,一切有人身自由的个人,因而也包括妇女,都可以而且必须算在该共同体内。但是,确定已婚妇女的血族名称却成了一种困难。当妇女只能同自己血族的成员结婚时,这一困难自然是不存在的;而可以证明的是,在长时期内,妇女和血族以外的人结婚比同血族以内的人结婚要困难得多,因为这种在血族以外结婚的权利(gentis enuptio)到6世纪时,还被当做赏给个人的特权…… 但是,凡是实行这种外婚制的地方,妇女在上古时代是转入夫方部落的。毫无疑问,依照古代的宗教婚姻,妇女完全加入夫方的法的和宗教的公社,而脱离她自己的公社。妇女出嫁就丧失了在本氏族内继承遗产或将自己的遗产传给本氏族成员的权利,而加入自己的丈夫、子女以及他们的所有同氏族人的

---

① 参看马克思《路易斯·亨·摩尔根〈古代社会〉一书摘要》,《马克思恩格斯全集》中文第1版第45卷第497页。——编者注

② 从本段开始到"在罗马建城差不多300年后"(本卷第141页)以前是恩格斯在1891年版上增补的。——编者注

继承团体,有谁不知道这一点?假使她被她的丈夫接纳而加入他的家庭,那么她怎能和他的血族不相干呢?"(第9—11页)

可见,蒙森断言,属于某一氏族的罗马女子,最初只能在她的氏族**内部**结婚,因而,罗马的氏族是内婚制,不是外婚制。这种跟其他民族的全部经历相矛盾的观点,主要是(即使不完全是)以李维著作中唯一的一段引起很多争论的话(第39卷第19章)[①]为依据的。这段话说,元老院于罗马建城568年即公元前186年,曾作出如下的决议:

uti Feceniae Hispalae datio, deminutio, gentis enuptio, tutoris optio item esset quasi ei vir testamento dedisset; utique ei ingenuo nubere liceret, neu quid ei qui eam duxisset, ob id fraudi ignominiaeve esset——费策妮娅·希斯帕拉应有处理她的财产、减少她的财产、在氏族以外结婚、给自己选定保护人的权利,就像她的〈已故的〉丈夫曾用遗嘱把这个权利授予她一样;她可以和一个完全自由的人结婚,不能认为娶她为妻的人是做了不好的或可耻的事情。

毫无疑问,在这里,一个被释女奴隶费策妮娅获得了在氏族以外结婚的权利。同样无疑的是,丈夫也有权用遗嘱的方式允许妻子在他死后有权在氏族以外结婚。但是在**哪一个**氏族以外呢?

如果像蒙森所推测的那样,妇女必须在她的氏族内部结婚,那么她在结婚以后也仍然留在该氏族以内。不过,第一,正是这个关于氏族内婚的断言,尚待证明。第二,如果妇女必须在她的氏族内部结婚,那么,男子自然也应当如此,否则他就会找不到妻子。这样一来,就成了丈夫可以用遗嘱把一项他自己也没有并且自己也享受不到的权利传给他的妻子了;这从法律的观点来看是荒谬的。

---

① 梯特·李维《罗马建城以来的历史》。——编者注

蒙森也感觉到了这一点,因此,他又推测道:

> "为了在血族以外结婚,在法律上,大概不仅需要得到掌权者的同意,而且需要得到全体氏族成员的同意。"(第10页注)

首先这是一个非常大胆的推测;其次,它跟那个决议的明确语意相矛盾;元老院是**代替她的丈夫**把这个权利给予她的;元老院给予她的显然不多不少恰恰和她的丈夫可能给予她的一样多;但是元老院给予她的乃是没有任何其他限制的**绝对**权利,她如果使用这个权利,她的新丈夫也不应因此受到损害;元老院甚至责成现在的和将来的执政官和大法官注意不要使她因此遭受任何委屈。这样,蒙森的推测便全然不能成立了。

或者,再假定,一个妇女和别的氏族的男子结婚,而她本人仍留在她原来的氏族内。这样一来,依照上面所引的那个决议,她的丈夫就有权允许他的妻子在她自己的氏族以外结婚。这就是说,他有权处理他所不归属的那个氏族的事务了。这是十分荒谬的事,用不着多说。

因此,剩下的只有这样一个推测,即妇女第一次结婚是嫁给别的氏族的男子,结婚后她便立即转入夫方的氏族,如蒙森事实上在这类场合所承认的那样。这样一来,一切相互关系立刻就不言自明了。妇女由于结婚而脱离她的老氏族,加入新的、夫方的氏族团体,这样她便在那里占着一个完全特殊的地位。虽然她也是氏族的一员,但她并不是血缘亲属;她加入氏族的方式,从一开始就使她不受因结婚而加入的那个氏族禁止内部通婚的一切规定的束缚;其次,她已经被接受到氏族的继承团体中来,可以在她的丈夫死亡时继承他的财产,即一个氏族成员的财产。为了把财产保存在氏族以内,她必须同她的第一个丈夫的同氏族人结婚而不得同别的任何人结婚,这岂不是再自然不过的事吗? 如果一定要造成例外,那么除了把这份财产遗留给她的第一个丈夫之外,试问谁还有资格授权她这样做呢? 在他把一部分财产遗留给她,同时允许她通过结婚或由于结婚而把这一部分财产转移到别的氏族的瞬间,这份财产还是属于他的;因而,他实际上只是处置他自己的财产。至于这个妇女本身以及她和她的丈夫的氏族的关系,那么,正是他通过自由意志的行为——结婚,使她加入了这个氏族;因此,同样自然的是,也正是他可以授权她通过第二次结婚而退出这个氏族。总之,只要我们抛弃罗马氏族实行内婚制的奇怪观念,而同摩尔根一起承认它最初是实行外婚制的氏族,那么问题就很简单而不言自明了。

还有最后一种推测,这种推测也有它的拥护者,而且它的拥护者似乎最多。根据这个推测,那个决议只是说:

"被释奴婢(libertae)没有特别的许可,不得 e gente enubere〈在氏族以外结婚〉,也不得作出任何由于丧失家庭权利而使被释奴婢脱离氏族团体的行为。"(朗格《罗马的古代文化》1856 年柏林版第 1 卷第 195 页,那里谈到我们从李维著作中引用的那段话时,引用了胡施克的话①)

如果这一推测是正确的,那么那个决议对于完全自由的罗马妇女的地位根本就什么也没有证明;更谈不上她们应在氏族内部结婚的义务了。

在氏族以外结婚[Enuptio gentis]一语,只出现在上面那个决议中,在全部罗马文献中再没有遇见过;enubere——与外人结

---

① 参看格·胡施克的学位论文《关于元老院决议赋予费策妮娅·希斯帕拉的特权》1822 年格丁根版,以及梯特·李维《罗马建城以来的历史》第 39 卷第 19 章。——编者注

婚——一语只遇见过三次，也是在李维的著作中，而且和氏族无关。那种虚幻的、认为罗马妇女只能在本氏族内部结婚的看法，其来源仅仅是那个决议。但是这种看法是绝对站不住脚的。因为，那个决议或者只是与被释女奴隶所受的特殊限制有关，那么它对于完全自由的妇女（ingenuae）就什么都没有证明；或者它也适用于完全自由的妇女，那么它倒证明妇女按照通例是在本氏族以外结婚，而结婚以后便转入夫方的氏族，从而证明蒙森说得不对，而摩尔根是正确的。

在罗马建城差不多300年后，氏族联系还这样牢固，以致一个名门氏族，即法比氏族，经元老院许可，竟以自己的力量征伐了邻近的维爱城。据说有306个法比人出征，尽为伏兵所杀；唯一剩下的一个男孩，延续了这个氏族。

我们已经说过，10个氏族构成一个胞族，胞族在这里叫做库里亚，它有着比希腊胞族更重要的社会职能。每一个库里亚都有自己的宗教仪式、圣物和祭司；全体祭司构成罗马祭司团之一。10个库里亚构成一个部落，这种部落，像其余的拉丁部落一样，最初大概有一个选举产生的酋长——军事首长兼最高祭司。所有三个部落合在一起，构成罗马人民，即populus romanus。

这样，只有身为氏族成员，并且通过自己的氏族而为库里亚成员和部落成员的人，才能属于罗马人民。罗马人民最初的制度是这样的：公共事务首先由元老院处理，而元老院，正像尼布尔最先正确地看到的那样，是由300个氏族的酋长组成的；[71] 正因为如此，他们作为氏族的长老被称为patres，即父老，而他们全体则构成元老院（长老议事会，由senex——老者一词而来）。氏族酋长总是从每个氏族的同一家庭中选出的习俗，在这里也造成了最初的部落显贵；这些家庭自称为贵族，并且企求进入元老院和担任其他一切官职的独占权。随着时间的推移,人民容忍了这种企求,这种企求就变成实际的权利,这一点在关于罗慕洛赐给第一批元老及其子孙以贵族身份和特权的传说中得到了反映。元老院像雅典议事会一样,在许多事情上有决定权,对比较重要的事情,尤其是新法律有权预先讨论。这些新法律,最后由叫做 comitia curiata(库里亚大会)的人民大会通过。来参加大会的人民按库里亚分组,而在每个库里亚内大概又按氏族分组;在通过决议时 30 个库里亚各有一票表决权。库里亚大会通过或否决一切法律,选举包括勒克斯(所谓王)在内的一切高级公职人员,宣战(但由元老院媾和),并以最高法院资格,在一切事关判处罗马公民死刑的场合,根据当事人的上诉作最后的决定。最后,与元老院和人民大会并列的,还有勒克斯,他完全相当于希腊的巴赛勒斯,但决不像蒙森所描述的那样⁷²几乎是专制的王。① 他同样也是军事首长、最高祭司和某些法庭的审判长。他决没有民政方面的权力,换句话说,决没有处理公民的生命、自由和财产的权力,除非这些权力来自军事首长的惩戒权或法庭审判长的判决执行权。勒克斯的职位

---

① 恩格斯在这里加了一个注:"拉丁语的 rex[勒克斯],相当于凯尔特-爱尔兰语的 righ(部落长)和哥特语的 reiks[勒克斯]。哥特语的这个词,像德语 Fürst 的本义(与英语的 first,丹麦语的 förste 相同,意即"第一")一样,也是氏族酋长或部落酋长的意思,这从哥特人在 4 世纪时对于后世的王即全体人民的军事首长已有特别名称即 thiudans[狄乌丹斯]一事中已可以看出来。在乌尔菲拉所翻译的圣经中,阿尔塔薛西斯和希律从来不叫做 reiks[勒克斯],而是叫做 thiudans[狄乌丹斯],提比里乌斯皇帝的国家从来不叫做 reiki,而叫做 thiudinassus。在源自哥特语 thiudans(这个词我们不大确切地译为"王")的名字 Thiudareiks[狄奥达勒克斯]、Theodorich[狄奥多里希],亦称 Dietrich[迪特里希]中,这两个名称合而为一了。"——编者注

不是世袭的;相反,他大概是由其前任推荐,先由库里亚大会选出,然后在第二次大会上被隆重委任。他也是可以罢免的,高傲的塔克文的命运,便是证明。

像英雄时代的希腊人一样,罗马人在所谓王政时代也生活在一种以氏族、胞族和部落为基础,并从它们当中发展起来的军事民主制之下。尽管库里亚和部落可能一部分是人为的组织,但它们都是按照它们所由产生并且从四面包围着它们的那种真正的、自然形成的社会的模型造成的。尽管自然形成的罗马贵族已经获得了牢固的基础,尽管担任勒克斯的人力图逐渐扩大自己的权力,但是所有这一切并没有改变制度的最初的根本性质,而全部问题就在于这个最初的根本性质。

这时,罗马城以及靠征服而扩大了的罗马地区的人口日益增加;增加的人口中一部分是外来移民,一部分是被征服地区,主要是拉丁地区的居民。所有这些新的国民(关于被保护民的问题,这里暂且不谈),都处在旧的氏族、库里亚和部落之外,因而,不是 populus romanus 即本来的罗马人民的组成部分。他们是人身自由的人,可以占有地产,必须纳税和服兵役。可是他们不能担任任何官职;既不能参加库里亚大会,也不能参与征服得来的国有土地的分配。他们构成被剥夺了一切公权的平民。由于他们的人数不断增加,由于他们受过军事训练并有武装,于是就成了一种同这时根本禁止增加外来人口的旧的 populus 相对抗的可怕力量了。加之土地看来几乎是平均分配于 populus 和平民之间的,而商业和工业的财富,虽然还不十分发达,可能也主要是在平民手中。

由于全部传说的罗马原始史都被浓厚的黑暗所笼罩,这种黑暗又因后世受过法学教育的史料典籍著作家们试图作理性主义一实用主义的解释和报告而更加浓厚，因而，关于使古代氏族制度终结的革命发生的时间、进程和动因，都不可能说出什么确定的意见。只有一点是肯定的，这就是革命的原因在于平民和 populus 之间的斗争。

据说是由塞尔维乌斯·土利乌斯这位勒克斯依照希腊的榜样特别是梭伦的榜样制定的新制度，设立了新的人民大会；能参加或不得参加这个大会的，不分 populus 和平民，都依是否服兵役而定。凡是应服兵役的男子，都按其财产分为六个阶级。前五个阶级中每个阶级的最低财产额为：一、10 万阿司；二、75 000 阿司；三、5 万阿司；四、25 000 阿司；五、11 000 阿司；据杜罗·德拉马尔计算，这些数目大约相当于 14 000 、10 500 、7 000 、3 600 和 1 540 马克。[73]第六阶级为无产者，是由那些没有什么财产、不服兵役和不纳税的人构成的。在新的百人团人民大会(comitia centuriata)上，公民以军队方式按连队来编组，每队 100 人，称百人团，每个百人团有一票表决权。但是，第一阶级出 80 个百人团，第二阶级出 22 个，第三阶级出 20 个，第四阶级出 22 个，第五阶级出 30 个，而第六阶级，为了体面起见，也准出一个。此外，还有从最富裕的公民中征集的骑士所组成的 18 个百人团；一共有 193 个百人团；多数票为 97 票。但骑士和第一阶级合在一起就有 98 票，即占多数；只要他们意见一致，就可以不征询其余阶级的意见，决议也就有效了。

以前库里亚大会的一切政治权利(除了若干名义上的权利以外)，现在都归这个新的百人团大会了；这样一来，库里亚和构成它们的各氏族，像在雅典一样，就降为纯粹私人的和宗教的团体，并且作为这样的团体还苟延残喘了很久，而库里亚大会不久就完全消失了。为了把三个旧的血族部落也从国家中排除出去，便设立了四个地区部落，每个地区部落居住罗马城的四分之一，并享有一系列的政治权利。

这样,在罗马也是在所谓王政被废除之前,以个人血缘关系为基础的古代社会制度就已经被炸毁了,代之而起的是一个新的、以地区划分和财产差别为基础的真正的国家制度。公共权力在这里体现在服兵役的公民身上,它不仅被用来反对奴隶,而且被用来反对不许服兵役和不许有武装的所谓无产者。

只是在僭取了真正王权的最后一个勒克斯,即高傲的塔克文被驱逐以后,在两个拥有同等职权(像在易洛魁人那里那样)的军事首长(执政官)代替了一个勒克斯以后,这个新制度才得到了进一步的发展,而罗马共和国的全部历史也就在这个制度的范围内演变,这里包括,共和国的贵族与平民为了担任官职以及分享国有土地而进行种种斗争,最后贵族溶化在大土地占有者和大货币占有者的新阶级中,这种大土地占有者和大货币占有者逐渐吞并了因兵役而破产的农民的一切地产,并使用奴隶来耕种由此产生的大庄园,把意大利弄到十室九空的地步,从而不仅给帝政而且也给帝政的后继者德意志野蛮人打开了门户。

七 凯尔特人和德意志人的氏族[74]

由于篇幅的原因,我们不能详细研究今天仍然在各种不同的蒙昧民族和野蛮民族中间以比较纯粹或比较模糊的形式存在着的氏族制度,或者亚洲的文明民族古代历史上的氏族制度的痕迹了。① 这两者是到处都可以见到的。只举几个例子:在人们还不

---

① 以下直到本段结束是恩格斯在1891年版上增补的。——编者注

知道什么是氏族的时候，那位曾经费了莫大气力去误解氏族问题的麦克伦南，就已经证实了氏族的存在，并且大体上正确地描述了卡尔梅克人、切尔克斯人、萨莫耶德人①的氏族，以及三个印度民族——华拉耳人、马加尔人**24**、曼尼普尔人的氏族。② 不久以前，马·柯瓦列夫斯基也发现并描述了北萧胡人、显胡苏人、斯万人和其他高加索部落的氏族。在这里，我们只对凯尔特人和日耳曼人的氏族的存在，作若干简短的记述。

凯尔特人的保存到今天的最古的法律，使我们看到了仍然充满着活力的氏族；在爱尔兰，甚至到今天，在英国人用暴力炸毁了氏族以后，它至少还本能地存在于人民的意识中；在苏格兰，在上世纪中叶，它还处于全盛时期，在这里它也只是由于英国人的武器、立法和法庭才被消灭的。

在威尔士被英国人征服以前数世纪**75**，即至迟于 11 世纪所制定的古代威尔士的法律，还表明有整个村落共同耕作的事情，虽然这只是一种普遍流行的早期习俗的稀有残余；每个家庭有供自己耕作的五英亩土地；此外，另有一块土地共同耕种，收获物实行分配。从它跟爱尔兰和苏格兰类似这一点来看，毫无疑问这种农村公社乃是一种氏族或氏族分支，即使对威尔士法律的重新考查——我没有时间去这样做（我的摘要是在 1869 年作的**76**）——未必能直接证实这一点。然而，威尔士以及爱尔兰的材料却直接证明，在 11 世纪时，凯尔特人的对偶婚还根本没有被专偶制所代替。在威尔士，婚姻只有满了七年之后才不能解除，或者更确切些说，才不能终止。甚至只差三夜就满七年，夫妻还是可以分离的。

---

① 涅涅茨人的旧称。——编者注
② 约·弗·麦克伦南《原始婚姻》1865 年爱丁堡版。——编者注

那时便要分家：由妻子来分，丈夫取他的一份。家具是按一定的非常有趣的规则来分的。如果是丈夫提出离婚的，那他必须把妻子的嫁妆和其他某些东西还给她；如果是妻子提出离婚的，那她便少得一点。如有三个子女，丈夫分两个，妻子分一个，即中间那一个。如果妻子在离婚后重新结婚，而她的前夫想重新要她时，即使她的一只脚已经踏上新夫的婚床，也要顺从前夫的要求。而如果已经同居七年，即使以前并未正式结婚，他们也是夫和妻。在结婚以前，少女的贞操完全不严格遵守，也不要求遵守；与此有关的规定，具有非常轻佻的性质，同资产阶级的道德完全不符。如果妻子与人通奸，丈夫可以殴打她（这是允许他这样做的三种情况之一，在其余场合殴打妻子是要受罚的），但是这样一来，他就无权要求别的补偿了；因为

"对于同一过错，或者要求赎罪，或者要求报复，但两者不可得兼"。①

妻子可据以要求离婚而且在分财产时自己的权利又不受损失的理由，范围非常广：只要丈夫有口臭就够了。为赎回初夜权而付给部落首领或国王的赎金（gobr merch，中世纪的 marcheta 这个名称、法语的 marquette 就是由此而来的）在法典上起着很大的作用。妇女在人民大会上享有表决权。如果我们补充下面几点：在爱尔兰已经证明有类似情况存在；在那里，暂时性的婚姻也非常流行，在离婚时，妻子享有很大的明确规定的照顾，甚至对她的家务操持也要给以赔偿；在那里，还有"长妻"与其他诸妻并存的事，而在分配遗产时，婚生子女和非婚生子女没有任何差别——这样，我们便看到了一幅对偶婚的图景，与这种对偶婚

---

① 《威尔士的古代法律和规章》1841 年版第 1 卷第 93 页。——编者注

比较起来,北美现行的婚姻形式就显得严格了,不过,对于一个在凯撒时代还过着群婚生活的民族来说,在11世纪有这种情形,是不足为奇的。

爱尔兰氏族(即塞普特[sept];部落称为clainne,即克兰**39**)不仅由古代法典,而且还由17世纪被派到那里去把克兰领地变成英王王室领地的英国法学家们所证实并作过记述。直到那时,土地只要未被首领变为自己的私有领地,就仍是克兰或氏族的公共财产。如果某一氏族成员死亡,因而一户经济不再存在,首领(英国法学家称之为宗族长[caput cognationis])便把全部土地在其他各户中间进行一次重新分配。这种分配,大体上应该是依照在德意志通行的规则来进行的。即在今日,还可以见到一些属于所谓朗得尔[rundale]制度的村田,在四五十年前,这种村田是很多的。农民们,即租种被英国征服者所掠夺的先前属于氏族公有的土地的个体佃农们,每人为自己承租的地段交纳租金,但是却把全部耕地和草地合并起来,按照方位和土质分成许多"大块"["Gewanne"],如摩泽尔河沿岸所称呼的那样;每个人在每一大块中都有一份;沼泽地和牧场共同使用。就在50年前,有时还重新分配土地,有些时候每年都重新分配。这种实行朗得尔制度的村落的地界图,看上去极似摩泽尔河沿岸或霍赫瓦尔德地区的一个德意志人农户公社的地界图。氏族此外还继续存在于"帮"["factions"]中。爱尔兰农民常常分成各种帮派,它们是建立在看起来毫无意思和十分荒诞的、为英国人所完全不理解的差别的基础之上的,并且它们除了彼此之间进行心爱的盛大殴斗而外,似乎别无任何目的。这是被消灭了的氏族的人为的复活,是氏族灭亡后产生的代替物,这种代替物以特殊的方式证明了流传下来的氏族本能的继续存在。此外,有些地方,同氏族人还一道住在他们旧有的地区内;比如在30年代,莫纳亨郡的大多数居民只有四个姓,换言之,即起源于四个氏族或克兰。①

在苏格兰,氏族制度是随着1745年起义被镇压而灭亡的。**78** 至于苏格兰的克兰是这个制度的哪一个环节,尚待研究;但它是这样一个环节,则是没有疑问的。在瓦尔特·司各脱的小说中,我们可以看到关于苏格兰高地的这种克兰的生动描写。摩尔根说,这种克兰,

"就组织和精神而言,乃是氏族的最好典型,也是氏族生活支配氏族成员的突出例证…… 从他们的结世仇和血族复仇上,从按克兰划分地区上,从他们的共同使用土地上,从克兰成员对于酋长的忠诚以及彼此间的忠诚上,我们都看到了氏族社会的那种通常的、持久的特征…… 世系是按照父权制计算的,因此男子的子女仍留在克兰内,而妇女的子女则转到他们父亲的克兰里去"②。

至于从前在苏格兰盛行过母权制,有下述事实为证:据贝达说,

---

① 恩格斯在这里加了一个注:"在爱尔兰度过的那几天中**77**,我重新明确地意识到那里的乡村居民还是多么明显地生活在氏族时代的观念中。土地占有者在他的佃户农民的眼中还俨然是一种为了全体的利益而管理土地的克兰首领;农民以租金的形式向他纳贡,但认为在困难时也应得到他的帮助。同样,一切比较富裕的人,也被认为当自己的比较贫苦的邻居有急需时,有责任接济他们,这种帮助并不是施舍,而是比较富有的克兰成员或克兰首领理所当然地应给予比较贫苦的克兰成员的。政治经济学家和法学家们抱怨无法使爱尔兰农民接受现代资产阶级的财产概念,这是可以理解的;只有权利而无义务的财产概念,决不能灌输到爱尔兰人头脑中去。当具有这种素朴氏族观念的爱尔兰人突然流落到英国或美国的大城市,置身于道德观念和法律观念全然不同的居民中时,他们在道德和法律问题上会多么容易迷惑惶乱,失去一切依托并且往往大批地道德沦丧——这也是可以理解的。"——编者注

② 路·亨·摩尔根《古代社会》1877年伦敦版第357—358页。——编者注

皮克特人的王室是按照女系继承的。① 甚至普那路亚家庭的残余,在威尔士人以及苏格兰人中间还以初夜权的形式一直保存到中世纪,那时,只要是初夜权没有赎回,克兰的首领或国王,便可以作为以前的共同丈夫的最后代表者,对每个新娘行使这个权利。②

————

德意志人在民族大迁徙以前,曾组织成为氏族,这是没有疑问的。他们只是在公元前数世纪,才有可能占据了多瑙河、莱茵河、维斯瓦河和北方诸海之间的地区;基姆布利人和条顿人当时正处在大迁徙中,而苏维汇人只是到凯撒时代才稳定地定居下来。凯撒谈到苏维汇人时明确地说过:他们是按氏族和亲属关系(gentibus cognationibusque)分开居住的③;而在尤利氏族〔gens Julia〕的罗马人的口中,gentibus 这个名词有着不容误解的确定的意义。这适用于全体德意志人;甚至在被征服的罗马各行省,他们似乎还按氏族④定居。从《阿勒曼尼亚法典》[79]中可以得到证实,

————

① 贝达《盎格鲁教会史》第1册第1章。——编者注
② 在1884年版中这句话后面接着还有两段话,第一段话是:"这种权利——在北美洲的最西北部地区经常可以见到——在俄国人当中也流行过;到10世纪时被奥丽珈女大公废除。"这一段话在1891年版中被恩格斯略去。第二段话是:"在法国,特别是在尼韦奈和弗朗什孔泰,直到法国革命时期还存在着与塞尔维亚—克罗地亚地区的斯拉夫人的家庭公社相似的由农奴家庭组成的共产制家户,这也是从前氏族组织的残余。这种共产制家户还没有完全消亡,例如在卢昂地区(在索恩–卢瓦尔省)还可以看到一些巨大的、造型别致的农民住房,中间是公用的大厅,四周是卧室,住着同一家庭的好几代人。"这一段话在1891年版中被恩格斯修改后补入第二章(见本卷第68—69页)。——编者注
③ 凯撒《高卢战记》第6卷第22章。——编者注
④ 以下直到"像在墨西哥人和希腊人那里一样,在德意志人那里"(本卷第153页)以前的段落,是恩格斯在1891年版中增补的;在1884年版中原是

在多瑙河以南的被征服的土地上，人们是按血族（genealogiae）分开居住的。这里使用的 genealogia 一词，与后来的马尔克公社或农村公社的意义完全相同。不久以前，柯瓦列夫斯基提出了一种见解，说这些 genealogiae 都是大家庭公社，土地在它们之间进行分配，农村公社只是后来才从它们当中发展起来的。① 所以关于 fara 也可以这样说，这个词在勃艮第人和伦巴德人那里——自然也在哥特部落和赫米诺南部落或高地德意志部落那里——的含义和《阿勒曼尼亚法典》上的 genealogia 一词的含义虽不完全相同，却也大体一致。这里摆在我们面前的究竟是氏族还是家庭公社，还需要作进一步研究。

在一切德意志人中是否有一个表示氏族的共同名词，这个名词又是什么，关于这个问题，古代语言研究文献没有给我们提供答案。在语源上，哥特语的 kuni，中古高地德语的 künne 是和希腊语

如下一段话："……还按氏族居住。在公元 8 世纪的《阿勒曼尼亚法典》中 genealogia 一词完全与马尔克公社一词同义。这样我们就看到，德意志民族之一，并且恰恰又是苏维汇人，在这里是按血族即 gentes 分居的，每个氏族都分有确定的地区。勃艮第人和伦巴德人的氏族称为 fara，而《勃艮第法典》中所使用的氏族成员（faramanni）一词，同时也指勃艮第人，这是针对着罗马居民说的，后者自然不包括在勃艮第氏族内。因而在勃艮第人那里，土地的分配也是按照氏族进行的。日耳曼法学家们一百年来为之绞尽脑汁的 faramanni 问题，这样就可解决。在德意志人中并不是到处都把氏族称为 fara，尽管我们在一个哥特系的民族和另一个赫米诺南（高地德意志）系的民族那里可以发现这个名称。在德语中用来表示亲属关系的词根是很多的，这些词根同样使用在我们可以推断是和氏族有关的词语中。"——编者注

① 参看马·马·柯瓦列夫斯基《原始的法》第 1 分册《氏族》1886 年莫斯科版和《家庭及所有制的起源和发展概论》1890 年斯德哥尔摩版。——编者注

的 genos、拉丁语的 gens 相当的,而且是在相同的意义上来使用的。妇女的名称来自同一个词根,如希腊语的 gyne、斯拉夫语的 žena、哥特语的 qvino,以及古斯堪的纳维亚语的 kona、kuna 等,这表明曾存在过母权制时代——在伦巴德人和勃艮第人那里,像刚才说过的,我们看到 fara 一词,这个词被格林假定来源于词根 fisan,意即生育。我则倾向于认为它来源于更显而易见的词根 faran,意即乘车①、迁徙,用来表示当然只由亲属构成的迁徙队伍的一个固定的分队。这个词,在起初是向东方,后来又向西方迁徙的许多世纪中,渐渐地被用来指血族共同体本身了。其次,哥特语的 sibja、盎格鲁撒克逊语的 sib、古高地德语的 sippia、sippa,都是亲属②的意思。在古斯堪的纳维亚语中,亲属一词仅有复数的 sifjar;单数只用做女神西芙[Sif]的名字。最后,在《希尔德布兰德之歌》**80**中还见到另外一种用语,它出现在希尔德布兰德问哈杜布兰德的话中:

"这群人中的男子,谁是你的父亲……或你是哪一血族的?"(eddo huêlîhhes *cnuosles* du sîs)

要是德语有表示氏族的共同名称,那么这恐怕就是哥特语的 kuni 了;这不仅因为它和亲属语中相应的说法一致,而且因为最初表示氏族酋长或部落酋长的 kuning(王[König])一词就是从 kuni 这个字演变来的。sibja(亲属)这个词似乎无须加以考虑;至少,sifjar 在古斯堪的纳维亚语中,不仅表示血缘亲属,而且也表示姻亲亲属,即包括至少**两个氏族**的成员;因此,sif 这个词本身不可

---

① 德语是 fahren。——编者注
② 德语是 Sippe。——编者注

能是表示氏族的用语。

像在墨西哥人和希腊人那里一样,在德意志人那里,骑兵队和楔形步兵纵队的战斗队形,也是按氏族的组织来编的;如果塔西佗说的是按家庭和亲属关系①,那么这种不明确的用语的来由是,在塔西佗时代氏族在罗马早已不再是一个有生命力的团体了。

有决定意义的是塔西佗的这一段话,那里说:母亲的兄弟把他的外甥看做自己的儿子;有些人甚至认为,舅父和外甥之间的血缘关系,比父子之间的血缘关系还要神圣和密切,所以当要求人质的时候,那个将受到约束的人的姊妹的儿子被认为是比他自己的儿子还要大的保证。在这里,我们看到了按照母权制组织起来的,因而是最初的氏族的活生生的残余,而且这种残余还被当做德意志人特有的一种东西。② 某一个这样的氏族,其成员假如把自己的儿子当做某一庄严义务的担保物,而这个儿子却成了父亲违约的牺牲品,那么这位父亲就责任自负。但是假如成为牺牲品的是姊妹的儿子,那么这就违反了最神圣的氏族法规;男孩子或少年的最

---

① 塔西佗《日耳曼尼亚志》第7章。——编者注

② 恩格斯在这里加了一个注:"起源于母权制时代并在许多民族中间都可以看到的舅父和外甥之间的特别密切的关系,在希腊人那里只是在英雄时代的神话中才能看到。据狄奥多鲁斯(第4卷第34章)说,梅里格尔杀死了铁斯特士的儿子们,也就是自己母亲阿耳泰娅的兄弟们。阿耳泰娅认为这种行为是一种无可饶恕的罪行,她诅咒凶手——她自己的儿子,并祈求他死。'据说,诸神听从了她的愿望,结束了梅里格尔的生命。'又据狄奥多鲁斯(第4卷第44章)说,海格立斯率领下的亚尔古船英雄在色雷斯登陆,他们在那里发现,菲尼士受他新妻子的教唆,残酷虐待被他遗弃的前妻——博雷阿德族的克利奥帕特拉所生的两个儿子。而在亚尔古船英雄中间,也有博雷阿德族的人,即克利奥帕特拉的兄弟们,也就是被虐待者的母亲的兄弟们。他们立刻保护他们的两个外甥,释放他们并杀死看守者。**81**"——编者注

近的同氏族亲属，即首先负有保护他的义务的人，便对他的死负有罪责；这个同氏族亲属或者是不应当把他作为人质，或者是必须履行契约。即使我们在德意志人那里没有发现氏族制度的其他任何痕迹，那么有上面这一段话也就够了。①

在古代斯堪的纳维亚关于诸神的黄昏和世界的毁灭的一首歌即《Völuspâ》[《女预言者的预言》]**82**中，有一个地方更具有决定性的意义，因为那是大约800年以后写的。这首《女预言者的预言》——如现在班格和布格所证明的②，这首歌中也包含有基督教的因素——，在描述大灾难前的普遍堕落和道德败坏的时代时说道：

> "Broedhr munu berjask ok at bönum verdask,
> munu *systrungar* sifjum spilla."
> "兄弟们将互相仇视，互相杀戮，
> 姊妹的儿女们就要毁坏亲属关系了。"

Systrungar 一词是母亲的姊妹的儿子的意思，在诗人看来，姊妹的子女否认相互之间的血缘亲属关系比兄弟互相残杀的罪还要大。起加强作用的是表示母方亲属关系的 systrungar 一词；要是不用这个词，而用 syskina-börn（兄弟姊妹的子女）或 syskinasynir（兄弟姊妹的儿子们），那么第二行对于第一行就不是加强，而是减弱了。由此可见，甚至在产生《女预言者的预言》的海盗时代，在斯

---

① 以下直到"……还没有消失。"（本卷第155页）是恩格斯在1891年版上增补的。——编者注

② 安·克·班格《女预言者的预言和西维拉的卜辞》1879年克里斯蒂安尼亚版，索·布格《斯堪的纳维亚关于神和英雄的传说的起源问题探讨》1881—1889年克里斯蒂安尼亚版。——编者注

堪的纳维亚对于母权制的回忆还没有消失。

此外,在塔西佗时代,至少在他较为熟悉的①德意志人中间,母权制已经让位给父权制了:父亲的遗产由子女继承;如果没有子女,就由兄弟及叔伯和舅父继承。容许母亲的兄弟参加继承这一事实,是和刚刚所说的习俗的保存有关系的,同时也证明德意志人的父权制在当时还是多么年轻。直到进入中世纪很久之后,也仍然可以见到母权制的遗迹。那时,在人们中间,特别是在农奴中间,似乎仍然不大信赖父系血统;所以,当封建领主向某个城市要求追回逃亡的农奴的时候,例如在奥格斯堡、巴塞尔和凯泽斯劳滕,就要求有六个最近的血缘亲属,而且是只限于母方的亲属来宣誓证实被告的农奴身份(毛勒《城市制度》第1卷第381页②)。

当时刚刚灭亡的母权制,还有一个残余,这就是在罗马人看来几乎是不可理解的、德意志人对于女性的尊敬。在同德意志人缔结条约时,贵族家庭的少女被认为是最可靠的人质;想到自己的妻女可能被俘而沦为奴隶,这对于德意志人说来是很可怕的,并且最能激励他们的战斗士气;他们认为妇女体现着某种神圣的和先知的东西,他们甚至在最重要的事情上也听取妇女的意见。例如,利珀河畔布鲁克泰人的女祭司魏勒妲,就曾经是推动巴达维人起义的灵魂,在这次起义中,齐维利斯领导德意志人和比利时人动摇了罗马人在高卢的全部统治。[83] 在家里妻子的统治看来是无可争辩的;自然,一切家务也都由妻子、老人和子女关照;丈夫则打猎、饮酒或游手好闲。塔西佗就是这样说的;但是由于他没有说谁耕田种地,并且确定地说,奴隶只纳贡,不服任何劳役,因此,耕种土地

---

① "至少在他较为熟悉的"是恩格斯在1891年版上增补的。——编者注
② 格·路·毛勒《德国城市制度史》1869年埃朗根版。——编者注

所需要的少量劳动,看来仍须由众成年男子来承担。

如前所述,婚姻的形式是逐渐接近专偶制的对偶制。这还不是严格的专偶制,因为还允许显要人物实行多妻制。少女的贞操,一般说来,是严格遵守的(这和凯尔特人相反),同样,塔西佗也特别热情地说到德意志人的婚姻关系的牢不可破。他举出只有妻子通奸,才是离婚的理由。不过,他的话在这里留下了一些漏洞,而且过分明显地用来给放荡的罗马人做美德的镜子了。有一点是可以肯定的:如果说德意志人在自己的森林中曾经是这种世上少有的美德骑士,那么,只要和外界稍一接触,便足以使他们堕落到其余一般欧洲人的水平;在罗马世界中,恪守道德准则的最后痕迹消失得比德语还要快得多。只消读一读图尔的格雷戈里的作品,就可以相信这点了。不言而喻,在德意志人的原始森林中,不可能像在罗马那样,盛行骄奢淫逸的享乐生活,因此,在这方面,即使我们没有硬给德意志人加上无论何时何地都没有在整个民族中盛行过的节欲行为,他们也比罗马世界优越得多。

从氏族制度中产生了把父亲或亲属的仇敌关系像友谊关系一样继承下来的义务;同样,也继承用以代替血族复仇的、为杀人或伤人赎罪的赔偿金。这种赔偿金在上一代还被认为是德意志人特有的制度,但现在已经证明,在成百个民族中都是这样,这是起源于氏族制度的血族复仇的一种普遍的较缓和的形式。这种赔偿金,就像款待客人的义务一样,我们在美洲印第安人中间也可以看到;塔西佗关于款待客人的情形的描述(《日耳曼尼亚志》第21章),与摩尔根关于印第安人款待客人的情形的描述,几乎在细节上都是一致的。

塔西佗时代的德意志人是否已经最终分配了耕地以及与此有关的那几段文字应如何解释,像这种热烈而无休止的争论,如今已经是过去的事了。自从证明差不多一切民族都实行过土地由氏族后来又由共产制家庭公社共同耕作——据凯撒证明①，在苏维汇人当中就是如此——，继而差不多一切民族都实行过把土地分配给单个家庭并定期实行重新分配以来；自从确定耕地的这种定期重新分配的办法在德意志本土有些地方还保存到今日以来，关于这个问题就不必再费一词了。如果从凯撒到塔西佗的150年间，德意志人从凯撒所明确指出的苏维汇人的共同耕作（他说，他们完全没有被分割的或私有的土地）过渡到了土地每年重新分配的个体耕作，那么这确实是个很大的进步；在这样短的时间内，而且没有任何外来干涉，要从那个阶段过渡到土地完全私有，是根本不可能的。因此，我在塔西佗的著作中只读到他说得很简洁的话：他们每年更换（或重新分配）耕地一次，同时还留下充分的公有土地。② 这是和德意志人当时的氏族制度完全相适应的一个耕作和土地占有阶段。③

　　上面这一段，我仍照以前各版的样子保留下来，未作更改。在此期间，问题已转到另外一个方面了。柯瓦列夫斯基已经证明（见前引书，第44页④），家长制家庭公社乃是母权制共产制家庭和现代的孤立的家庭之间的中间阶段，它虽不是到处流行，但是流行很广。在这以后，问题已经不再像毛勒和瓦茨争论的那样——土地是公有还是私有，而是公有的**形式**是什么了。毫无疑问，在凯

---

① 凯撒《高卢战记》第4卷第1章。——编者注
② 塔西佗《日耳曼尼亚志》第26章。——编者注
③ 以下直到"在凯撒时代，一部分德意志人……"（本卷第159页）以前是恩格斯在1891年版上增补的。——编者注
④ 见本卷第67—68页。——编者注

撒时代,苏维汇人不仅有过土地公有,而且也有过共同核算的共同耕作。至于他们的经济单位是氏族,还是家庭公社,或者是介于两者之间的某种共产制亲属集团,或者所有三种集团依土地条件的不同都存在过,关于这些问题将来还会长久争论。但柯瓦列夫斯基认定,塔西佗所描述的状况,不是以马尔克公社或农村公社为前提,而是以家庭公社为前提的;只是过了很久,由于人口增加,农村公社才从这种家庭公社中发展出来。

按照这个观点,德意志人在罗马时代他们所占据的土地上的居住区,以及后来他们从罗马人那里夺取的土地上的居住区,不是由村组成,而是由大家庭公社组成的,这种大家庭公社包括好几代人,耕种着相应的地带,并和邻居一起,作为共同的马尔克来使用四周的荒地。在这种情况下,塔西佗著作中谈到更换耕地的那个地方,实际上就应当从农学意义上去理解:公社每年耕种另一个地带,而将上年的耕地休耕,或令其全然抛荒。由于人口稀少,荒地总是很多的,因此,任何争夺地产的纠纷,就没有必要了。只是经过数世纪之后,当家庭成员的人数过多,以致在当时的生产条件下共同经营已经成为不可能的时候,这种家庭公社才解体;以前公有的耕地和草地,就按人所共知的方式,在此后正在形成的单个农户之间实行分配,这种分配起初是暂时的,后来便成为永久的,至于森林、牧场和水域则依然是公共的。

这一发展过程,对于俄国,看来已经是历史上完全证实了的。至于德意志,乃至其余的日耳曼诸国,不可否认,这个推测,在许多方面,较之迄今流行的把农村公社的存在追溯到塔西佗时代的推测,能更好地诠释典籍,更容易解决困难。最古的文件,例如《洛尔希寺院文书》[84],一般说来,用家庭公社来解释,就比用农村马尔克公社来解释要好得多。另一方面,这种家庭公社又造成了新的困难和引起了新的需要解决的问题。在这里只有新的研究才能作出结论；但是，我不能否认，作为中间阶段的家庭公社，在德国、斯堪的纳维亚以及英国很可能也都有过。

在凯撒时代，一部分德意志人刚刚定居下来，一部分人尚在找寻定居的地方，但在塔西佗时代，他们已有整整百年之久的定居生活了；与此相适应，在生活资料的生产方面也有了无可怀疑的进步。他们居住在木屋中，穿的还是很原始的森林居民的衣服：粗糙的羊毛外套、兽皮，妇女和显要人物则穿麻布内衣。食物为乳、肉、野生果实，以及像普林尼所补充的燕麦粥①（直到今日，这还是爱尔兰和苏格兰的凯尔特人的民族食物）。他们的财富是家畜，但是品种很差；牛矮小难看，没有角；马是小马，不善奔驰。钱币很少使用，数量有限，而且只是罗马钱币。他们不制造金银饰品，也不重视这些。铁是很少见的，看来至少在莱茵河和多瑙河诸部落中间差不多全靠输入，而不是自行冶炼。鲁恩文字（模仿希腊和拉丁字母造成的文字）仅仅用做暗语文字，并且专供宗教巫术之用。把人当做祭品的做法还在流行。一句话，我们在这里所看到的，是一个刚从野蛮时代中级阶段进到高级阶段的民族。不过，虽然与罗马人直接接壤的各部落由于输入罗马的工业品方便，因而其独立的金属业和纺织业的发展受到了阻碍，但是在东北部，在波罗的海沿岸诸部落中，则无疑发展起了这样的工业。在石勒苏益格沼泽地所发现的武器——长的铁剑、环甲、银盔等等，还有2世纪末的罗马铸币——以及由于民族大迁徙而流传各地的德意志金属制品，即使起初是模仿罗马式样的，但都相当讲究和独具风格。

---

① 普林尼《博物志》第18卷第17章。——编者注

向文明的罗马帝国迁徙,使这种土生土长的工业,除了在英国以外,到处都绝迹了。至于这种工业是怎样一致地出现和发展起来的,可以拿青铜手镯为例来说明。在勃艮第、罗马尼亚、亚速海沿岸发现的青铜手镯,看来可能跟英国和瑞典的青铜手镯同出于一个作坊,因而同样无疑地是由日耳曼人生产的。

他们的制度也是跟野蛮时代高级阶段相适应的。据塔西佗说,到处都有氏族酋长(principes)议事会,它处理比较小的事情,而比较重大的事情则由它提交人民大会去解决;这种人民大会,在野蛮时代低级阶段上,至少在我们知道有人民大会的地方,例如在美洲人那里,仅仅氏族才有,而部落或部落联盟是没有的。氏族酋长(principes)和军事头领(duces)还有显著的区别,正像在易洛魁人那里一样。氏族酋长已经部分地靠部落成员的献礼如家畜、谷物等来生活;他们——如在美洲一样——大半是从同一家庭中选举出来的;向父权制的过渡,例如在希腊和罗马,促进了选举制逐渐变为世袭制,从而促进了每个氏族形成一个贵族家庭。这种古代的所谓部落贵族,大多数在民族大迁徙中或在它以后不久便衰落了。军事首长完全是按才能来选举的,不问世系如何。他们的权力很小,必须以自己的榜样来发挥作用;至于军队的实际惩戒权,塔西佗确定地说,是握在祭司们手里的。真正的权力集中在人民大会上。大会由王或部落酋长主持;决定由人民来做:怨声表示反对,喝彩、敲打武器表示赞成。人民大会同时也是审判法庭;各种控诉都向它提出,并由它作出判决,死刑也在这里宣判,但只有对卑怯、背叛民族和反自然的淫行才判处死刑。在氏族和其他分支中,也是由以氏族酋长为主席的全体大会进行审判;像在德意志人的一切最早的法庭上一样,氏族酋长可能只是诉讼的领导者和审问者;德意志人的判决,不论何时何地,都是由全体作出的。

部落联盟从凯撒时代起就组成了;其中有几个联盟已经有了王;最高军事首长,像在希腊人和罗马人中间一样,已经图谋夺取专制权,而且有时也达到了目的。这种侥幸的篡夺者决不是绝对的统治者;不过他们已经开始粉碎氏族制度的枷锁了。被释奴隶一般处于低微地位,因为他们不能属于任何氏族,而在新王的手下,这样一些宠儿却往往获得高官、财富和荣誉。罗马帝国被征服以后,在如今成了大国国王的军事首长那里也发生了同样的事。在法兰克人中间,国王的奴隶和被释奴隶,起初在宫廷里,后来在国家中,都起了重要的作用;新的贵族有很大一部分是从他们当中产生的。

有一种设施促进了王权的产生,这就是扈从队。我们在美洲红种人中间就已经看到,与氏族制度并行,还形成了一种独立自主地从事战争的私人团体。这种私人团体,在德意志人中间,已经成为经常性的团体了。博得了声誉的军事领袖,在自己周围集合一队掠夺成性的青年人,他们对他个人必须忠诚,而他对他们亦然。首领供给吃喝并奖赏他们,把他们编成等级;对于小规模的征战,他们充当卫队和随时可以战斗的队伍;对于大规模的征战,他们是现成的军官团。不管这种扈从队必然是多么弱小,像后来例如在意大利奥多亚克麾下所表现的那样,但是他们仍然成为古代的人民自由走向衰落的开端;在民族大迁徙时期和迁徙以后,他们也表明自己的作用正是这样。因为,第一,他们促进了王权的产生;第二,如塔西佗已经指出的,只有通过不断的战争和抢劫,才能把他们纠合在一起。掠夺成了目的。如果扈从队首领在附近地区无事可做,他就把自己的人马带到发生了战争、可以指望获得战利品的别的民族那里去;由德意志人组成的辅助军,在罗马的旗帜下,甚至大举对德意志人作战,这种辅助军有一部分就是由这种扈从队编成的。德意志人的耻辱和诅咒——雇佣兵制度,在这里已经初具雏形。在罗马帝国被征服以后,国王们的这种扈从兵,就同非自由人和罗马人出身的宫廷奴仆一起,成了后来的贵族的第二个主要组成部分。

由此可见,一般说来,在联合为民族[Volk]的德意志各部落中,也曾发展出像英雄时代的希腊人和所谓王政时代的罗马人那样的制度,即人民大会、氏族酋长议事会和已在图谋获得真正王权的军事首长。这是氏族制度下一般所能达到的最发达的制度;这是野蛮时代高级阶段的典型制度。只要社会一越出这一制度所适用的界限,氏族制度的末日就来到了;它就被炸毁,由国家来代替了。

八 德意志人国家的形成

据塔西佗说,德意志人是人口众多的民族。我们从凯撒的著作中可以得出一个关于各德意志民族人数的大致概念;他认为住在莱茵河左岸的乌济佩特人和邓克泰人的人口,包括妇女和儿童在内,共为18万人。因而,每个民族大约有10万人①,这已经大

---

① 恩格斯在这里加了一个注:"这里所推测的数字,在狄奥多鲁斯关于高卢的凯尔特人的一段文字中可以得到证实。他说:'在高卢住着人口不等的许多民族,其中最大者,人口约为20万人,最小者约为5万人。'(西西里的狄奥多鲁斯,第5卷第25章)**81**因而,平均起来是125 000人;由于各个高卢民族发展程度较高,应该把他们的人口设想得比德意志人多一些。"——编者注

大超过例如易洛魁人在其全盛时代的总数，那时易洛魁人不到 2
万人，但已成为自大湖至俄亥俄河和波托马克河整个地区的可怕
力量。如果我们根据现有材料，把莱茵河附近定居的大家知道得
比较确切的民族试着划分一下，那么每一个这样的民族在地图上
所占的面积平均约等于普鲁士的一个行政区，即约为 1 万平方公
里，或 182 平方德里。但是，罗马人的大日耳曼尼亚 [Germania
Magna]，直到维斯瓦河为止，占有依整数计共 50 万平方公里的面
积。如果一个民族的平均人口为 10 万人，那么整个大日耳曼尼亚
的人口总数，应达 500 万；对于野蛮时代的民族集团来说，这是一
个很大的数目，而就今日的情况来说——1 平方公里 10 人，或 1
平方德里 550 人——这是极其微小的数目。但是这并不包括生活
在那个时候的全部德意志人。我们知道，沿喀尔巴阡山脉直至多
瑙河口，都居住着哥特系统的德意志民族——巴斯塔尔人、佩夫金
人等等——，它们的人数非常之多，因而，普林尼认为他们是德意
志人的第五个大系统①，而这些在公元前 180 年已经替马其顿王
柏修斯做过雇佣兵的德意志人，还在奥古斯都在位的初年就已突
进到阿德里安堡附近了。假定他们的人数只有 100 万人，那么到
公元初，德意志人的大概数目，就至少有 600 万了。

　　在他们定居日耳曼尼亚以后，人口一定是日益迅速地增长的；
单是上面提到的工业方面的进步，就足以证明这一点。在石勒苏
益格沼泽地所发现的古物，就其中的罗马铸币来判断，是属于 3 世
纪的。由此可见，到这个时候，在波罗的海沿岸金属业和纺织业已
经很发达了，跟罗马帝国已有频繁的往来，比较有钱的人已享有某

---

① 　普林尼《博物志》第 4 卷第 14 章。——编者注

些奢侈品——这一切都是人口更为稠密的迹象。而在这个时期，德意志人在莱茵河、罗马边墙和多瑙河全线，从北海起到黑海止，也开始了总进攻——这也是人口日益增多，竭力向外扩张的直接证明。斗争持续了300年，在斗争期间，哥特民族的整个大系统（斯堪的纳维亚的哥特人和勃艮第人除外）向东南推进，形成了漫长的进攻线的左翼；进攻线的中央是高地德意志人（赫米诺南人），沿多瑙河上游突进；右翼是易斯卡伏南人即现今所谓法兰克人，沿莱茵河突进；征服不列颠，则是印格伏南人的事情。到5世纪末，罗马帝国已是那么衰弱，毫无生气和束手无策，因而为德意志人的入侵敞开了大门。

上面我们是站在古希腊罗马文明的摇篮旁边。这里我们却站在这一文明的棺木旁边了。罗马的世界统治的刨子，刨削地中海盆地的所有地区已经有数百年之久。凡在希腊语没有进行抵抗的地方，一切民族语言都不得不让位于被败坏的拉丁语；一切民族差别都消失了，高卢人、伊比利亚人、利古里亚人、诺里克人都不复存在，他们都变成罗马人了。罗马的行政和罗马的法到处都摧毁了古代的血族团体，这样也就摧毁了地方的和民族的自主性的最后残余。新出炉的罗马公民身份并没有提供任何补偿；它并不表现任何民族性，而只是民族性欠缺的表现。新民族［neue Nationen］的要素是到处都具备的；各行省的拉丁方言差别越来越大；一度使意大利、高卢、西班牙、阿非利加成为独立区域的自然疆界依然存在，依然使人感觉得到。但是，任何地方都不具备能够把这些要素结成新民族［neue Nation］的力量，任何地方都还没有显示出发展能力或抵抗力的痕迹，更不用说创造力了。广大领土上的广大人群，只有一条把他们联结起来的纽带，这就是罗马国家，而这个国家随着时间的推移却成了他们最凶恶的敌人和压迫者。各行省消

灭了罗马,罗马本身变成了行省城市,像其他城市一样;它虽然有
特权,但已经不再居于统治地位,已经不再是世界帝国的中心了,
甚至也不再是皇帝和副皇帝的所在地了,他们现在住在君士坦丁
堡、特里尔、米兰。罗马国家变成了一架庞大的复杂机器,专门用
来榨取臣民的膏血。捐税、国家徭役和各种代役租使人民大众日
益陷于穷困的深渊;地方官、收税官以及兵士的勒索,更使压迫加
重到使人不能忍受的地步。罗马国家及其世界统治引起了这样的
结果:它把自己的生存权建立在对内维持秩序对外防御野蛮人的
基础上;然而它的秩序却比最坏的无秩序还要坏,它借口保护公民
防御野蛮人,而公民却把野蛮人奉为救星来祈望。

　　社会状况同样也是绝望的。从共和制的末期起,罗马统治的
目的已经放在残酷剥削被征服的各行省上了;帝制不但没有消除
这种剥削,反而把它变成了常规。帝国越是走向没落,捐税和赋役
就越是增加,官吏就越是无耻地进行掠夺和勒索。商业和工业向
来不是统治着各民族的罗马人的事业;只有在高利贷方面,他们做
到了空前绝后。商业所得到所保持的东西,都在官吏的勒索下毁
灭了;而残存下来的东西,仅在帝国东部的希腊部分才有,不过,这
一部分不在我们研究范围之内。普遍的贫困化,商业、手工业和艺
术的衰落,人口的减少,都市的衰败,农业退回到更低的水平——
这就是罗马人的世界统治的最终结果。

　　农业是整个古代世界的决定性的生产部门,现在它更是这样
了。在意大利,从共和制衰亡的时候起就几乎遍布全境的面积巨
大的大庄园(Latifundien),是用两种方法加以利用的:或者当做牧
场,在那里居民就被牛羊所代替,因为看管牛羊只用少数奴隶就行
了;或者当做田庄,使用大批奴隶经营大规模的园艺业——一部
分为了满足主人的奢侈生活,一部分为了在城市市场上出售。大

牧场保存了下来,甚至还扩大了;但田庄田产及其园艺业却随着主人的贫穷和城市的衰落而衰败了。以奴隶劳动为基础的大庄园经济,已经不再有利可图;而在当时它却是大规模农业的唯一可能的形式。现在小规模经营又成了唯一有利的形式。田庄一个一个地分成了小块土地,分别租给缴纳一定款项的世袭佃农,或者租给分成制农民,这种分成制农民只能获得他们一年劳动生产品的六分之一,或者仅仅九分之一,他们与其说是佃农,毋宁说是田产看管人。但是这种小块土地主要是交给隶农,他们每年缴纳一定的款项,被束缚在土地上,并且可以跟那块土地一起出售;这种隶农虽不是奴隶,但也不是自由的,他们不能和自由民通婚,他们相互间的婚姻也不被看做完全有效的,而是像奴隶的婚姻一样,只被看做简单的同居(contubernium)。他们是中世纪农奴的前辈。

古典古代的奴隶制,已经过时了。无论在乡村的大规模农业方面,还是在城市的工场手工业方面,它都已经不能提供值得费力去取得的收益,因为它的产品市场已经消失了。帝国繁荣时代的庞大的生产已经收缩为小农业和小手工业,这种小农业和小手工业都不能容纳大量奴隶了。只有富人的家庭奴隶和供他们显示豪华的奴隶,在社会上还有存在余地。但是,日趋灭亡的奴隶制仍然能够使人认为,一切生产劳动都是奴隶的事,让自由的罗马人来做有失他们的身份,而现在人人都是这种自由的罗马人了。结果,一方面,多余而成了累赘的被释奴隶的人数日益增加;另一方面,隶农的人数,破产的自由民(类似美国从前各蓄奴州的白种贫民)的人数,也日益增多。基督教对于古典古代奴隶制的逐渐灭亡是完全没有罪过的。它在罗马帝国和奴隶制同流合污达数世纪之久,以后也从来没有阻止过基督徒买卖奴隶——既没有阻止过德意志人在北方,或威尼斯人在地中海买卖奴隶,也没有阻止过后世买卖黑奴。①
奴隶制已不再有利,因此也就灭亡了。但是垂死的奴隶制却留下
了它那有毒的刺,即鄙视自由民的生产劳动。在这里罗马世界就
陷入了绝境:奴隶制在经济上已经不可能了,而自由民的劳动却在
道德上受鄙视。前者是已经不能再作为社会生产的基本形式,后
者是还不能成为这种形式。只有一次彻底革命才能摆脱这种
绝境。

各行省的情况,也不见得好些。我们所有的材料,以关于高卢
的为最多。在这里,与隶农并存的,还有自由的小农。他们为了不
受官吏、法官和高利贷者的侵害,往往托庇于有权势者以求保护;
不仅农民个人这样做,而且整个公社也这样做,以致4世纪的皇帝
们屡次发布命令,禁止这种行为。而寻求保护的人这样做有什么
好处呢? 保护者向他们提出了这样的条件:他们把自己那块土地
的所有权转让给他,而他则保证他们终身使用这块土地——这是
一个诡计,对此神圣的教会心领神会,并且在9世纪和10世纪竭
力仿效以扩张神的王国和教会地产。诚然,在那个时候,即公元
475年前后,马赛的主教萨尔维安还对这种掠夺表示愤慨,并且
说,罗马官吏和大地主的压迫已经如此严重,以致许多"罗马人"
纷纷逃往野蛮人所占领的地方,而移居那里的罗马公民最怕的是
重新落入罗马统治之下。② 那时父母常常因贫穷而把自己的子女

---

① 恩格斯在这里加了一个注:"据克雷莫纳的主教利乌特普朗德说,10世
纪在凡尔登,也就是说,在神圣德意志帝国,制造阉人成了一个主要
的行业,因为把这些阉人输入西班牙,供摩尔人的后宫使用,可获厚
利。**85**"——编者注
② 参看萨尔维安《论神的统治》第5册第8章。——编者注

卖为奴隶，为禁止这种行为而颁布的法律就证明了这一点。

德意志野蛮人把罗马人从他们自己的国家里解放了出来，为此他们便强夺了罗马人全部土地的三分之二在自己人当中分配。这一分配是按照氏族制度进行的；由于征服者的人数相对来说较少，仍有广大的土地未被分配，一部分归全体人民占有，一部分归各个部落和氏族占有。在每个氏族内，则用抽签方法把耕地和草地平均分给各户；后来是否进行过重新分配，我们不得而知，但无论如何，这样的做法在罗马各行省不久就取消了，单块的份地变成了可以转让的私有财产即自主地。森林和牧场始终没有分配而留做共同使用；森林和牧场的使用，以及被分配下去的耕地的耕种方式，都是按照古代的习俗和全体的决定来调整的。氏族在自己的村落里定居越久，德意志人和罗马人越是逐渐融合，亲属性质的联系就越是让位于地区性质的联系；氏族消失在马尔克公社中了，但在马尔克公社内，它起源于各成员的亲属关系的痕迹往往还是很显著的。可见，至少在保存着马尔克公社的各个国家——在法国北部、英国、德国和斯堪的纳维亚，氏族制度不知不觉地变成了地区制度，因此得以和国家相适应。但是，它仍保存了它那种自然形成而为整个氏族制度所特有的民主性质；甚至在它后来被迫蜕变的时候，也还留下了氏族制度的片断，从而在被压迫者手中留下了一种武器，直到现代还有其生命力。

这样，如果说氏族中的血缘纽带很快就丧失了自己的意义，那么，这是血缘纽带的各种机关在部落和整个民族内由于征服而同样发生蜕变的结果。我们知道，对被征服者的统治，是和氏族制度不相容的。在这里我们可以很普遍地看到这一点。各德意志民族做了罗马各行省的主人，就必须把所征服的地区组织管理起来。但是，它们既不能把大量的罗马人吸收到氏族团体里来，又不能通过氏族团体去统治他们。必须设置一种代替物来代替罗马国家，以领导起初大都还继续存在的罗马地方行政机关，而这种代替物只能是另一种国家。因此，氏族制度的机关必须转化为国家机关，并且为时势所迫，这种转化还非常迅速。征服者民族的最近的代表人是军事首长。被征服地区对内对外的安全，要求增大他的权力。于是军事首长的权力转变为王权的时机来到了，这一转变发生了。

就拿法兰克王国来说，在这里，胜利了的撒利法兰克人不仅完全占有了广大的罗马国有领地，而且完全占有了一切不曾分配给大大小小的区域公社和马尔克公社的大片土地，特别是全部较大的林区。从一个普通的最高军事首长变成了真正君主的法兰克国王做的第一件事，便是把这种人民的财产变为王室的财产，从人民方面把它盗窃过来而赠送或赏赐给他的扈从队。这种起初由他的私人军事扈从以及其余的下级军事首长组成的扈从队，不久就膨胀了起来，这不仅由于补入了罗马人即罗马化的高卢人，这些人因为能书写、有教养，懂得罗曼口语、拉丁文言和当地法律很快就变成他所离不开的人，而且还由于补入了奴隶、农奴和被释奴隶，这些人构成了他的宫廷，他从他们中间挑选自己的宠儿。所有这些人都得到了大片的人民的田地，这些田地起初多半是赠送给他们，后来就以采邑⁸⁶的形式赏赐给他们——起初多半是享用到国王去世时为止。这样，就靠牺牲人民而造成了新贵族的基础。

不仅如此，由于王国幅员广阔，就不能再用旧的氏族制度的手段来管理了；氏族酋长议事会即使没有老早消失，也已经不能召集了，它很快就被国王的固定亲信所代替；旧的人民大会还继续存在着做做样子，但是也越来越变成纯粹是下级军事首长和新贵的会议。占有土地的自由农民，即法兰克人的主体，正如以前共和制末期的罗马农民一样，由于连年内战和征服战争，特别是查理大帝时期的征服战争而被弄得疲惫不堪和贫困衰败。这种起初构成全部军队，而在征服法兰西地区以后，又构成该地区的核心的农民，到9世纪之初，已穷困到五个人之中难得抽出一个人出去作战了。以前由国王直接招募的自由农民的卫国军，现在已经由新贵的仆从所组成的军队代替。在这些仆从中，还有一些依附农民，他们是那些先前只知有国王而不知有主人，而更早一点根本不知有任何主人，甚至也不知有国王的农民的后裔。在查理大帝的后代统治时，由于国内战争、王权的削弱和相应的贵人跋扈（在这种贵人之中还加上了查理大帝所任命的那些力图把自己的职位变成世袭的郡守[87]），最后，还由于诺曼人的侵犯，法兰克的农民等级就完全破产了。查理大帝死后50年，法兰克王国便毫无反抗地匍匐在诺曼人的脚下，正和400年前罗马帝国匍匐在法兰克人的脚下一样。

不仅对外软弱无能，而且内部的社会秩序（不如说是社会无秩序），差不多也是一样。自由的法兰克农民陷入了与他们的前辈即罗马的隶农一样的处境。他们被战争和掠夺弄得破产，不得不去乞求新贵或教会的保护，因为国王的权力太弱了，已经不能保护他们；不过这种保护使他们不得不付出很高的代价。像以前高卢农民那样，他们必须将自己那块土地的所有权交给保护人，再以各种不同的和变化的形式——不过总不外是劳役和代役租——从他那里把这块土地作为租地而租回来。一经陷入这种依附形式，他们也就逐渐地丧失了自己的人身自由；过不了几代，他们大多数已经都是农奴了。自由的农民等级灭亡得多么迅速，这从伊尔米农所编的圣日尔曼-德-普雷修道院（当时在巴黎附近，现在巴黎市内）的地产登记册[88]中可以得到证明。这个修道院的地产散布四周，面积极为广大，还在查理大帝在世的时候，就住有2 788户人家，差不多全是取德意志名字的法兰克人。其中2 080户是隶农,35 户是半农奴,220 户是奴隶,只有 8 户是自由的佃农! 保护人让农民把自己那块土地交归他所有,然后仅仅是再将这块土地交回农民终身使用,这个曾被萨尔维安宣布为背神行为的习俗,如今到处被教会施加在农民身上了。现在日益盛行的徭役,其原型既是罗马的安加利[89],即为国家所服的强制劳役,又是德意志马尔克公社成员为修桥、筑路,以及其他共同目的而出的劳役。这样一来,居民的主体在过了 400 年以后好像完全又回到起初的状况去了。

然而,这不过证明两点:第一,没落时期罗马帝国的社会分化和财产分配,是跟当时的农业和工业的生产水平完全相适应的,因而是不可避免的;第二,这一生产水平在以后 400 年间,并没有根本性的下降和上升,因此,才以同样的必然性重新产生了同样的财产分配和同样的居民阶级。在罗马帝国的最后数百年间,城市丧失了它从前对乡村的统治,而在德意志人统治的最初数百年间,也没有把它恢复起来。这是由农业与工业的发展程度很低决定的。这样一个总的状况,必然产生居于统治地位的大地主和依附的小农。要把使用奴隶劳动的罗马大庄园经济或使用徭役的新的大规模经营嫁接在这种社会上面是多么不可能,这可以从查理大帝用著名皇室田庄所作的几乎没有留下痕迹的庞大实验中得到证明。只有修道院才又继续了这种实验,也只是对修道院说来才获益甚丰;但是修道院是以独身生活为基础的非正常的社会团体;它们可能会有例外的成绩,然而正因为如此,才不能不永远是一个例外。

但在这 400 年间,毕竟是继续前进了。即使我们在这一时期末所看到的主要阶级差不多跟初期一样,但构成这些阶级的人却已经不同了。古典古代的奴隶制已经消失;破产的、贫穷的、视劳动为奴隶贱事的自由民也已经消失。介于罗马隶农和新的农奴之间的是自由的法兰克农民。奄奄一息的罗马世界的"无益的回忆与徒然的斗争"已经死亡并且被埋葬了。9世纪的社会阶级,不是在垂死文明的沉沦中,而是在新文明诞生的阵痛中形成的。新的世代,无论是主人还是仆从,跟他们的罗马前辈比较起来,已经是成年人的世代了。有权势的地主和服劳役的农民之间的关系,对罗马前辈来说曾经是古典古代世界毫无出路的没落形式,现在对新的世代来说则是新发展的起点。其次,不论这400年看起来多么没有成果,可是却留下了**一个**重大的成果:这就是一些现代的民族[moderne Nationalitäten],亦即西欧人类为了未来的历史而实行的分化和改组。德意志人确实重新使欧洲有了生气,因此,日耳曼时期的国家解体过程才不是以诺曼-萨拉秦人的征服而告终,而是以采邑制度和保护关系(依附制度**90**)进一步发展为封建制度而告终,①而人口也有了这样巨大的增长,以致能够完好无恙地经受了不到200年后的十字军征讨**91**的大流血。

然而,德意志人究竟是用了什么神秘的魔法,给垂死的欧洲注入了新的生命力呢?是不是像我们的沙文主义的历史编纂学所虚构的那样,德意志种族天生有一种特别的魔力呢?决不是。德意志人,尤其在当时,是一个天资高的雅利安族系,并且正处在生机勃勃的发展中。但是使欧洲返老还童的,并不是他们的特殊的民族特点,而只是他们的野蛮状态,他们的氏族制度而已。

他们的个人才能和勇敢,他们的自由意识,以及把一切公共的事情看做是自己的事情的民主本能,总之,罗马人所丧失的一切品质,而只有这些品质才能从罗马世界的污泥中造成新的国家,培养出新的民族[neue Nationalitäten]——所有这一切,如果不是高级

---

① 以下直到本段结束是恩格斯在1891年版上增补的。——编者注

阶段野蛮人的特征,即他们的氏族制度的果实,又是什么呢?

如果说,德意志人改革了专偶制的古代形式,缓和了男子在家庭中的统治,给了妇女比古典世界任何时期都更高的地位,那么,使他们能够做到这一点的,如果不是他们的野蛮状态、他们的氏族习惯,如果不是他们仍有母权制时代的遗风,又是什么呢?

如果说,他们至少在三个最重要的国度——德国、法国北部和英国——以马尔克公社的形式保存下来一部分真正的氏族制度,并把它带到封建国家里去,从而使被压迫阶级即农民甚至在中世纪农奴制的最严酷条件下,也能有地方性的团结和抵抗的手段,而这一手段无论在古典古代的奴隶那里或者在近代的无产阶级那里都没有这样现成,那么,造成这种情况的,如果不是他们的野蛮状态,如果不是他们的纯粹野蛮人的按血族定居的方式,又是什么呢?

最后,如果说,他们能把那种在他们的故乡已经实行的比较温和的隶属形式——在罗马帝国,奴隶制也日益转化为这种形式——发展起来,并使之成为唯一的形式,而这种隶属形式,正如傅立叶最早强调指出的①,给被奴役者提供了一个使自己**作为阶级**而逐渐获得解放的手段(给土地耕种者提供了一个获得**集体和逐渐**解放的手段),因此,这种形式大大胜过奴隶制——在奴隶制下,只能有单个人不经过过渡状态而立即获得释放(古代是没有用胜利的起义来消灭奴隶制的事情的),而中世纪的农奴实际上却作为阶级而逐渐实现了自己的解放——,如果是这样的话,那么,这一切如果不是归功于他们的野蛮状态(由于这种野蛮状态,他们还没有达到充分发展的奴隶制:既没有达到古典古代的劳动

---

① 参看沙·傅立叶《关于四种运动和普遍命运的理论》1846年巴黎第3版(《傅立叶全集》第1卷第220页)。——编者注

奴隶制,也没有达到东方的家庭奴隶制),又归功于什么呢?

凡德意志人给罗马世界注入的一切有生命力的和带来生命的东西,都是野蛮时代的东西。的确,只有野蛮人才能使一个在垂死的文明中挣扎的世界年轻起来。而德意志人在民族大迁徙之前已经达到并努力开拓的野蛮时代高级阶段,对于这一过程恰好最为适宜。这就说明了一切。

九 野蛮时代和文明时代

我们已经根据希腊人、罗马人和德意志人这三大实例,探讨了氏族制度的解体。最后,我们来研究一下那些在野蛮时代高级阶段已经破坏了氏族社会组织,而随着文明时代的到来又把它完全消灭的一般经济条件。在这里,马克思的《资本论》对我们来说是和摩尔根的著作同样必要的。

氏族在蒙昧时代中级阶段发生,在高级阶段继续发展起来,就我们现有的资料来判断,到了野蛮时代低级阶段,它便达到了全盛时代。所以现在我们就从这一阶段开始。

这一阶段应当以美洲红种人为例;在这一阶段上,我们发现氏族制度已经完全形成。一个部落分为几个氏族,通常是分为两个;①随着人口的增加,这些最初的氏族每一个又分裂为几个女儿氏族,对这些女儿氏族来说,母亲氏族便是胞族;部落本身分裂成几个部落,在其中的每一个部落中,我们多半又可以遇到那些老氏族;部落联盟至少是在个别情况下把亲属部落联合在一起。这种

---

① “通常是分为两个;”是恩格斯在 1891 年版上增补的。——编者注

简单的组织,是同它所由产生的社会状态完全适应的。它无非是这种社会状态所特有的、自然长成的结构;它能够处理在这样组织起来的社会内部一切可能发生的冲突。对外的冲突,则由战争来解决;这种战争可能以部落的消灭而告终,但从没能以它的被奴役而告终。氏族制度的伟大,但同时也是它的局限,就在于这里没有统治和奴役存在的余地。在氏族制度内部,还没有权利和义务的分别;参与公共事务,实行血族复仇或为此接受赎罪,究竟是权利还是义务这种问题,对印第安人来说是不存在的;在印第安人看来,这种问题正如吃饭、睡觉、打猎究竟是权利还是义务的问题一样荒谬。同样,部落和氏族分为不同的阶级也是不可能的。这就使我们不能不对这种状态的经济基础加以研究了。

　　人口是极其稀少的;只有在部落的居住地才比较稠密,在这种居住地的周围,首先是一片广大的狩猎地带,其次是把这个部落同其他部落隔离开来的中立的防护森林。分工是纯粹自然产生的;它只存在于两性之间。男子作战、打猎、捕鱼,获取食物的原料,并制作为此所必需的工具。妇女管家,制备衣食——做饭、纺织、缝纫。男女分别是自己活动领域的主人:男子是森林中的主人,妇女是家里的主人。男女分别是自己所制造的和所使用的工具的所有者:男子是武器、渔猎用具的所有者,妇女是家内用具的所有者。家户经济是共产制的,包括几个,往往是许多个家庭。[1] 凡是共同制作和使用的东西,都是共同财产:如房屋、园圃、小船。所以,在

---

[1]　恩格斯在这里加了一个注:"特别是在美洲的西北沿岸,见班克罗夫特的著作。在夏洛特皇后群岛上的海达人部落中,还有700人聚居在一所房屋中的家户经济。在努特卡人那里,整个部落都聚居在一所房屋中生活。"——编者注

这里，而且也只有在这里，才真正存在着文明社会的法学家和经济学家所捏造的"自己劳动所得的财产"——现代资本主义所有制还依恃着的最后一个虚伪的法律借口。

但是，人们并不是到处都停留在这个阶段。在亚洲，他们发现了可以驯服并且在驯服后可以繁殖的动物。野生的雌水牛，需要去猎取；但已经驯服的雌水牛，每年可生一头小牛，此外还可以挤奶。有些最先进的部落——雅利安人、闪米特人，也许还有图兰人——，其主要的劳动部门起初就是驯养牲畜，只是到后来才又有繁殖和看管牲畜。游牧部落从其余的野蛮人群中分离出来——这是**第一次社会大分工**。游牧部落生产的生活资料，不仅比其余的野蛮人多，而且也不相同。同其余的野蛮人比较，他们不仅有数量多得多的乳、乳制品和肉类，而且有兽皮、绵羊毛、山羊毛和随着原料增多而日益增加的纺织物。这就第一次使经常的交换成为可能。在更早的阶段上，只能有偶然的交换；制造武器和工具的特殊技能，可能导致暂时的分工。例如，在许多地方，都发现石器时代晚期的石器作坊的无可置疑的遗迹；在这种作坊中发展了自己技能的匠人们，大概是为全体工作，正如印度的氏族公社的终身手艺人至今仍然如此一样。在这个阶段上，除了部落内部发生的交换以外，决不可能有其他的交换，而且，即使是部落内部的交换，也仍然是一种例外的事件。但是，自从游牧部落分离出来以后，我们就看到，各不同部落的成员之间进行交换以及把交换作为一种经常制度来发展和巩固的一切条件都具备了。起初是部落和部落之间通过各自的氏族酋长来进行交换；但是当畜群开始变为特殊财产①的

---

① 在1884年版中不是"特殊财产"，而是"私有财产"。——编者注

时候,个人交换便越来越占优势,终于成为交换的唯一形式。不过,游牧部落用来同他们的邻人交换的主要物品是牲畜;牲畜变成了一切商品都用来估价并且到处都乐于与之交换的商品———一句话,牲畜获得了货币的职能,在这个阶段上就已经起货币的作用了。在商品交换刚刚产生的时候,对货币商品的需要,就以这样的必然性和速度发展起来了。

园圃种植业大概是亚洲的低级阶段野蛮人所不知道的,但它在那里作为田野耕作的先驱而出现决不迟于中级阶段。在图兰高原的气候条件下,在漫长而严寒的冬季,没有饲料储备,游牧生活是不可能的;因此,牧草栽培和谷物种植,在这里就成了必要条件。黑海以北的草原,也是如此。但谷物一旦作为家畜饲料而种植,它很快也成了人类的食物。耕地仍然是部落的财产,最初是交给氏族使用,后来由氏族交给家庭公社使用,最后①交给个人使用;他们对耕地或许有一定的占有权,但是没有更多的权利。

在这一阶段工业的成就中,特别重要的有两件。第一是织布机;第二是矿石冶炼和金属加工。铜、锡以及二者的合金——青铜是顶顶重要的金属;青铜可以制造有用的工具和武器,但是并不能排挤掉石器;这一点只有铁才能做到,而当时还不知道冶铁。金和银已开始用于首饰和装饰,其价值肯定已比铜和青铜高。

一切部门——畜牧业、农业、家庭手工业——中生产的增加,使人的劳动力能够生产出超过维持劳动力所必需的产品。同时,这也增加了氏族、家庭公社或个体家庭的每个成员所担负的每日的劳动量。吸收新的劳动力成为人们向往的事情了。战争提供了

---

① "交给家庭公社使用,最后"是恩格斯在1891年版上增补的。——编者注

新的劳动力:俘虏变成了奴隶。第一次社会大分工,在使劳动生产率提高,从而使财富增加并且使生产领域扩大的同时,在既定的总的历史条件下,必然地带来了奴隶制。从第一次社会大分工中,也就产生了第一次社会大分裂,分裂为两个阶级:主人和奴隶、剥削者和被剥削者。

至于畜群怎样并且在什么时候从部落或氏族的共同占有变为各个家庭家长的财产,我们至今还不得而知。不过,基本上,这一过渡一定是在这个阶段上发生的。随着畜群和其他新的财富的出现,便发生了对家庭的革命。谋取生活资料总是男子的事情,谋取生活资料的工具是由男子制造的,并且是他们的财产。畜群是新的谋取生活资料的工具,最初对它们的驯养和以后对它们的照管都是男子的事情。因此,牲畜是属于他们的;用牲畜交换来的商品和奴隶,也是属于他们的。这时谋生所得的全部剩余都归了男子;妇女参加它的享用,但在财产中没有她们的份儿。"粗野的"战士和猎人,以在家中次于妇女而占第二位为满足,但"比较温和的"牧人,却依恃自己的财富挤上了首位,把妇女挤到了第二位。而妇女是不能抱怨的。家庭内的分工决定了男女之间的财产分配;这一分工仍然和以前一样,可是它现在却把迄今所存在的家庭关系完全颠倒了过来,这纯粹是因为家庭以外的分工已经不同了。从前保证妇女在家中占统治地位的同一原因——妇女只限于从事家务劳动——,现在却保证男子在家中占统治地位:妇女的家务劳动现在同男子谋取生活资料的劳动比较起来已经相形见绌;男子的劳动就是一切,妇女的劳动是无足轻重的附属品。在这里就已经表明,只要妇女仍然被排除于社会的生产劳动之外而只限于从事家庭的私人劳动,那么妇女的解放,妇女同男子的平等,现在和将来都是不可能的。妇女的解放,只有在妇女可以大量地、社会规模地参加生产,而家务劳动只占她们极少的工夫的时候,才有可能。而这只有依靠现代大工业才能办到,现代大工业不仅容许大量的妇女劳动,而且是真正要求这样的劳动,并且它还力求把私人的家务劳动逐渐溶化在公共的事业中。

随着男子在家中的实际统治的确立,实行男子独裁的最后障碍便崩毁了。这种独裁,由于母权制的倾覆、父权制的实行、对偶婚制向专偶制的逐步过渡而被确认,并且永久化了。但是这样一来,在古代的氏族制度中就出现了一个裂口:个体家庭已经成为一种力量,并且以威胁的姿态起来与氏族对抗了。

下一步把我们引向野蛮时代高级阶段,一切文明民族都在这个时期经历了自己的英雄时代:铁剑时代,但同时也是铁犁和铁斧的时代。铁已在为人类服务,它是在历史上起过革命作用的各种原料中最后的和最重要的一种原料。所谓最后的,是指直到马铃薯的出现为止。铁使更大面积的田野耕作,广阔的森林地区的开垦,成为可能;它给手工业工人提供了一种其坚硬和锐利非石头或当时所知道的其他金属所能抵挡的工具。所有这些,都是逐渐实现的;最初的铁往往比青铜还软。所以,石制武器只是慢慢地消失的;不仅在《希尔德布兰德之歌》[80]中,而且在1066年的黑斯廷斯会战[92]中都还使用石斧。但是,进步现在是不可遏止地、更少间断地、更加迅速地进行着。用石墙、城楼、雉堞围绕着石造或砖造房屋的城市,已经成为部落或部落联盟的中心;这是建筑艺术上的巨大进步,同时也是危险增加和防卫需要增加的标志。财富在迅速增加,但这是个人的财富;织布业、金属加工业以及其他一切彼此日益分离的手工业,显示出生产的日益多样化和生产技术的日益改进;农业现在除了提供谷物、豆科植物和水果以外,也提供植物油和葡萄酒,这些东西人们已经学会了制造。如此多样的活动,已经不能由同一个人来进行了；于是发生了**第二次大分工**：手工业和农业分离了。生产的不断增长以及随之而来的劳动生产率的不断增长，提高了人的劳动力的价值；在前一阶段上刚刚产生并且是零散现象的奴隶制，现在成为社会制度的一个根本的组成部分；奴隶们不再是简单的助手了；他们被成批地赶到田野和工场去劳动。随着生产分为农业和手工业这两大主要部门，便出现了直接以交换为目的的生产，即商品生产；随之而来的是贸易，不仅有部落内部和部落边境的贸易，而且海外贸易也有了。然而，所有这一切都还很不发达；贵金属开始成为占优势的和普遍性的货币商品，但是还不是铸造的货币，只是不作加工按重量交换罢了。

除了自由民和奴隶的差别以外，又出现了富人和穷人的差别——随着新的分工，社会又有了新的阶级划分。各个家庭家长之间的财产差别，炸毁了各地迄今一直保存着的旧的共产制家庭公社；同时也炸毁了为这种公社而实行的土地的共同耕作。耕地起初是暂时地，后来便永久地分配给各个家庭使用，它向完全的私有财产的过渡，是逐渐进行的，是与对偶婚制向专偶制的过渡平行地发生的。个体家庭开始成为社会的经济单位了。

住得日益稠密的居民，对内和对外都不得不更紧密地团结起来。亲属部落的联盟，到处都成为必要的了；不久，各亲属部落的融合，从而分开的各个部落领土融合为一个民族[Volk]的整个领土，也成为必要的了。民族的军事首长——勒克斯、巴赛勒斯、狄乌丹斯——，成了不可缺少的常设的公职人员。还不存在人民大会的地方，也出现了人民大会。军事首长、议事会和人民大会构成了继续发展为军事民主制的氏族社会的各机关。其所以称为"军事"，是因为战争以及进行战争的组织现在已经成为民族生活的正常功能。邻人的财富刺激了各民族的贪欲，在这些民族那里，获取财富已成为最重要的生活目的之一。他们是野蛮人：掠夺在他们看来比用劳动获取更容易甚至更光荣。以前打仗只是为了对侵犯进行报复，或者是为了扩大已经感到不够的领土；现在打仗，则纯粹是为了掠夺，战争成了经常性的行当。在新的设防城市的周围屹立着高峻的墙壁并非无故：它们的堑壕成了氏族制度的墓穴，而它们的城楼已经高耸入文明时代了。内部也发生了同样的情形。掠夺战争加强了最高军事首长以及下级军事首长的权力；习惯地由同一家庭选出他们的后继者的办法，特别是从父权制实行以来，就逐渐转变为世袭制，他们最初是耐心等待，后来是要求，最后便僭取这种世袭制了；世袭王权和世袭贵族的基础奠定下来了。于是，氏族制度的机关就逐渐挣脱了自己在民族中，在氏族、胞族和部落中的根子，而整个氏族制度就转化为自己的对立物：它从一个自由处理自己事务的部落组织转变为掠夺和压迫邻近部落的组织，而它的各机关也相应地从人民意志的工具转变为独立的、压迫和统治自己人民的机关了。但是，如果不是对财富的贪欲把氏族成员分裂成富人和穷人，如果不是"同一氏族内部的财产差别把利益的一致变为氏族成员之间的对抗"（马克思语）①，如果不是奴隶制的盛行已经开始使人认为用劳动获取生活资料是只有奴隶才配做的、比掠夺更可耻的活动，那么这种情况是决不会发生的。

————

这样，我们就走到文明时代的门槛了。它是由分工方面的一个新的进步开始的。在野蛮时代低级阶段，人们只是直接为了自身的消费而生产；间或发生的交换行为也是个别的，只限于偶然的

———

① 参看马克思《路易斯·亨·摩尔根〈古代社会〉一书摘要》，《马克思恩格斯全集》中文第 1 版第 45 卷第 522 页。——编者注

剩余物。在野蛮时代中级阶段，我们看到游牧民族已经有牲畜作为财产，这种财产，到了畜群具有相当规模的时候，就可以经常提供超出自身消费的若干余剩；同时，我们也看到了游牧民族和没有畜群的落后部落之间的分工，从而看到了两个并存的不同的生产阶段，也就是看到了进行经常交换的条件。在野蛮时代高级阶段，又进一步发生了农业和手工业之间的分工，于是劳动产品中日益增加的一部分是直接为了交换而生产的，这就把单个生产者之间的交换提升为社会的生活必需。文明时代巩固并加强了所有这些已经发生的各次分工，特别是通过加剧城市和乡村的对立（或者是像古代那样，城市在经济上统治乡村，或者是像中世纪那样，乡村在经济上统治城市）而使之巩固和加强，此外它又加上了一个第三次的、它所特有的、有决定意义的重要分工：它创造了一个不再从事生产而只从事产品交换的阶级——**商人**。在此以前，阶级的形成的一切萌芽，还都只是与生产相联系的；它们把从事生产的人分成了领导者和执行者，或者分成了规模较大和较小的生产者。这里首次出现一个阶级，它根本不参与生产，但完全夺取了生产的领导权，并在经济上使生产者服从自己；它成了每两个生产者之间的不可缺少的中间人，并对他们双方都进行剥削。在可以使生产者免除交换的辛劳和风险，可以使他们的产品的销路扩展到遥远的市场，而自己因此就成为居民当中最有用的阶级的借口下，一个寄生阶级，真正的社会寄生虫阶级形成了，它从国内和国外的生产上榨取油水，作为对自己的非常有限的实际贡献的报酬，它很快就获得了大量的财富和相应的社会影响；正因为如此，它在文明时期便取得了越来越荣誉的地位和对生产的越来越大的统治权，直到最后它自己也生产出自己的产品——周期性的商业危机为止。

不过，在我们正在考察的这个发展阶段上，年轻的商人阶级还丝毫没有预感到它未来的伟大事业。但是这个阶级正在形成并且使自己成为必不可少的，而这就够了。随着这个阶级的形成，出现了**金属货币**即铸币，随着金属货币就出现了非生产者统治生产者及其生产的新手段。商品的商品被发现了，这种商品以隐蔽的方式包含着其他一切商品，它是可以任意变为任何值得向往和被向往的东西的魔法手段。谁有了它，谁就统治了生产世界。但是谁首先有了它呢？商人。他们把货币崇拜牢牢掌握在自己的手中。他们尽心竭力地叫人们知道，一切商品，从而一切商品生产者，都应该毕恭毕敬地匍匐在货币面前。他们在实践上证明，在这种财富本身的化身面前，其他一切财富形式都不过是一个影子而已。以后货币的权力再也没有像在它的这个青年时代那样，以如此原始的粗野和横暴的形式表现出来。在使用货币购买商品之后，出现了货币借贷，随着货币借贷出现了利息和高利贷。后世的立法，没有一个像古雅典和古罗马的立法那样残酷无情地、无可挽救地把债务人投在高利贷债权人的脚下——这两种立法都是作为习惯法而自发地产生的，都只有经济上的强制。

除了表现为商品和奴隶的财富以外，除了货币财富以外，这时还出现了表现为地产的财富。各个人对于原来由氏族或部落给予他们的小块土地的占有权，现在变得如此牢固，以致这些小块土地作为世袭财产而属于他们了。他们最近首先力求实现的，正是要摆脱氏族公社索取这些小块土地的权利，这种权利对他们已成为桎梏了。这种桎梏他们是摆脱了，但是不久他们也失去了新的土地所有权。完全的、自由的土地所有权，不仅意味着不折不扣和毫无限制地占有土地的可能性，而且也意味着把它出让的可能性。只要土地是氏族的财产，这种可能性就不存在。但是，当新的土地占有者彻底摆脱了氏族和部落的最高所有权这一桎梏的时候，他也就挣断了迄今把他同土地密不可分地连在一起的纽带。这意味着什么，和土地私有权同时被发明出来的货币，向他作了说明。土地现在可以成为出卖和抵押的商品了。土地所有权刚一确立，抵押就被发明出来了（见关于雅典的一章）。像淫游和卖淫紧紧跟着专偶制而来一样，如今抵押也紧紧跟着土地所有权而来了。你们曾希望有完全的、自由的、可以出售的土地所有权，那么好了，现在你们得到它了——这就是你所希望的，乔治·唐丹![①]

这样，随着贸易的扩大，随着货币和货币高利贷、土地所有权和抵押的产生，财富便迅速地积聚和集中到一个人数很少的阶级手中，与此同时，大众日益贫困化，贫民的人数也日益增长。新的财富贵族，只要从一开始就恰巧不是旧的部落显贵，便把部落显贵完全排挤到后面去了（在雅典，在罗马，以及在德意志人中间）。随着这种按照财富把自由民分成各个阶级的划分，奴隶的人数特别是在希腊便大大增加[②]，奴隶的强制性劳动构成了整个社会的上层建筑所赖以建立的基础。

现在我们来看看，在这种社会变革中，氏族制度怎么样了。面对着没有它的参与而兴起的新因素，它显得软弱无力。氏族制度的前提，是一个氏族或部落的成员共同生活在纯粹由他们居住的同一地区中。这种情况早已不存在了。氏族和部落到处都杂居在一起，到处都有奴隶、被保护民和外地人在公民中间居住着。直到野蛮时代中级阶段末期才达到的定居状态，由于居住地受商业活

---

① 莫里哀《乔治·唐丹》第 1 幕第 9 场。——编者注

② 恩格斯在这里加了一个注："雅典奴隶的人数见前第 117 页。在科林斯城全盛时代，奴隶的人数达 46 万人，在埃吉纳达 47 万人；在这两个地方奴隶的人数都等于自由民的 10 倍。"参看本卷第 133 页。——编者注

动、职业变换和土地所有权转让的影响而变动不定,所以时常遭到破坏。氏族团体的成员再也不能集会来处理自己的共同事务了;只有不重要的事情,例如宗教节日,还勉强能够安排。除了氏族团体有责任并且能够予以保证的需要和利益以外,由于谋生条件的变革及其所引起的社会结构的变化,又产生了新的需要和利益,这些新的需要和利益不仅同旧的氏族制度格格不入,而且还千方百计在破坏它。由于分工而产生的手工业集团的利益,城市的对立于乡村的特殊需要,都要求有新的机构;但是,每一个这种集团都是由属于极不相同的氏族、胞族和部落的人们组成的,甚至还包括外地人在内;因此,这种机构必须在氏族制度以外,与它并列地形成,从而又是与它对立的。——同时,在每个氏族团体中,也表现出利益的冲突,这种冲突由于富人和穷人、高利贷者和债务人结合于同一氏族和同一部落中而达到最尖锐的地步。——此外,又加上了大批新的、氏族公社以外的居民,他们在当地已经能够成为一种力量,像罗马的情况那样,同时他们人数太多,不可能被逐渐接纳到血缘亲属的血族和部落中来。氏族公社作为一种封闭的享有特权的团体与这一批居民相对立;原始的自然形成的民主制变成了可憎的贵族制。——最后,氏族制度是从那种没有任何内部对立的社会中生长出来的,而且只适合于这种社会。除了舆论以外,它没有任何强制手段。但是现在产生了这样一个社会,它由于自己的全部经济生活条件而必然分裂为自由民和奴隶,进行剥削的富人和被剥削的穷人,而这个社会不仅再也不能调和这种对立,反而必然使这些对立日益尖锐化。一个这样的社会,只能或者存在于这些阶级相互间连续不断的公开斗争中,或者存在于第三种力量的统治下,这第三种力量似乎站在相互斗争着的各阶级之上,压制它们的公开的冲突,顶多容许阶级斗争在经济领域内以所谓合法形式决出结果来。氏族制度已经过时了。它被分工及其后果即社会之分裂为阶级所炸毁。它被**国家**代替了。

————

前面我们已经分别考察了国家在氏族制度的废墟上兴起的三种主要形式。雅典是最纯粹、最典型的形式:在这里,国家是直接地和主要地从氏族社会本身内部发展起来的阶级对立中产生的。在罗马,氏族社会变成了封闭的贵族制,它的四周则是人数众多的、站在这一贵族制之外的、没有权利只有义务的平民;平民的胜利炸毁了旧的血族制度,并在它的废墟上面建立了国家,而氏族贵族和平民不久便完全溶化在国家中了。最后,在战胜了罗马帝国的德意志人中间,国家是直接从征服广大外国领土中产生的,氏族制度不能提供任何手段来统治这样广阔的领土。但是,由于同这种征服相联系的,既不是跟旧有居民的严重斗争,也不是更加进步的分工;由于被征服者和征服者差不多处于同一经济发展阶段,从而社会的经济基础依然如故,所以,氏族制度能够以改变了的、地区的形式,即以马尔克制度的形式,继续存在几个世纪,甚至在以后的贵族血族和城市望族的血族中,甚至在农民的血族中,例如在迪特马申①,还以削弱了的形式复兴了一个时期。

可见,国家决不是从外部强加于社会的一种力量。国家也不像黑格尔所断言的是"伦理观念的现实","理性的形象和现实"。② 确切地说,国家是社会在一定发展阶段上的产物;国家是

————

① 恩格斯在这里加了一个注:"对于氏族的本质至少已有大致概念的第一个历史编纂学家是尼布尔,这应归功于他熟悉迪特马申**93**的血族。但是他的错误也是直接由此而来的。"——编者注

② 黑格尔《法哲学原理》第257和360节。——编者注

承认：这个社会陷入了不可解决的自我矛盾，分裂为不可调和的对立面而又无力摆脱这些对立面。而为了使这些对立面，这些经济利益互相冲突的阶级，不致在无谓的斗争中把自己和社会消灭，就需要有一种表面上凌驾于社会之上的力量，这种力量应当缓和冲突，把冲突保持在"秩序"的范围以内；这种从社会中产生但又自居于社会之上并且日益同社会相异化的力量，就是国家。

国家和旧的氏族组织不同的地方，第一点就是它**按地区**来划分它的国民。正如我们所看到的，由血缘关系形成和联结起来的旧的氏族公社已经很不够了，这多半是因为它们是以氏族成员被束缚在一定地区为前提的，而这种束缚早已不复存在。地区依然，但人们已经是流动的了。因此，按地区来划分就被作为出发点，并允许公民在他们居住的地方实现他们的公共权利和义务，不管他们属于哪一氏族或哪一部落。这种按照居住地组织国民的办法是一切国家共同的。因此，我们才觉得这种办法很自然；但是我们已经看到，当它在雅典和罗马能够代替按血族来组织的旧办法以前，曾经需要进行多么顽强而长久的斗争。

第二个不同点，是**公共权力**的设立，这种公共权力已经不再直接就是自己组织为武装力量的居民了。这个特殊的公共权力之所以需要，是因为自从社会分裂为阶级以后，居民的自动的武装组织已经成为不可能了。奴隶也包括在居民以内；9万雅典公民，对于365 000奴隶来说，只是一个特权阶级。雅典民主制的国民军，是一种贵族的、用来对付奴隶的公共权力，它控制奴隶使之服从；但是如前所述，为了也控制公民使之服从，宪兵队也成为必要了。这种公共权力在每一个国家里都存在。构成这种权力的，不仅有武装的人，而且还有物质的附属物，如监狱和各种强制设施，这些东西都是以前的氏族社会所没有的。在阶级对立还没有发展起来的社会和偏远的地区,这种公共权力可能极其微小,几乎是若有若无的,像有时在美利坚合众国的某些地方所看到的那样。但是,随着国内阶级对立的尖锐化,随着彼此相邻的各国的扩大和它们人口的增加,公共权力就日益加强。就拿我们今天的欧洲来看吧,在这里,阶级斗争和争相霸占已经把公共权力提升到大有吞食整个社会甚至吞食国家之势的高度。

为了维持这种公共权力,就需要公民缴纳费用——**捐税**。捐税是以前的氏族社会完全没有的。但是现在我们却十分熟悉它了。随着文明时代的向前进展,甚至捐税也不够了;国家就发行票据,借债,即发行**公债**。关于这点,老欧洲也已经屡见不鲜了。

官吏既然掌握着公共权力和征税权,他们就作为社会机关而凌驾于社会**之上**。从前人们对于氏族制度的机关的那种自由的、自愿的尊敬,即使他们能够获得,也不能使他们满足了;他们作为同社会相异化的力量的代表,必须用特别的法律来取得尊敬,凭借这种法律,他们享有了特殊神圣和不可侵犯的地位。文明国家的一个最微不足道的警察,都拥有比氏族社会的全部机构加在一起还要大的"权威";但是文明时代最有势力的王公和最伟大的国家要人或统帅,也可能要羡慕最平凡的氏族酋长所享有的,不是用强迫手段获得的,无可争辩的尊敬。后者是站在社会之中,而前者却不得不企图成为一种处于社会之外和社会之上的东西。

由于国家是从控制阶级对立的需要中产生的,由于它同时又是在这些阶级的冲突中产生的,所以,它照例是最强大的、在经济上占统治地位的阶级的国家,这个阶级借助于国家而在政治上也成为占统治地位的阶级,因而获得了镇压和剥削被压迫阶级的新手段。因此,古希腊罗马时代的国家首先是奴隶主用来镇压奴隶的国家,封建国家是贵族用来镇压农奴和依附农的机关,现代的代议制的国家是资本剥削雇佣劳动的工具。但也例外地有这样的时期,那时互相斗争的各阶级达到了这样势均力敌的地步,以致国家权力作为表面上的调停人而暂时得到了对于两个阶级的某种独立性。17世纪和18世纪的专制君主制,就是这样,它使贵族和市民等级彼此保持平衡;法兰西第一帝国特别是第二帝国的波拿巴主义,也是这样,它唆使无产阶级去反对资产阶级,又唆使资产阶级来反对无产阶级。使统治者和被统治者都显得同样滑稽可笑的这方面的最新成就,就是俾斯麦国家的新的德意志帝国:在这里,资本家和工人彼此保持平衡,并为了破落的普鲁士土容克的利益而遭受同等的欺骗。

此外,在历史上的大多数国家中,公民的权利是按照财产状况分级规定的,这直接地宣告国家是有产阶级用来防御无产阶级的组织。在按照财产状况划分阶级的雅典和罗马,就已经是这样。在中世纪的封建国家中,也是这样,在那里,政治上的权力地位是按照地产来排列的。现代的代议制国家的选举资格,也是这样。但是,对财产差别的这种政治上的承认,决不是本质的东西。相反,它标志着国家发展的低级阶段。国家的最高形式,民主共和国,在我们现代的社会条件下正日益成为一种不可避免的必然性,它是无产阶级和资产阶级之间的最后决定性斗争只能在其中进行到底的国家形式——这种民主共和国已经不再正式讲什么财产差别了。在这种国家中,财富是间接地但也是更可靠地运用它的权力的。其形式一方面是直接收买官吏(美国是这方面的典型例子),另一方面是政府和交易所结成联盟,而公债越增长,股份公司越是不仅把运输业而且把生产本身集中在自己手中,越是把交易所变成自己的中心,这一联盟就越容易实现。除了美国以外,最新的法兰西共和国,也是这方面的一个显著例证,甚至一本正经的瑞士,在这方面也做出了自己的成绩。不过,为了使政府和交易所结成这种兄弟般的联盟,并不一定要有民主共和国,除英国以外,新的德意志帝国也证明了这一点,在德国,很难说普选制究竟是把谁抬得更高,是把俾斯麦还是把布莱希勒德。最后,有产阶级是直接通过普选制来统治的。只要被压迫阶级——在我们这里就是无产阶级——还没有成熟到能够自己解放自己,这个阶级的大多数人就仍将承认现存的社会秩序是唯一可行的秩序,而在政治上成为资本家阶级的尾巴,构成它的极左翼。但是,随着被压迫阶级成熟到能够自己解放自己,它就作为独立的党派结合起来,选举自己的代表,而不是选举资本家的代表了。因此,普选制是测量工人阶级成熟性的标尺。在现今的国家里,普选制不能而且永远不会提供更多的东西;不过,这也就足够了。在普选制的温度计标示出工人的沸点的那一天,他们以及资本家同样都知道该怎么办了。

所以,国家并不是从来就有的。曾经有过不需要国家,而且根本不知国家和国家权力为何物的社会。在经济发展到一定阶段而必然使社会分裂为阶级时,国家就由于这种分裂而成为必要了。现在我们正在以迅速的步伐走向这样的生产发展阶段,在这个阶段上,这些阶级的存在不仅不再必要,而且成了生产的真正障碍。阶级不可避免地要消失,正如它们从前不可避免地产生一样。随着阶级的消失,国家也不可避免地要消失。在生产者自由平等的联合体的基础上按新方式来组织生产的社会,将把全部国家机器放到它应该去的地方,即放到古物陈列馆去,同纺车和青铜斧陈列在一起。

———

所以,根据以上所述,文明时代是社会发展的这样一个阶段,在这个阶段上,分工、由分工而产生的个人之间的交换,以及把这两者结合起来的商品生产,得到了充分的发展,完全改变了先前的整个社会。

先前的一切社会发展阶段上的生产在本质上是共同的生产,同样,消费也是在较大或较小的共产制共同体内部直接分配产品。生产的这种共同性是在极狭小的范围内实现的,但是它随身带来的是生产者对自己的生产过程和产品的支配。他们知道,产品的结局将是怎样:他们把产品消费掉,产品不离开他们的手;只要生产在这个基础上进行,它就不可能越出生产者的支配范围,也不会产生鬼怪般的、对他们来说是异己的力量,像在文明时代经常地和不可避免地发生的那样。

但是,分工慢慢地侵入了这种生产过程。它破坏生产和占有的共同性,它使个人占有成为占优势的规则,从而产生了个人之间的交换——这是如何发生的,我们前面已经探讨过了。商品生产逐渐地成了占统治地位的形式。

随着商品生产,即不再是为了自己消费而是为了交换的生产的出现,产品必然易手。生产者在交换的时候交出自己的产品;他不再知道产品的结局将会怎样。当货币以及随货币而来的商人作为中间人插进生产者之间的时候,交换过程就变得更加错综复杂,产品的最终命运就变得更加不确定了。商人是很多的,他们谁都不知道谁在做什么。商品现在已经不仅是从一手转到另一手,而且是从一个市场转到另一个市场;生产者丧失了对自己生活领域内全部生产的支配权,这种支配权商人也没有得到。产品和生产都任凭偶然性来摆布了。

但是,偶然性只是相互依存性的一极,它的另一极叫做必然性。在似乎也是受偶然性支配的自然界中,我们早就证实,在每一个领域内,都有在这种偶然性中去实现自身的内在的必然性和规律性。而适用于自然界的,也适用于社会。一种社会活动,一系列社会过程,越是超出人们的自觉的控制,越是超出他们支配的范围,越是显得受纯粹的偶然性的摆布,它所固有的内在规律就越是以自然的必然性在这种偶然性中去实现自身。这些规律也支配着商品生产和商品交换的偶然性:它们作为异己的、起初甚至是未被认识的、其本性尚待努力研究和探索的力量,同各个生产者和交换的参加者相对立。商品生产的这些经济规律,随这个生产形式的发展阶段的不同而有所变化,但是总的说来,整个文明期都处在这些规律的支配之下。直到今天,产品仍然支配着生产者;直到今天,社会的全部生产仍然不是由共同制定的计划,而是由盲目的规律来调节,这些盲目的规律,以自发的威力,最后在周期性商业危机的风暴中显示着自己的作用。

上面我们已经看到,在相当早的生产发展阶段上,人的劳动力就能够提供大大超过维持生产者生存所需要的产品了,这个发展阶段,基本上就是产生分工和个人之间的交换的那个阶段。这时,用不了多久就又发现一个伟大的"真理":人也可以成为商品;如果把人变为奴隶,人力①也是可以交换和消费的。人们刚刚开始交换,他们本身也就被交换起来了。主动态变成了被动态,不管人们愿意不愿意。

随着在文明时代获得最充分发展的奴隶制的出现,就发生了社会分成剥削阶级和被剥削阶级的第一次大分裂。这种分裂继续存在于整个文明期。奴隶制是古希腊罗马时代世界所固有的第一个剥削形式;继之而来的是中世纪的农奴制和近代的雇佣劳动制。

---

① 在1884年版中不是"人力",而是"人的劳动力"。——编者注

这就是文明时代的三大时期所特有的三大奴役形式;公开的而近来是隐蔽的奴隶制始终伴随着文明时代。

文明时代所由以开始的商品生产阶段,在经济上有下列特征:(1)出现了金属货币,从而出现了货币资本、利息和高利贷;(2)出现了作为生产者之间的中间阶级的商人;(3)出现了土地私有制和抵押;(4)出现了作为占统治地位的生产形式的奴隶劳动。与文明时代相适应并随之彻底确立了自己的统治地位的家庭形式是专偶制、男子对妇女的统治,以及作为社会经济单位的个体家庭。国家是文明社会的概括,它在一切典型的时期毫无例外地都是统治阶级的国家,并且在一切场合在本质上都是镇压被压迫被剥削阶级的机器。此外,文明时代还有如下的特征:一方面,是把城市和乡村的对立作为整个社会分工的基础固定下来;另一方面,是实行所有者甚至在死后也能够据以处理自己财产的遗嘱制度。这种同古代氏族制度直接冲突的制度,在雅典直到梭伦时代之前还没有过;在罗马,它很早就已经实行了,究竟在什么时候我们不知道①;在德意志人中间,这种制度是由教士引入的,为的是使诚实的德意志人能够毫无阻碍地将自己的遗产遗赠给教会。

---

① 恩格斯在这里加了一个注:"拉萨尔的《既得权利体系》一书第二部**94**的中心,主要是这样一个命题:罗马的遗嘱制同罗马本身一样古老,以致在罗马历史上,从来'没有过无遗嘱制的时代',遗嘱制确切些说是在罗马以前的时代从对死者的崇拜中产生的。拉萨尔作为一个虔诚的老年黑格尔派,不是从罗马人的社会关系中,而是从意志的'思辨概念'中引申出罗马的法的规定,从而得出了上述的完全非历史的论断。这在该书中是不足为奇的,因为该书根据同一个思辨概念得出结论,认为在罗马的继承制中财产的转移纯粹是次要的事情。拉萨尔不仅相信罗马法学家,特别是较早时期的罗马法学家的幻想,而且还比他们走得更远。"——编者注

文明时代以这种基本制度完成了古代氏族社会完全做不到的事情。但是，它是用激起人们的最卑劣的冲动和情欲，并且以损害人们的其他一切禀赋为代价而使之变本加厉的办法来完成这些事情的。鄙俗的贪欲是文明时代从它存在的第一日起直至今日的起推动作用的灵魂；财富，财富，第三还是财富——不是社会的财富，而是这个微不足道的单个的个人的财富，这就是文明时代唯一的、具有决定意义的目的。如果说在文明时代的怀抱中科学曾经日益发展，艺术高度繁荣的时期一再出现，那也不过是因为现代的一切积聚财富的成就不这样就不可能获得罢了。

由于文明时代的基础是一个阶级对另一个阶级的剥削，所以它的全部发展都是在经常的矛盾中进行的。生产的每一进步，同时也就是被压迫阶级即大多数人的生活状况的一个退步。对一些人是好事，对另一些人必然是坏事，一个阶级的任何新的解放，必然是对另一个阶级的新的压迫。这一情况的最明显的例证就是机器的采用，其后果现在已是众所周知的了。如果说在野蛮人中间，像我们已经看到的那样，不大能够区别权利和义务，那么文明时代却使这两者之间的区别和对立连最愚蠢的人都能看得出来，因为它几乎把一切权利赋予一个阶级，另方面却几乎把一切义务推给另一个阶级。

但是，这并不是应该如此的。凡对统治阶级是好的，对整个社会也应该是好的，因为统治阶级把自己与整个社会等同起来了。所以文明时代越是向前进展，它就越是不得不给它所必然产生的种种坏事披上爱的外衣，不得不粉饰它们，或者否认它们——一句话，即实行流俗的伪善，这种伪善，无论在较早的那些社会形式下还是在文明时代初期阶段都是没有的，并且最后在下述说法中达到了极点：剥削阶级对被压迫阶级进行剥削，完全是为了被剥削阶级本身的利益；如果被剥削阶级不懂得这一点，甚至想要造反，那就是对行善的人即对剥削者的一种最卑劣的忘恩负义行为。①

现在把摩尔根对文明时代的评断引在下面作一个结束：

"自从进入文明时代以来，财富的增长是如此巨大，它的形式是如此繁多，它的用途是如此广泛，为了所有者的利益而对它进行的管理又是如此巧妙，以致这种财富对人民说来已经**变成了一种无法控制的力量。人类的智慧在自己的创造物面前感到迷惘而不知所措了。**然而，总有一天，人类的理智一定会强健到能够支配财富，一定会规定国家对它所保护的财产的关系，以及所有者的权利的范围。社会的利益绝对地高于个人的利益，必须使这两者处于一种公正而和谐的关系之中。只要进步仍将是未来的规律，像它对于过去那样，那么单纯追求财富就不是人类的最终的命运了。自从文明时代开始以来所经过的时间，只是人类已经经历过的生存时间的一小部分，只是人类将要经历的生存时间的一小部分。社会的瓦解，即将成为以财富为唯一的最终目的的那个历程的终结，因为这一历程包含着自我消灭的因素。管理上的民主，社会中的博爱，权利的平等，教育的普及，将揭开社会的下一个更高的阶段，经验、理智和科学正在不断向这个阶段努力。**这将是古代氏族的自由、平等和博爱的复活，但却是在更高级形式上的复活。**"（摩尔根《古代社会》第552页）②

弗·恩格斯写于1884年4月
初—5月26日

1884年在霍廷根—苏黎世出版

原文是德文

选自《马克思恩格斯文集》第
4卷第32—198页

---

①　恩格斯在这里加了一个注："我最初打算引用散见于沙尔·傅立叶著作中的对文明时代的卓越的批判，同摩尔根和我自己对文明时代的批判并列。可惜我没有时间来做这个工作了。现在我只想说明，傅立叶已经把专偶制和土地所有制作为文明时代的主要特征，他把文明时代叫做富人对穷人的战争。同样，我们也发现他有一个深刻的观点，即认为在一切不完善的、分裂为对立面的社会中，个体家庭（les familles incohérentes）是一种经济单位。"——编者注

②　路·亨·摩尔根《古代社会》1877年伦敦版。——编者注

弗·恩格斯

关于共产主义者同盟的历史⁹⁵

  随着科隆共产党人 1852 年被判决⁹⁶，德国独立工人运动第一个时期的帷幕便降下了。这个时期现在几乎已经被遗忘。但它从 1836 年起持续到了 1852 年，并且随着德国工人散居国外，这个运动差不多在一切文明国家中都曾经开展过。而且还不仅如此。目前的国际工人运动实际上是当年德国工人运动的直接继续，那时的德国工人运动一般说来是**第一次国际工人运动**，并且产生出许多在国际工人协会⁹⁷中起领导作用的人。而共产主义者同盟³在 1847 年的《共产主义宣言》^①中写在旗帜上的理论原则，则是目前欧洲和美洲整个无产阶级运动的最牢固的国际纽带。

  直到现在，关于这个运动的系统的历史只有一个主要的史料来源。这就是所谓的黑书：维尔穆特和施梯伯《19 世纪共产主义者的阴谋》，1853 年和 1854 年柏林版，上下两册。⁹⁸本世纪两个最卑鄙的警棍制造的这本充满故意捏造的拙劣作品，至今还是一切论述那一时期的非共产主义著作的重要的史料来源。

  我在这里所能谈的只是一个梗概，而且也只限于同盟本身；只

---

① 即《共产党宣言》。——编者注

能谈一谈为了理解《揭露》①所绝对必要的东西。我希望,将来还能有机会,把马克思和我收集的关于国际工人运动这一光辉青年时代的历史的丰富材料整理一下。

————

1836 年,一批最激进的、大部分是无产阶级的分子从德国流亡者 1834 年在巴黎创立的民主共和主义的秘密同盟"流亡者同盟"中脱离出来,组成了一个新的秘密同盟——**正义者同盟**[99]。原先的同盟只剩下雅科布·费奈迭这类最不活跃的分子,很快便沉寂了:当警察在 1840 年破获它在德国的几个支部时,它几乎只剩下一个影子。相反,新的同盟却发展得比较迅速。它原是当时在巴黎形成的受巴贝夫主义[100]影响的法国工人共产主义的一个德国分支;它要求实行财产公有,作为实现"平等"的必然结果。它的宗旨同当时巴黎各秘密团体的宗旨一样,都是半宣传、半密谋的团体,而巴黎也一向被看做革命活动的中心,虽然决不排除准备适当时机在德国举行起义的可能。但是,由于巴黎仍是决战的场所,所以事实上这个同盟在当时不过是法国各秘密团体,特别是同它有密切联系的由布朗基和巴尔贝斯领导的四季社[101]的德国分支。法国人在 1839 年 5 月 12 日举行了起义;同盟各支部都同他们一起行动,因而也同他们一起遭到了失败。

德国人之中被捕的有**卡尔·沙佩尔**和**亨利希·鲍威尔**;路易-菲力浦政府所做的就是把他们比较长期地监禁之后驱逐出境。[102]两人都去了伦敦。沙佩尔出生在拿骚的魏尔堡;他在吉森学习林业科学时于 1832 年加入了格奥尔格·毕希纳组织的密谋团体,

———

① 马克思《揭露科隆共产党人案件》,见《马克思恩格斯全集》中文第 2 版第 11 卷。——编者注

1833 年 4 月 3 日参加了袭击法兰克福警察岗哨的行动[103]，而后逃亡国外，并于 1834 年 2 月参加了马志尼向萨瓦的进军[104]。他身材魁伟，果断刚毅，时刻准备牺牲殷实的生活以至生命，是 30 年代起过一定作用的职业革命家的典型。正像他从"蛊惑者"[105]到共产主义者的发展所证明的，他虽然思维有些迟缓，但决不是不能较深刻地理解理论问题，并且一经理解就更加坚定地奉行。正因为如此，他的革命热情有时要越出他的理智，但他事后总是发现自己的错误，并公开承认这些错误。他是个能干的人，他在开创德国工人运动方面所做的一切是永远不会被遗忘的。

亨利希·鲍威尔生于法兰克尼亚，是鞋匠；他是个活泼、机敏而诙谐的小个子；但在他那矮小的身体里也蕴藏着许多机警和果断。

鲍威尔到达伦敦后，遇见了曾在巴黎当过排字工人，当时靠教授语文维持生活的沙佩尔；他们两人一起恢复了同盟的各种中断了的联系，使伦敦成了同盟的中心。在这里（或许更早些时候在巴黎）同他们联合起来的有科隆的钟表匠**约瑟夫·莫尔**；这是个中等身材的大力士——他曾同沙佩尔一起（屡次！）成功地抵挡住成百个企图闯进厅门的敌人——，在毅力和决心方面起码不亚于他的两个同志，而在智力上则胜过他们。他不仅是个天生的外交家，他多次作为全权代表出差获得的成功证明了这点，而且，对于理论问题也比较容易领会。1843 年我在伦敦认识了他们三人，这是我遇到的第一批革命无产者。尽管我们当时的观点在个别问题上有分歧——对于他们的狭隘平均共产主义①，我当时还报之以在某种程度上同样狭隘的哲学高傲态度——，但我永远也不会忘

---

① 恩格斯在这里加了一个注："如上所述，我把平均共产主义理解为全部或主要以要求平等为依据的共产主义。"——编者注

记这三个真正的男子汉在我自己还刚刚想要成为一个男子汉的时候所留给我的令人敬佩的印象。

在伦敦,也像在瑞士(在较小的程度上)一样,结社、集会的自由便利了他们。早在1840年2月7日,公开的德意志工人教育协会[106]就已经成立,它直到今天还存在着。这个协会成了同盟吸收新盟员的地方;因为共产主义者一向是最活跃最有知识的会员,协会的领导权自然就完全掌握在同盟手中。不久,同盟在伦敦便建立了一些支部,当时尚称为"聚会点"。这个十分明显的策略在瑞士和其他地方也都采用了。凡是能够建立工人协会的地方,同盟盟员都以同样的方式利用了它们。凡是法律禁止这样做的地方,同盟盟员便参加歌咏团、体操协会等团体。联系主要靠不断来往的盟员来维持,这些盟员在必要时也担任特使。在这两方面,各政府的聪明才智给了同盟很大帮助,这些政府把它们看不惯的工人——十有八九是同盟盟员——全都驱逐出境,结果就把他们变成了特使。

重建的同盟大大扩展起来了。例如在瑞士,**魏特林、奥古斯特·贝克尔**(一个智力非凡的人,但也像许多德国人一样由于动摇而垮掉)等人建立了一个或多或少忠于魏特林共产主义[107]体系的坚强组织。这里不是批评魏特林共产主义的地方。但是,对于它作为德国无产阶级的第一次独立理论运动所具有的意义,至今我还同意马克思在1844年巴黎《前进报》[108]上所说的话:(德国的)"资产阶级,包括其哲学家和学者在内,有哪一部论述**资产阶级解放**——政治解放——的著作能和魏特林的《和谐与自由的保证》一书媲美呢?只要把德国的政治论著中那种褊狭卑俗的平庸气同德国工人的这部史无前例的光辉灿烂的处女作比较一下,只要把**无产阶级巨大的童鞋**同德国资产阶级极小的政治烂鞋比较一下,我们就能够预言德国灰姑娘将来必然长成一个大力士的体型。"①这个大力士今天已站在我们面前,虽然他还远远没有发育成熟。

在德国也有了许多支部,这些支部由于当时的情况而带有短暂的性质;但是,新成立的支部远远多于瓦解的支部。警察只是在七年以后(1846年底)才在柏林(门特尔)和马格德堡(贝克)发现了同盟的踪迹,但进一步追寻就无能为力了。

在巴黎,1840年还住在那里的魏特林在他去瑞士以前,也把分散的成员重新聚集起来。

同盟的骨干是裁缝。德国裁缝在瑞士,在伦敦,在巴黎,到处都有。在巴黎,德语在裁缝业中占有如此主要地位,以致1846年我在那里认识的一个从德隆特海姆乘船直达法国的挪威裁缝,在一年半内几乎没有学会一个法文字,而德语却学得很好。1847年,在巴黎各支部中,有两个支部成员主要是裁缝,有一个支部成员主要是家具工人。

自从重心由巴黎移到伦敦,便明显地出现了一个新的情况:同盟逐渐从德国的变成**国际的**了。参加工人协会的,除了德国人和瑞士人以外,还有主要是用德语同外国人交往的那些民族的会员,如斯堪的纳维亚人、荷兰人、匈牙利人、捷克人、南方斯拉夫人以及俄国人和阿尔萨斯人。1847年,甚至有一个穿军服的英国近卫军掷弹兵也成了常客。协会不久便命名为工人**共产主义**教育协会**106**,在会员证上至少用20种文字写着(虽然某些地方不免有错误)"人人皆兄弟!"这句话。像公开的协会一样,秘密的同盟不久

---

① 马克思《评一个普鲁士人的〈普鲁士国王和社会改革〉一文》,《马克思恩格斯全集》中文第2版第3卷第390页。——编者注

也具有了更大的国际性;起初这种国际性还是有限的:在实践上,是由于盟员的民族成分复杂,在理论上,是由于认为任何革命要取得胜利,都必须是欧洲规模的。当时还没有超出这个范围,但基础已经打下了。

通过流亡在伦敦的1839年5月12日起义的战友,同盟和法国革命者保持了密切的联系。同样也和波兰激进派保持了密切的联系。波兰的正式流亡者,也和马志尼一样,当然与其说是盟友,不如说是敌人。英国的宪章派[109],由于他们的运动具有特殊的英国性质,被看做不革命的而受到漠视。同盟的伦敦领导者们只是后来通过我才同他们建立了联系。

此外,随着一桩桩事变的发生,同盟的性质也发生了变化。虽然人们仍然把巴黎看做革命策源地——这在当时是有充分理由的,但是已经摆脱对巴黎密谋活动家的依赖性。随着同盟的发展,它的自觉性也提高了。人们可以感到,运动日益在德国工人阶级中间扎根,这些德国工人负有成为北欧和东欧工人的旗手的历史使命。他们拥有魏特林这样一个共产主义理论家,可以大胆地把他放在同当时他的那些法国竞争者相匹敌的地位。最后,5月12日的经验表明,盲动的尝试已经应该放弃。如果说当时人们仍然把每个事变解释为风暴来临的预兆,如果说当时人们仍然完全保留着半密谋性的旧章程,那么,这主要是由于老革命者固执己见,他们的见解已经开始同那些正在为自己开辟道路的比较正确的观点发生冲突。

另一方面,同盟的社会学说很不确定,它有一个很大的、根源于社会关系本身的缺点。一般地说,同盟的成员是工人,但他们几乎都是地道的手工业者。即使在世界各大城市,剥削他们的也多半只是小作坊师傅。通过把裁缝手工业变成听命于大资本家的家庭工业,从而大规模地对裁缝业即现在所谓的服装业实行剥削,当时甚至在伦敦也是刚刚出现的事情。一方面,剥削这些手工业者的是小作坊师傅;另一方面,这些手工业者全都希望自己最终也能成为小作坊师傅。此外,当时的德国手工业者还有许多流传下来的行会观念。这些手工业者的最大光荣是:虽然他们本身还不是真正的无产者,而只不过是正在向现代无产阶级转变的、附属于小资产阶级的一部分人,还没有同资产阶级即大资本处于直接对立地位,但他们已经能够本能地预料到自己未来的发展,并且能够组成为(虽然还不是充分自觉地)一个无产阶级政党了。然而,有一点也是不可避免的:每当问题涉及具体批判现存社会,即分析经济事实的时候,他们的手工业者旧有的成见对于他们就成为一种障碍。我不相信当时在整个同盟里有一个人读过一本经济学书籍。但这没有多大关系;"平等"、"博爱"和"正义"暂时还有助于克服一切理论上的困难。

但是,除了同盟的和魏特林的共产主义以外,同时还有另外一种根本不同的共产主义形成了。我在曼彻斯特时异常清晰地观察到,迄今为止在历史著作中根本不起作用或者只起极小作用的经济事实,至少在现代世界中是一个决定性的历史力量;这些经济事实形成了产生现代阶级对立的基础;这些阶级对立,在它们因大工业而得到充分发展的国家里,因而特别是在英国,又是政党形成的基础,党派斗争的基础,因而也是全部政治史的基础。马克思不仅得出同样的看法,并且在《德法年鉴》(1844 年)[110]里已经把这些看法概括成如下的意思:决不是国家制约和决定市民社会[111],而是市民社会制约和决定国家,因而应该从经济关系及其发展中来解释政治及其历史,而不是相反。当我 1844 年夏天在巴黎拜访马克思时,我们在一切理论领域中都显出意见完全一致,从此就开始了我们共同的工作。1845 年春天当我们在布鲁塞尔再次会见时，马克思已经从上述基本原理出发大致完成了阐发他的唯物主义历史理论的工作，于是我们就着手在各个极为不同的方面详细制定这种新形成的世界观了。

但是，这个在史学方面引起变革的发现，这个正如我们所看到的主要是马克思作出而我只能说参加了很少一部分工作的发现，对于当时的工人运动却有着直接的意义。法国人和德国人的共产主义、英国人的宪章运动[109]，现在不再像是一种也可能不会发生的偶然现象了。这些运动现在已经被看做现代被压迫阶级即无产阶级的运动，被看做他们反对统治阶级即资产阶级的历史上必然的斗争的或多或少发展了的形式，被看做阶级斗争的形式，而这一阶级斗争和过去一切阶级斗争不同的一点是：现代被压迫阶级即无产阶级如果不同时使整个社会摆脱阶级划分，从而摆脱阶级斗争，就不能争得自身的解放。因此，共产主义现在已经不再意味着凭空设想一种尽可能完善的社会理想，而是意味着深入理解无产阶级所进行的斗争的性质、条件以及由此产生的一般目的。

我们决不想把新的科学成就写成厚厚的书，只向"学术"界吐露。正相反，我们两人已经深入到政治运动中；我们已经在知识分子中间，特别是在德国西部的知识分子中间获得一些人的拥护，并且同有组织的无产阶级建立了广泛联系。我们有义务科学地论证我们的观点，但是，对我们来说同样重要的是：争取欧洲无产阶级，首先是争取德国无产阶级拥护我们的信念。我们明确了这一点以后，就立即着手工作了。我们在布鲁塞尔建立了德意志工人协会[112]，掌握了《德意志—布鲁塞尔报》[113]，该报一直到二月革命[2]始终是我们的机关报。我们通过朱利安·哈尼同英国宪章派中的革命部分保持着联系，哈尼是宪章运动中央机关报《北极星报》[114]

的编辑,我是该报的撰稿人。我们也和布鲁塞尔的民主派(马克思是民主协会[115]副主席),以及《改革报》[116](我向该报提供关于英国和德国运动的消息)方面的法国社会民主派结成了某种联盟关系。总之,我们同激进派的和无产阶级的组织和刊物的联系是再好也没有了。

我们同正义者同盟[99]的关系有如下述。存在这样一个同盟,我们当然是知道的;1843年沙佩尔建议我加入同盟,当时我自然拒绝了这个建议。但是,我们不仅同伦敦的盟员经常保持通讯联系,并且同巴黎各支部当时的领导人艾韦贝克医生有更为密切的交往。我们不参与同盟的内部事务,但仍然知道那里发生的一切重要事件。另一方面,我们通过口头、书信和报刊,影响着最杰出的盟员的理论观点。我们在问题涉及当时正在形成的共产党的内部事务的特殊场合,向世界各处的朋友和通讯员分发各种石印通告,也是为了这个目的。这些通告有时也涉及同盟本身。例如,有一个年轻的威斯特伐利亚大学生海尔曼·克利盖到了美洲,在那里以同盟特使的身份出现,和一个疯子哈罗·哈林建立了联系,企图利用同盟在南美洲掀起变革;他创办了一家报纸[117],在报纸上以同盟的名义鼓吹一种以"爱"为基础、充满着爱、十分多情、陶醉于爱的共产主义。我们在一个通告①里反对了他,这个通告立即发生了作用:克利盖从同盟舞台上消失了。

后来,魏特林到了布鲁塞尔。但这时他已经不再是一个年轻天真的裁缝帮工了,他对自己的才能感到惊讶,力求弄清共产主义社会究竟会是什么样子的。这时他是一个由于自己的优势而受忌

---

① 马克思和恩格斯《反克利盖的通告》,见《马克思恩格斯全集》中文第1版第4卷。——编者注

妒者迫害的大人物,到处都觉得有竞争者、暗敌和陷阱;这个从一个国家被赶到另一国家的预言家,口袋里装有一个能在地上建成天堂的现成药方,并且觉得每个人都在打算窃取他的这个药方。他在伦敦时就已经和同盟盟员发生争吵,在布鲁塞尔(在那里特别是马克思夫妇对他表现了几乎是超人的耐心)他也还是同任何人都合不来。所以不久他就到美洲去了,想要在那里完成他的预言家的使命。

所有这些情况都促进了同盟内部,特别是伦敦领导者内部悄悄发生的转变。他们越来越明白,过去的共产主义观点,无论是法国粗陋的平均共产主义还是魏特林共产主义,都是不够的。魏特林所著《一个贫苦罪人的福音》①一书中有个别的天才论断,但他把共产主义归结为原始基督教,这就使瑞士的运动起初大部分掌握在阿尔布雷希特这类蠢货手中,后来又掌握在库尔曼这类诈取钱财的骗子预言家手中。由几个美文学家所传播的"真正的社会主义"**118**,是把法国社会主义语句翻译成陈腐的黑格尔德文和伤感的陶醉于爱的幻想(见《共产主义宣言》②中关于德国的或"真正的"社会主义一节)③,这种通过克利盖和通过阅读有关著作而传入同盟的社会主义,仅仅由于它软弱无力就必然会引起同盟中老革命者的厌恶。过去的理论观念毫无根据以及由此产生的实践上的错误,越来越使伦敦的盟员认识到马克思和我的新理论是正确的。当时伦敦领导者中有两个人无疑促进了这种认识,他们在理论理解能力上大大超过上面所说的那些人。这两个人是海尔布隆的微型

---

① 威·魏特林《一个贫苦罪人的福音》1846年比尔斯费尔德版。——编者注
② 即《共产党宣言》。——编者注
③ 见本选集第1卷第426—429页。——编者注

画画家卡尔·普芬德和图林根的裁缝格奥尔格·埃卡留斯。①

　　一句话,1847年春天莫尔到布鲁塞尔去找马克思,接着又到巴黎来找我,代表他的同志们再三邀请我们加入同盟。他说,他们确信我们的观点都是正确的,也确信必须使同盟摆脱陈旧的密谋性的传统和形式。如果我们愿意加入同盟,我们将有可能在同盟代表大会上以宣言形式阐述我们的批判的共产主义,然后可以作为同盟的宣言发表;同时我们也将有可能帮助同盟用新的符合时代和目的的组织来代替它的过时的组织。

　　至于说在德国工人阶级队伍中必须有一个哪怕只以宣传为目的的组织,至于说这个组织由于它将不只具有地方性质,所以即使在德国境外也只能是秘密的组织,对此我们没有怀疑过。而同盟就正是这样一个组织。我们以前认为是同盟的缺点的地方,现在同盟代们自己承认,并且已经消除;甚至还邀请我们参加改组工作,我们能拒绝吗?当然不能。于是我们加入了同盟。马克思在布鲁塞尔把比较靠近我们的朋友组成一个同盟支部,而我则经常到巴黎的三个支部去。

　　1847年夏天在伦敦举行了同盟第一次代表大会,威·沃尔弗代表布鲁塞尔各支部,我代表巴黎各支部参加了这次大会。会上首先进行了同盟的改组。密谋时代遗留下来的一切旧的神秘名称都被取消了;同盟现在已经是由支部、区部、总区部、中央委员会以及代表大会构成的了,并且从这时起它命名为"共产主义者同

---

①　恩格斯在这里加了一个注:"普芬德约在八年前死于伦敦。他是一个思维特别细致的人,诙谐风趣、喜欢嘲讽、能言善辩。埃卡留斯,大家都知道,后来曾多年任国际工人协会总书记,在参加国际工人协会总委员会的人当中,有共产主义者同盟的如下老盟员:埃卡留斯、普芬德、列斯纳、罗赫纳、马克思和我。后来埃卡留斯完全献身于英国工会运动。"——编者注

盟"³。"同盟的目标是:推翻资产阶级,建立无产阶级统治,消灭以阶级对立为基础的资产阶级旧社会,建立没有阶级、没有私有制的新社会。"——章程第一条这样说。① 组织本身是完全民主的,它的各委员会由选举产生并随时可以罢免,仅这一点就已堵塞了任何要求独裁的密谋狂的道路,而同盟——至少在平常的和平时期——已变成一个纯粹宣传性的团体。这个新章程曾交付——现在一切都按这样的民主制度进行——各支部讨论,然后又由第二次代表大会再次审查并于1847年12月8日最后通过。这个章程载于维尔穆特和施梯伯的书⁹⁸第1册第239页附录十。

第二次代表大会于同年11月底至12月初举行。马克思也出席了这次代表大会,他在长时间的辩论中——大会至少开了10天——捍卫了新理论。所有的分歧和怀疑终于都消除了,一致通过了新原则,马克思和我被委托起草宣言。宣言在很短时间内就完成了。二月革命前几个星期它就被送到伦敦去付印。自那时起,它已经传遍全世界,差不多译成了所有各种文字,并且直到今天还是世界各国无产阶级运动的指南。同盟的旧口号"人人皆兄弟",已经由公开宣布斗争的国际性的新战斗口号"全世界无产者,联合起来!"所代替。17年以后,这个口号作为国际工人协会的战斗号角响彻全世界,而今天世界各国斗争着的无产阶级都已经把它写到自己的旗帜上。

二月革命爆发了。伦敦中央委员会立刻把它的职权转交给布鲁塞尔总区部。但当这个决定传到布鲁塞尔时,那里事实上已经完全处于戒严状态,特别是德国人,在任何地方都不能举行集会

---

① 参看《共产主义者同盟章程》,《马克思恩格斯全集》中文第1版第4卷第572页。——编者注

了。我们大家都正准备到巴黎去,而新中央委员会因此也决定自行解散,把它的全部职权交给马克思,并且授权他在巴黎立刻成立新中央委员会。通过这个决议(1848 年 3 月 3 日)的五个人刚一分手,警察就闯进了马克思的住宅,把他逮捕,并强迫他第二天就动身前往他正好要去的法国。

不久我们大家又在巴黎会面了。在这里拟定了下面的由新中央委员会的委员们签署的文件,这个文件曾在整个德国传播,并且许多人直到今天还可以从里面学到一些东西。

共产党在德国的要求[119]

1. 宣布全德国为统一的、不可分割的共和国。

3. 给人民代表支付薪金,使德国工人也有可能出席德国人民的国会。

4. 武装全体人民。

7. 各邦君主的领地和其他封建地产,一切矿山、矿井等等,全部归国家所有。在这些土地上用最新的科学方法大规模地经营农业,以利于全社会。

8. 宣布农民的抵押地归国家所有。这些抵押地的利息由农民交纳给国家。

9. 在通行租佃制的地区,地租或租金作为赋税交纳给国家。

11. 国家掌握一切运输工具:铁路、运河、轮船、道路、邮局等。它们全部转为国家财产,并且无偿地由没有财产的阶级支配。

14. 限制继承权。

15. 实行高额累进税,取消消费税。

16. 建立国家工场。国家保证所有工人都能生存，并且负责照管没有劳动能力的人。

17. 实行普遍的免费的国民教育。

为了德国无产阶级、小资产阶级和小农的利益，必须尽力争取实现上述各项措施；因为只有实现这些措施，德国千百万一直受少数人剥削，且少数人仍力图使之继续受压迫的人，才能争得自己的权利和作为一切财富的生产者所应有的权力。

委　员　会：

卡尔·马克思　卡尔·沙佩尔　亨·鲍威尔

弗·恩格斯　约·莫尔　威·沃尔弗

当时在巴黎人们热衷于组织革命义勇军。西班牙人、意大利人、比利时人、荷兰人、波兰人和德国人，都组成队伍，准备去解放自己的祖国。德国义勇军是由海尔维格、伯恩施太德和伯恩施太因三人领导的。由于一切外国工人在革命以后不但立刻失去工作，而且还在社会上受到排挤，所以愿意加入这种义勇军的人数是很多的。新政府想利用组织义勇军的办法来摆脱外国工人，于是决定给他们提供 l'étape du soldat，即行军宿营地和每日 50 生丁的津贴，直到他们到达边境为止，在那里，那位经常被感动得流泪的外交部长、饶舌家拉马丁就乘机把他们出卖给有关政府。

我们十分坚决地反对这种革命儿戏。当德国发生骚动的时候侵入德国，以便从外面强行输入革命，那就等于破坏德国的革命，加强各邦政府，并且使义勇军徒手去受德国军队摆布——这一点是有拉马丁作保证的。由于维也纳和柏林的革命取得胜利，组织义勇军已经毫无意义；然而，儿戏一开始，就停不下来了。

　　我们建立了一个德国共产主义俱乐部[120]，在里面说服工人不要去参加义勇军，而应当单个返回祖国，在那里为加强运动而进行活动。我们的老友弗洛孔当时任临时政府委员，为那些由我们派回国的工人争得了许诺给义勇军的同样的旅途便利。这样我们就送了三四百个工人回到德国去，其中绝大多数是同盟盟员。

　　当时不难预见，在突然爆发的人民群众运动面前，同盟是个极其软弱的工具。过去在国外侨居的同盟盟员，有四分之三回国后就改变了自己的住址。他们以前的支部因此大部分都解散了，他们和同盟的联系完全断绝。他们中间有一部分比较爱出风头的人，甚至不想恢复这种联系，而各行其是，开始在自己所在的地方开展小小的分散的运动。最后，各小邦、各省份、各城市的形势非常不同，以致同盟要发指示也只能是极为一般的指示；而这种指示通过报刊来传播要好得多。一句话，自从使秘密同盟需要存在的原因消失时起，这样的秘密同盟本身也就失去了意义。而这对于刚刚使这个秘密同盟摆脱了最后一点密谋性残余的人们来说，是毫不奇怪的。

　　但同盟却是一个极好的革命活动学校，这一点现在已经得到证明了。在有《新莱茵报》[4]作为坚强中心的莱茵地区、在拿骚、在莱茵黑森等等地方，到处都是由同盟盟员在领导极端民主运动。在汉堡也是如此。在德国南部，小资产阶级民主派的优势地位成了这样做的障碍。在布雷斯劳，威廉·沃尔弗成效卓著地活动到1848年夏天；他还在西里西亚获得了法兰克福议会议员委任状。最后，曾在布鲁塞尔和巴黎作为同盟盟员积极活动的排字工人斯蒂凡·波尔恩，在柏林建立了"工人兄弟会"[121]，这个组织有过很广泛的发展，并且一直存在到1850年。波尔恩是一个有才能的青年，但是他有些太急于要成为大政治家，竟和各色各样的坏家伙"称兄道弟"，只图在自己周围纠合一群人。他完全不是一个能统一各种矛盾意向、澄清混乱状况的人物。因此,他那个兄弟会所发表的正式文件往往混乱不堪,竟把《共产主义宣言》①的观点同行会习气和行会愿望、同路易·勃朗和蒲鲁东的观点的残屑碎片、同拥护保护关税政策的立场等等混杂在一起;一句话,这些人想讨好一切人。他们特别致力于组织罢工,组织工会和生产合作社,却忘记了首要任务是通过政治上的胜利先取得一个唯一能够持久地实现这一切的活动场所。所以,当反动势力的胜利迫使这个兄弟会的首脑们感到必须直接参加革命斗争的时候,原先集合在他们周围的乌合之众就自然而然地离开了他们。波尔恩参加了1849年5月德累斯顿的起义[122]并幸免于难,但是,"工人兄弟会"则对无产阶级的伟大政治运动采取袖手旁观的态度,成为一个地地道道的宗得崩德[123],在很大程度上只是徒有虚名,它的作用无足轻重,所以直到1850年反动派才觉得有必要取缔它,而它的延续下来的分支则过了几年以后才被认为有必要取缔。真姓是布特尔米尔希的波尔恩没有成为大政治家,而成了瑞士的一个小小的教授,他不再把马克思著作译成行会语言,而是把温情的勒南的作品译成他那特有的多愁善感的德语。

随着1849年巴黎6月13日事件[18]的发生,随着德国五月起义[124]的失败和俄国人对匈牙利革命的镇压[125],1848年革命的整个伟大时期便结束了。但是,反动派的胜利这时还决不是最后的胜利。必须把被打散的革命力量重新组织起来,因而同盟也必须重新组织起来。像1848年以前一样,形势使得无产阶级的任何公开组织都不可能存在;因此,不得不重新秘密地组织起来。

1849年秋天,以前各中央委员会和代表大会的大多数委员和

---

① 即《共产党宣言》。——编者注

代表重新聚集在伦敦;只缺少沙佩尔和莫尔。沙佩尔当时被监禁于威斯巴登,1850 年春天获释后也到了伦敦。莫尔为了执行重要任务和进行宣传鼓动,曾在极危险的情况下多次出差(最后他在莱茵省普鲁士军队中为普法尔茨炮兵队招募骑乘炮手),后来加入了维利希部队的贝桑松工人连,在穆尔格河战役中在罗滕费尔斯桥边头部中弹牺牲。但这时维利希出现了。维利希是 1845 年以来在德国西部常见的感情用事的共产主义者之一;只从这一点来说,他就本能地对我们批判派暗中抱对立态度。但他不仅仅是这样,他还是一个十足的预言家,对于自己肩负着作为德国无产阶级天生的解放者的使命深信不疑,并以这种预言家身份直接要求取得政治独裁权和军事独裁权。这样,除了过去由魏特林所鼓吹的原始基督教共产主义之外,又产生了某种共产主义的伊斯兰教。不过,这一新宗教的宣传暂时还没有越出维利希所指挥的流亡者兵营**126**的范围。

同盟就这样重新组织起来,发表了刊登在附录(九,第 1 号)中的 1850 年 3 月的《告同盟书》①,亨利希·鲍威尔作为特使被派往德国。由马克思和我校审的这篇告同盟书直到今天还是有意义的,因为小资产阶级民主派直到现在也还是这样一个政党,这个政党在即将来临的下一次欧洲震动(各次欧洲革命——1815 年、1830 年、1848—1852 年、1870 年——间隔的时间,在我们这一世纪是 15 年到 18 年)中,在德国无疑会作为使社会摆脱共产主义工人的救星而首先获得政权。因此,在那里所说的,有许多今天也还适用。亨利希·鲍威尔的出使得到了完全的成功。这个矮小快活的鞋匠是个天生的外交家。他把有些是离开了活动,有些是独立进

---

① 马克思和恩格斯《共产主义者同盟中央委员会告同盟书》,见本选集第 1
卷。——编者注

行活动的过去的盟员重新集合在一个积极的组织内,其中也包括"工人兄弟会"当时的领袖们。同盟开始在各个工人协会、农民协会和体操协会中起着比 1848 年以前还要大得多的主导作用,所以在 1850 年 6 月印出的下一期(三个月一期)告各支部书已经可以指出:为小资产阶级民主派而周游德国的波恩大学生叔尔茨(后来在美国当过部长)"发现所有可利用的力量已经掌握在同盟的手里"(见附录九,第 2 号)[127]。同盟无疑是在德国唯一起过作用的革命组织。

然而这个组织能起什么样的作用,则主要取决于革命新高涨的前景能否实现。而这一点在 1850 年期间越来越不大可能,甚至完全不可能了。曾经准备了 1848 年革命的 1847 年工业危机已经消除;一个新的、空前未有的工业繁荣时期已经开始。每个长着眼睛来看事物,并且用它来看过事物的人,都应该很清楚地知道:1848 年的革命风暴正在逐渐平息。

"在这种普遍繁荣的情况下,即在资产阶级社会的生产力正以在整个资产阶级关系范围内所能达到的速度蓬勃发展的时候,**也就谈不到什么真正的革命**。只有在现代生产力和资产阶级生产方式这两个要素互相矛盾的时候,这种革命才有可能。大陆秩序党内各个集团的代表目前争吵不休,并使对方丢丑,这决不能导致新的革命;相反,这种争吵之所以可能,只是因为社会关系的基础在目前是那么巩固,并且——这一点反动派并不清楚——是那么明显地**具有资产阶级特征**。一切想阻止资产阶级发展的反动企图**都会像民主派的一切道义上的愤懑和热情的宣言一样,必然会被这个基础碰得粉碎**。"①马克思和我在载于《新莱茵报。政治经济

---

① 参看本选集第 1 卷第 541 页。——编者注

评论》**128**的《时评。1850 年 5—10 月》一文里这样写过(1850 年汉堡版第 5—6 两期合刊第 153 页)。

但是,对局势的这一清醒看法在当时竟被许多人看做邪说,那时赖德律-洛兰、路易·勃朗、马志尼、科苏特以及那些不大显要的德国名人像卢格、金克尔、戈克等等一类人,群集在伦敦,他们不但为各自的祖国,并且为全欧洲建立了一些未来的临时政府,而全部问题不过是要靠发行革命公债在美国筹措必要的经费,以便马上实现欧洲革命,从而建立理所当然的各个共和国。因此,像维利希这样的人落入这种圈套,连怀有旧日革命热情的沙佩尔也任人愚弄,以及多数伦敦工人(大部分是流亡者)都跟着他们滚入资产阶级民主派革命制造者的阵营,也就不足为怪了。一句话,我们所坚持的沉着态度并不合乎这班人的口味;他们认为,应该开始制造革命;我们极为坚决地拒绝了这种做法。于是发生了分裂。关于以后的情况,可在《揭露》里读到。接着,诺特荣克首先被捕,后来又有豪普特在汉堡被捕,后者成了叛徒,竟泄露了科隆中央委员会委员的姓名,并且还要在法庭审判时充当主要证人;他的亲戚不愿蒙受这种耻辱,便把他送到里约热内卢去了,后来他在那里做了商人,由于他有功,先被任命为普鲁士总领事,后又被任命为德国总领事。现在他又在欧洲了。①

为了使人更好地理解《揭露》,我把科隆被告的名单列在下面:(1)彼·格·勒泽尔,雪茄烟工人;(2)亨利希·毕尔格尔斯,后来

---

① 恩格斯在这里加了一个注:"沙佩尔 60 年代末在伦敦去世。维利希参加了美国内战**129**,并且战功卓著;他任准将时在默夫里斯伯勒(田纳西州)战役中胸部受伤,但又治愈;约于 10 年前在美国去世。关于上面说过的其他人,我还要指出:亨利希·鲍威尔在澳大利亚失踪了,魏特林和艾韦贝克在美国去世。"——编者注

去世时是进步党邦议会议员;(3)彼得·诺特荣克,裁缝,数年前在布雷斯劳去世时是摄影师;(4)威·约·赖夫;(5)海尔曼·贝克尔博士,现任科隆市市长,上议院议员;(6)罗兰特·丹尼尔斯博士,医生,案件过后几年死于在狱中染上的肺病;(7)卡尔·奥托,化学家;(8)阿伯拉罕·雅科比博士,目前在纽约当医生;(9)约·雅·克莱因博士,目前在科隆当医生并任市议员;(10)斐迪南·弗莱里格拉特,他当时就已在伦敦;(11)约·路·埃尔哈德,店员;(12)弗里德里希·列斯纳,裁缝,目前住在伦敦。经过1852年10月4日至11月12日的公开审判,他们之中由陪审法庭按未遂叛国罪判处六年要塞监禁的有勒泽尔、毕尔格尔斯和诺特荣克;判处五年徒刑的有赖夫、奥托和贝克尔;判处三年徒刑的有列斯纳;丹尼尔斯、克莱因、雅科比和埃尔哈德被宣告无罪。

从科隆案件[96]时起就结束了德国共产主义工人运动第一个时期。紧接着判决之后,我们解散了我们的同盟;又几个月以后,维利希—沙佩尔的宗得崩德[123]也一命呜呼了。

————

从那时到现在已经有三十多年了。那时,德国是一个手工业和以手工劳动为基础的家庭工业国家,现在它已经是一个工业不断急剧发展的大工业国了。那时,只有极少数工人理解自己作为工人的地位和自己同资本在历史上经济上的对立,因为那时这种对立本身还刚刚产生。现在,哪怕只是想稍稍延迟一下德国无产阶级发展到完全理解它作为被压迫阶级的地位的过程,也必须对整个德国无产阶级使用非常法。那时,已经认识到无产阶级历史使命的少数人,不得不秘密地聚集在一起,分成三人到二十人不等的小团体悄悄地举行集会。现在,德国无产阶级不再需要正式的组织,无论是公开的或秘密的;思想一致的阶级同志间的简单的自然联系,即使没有任何章程、委员会、决议以及诸如此类的具体形式,也足以震撼整个德意志帝国。俾斯麦在欧洲、在德国境外是仲裁人;而在国内,却如马克思还在 1844 年就已预见到的,德国无产阶级赫然可畏的大力士形象日益高大,对这个巨人来说,那个专供庸人使用的狭小的帝国建筑已经过于狭窄,他那魁伟的体格和宽阔的双肩不断壮大,有朝一日他只要从自己座位上站立起来,就可以使帝国宪法的整个建筑变为废墟。不仅如此,欧洲和美洲无产阶级的国际运动现在已经壮大到如此地步,以致不仅它那狭窄的第一个形式即秘密同盟,而且连它那更广泛无比的第二个形式即公开的国际工人协会[97],对它来说也成为一种桎梏了;单靠那种认识到阶级地位的共同性为基础的团结感,就足以使一切国家和操各种语言的工人建立同样的伟大无产阶级政党并使它保持团结。同盟在 1847 年到 1852 年所代表的学说,那时曾被聪明的庸人带着嘲笑的神情看做狂人呓语,看做几个孤单的宗派分子的秘密学说,现在,这个学说在世界一切文明国家里,在西伯利亚矿山的囚徒中,在加利福尼亚的采金工人中,拥有无数的信徒;而这个学说的创始人、当时受到人们的憎恨和诽谤最多的一个人——卡尔·马克思,直到逝世前,却是新旧两大陆无产阶级经常请教的、并且总是乐于提供帮助的顾问。

弗里德里希·恩格斯

1885 年 10 月 8 日于伦敦

弗·恩格斯写于 1885 年 9 月底—10 月 8 日

载于 1885 年 11 月 12、19 和 26 日《社会民主党人报》第 46、47 和 48 号

原文是德文

选自《马克思恩格斯文集》第 4 卷第 226—246 页

弗·恩格斯

路德维希·费尔巴哈和
德国古典哲学的终结[130]

1888 年单行本序言

马克思在《政治经济学批判》（1859 年柏林版）的序言中说，1845 年我们两人在布鲁塞尔着手"共同阐明我们的见解"——主要由马克思制定的唯物主义历史观——"与德国哲学的意识形态的见解的对立，实际上是把我们从前的哲学信仰清算一下。这个心愿是以批判黑格尔以后的哲学的形式来实现的。两厚册八开本的原稿早已送到威斯特伐利亚的出版所，后来我们才接到通知说，由于情况改变，不能付印。既然我们已经达到了我们的主要目的——自己弄清问题，我们就情愿让原稿留给老鼠的牙齿去批判了"①。

从那时起已经经过了 40 多年，马克思也已逝世，而我们两人谁也没有过机会回到这个题目上来。关于我们和黑格尔的关系，我

---

① 马克思《〈政治经济学批判〉序言》，本选集第 2 卷第 4 页。——编者注

们曾经在一些地方作了说明,但是无论哪个地方都不是全面系统的。至于费尔巴哈,虽然他在好些方面是黑格尔哲学和我们的观点之间的中间环节,我们却从来没有回顾过他。

这期间,马克思的世界观远在德国和欧洲境界以外,在世界的一切文明语言中都找到了拥护者。另一方面,德国的古典哲学在国外,特别是在英国和斯堪的纳维亚各国,有某种复活。甚至在德国,各大学里借哲学名义来施舍的折中主义残羹剩汁,看来已叫人吃厌了。

在这种情况下,我感到越来越有必要把我们同黑格尔哲学的关系,我们怎样从这一哲学出发又怎样同它脱离,作一个简要而又系统的阐述。同样,我也感到我们还要还一笔信誉债,就是要完全承认,在我们的狂飚突进时期,费尔巴哈给我们的影响比黑格尔以后任何其他哲学家都大。所以,当《新时代》**131**杂志编辑部要我写一篇批评文章来评述施达克那本论费尔巴哈的书①时,我也就欣然同意了。我的这篇文章发表在该杂志 1886 年第 4 期和第 5 期,现在经过修订以单行本出版。

在这篇稿子送去付印以前,我又把 1845—1846 年的旧稿②找出来看了一遍。其中关于费尔巴哈的一章没有写完。已写好的部分是阐述唯物主义历史观的;这种阐述只是表明当时我们在经济史方面的知识还多么不够。旧稿中缺少对费尔巴哈学说本身的批判;所以,旧稿对现在这一目的是不适用的。可是我在马克思的一本旧笔记中找到了十一条关于费尔巴哈的提纲,现在作为本书附

---

① 指卡·尼·施达克《路德维希·费尔巴哈》1885 年斯图加特版。——编者注

② 指马克思和恩格斯《德意志意识形态》手稿。——编者注

录刊印出来。这是匆匆写成的供以后研究用的笔记,根本没有打算付印。但是它作为包含着新世界观的天才萌芽的第一个文献,是非常宝贵的。

弗里德里希·恩格斯

1888 年 2 月 21 日于伦敦

弗·恩格斯写于 1888 年 2 月 21 日

载于 1888 年在斯图加特出版的《路德维希·费尔巴哈和德国古典哲学的终结》一书

原文是德文

选自《马克思恩格斯文集》第 4 卷第 265—266 页

路德维希·费尔巴哈和
德国古典哲学的终结

一

我们面前的这部著作①使我们返回到一个时期,这个时期就时间来说离我们不过一代之久,但是它对德国现在的一代人却如此陌生,似乎已经相隔整整一个世纪了。然而这终究是德国准备1848年革命的时期;那以后我国所发生的一切,仅仅是1848年的继续,仅仅是革命遗嘱的执行罢了。

正像在18世纪的法国一样,在19世纪的德国,哲学革命也作了政治变革的前导。但是这两个哲学革命看起来是多么不同啊!法国人同整个官方科学,同教会,常常也同国家进行公开的斗争;他们的著作在国外,在荷兰或英国印刷,而他们本人则随时都可能进巴士底狱**132**。相反,德国人是一些教授,一些由国家任命的青年的导师,他们的著作是公认的教科书,而全部发展的最终体系,即黑格尔的体系,甚至在某种程度上已经被推崇为普鲁士王国的国家哲学!在这些教授后面,在他们的迂腐晦涩的言词后面,在他

---

① 恩格斯在这里加了一个注:"哲学博士卡·尼·施达克《路德维希·费尔巴哈》1885年斯图加特斐·恩克出版社版。"——编者注

们的笨拙枯燥的语句里面竟能隐藏着革命吗？那时被认为是革命代表人物的自由派,不正是最激烈地反对这种使人头脑混乱的哲学吗？但是,不论政府或自由派都没有看到的东西,至少有**一个人**在 1833 年已经看到了,这个人就是亨利希·海涅。**133**

举个例子来说吧。不论哪一个哲学命题都没有像黑格尔的一个著名命题那样引起近视的政府的感激和同样近视的自由派的愤怒,这个命题就是:

"凡是现实的都是合乎理性的,凡是合乎理性的都是现实的。"①

这显然是把现存的一切神圣化,是在哲学上替专制制度、警察国家、专断司法、书报检查制度祝福。弗里德里希-威廉三世是这样认为的,他的臣民也是这样认为的。但是,在黑格尔看来,决不是一切现存的都无条件地也是现实的。在他看来,现实性这种属性仅仅属于那同时是必然的东西;

"现实性在其展开过程中表明为必然性";

所以,他决不认为政府的任何一个措施——黑格尔本人举"某种税制"为例——都已经无条件地是现实的。② 但是必然的东西归根到底会表明自己也是合乎理性的。因此,黑格尔的这个命题应用于当时的普鲁士国家,只是意味着:这个国家只在它是必然的时候是合乎理性的,是同理性相符合的。如果说它在我们看来终究是恶劣的,而它尽管恶劣却继续存在,那么,政府的恶劣可以从臣民的相应的恶劣中找到理由和解释。当时的普鲁士人有他们所应得的政府。

---

① 恩格斯在这里套用了黑格尔《法哲学原理》序言中的话。——编者注
② 参看黑格尔《哲学全书纲要》第 1 部(即《小逻辑》)第 147 节及第 142 节附释。——编者注

但是,根据黑格尔的意见,现实性决不是某种社会状态或政治状态在一切环境和一切时代所具有的属性。恰恰相反,罗马共和国是现实的,但是把它排斥掉的罗马帝国也是现实的。法国的君主制在 1789 年已经变得如此不现实,即如此丧失了任何必然性,如此不合理性,以致必须由大革命(黑格尔总是极其热情地谈论这次大革命)来把它消灭。所以,在这里,君主制是不现实的,革命是现实的。这样,在发展进程中,以前一切现实的东西都会成为不现实的,都会丧失自己的必然性、自己存在的权利、自己的合理性;一种新的、富有生命力的现实的东西就会代替正在衰亡的现实的东西——如果旧的东西足够理智,不加抵抗即行死亡,那就和平地代替;如果旧的东西抗拒这种必然性,那就通过暴力来代替。这样一来,黑格尔的这个命题,由于黑格尔的辩证法本身,就转化为自己的反面:凡在人类历史领域中是现实的,随着时间的推移,都会成为不合理性的,就是说,注定是不合理性的,一开始就包含着不合理性;凡在人们头脑中是合乎理性的,都注定要成为现实的,不管它同现存的、表面的现实多么矛盾。按照黑格尔的思维方法的一切规则,凡是现实的都是合乎理性的这个命题,就变为另一个命题:凡是现存的,都一定要灭亡。①

但是,黑格尔哲学(我们在这里只限于考察这种作为从康德以来的整个运动的完成的哲学)的真实意义和革命性质,正是在于它彻底否定了关于人的思维和行动的一切结果具有最终性质的看法。哲学所应当认识的真理,在黑格尔看来,不再是一堆现成的、一经发现就只要熟读死记的教条了;现在,真理是在认识过程

---

① 这里套用了歌德《浮士德》第 1 部第 3 场《书斋》中靡菲斯特斐勒司的话。——编者注

本身中,在科学的长期的历史发展中,而科学从认识的较低阶段向越来越高的阶段上升,但是永远不能通过所谓绝对真理的发现而达到这样一点,在这一点上它再也不能前进一步,除了袖手一旁惊愕地望着这个已经获得的绝对真理,就再也无事可做了。在哲学认识的领域是如此,在任何其他的认识领域以及在实践行动的领域也是如此。历史同认识一样,永远不会在人类的一种完美的理想状态中最终结束;完美的社会、完美的"国家"是只有在幻想中才能存在的东西;相反,一切依次更替的历史状态都只是人类社会由低级到高级的无穷发展进程中的暂时阶段。每一个阶段都是必然的,因此,对它发生的那个时代和那些条件说来,都有它存在的理由;但是对它自己内部逐渐发展起来的新的、更高的条件来说,它就变成过时的和没有存在的理由了;它不得不让位于更高的阶段,而这个更高的阶段也要走向衰落和灭亡。正如资产阶级依靠大工业、竞争和世界市场在实践中推翻了一切稳固的、历来受人尊崇的制度一样,这种辩证哲学推翻了一切关于最终的绝对真理和与之相应的绝对的人类状态的观念。在它面前,不存在任何最终的东西、绝对的东西、神圣的东西;它指出所有一切事物的暂时性;在它面前,除了生成和灭亡的不断过程、无止境地由低级上升到高级的不断过程,什么都不存在。它本身就是这个过程在思维着的头脑中的反映。诚然,它也有保守的方面:它承认认识和社会的一定阶段对它那个时代和那种环境来说都有存在的理由,但也不过如此而已。这种观察方法的保守性是相对的,它的革命性质是绝对的——这就是辩证哲学所承认的唯一绝对的东西。

我们在这里用不着去研究这种观察方法是否同自然科学的现状完全符合的问题,自然科学预言了地球本身存在的可能的末日和它适合居住状况的相当肯定的末日,从而承认,人类历史不仅有上升的过程,而且有下降的过程。无论如何,我们离社会历史开始下降的转折点还相当遥远,我们也不能要求黑格尔哲学去研究当时还根本没有被自然科学提到日程上来的问题。

但是这里确实必须指出一点:黑格尔并没有这样清楚地作出如上的阐述。这是他的方法必然要得出的结论,但是他本人从来没有这样明确地作出这个结论。原因很简单,因为他不得不去建立一个体系,而按照传统的要求,哲学体系是一定要以某种绝对真理来完成的。所以,黑格尔,特别是在《逻辑学》中,尽管如此强调这种永恒真理不过是逻辑的或历史的过程本身,他还是觉得自己不得不给这个过程一个终点,因为他总得在某个地方结束他的体系。在《逻辑学》中,他可以再把这个终点作为起点,因为在这里,终点即绝对观念——它所以是绝对的,只是因为他关于这个观念绝对说不出什么来——“外化”也就是转化为自然界,然后在精神中,即在思维中和在历史中,再返回到自身。但是,要在全部哲学的终点上这样返回到起点,只有一条路可走。这就是把历史的终点设想成人类达到对这个绝对观念的认识,并宣布对绝对观念的这种认识已经在黑格尔的哲学中达到了。但是这样一来,黑格尔体系的全部教条内容就被宣布为绝对真理,这同他那消除一切教条东西的辩证方法是矛盾的;这样一来,革命的方面就被过分茂密的保守的方面所窒息。在哲学的认识上是这样,在历史的实践上也是这样。人类既然通过黑格尔这个人想出了绝对观念,那么在实践上也一定达到了能够在现实中实现这个绝对观念的地步。因此,绝对观念对同时代人的实践的政治的要求不可提得太高。因此,我们在《法哲学》的结尾发现,绝对观念应当在弗里德里希-威廉三世向他的臣民再三许诺而又不予兑现的那种等级君主制中得到实现,就是说,应当在有产阶级那种适应于当时德国小资产阶级关系的、有限的和温和的间接统治中得到实现;在这里还用思辨的方法向我们论证了贵族的必要性。

可见,单是体系的内部需要就足以说明,为什么彻底革命的思维方法竟产生了极其温和的政治结论。这个结论的特殊形式当然是由下列情况造成的:黑格尔是一个德国人,而且和他的同时代人歌德一样,拖着一根庸人的辫子。歌德和黑格尔在各自的领域中都是奥林波斯山上的宙斯,但是两人都没有完全摆脱德国庸人的习气。

但是,这一切并没有妨碍黑格尔的体系包括了以前任何体系所不可比拟的广大领域,而且没有妨碍它在这一领域中阐发了现在还令人惊奇的丰富思想。精神现象学(也可以叫做同精神胚胎学和精神古生物学类似的学问,是对个人意识各个发展阶段的阐述,这些阶段可以看做人类意识在历史上所经过的各个阶段的缩影)、逻辑学、自然哲学、精神哲学,而精神哲学又分成各个历史部门来研究,如历史哲学、法哲学、宗教哲学、哲学史、美学等等——在所有这些不同的历史领域中,黑格尔都力求找出并指明贯穿这些领域的发展线索;同时,因为他不仅是一个富于创造性的天才,而且是一个百科全书式的学识渊博的人物,所以他在各个领域中都起了划时代的作用。当然,由于"体系"的需要,他在这里常常不得不求救于强制性的结构,对这些结构,直到现在他的渺小的敌人还发出如此可怕的喊叫。但是这些结构仅仅是他的建筑物的骨架和脚手架;人们只要不是无谓地停留在它们面前,而是深入到大厦里面去,那就会发现无数的珍宝,这些珍宝就是在今天也还保持着充分的价值。在一切哲学家那里,正是"体系"是暂时性的东西,这恰恰因为"体系"产生于人类精神的永恒的需要,即克服一切矛盾的需要。但是,假定一切矛盾都一下子永远消除了,那么我们就达到了所谓绝对真理,世界历史就完结了,而世界历史虽然已经无事可做,却一定要继续发展下去——因而这是一个新的、不可解决的矛盾。一旦我们认识到(就获得这种认识来说,归根到底没有一个人比黑格尔本人对我们的帮助更大),这样给哲学提出的任务,无非就是要求一个哲学家完成那只有全人类在其前进的发展中才能完成的事情,那么以往那种意义上的全部哲学也就完结了。我们把沿着这个途径达不到而且任何单个人都无法达到的"绝对真理"撇在一边,而沿着实证科学和利用辩证思维对这些科学成果进行概括的途径去追求可以达到的相对真理。总之,哲学在黑格尔那里完成了,一方面,因为他在自己的体系中以最宏伟的方式概括了哲学的全部发展;另一方面,因为他(虽然是不自觉地)给我们指出了一条走出这些体系的迷宫而达到真正地切实地认识世界的道路。

可以理解,黑格尔的体系在德国的富有哲学味道的气氛中曾发生了多么巨大的影响。这是一次胜利进军,它延续了几十年,而且决没有随着黑格尔的逝世而停止。相反,正是从 1830 年到 1840 年,"黑格尔主义"取得了独占的统治,它甚至或多或少地感染了自己的敌手;正是在这个时期,黑格尔的观点自觉地或不自觉地大量渗入了各种科学,也渗透了通俗读物和日报,而普通的"有教养的意识"就是从这些通俗读物和日报中汲取自己的思想材料的。但是,这一全线胜利仅仅是一种内部斗争的序幕罢了。

黑格尔的整个学说,如我们所看到的,为容纳各种极不相同的实践的党派观点留下了广阔场所;而在当时的理论的德国,有实践意义的首先是两种东西:宗教和政治。特别重视黑格尔的**体系**的人,在两个领域中都可能是相当保守的;认为辩证**方法**是主要的东西的人,在政治上和宗教上都可能属于最极端的反对派。黑格尔本人,虽然在他的著作中相当频繁地爆发出革命的怒火,但是总的说来似乎更倾向于保守的方面;他在体系上所花费的"艰苦的思维劳动"倒比他在方法上所花费的要多得多。到 30 年代末,他的学派内的分裂越来越明显了。左翼,即所谓青年黑格尔派,在反对虔诚派的正统教徒和封建反动派的斗争中一点一点地放弃了在哲学上对当前的紧迫问题所采取的超然态度,由于这种态度,他们的学说在此之前曾经得到国家的容忍,甚至保护;到了 1840 年,正统教派的虔诚和封建专制的反动随着弗里德里希-威廉四世登上了王座,这时人们就不可避免地要公开站在这一派或那一派方面了。斗争依旧是用哲学的武器进行的,但已经不再是为了抽象的哲学目的;问题已经直接是要消灭传统的宗教和现存的国家了。如果说在《德国年鉴》**134**中实践的最终目的主要还是穿着哲学的外衣出场,那么,在 1842 年的《莱茵报》**135**上青年黑格尔学派已经直接作为努力向上的激进资产阶级的哲学出现,只是为了迷惑书报检查机关才用哲学伪装起来。

但是,政治在当时是一个荆棘丛生的领域,所以主要的斗争就转为反宗教的斗争;这一斗争,特别是从 1840 年起,间接地也是政治斗争。1835 年出版的施特劳斯的《耶稣传》成了第一个推动力。后来,布鲁诺·鲍威尔反对该书中所阐述的福音神话发生说,证明许多福音故事都是作者自己虚构的。两人之间的争论是在"自我意识"对"实体"的斗争这一哲学幌子下进行的。神奇的福音故事是在宗教团体内部通过不自觉的、传统的创作神话的途径形成的呢,还是福音书作者自己虚构的——这个问题竟扩展为这样一个问题:在世界历史中起决定作用的力量是"实体"呢,还是"自我意识";最后,出现了施蒂纳,现代无政府主义的先知(巴枯宁从他那里抄袭了许多东西),他用他的至上的"唯一者"①压倒了至上的"自我意识"。

---

① 指麦·施蒂纳《唯一者及其所有物》1845 年莱比锡版。——编者注

　　我们不打算更详细地考察黑格尔学派解体过程的这一方面。在我们看来,更重要的是:对现存宗教进行斗争的实践需要,把大批最坚决的青年黑格尔分子推回到英国和法国的唯物主义。他们在这里跟自己的学派的体系发生了冲突。唯物主义把自然界看做唯一现实的东西,而在黑格尔的体系中自然界只是绝对观念的"外化",可以说是这个观念的下降;无论如何,思维及其思想产物即观念在这里是本原的,而自然界是派生的,只是由于观念的下降才存在。他们就在这个矛盾中彷徨,尽管程度各不相同。

　　这时,费尔巴哈的《基督教的本质》①出版了。它直截了当地使唯物主义重新登上王座,这就一下子消除了这个矛盾。自然界是不依赖任何哲学而存在的;它是我们人类(本身就是自然界的产物)赖以生长的基础;在自然界和人以外不存在任何东西,我们的宗教幻想所创造出来的那些最高存在物只是我们自己的本质的虚幻反映。魔法被破除了;"体系"被炸开并被抛在一旁了,矛盾既然仅仅是存在于想象之中,也就解决了。——这部书的解放作用,只有亲身体验过的人才能想象得到。那时大家都很兴奋:我们一时都成为费尔巴哈派了。马克思曾经怎样热烈地欢迎这种新观点,而这种新观点又是如何强烈地影响了他(尽管还有种种批判性的保留意见),这可以从《神圣家族》②中看出来。

　　甚至这部书的缺点也加强了它的一时的影响。美文学的、有时甚至是夸张的笔调赢得了广大的读者,无论如何,在抽象而费解的黑格尔主义的长期统治以后,使人们的耳目为之一新。对于爱

① 路·费尔巴哈《基督教的本质》1841 年莱比锡版。——编者注
② 马克思和恩格斯《神圣家族》,见《马克思恩格斯文集》第 1 卷。——编者注

的过度崇拜也是这样。这种崇拜，尽管不能认为有道理，在"纯粹思维"的已经变得不能容忍的至高统治下也是情有可原的。但是我们不应当忘记，从1844年起在德国的"有教养的"人们中间像瘟疫一样传播开来的"真正的社会主义"[118]，正是同费尔巴哈的这两个弱点紧密相连的。它以美文学的词句代替了科学的认识，主张靠"爱"来实现人类的解放，而不主张用经济上改革生产的办法来实现无产阶级的解放，一句话，它沉溺在令人厌恶的美文学和泛爱的空谈中了。它的典型代表就是卡尔·格律恩先生。

还有一点不应当忘记：黑格尔学派虽然解体了，但是黑格尔哲学并没有被批判地克服。施特劳斯和鲍威尔各自抓住黑格尔哲学的一个方面，在论战中互相攻击。费尔巴哈打破了黑格尔的体系，简单地把它抛在一旁。但是简单地宣布一种哲学是错误的，还制服不了这种哲学。像对民族的精神发展有过如此巨大影响的黑格尔哲学这样的伟大创作，是不能用干脆置之不理的办法来消除的。必须从它的本来意义上"扬弃"它，就是说，要批判地消灭它的形式，但是要救出通过这个形式获得的新内容。下面可以看到，这一任务是怎样实现的。

但是这时，1848年的革命毫不客气地把全部哲学都撇在一旁，正如费尔巴哈把他的黑格尔撇在一旁一样。这样一来，费尔巴哈本人也被挤到后台去了。

二

全部哲学，特别是近代哲学的重大的基本问题，是思维和存在的关系问题。在远古时代，人们还完全不知道自己身体的构造，并且受梦中景象的影响①,于是就产生一种观念:他们的思维和感觉不是他们身体的活动,而是一种独特的、寓于这个身体之中而在人死亡时就离开身体的灵魂的活动。从这个时候起,人们不得不思考这种灵魂对外部世界的关系。如果灵魂在人死时离开肉体而继续活着,那就没有理由去设想它本身还会死亡;这样就产生了灵魂不死的观念,这种观念在那个发展阶段出现决不是一种安慰,而是一种不可抗拒的命运,并且往往是一种真正的不幸,例如在希腊人那里就是这样。关于个人不死的无聊臆想之所以普遍产生,不是因为宗教上的安慰的需要,而是因为人们在普遍愚昧的情况下不知道对已经被认为存在的灵魂在肉体死后该怎么办。由于十分相似的原因,通过自然力的人格化,产生了最初的神。随着各种宗教的进一步发展,这些神越来越具有了超世界的形象,直到最后,通过智力发展中自然发生的抽象化过程——几乎可以说是蒸馏过程,在人们的头脑中,从或多或少有限的和互相限制的许多神中产生了一神教的唯一的神的观念。

因此,思维对存在、精神对自然界的关系问题,全部哲学的最高问题,像一切宗教一样,其根源在于蒙昧时代的愚昧无知的观念。但是,这个问题,只是在欧洲人从基督教中世纪的长期冬眠中觉醒以后,才被十分清楚地提了出来,才获得了它的完全的意义。思维对存在的地位问题,这个在中世纪的经院哲学中也起过巨大

---

① 恩格斯在这里加了一个注:"在蒙昧人和低级野蛮人中间,现在还流行着这样一种观念:梦中出现的人的形象是暂时离开肉体的灵魂;因而现实的人要对自己出现于他人梦中时针对做梦者而采取的行为负责。例如伊姆·特恩于1884年在圭亚那的印第安人中就发现了这种情形。"(参看埃·伊姆·特恩《在圭亚那的印第安人中间》1883年伦敦版第344—346页。)——编者注

作用的问题:什么是本原的,是精神,还是自然界？——这个问题以尖锐的形式针对着教会提了出来:世界是神创造的呢,还是从来就有的？

哲学家依照他们如何回答这个问题而分成了两大阵营。凡是断定精神对自然界说来是本原的,从而归根到底承认某种创世说的人(而创世说在哲学家那里,例如在黑格尔那里,往往比在基督教那里还要繁杂和荒唐得多),组成唯心主义阵营。凡是认为自然界是本原的,则属于唯物主义的各种学派。

除此之外,唯心主义和唯物主义这两个用语本来没有任何别的意思,它们在这里也不是在别的意义上使用的。下面我们可以看到,如果给它们加上别的意义,就会造成怎样的混乱。

但是,思维和存在的关系问题还有另一个方面:我们关于我们周围世界的思想对这个世界本身的关系是怎样的？我们的思维能不能认识现实世界？我们能不能在我们关于现实世界的表象和概念中正确地反映现实？用哲学的语言来说,这个问题叫做思维和存在的同一性问题,绝大多数哲学家对这个问题都作了肯定的回答。例如在黑格尔那里,对这个问题的肯定回答是不言而喻的,因为我们在现实世界中所认识的,正是这个世界的思想内容,也就是那种使世界成为绝对观念的逐步实现的东西,这个绝对观念是从来就存在的,是不依赖于世界并且先于世界而在某处存在的;但是思维能够认识那一开始就已经是思想内容的内容,这是十分明显的。同样明显的是,在这里,要证明的东西已经默默地包含在前提里面了。但是,这决不妨碍黑格尔从他的思维和存在的同一性的论证中作出进一步的结论:他的哲学因为对他的思维来说是正确的,所以也就是唯一正确的;而思维和存在的同一性要得到证实,人类就要马上把他的哲学从理论转移到实践中去,并按照黑格尔的原则来改造整个世界。这是他和几乎所有的哲学家所共有的幻想。

但是，此外，还有其他一些哲学家否认认识世界的可能性，或者至少是否认彻底认识世界的可能性。在近代哲学家中，休谟和康德就属于这一类，而他们在哲学的发展上是起过很重要的作用的。对驳斥这一观点具有决定性的东西，凡是从唯心主义观点出发所能说的，黑格尔都已经说了；费尔巴哈所增加的唯物主义的东西，与其说是深刻的，不如说是机智的。对这些以及其他一切哲学上的怪论的最令人信服的驳斥是实践，即实验和工业。既然我们自己能够制造出某一自然过程，按照它的条件把它生产出来，并使它为我们的目的服务，从而证明我们对这一过程的理解是正确的，那么康德的不可捉摸的"自在之物"就完结了。动植物体内所产生的化学物质，在有机化学开始把它们一一制造出来以前，一直是这种"自在之物"；一旦把它们制造出来，"自在之物"就变成为我之物了，例如茜草的色素——茜素，我们已经不再从地里的茜草根中取得，而是用便宜得多、简单得多的方法从煤焦油里提炼出来了。哥白尼的太阳系学说有 300 年之久一直是一种假说，这个假说尽管有 99%、99.9%、99.99% 的可靠性，但毕竟是一种假说；而当勒维烈从这个太阳系学说所提供的数据中，不仅推算出必定存在一个尚未知道的行星，而且还推算出这个行星在太空中的位置的时候，当后来加勒确实发现了这个行星①的时候，哥白尼的学说就被证实了。如果新康德主义者企图在德国复活康德的观点，而不可知论者企图在英国复活休谟的观点（在那里休谟的观点从来

---

① 德国天文学家约·加勒于 1846 年 9 月 23 日发现了海王星。——编者注

没有绝迹），那么，鉴于这两种观点在理论上和实践上早已被驳倒，这种企图在科学上就是开倒车，而在实践上只是一种暗中接受唯物主义而当众又加以拒绝的羞羞答答的做法。

但是，在从笛卡儿到黑格尔和从霍布斯到费尔巴哈这一长时期内，推动哲学家前进的，决不像他们所想象的那样，只是纯粹思想的力量。恰恰相反，真正推动他们前进的，主要是自然科学和工业的强大而日益迅猛的进步。在唯物主义者那里，这已经是一目了然的了，而唯心主义体系也越来越加进了唯物主义的内容，力图用泛神论来调和精神和物质的对立；因此，归根到底，黑格尔的体系只是一种就方法和内容来说唯心主义地倒置过来的唯物主义。

由此可以明白，为什么施达克在他对费尔巴哈的评述中，首先研究费尔巴哈对思维和存在的关系这个基本问题的立场。在简短的导言里，作者对以前的，特别是从康德以来的哲学家的见解，都是用不必要的晦涩难懂的哲学语言来阐述的，并且由于过分形式主义地拘泥于黑格尔著作中的个别词句而大大贬低了黑格尔。在这个导言以后，他详细地叙述了费尔巴哈的有关著作中相继表现出来的这位哲学家的"形而上学"本身的发展进程。这一部分叙述得很用心、很明白，不过像整本书一样，哲学用语堆砌得太多，而这决不是到处都不可避免的。作者越是不保持同一学派或者哪怕是费尔巴哈本人的用语，越是把各种流派，特别是现在流行的自封的哲学派别的用语混在一起，这种堆砌所造成的混乱就越大。

费尔巴哈的发展进程是一个黑格尔主义者（诚然，他从来不是完全正统的黑格尔主义者）走向唯物主义的发展进程，这一发展使他在一定阶段上同自己的这位先驱者的唯心主义体系完全决裂了。他势所必然地终于认识到，黑格尔的"绝对观念"之先于世界的存在，在世界之前就有的"逻辑范畴的预先存在"，不外是对世界之外的造物主的信仰的虚幻残余;我们自己所属的物质的、可以感知的世界,是唯一现实的;而我们的意识和思维,不论它看起来是多么超感觉的,总是物质的、肉体的器官即人脑的产物。物质不是精神的产物,而精神本身只是物质的最高产物。这自然是纯粹的唯物主义。但是费尔巴哈到这里就突然停止不前了。他不能克服通常的哲学偏见,即不反对事情本身而反对唯物主义这个名称的偏见。他说:

> "在我看来,唯物主义是人的本质和人类知识的大厦的基础;但是,我认为它不是生理学家、狭义的自然科学家如摩莱肖特所认为的而且从他们的观点和专业出发所必然认为的那种东西,即大厦本身。向后退时,我同唯物主义者完全一致;但是往前进时就不一致了。"[136]

费尔巴哈在这里把唯物主义这种建立在对物质和精神关系的特定理解上的一般世界观同这一世界观在特定的历史阶段即 18 世纪所表现的特殊形式混为一谈了。不仅如此,他还把唯物主义同它的一种肤浅的、庸俗化了的形式混为一谈,18 世纪的唯物主义现在就以这种形式继续存在于自然科学家和医生的头脑中,并且被毕希纳、福格特和摩莱肖特在 50 年代拿着到处叫卖。但是,像唯心主义一样,唯物主义也经历了一系列的发展阶段。甚至随着自然科学领域中每一个划时代的发现,唯物主义也必然要改变自己的形式;而自从历史也得到唯物主义的解释以后,一条新的发展道路也在这里开辟出来了。

上一世纪的唯物主义主要是机械唯物主义,因为那时在所有自然科学中只有力学,而且只有固体(天上的和地上的)力学,简言之,即重力的力学,达到了某种完善的地步。化学刚刚处于幼稚的燃素说[137]的形态中。生物学尚在襁褓中;对植物和动物的机体只作过粗浅的研究,并用纯粹机械的原因来解释;正如在笛卡儿看来动物是机器一样,在18世纪的唯物主义者看来,人是机器。仅仅运用力学的尺度来衡量化学性质的和有机性质的过程(在这些过程中,力学定律虽然也起作用,但是被其他较高的定律排挤到次要地位),这是法国古典唯物主义的一个特有的,但在当时不可避免的局限性。

这种唯物主义的第二个特有的局限性在于:它不能把世界理解为一种过程,理解为一种处在不断的历史发展中的物质。这是同当时的自然科学状况以及与此相联系的形而上学的即反辩证法的哲学思维方法相适应的。人们已经知道,自然界处在永恒的运动中。但是根据当时的想法,这种运动是永远绕着一个圆圈旋转,因而始终不会前进;它总是产生同一结果。这种想法在当时是不可避免的。康德的太阳系起源理论刚刚提出,而且还只是被看做纯粹的奇谈。地球发展史,即地质学,还完全没有人知道,而关于现今的生物是由简单到复杂的长期发展过程的结果的看法,当时还根本不可能科学地提出来。因此,对自然界的非历史观点是不可避免。根据这一点大可不必去责备18世纪的哲学家,因为连黑格尔也有这种观点。在黑格尔看来,自然界只是观念的"外化",它不能在时间上发展,只能在空间扩展自己的多样性,因此,它把自己所包含的一切发展阶段同时地、并列地展示出来,并且注定永远重复始终是同一的过程。黑格尔把发展是在空间以内,但在时间(这是一切发展的基本条件)以外发生的这种谬论强加于自然界,恰恰是在地质学、胚胎学、植物和动物生理学以及有机化学都已经建立起来,并且在这些新科学的基础上到处都出现了对后来的进化论的天才预想(例如歌德和拉马克)的时候。但是,体系要求这样,于是,方法为了迎合体系就不得不背叛自己。

这种非历史观点也表现在历史领域中。在这里,反对中世纪残余的斗争限制了人们的视野。中世纪被看做是千年普遍野蛮状态造成的历史的简单中断;中世纪的巨大进步——欧洲文化领域的扩大,在那里一个挨着一个形成的富有生命力的大民族,以及14世纪和15世纪的巨大的技术进步,这一切都没有被人看到。这样一来,对伟大历史联系的合理看法就不可能产生,而历史至多不过是一部供哲学家使用的例证和图解的汇集罢了。

50年代在德国把唯物主义庸俗化的小贩们,根本没有突破他们的老师们的这些局限。自然科学后来获得的一切进步,仅仅成了他们否认有世界创造主存在的新证据;实际上,他们所做的事情决不是进一步发展理论。如果说唯心主义当时已经智穷才竭,并且由于1848年革命受到了致命的打击,那么,它感到满足的是,唯物主义在这个时候更是江河日下。费尔巴哈拒绝为这种唯物主义负责是完全对的;只是他不应该把这些巡回传教士的学说同一般唯物主义混淆起来。

但是,这里应当注意两种情况。第一,费尔巴哈在世时,自然科学也还处在剧烈的酝酿过程中,这一过程只是在最近15年才达到了足以澄清问题的相对完成的地步;新的认识材料以空前的规模被提供出来,但是,只是到最近才有可能在纷纷涌来的这一大堆杂乱的发现中建立起联系,从而使它们有了条理。虽然三个决定性的发现——细胞、能量转化和以达尔文命名的进化论的发现,费尔巴哈在世时全看到了,但是,这位在乡间过着孤寂生活的哲学家怎么能够对科学充分关注,给这些发现以足够的评价呢?何况对这些发现就连当时的自然科学家有的还持有异议,有的还不懂得充分利用。这里只能归咎于德国的可怜状况,由于这种状况,当时哲学讲席都被那些故弄玄虚的折中主义的小识小见之徒占据了,而比所有这些人高明百倍的费尔巴哈,却不得不在穷乡僻壤中过着农民式的孤陋寡闻的生活。因而,现在已经成为可能的、排除了法国唯物主义的一切片面性的、历史的自然观,始终没有为费尔巴哈所了解,这就不是他的过错了。

第二,费尔巴哈说得完全正确:纯粹自然科学的唯物主义虽然"是人类知识的大厦的基础,但不是大厦本身"。

因为,我们不仅生活在自然界中,而且生活在人类社会中,人类社会同自然界一样也有自己的发展史和自己的科学。因此,问题在于使关于社会的科学,即所谓历史科学和哲学科学的总和,同唯物主义的基础协调起来,并在这个基础上加以改造。但是,这一点费尔巴哈是做不到的。他虽然有"基础",但是在这里仍然受到传统的唯心主义的束缚,这一点他自己也是承认的,他说:

"向后退时,我同唯物主义者是一致的;但是往前进时就不一致了。"

但是在这里,在社会领域内,正是费尔巴哈本人没有"前进",没有超过自己在 1840 年或 1844 年的观点,这仍旧主要是由于他的孤寂生活,这种生活迫使这位比其他任何哲学家都更爱好社交的哲学家从他的孤寂的头脑中,而不是从同与他才智相当的人们的友好或敌对的接触中产生出自己的思想。费尔巴哈在这个领域内究竟在多大程度上仍然是唯心主义者,我们将在下面加以详细的考察。

这里还应当指出,施达克在找费尔巴哈的唯心主义时找错了地方。他说:

"费尔巴哈是唯心主义者,他相信人类的进步。"(第 19 页)"唯心主义仍旧是一切的基础、根基。在我们看来,实在论只是在我们追求自己的理想的意图时使我们不致误入迷途而已。难道同情、爱以及对真理和正义的热诚不

是理想的力量吗?"(第 VIII 页)①

第一,在这里无非是把对理想目的的追求叫做唯心主义。但这些目的至多同康德的唯心主义及其"绝对命令"有必然联系;然而康德自己把他的哲学叫做"先验的唯心主义",决不是因为那里也讲到道德的理想,而完全是由于别的理由,这是施达克会记得的。有一种迷信,认为哲学唯心主义的中心就是对道德理想即对社会理想的信仰,这种迷信是在哲学之外产生的,是在那些把席勒诗歌中符合他们需要的少数哲学上的只言片语背得烂熟的德国庸人中产生的。没有一个人比恰恰是十足唯心主义者的黑格尔更尖锐地批评了康德的软弱无力的"绝对命令"(它之所以软弱无力,是因为它要求不可能的东西,因而永远达不到任何现实的东西),没有一个人比他更辛辣地嘲笑了席勒所传播的那种沉湎于不能实现的理想的庸人习气(见《现象学》②)。

第二,决不能避免这种情况:推动人去从事活动的一切,都要通过人的头脑,甚至吃喝也是由于通过头脑感觉到饥渴而开始,并且同样由于通过头脑感觉到饱足而停止。外部世界对人的影响表现在人的头脑中,反映在人的头脑中,成为感觉、思想、动机、意志,总之,成为"理想的意图",并且以这种形态变成"理想的力量"。如果一个人只是由于他追求"理想的意图"并承认"理想的力量"对他的影响,就成了唯心主义者,那么任何一个发育稍稍正常的人都是天生的唯心主义者了,怎么还会有唯物主义者呢?

第三,关于人类(至少在现时)总的说来是沿着进步方向运动

---

① 引自卡·尼·施达克《路德维希·费尔巴哈》1885 年斯图加特版。——编者注

② 即黑格尔《精神现象学》。——编者注

的这种信念,是同唯物主义和唯心主义的对立绝对不相干的。法国唯物主义者同自然神论者[138]伏尔泰和卢梭一样,几乎狂热地抱有这种信念,并且往往为它付出最大的个人牺牲。如果说有谁为了"对真理和正义的热诚"(就这句话的正面的意思说)而献出了整个生命,那么,例如狄德罗就是这样的人。由此可见,施达克把这一切说成是唯心主义,这只是证明:唯物主义这个名词以及两个派别的全部对立,在这里对他来说已经失去了任何意义。

事实上,施达克在这里向那种由于教士的多年诽谤而流传下来的对唯物主义这个名称的庸人偏见作了不可饶恕的让步,虽然这也许是不自觉的。庸人把唯物主义理解为贪吃、酗酒、娱目、肉欲、虚荣、爱财、吝啬、贪婪、牟利、投机,简言之,即他本人暗中迷恋着的一切龌龊行为;而把唯心主义理解为对美德、普遍的人类爱的信仰,总之,对"美好世界"的信仰。他在别人面前夸耀这个"美好世界",但是他自己至多只是在这样的时候才相信这个"美好世界",这时,他由于自己习以为常的"唯物主义的"放纵而必然感到懊丧或遭到破产,并因此唱出了他心爱的歌:人是什么?一半是野兽,一半是天使。

在其他方面,施达克极力保护费尔巴哈,反对现今在德国以哲学家名义大吹大擂的大学教师们的攻击和学说。对关心德国古典哲学的这些不肖子孙的人们来说,这的确是很重要的;对施达克本人来说,这也许是必要的。不过我们就怜惜怜惜读者吧。

三

我们一接触到费尔巴哈的宗教哲学和伦理学,他的真正的唯心主义就显露出来了。费尔巴哈决不希望废除宗教,他希望使宗教完善化。哲学本身应当融化在宗教中。

> "人类的各个时期仅仅由于宗教的变迁而彼此区别开来。某一历史运动,只有在它深入人心的时候,才是根深蒂固的。心不是宗教的形式,因而不应当说宗教也存在于心中;心是宗教的本质。"[139](引自施达克的书,第 168 页)

按照费尔巴哈的看法,宗教是人与人之间的感情的关系、心灵的关系,过去这种关系是在现实的虚幻映象中(借助于一个神或许多神,即人类特性的虚幻映象)寻找自己的真理,现在却直接地而不是间接地在我和你之间的爱中寻找自己的真理了。归根到底,在费尔巴哈那里,性爱即使不是他的新宗教借以实现的最高形式,也是最高形式之一。

人与人之间的,特别是两性之间的感情关系,是自从有人类以来就存在的。而性爱在最近 800 年间获得了这样的发展和地位,竟成了这个时期中一切诗歌必须环绕着旋转的轴心了。现存的通行的宗教只限于使国家对性爱的管理即婚姻立法神圣化;这些宗教也许明天就会完全消失,但是爱情和友谊的实践并不会发生丝毫变化。在法国,从 1793 年到 1798 年,基督教的确曾经消失到这种程度,连拿破仑去恢复它也不能不遇到抵抗和困难,但是在这一期间,并没有感觉到需要用费尔巴哈意义上的宗教去代替它。

在这里,费尔巴哈的唯心主义就在于:他不是抛开对某种在他看来也已成为过去的特殊宗教的回忆,直截了当地按照本来面貌看待人们彼此间以相互倾慕为基础的关系,即性爱、友谊、同情、舍己精神等等,而是断言这些关系只有在用宗教名义使之神圣化以后才会获得自己的完整的意义。在他看来,主要的并不是存在着这种纯粹人的关系,而是要把这些关系看做新的、真正的宗教。这些关系只是在盖上了宗教的印记以后才被认为是完满的。宗教一词是从 religare 一词来的,本来是联系的意思。因此,两个人之间的任何联系都是宗教。这种词源学上的把戏是唯心主义哲学的最后一着。这个词的意义,不是按照它的实际使用的历史发展来决定,而竟然按照来源来决定。因此,仅仅为了使宗教这个对唯心主义回忆很宝贵的名词不致从语言中消失,性爱和性关系竟被尊崇为"宗教"。在 40 年代,巴黎的路易·勃朗派改良主义者正是这样说的,他们也认为不信宗教的人只是一种怪物,并且对我们说:因此,无神论就是你们的宗教! 费尔巴哈想以一种本质上是唯物主义的自然观为基础建立真正的宗教,这就等于把现代化学当做真正的炼金术。如果无神的宗教可以存在,那么没有哲人之石的炼金术也可以存在了。况且,炼金术和宗教之间是有很紧密的联系的。哲人之石有许多类似神的特性,公元头两世纪埃及和希腊的炼金术士在基督教学说的形成上也出了一份力量。柯普和拜特洛所提供的材料就证明了这一点。**140**

费尔巴哈的下面这个论断是绝对错误的:

> "人类的各个时期仅仅由于宗教的变迁而彼此区别开来。"

重大的历史转折点有宗教变迁**相伴随**,只是就迄今存在的三种世界宗教——佛教、基督教和伊斯兰教而言。古老的自发产生的部落宗教和民族宗教是不传布的,一旦部落或民族的独立遭到破坏,它们便失掉任何抵抗力;拿日耳曼人来说,甚至他们一接触正在崩溃的罗马世界帝国以及它刚刚采用的,适应于它的经济、政治、精神状态的世界基督教,这种情形就发生了。仅仅在这些多少是人工造成的世界宗教,特别是基督教和伊斯兰教那里,我们才发现比较一般的历史运动带有宗教的色彩,甚至在基督教传播的范围内,具有真正普遍意义的革命也只有在资产阶级解放斗争的最初阶段即从 13 世纪到 17 世纪,才带有这种宗教色彩;而且,这种色彩不能像费尔巴哈所想的那样,用人的心灵和人的宗教需要来解释,而要用以往的整个中世纪的历史来解释,中世纪的历史只知道一种形式的意识形态,即宗教和神学。但是到了 18 世纪,资产阶级已经强大得足以建立他们自己的、同他们的阶级地位相适应的意识形态了,这时他们才进行了他们的伟大而彻底的革命——法国革命,而且仅仅诉诸法律的和政治的观念,只是在宗教挡住他们的道路时,他们才理会宗教;但是他们没有想到要用某种新的宗教来代替旧的宗教;大家知道,罗伯斯比尔在这方面曾遭受了怎样的失败。

同他人交往时表现纯粹人类感情的可能性,今天已经被我们不得不生活于其中的、以阶级对立和阶级统治为基础的社会破坏得差不多了。我们没有理由把这种感情尊崇为宗教,从而更多地破坏这种可能性。同样,对历史上的重大的阶级斗争的理解,特别是在德国,已经被流行的历史编纂学弄得够模糊了,用不着我们去把这些斗争的历史变为教会史的单纯附属品,使这种理解成为完全不可能。由此可见,现在我们已经离开费尔巴哈多么远了。他那赞美新的爱的宗教的“最美丽的篇章”现在已经不值一读了。

费尔巴哈认真地研究过的唯一的宗教是基督教,即以一神教为基础的西方的世界宗教。他指出,基督教的神只是人的虚幻的反映、映象。但是,这个神本身是长期的抽象过程的产物,是以前的许多部落神和民族神集中起来的精华。与此相应,被反映为这个神的人也不是一个现实的人,而同样是许多现实的人的精华,是抽象的人,因而本身又是一个思想上的形象。费尔巴哈在每一页上都宣扬感性,宣扬专心研究具体的东西、研究现实,可是这同一个费尔巴哈,一谈到人们之间纯粹的性关系以外的某种关系,就变成完全抽象的了。

他在这种关系中仅仅看到一个方面——道德。在这里,同黑格尔比较起来,费尔巴哈的惊人的贫乏又使我们诧异。黑格尔的伦理学或关于伦理的学说就是法哲学,其中包括:(1)抽象的法,(2)道德,(3)伦理,其中又包括家庭、市民社会[111]、国家。在这里,形式是唯心主义的,内容是实在论的。法、经济、政治的全部领域连同道德都包括进去了。在费尔巴哈那里情况恰恰相反。就形式讲,他是实在论的,他把人作为出发点;但是,关于这个人生活的世界却根本没有讲到,因而这个人始终是在宗教哲学中出现的那种抽象的人。这个人不是从娘胎里生出来的,他是从一神教的神羽化而来的,所以他也不是生活在现实的、历史地发生和历史地确定了的世界里面;虽然他同其他的人来往,但是任何一个其他的人也和他本人一样是抽象的。在宗教哲学里,我们终究还可以看到男人和女人,但是在伦理学里,连这最后一点差别也消失了。的确,在费尔巴哈那里间或也出现这样的命题:

> "皇宫中的人所想的,和茅屋中的人所想的是不同的。"[141]——"如果你因为饥饿、贫困而身体内没有养料,那么你的头脑中、你的感觉中以及你的心中便没有供道德用的养料了。"[142]——"政治应当成为我们的宗教"[143],等等。

但是,费尔巴哈完全不知道用这些命题去干什么,它们始终是纯粹的空话,甚至施达克也不得不承认,政治对费尔巴哈是一个不可通过的区域,而

"关于社会的学说,即社会学,对他来说,是一个未知的领域"[144]。

在善恶对立的研究上,他同黑格尔比起来也是肤浅的。黑格尔指出:

"有人以为,当他说人本性是善的这句话时,是说出了一种很伟大的思想;但是他忘记了,当人们说人本性是恶的这句话时,是说出了一种更伟大得多的思想。"**145**

在黑格尔那里,恶是历史发展的动力的表现形式。这里有双重意思,一方面,每一种新的进步都必然表现为对某一神圣事物的亵渎,表现为对陈旧的、日渐衰亡的、但为习惯所崇奉的秩序的叛逆;另一方面,自从阶级对立产生以来,正是人的恶劣的情欲——贪欲和权势欲成了历史发展的杠杆,关于这方面,例如封建制度的和资产阶级的历史就是一个独一无二的持续不断的证明。但是,费尔巴哈就没有想到要研究道德上的恶所起的历史作用。历史对他来说是一个不愉快的可怕的领域。他有句名言:

"当人最初从自然界产生的时候,他也只是一个纯粹的自然物,而不是人。人是人、文化、历史的产物。"**146**——

甚至这句名言在他那里也是根本不结果实的。

从上述一切可以明白,关于道德,费尔巴哈所告诉我们的东西只能是极其贫乏的。追求幸福的欲望是人生来就有的,因而应当是一切道德的基础。但是,追求幸福的欲望受到双重的矫正。第一,受到我们的行为的自然后果的矫正:酒醉之后,必定头痛;放荡成习,必生疾病。第二,受到我们的行为的社会后果的矫正:要是我们不尊重他人同样的追求幸福的欲望,那么他们就会反抗,妨碍我们自己追求幸福的欲望。由此可见,我们要满足我们的这种欲望,就必须能够正确地估量我们的行为的后果,另一方面还必须承认他人有相应的欲望的平等权利。因此,对己以合理的自我节制,对人以爱(又是爱!),这就是费尔巴哈的道德的基本准则,其他一切准则都是从中引申出来的。无论费尔巴哈的妙趣横生的议论或施达克的热烈无比的赞美,都不能掩盖这几个命题的贫乏和空泛。

如果一个人只同自己打交道,他追求幸福的欲望只有在非常罕见的情况下才能得到满足,而且决不会对己对人都有利。他的这种欲望要求同外部世界打交道,要求有得到满足的手段:食物、异性、书籍、娱乐、辩论、活动、消费和加工的对象。费尔巴哈的道德或者是以每一个人无疑地都有这些满足欲望的手段和对象为前提,或者只向每一个人提供无法应用的忠告,因而对于没有这些手段的人是一文不值的。这一点,费尔巴哈自己也说得很直截了当:

"皇宫中的人所想的,和茅屋中的人所想的是不同的。"**141** "如果你因为饥饿、贫困而身体内没有养料,那么你的头脑中、你的感觉中以及你的心中便没有供道德用的养料了。"**142**

至于说到他人追求幸福的平等权利,情况是否好一些呢?费尔巴哈提出这种要求,认为这种要求是绝对的,是适合于任何时代和任何情况的。但是这种要求从什么时候起被认为是适合的呢?在古代的奴隶和奴隶主之间,在中世纪的农奴和领主之间,难道谈得上有追求幸福的平等权利吗?被压迫阶级追求幸福的欲望不是被冷酷无情地"依法"变成了统治阶级的这种欲望的牺牲品吗?——是的,这也是不道德的,但是现在平等权利被承认了。资产阶级在反对封建制度的斗争中和在发展资本主义生产的过程中不得不废除一切等级的即个人的特权,而且起初在私法方面,后来逐渐在公法方面实施了个人在法律上的平等权利,从那时以来并且由于那个缘故,平等权利在口头上是被承认了。但是,追求幸福的欲望只有极微小的一部分可以靠观念上的权利来满足,绝大部分却要靠物质的手段来实现,而由于资本主义生产所关心的,是使绝大多数权利平等的人仅有最必需的东西来勉强维持生活,所以资本主义对多数人追求幸福的平等权利所给予的尊重,即使有,也未必比奴隶制或农奴制所给予的多一些。至于说到幸福的精神手段、教育手段,情况是否好一些呢？就连"萨多瓦的教师"[147]不也是一个神话人物吗？

不仅如此。根据费尔巴哈的道德论,证券交易所就是最高的道德殿堂,只要人们的投机始终都是得当的。如果我的追求幸福的欲望把我引进了交易所,而且我在那里又善于正确地估量我的行为的后果,因而这些后果只使我感到愉快而不引起任何损失,就是说,如果我经常赚钱的话,那么费尔巴哈的指示就算执行了。我也并没有因此就妨碍另一个人的同样的追求幸福的欲望,因为另一个人和我一样,是自愿到交易所去的,他和我达成投机交易时是按照他追求幸福的欲望行事,正如我是按照我追求幸福的欲望行事一样。如果他赔了钱,那么这就证明他的行为是不道德的,因为他盘算错了,而且,我在对他执行应得的惩罚时,甚至可以摆出现代拉达曼的威风来。只要爱不纯粹是温情的空话,交易所也是由爱统治的,因为每个人都靠别人来满足自己追求幸福的欲望,而这就是爱应当做的事情,爱也在这里得到实现。如果我在那里正确地预见到我的行动的后果,因而赌赢了,那么我就执行了费尔巴哈道德的一切最严格的要求,而且还成了富翁。换句话说,费尔巴哈的道德是完全适合于现代资本主义社会的,不管他自己多么不愿意或想不到是这样。

可是爱啊！——真的,在费尔巴哈那里,爱随时随地都是一个创造奇迹的神,可以帮助克服实际生活中的一切困难——而且这是在一个分裂为利益直接对立的阶级的社会里。这样一来,他的哲学中的最后一点革命性也消失了,留下的只是一个老调子:彼此相爱吧！不分性别、不分等级地互相拥抱吧！——大家都陶醉在和解中了！

简单扼要地说,费尔巴哈的道德论是和它的一切前驱者一样的。它是为一切时代、一切民族、一切情况而设计出来的；正因为如此，它在任何时候和任何地方都是不适用的，而在现实世界面前，是和康德的绝对命令一样软弱无力的。实际上，每一个阶级，甚至每一个行业，都各有各的道德，并且，只要它能破坏这种道德而不受惩罚，它就加以破坏。而本应把一切人都联合起来的爱，则表现在战争、争吵、诉讼、家庭纠纷、离婚以及一些人对另一些人的尽可能的剥削中。

但是，费尔巴哈所提供的强大推动力怎么能对他本人毫无结果呢？理由很简单，因为费尔巴哈不能找到从他自己所极端憎恶的抽象王国通向活生生的现实世界的道路。他紧紧地抓住自然界和人；但是，在他那里，自然界和人都只是空话。无论关于现实的自然界或关于现实的人，他都不能对我们说出任何确定的东西。要从费尔巴哈的抽象的人转到现实的、活生生的人，就必须把这些人作为在历史中行动的人去考察。而费尔巴哈反对这样做，因此，他所不了解的1848年对他来说只意味着和现实世界最后分离，意味着退入孤寂的生活。在这方面，主要又要归咎于德国的状况，这种状况使他落得这种悲惨的结局。

但是，费尔巴哈没有走的一步，必定会有人走的。对抽象的人的崇拜，即费尔巴哈的新宗教的核心，必定会由关于现实的人及其历史发展的科学来代替。这个超出费尔巴哈而进一步发展费尔巴哈观点的工作，是由马克思于1845年在《神圣家族》中开始的。

四

施特劳斯、鲍威尔、施蒂纳、费尔巴哈，就他们没有离开哲学这

块土地来说,都是黑格尔哲学的分支。施特劳斯写了《耶稣传》和
《教义学》**148**以后,就只从事写作勒南式的哲学和教会史的美文学
作品;鲍威尔只是在基督教起源史方面做了一些事情,虽然他在这
里所做的也是重要的;施蒂纳甚至在巴枯宁把他同蒲鲁东混合起
来并且把这个混合物命名为"无政府主义"以后,依然是一个怪
物;唯有费尔巴哈是个杰出的哲学家。但是,不仅哲学这一似乎凌
驾于一切专门科学之上并把它们包罗在内的科学的科学,对他来
说,仍然是不可逾越的屏障,不可侵犯的圣物,而且作为一个哲学
家,他也停留在半路上,他下半截是唯物主义者,上半截是唯心主
义者;他没有批判地克服黑格尔,而是简单地把黑格尔当做无用的
东西抛在一边,同时,与黑格尔体系的百科全书式的丰富内容相
比,他本人除了矫揉造作的爱的宗教和贫乏无力的道德以外,拿不
出什么积极的东西。

但是,从黑格尔学派的解体过程中还产生了另一个派别,唯一
的真正结出果实的派别。这个派别主要是同马克思的名字联系在
一起的。①

---

①　恩格斯在这里加了一个注:"请允许我在这里作一点个人的说明。近来
　　人们不止一次地提到我参加了制定这一理论的工作,因此,我在这里不
　　得不说几句话,把这个问题澄清。我不能否认,我和马克思共同工作40
　　年,在这以前和这个期间,我在一定程度上独立地参加了这一理论的创
　　立,特别是对这一理论的阐发。但是,绝大部分基本指导思想(特别是在
　　经济和历史领域内),尤其是对这些指导思想的最后的明确的表述,都是
　　属于马克思的。我所提供的,马克思没有我也能够做到,至多有几个专
　　门的领域除外。至于马克思所做到的,我却做不到。马克思比我们大家
　　都站得高些,看得远些,观察得多些和快些。马克思是天才,我们至多是
　　能手。没有马克思,我们的理论远不会是现在这个样子。所以,这个理
　　论用他的名字命名是理所当然的。"——编者注

同黑格尔哲学的分离在这里也是由于返回到唯物主义观点而发生的。这就是说,人们决心在理解现实世界(自然界和历史)时按照它本身在每一个不以先入为主的唯心主义怪想来对待它的人面前所呈现的那样来理解;他们决心毫不怜惜地抛弃一切同事实(从事实本身的联系而不是从幻想的联系来把握的事实)不相符合的唯心主义怪想。除此以外,唯物主义并没有别的意义。不过在这里第一次对唯物主义世界观采取了真正严肃的态度,把这个世界观彻底地(至少在主要方面)运用到所研究的一切知识领域里去了。

黑格尔不是简单地被放在一边,恰恰相反,上面所阐述的他的革命方面即辩证方法被接过来了。但是这种方法在黑格尔的形式中是无用的。在黑格尔那里,辩证法是概念的自我发展。绝对概念不仅是从来就存在的(不知在哪里?),而且是整个现存世界的真正的活的灵魂。它通过在《逻辑学》中详细探讨过的并且完全包含在它自身中的一切预备阶段而向自身发展;然后它使自己"外化",转化为自然界,它在自然界中并没有意识到它自己,而是采取自然必然性的形式,经过新的发展,最后在人身上重新达到自我意识;这个自我意识,在历史中又从粗糙的形式中挣脱出来,直到绝对概念终于在黑格尔哲学中又完全地达到自身为止。因此,在自然界和历史中所显露出来的辩证的发展,即经过一切迂回曲折和暂时退步而由低级到高级的前进运动的因果联系,在黑格尔那里,只是概念的自己运动的翻版,而这种概念的自己运动是从来就有的(不知在什么地方),但无论如何是不依任何能思维的人脑为转移的。这种意识形态上的颠倒是应该消除的。我们重新唯物地把我们头脑中的概念看做现实事物的反映,而不是把现实事物看做绝对概念的某一阶段的反映。这样,辩证法就归结为关于外部世界和人类思维的运动的一般规律的科学,这两个系列的规律在本质上是同一的,但是在表现上是不同的,这是因为人的头脑可以自觉地应用这些规律,而在自然界中这些规律是不自觉地、以外部必然性的形式、在无穷无尽的表面的偶然性中实现的,而且到现在为止在人类历史上多半也是如此。这样,概念的辩证法本身就变成只是现实世界的辩证运动的自觉的反映,从而黑格尔的辩证法就被倒转过来了,或者宁可说,不是用头立地而是重新用脚立地了。而且值得注意的是,不仅我们发现了这个多年来已成为我们最好的工具和最锐利的武器的唯物主义辩证法,而且德国工人约瑟夫·狄慈根不依靠我们,甚至不依靠黑格尔也发现了它。①

而这样一来,黑格尔哲学的革命方面就恢复了,同时也摆脱了那些曾经在黑格尔那里阻碍它贯彻到底的唯心主义装饰。一个伟大的基本思想,即认为世界不是既成**事物**的集合体,而是**过程**的集合体,其中各个似乎稳定的事物同它们在我们头脑中的思想映象即概念一样都处在生成和灭亡的不断变化中,在这种变化中,尽管有种种表面的偶然性,尽管有种种暂时的倒退,前进的发展终究会实现——这个伟大的基本思想,特别是从黑格尔以来,已经成了一般人的意识,以致它在这种一般形式中未必会遭到反对了。但是,口头上承认这个思想是一回事,实际上把这个思想分别运用于每一个研究领域,又是一回事。如果人们在研究工作中始终从这个观点出发,那么关于最终解决和永恒真理的要求就永远不会提出了;人们就始终会意识到他们所获得的一切知识必然具有的局限性,意识到他们在获得知识时所处的环境对这些知识的制约性;人

---

① 恩格斯在这里加了一个注:"见《人脑活动的实质。一个手艺人的描述》汉堡迈斯纳出版社版。**149**"——编者注

们对于还在不断流行的旧形而上学所不能克服的对立,即真理和谬误、善和恶、同一和差别、必然和偶然之间的对立也不再敬畏了;人们知道,这些对立只有相对的意义,今天被认为是合乎真理的认识都有它隐蔽着的、以后会显露出来的错误的方面,同样,今天已经被认为是错误的认识也有它合乎真理的方面,因而它从前才能被认为是合乎真理的;被断定为必然的东西,是由纯粹的偶然性构成的,而所谓偶然的东西,是一种有必然性隐藏在里面的形式,如此等等。

旧的研究方法和思维方法,黑格尔称之为"形而上学的"方法,主要是把**事物**当做一成不变的东西去研究,它的残余还牢牢地盘踞在人们的头脑中,这种方法在当时是有重大的历史根据的。必须先研究事物,尔后才能研究过程。必须先知道一个事物是什么,尔后才能觉察这个事物中所发生的变化。自然科学中的情形正是这样。认为事物是既成的东西的旧形而上学,是从那种把非生物和生物当做既成事物来研究的自然科学中产生的。而当这种研究已经进展到可以向前迈出决定性的一步,即可以过渡到系统地研究这些事物在自然界本身中所发生的变化的时候,在哲学领域内也就响起了旧形而上学的丧钟。事实上,直到上一世纪末,自然科学主要是**搜集材料的**科学,关于既成事物的科学,但是在本世纪,自然科学本质上是**整理材料的**科学,是关于过程、关于这些事物的发生和发展以及关于联系——把这些自然过程结合为一个大的整体——的科学。研究植物机体和动物机体中的过程的生理学,研究单个机体从胚胎到成熟的发育过程的胚胎学,研究地壳逐渐形成过程的地质学,所有这些科学都是我们这个世纪的产儿。

但是,首先是三大发现使我们对自然过程的相互联系的认识大踏步地前进了:第一是发现了细胞,发现细胞是这样一种单位,整个植物体和动物体都是从它的繁殖和分化中发育起来的。这一发现,不仅使我们知道一切高等有机体都是按照一个共同规律发育和生长的,而且使我们通过细胞的变异能力看出有机体能改变自己的物种从而能完成比个体发育更高的发育的道路。——第二是能量转化,它向我们表明了一切首先在无机界中起作用的所谓力,即机械力及其补充,所谓位能、热、辐射(光或辐射热)、电、磁、化学能,都是普遍运动的各种表现形式,这些运动形式按照一定的度量关系由一种转变为另一种,因此,当一种形式的量消失时,就有另一种形式的一定的量代之出现,因此,自然界中的一切运动都可以归结为一种形式向另一种形式不断转化的过程。——最后,达尔文第一次从联系中证明,今天存在于我们周围的有机自然物,包括人在内,都是少数原始单细胞胚胎的长期发育过程的产物,而这些胚胎又是由那些通过化学途径产生的原生质或蛋白质形成的。

由于这三大发现和自然科学的其他巨大进步,我们现在不仅能够说明自然界中各个领域内的过程之间的联系,而且总的说来也能说明各个领域之间的联系了,这样,我们就能够依靠经验自然科学本身所提供的事实,以近乎系统的形式描绘出一幅自然界联系的清晰图画。描绘这样一幅总的图画,在以前是所谓自然哲学的任务。而自然哲学只能这样来描绘:用观念的、幻想的联系来代替尚未知道的现实的联系,用想象来补充缺少的事实,用纯粹的臆想来填补现实的空白。它在这样做的时候提出了一些天才的思想,预测到一些后来的发现,但是也发表了十分荒唐的见解,这在当时是不可能不这样的。今天,当人们对自然研究的结果只要辩证地即从它们自身的联系进行考察,就可以制成一个在我们这个时代是令人满意的"自然体系"的时候,当这种联系的辩证性质,甚至违背自然科学家的意志,使他们受过形而上学训练的头脑不得不承认的时候,自然哲学就最终被排除了。任何使它复活的企图不仅是多余的,而且**是倒退**。

这样,自然界也被承认为历史发展过程了。而适用于自然界的,同样适用于社会历史的一切部门和研究人类的(和神的)事物的一切科学。在这里,历史哲学、法哲学、宗教哲学等等也都是以哲学家头脑中臆造的联系来代替应当在事变中去证实的现实的联系,把全部历史及其各个部分都看做观念的逐渐实现,而且当然始终只是哲学家本人所喜爱的那些观念的逐渐实现。这样看来,历史是不自觉地,但必然是为了实现某种预定的理想目的而努力,例如在黑格尔那里,是为了实现他的绝对观念而努力,而力求达到这个绝对观念的坚定不移的意向就构成了历史事变中的内在联系。这样,人们就用一种新的——不自觉的或逐渐自觉的——神秘的天意来代替现实的、尚未知道的联系。因此,在这里也完全像在自然领域里一样,应该通过发现现实的联系来清除这种臆造的人为的联系;这一任务,归根到底,就是要发现那些作为支配规律在人类社会的历史上起作用的一般运动规律。

但是,社会发展史却有一点是和自然发展史根本不相同的。在自然界中(如果我们把人对自然界的反作用撇开不谈)全是没有意识的、盲目的动力,这些动力彼此发生作用,而一般规律就表现在这些动力的相互作用中。在所发生的任何事情中,无论在外表上看得出的无数表面的偶然性中,或者在可以证实这些偶然性内部的规律性的最终结果中,都没有任何事情是作为预期的自觉的目的发生的。相反,在社会历史领域内进行活动的,是具有意识的、经过思虑或凭激情行动的、追求某种目的的人;任何事情的发生都不是没有自觉的意图,没有预期的目的的。但是,不管这个差别对历史研究，尤其是对各个时代和各个事变的历史研究如何重要，它丝毫不能改变这样一个事实：历史进程是受内在的一般规律支配的。因为在这一领域内，尽管各个人都有自觉预期的目的，总的说来在表面上好像也是偶然性在支配着。人们所预期的东西很少如愿以偿，许多预期的目的在大多数场合都互相干扰，彼此冲突，或者是这些目的本身一开始就是实现不了的，或者是缺乏实现的手段的。这样，无数的单个愿望和单个行动的冲突，在历史领域内造成了一种同没有意识的自然界中占统治地位的状况完全相似的状况。行动的目的是预期的，但是行动实际产生的结果并不是预期的，或者这种结果起初似乎还和预期的目的相符合，而到了最后却完全不是预期的结果。这样，历史事件似乎总的说来同样是由偶然性支配着的。但是，在表面上是偶然性在起作用的地方，这种偶然性始终是受内部的隐蔽着的规律支配的，而问题只是在于发现这些规律。

无论历史的结局如何，人们总是通过每一个人追求他自己的、自觉预期的目的来创造他们的历史，而这许多按不同方向活动的愿望及其对外部世界的各种各样作用的合力，就是历史。因此，问题也在于，这许多单个的人所预期的是什么。愿望是由激情或思虑来决定的。而直接决定激情或思虑的杠杆是各式各样的。有的可能是外界的事物，有的可能是精神方面的动机，如功名心、"对真理和正义的热忱"、个人的憎恶，或者甚至是各种纯粹个人的怪想。但是，一方面，我们已经看到，在历史上活动的许多单个愿望在大多数场合下所得到的完全不是预期的结果，往往是恰恰相反的结果，因而它们的动机对全部结果来说同样地只有从属的意义。另一方面，又产生了一个新的问题：在这些动机背后隐藏着的又是什么样的动力？在行动者的头脑中以这些动机的形式出现的历史原因又是什么?

旧唯物主义从来没有给自己提出过这样的问题。因此,它的历史观——如果它有某种历史观的话——本质上也是实用主义的,它按照行动的动机来判断一切,把历史人物分为君子和小人,并且照例认为君子是受骗者,而小人是得胜者。旧唯物主义由此得出的结论是,在历史的研究中不能得到很多有教益的东西;而我们由此得出的结论是,旧唯物主义在历史领域内自己背叛了自己,因为它认为在历史领域中起作用的精神的动力是最终原因,而不去研究隐藏在这些动力后面的是什么,这些动力的动力是什么。不彻底的地方并不在于承认**精神的**动力,而在于不从这些动力进一步追溯到它的动因。相反,历史哲学,特别是黑格尔所代表的历史哲学,认为历史人物的表面动机和真实动机都决不是历史事变的最终原因,认为这些动机后面还有应当加以探究的别的动力;但是它不在历史本身中寻找这种动力,反而从外面,从哲学的意识形态把这种动力输入历史。例如黑格尔,他不从古希腊历史本身的内在联系去说明古希腊的历史,而只是简单地断言,古希腊的历史无非是"美好的个性形式"的制定,是"艺术作品"本身的实现。①在这里,黑格尔关于古希腊人作了许多精彩而深刻的论述,但是这并不妨碍我们今天对那些纯属空谈的说明表示不满。

因此,如果要去探究那些隐藏在——自觉地或不自觉地,而且往往是不自觉地——历史人物的动机背后并且构成历史的真正的最后动力的动力,那么问题涉及的,与其说是个别人物,即使是非常杰出的人物的动机,不如说是使广大群众、使整个整个的民族,

---

① 参看黑格尔《历史哲学讲演录》第 2 部第 2 篇。——编者注

并且在每一民族中间又是使整个整个阶级行动起来的动机；而且也不是短暂的爆发和转瞬即逝的火光，而是持久的、引起重大历史变迁的行动。探讨那些作为自觉的动机明显地或不明显地，直接地或以意识形态的形式，甚至以被神圣化的形式反映在行动着的群众及其领袖即所谓伟大人物的头脑中的动因——这是能够引导我们去探索那些在整个历史中以及个别时期和个别国家的历史中起支配作用的规律的唯一途径。使人们行动起来的一切，都必然要经过他们的头脑；但是这一切在人们的头脑中采取什么形式，这在很大程度上是由各种情况决定的。现在工人不再像1848年在莱茵地区那样简单地捣毁机器，但是，这决不是说，他们已经容忍按照资本主义方式应用机器。

但是，在以前的各个时期，对历史的这些动因的探究几乎是不可能的，因为它们和自己的结果的联系是混乱而隐蔽的，在我们今天这个时期，这种联系已经简化了，以致人们有可能揭开这个谜了。从采用大工业以来，就是说，至少从1815年签订欧洲和约以来，在英国，谁都知道，土地贵族（landed aristocracy）和资产阶级（middle class）这两个阶级争夺统治的要求，是英国全部政治斗争的中心。在法国，随着波旁王室的返国，同样的事实也被人们意识到了；复辟时期的历史编纂学家，从梯叶里到基佐、米涅和梯也尔，总是指出这一事实是理解中世纪以来法国历史的钥匙。而从1830年起，在这两个国家里，工人阶级即无产阶级，已被承认是为争夺统治而斗争的第三个战士。当时关系已经非常简化，只有故意闭起眼睛的人才看不见，这三大阶级的斗争和它们的利益冲突是现代历史的动力，至少是这两个最先进国家的现代历史的动力。

但是，这些阶级是怎样产生的呢？初看起来，那种从前是封建的大土地占有制的起源，还可以（至少首先可以）归于政治原因，归于暴力掠夺,但是对于资产阶级和无产阶级,这就说不通了。在这里,显而易见,这两大阶级的起源和发展是由于纯粹经济的原因。而同样明显的是,土地占有制和资产阶级之间的斗争,正如资产阶级和无产阶级之间的斗争一样,首先是为了经济利益而进行的,政治权力不过是用来实现经济利益的手段。资产阶级和无产阶级这两个阶级是由于经济关系发生变化,确切些说,是由于生产方式发生变化而产生的。最初是从行会手工业到工场手工业的过渡,随后又是从工场手工业到使用蒸汽和机器的大工业的过渡,使这两个阶级发展起来了。在一定阶段上,资产阶级推动的新的生产力——首先是分工和许多局部工人在一个综合性手工工场里的联合——以及通过生产力发展起来的交换条件和交换需要,同现存的、历史上继承下来的而且被法律神圣化的生产秩序不相容了,就是说,同封建社会制度的行会特权以及许多其他的个人特权和地方特权(这些特权对于非特权等级来说都是桎梏)不相容了。资产阶级所代表的生产力起来反抗封建土地占有者和行会师傅所代表的生产秩序了;结局是大家都知道的:封建桎梏被打碎了,在英国是逐渐打碎的,在法国是一下子打碎的,在德国还没有完全打碎。但是,正像工场手工业在一定发展阶段上曾经同封建的生产秩序发生冲突一样,大工业现在已经同代替封建生产秩序的资产阶级生产秩序相冲突了。被这种秩序、被资本主义生产方式的狭隘范围所束缚的大工业,一方面使全体广大人民群众越来越无产阶级化,另一方面生产出越来越多的没有销路的产品。生产过剩和大众的贫困,两者互为因果,这就是大工业所陷入的荒谬的矛盾,这个矛盾必然要求通过改变生产方式来使生产力摆脱桎梏。

因此,在现代历史中至少已经证明,一切政治斗争都是阶级斗争,而一切争取解放的阶级斗争,尽管它必然地具有政治的形式

（因为一切阶级斗争都是政治斗争），归根到底都是围绕着**经济**解放进行的。因此，至少在这里，国家、政治制度是从属的东西，而市民社会[111]、经济关系的领域是决定性的因素。从传统的观点看来（这种观点也是黑格尔所尊崇的），国家是决定的因素，市民社会是被国家决定的因素。表面现象是同这种看法相符合的。就单个人来说，他的行动的一切动力，都一定要通过他的头脑，一定要转变为他的意志的动机，才能使他行动起来，同样，市民社会的一切要求（不管当时是哪一个阶级统治着），也一定要通过国家的意志，才能以法律形式取得普遍效力。这是问题的形式方面，这方面是不言而喻的；不过要问一下，这个仅仅是形式上的意志（不论是单个人的或国家的）有什么内容呢？ 这一内容是从哪里来的呢？ 为什么人们所期望的正是这个而不是别的呢？ 在寻求这个问题的答案时，我们就发现，在现代历史中，国家的意志总的说来是由市民社会的不断变化的需要，是由某个阶级的优势地位，归根到底，是由生产力和交换关系的发展决定的。

但是，既然甚至在拥有巨量生产资料和交往手段的现代，国家都不是一个具有独立发展的独立领域，而它的存在和发展归根到底都应该从社会的经济生活条件中得到解释，那么，以前的一切时代就必然更是这样了，那时人们物质生活的生产还没有使用这样丰富的辅助手段来进行，因而这种生产的必要性必不可免地在更大程度上支配着人们。既然在今天这个大工业和铁路的时代，国家总的说来还只是以集中的形式反映了支配着生产的阶级的经济需要，那么，在以前的时代，国家就必然更加是这样了，那时每一代人都要比我们今天更多得多地耗费一生中的时间来满足自己的物质需要，因而要比我们今天更多地依赖于这种物质需要。对从前各个时代的历史的研究，只要在这方面是认真进行的，都会最充分地证实这一点;但是,在这里当然不能进行这种研究了。

如果说国家和公法是由经济关系决定的,那么不言而喻,私法也是这样,因为私法本质上只是确认单个人之间的现存的、在一定情况下是正常的经济关系。但是,这种确认所采取的形式可以是很不相同的。人们可以把旧的封建的法的形式大部分保存下来,并且赋予这种形式以资产阶级的内容,甚至直接给封建的名称加上资产阶级的含义,就像在英国与民族的全部发展相一致而发生的那样;但是人们也可以像在西欧大陆上那样,把商品生产者社会的第一个世界性法律即罗马法以及它对简单商品占有者的一切本质的法的关系(如买主和卖主、债权人和债务人、契约、债务等等)所作的无比明确的规定作为基础。这样做时,为了仍然是小资产阶级的和半封建的社会的利益,人们可以或者是简单地通过审判的实践降低罗马法,使它适合于这个社会的状况(普通法),或者是依靠所谓开明的进行道德说教的法学家的帮助把它加工成一种适应于这种社会状况的特殊法典,这种法典,在这种情况下即使从法学观点看来也是不好的(普鲁士邦法[6]);但是这样做时,人们也可以在资产阶级大革命以后,以同一个罗马法为基础,制定出像法兰西民法典[5]这样典型的资产阶级社会的法典。因此,如果说民法准则只是以法的形式表现了社会的经济生活条件,那么这种准则就可以依情况的不同而把这些条件有时表现得好,有时表现得坏。

国家作为第一个支配人的意识形态力量出现在我们面前。社会创立一个机关来保护自己的共同利益,免遭内部和外部的侵犯。这种机关就是国家政权。它刚一产生,对社会来说就是独立的,而且它越是成为某个阶级的机关,越是直接地实现这一阶级的统治,它就越独立。被压迫阶级反对统治阶级的斗争必然要变成政治的斗争,变成首先是反对这一阶级的政治统治的斗争;对这一政治斗争同它的经济基础的联系的认识，就日益模糊起来，并且会完全消失。即使在斗争参加者那里情况不完全是这样，但是在历史编纂学家那里差不多总是这样的。在关于罗马共和国内部斗争的古代史料中，只有阿庇安一人清楚而明确地告诉我们，这一斗争归根到底是为什么进行的，即为土地所有权进行的。

但是，国家一旦成了对社会来说是独立的力量，马上就产生了另外的意识形态。这就是说，在职业政治家那里，在公法理论家和私法法学家那里，同经济事实的联系就完全消失了。因为经济事实要以法律的形式获得确认，必须在每一个别场合都采取法律动机的形式，而且，因为在这里，不言而喻地要考虑到现行的整个法的体系，所以，现在法律形式就是一切，而经济内容则什么也不是。公法和私法被看做两个独立的领域，它们各有自己的独立的历史发展，它们本身都可以系统地加以说明，并需要通过彻底根除一切内部矛盾来作出这种说明。

更高的即更远离物质经济基础的意识形态，采取了哲学和宗教的形式。在这里，观念同自己的物质存在条件的联系，越来越错综复杂，越来越被一些中间环节弄模糊了。但是这一联系是存在着的。从15世纪中叶起的整个文艺复兴时期，本质上是城市的从而是市民阶级的产物，同样，从那时起重新觉醒的哲学也是如此。哲学的内容本质上仅仅是那些和中小市民阶级发展为大资产阶级的过程相适应的思想的哲学表现。在上一世纪的那些往往既是哲学家又是政治经济学家的英国人和法国人那里，这种情形是表现得很明显的，而在黑格尔学派那里，这一情况我们在上面已经说明了。

现在我们再简略地谈谈宗教，因为宗教离开物质生活最远，而且好像同物质生活最不相干。宗教是在最原始的时代从人们关于他们自身的自然和周围的外部自然的错误的、最原始的观念中产生的。但是,任何意识形态一经产生,就同现有的观念材料相结合而发展起来,并对这些材料作进一步的加工;不然,它就不是意识形态了,就是说,它就不是把思想当做独立地发展的、仅仅服从自身规律的独立存在的东西来对待了。人们头脑中发生的这一思想过程,归根到底是由人们的物质生活条件决定的,这一事实,对这些人来说必然是没有意识到的,否则,全部意识形态就完结了。因此,大部分是每个有亲属关系的民族集团所共有的这些原始的宗教观念,在这些集团分裂以后,便在每个民族那里依各自遇到的生活条件而独特地发展起来,而这一过程对一系列民族集团来说,特别是对雅利安人(所谓印欧人)来说,已由比较神话学详细地证实了。这样在每一个民族中形成的神,都是民族的神,这些神的王国不越出它们所守护的民族领域,在这个界线以外,就无可争辩地由别的神统治了。只要这些民族存在,这些神也就继续活在人们的观念中;这些民族没落了,这些神也就随着灭亡。罗马世界帝国使得古老的民族没落了(关于罗马世界帝国产生的经济条件,我们没有必要在这里加以研究),古老的民族的神就灭亡了,甚至罗马的那些仅仅适合于罗马城这个狭小圈子的神也灭亡了;罗马曾企图除本地的神以外还承认和供奉一切多少受崇敬的异族的神,这就清楚地表明了有以一种世界宗教来充实世界帝国的需要。但是一种新的世界宗教是不能这样用皇帝的敕令创造出来的。新的世界宗教,即基督教,已经从普遍化了的东方神学,特别是犹太神学同庸俗化了的希腊哲学,特别是斯多亚派哲学[150]的混合中悄悄地产生了。我们必须重新进行艰苦的研究,才能够知道基督教最初是什么样子,因为它那流传到我们今天的官方形式仅仅是尼西亚宗教会议[151]为了使它成为国教而赋予它的那种形式。它在250

年后已经变成国教这一事实,足以证明它是适应时势的宗教。在中世纪,随着封建制度的发展,基督教成为一种同它相适应的、具有相应的封建等级制的宗教。当市民阶级兴起的时候,新教异端首先在法国南部的阿尔比派[152]中间,在那里的城市最繁荣的时代,同封建的天主教相对抗而发展起来。中世纪把意识形态的其他一切形式——哲学、政治、法学,都合并到神学中,使它们成为神学中的科目。因此,当时任何社会运动和政治运动都不得不采取神学的形式;对于完全由宗教培育起来的群众感情说来,要掀起巨大的风暴,就必须让群众的切身利益披上宗教的外衣出现。市民阶级从最初起就给自己制造了一种由无财产的、不属于任何公认的等级的城市平民、短工和各种仆役所组成的附属品,即后来的无产阶级的前身,同样,宗教异端也早就分成了两派:市民温和派和甚至也为市民异教徒所憎恶的平民革命派。

新教异端的不可根绝是同正在兴起的市民阶级的不可战胜相适应的;当这个市民阶级已经充分强大的时候,他们从前同封建贵族进行的主要是地方性的斗争便开始具有全国性的规模了。第一次大规模的行动发生在德国,这就是所谓的宗教改革[153]。那时市民阶级既不够强大又不够发展,不足以把其他的反叛等级——城市平民、下层贵族和乡村农民——联合在自己的旗帜之下。贵族首先被击败;农民举行了起义,形成了这次整个革命运动的顶点;城市背弃了农民,革命被各邦君主的军队镇压下去了,这些君主攫取了革命的全部果实。从那时起,德国有整整三个世纪从那些能独立地干预历史的国家的行列中消失了。但是除德国人路德外,还出现了法国人加尔文,他以真正法国式的尖锐性突出了宗教改革的资产阶级性质,使教会共和化和民主化。当路德的宗教改革在德国已经蜕化并把德国引向灭亡的时候,加尔文的宗教改革却成了日内瓦、荷兰和苏格兰共和党人的旗帜,使荷兰摆脱了西班牙和德意志帝国的统治,并为英国发生的资产阶级革命的第二幕提供了意识形态的外衣。在这里,加尔文教派显示出它是当时资产阶级利益的真正的宗教外衣,因此,在 1689 年革命[154]由于一部分贵族同资产阶级间的妥协而结束以后,它也没有得到完全的承认。英国的国教会恢复了,但不是恢复到它以前的形式,即由国王充任教皇的天主教,而是强烈地加尔文教派化了。旧的国教会庆祝欢乐的天主教礼拜日,反对枯燥的加尔文教派礼拜日。新的资产阶级化的国教会,则采用后一种礼拜日,这种礼拜日至今还在装饰着英国。

在法国,1685 年加尔文教派中的少数派曾遭到镇压,被迫皈依天主教或者被驱逐出境。[155]但是这有什么用处呢? 那时自由思想家皮埃尔·培尔已经在忙于从事活动,而 1694 年伏尔泰也诞生了。路易十四的暴力措施只是使法国的资产阶级更便于以唯一同已经发展起来的资产阶级相适应的、非宗教的、纯粹政治的形式进行自己的革命。出席国民议会的不是新教徒,而是自由思想家了。由此可见,基督教进入了它的最后阶段。此后,它已不能成为任何进步阶级的意向的意识形态外衣了;它越来越变成统治阶级专有的东西,统治阶级只把它当做使下层阶级就范的统治手段。同时,每个不同的阶级都利用它自己认为适合的宗教:占有土地的容克利用天主教的耶稣会派或新教的正统派,自由的和激进的资产者则利用理性主义,至于这些先生们自己相信还是不相信他们各自的宗教,这是完全无关紧要的。

这样,我们看到,宗教一旦形成,总要包含某些传统的材料,因为在一切意识形态领域内传统都是一种巨大的保守力量。但是,这些材料所发生的变化是由造成这种变化的人们的阶级关系即经济关系引起的。在这里只说这一点就够了。

上面的叙述只能是对马克思的历史观的一个概述，至多还加了一些例证。证明只能由历史本身提供；而在这里我可以说，在其他著作中证明已经提供得很充分了。但是，这种历史观结束了历史领域内的哲学，正如辩证的自然观使一切自然哲学都成为不必要的和不可能的一样。现在无论在哪一个领域，都不再是从头脑中想出联系，而是从事实中发现联系了。这样，对于已经从自然界和历史中被驱逐出去的哲学来说，要是还留下什么的话，那就只留下一个纯粹思想的领域：关于思维过程本身的规律的学说，即逻辑和辩证法。

————

随着1848年革命而来的是，"有教养的"德国抛弃了理论，转入了实践的领域。以手工劳动为基础的小手工业和工场手工业已经为真正的大工业所代替；德国重新出现在世界市场上；新的小德意志帝国[156]至少排除了由小邦分立、封建残余和官僚制度造成的阻碍这一发展的最显著的弊病。但是，思辨①在多大程度上离开哲学家的书房而在证券交易所筑起自己的殿堂，有教养的德国也就在多大程度上失去了在德国最深沉的政治屈辱时代曾经是德国的光荣的伟大理论兴趣——那种不管所得成果在实践上是否能实现，不管它是否违反警方规定都照样致力于纯粹科学研究的兴趣。诚然，德国的官方自然科学，特别是在专门研究的领域中仍然保持着时代的高度，但是，正如美国《科学》[157]杂志已经公正地指出的，在研究单个事实之间的重大联系方面的决定性进步，即把这些联

————

① 德文"Spekulation"既有"思辨"的意思，也有"投机"的意思。——编者注

系概括为规律,现在更多地是出在英国,而不像从前那样出在德国。而在包括哲学在内的历史科学的领域内,那种旧有的在理论上毫无顾忌的精神已随着古典哲学完全消失了;起而代之的是没有头脑的折中主义,是对职位和收入的担忧,直到极其卑劣的向上爬的思想。这种科学的官方代表都变成毫无掩饰的资产阶级的和现存国家的意识形态家,但这已经是在资产阶级和现存国家同工人阶级公开对抗的时代了。

德国人的理论兴趣,只是在工人阶级中还没有衰退,继续存在着。在这里,它是根除不了的。在这里,对职位、牟利,对上司的恩典,没有任何考虑。相反,科学越是毫无顾忌和大公无私,它就越符合工人的利益和愿望。在劳动发展史中找到了理解全部社会史的锁钥的新派别,一开始就主要是面向工人阶级的,并且从工人阶级那里得到了同情,这种同情是它在官方科学那里既没有寻找也没有期望过的。德国的工人运动是德国古典哲学的继承者。

弗·恩格斯写于 1886 年 1
月—2 月初

载于 1886 年《新时代》杂志
第 4 年卷第 4、5 期

原文是德文

选自《马克思恩格斯文集》
第 4 卷第 267—313 页

弗·恩格斯

*纪念巴黎公社十五周年[158]

今天晚上全世界的工人和你们一起纪念无产阶级发展过程中一个最光荣和最富悲剧性的阶段。1871年,工人阶级自从有自己的历史以来第一次在一个作为首都的大城市中掌握了政权。但是,很可惜!这一切都像梦一样消逝了。公社受到前法兰西帝国雇佣军和普军两面夹攻,遭到空前的、永远不能让人忘记的屠杀,所以很快就被扼杀了。得胜的反动派恣意横行;好像社会主义已经淹死在血泊之中,而无产阶级已经注定要永世受奴役了。

从这次失败以来,15年已经过去了。在这段时间里,在一切国家中,为土地和资本的主人效劳的政权,不择手段,企图摧毁工人的任何一点起义意图。它们究竟得到了什么呢?

放眼环顾一下吧。革命的工人社会主义比任何时候都富有生命力,它现在已经是一支使所有掌权者——无论是法国激进派、俾斯麦、美国的交易所巨头,或者是全俄罗斯的沙皇①——胆战心惊的力量。

但是,岂止如此而已。

---

① 亚历山大三世。——编者注

266

我们已经能使我们的所有敌人,不管他们做什么,都会违反他们自己的意志而为我们工作。

他们曾经想置国际于死地。可无产者的国际团结,各国革命工人的友谊,已经比公社以前巩固千倍,广泛千倍。国际不再需要原来意义上的组织了;由于欧洲和美洲工人的自发而真诚的合作,国际依然活着并且日益壮大。

在德国,俾斯麦用尽一切手段,直到最卑鄙的手段,来扼杀工人运动。结果是:在公社以前他要应付四个社会主义议员,由于他的迫害,目前选出了 25 个。[159]工人们嘲笑这位宰相:即使出钱雇他,他的革命宣传也不会做得比现在更出色了。

在法国,你们被强加了一个名单投票法[160],这是地道的资产阶级的选举制度,是专门为了保证只让律师、记者和其他政治冒险家——资本的代言人——当选而发明的。这个选举富人的制度给资产阶级带来了什么呢? 它在法国议会内部造就了革命的社会主义工人党,这个党只要登上舞台,就足以在所有资产阶级政党的队伍中造成混乱。

我们的形势就是这样。所发生的事件,结果都对我们有利。为阻挡无产阶级的前进步伐而精心策划的种种措施,只会加速无产阶级的胜利进军。敌人也在做对我们有利的事,他们不得不这样做。而且他们在这方面做得又多又好,所以今天,1886 年 3 月 18 日,千百万工人,从加利福尼亚和阿韦龙的无产者矿工到西伯利亚的苦役矿工,都从内心发出了一致的呼声:

"公社万岁! 工人的国际团结万岁!"

弗·恩格斯写于 1886 年 3 月 15 日

原文是法文

载于 1886 年 3 月 27 日《社会主义者报》第 31 号

选自《马克思恩格斯文集》第 4 卷第 314—315 页

弗·恩格斯

美国工人运动[161]

《英国工人阶级状况》美国版序言

　　自从我按照译者①的希望写完本书的《附录》②以来，已经过去10个月了。在这10个月中，美国社会完成了一次其他任何国家至少需要10年才能完成的变革。1886年③2月，美国的舆论几乎一致认为：美国没有欧洲式的工人阶级④，因此，那种使欧洲社会分裂的工人和资本家之间的阶级斗争，在美利坚共和国不可能

---

① 弗·凯利-威士涅威茨基。——编者注
② 恩格斯《〈英国工人阶级状况〉美国版附录》，见《马克思恩格斯全集》中文第1版第21卷。——编者注
③ 原稿误写为1885年。——编者注
④ 恩格斯在1887年的单行本上加了一个注："我在1844年写的那本书用英文出版是有道理的，这恰恰是因为，现代美国工业的状况几乎正好相当于我曾描述的40年代的英国工业的状况。从伦敦《时代》月刊3、4、5和6月号爱德华·艾威林和爱琳娜·马克思-艾威林的那些论'美国工人运动'的文章[162]可以看出情况多么相似。我欣然提到这些出色的文章，因为这使我有可能同时批驳美国社会主义工人党执行委员会肆无忌惮地散布的那些诽谤艾威林的无耻谰言。[163]"——编者注

发生,所以社会主义是一种舶来品,决不能在美国的土壤上生根。然而正在这时,日益临近的阶级斗争已经投下它的巨大阴影:宾夕法尼亚的煤矿工人**164**和其他许多行业的工人举行罢工,特别是全国都在准备争取八小时工作日的声势浩大的运动,这个运动说在5月开始就在5月开始了。**165**我的《附录》表明,当时我已经正确估计了这些征兆,预料会有一个全国性的工人阶级运动。但是,当时谁也不能预见,运动会在这样短的时间以这样不可遏制的力量爆发,会以燎原烈火般的速度蔓延,会从根本上震撼美国社会①。

但是事实明摆着,不容抹杀,无可争辩。去年夏天几位美国记者访问我,承他们绘声绘色地告诉我,美国统治阶级对此感到多么恐怖;"新的转折"使他们张皇失措,困惑不解。但是,那时运动还刚刚开始,只不过是因为废除黑奴制度和工业迅速发展而成为美国社会最底层的那个阶级的一连串杂乱的、显然是互不联系的骚动。在年底以前,这种混乱的社会痉挛开始有了明确的方向。广大工人群众在国内辽阔地区的几次自发的本能的运动,他们对于到处同样的、由同样原因造成的悲惨的社会状况普遍不满的同时爆发,使他们意识到一个事实:他们构成了美国社会的一个新的、独特的阶级,一个实际上多少是世代相传的雇佣工人即无产者的阶级。这种意识由于一种纯粹美国人的本能,立即把他们引向自我解放的下一个步骤:组织一个具有自己的纲领并以夺取国会大厦和白宫为目标的工人政党。5月,掀起了争取八小时工作日的斗争,芝加哥和密尔沃基等地发生了骚动,统治阶级试图用暴力和残酷的阶级审判来镇压工人方兴未艾的反抗高潮。11月,在所

---

① 在德文版中不是"会从根本上震撼美国社会",而是"现在已经从根本上在震撼美国社会"。——编者注

有的大城市都组成了新的工人政党,在纽约、芝加哥和密尔沃基进行了选举。**166**以前,5月和11月只能让美国资产阶级想起美国国债息票的付息;从今以后,5月和11月将使他们也想起美国工人阶级拿出**自己的**息票要求付息的日子了。

在欧洲各国,工人阶级经历了许多年才完全领悟到,他们已经构成现代社会的一个独特的阶级,在现存社会关系下的一个固定的阶级;又经历了好多年,这种阶级意识才引导他们把自己组织成一个特殊的政党,它不受统治阶级各派所组织的一切旧政党的支配,并且同这些政党相对立①。在美国这片得天独厚的土地上,没有中世纪的废墟挡路,有史以来就已经有了17世纪孕育的现代资产阶级社会的因素,在这10个月中工人阶级就经历了本身发展的这两个阶段。

但是,这一切还只是一个开始。工人群众感到他们有共同的苦难和共同的利益,必须作为一个与其他阶级对立的阶级团结起来;为了表达和实现这种感觉,要把每个自由国家里为此目的而预备的政治机器开动起来——这仅仅是第一步。下一步就是要寻找医治这些共同苦难的共同药物,并把它体现在新的工人政党的纲领中。运动中最重要、最困难的这一步,在美国尚待完成。

一个新的党必须有一个明确的积极的纲领,这个纲领在细节上可以因环境的改变和党本身的发展而改动,但是在每一个时期都必须为全党所赞同。只要这种纲领还没有制定出来或者还处于萌芽状态,新的党也将处于萌芽状态;它可以作为地方性的党存在,但还不能作为全国性的党存在;它将是一个潜在的党,而不是

---

① 在德文版中不是"相对立",而是"相敌对"。——编者注

一个实在的党。

这个纲领,不管它最初具有什么形式,都必须朝着预先可以确定的方向发展。造成工人阶级和资本家阶级之间的鸿沟的原因,在美国和在欧洲都是一样的;填平这种鸿沟的手段也到处都相同。因此,美国无产阶级的纲领在最终目的上,归根到底①一定会完全符合那个经过 60 年的分歧和争论才成为战斗的欧洲无产阶级广大群众公认的纲领。这个纲领将宣布,最终目标是工人阶级夺取政权,使整个社会直接占有一切生产资料——土地、铁路、矿山、机器等等,让它们供全体成员共同使用,并为了全体成员的利益而共同使用。

但是,美国的新的党如果也和其他一切政党一样,它的成立就是为了夺取政权,那么它在怎样对待一旦夺得的②政权这个问题上还远远没有取得一致的意见。在纽约和东部的其他大城市,工人阶级的组织采取了按职业联合的方式,每个城市都成立一个强大的中央劳动联合会。在纽约,中央劳动联合会于去年 11 月把亨利·乔治选为它的旗手,因此,它的临时竞选纲领几乎完全浸透了他的原则。在西北部的一些大城市,竞选是根据一个很不明确的工人纲领进行的,亨利·乔治的理论的影响即使有一点,那也很难看得出。在这些人口众多、工业集中的巨大中心,新的阶级运动在政治上已经成熟了,而在全国,我们发现两个分布很广的劳工组织,即"劳动骑士"**167**和"社会主义工人党",其中只有后者才有一个符合上述现代欧洲观点的纲领。

---

① 在德文版中不是"归根到底",而是"随着运动的进一步发展"。——编者注
② 在德文版中删去了"一旦夺得的"。——编者注

在美国工人运动所表现的三种多少已经确定的形式中,第一种是亨利·乔治领导的纽约的运动,目前主要是地方性的。纽约无疑是合众国的最重要的城市,但纽约不是巴黎,合众国不是法国。我认为亨利·乔治的纲领,以它目前这样的形式来看是太狭隘了,只能作为地方性运动的基础,至多也只能作为总运动中的一个短期阶段的基础。在亨利·乔治看来,人民群众被剥夺土地,是人们分裂为富人和穷人的主要的、普遍的原因。但是从历史上看来,这并不完全正确。在亚细亚古代和古典古代,阶级压迫的主要形式是奴隶制,也就是说,群众不仅被剥夺了土地,甚至连他们的人身也被占有。在罗马共和国衰落时期,当自由的意大利农民被剥夺了田地的时候,他们形成了一个类似1861年以前南部各蓄奴州的"白种贫民"的阶级;无论是奴隶还是"白种贫民"①,这两个阶级都同样无力解放自己,于是古代世界崩溃了。在中世纪,封建剥削的根源不是由于人民被剥夺而**离开了**土地,相反地,是由于他们占有土地而**离不开**它。农民保有自己的土地,但是他们作为农奴或依附农被束缚在土地上,而且必须给地主服劳役或交纳产品。直到近代的黎明时期,即15世纪末,农民的大规模被剥夺才给现代雇佣工人阶级奠定了基础,这些工人②除了自己的劳动力,一无所有,只有向别人出卖劳动力,才能活命。但是,如果说土地被剥夺使这个阶级产生,那么,资本主义生产的发展,即现代的大工业和大农业的发展,则使它长期存在,使它人数增加,使它形成一个

---

① 在德文版中不是"白种贫民",而是"贫穷的自由人"。——编者注

② 在德文版中不是"农民的大规模被剥夺才给现代雇佣工人阶级奠定了基础,这些工人……",而是"农民大规模被剥夺了,并且这次是在这样的历史条件下进行的,这种条件逐渐把成为无产者的农民变成了现代雇佣工人阶级,变成了这样一些人,他们……"。——编者注

具有特殊利益和负有特殊历史使命的特殊阶级。所有这些，马克思都详细地论述过了(《资本论》第七篇《所谓原始积累》[168])。马克思认为，现代的阶级对抗和工人阶级的处境恶化①，起因于工人阶级被剥夺**一切**生产资料，其中当然也包括土地。

亨利·乔治既然宣布土地垄断是贫穷困苦的唯一原因，自然认为医治此病的药剂就是把土地交给整个社会。马克思学派的社会主义者也要求把土地交给社会，但不仅是土地，同样还有其他一切生产资料。但是，即使我们不谈其他生产资料的问题，这里还有另外一个不同。土地如何处理呢？以马克思为代表的现代社会主义者要求土地应该共同占有，为共同的利益而共同耕种，对其他一切社会生产资料——矿山、铁路、工厂等等也是这样；亨利·乔治却只限于像现在这样把土地出租给个别的人，只调整土地的分配，并把地租用于公众的需要，而不是像现在这样用于私人的需要。社会主义者要求的是整个社会生产体系的全面变革；亨利·乔治要求的是不触动现在的社会生产方式，这实质上就是李嘉图学派的资产阶级经济学家的极端派提出的②东西，这些人也要求国家没收地租。

当然，如果假定亨利·乔治的话就是他的最终看法，那是不公平的。但是我只能按照我现在所看到的来考虑他的理论。

组成美国工人运动的第二个大派别就是劳动骑士。看来，这个派别对运动的现阶段来说是最典型的，当然也是最强有力的。这个巨大的团体有无数的"会"，已扩展到全国广大地区，代表着工人阶级内部个人的和地方的各种各样意见。他们有一个相当不明确的纲领，他们结合在一起与其说是因为他们有一个实际上无

---

① 在德文版中不是"处境恶化"，而是"现今的屈辱"。——编者注
② 在德文版中是"早已提出的"。——编者注

法遵行的章程，不如说是因为他们已经本能地感到：他们为实现共同的愿望而联合起来这一事实就使他成为国内的一支强大力量。这是真正美国式的怪现象：最现代的趋向披着最中世纪的外衣，最民主的甚至叛逆的精神隐藏在貌似强大、实际上软弱无力的专制之下——这就是劳动骑士向欧洲观察家展示的一幅图画。但是，如果我们不停留在这种纯粹表面的怪现象上，我们就不可能不看到，在这个很大的群体中蕴藏着巨大的潜力，而且正在缓慢地但确实在发展成实际的力量。劳动骑士是整个美国工人阶级所创立的第一个全国性的组织；不管它的起源和历史如何，不管它有什么样的缺点和个别的怪诞行为，不管它的纲领和章程怎样，它其实就是美国整个雇佣工人阶级的产物，是把所有雇佣工人联合起来的唯一的全国性的纽带，不仅使他们的敌人，而且也使他们自己感到自己的力量，使他们对未来的胜利满怀骄傲的希望。只说劳动骑士能够发展，那是不确切的；他们经常处于蓬勃的发展和改造的过程中；这块可塑材料正在涌动，正在发酵，正在寻找适合其本性的形式。这种形式一定会找到，因为历史的进化像自然的进化一样，有其内在规律。到那时，劳动骑士是否保留现在这个名称，那是无关紧要的，但是，一个局外人可以清楚地看到，用这种原料必定能塑造美国工人运动的未来，从而塑造整个美国社会的未来。

第三个派别是社会主义工人党[163]。这个党徒有虚名，因为到目前为止，它在美国的任何地方实际上都不能作为一个政党出现。何况它对美国来说在一定的程度上是外来的，因为直到最近，它的成员几乎全是使用本国语言的德国移民，大多数人都不太懂当地通用的语言。但是，如果说这个党起源于外国，那么，它同时也就具备了欧洲多年来阶级斗争所取得的经验，具备对工人阶级解放的一般条件的理解①,远远超过美国工人迄今所达到的理解水平。这对美国无产者来说是一件幸事,因为这样一来他们就有可能掌握并利用欧洲的阶级伙伴在 40 年斗争中所得到的智慧上和精神上的成果,从而加速他们自己的胜利的到来。因为,正如我已经说过的,毫无疑问,美国工人阶级的最终纲领,应该而且一定会基本上同整个战斗的欧洲工人阶级现在所采用的纲领一样,同德美社会主义工人党的纲领一样。在这方面,这个党必须在运动中起非常重要的作用。但是要做到这一点,它必须完全脱下它的外国服装,必须成为彻底美国化的党。它不能期待美国人向自己靠拢。它是少数,又是移民,因此,应当向绝大多数本地的美国人靠拢。要做到这一点,首先必须学习英语。

要把参加这场广大群众运动的各种分子——他们实质上并不敌对,但是由于出发点不同而实际上互不往来——融为一体,这个过程需要有一些时间,而且不可能没有一些摩擦,这在某些地方现在已经显露出来了。例如,在一些东部城市,劳动骑士正在同有组织的工联零星地进行地方性的斗争。但是,另一方面,这种摩擦在劳动骑士的内部也同样存在,根本谈不到和睦融洽。这并不象征着令资本家欢呼庆幸的那种瓦解,而只是表明第一次②一致行动的无数工人群众还不知道如何适当地表达他们的共同利益,还没有发现最适合于斗争的组织形式,更没有发现保证胜利所必不可少的纪律③。这只是为了伟大的革命战争而进行的第一次**群众性**

---

① 在德文版中"理解"后面的那句话改为:"这是迄今只有在个别情况下才能从美国工人中看到的理解。"——编者注

② 在德文版中不是"第一次",而是"现在终于"。——编者注

③ 在德文版中删去了"更没有发现保证胜利所必不可少的纪律"。——编者注

集合,是一些由各地独自召集和装备的队伍,它们为组成一支统一的大军而汇合起来,但是还没有正规的编制和统一的进军计划。正在汇合的各支部队在途中往往因穿插而彼此阻塞;常常出现混乱、怒气冲冲的争吵,甚至还要动武。但是,最终目的的一致性最后总会战胜一切小风波。这些零乱分散的、争吵不休的队伍很快就会排成一个长长的战斗队列,在敌人面前出现一条井然有序的战线,在威严的沉寂里闪射出武器的寒光,有勇敢的先驱兵在前,有坚定的预备队殿后。

必须达到这种结果,即把各支独立的部队联成一支全国性的劳工大军,并有一个临时①纲领,哪怕有不足之处,只要是真正工人阶级的纲领就行,这就是在美国需要紧接着完成的重大步骤。为了达到这个目的和制定一个无愧于这个事业的纲领,社会主义工人党能够做许多事情,只要它愿意像欧洲的社会主义者在他们只占工人阶级极少数的时候那样行动就行。这个策略在1847年《共产党宣言》中第一次是用以下的话写下来的:

"共产党人"——这是我们当时采用的、而且在现在也决不想放弃的名称——,"共产党人不是同其他工人政党相对立的特殊政党。

他们没有任何同整个无产阶级的利益不同的利益。

他们不提出任何特殊的原则,用以塑造无产阶级的运动。

共产党人同其他无产阶级政党不同的地方只是:一方面,在无产者不同的民族的斗争中,共产党人强调和坚持整个无产阶级共同的不分民族的利益;另一方面,在无产阶级和资产阶级的斗争所

---

① 　在德文版中不是"临时",而是"共同"。——编者注

经历的各个发展阶段上,共产党人始终代表整个运动的利益。

因此,在实践方面,共产党人是各国工人政党中最坚决的、始终起推动作用的部分;在理论方面,他们胜过其余无产阶级群众的地方在于他们了解无产阶级运动的条件、进程和一般结果。"

"共产党人为工人阶级的最近的目的和利益而斗争,但是他们在当前的运动中同时代表运动的未来。"①

这就是现代社会主义的伟大创始人卡尔·马克思,还有我以及同我们一起工作的各国社会主义者40多年来所遵循的策略。结果是这个策略到处都把我们引向胜利,目前欧洲广大的社会主义者,在德国和法国,在比利时、荷兰和瑞士,在丹麦和瑞典,以及在西班牙和葡萄牙,就像一支统一的②军队在同一的旗帜下战斗着。

弗里德里希·恩格斯

1887 年 1 月 26 日于伦敦

弗·恩格斯写于 1887 年 1 月
11—26 日

载于 1887 年 4 月在纽约出版
的弗·恩格斯《1844 年的英国
工人阶级状况》一书

原文是英文

选自《马克思恩格斯文集》
第 4 卷第 316—325 页

---

① 见本选集第 1 卷第 413、434 页。——编者注
② 在德文版中"统一的"的后面加有"伟大的"。——编者注

弗·恩格斯

给《萨克森工人报》编辑部的答复[169]

致《社会民主党人报》编辑部

笔者敬请贵报刊登下面这封信,这封信已经在昨天寄给德累斯顿《萨克森工人报》[170]的现在的编辑部。

————

《萨克森工人报》原编辑部在自己的告别辞(1890年8月31日第105号)中说,小资产阶级议会社会主义在德国拥有多数,但是多数往往很快就变成少数,

"因此《萨克森工人报》原编辑部和**弗里德里希·恩格斯**共同希望,正如当时拉萨尔的幼稚的国家社会主义被克服一样,目前社会民主党中贪求成功的议会派也将很快被德国工人的健康思想所克服"。

原编辑部的这些话非常出乎我的意外。也许对编辑部本身来说也是如此…… 关于小资产阶级议会社会主义在德国党内拥有多数这个情况,我至今一无所知。因此,编辑部喜欢"希望"什么并且有兴趣"希望"多久,都可以听便,只是我不打算和它"共同"去希望。

如果说我对不久前在我们德国党内发生的著作家和大学生骚

动的性质还可能有怀疑的话,那么当看到有人竟极端无耻地企图宣布我支持这些先生们的阴谋时,任何怀疑都应该消除了。

我同已卸任的编辑部的全部联系在于,编辑部几个星期来在我没有提出要求的情况下一直把自己的报纸寄给我,不过我并不认为有必要把我在这家报纸上看到的东西告诉它。现在我应当把这些东西告诉它了,并且是公开地告诉它。

在理论方面,我在这家报纸上看到了(一般来说在"反对派"的所有其他报刊上也是这样)被歪曲得面目全非的"马克思主义",其特点是:第一,对他们宣称要加以维护的那个世界观完全理解错了;第二,对于在每一特定时刻起决定作用的历史事实一无所知;第三,明显地表现出德国著作家所特具的无限优越感。马克思在谈到70年代末曾经在一些法国人中间广泛传播的"马克思主义"时也预见到会有这样的学生,当时他说"tout ce que je sais, c'est que moi, je ne suis pas marxiste"——"我只知道**我**不是'马克思主义者'"。**171**

在实践方面,我在这家报纸上看到的,是完全不顾党进行斗争的一切现实条件,而幻想置生死于不顾地"拿下障碍物";这也许会给作者们的不屈不挠的年轻人的勇气带来荣誉,但是,如果把这种幻想搬到现实中去,则可能把一个甚至最强大的、拥有数百万成员的党,在所有敌视它的人的完全合情合理的嘲笑中毁灭掉。可是,甚至一个小宗派贸然实行这种只有中学生水平的政策也不会不受到惩罚,关于这一点,从那时以来这些先生们的确已经取得独特的经验了。

他们几个月来对国会党团或者说党的执行委员会积下的埋怨情绪,归结起来,最多也不过是些微不足道的东西。但是,如果这些先生们乐意去滤出蚊虫,那也决没有道理要德国工人为了对此表示感激就吞下骆驼。**172**

　　总之,他们收割的,正是他们种下的。且不谈他们所提出的问题的内容,他们在发动这整个运动时,是那样幼稚、那样天真而自我陶醉地看待自身的重要性,看待党内事物和所存在的观点的状况,以至于结局在刚开始的时候就已经注定了。但愿这些先生们能记取这个经验教训。他们之中有的人曾经写出可以令人抱某些希望的东西。他们之中的大多数本来是可以有所作为的,如果他们不那么深信他们目前所达到的发展阶段是完美无缺的话。但愿他们能懂得:他们那种本来还需要彻底的、批判性的自我修正的"学院式教育",并没有授予他们有资格在党内担任相应职位的军官证书;在我们党内,每个人都应该从普通一兵做起;要在党内担任负责的职务,仅仅有写作才能或理论知识,甚至二者全都具备,都是不够的,要担任领导职务还需要熟悉党的斗争条件,掌握这种斗争的方式,具备久经考验的耿耿忠心和坚强性格,最后还必须自愿地把自己列入战士的行列中———一句话,他们这些受过"学院式教育"的人,总的说来,应该向工人学习的地方,比工人应该向他们学习的地方要多得多。

弗里德里希·恩格斯

1890 年 9 月 7 日于伦敦

弗·恩格斯写于 1890 年 9 月
7 日

载于 1890 年 9 月 13 日《社会
民主党人报》第 37 号

原文是德文

选自《马克思恩格斯文集》
第 4 卷第 395—397 页

弗·恩格斯

*给《社会民主党人报》读者的告别信¹⁷³

请允许我也向读者告别。

《社会民主党人报》¹⁷⁴应当退出舞台。这不仅是因为曾经多次向其他党派作过这样的声明。更主要的还是因为,在变化了的条件下,《社会民主党人报》本身也必然要发生变化,它的任务、撰稿人和读者都要发生变化。然而,一家起过如此明显的历史作用的报纸,它的版面、而且只有它的版面才反映了德国工人政党生命中最有决定意义的12年的报纸——这样的报纸,不能够也不应当改变自己。它应当仍旧是原来的样子,否则就应当停刊。在这一点上我们大家的看法一致。

我们大家还同样一致认为,由于本报停刊不能不留下一个缺口。在德国出版的任何一个机关报,不论是正式的还是非正式的,都不能代替它。对党来说这只是一个相对的损失,因为党正进入另一种斗争环境,因而它需要另一种武器,另一种战略和策略。但是对于本报的撰稿人来说,特别是对我来说,这却是一个绝对的损失。

我生平曾经有两次荣幸地为一家报纸撰稿而充分享有可以通过报刊发挥作用的两个最有利的条件:第一,绝对的新闻出版自

282

由,第二,深信你的听众正是你想要与之对话的人。

第一次是1848年到1849年为《新莱茵报》[4]撰稿。这是革命的时期,在这种时候从事办日报的工作真是一种乐趣。你会亲眼看到每一个字的作用,看到文章怎样简直像榴弹一样击中目标,看到打出去的炮弹怎样爆炸。

第二次是为《社会民主党人报》撰稿。这同样是一个革命的时期,从党在维登代表大会[175]上重新恢复并且此后"用一切手段"——合法的和不合法的——又重新开始斗争时起。《社会民主党人报》就是这种不合法性的体现。对它来说什么必须遵守的帝国宪法[176],什么帝国刑法典,什么普鲁士邦法[6]统统不在话下。《社会民主党人报》无视帝国的和各邦的立法,每周都违法地潜入神圣德意志帝国国境;暗探、特务、奸细、海关官员、增加了一两倍的边防岗哨——一切都无济于事;《社会民主党人报》按期到达订户的手里,差不多像汇票一样准;德意志帝国邮局无可奈何地把它送到收件人手里,任何一个斯蒂凡也阻止不了。而且当时在德国有一万多订户;如果说资产阶级读者在1848年前夕只是在极其少有的情况下才出钱支持自己的被禁止的刊物,那么工人却在12年的过程中一直非常及时地出钱维持自己的《社会民主党人报》。当我看到在编辑部、发行处和订户之间的这种安排得如此出色的无声的协作,这种组织得businesslike,也就是组织得井井有条的革命工作始终周复一周、年复一年地准确无误地进行,我这个老革命者的心里总是感到说不出的高兴!

为推销这个报纸而作出努力和经受危险是值得的。这无疑是党曾经有过的最好的报纸。这不仅是因为只有它享有充分的新闻出版自由。它极其明确和坚决地阐述并坚持了党的原则,编辑部的策略几乎毫无例外都是正确的。而且还应当补充一点。当我们的资产阶级报刊一片死气沉沉的时候,《社会民主党人报》却充分反映出我们的工人日常同警察的阴谋诡计作斗争时的那种轻松的幽默。

《社会民主党人报》也决不是党团的简单传声筒。当1885年党团的多数倾向于投票赞成航运津贴[177]的时候,该报坚决支持反对意见,并且甚至在党团的多数用一道现在连它自己也觉得不能理解的命令禁止该报采取这个方针以后,还是坚持自己这样做的权利。斗争继续了整整四个星期,在这段时间内编辑部得到了德国的和国外的党员同志们的有力支持。4月2日禁令发布,而在4月23日《社会民主党人报》刊登了党团和编辑部的联合声明,从中可以看出,党团撤回了自己的命令。[178]

过了一些时候,《社会民主党人报》有机会领受了一下备受赞扬的瑞士避难权。[179]正如1830年以来在所有类似的情况下那样,在这里也暴露出,每当这种避难权真正应当发生效力的时刻,它却总是失灵的。如今这已不是什么新鲜事。自从1830年瑞士实行民主化以来,邻近的大国只准许这个小共和国进行国内的民主实验,条件是它只能在与每次事件有关的大国的监督下实施流亡者的避难权。瑞士太弱了,它不能不作出让步。这不应当责怪它。马克思正是在提到荷兰、瑞士和丹麦的时候常常说,今天没有比具有伟大历史的小国的处境更糟的了。不过,现在终于是停止胡说什么在"自由瑞士"有圣洁无瑕的避难权的时候了。

《社会民主党人报》是德国党的旗帜;经过12年的斗争,党获得了胜利。反社会党人法[180]已经破产,俾斯麦已经被推翻。强大的德意志帝国曾经动用了它的一切有力手段来反对我们;党对这一点一直报以鄙视的态度,直到德意志帝国最后不得不在我们的旗帜面前降下自己的旗帜。现在帝国政府又想再试一试用普通法来对付我们,因此我们也想再试一试用我们通过坚决运用不合法手段而重新争得的合法手段。至于是否要把有关"合法"手段的那一条重新列入纲领,这并不重要。应当努力暂时运用合法的斗争手段来应对局面。不仅我们这样做,凡是工人享有某种法定的活动自由的所有国家里的所有工人政党也都在这样做,原因很简单,那就是运用这种办法收效最大。但是这必须以对方也在法律范围内活动为前提。如果有人企图借助新的非常法,或者借助非法判决和帝国法院的非法行为,借助警察的专横或者行政当局的任何其他的非法侵犯而重新把我们的党实际上置于普通法之外,那么这就使德国社会民主党不得不重新走上它还能走得通的唯一的一条道路,即不合法的道路。即使是在英国人这个酷爱法律的民族那里,人民遵守法律的首要条件也是其他权力因素同样不越出法律的范围;否则,按照英国的法律观点,起义就成为公民的首要义务。

如果这样的事情发生了,那将怎样呢?党将构筑街垒,诉诸武力吗?党一定不会给自己的敌人帮这个忙的。党对历届帝国国会普选所赋予它的实力地位的认识,使它不会这样做。得到20%的选票,这是一个非常可观的数字,然而这也表明,联合在一起的对手总还拥有80%的选票。如果我们的党在这时候看到,投给它的选票在最近三年内增加了一倍,并且在下届选举时还能期望选票有更大的增长,那么,除非它失掉理智,否则不会在今天20%对80%,而且面对军队的情况下进行暴动,因为暴动的结果毫无疑问会失掉25年来占领的一切重要阵地。

党有一个更好得多的、经过彻底考验的手段。一旦有人对普通法适用于我们这一点提出异议,《社会民主党人报》就会重新出版。为应对这种局面而保存下来的旧的机构将重新进行活动,这将是一个更加完善、更加有力和重新整顿了的机构。而且有一点是确定无疑的:德意志帝国下一次将坚持不了 12 年。

弗里德里希·恩格斯

弗·恩格斯写于 1890 年 9 月 7 日—9 月中

载于 1890 年 9 月 27 日《社会民主党人报》终刊号

原文是德文

选自《马克思恩格斯文集》第 4 卷第 398—402 页

弗·恩格斯

1891年社会民主党纲领草案批判[181]

现在这个草案[182]大大优于以前的那个纲领[183]。陈腐传统
（无论是道地拉萨尔派[184]的还是庸俗社会主义的）的浓厚残渣，基
本上已经被清除掉了；草案在理论方面整个说来是立足在现代科
学的基础上，因而有可能从这个基础出发来进行讨论。

草案分为三个部分：一、绪论，二、政治要求，三、保护工人权利
的要求。

一　绪论共十段

概括说来，这部分的缺点在于想把两件不能结合的东西结合
起来，即要求它既是纲领，又是对纲领的**解释**。唯恐写得简洁而有
力，意思就会不够明白，因此加进一些说明，以致弄得冗繁和拖沓。
在我看来，纲领应当尽量简练严整。即使用上个把外国字或者不
是一读就能把握其全部意义的句子，那也无妨。集会上的口头报
告和报刊上的文字说明将使所必需的一切得到弥补，而言简意赅
的句子，一经理解，就能牢牢记住，变成口号；这是冗长的论述绝对

做不到的。不要为了通俗而作太多的牺牲,不要把我国工人的智力和文化程度估计过低。比最简洁、最扼要的纲领还难得多的东西,他们也理解了;而且,如果说反社会党人法时期难于对新参加进来的群众进行充分的教育,在有些地方甚至不可能进行这种教育,那么现在,当我们的宣传品能自由地保存和阅读的时候,这在老的骨干的指导下是会很快得到弥补的。

我想尝试把整个这一部分写得扼要一些,如果能做到的话,我将随函附上,或者以后另寄。现在我把第一段到第十段依次谈一下。

第一段。……"矿山、矿井、矿场"……"的**分离**"——三个词是一回事;其中两个应该删掉。我以为可以保留**矿山**,因为在我国,即使在最平坦的平原地区,也这样说,要是我,就用最常用的词来表达一切。不过我认为要加上:"**铁路及其他**交通工具"。

第二段。我会在这里加上:"**社会的**劳动资料,在**其占据者**(或**其占有者**)手中",下面同样加上:"……对劳动资料的**占有者**(或占据者)的依附"等等。

这些先生们把所有这些东西作为"**个人财产**"据为己有,这在第一段中已经说过了,只是因为一定要把"**垄断者**"这个词用进来,才在这里重复一遍。不管用哪一个词,都不会使意思有丝毫增加。而在一个纲领中,多余的东西会削弱纲领。

"社会**生存**所**必要的**劳动资料"

——这总是指那些恰好存在的劳动资料。在蒸汽机出现以前,没有它也行,但现在就不行了。在今天,一切劳动资料直接地或间接地——或者根据它们的构造,或者通过社会分工——都是**社会的劳动资料**,因此这几个字就充分表达了当前存在的东西,而且表达得很正确,不致产生歧义。

如果这段结尾是模仿国际章程的绪论写的,那我认为不如**完全**照着写,即:"社会贫困(这是第一)、精神沉沦和政治依附"①。体质衰退已经包含在社会贫困中,政治**依附**是一个事实,而政治上的**无权利**不过是具有**相对**正确性的慷慨激昂的词句,这类东西是不应写进纲领中去的。

第三段。我认为头一句必须修改。

"在**个人占有者的统治**下。"

第一,下面接着谈的是一个经济事实,应当从经济上去说明。但是"个人占有者的**统治**"这个说法则造成一种假象,仿佛原因在于那一伙强盗的**政治**统治。第二,属于这种个人占有者之列的,不仅仅是"资本家和大土地占有者"(写在这后面的"资产者"是什么? 是第三类个人占有者吗? 大土地占有者也是"资产者"吗? 既然谈到了大土地占有者,那给我们德国整个肮脏腐败的政治打上了自己特有的反动印记的强大的封建制度残余却可以不提吗?)。**农民**和**小资产者**也是"个人占有者",至少今天还是;但是在整个纲领中都没有提到他们,因此在表述中应该使他们根本不包括在这里所说的这类个人占有者之内。

"劳动资料**和**被剥削者创造的财富的积累。"

"财富"是由(1)劳动资料、(2)生活资料构成的。因此,先讲财富的一个**部分**,接着不讲另一部分,却讲总的财富,并且用一个

---

① 参看马克思《国际工人协会共同章程》,本选集第 3 卷第 171 页。——编者注

"和"字把两者联结起来,这既不合语法,也不合逻辑。

"……在**资本家**手中正以日益加快的速度增大着。"

然而,上面所说的"大土地占有者"和"资产者"到哪里去了?如果这里只需举出资本家,那么上面也只需这样提就够了。如果要详谈,单单举出资本家是根本不够的。

"无产者的人数和**贫困**越来越增长。"

这样绝对地说是不正确的。工人的组织,他们的不断加强的抵抗,会在可能范围内给**贫困的增长**以某种遏制。而**肯定增长的,是生活没有保障**。我以为这一点要写进去。

第四段。

"根源于资本主义私人生产的本质的无计划性"

这一句需要大加改进。据我所知,资本主义生产是一种社会形式,是一个经济阶段,而资本主义**私人**生产则是在这个阶段内这样或那样表现出来的**现象**。但是究竟什么是资本主义**私人**生产呢?那是由**单个**企业家所经营的生产,可是这种生产已经越来越成为例外了。由**股份公司**经营的资本主义生产,已经不再是**私人**生产,而是由许多人联合负责的生产。如果我们从**股份公司**进而来看那支配着和垄断着整个工业部门的托拉斯,那么,那里不仅没有了**私人生产**,而且也没有了**无计划性**。删掉"**私人**"这两个字,这个论点还勉强能过得去。

"广大人民阶层的破产。"

这种慷慨激昂的词句会使人觉得,似乎我们还在为资产者和小资产者的破产感到惋惜,要是我,就不这样说,而只讲一个简单的事实:"由于城乡中间等级,小资产者和小农的破产,使有财产者和无财产者之间的鸿沟更加扩大了(或加深了)。"

结尾两句把同一件事说了两遍。我在第一部分附件中提了一个修改方案。①

第五段。"原因"应该是"**其原因**",这大概纯属笔误。

第六段。"矿山、矿场、矿井",见第一段。"**私人生产**",见前面。我会这样说:"把由个人或股份公司负责的现代资本主义生产转变成由全社会负责和按预先确定的计划进行的社会主义生产……正在为这个转变创造……唯有通过这样一个转变,工人阶级的解放,从而没有例外的一切社会成员的解放,才得以实现。"

第七段。我会像第一部分附件中那样说②。

第八段。我不会说"有阶级觉悟的",这在我们中间固然是容易理解的简略说法,但是,为了便于一般人的理解和翻译成外文起见,我会说"认清了自己的阶级地位的工人"或类似的说法。

第九段。最后一句:"……放在……并从而把经济剥削和政治压迫的权力集于一身"。

第十段。在"阶级统治"后面,少了"和阶级本身"几个字。消灭阶级是我们的基本要求,不消灭阶级,消灭阶级统治在经济上就是不可思议的事。我建议把"为了所有人的平等权利"改成"为了所有人的平等权利和**平等义务**"等等。**平等义务**,对我们来说,是对资产阶级民主的**平等权利**的一个特别重要的补充,而且使平等权利失去道地资产阶级的含义。

最后一句:"在它的斗争中……适宜于",我看不如删去。"适

---

① 见本卷第 298—299 页。——编者注
② 见本卷第 299 页。——编者注

宜于改善……""一般人民(谁?)的状况",这句话不明确,一切意思都可以包括在内:保护关税和贸易自由,行会和工商业经营自由,农业贷款,交换银行,强制种痘和禁止种痘,嗜酒和禁酒,等等。这句话所**要说**的,前面的句子已经说过了,我们在要求整体时,也就包括了它的各个部分,完全没有必要作特别说明,我认为这样会冲淡印象。如果是想用这个句子把话题转到具体要求上去,那么大致可以这样说:"社会民主党大力支持一切**使党接近于这个目标**的要求"("办法和设施",因为重复,应该删掉)。或者,不如直截了当地谈这里所涉及的问题,即必须补上资产阶级所耽误了的工作;我就是按这个精神拟定了第一部分附件中的最后一句①。我认为,这一点对于我为下一部分所作的评论,以及论证我在那里所作的建议,是很重要的。

二 政治要求

草案的政治要求有一个大错误。**这里没有**本来应当说的东西,即使这十项要求都如愿以偿,我们固然会多得到些达到主要政治目标所需的不同手段,但这个主要目标本身却决不能达到。帝国宪法[176],以交给人民及其代议机关的权利来衡量,纯粹是1850年普鲁士宪法[185]的抄本,而1850年宪法在条文里反映了极端反动的内容,根据这个宪法,政府握有全部实权,议院连否决税收的权利也没有。这个宪法在宪制冲突[186]时期证明,政府可以对它为

---

① 见本卷第299—300页。——编者注

所欲为。帝国国会的权利同普鲁士议院的权利完全一样,所以,李卜克内西把这个帝国国会称做专制制度的遮羞布。想在这个宪法及其所认可的小邦分立的基础上,在普鲁士和罗伊斯-格赖茨-施莱茨-洛本施泰因[187]的"联盟",即一方有多少平方里而另一方只有多少平方寸的邦与邦之间的联盟的基础上,来实行"将一切劳动资料转变成公有财产",显然毫无意义。

谈论这个问题是危险的。但是,无论如何,事情总要着手去解决。这样做多么有必要,正好现在由在很大一部分社会民主党报刊中散布的机会主义证明了。现在有人因为害怕恢复反社会党人法[180],因为回想起在这项法律统治下发表的一些草率的言论,就忽然认为,德国目前的法律状况就足以使党通过和平方式实现自己的一切要求。他们力图使自己和党相信,"现代的社会正在长入社会主义",而不去考虑,与此同时这个社会是否还要像虾挣破自己的旧壳那样必须从它的旧社会制度中破壳而出,并且必须用暴力来炸毁这个旧壳,是否除此之外,这个社会在德国就无须再炸毁那还是半专制制度的、而且是混乱得不可言状的政治制度的桎梏。可以设想,在人民代议机关把一切权力集中在自己手里、只要取得大多数人民的支持就能够按照宪法随意办事的国家里,旧社会有可能和平长入新社会,比如在法国和美国那样的民主共和国,在英国那样的君主国。英国报纸上每天都在谈论即将赎买王朝的问题,这个王朝在人民的意志面前是软弱无力的。但是在德国,政府几乎有无上的权力,帝国国会及其他一切代议机关毫无实权,因此,在德国宣布要这样做,而且在没有任何必要的情况下宣布要这样做,就是揭去专制制度的遮羞布,自己去遮盖那赤裸裸的东西。

这样的政策长此以往只能把党引入迷途。人们把一般的抽象的政治问题提到首要地位,从而把那些在重大事件一旦发生,政治危机一旦来临就会自行提到日程上来的紧迫的具体问题掩盖起来。其结果就是使党在决定性的时刻突然不知所措，使党在具有决定意义的问题上由于从未进行过讨论而认识模糊和意见不一。难道还要重演当年在保护关税问题上发生的事情吗？当时有人宣称保护关税问题只与资产阶级有关而与工人毫不相干，因此谁想怎么投票都行[188]，而现在有许多人陷入了另一个极端，为了同转而热衷于保护关税主义的资产者相对立，又端出了科布顿和布莱特的经济诡辩，并且把最纯粹的曼彻斯特主义[189]作为最纯粹的社会主义来鼓吹。为了眼前暂时的利益而忘记根本大计，只图一时的成就而不顾后果，为了运动的现在而牺牲运动的未来，这种做法可能也是出于"真诚的"动机。但这是机会主义，始终是机会主义，而且"真诚的"机会主义也许比其他一切机会主义更危险。

可是这些棘手而又非常重要的问题究竟是哪些呢？

第一，如果说有什么是毋庸置疑的，那就是，我们的党和工人阶级只有在民主共和国这种形式下，才能取得统治。民主共和国甚至是无产阶级专政的特殊形式，法国大革命已经证明了这一点。要我们的优秀分子像米凯尔那样在皇帝手下做大臣，简直是不可思议的。的确，从法律观点看来，似乎是不许可把共和国的要求直接写到纲领里去的，虽然这在法国甚至在路易-菲力浦统治下都可以办到，在今天的意大利也同样可以办到。但是，在德国连一个公开要求共和国的党纲都不能提出的事实，证明了以为在这个国家可以用舒舒服服和平的方法建立共和国，不仅建立共和国，而且还可以建立共产主义社会，这是多么大的幻想。

不过，关于共和国的问题在万不得已时可以不提。但是，**把一切政治权力集中于人民代议机关之手**的要求在我看来是应该而且能够写到纲领里去的。如果我们不能再进一步，暂时做到这一点也够了。

第二,德国的改造。一方面,小邦分立状态必须消除。——只要巴伐利亚和符腾堡的保留权利[190]依然存在,而例如图林根的地图仍然呈现出目前这样一副可怜景象,看你怎么使这个社会革命化吧！另一方面,普鲁士必须停止存在,必须划分为若干自治省,以使道地的普鲁士主义不再压在德国头上。小邦分立状态和道地的普鲁士主义就是现在正钳制着德国的两个对立的方面,而且这两个方面中的一方始终必然是另一方的托辞和存在的理由。

应当用什么东西来取代呢？在我看来,无产阶级只能采取单一而不可分的共和国的形式。联邦制共和国一般说来现在还是美国广大地区所必需的,虽然在它的东部已经成为障碍。在英国,联邦制共和国将是一个进步,因为在这里,两个岛上居住着四个民族,议会虽然是统一的,但是却有三种法律体系同时并存。在小国瑞士,联邦制共和国早已成为一种障碍,之所以还能被容忍,只是因为瑞士甘愿充当欧洲国家体系中纯粹消极的一员。对德国说来,实行瑞士式的联邦制,那就是一大退步。联邦制国家和单一制国家有两点区别,这就是:每个加盟的邦,每个州都有它自己的民事立法、刑事立法和法院组织;其次,与国民议院并存的还有联邦议院,在联邦议院中,每一个州不分大小,都以州为单位参加表决。前一点我们已经顺利克服,而且不会幼稚到又去采用它;第二点在我们这里就是联邦会议,我们完全可以不需要它,而且,一般说来,我们的"联邦制国家"已经是向单一制国家的过渡。我们的任务不是要使1866年和1870年从上面进行的革命又倒退回去,而是要用从下面进行的运动给予它以必要的补充和改进。

因此,需要统一的共和国。但并不是像现在法兰西共和国那样的共和国,因为它同1798年建立的没有皇帝的帝国[191]没有什么不同。从 1792 年到 1798 年,法国的每个省、每个市镇,都有美国式的完全的自治,这是我们也应该有的。至于应当怎样安排自治和怎样才可以不要官僚制,这已经由美国和法兰西第一共和国给我们证明了,而现在又有澳大利亚、加拿大以及英国的其他殖民地给我们证明了。这种省的和市镇的自治远比例如瑞士的联邦制更自由,在瑞士的联邦制中,州对联邦而言固然有很大的独立性,但它对专区和市镇也具有很大的独立性。州政府任命专区区长和市镇长官,这在讲英语的国家里是绝对没有的,而我们将来也应该断然消除这种现象,就像消除普鲁士的县长和政府顾问那样。

以上所说的一切,应当写进纲领中去的不多。我之所以谈到这些,主要也是为了把德国的情况说明一下——那里是不容许公开谈论这类东西的,同时也以此说明,那些希望通过合法途径将这种情况搬到共产主义社会里去的人只是自己欺骗自己。再就是想要提醒党的执行委员会,除了人民直接参与立法和免费司法(没有这两项我们也总是要前进的)之外,还有另外一些重大的政治问题。在普遍不安定的情况下,这些问题一夜之间就可能变成燃眉之急的问题,如果我们对这些问题没有讨论过,没有事先取得一致意见,到那时该怎么办呢?

但是下面这个要求是可以写进纲领中去的,并且至少可以间接地作为对不能直言的事情的暗示:

"省、县和市镇通过依据普选制选出的官员实行完全的自治。取消由国家任命的一切地方的和省的政权机关。"

关于上面所讨论的几点,是否还有别的什么可以写成纲领要求,我在这里不如你们在当地好作出判断。但是这些问题最好趁现在还不太迟的时候能在党内加以讨论。

(1)"选举权和投票权",以及"选举和投票"之间的区别,我是不清楚的。如果一定要区别，那么无论如何也要说得更加明白些，或者在附于草案之后的说明中予以解释。

（2）"人民提出法案和否决法案的权利"，**这是针对什么而言的**？是针对所有的法律还是针对人民代议机关的决议，应当加以补充。

（5）教会和国家完全分离。国家无例外地把一切宗教团体视为私人的团体。停止用国家资金对宗教团体提供任何资助，排除宗教团体对公立学校的一切影响。（但是不能禁止它们用**自己的**资金办**自己的**学校并在那里传授他们的胡说。）

（6）"学校的世俗性"一条因此略去，归入前一条。

（8）和（9）这里我提请你们考虑：这两条要求对 1. **律师**，2. **医师**，3. **药剂师**、**牙医**、**助产士**、**看护**等等实行国有化，后面还要求对工人的保险事业实行完全国有化。是否能把这一切都托付给卡普里维先生呢？而这是否和前面所宣称的拒绝一切国家社会主义相一致呢？

（10）这里，我会这样说："为了支付国家、专区和市镇的一切靠征税支付的开支，征收累进的……税。取消国家和地方的一切间接税、关税等。"其他都是多余的，都是起削弱作用的解释或论证。

三　经济要求

关于第二点。结社权在德国比在其他任何地方都更需要得到保障以防止**国家**的侵犯。

最后一句"为了调整"等等，应**作为第四点**加进去，并赋予相应的形式。关于这点应该指出的是,如果同意工人和企业主在劳动委员会里各占半数,那我们就上当了。这样,在今后若干年里,多数总是会在企业主方面,只要工人中出一个害群之马就够了。如果不商定在争论的时候**两个半数分别**表示意见,那么,有一个企业主委员会和一个**与它平行的独立的工人委员会**,会好得多。

我请你们在定稿之前再参照一下法国的纲领[192]。在那个纲领里,正好对于第三部分来说,有些东西似乎写得更好些。西班牙的纲领[193]可惜因时间仓促来不及找出来了,它也有许多方面写得很好。

第一部分　附　件

(1)删去"矿井、矿场",加上"铁路及其他交通工具"。

(2)社会的劳动资料,在其占据者(或其占有者)手中,变成剥削的手段。由此所决定的工人在经济上受劳动资料即生活源泉的占据者的支配,是一切形式的奴役即社会贫困、精神沉沦、政治依附的基础。

(3)在这种剥削的统治下,被剥削者所创造的财富在剥削者——资本家、大土地占有者——手中的积累,正以日益加快的速度增大着。劳动产品在剥削者和被剥削者之间的分配越来越不平等,无产阶级的人数日益增多,其生活状况越来越没有保障,等等。

(4)把"**私人**"(生产)删去。……更加恶化,由于城乡中间等级,小资产者和小农的破产,使有财产者和无财产者之间的鸿沟更加扩大了(或加深了),使得普遍的不安定成为社会的正常状态,而且还证明,社会劳动资料的占据者阶级已经丧失担当经济领导和政治领导的使命和能力。

（5）"其"原因。

（6）……把由个人或股份公司负责的资本主义生产转变成由全社会负责和按预先确定的计划进行的社会主义生产，资本主义社会本身正在为这个转变创造物质条件和精神条件，唯有通过这样一个转变，工人阶级的解放，从而没有例外的一切社会成员的解放，才得以实现。

（7）工人阶级的解放只能是工人阶级本身的事业。不言而喻，工人阶级既不可能由资本家和大土地占有者，即它的敌人和剥削者来解放，也不可能由小资产者和小农来解放，小资产者和小农自己正被大剥削者的竞争所压倒，除了站到大剥削者一边或站到工人一边以外，别无其他选择①。

（8）……认清了自己的阶级地位的工人，等等。

（9）……放在……并从而把对工人进行经济剥削和政治压迫的权力集于一身。

（10）……阶级统治和阶级本身②，为了不分出身等等的所有人的平等权利和平等义务……（末句删去）。但是，德国落后的政治制度妨碍着它为……人类的斗争。首先它必须为运动争得自由的场所，必须扫清大量的封建主义和专制制度残余，一句话，就是必须完成德国资产阶级政党过去是而且现在仍然是由于过于怯懦而不能完成的工作。因此，它至少在今天应该把其他文明国家里

---

① 在手稿中最后半句原来是"不是依附于大剥削者，就是沦为无产阶级，也就是说，不是成为工人阶级的敌人，就是成为工人阶级的尾巴"。后来被恩格斯划掉，用铅笔改成："除了站到……别无其他选择"。——编者注

② 在手稿中"和阶级本身"这几个字是用铅笔写的。——编者注

已经由资产阶级亲手实现了的各种要求也写进自己的纲领中。

弗·恩格斯写于 1891 年 6 月
19—27 日

原文是德文

第一次发表于 1901—1902 年
《新时代》杂志第 21 年卷第 1
册第 1 期

选自《马克思恩格斯文集》
第 4 卷第 403—421 页

弗·恩格斯

*致国际社会主义者大学生代表大会¹⁹⁴

1893 年 12 月 19 日于伦敦

亲爱的公民们：

　　感谢你们盛情邀请我参加社会主义者大学生代表大会，非常遗憾，我不能应邀出席，因为我有一些刻不容缓的和重要的事情要做。因此我只能祝你们的代表大会取得它应有的一切成就。希望你们的努力将获得成功，能使大学生们意识到，从他们的行列中应该产生出脑力劳动无产阶级，它的使命是在即将来临的革命中同自己从事体力劳动的工人兄弟在一个队伍里肩并肩地发挥重要作用。

　　过去的资产阶级革命向大学要求的仅仅是律师，作为培养政治家的最好的原料；而工人阶级的解放，除此之外还需要医生、工程师、化学家、农艺师及其他专门人才，因为问题在于不仅要掌管政治机器，而且要掌管全部社会生产，而在这里需要的决不是响亮的词句，而是扎实的知识。

　　致兄弟般的敬礼。

弗·恩格斯

致国际社会主义者大学生代表大会

弗·恩格斯写于 1893 年 12 月
19 日

载于 1894 年 3 月 25 日—4 月
10 日《社会主义者大学生报》
第 8 号

原文是法文

选自《马克思恩格斯文集》
第 4 卷第 446 页

弗·恩格斯

《〈人民国家报〉国际问题论文集（1871—1875）》序[195]

这里所收集的文章除了都是为《人民国家报》[196]撰写的以外，还有一个共同点，即都是评论德国以外的国际问题的。

第一篇文章《再论〈福格特先生〉》[197]，结束了这个冒牌的自然科学家兼共和主义者而实际是庸俗自由主义的波拿巴分子兼书籍制造商同马克思在1859—1860年就意大利战争问题所进行的那场论战。这篇文章最终确定了我们所讲的福格特先生的身份是被收买的波拿巴暗探。关于这一点，马克思在1860年的《福格特先生》中自然只能提出间接的证明。

第二篇文章《行动中的巴枯宁主义者》[198]，描述西班牙1873年七月起义期间无政府主义者的活动，它早先出过单行本。无政府主义，是对工人运动的滑稽可笑的模仿，虽然它的发展顶峰早已过去，但是欧美各国政府还是这样殷切希望它继续存在下去，并花费过多的金钱来扶持它，以致我们不能不注意无政府主义者的勋业。因此我们在这里把这篇文章重新刊印出来。

《波兰人的声明》[199]涉及德国对东欧关系中现在常常为人们所忽视的那一方面，但是，如果想要对这些关系有个正确判断，这个方面是不能忽视的。

对 1874 年**布朗基派流亡者的纲领**的批判[200],目前又有了特殊的意义,因为在目前,与其他社会主义团体的代表同时进入法国众议院的,还有以我们的朋友瓦扬为首的几个布朗基主义者[201]。从 1880 年布朗基主义者回到法国[202]以来,他们有一次曾对事件的进程起了决定性作用,那就是在 1887 年,在格雷维退休后举行上次总统选举的那一天。国民议会的多数赞成选举茹尔·费里,他是镇压公社的可耻的刽子手中最可耻的一个,也是仅仅为了从法国和它的殖民地榨取膏脂才想统治法国的机会主义派资产阶级[203]的卑劣透顶的代表之一。那时巴黎准备举行起义,根据同激进派议员达成的协议,起义应由巴黎市参议会领导;然而军事组织掌握在布朗基主义者手里:军官是从他们当中招募来的,他们的军事领导人、公社的将领埃德取得了指挥权,并在市政厅附近的一家咖啡馆里设立了他的总参谋部。面对这场起义的威胁,机会主义派让步了,选了卡诺当总统。

在不久以前,当俄国舰队的水兵在巴黎做客的时候,布朗基主义者的周刊《社会主义党》[204]表现出与众不同的勇敢行为,反击了形形色色的沙文主义偏见。这种行为给我们提供了一个保证:议会里瓦扬领导的布朗基派将竭尽全力,以保证在议会里有代表的**所有**社会主义团体的协同行动,并把这些团体联合成一个强有力的社会主义党团。

读者将会看到,在所有这些文章里,尤其是在后面这篇文章里,我根本不把自己称做社会民主主义者,而称做共产主义者。这是因为当时在各个国家里那些自称是社会民主主义者的人根本不把全部生产资料转归社会所有这一口号写在自己旗帜上。在法国,社会民主主义者指的是对工人阶级怀着或多或少真实的、但总是捉摸不定的同情心的民主共和主义者，即 1848 年的赖德律-洛兰式的人物和 1874 年的带有蒲鲁东主义情绪的"激进社会主义者"。在德国，自称为社会民主主义者的是拉萨尔派[184]；虽然他们中间的许多人已越来越深刻地意识到生产资料社会化的必要性，但是，道地拉萨尔式的由国家资助的生产合作社仍然是唯一得到他们公开承认的纲领要点。因此，对马克思和我来说，选择如此有伸缩性的名称来表示我们特有的观点，是绝对不行的。现在情况不同了，这个词也许可以过得去，但是对于经济纲领不单纯是一般社会主义的而直接是共产主义的党来说，对于政治上的最终目的是消除整个国家因而也消除民主的党来说，这个词还是不确切的。然而，对**真正的**政党说来，名称总是不完全符合的；党在发展，名称却不变。

最后一篇文章，《**论俄国的社会问题**》[205]，在 1875 年也出过单行本，现在把它重印出来不能没有一个比较详细的跋。关于俄国农民公社的未来这一问题，比任何时候都更引起所有考虑自己国家经济发展的俄国人的注意。对于我引用的马克思的一封信，俄国社会主义者做了各种极不相同的解释。而且最近一个时期，俄国国内外的一些俄国人，再三请求我发表对这个问题的看法。长期以来我都推辞了，因为我十分清楚，我对俄国经济状况的细节了解得很不够；我怎么能在同一个时间里既整理付印《资本论》第三卷，又钻研旧俄国用来编造临死前的财产清单（这是马克思喜欢用的说法）的真正堆积如山的文献呢？既然人们迫切希望重印《论俄国的社会问题》这篇文章，这种情况使我不得不去尝试从对俄国当前经济状况的历史比较研究中得出某些结论，作为对这篇旧文章的补充。虽然这些结论未必给俄国公社指明伟大的未来，但是，在另一方面，它们还是试图论证这样一个观点，即西方资本

主义社会日益临近瓦解,也将使俄国有可能大大缩短它现在必然
要经历的资本主义发展过程。

弗·恩格斯

1894 年 1 月 3 日于**伦敦**

弗·恩格斯写于 1894 年 1 月
3 日

载于 1894 年在柏林出版的
恩格斯《〈人民国家报〉国际问
题论文集(1871—1875)》一书

原文是德文

选自《马克思恩格斯文集》
第 4 卷第 447—450 页

弗·恩格斯

《论俄国的社会问题》跋[206]

　　首先我应当更正一下：准确地说，彼·特卡乔夫先生不是巴枯宁主义者，即不是无政府主义者，而是自己冒充的"布朗基主义者"。这个错误是很自然的，因为上面提到的那位先生，按照当时俄国流亡者的惯例，在西方面前表现自己同全体俄国流亡者团结一致，并且在他的小册子里实际上还为受到我抨击的巴枯宁及其一伙进行辩护，仿佛我的抨击是针对他本人似的。[207]

　　他在同我的论战中所坚持的对于俄国共产主义农民公社的观点，实质上是赫尔岑的观点。赫尔岑，这位被吹捧为革命家的泛斯拉夫主义文学家，从哈克斯特豪森的《俄国概论》①中得知，他的庄园里的农奴不知道土地私有，而且时常在相互之间重新分配耕地和草地。作为一个文学家，他没有必要去熟悉那很快就为大家知道的事情，即土地公有是一种在原始时代曾经盛行于德意志人、凯尔特人、印度人，总而言之曾经盛行于一切印度日耳曼语系各民族中的占有形式，这种占有形式，在印度至今还存在，在爱尔兰和苏

---

　　① 　奥·哈克斯特豪森《俄国的国内状况、国民生活、特别是农村设施概论》1847—1852年汉诺威—柏林版第1—3册。——编者注

格兰,只是不久前才遭到暴力压制,在德国,甚至现在在一些地方还能见到;这是一种衰亡中的占有形式,它实际上是所有民族在一定的发展阶段上的共同现象。然而作为一个泛斯拉夫主义者,这位充其量不过是个口头社会主义者的赫尔岑,却从中发现一个新的口实,使他能够在这个腐朽的西方面前用更鲜明的色彩来描述自己"神圣的"俄罗斯和它的使命——使这个腐朽的、衰老的西方返老还童和得到新生,必要时甚至不惜使用武力。老朽的法国人和英国人无论怎样努力都不能实现的东西,俄国人在自己家里却有现成的。

"保存农民公社和保障个人自由,把乡村的自治扩展到城市和整个国家,同时保持民族的统一——这就是俄国未来的全部问题所在,也就是西方思想家正在行动起来力求解决的同一个社会矛盾的问题所在。"(赫尔岑给林顿的信)**208**

这就是说,在俄国也许还存在政治问题;但"社会问题"在俄国则已经解决。

赫尔岑的追随者特卡乔夫像赫尔岑一样把事情看得很简单。虽然在1875年他已经不能再断言什么"社会问题"在俄国已经解决,但是他仍然认为,俄国农民作为天生的共产主义者,同贫困的、被上帝遗忘的西欧无产者比起来,要无限地接近社会主义,并且他们的生活也要无限地好。如果说法国的共和主义者由于他们百年来的革命活动,认为自己的人民是政治方面的上帝选民,那么当时的许多俄国社会主义者则认为俄罗斯是社会方面的上帝选民;据说旧的经济世界不是从西欧无产阶级的斗争中而是从俄国农民的最内在的东西中得到它的新生。我的抨击就是针对这种幼稚观点的。

但是俄国的公社**46**还引起了一些远比赫尔岑们和特卡乔夫们

高明的人的注意,并且博得他们的承认。其中包括尼古拉·车尔尼雪夫斯基这位伟大的思想家,他对俄国有难以估量的贡献,把他长年流放在西伯利亚的雅库特人中间而对他施行慢性谋杀,这将给"解放者"亚历山大二世留下一个永久的污点。

由于俄国的思想封锁,车尔尼雪夫斯基从未读过马克思的著作,当《资本论》问世的时候,他早已在中维柳伊斯克的雅库特人中间了。他的全部精神发展只能在这种思想封锁所造成的环境中进行。俄国书报检查机关不放过的东西,对俄国说来都是几乎不存在的或者根本不存在的。因此如果说他在某些地方有弱点,他的视野有局限性,那么令人惊奇的,只是类似的情况不是更多。

车尔尼雪夫斯基也把俄国农民公社看做从现存社会形式过渡到新的发展阶段的手段,这个新阶段一方面高于俄国的公社,另一方面也高于阶级对立的西欧资本主义社会。俄国拥有这种手段,而西方却没有这种手段,车尔尼雪夫斯基认为这是俄国优越的地方。

"在西欧,由于个人权利的无限扩张,实行一种良好的制度异常困难…… 人们习惯上享有的东西,哪怕是放弃一点点也不容易,在西欧,个人已经习惯于个人权利的无限性。只有经过痛苦的经验和长时间的思考才能够教人认识到相互让步的益处和不可避免性。在西方,建立一种经济关系的良好制度是不能没有牺牲的,因此建立这种制度很困难。它同英法两国农民的习惯是不相容的。"但是,"在一个国家里是空想的东西,在另一个国家里却是事实…… 有些习惯,对英国人和法国人说来,要贯彻到人民生活中去是无比困难的,但在俄国人这里,却作为人民生活中的事实而存在着…… 西方目前正在经过如此艰难而漫长的道路来争取的那种制度,在我们这里却仍然是我们农村生活中强有力的人民风尚…… 我们看到,在西方土地公有制的衰亡带来了多么悲惨的后果,而西方人民要挽回自己失去的东西又是何等费力。西方的例子我们不应当视而不见。"(《车尔尼雪夫斯基文集》日内瓦版第5卷第16—19页;转引自普列汉诺夫《我们的意见分歧》1885年日内瓦版)**209**。

　　而在谈到乌拉尔哥萨克那里至今还盛行土地共耕然后在各户之间分配产品的制度时,他说:

　　"假使乌拉尔人在他们现在的制度下一直生活到在谷物生产中使用机器的时候,那时乌拉尔人将会因他们保存了那种允许使用机器(这些机器要求以数百俄亩计的大农庄)的制度而十分高兴。"(同上,第131页)

　　只是这里不应忘记,乌拉尔人和他们的出于军事考虑才保留下来的土地共耕制(我们这里也有兵营共产主义)在俄国是非常独特的,情形大致同我们这里摩泽尔河地区的农户公社及其定期的重新分配的做法一样。如果他们保存现有的制度到他们能够使用机器的时候,那么,从这里得到好处的不是乌拉尔人自己,而是奴役他们的俄国军事国库。

　　不管怎么说,事实是这样:当资本主义社会正在西欧崩溃而它本身发展中必然产生的矛盾威胁着它的生存的时候,就在这个时候,在俄国,全部耕地的半数左右却仍然是农民公社的公有财产。如果说在西方用重新改组社会的办法来解决矛盾是要以一切生产资料(当然也包括土地)转归社会所有作为前提条件,那么在俄国已经存在,或者说得更准确点,仍然存在的公有制对于西方的这个只是行将建立的公有制是怎样的关系呢? 它难道不能作为民族活动的一个起点,以便用资本主义时代的一切技术成就来充实俄国的农民共产主义,使它一下子越过整个资本主义时期进入一切生产资料的现代社会主义公有制? 或者像马克思在本文后面引用的一封信①里表述车尔尼雪夫斯基的思想时所说的那样:"俄国是应当像自由派所希望的那样,首先摧毁农民公社以过渡到资本主义

————————

　　①　参看本卷第315—317页。——编者注

制度呢,还是与此相反,发展它所特有的历史条件,就可以不经受资本主义制度的一切苦难而取得它的全部成果。"

问题的提法本身已经表明应当向哪个方向去寻求解决问题的办法。俄国的公社存在了几百年,在它内部从来没有出现过要把它自己发展成高级的公有制形式的促进因素;情况恰如德意志人的马尔克制度、凯尔特人的克兰[39]、印度人的和其他民族的实行原始共产主义制度的公社一样。所有这些公社,都在包围着它们的、或者在它们内部产生并且逐渐渗透它们的商品生产以及各户之间和各人之间的交换的影响下,随着时间的推移越来越丧失共产主义的性质,而变成互不依赖的土地占有者的公社。因此,如果一般地说可以提出俄国的公社是否将有别的更好的命运这样一个问题,那么这不是公社本身的错,而完全是由于公社在一个欧洲国家里保持相当的生命力到了这样一个时刻,这时,在西欧不仅一般的商品生产,甚至连它的最高和最后的形式——资本主义生产都同它本身所创造的生产力发生了矛盾,它不能再继续支配这种生产力,它正在由于这些内部矛盾及其所造成的阶级冲突而走向灭亡。由这一点就已经可以得出结论,对俄国的公社的这样一种可能的改造的首创因素只能来自西方的工业无产阶级,而不是来自公社本身。西欧无产阶级对资产阶级的胜利以及与之俱来的以社会管理的生产代替资本主义生产,这就是俄国公社上升到同样的阶段所必需的先决条件。

事实上,从氏族社会遗留下来的农业共产主义在任何地方和任何时候除了本身的解体以外,都没有从自己身上生长出任何别的东西。俄国的农民公社本身,在1861年就已经是这种共产主义的比较衰弱的形式;在印度某些地方以及在可能是俄国公社的母体的南方斯拉夫人家庭公社(扎德鲁加[44])中还存在着的土地共耕,已经让位给单个家庭的经营管理;公有制只是还表现在一次又一次的重新分配土地上,而这种重新分配土地的做法在不同的地方其间隔时间也极不相同。只要这种重新分配土地的做法一终止或通过决定被废止,就会出现小农的农村。

然而单是这样一个事实:与俄国农民公社并存的西欧资本主义生产同时接近了崩溃的时刻,在这一时刻它本身就会显示出一种新的生产形式,在这种新的生产形式下将有计划地使用作为社会财产的生产资料——单单这样一个事实,并不能赋予俄国公社一种能够使它把自己发展成这种新的社会形式的力量。在资本主义社会本身完成这一革命以前,俄国公社如何能够把资本主义社会的巨大生产力作为社会财产和社会工具而掌握起来呢?在俄国公社已经不再按照公有原则耕种自己的土地之后,它又怎么能向世界指明如何按照公有原则管理大工业呢?

诚然,在俄国有不少人很了解西方资本主义社会及其所有的不可调和的矛盾和冲突,并且清楚地知道这条似乎走不通的死胡同的出路何在。可是,首先,明白这一点的几千人并不生活在公社里,而大俄罗斯的仍然生活在土地公有制条件下的大约 5 000 万人,却对这一切一无所知。他们至少对这几千人感到陌生和不可理解,就像 1800—1840 年的英国无产者对罗伯特·欧文为了拯救他们而设想出来的计划感到陌生和不可理解一样。在新拉纳克的欧文的工厂里做工的工人当中,大多数也是在解体的共产主义氏族社会的秩序和习俗中、在苏格兰凯尔特人的克兰中成长起来的,但是欧文一个字也没有谈到这些人对他有很好的理解。其次,较低的经济发展阶段解决只有高得多的发展阶段才产生了的和才能产生的问题和冲突,这在历史上是不可能的。在商品生产和单个交换以前出现的一切形式的氏族公社同未来的社会主义社会只有一个共同点,就是一定的东西即生产资料由一定的集团共同所有和共同使用。但是单单这一个共同特性并不会使较低的社会形式能够从自己本身产生出未来的社会主义社会,后者是资本主义社会的最独特的最后的产物。每一种特定的经济形态都应当解决它自己的、从它本身产生的问题;如果要去解决另一种完全不同的经济形态的问题,那是十分荒谬的。这一点对于俄国的公社,也同对于南方斯拉夫人的扎德鲁加、印度的氏族公社或者任何其他以生产资料公有为特点的蒙昧时期或野蛮时期的社会形式一样,是完全适用的。

然而,不仅可能而且毋庸置疑的是,当西欧各国人民的无产阶级取得胜利和生产资料转归公有之后,那些刚刚进入资本主义生产而仍然保全了氏族制度或氏族制度残余的国家,可以利用公有制的残余和与之相适应的人民风尚作为强大的手段,来大大缩短自己向社会主义社会发展的过程,并避免我们在西欧开辟道路时所不得不经历的大部分苦难和斗争。但这方面的必不可少的条件是:目前还是资本主义的西方作出榜样和积极支持。只有当资本主义经济在自己故乡和在它兴盛的国家里被克服的时候,只有当落后国家从这个榜样上看到"这是怎么回事",看到怎样把现代工业的生产力作为社会财产来为整个社会服务的时候——只有到那个时候,这些落后的国家才能开始这种缩短的发展过程。然而那时它们的成功也是有保证的。这不仅适用于俄国,而且适用于处在资本主义以前的阶段的一切国家。但比较起来,这在俄国将最容易做到,因为这个国家的一部分本地居民已经吸取了资本主义发展的精神成果,因而在革命时期这个国家可以几乎与西方同时完成社会的改造。

这一点,马克思和我已经在 1882 年 1 月 21 日给普列汉诺夫翻译的俄文版《共产主义宣言》①写的序言里说过了。我们在那里写道：

"但是在俄国，我们看见，除了迅速盛行起来的资本主义狂热和刚开始发展的资产阶级土地所有制外，大半土地仍归农民公共所有。那么试问：俄国公社，这一固然已经大遭破坏的原始土地公共所有制形式，是能够直接过渡到高级的共产主义的土地所有制形式呢，还是它必须先经历西方的历史发展所经历的那个瓦解过程？对于这个问题，目前唯一可能的答复是：假如俄国革命将成为西方工人革命的信号而双方互相补充的话，那么俄国的土地所有制便能成为共产主义发展的起点。"[210]

可是，不应当忘记，这里提到的大遭破坏的俄国公有制从那时以来已经又向前迈了一大步。克里木战争[211]期间的失败清楚地表明，俄国必须迅速发展工业。首先需要铁路，而大规模修筑铁路不能没有本国的大工业。产生大工业的先决条件是所谓的农民解放；随着农民的解放，俄国进入了资本主义时代，从而也进入了土地公有制迅速灭亡的时代。农民负担了赎金，加之捐税加重，同时分配给农民的土地更少、更差，自然使农民落入高利贷者手中，这些高利贷者大半都是发了财的农民公社社员。铁路为早先的许多边远地区开放了谷物销售市场，同时又运来了便宜的大工业产品，结果排挤了农民的家庭工业，这类产品原先是由农民制造的，一部分供自用，一部分供出售。久已习惯的经济关系被破坏了，随着自然经济向货币经济的过渡，各地出现了混乱局面，在公社社员中间出现了巨大的财产差别——穷人沦为富人的债务奴隶。总而言

---

① 即《共产党宣言》。——编者注

之,那种在梭伦之前曾经因货币经济的渗入导致雅典氏族解体的过程,在这里开始导致俄国公社解体。① 梭伦固然能够通过对当时还很年轻的私有权实行革命的干预,来解放债务奴隶,干脆废除他们的债务,但是他不能使古雅典氏族复活。同样,现在世界上也没有一种力量能在俄国公社的解体过程达到一定深度时重建俄国公社。况且俄国政府还规定,在公社社员之间重新分配土地,间隔时间不得少于 12 年,目的就在于使农民越来越不习惯于重新分配土地并开始把自己看做自己份地的私有者。

早在 1877 年,马克思在他的一封寄往俄国的信里就表示过这样的看法。有一位茹柯夫斯基先生,即现在以国家银行司库的身份在俄国信用券上署上自己名字的那位先生,曾在《欧洲通报》[213] 上刊登过一篇谈论马克思的东西,另一个著作家② 在《祖国纪事》[214] 上出来回答他。[215] 马克思为了指出这后一篇文章的错误,写了一封信给《纪事》的编辑,这封信曾以法文原信的手抄本在俄国流传很久,后来译成俄文于 1886 年发表在日内瓦的《民意导报》[216] 上,随后俄译文又在俄国国内发表。[217] 这封信同所有出自马克思手笔的东西一样,在俄国各界人士中引起极大注意,并被作了极不相同的解释;因此我在这里把它的内容扼要加以转述。

马克思首先驳斥《祖国纪事》上的文章强加给他的观点,文章硬说他所持的观点同俄国自由派一样,认为对俄国来说没有比消灭农民公有制和急速进入资本主义更为刻不容缓的事了。他在《资本论》德文第一版注释的增补中关于赫尔岑的简短评语

---

① 恩格斯在这里加了一个注:"见恩格斯《家庭……的起源》1892 年斯图加特第 5 版第 109—113 页。[212]"——编者注

② 尼·康·米海洛夫斯基。——编者注

根本不能证明什么。这一评语是这样写的："如果说在欧洲大陆上……破坏人类的资本主义生产的影响，将像迄今为止一样，同在扩大国民军、国债、赋税以及以优雅方式进行战争等等方面的竞争手拉手地向前发展，那么，正像半个俄罗斯人但又是完全的莫斯科人赫尔岑（顺便说一下，这位文学家不是在俄国而是在普鲁士政府顾问哈克斯特豪森的书里发现了'俄国的'共产主义）非常认真地预言的，欧洲也许最终将不可避免地靠鞭子和强行注入卡尔梅克人的血液来返老还童。"（《资本论》德文第一版第一卷第 763页）[218]马克思接着说[219]："无论如何，决不能根据这点来理解我对'俄国人为他们的祖国寻找一条不同于西欧已经走过而且正在走着的发展道路'〈单引号里面的话在原稿中是引的俄文〉的努力的看法等等。——在《资本论》德文第二版的跋里，我曾经以应有的高度的尊重谈到'俄国的伟大学者和批评家'〈车尔尼雪夫斯基〉。① 这个人在几篇出色的文章中研究了这样一个问题：俄国是应当像它的自由派经济学家们所希望的那样，首先摧毁农民公社以过渡到资本主义制度呢，还是与此相反，俄国可以在发展它所特有的历史条件的同时取得资本主义制度的全部成果，而又可以不经受资本主义制度的苦难。他表示赞成后一种解决办法。

　　最后，因为我不喜欢留下'一些东西让人去揣测'，我准备直截了当地说。为了能够对当代俄国的经济发展作出准确的判断，我学习了俄文，后来又在许多年内研究了和这个问题有关的官方发表的和其他方面发表的资料。我得出了这样一个结论：如果俄国继续走它在1861年所开始走的道路，那将会失去当时历史所能

---

① 　参看马克思《资本论》第 1 卷，本选集第 2 卷第 89 页。——编者注

提供给一个民族的最好的机会,而遭受资本主义制度所带来的一切灾难性的波折"。

接着马克思澄清了他的批评者的其他一些错误观点;涉及我们这里研究的问题的唯一的一个地方是这样说的:

"现在,我的批评家可以把这个历史概述〈《资本论》中关于原始积累的叙述〉中的哪些东西应用到俄国去呢? 只有这些:假如俄国想要遵照西欧各国的先例成为一个资本主义国家——它最近几年已经在这方面费了很大的精力——,它不先把很大一部分农民变成无产者就达不到这个目的;而它一旦倒进资本主义制度的怀抱,它就会和尘世间的其他民族一样地受那些铁面无情的规律的支配。事情就是这样。"

马克思在 1877 年就是这样写的。那时候俄国有两个政府:沙皇政府和恐怖主义密谋家的秘密执行委员会的政府[220]。这个秘密的并列政府的势力日益壮大。推翻沙皇制度似乎指日可待;俄国的革命一定会使欧洲的一切反动势力失去它的最有力的支柱,失去它的强大的后备军,从而也一定会给西方的政治运动一个新的有力的推动,并且为它创造无比有利的斗争条件。马克思在他的信里劝告俄国人不必急急忙忙地跳进资本主义,是不奇怪的。

俄国的革命没有发生。沙皇制度战胜了恐怖主义,后者在当时甚至把一切"喜欢秩序"的有产阶级都推到了沙皇制度的怀抱里。在马克思写了那封信以后的 17 年间,在俄国,无论是资本主义的发展还是农民公社的解体都大有进展。目前,在 1894 年,情况怎样呢?

在克里木战争失败和皇帝尼古拉一世自杀以后,旧的沙皇专制制度原封不动地继续存在,在这种情况下,就只有一条出路:尽快地过渡到资本主义工业。帝国的辽阔版图毁了军队,调兵到战

场上去的漫长路程毁了军队；必须靠战略性的铁路网来消除这种
距离遥远的状态。但是，铁路意味着兴建资本主义工业和把原始
的农业革命化。一方面，最边远的地区的农产品也同世界市场发
生了直接的联系；另一方面，没有提供钢轨、机车、车厢等等的本国
的工业，就不可能建造和利用广阔的铁路网。然而不能只建立大
工业的**一个**部门而不同时建立整个体系；早先已在莫斯科省和弗
拉基米尔省，以及在波罗的海沿岸边区生根的较现代化的纺织工
业，获得了新的高涨。随着铁路和工厂的建立，已有的银行扩大了
而且建立了新的银行；由于农民从农奴地位下解放出来，有了迁徙
自由，而且可以预期，在这之后，这些农民中的很大部分自然而然
也将从占有土地的状况中解放出来。这样，俄国在短短的时间里
就奠定了资本主义生产方式的全部基础。但是与此同时也就举起
了连根砍断俄国农民公社的斧头。

现在来抱怨这个是无益的。如果在克里木战争后，沙皇专制
制度被贵族和官僚的直接议会统治所代替，那么这一过程也许要
慢一些；如果新兴的资产阶级执政，那么这一过程一定会加快。在
既成的条件下没有别的选择可言。当法国建立起第二帝国的时
候，当英国的资本主义工业繁荣昌盛的时候，实际上也不能够要求
俄国在农民公社的基础上投身于自上而下的国家社会主义的试
验。必定会发生什么事情。在这样的条件下，可能发生的事情的
确发生了，正如在商品生产的国家里任何地方任何时候发生的事
情一样，人们多半只是半自觉地或者完全机械地行动，而不知道他
们做的是什么。

这时，一个由德国开创的从上面进行的革命的新时期，同时也
就是社会主义在所有欧洲国家迅速成长的时期到来了。俄国参加
了共同的运动。这一运动在这里理所当然地采取了冲锋的形式，

目的是要推翻沙皇专制制度,争得民族的思想和政治运动的自由。认为农民公社本身具有一种能够带来并且必定带来社会新生的神奇力量的信念(我们已经看到,车尔尼雪夫斯基也没有能完全摆脱这一信念),起了自己的作用,它鼓起了英勇的俄国先进战士的热情和毅力。这些人不过几百,但是由于他们的牺牲精神和大无畏精神,竟然弄得沙皇专制制度也不得不考虑投降的可能性和条件了——我们不去同这些人争论,虽然他们把俄国人民看做社会革命的上帝选民。因此我们也没有必要跟他们抱同样的空想。上帝选民的时代一去不复返了。

而在这个斗争的同时,资本主义在俄国迅速前进而且越来越接近恐怖主义者所没有能达到的目的:让沙皇制度投降。

沙皇制度需要钱。它要钱不仅是为了它的宫廷豪华生活,它的官僚,首先是为了它的军队和以收买为基础的对外政策,而且尤其是为了它那可怜的财政经济和在铁路建设方面所采取的相应的荒唐的政策。外国再也不愿意而且也不能够来弥补沙皇的全部赤字了;它只好在国内寻求帮助。一部分铁路股票不得不在本国推销;一部分公债也是这样。俄国资产阶级的第一个胜利是铁路租让合同,根据这个合同,将来的利润全部归股东,而将来的亏损却全部由国家承担。接踵而来的是对开办工业企业的津贴和奖励金,以及维护本国工业利益的保护关税,这种关税使得许多东西最终完全不可能进口。俄国政府由于负有无数债务,并且在国外的信用几乎完全丧失,不得不为了国库的直接利益而设法人工培植本国的工业。它经常需要黄金来支付外债的利息。但是在俄国没有黄金,因为流通的是纸币。一部分黄金来自规定以黄金支付的几种关税,顺便指出,这种规定使这几种关税提高 50%。但是最大部分的黄金要由俄国原料出口对外国工业品进口的顺差中得来;购买者对这一余额所开的票据,俄国政府在国内用纸币收买进来,再到国外提取黄金。因此,如果政府不愿为支付外债的利息而举借新的外债,它就得设法使俄国的工业迅速壮大到能够满足国内的全部需求。这就要求俄国成为不依赖外国的、能够自给的工业国;使政府拼命努力要在几年内使俄国的资本主义达到高水平。因为如果这一点落空了,那就没有其他办法,只有动用储存在国家银行和国库里的硬币军事基金或者宣布国家破产。在这两种情况下,俄国对外政策都会完蛋。

有一点很清楚:在这样的情况下,年轻的俄国资产阶级就把国家完全掌握在自己的手中。国家在所有重要的经济问题上都不得不屈从于它。如果说它仍然容忍沙皇及其官僚的专制独裁统治,那只是因为这个独裁统治由于官僚受贿而变得较为温和,它给资产阶级提供的保证,比实行资产阶级自由主义改革所能提供的还要多,而在俄国国内目前情况下,这种改革的后果是谁也不能预测的。这样一来,俄国越来越快地转变为资本主义工业国,很大一部分农民越来越快地无产阶级化,旧的共产主义公社也越来越快地崩溃。

我不敢判断目前这种公社是否还保存得这样完整,以致在一定的时刻,像马克思和我在1882年所希望的那样,它能够同西欧的转变相配合而成为共产主义发展的起点。但是有一点是毋庸置疑的:要想保全这个残存的公社,就必须首先推翻沙皇专制制度,必须在俄国进行革命。俄国的革命不仅会把这个民族的大部分即农民从构成他们的"天地"、他们的"世界"①的农村的隔绝状态中解脱出来,不仅会把农民引上一个大舞台,使他们通过这个大舞台

---

① 俄文"мир"既有"村社"、"公社"的意思,也有"世界"、"天地"的意思。——编者注

认识外部世界,同时也认识自己,了解自己的处境和摆脱目前贫困的方法;俄国革命还会给西方的工人运动以新的推动,为它创造新的更好的斗争条件,从而加速现代工业无产阶级的胜利;没有这种胜利,目前的俄国无论是在公社的基础上还是在资本主义的基础上,都不可能达到社会主义的改造。

弗·恩格斯大约写于 1893 年
10 月中—1894 年 1 月 3 日之间

载于 1894 年在柏林出版的
恩格斯《〈人民国家报〉国际问
题论文集(1871—1875)》一书

原文是德文

选自《马克思恩格斯文集》
第 4 卷第 451—467 页

弗·恩格斯

*未来的意大利革命和社会党²²¹

意大利的状况在我看来是这样：

资产阶级在争取民族解放时期和那以后取得了政权，但是没有能够而且也没有想要彻底实现它的胜利。它既没有消灭封建制度的残余，也没有按照现代资本主义模式重组国民生产。它没有能力让本国分享资产阶级制度的相对的和暂时的利益，反而把这种制度的一切累赘、一切弊害都加在它身上。这还不够，它还由于卑鄙的财政舞弊行为而永远丧失了最后的一点尊严和信用。

因此，劳动人民——农民、手工业者、工人——一方面受到陈旧的弊病的压迫，这些弊病不仅是封建时代遗留下来的，甚至还是古典古代（分成租佃制；南方的大地产，那里人被牲畜所排挤）遗留下来的；另一方面又受到资产阶级制度所曾发明的最贪婪的税收制度的压迫。在这里我们可以引用马克思的话："在其他一切方面，我们也同西欧大陆所有其他国家一样，不仅苦于资本主义生产的发展，而且苦于资本主义生产的不发展。除了现代的灾难而外，压迫着我们的还有许多遗留下来的灾难，这些灾难的产生，是由于古老的、陈旧的生产方式以及伴随着它们的过时的社会关系

322

和政治关系还在苟延残喘。不仅活人使我们受苦，而且死人也使我们受苦。死人抓住活人！"①

这种状况将导致危机。生产者群众到处都情绪激昂；他们在有些地方已经举行起义。这种危机将把我们引向何处呢？

显而易见，社会党还太年轻，而且由于经济条件的缘故还太软弱，使我们不能希望立即取得社会主义的胜利。全国的农村人口远远地超过了城市人口；在城市里，大工业很不发达，因此**典型的无产阶级**人数很少。大多数人是手工业者、小商贩和失掉阶级性的分子即摇摆于小资产阶级和无产阶级之间的群众。这是正在没落和瓦解的中世纪的小资产阶级，这些人目前还不是无产者，但却是未来的无产者。只有这个面临着经济破产并且已经陷入绝境的阶级，能够为革命运动提供大批战士和领袖。农民将会支持他们。农民虽然由于土地分散和不识字而没有可能表现任何有效的主动精神，但是毕竟是强大的和不可缺少的同盟者。

如果通过或多或少和平的方式取得成功，那就只能是内阁的更换，卡瓦洛蒂这一帮在新的旗帜下集合起来的共和主义者[222]将会上台；如果发生了革命，那就会出现资产阶级共和国。

面对这些可能性，社会党应该起什么作用呢？

自从1848年以来，时常为社会党人带来极大成就的策略就是**《共产主义宣言》**②的策略。"在无产阶级和资产阶级的斗争所经历的各个发展阶段上，社会党人③始终代表整个运动的利益……社会党人③为工人阶级的最近的目的和利益而斗争，但是他们在

---

① 马克思《资本论》第1卷，本选集第2卷第82—83页。——编者注
② 即《共产党宣言》。——编者注
③ 恩格斯在引证时把"共产党人"一词换成了"社会党人"。——编者注

当前的运动中同时代表运动的未来。"①

社会党人总是积极参加无产阶级和资产阶级斗争经历的每个发展阶段,而且,一时一刻也不忘记,这些阶段只不过是达到首要的伟大目标的阶梯。这个目标就是:由无产阶级夺取政权作为改造社会的手段。他们的位置是在为每一个有利于工人阶级的直接利益而斗争的战士的行列中;但是,他们只是把所有这些政治的或经济的利益看做**分期偿付的债款**。因此他们把每一个进步的或者革命的运动看做是沿着自己道路上前进的一步;他们的特殊任务是推动其他革命政党前进,如果其中的某一个政党获得胜利,他们就要去捍卫无产阶级的利益。这种永远不忽视伟大目标的策略,能够防止社会党人产生失望情绪,而这种情绪却是其他缺少远大目光的政党——不论是纯粹的共和主义者或感情上的社会主义者——无法避免的,因为他们把前进中的一个普通阶段看做是最终目的。

让我们把所有这些运用于意大利吧。

因此,正在瓦解的资产阶级和农民的胜利可能把一个在新的旗帜下集合起来的马志尼主义者的内阁捧上台。这将使我们获得普选权和显著扩大活动自由(新闻出版、集会、结社的自由、取消警察监视等等),这是不应该忽视的新的武器。

或者这种胜利将给我们带来一个由同一批人再加上某些马志尼主义者组成的共和国。这将使我们的活动场所和活动自由更加扩大,至少对目前来说是这样。因为正如马克思所说,资产阶级共和国是无产阶级和资产阶级能够在其中进行决战的唯一

---

① 马克思和恩格斯《共产党宣言》,本选集第 1 卷第 413、434 页。——编者注

的政治形式。① 姑且不谈它会对欧洲产生的影响。

所以,当前革命运动的胜利只能使我们更加强大,并且给我们创造出一种更为有利的**环境**。假如我们站在一旁,假如我们对各"**亲戚**"党只限于纯粹消极的批评,那么我们就要犯极大的错误。我们必须和他们积极合作的时刻可能会到来。这个时刻将在什么时候到来呢?

显然,直接去准备一种严格说来不是我们所代表的阶级的运动,那不是我们的事情。如果激进派和共和派认为出动的时刻已经到来,那就让他们去发泄他们的激情吧。至于我们,我们受这些先生们的漂亮诺言欺骗的次数太多了,决不会再一次地落入陷阱。不论是他们的阴谋,还是他们的声明,都不应该打动我们。如果说我们有责任支持一切**真正的**人民运动,那么,我们同样有责任不让我们无产阶级政党的刚刚形成的核心作无谓的牺牲,不让无产阶级在徒劳无益的地方性的起义中被灭绝。

与此相反,如果运动真正是全国性的,我们的人就将参加,用不着人家来发号令,我们参加这种运动是不言而喻的事情。但是那时必须清楚地了解,而且我们必须公开宣布:我们是**作为独立的政党**参加,暂时同激进派和共和派联合,但是和他们截然不同;我们在胜利的情况下对斗争成果不抱任何幻想,这样一种成果远远不能使我们满足,它对于我们来说仅仅是已经达到的阶段之一,仅仅是一个作进一步占领的新的作战基地;正是在胜利的当天我们就将分道扬镳,并且从那一天起,我们将成为和新政府对立的**新反对派**,但不是反动的而是进步的反对派,一个从已经获得的阵地继

---

① 参看马克思《路易·波拿巴的雾月十八日》,本选集第 1 卷第 675—677页。——编者注

续挺进,去占领新的阵地的十分激进的左翼反对派。

在共同的胜利以后,人家也许在新政府中给我们几个位子——然而总是要我们居于**少数**。**这是最大的危险**。在 1848 年二月革命[2]后,法国的社会民主主义者(《改革报》[116]派的赖德律-洛兰、路易·勃朗、弗洛孔等)就犯了接受这种席位的错误。[223]作为由纯粹的共和派[224]组成的政府中的少数派,他们心甘情愿地在政府内为多数派投票通过和作出的、针对工人阶级的一切无耻行为和叛卖勾当分担责任,与此同时,这些先生们加入政府就使他们自称代表着的工人阶级的革命活动彻底陷入瘫痪。

所有这些都仅仅是我个人的意见;我只是应你的要求才提出来,而且有很大保留。至于我所强调的一般的策略,长期以来,我已经确信它的有效性;它从未丧失过这种有效性。但是说到怎样把它运用到意大利目前的状况,那就是另一回事;必须因地制宜地作出决定,而且必须由处于事变中的人来作出决定。

弗·恩格斯写于 1894 年 1 月
25—26 日

载于 1894 年 2 月 1 日《社会
评论》杂志第 3 期

原文是法文

选自《马克思恩格斯文集》
第 4 卷第 468—472 页

弗·恩格斯

论原始基督教的历史[225]

一

原始基督教的历史与现代工人运动有些值得注意的共同点。基督教和后者一样，在产生时也是被压迫者的运动：它最初是奴隶和被释奴隶、穷人和无权者、被罗马征服或驱散的人们的宗教。基督教和工人的社会主义都宣传将来会从奴役和贫困中得救；基督教是在死后的彼岸生活中，在天国里寻求这种得救，而社会主义则是在现世里，在社会改造中寻求。两者都遭受过迫害和排挤，信从者遭到放逐，被待之以非常法：一种人被当做人类的敌人，另一种人被当做国家、宗教、家庭、社会秩序的敌人。虽然有这一切迫害，甚至还直接由于这些迫害，基督教和社会主义都胜利地、势不可挡地为自己开辟前进的道路。基督教在产生300年以后成了罗马世界帝国的公认的国教，而社会主义则在60来年中争得了一个可以绝对保证它取得胜利的地位。

所以，如果说安东·门格尔教授先生在其所著《十足劳动收入权》一书中表示惊异：为什么在罗马皇帝时代土地占有大集中的情况下，在几乎纯粹由奴隶构成的当时的工人阶级受着无限痛苦的情况下,"社会主义并没有随着西罗马帝国的灭亡而出现"[226],那是他恰恰没有注意到:这个"社会主义"在当时可能的程度上,确实是存在过的,甚至还取得了统治地位——那就是基督教。只是这种基督教——由于历史的先决条件,也不可能是别个样子,只能希望在彼岸世界,在天国,在死后的永生中,在即将来临的"千年王国"[227]中实现社会改造,而不是在现世里。

这两个历史现象的类似,早在中世纪,在被压迫农民,特别是城市平民的最初的起义中就有突出的表现了。这些起义同中世纪的所有群众运动一样,总是穿着宗教的外衣,采取为复兴日益蜕化的原始基督教而斗争的形式[①];但是在宗教狂热的背后,每次都隐

---

① 恩格斯在这里加了一个注:"伊斯兰教世界的宗教起义,特别在非洲,是一种奇特的与此相反的情况。伊斯兰这种宗教适合于东方人,特别适合于阿拉伯人,也就是说,一方面适合于从事贸易和手工业的市民,另一方面也适合于贝都因游牧民族。而这里就存在着周期性冲突的萌芽。市民富有起来了,他们沉湎于奢华的生活,对遵守'教律'满不在乎。生活贫困并因此而保持着严厉习俗的贝都因人,则以忌妒和渴望的眼光来看待那些财富和享受。于是,他们就团结在某个先知,即某个马赫迪的领导下,去惩罚叛教者,恢复对教义、对真正信仰的尊重,并把背叛者的财富作为奖赏而收归己有。100年之后,他们自然也处于这些背叛者所处的同样的地位;这时需要再来一次信仰净化,于是又出现新的马赫迪,戏再从头演起。从非洲的阿尔摩拉维德王朝和阿尔摩哈德王朝对西班牙进行侵略战争起,直到喀土穆的那位最后的马赫迪非常成功地抗击英国人[60]止,情况就是如此。波斯以及其他伊斯兰教国家的起义,情况也相同或大致相同。所有这些在宗教的外衣下进行的运动都是由经济原因引起的;可是这些运动即使在获得胜利的情况下,也让原有的经济条件原封不动地保留下来。这样,一切又都照旧,冲突就成为周期性的了。与此相反,在信奉基督教的西方的人民起义中,宗教外衣只是用来作为进攻陈旧经济制度的旗帜和掩盖物;陈旧的经济制度最终被摧毁,为新的经济制度所取代,世界向前迈进。"——编者注

藏有实实在在的现世利益。这在光荣不朽的扬·杰士卡所领导的波希米亚塔博尔派[228]的组织中表现得最清楚；但是这种特征贯串于整个中世纪，在德国农民战争之后逐渐消失，到1830年以后又再现于工人共产主义者身上。厄内斯特·勒南说过："如果你想要知道最早的基督教会是什么样子，那就请你看看'国际工人协会'[97]的一个地方支部。"在他说这句话之前很久，法国的革命共产主义者，还有特别是魏特林及其追随者早就提到原始基督教了。

这个用甚至在当代新闻界都找不到先例的抄袭德国圣经批判的办法写了教会历史小说《基督教的起源》①的法国文学家，自己并不知道在他上述的话里含有多少真理。我很想看看有哪位过去的国际活动家，在比方说阅读所谓《保罗达哥林多人后书》的时候，他的旧日的伤口，至少在某一方面的伤口，能不迸裂开来。这整篇使徒书信，从第八章起，发出永远不断的，可惜竟是那么熟悉的诉苦的调子：les cotisations ne rentrent pas——捐款没有来！好多60年代的最热心的宣传家会大有同感地握着这位使徒书信作者——不论他是谁——的手悄悄地对他说，"你也遇到过这样的事呀！"这个题目我们也有话要说的——我们的协会里也挤满了哥林多人；这些在我们眼前捉摸不定地晃来晃去的、带来唐达鲁士之苦的拿不到手的会费，恰恰就是盛传的"国际的百万财产"！

关于最初的基督徒，我们最好的资料来源之一是萨莫萨塔的琉善；这位古希腊罗马时代的伏尔泰，对任何一种宗教迷信都一律持怀疑态度，因而对基督徒，比起对其他任何宗教社团来，都不会由于异教的或政治的原因而另眼相待。相反，对他们的迷信，他一

---

① 厄·勒南《基督教起源史》（八卷集）1863—1883年巴黎版。——编者注

律大加嘲笑——对丘必特的崇拜者并不比对基督的崇拜者嘲笑得少一些；从他那肤浅的理性主义的观点看来，这两种迷信是同样荒谬的。这位在任何场合都不抱偏见的证人，曾经讲述过生于赫勒斯滂海峡的帕里城、自称普罗特斯的冒险家佩雷格林的生平。这个佩雷格林年轻时的事业是在亚美尼亚以通奸开始的，他在犯罪现场就地被拿获，按当地习俗被判处私刑。侥幸逃脱之后，在帕里由于勒死了他的父亲又不得不躲藏起来。

　　我来引一段肖特的德译文[229]："这时，他凑巧在巴勒斯坦遇到些基督徒里的教士和学者而知道了基督徒的奥妙的道理。不久他就获得很大的成功，他的老师们同他相比反倒有如童稚。他成了先知、教会首脑、犹太寺院主持——总而言之，他成了一切的一切；他解释他们写的圣书，自己也写了一大批，结果，基督徒们最终把他视为神明，奉为立法者，并把他拥立为首领（主教）…… 由于这种原因〈即由于做基督徒〉，普罗特斯有一次被当局逮捕，投入监狱…… 当他因此而身戴镣铐的时候，基督徒们认为他受囚禁是他们的大不幸，就用尽一切办法营救他。但是，营救没有成功，于是他们就无微不至地从各方面去照料他。天刚刚亮，就有些老太婆、寡妇和孤儿守在他的监狱门口；较有势力的基督徒则买通狱卒，去整夜地陪伴他；他们带着饭去，在他的身边读他们的圣书——一句话，敬爱的佩雷格林（当时他还是叫这个名字）在他们看来至少也是另一位苏格拉底。有的基督教会的使者甚至从若干小亚细亚城市跑来援助他，安慰他，并在法庭上替他辩护。这些人，只要关系到他们的团体，无论在什么地方他们都会立即到场，快得简直令人难以相信；他们这时既不辞辛劳，也不惜费用。因此，佩雷格林当时从四面八方都拿到钱，监禁竟成了他大笔收入的来源。这些可怜的人自以为他们的肉体和灵魂不死，他们将永生；所以他们对死毫不在意，其中有许多人甚至情愿去死。而且他们的第一立法者还向他们灌输这样一种思想：只要他们一改宗，即放弃希腊诸神而信奉那个被钉十字架的智者并按照他的指示生活，他们大家就都成为兄弟了。因此他们无区别地轻视一切身外的财富，而把这些财富归共同所有——这是他们不经检验和证明而径直接受的教义。于是巧于利用环境的狡猾的骗子来到他们当中，很快就能变成富翁，而且还要暗中嘲笑这些傻子。后来，佩雷格林又一次被当时的叙利亚当局释放了。"

在叙述了他的一些新的冒险之后,作者接着写道:

"于是我们这位伟大人物第二次动身〈从帕里〉漫游各地,而且他一点旅费也不用花,只靠基督徒的慷慨厚待就够了,他们到处都保护他,保证他什么也不缺乏。他就这样被供养了一个时期。可是当他也犯了基督徒的规矩——我想是被发现吃了他们所禁忌的什么东西——的时候,他们就把他赶出了他们的团体。"①

读琉善这段文字,引起我多少青年时代的回忆啊! 首先想起的就是"先知阿尔布雷希特"。他大约从 1840 年起,好多年间简直使瑞士魏特林派的共产主义支部[230]处于危险状态;他是个健壮的长须大汉,徒步走遍了整个瑞士,为他那神秘的新救世福音寻找听众,看来他是个颇为无害的糊涂蛋。不久就死了。接替他的是一个不那么无害的后继人——荷尔斯泰因的格奥尔格·库尔曼"博士",他趁魏特林坐牢的时候,要瑞士法语区的各支部改信他的那种福音,而且在一段时期内做得很成功,甚至他们之中最有才能但也最轻狂的奥古斯特·贝克尔也被他引诱。这位库尔曼给他们作过讲演,这些讲演于 1845 年在日内瓦出版,总标题是:《新世界或人间的精神王国。通告》。在他的门徒(也许就是奥古斯特·贝克尔)写的序里有这样的话:

"需要有人来表达我们的一切痛苦、一切渴求和希望,简言之,一切使我们的时代深感不安的东西…… 这个人,我们的时代所期待的人出现了。这就是荷尔斯泰因的格奥尔格·库尔曼博士。他带来了关于新世界或体现于现实中的精神王国的学说。"[231]

当然用不着我说,这种关于新世界的学说,不过是饰以拉梅耐式的半圣经味的词句,并用先知的傲慢口吻讲出的一种最庸俗的

---

① 琉善《佩雷格林之死》第 11—14 和 16 章。——编者注

伤感的胡诌。这并没有妨碍老实的魏特林派像亚细亚的基督徒拥戴佩雷格林那样拥戴这个骗子。这些人的超民主主义和平均主义达到了极点,甚至把每个小学教师、新闻记者,总之一切非手工业者,都看成有意剥削他们的"学者",总是怀疑他们;正是这些人,竟让库尔曼这个装腔作势的能手灌输了这样的思想:在"新世界"中,最大的圣贤,也就是库尔曼,将调节享受的分配,因而,现在在旧世界里,弟子们就已经应该把一切享受大把大把地供献给这位至圣,而自己则应该对残羹剩饭感到满足。于是,当这种情况继续存在的时候,佩雷格林-库尔曼就靠支部的破费过着十分阔绰和心满意足的生活。诚然,这种情况并没有延续很久;怀疑者和不信仰者中间日益增长的怨言,沃州政府进行迫害的威胁,结束了洛桑的这个"精神王国",于是库尔曼不见了。

　　凡是亲身经历过欧洲初期工人运动的人,都会记起几十个类似的事例。现在,这样的极端情况,至少在大中心地区已经是不可能的了,但是在运动争得新地盘的边远地方,这一类小号的佩雷格林还可望获得暂时的、有限的成功。各国工人政党里都会钻进一些在官方世界中毫无指望或在其中走完红运的形形色色的分子——种痘反对者、戒酒主义者、素食主义者、反活体解剖者、用自然疗法行医者、已散掉的自由公理会[232]的传教士、世界起源新学说的编造者、无结果或未成功的发明者、被官僚指为"爱打官司的无赖汉"的或真或假的受屈者、诚实的傻子和不诚实的骗子——同样,最初的基督徒的情况也是如此。旧世界解体过程所解放出来的,也就是所扔出来的各种分子,都一个接一个地掉进基督教的引力圈子里——基督教是唯一抵抗了这一解体过程(因为基督教本身就是它的必然产物)从而得以保存下来并且不断成长起来的成分,而其他成分则只不过是短命蜉蝣而已。每一种狂想、胡说或骗术都会钻进年轻的基督教会,找到热心的听众和热诚的信徒,至少在一些地方和一段时期不会找不到。最初的基督徒也像我们最初的共产主义工人支部那样,对于一切投合他们口味的东西都无比轻信,这就使我们甚至无法肯定,我们的新约中是否没有掺杂着佩雷格林给基督徒们写的"大批圣书"中的某个片断。

二

德国的圣经批判——迄今我们在原始基督教史领域中的认识的唯一科学基础——曾经按两个方向发展。

一个方向是**蒂宾根学派**[233],广义来说,应该把大卫·弗·施特劳斯也算在内。在批判研究方面,这个学派做到了一个**神学**派别所能做到的一切。它承认,四福音书并不是目击者的传述,而是已佚典籍的后来的加工品,在据说是使徒保罗写的使徒书信中,最多有四篇是真的,如此等等。它把历史记叙中的一切奇迹和矛盾都作为无法接受的东西而勾销了;但对于其余部分,它却企图"挽救一切还能挽救的",这就非常清楚地显示出它的神学家学派的性质。这样它就使在很大程度上以这个学派为依据的勒南,得以通过同样的方法,"挽救"了还要更多得多的东西,除大量的显然可疑的新约故事以外,还想把许多其他关于殉道者的传说,也都当做历史上可资信考的资料硬塞给我们。但是无论如何,蒂宾根学派从新约中作为非历史的或伪造的东西而摒弃的那一切,可以认为在科学上已经被最后清除了。

另一个方向,只有一个代表人物,即**布鲁诺·鲍威尔**[234]。他的巨大功绩,不仅在于他对福音书和使徒书信作了无情的批判,而且还在于他第一个不但认真地研究了犹太的和希腊—亚历山大里亚的成分，并且还认真地研究了纯希腊的和希腊—罗马的成分，而正是后者才给基督教开辟了成为世界宗教的道路。说什么基督教从犹太教产生时就已经定型，并凭大体上已经确定的教义和伦理从巴勒斯坦征服了世界，这种奇谈怪论从布鲁诺·鲍威尔时起再也站不住脚了；它只能在神学院里和那些要"为人民保存宗教"而不惜损害科学的人们中间苟延残喘。斐洛的亚历山大里亚学派[235]和希腊罗马庸俗哲学——柏拉图派的，特别是斯多亚派[150]的——给予在君士坦丁时代成为国教的基督教的巨大影响，虽然还远没有彻底弄清，但这种影响的存在已经得到证明，这主要归功于布鲁诺·鲍威尔；他基本上证明了基督教不是从外面、从犹地亚地区输入而强加给希腊罗马世界的，至少就其作为世界性宗教的形成而言，它正是这个世界的最道地的产物。当然，鲍威尔也像一切对根深蒂固的偏见作斗争的人们一样，在许多地方是做得过分的。为了也要根据文献来肯定斐洛，尤其是塞涅卡对形成中的基督教的影响，为了要说明新约的作者们是上述两位哲学家的直接剽窃者，鲍威尔不得不把新宗教的兴起推迟半个世纪，而不顾罗马历史编纂学家们的记述与此不符，总是十分轻率地对待历史。照他的意见，基督教直到弗拉维王朝时才真正诞生，而新约的著作则是直到哈德良、安敦尼和马可·奥勒留的时代才有的。因此，在鲍威尔心目中，新约中耶稣及其门徒的故事的任何历史背景都消失了；这些故事就成了这样一种传说，其中把最初团体的内在发展阶段和内部精神斗争都归之于多少是虚构出来的人物。在鲍威尔看来，这一新宗教的诞生地不是加利利和耶路撒冷，而是亚历山大里亚和罗马。

所以，蒂宾根学派以新约的历史和文献中未被它批驳的残余部分,给我们提供了一个目前尚可被科学承认为有待争论的问题的最高极限,布鲁诺·鲍威尔则给我们提供了在这一历史和文献中可以为科学所批驳的最高极限。实际真理存在于这两个极限之间。凭现有的资料能否确定这真理,是很大的疑问。新发现,特别是罗马的,东方的,首先是埃及的新发现,在这方面的贡献将比任何批判都要多得多。

但在新约中有唯一的一篇,判定写作时间可以精确到几个月以内:它大概是在 67 年 6 月和 68 年 1 月或 4 月之间写成的;所以属于基督教的最初期,它以最朴素的真实性和相应的习惯语言反映出了当时的观念;因此,我认为,要确定原始基督教究竟是什么样子,它比起今本新约中所有其余在写成时间方面晚得多的各篇来要重要得多。这一篇就叫《约翰启示录》;它原来似乎是全部圣经中最令人迷惑不解的,现在由于德国的批判已经变得最易懂、最清楚的了,所以我想同读者来谈谈它。

只要把这一篇浏览一下,你就会确信,不仅它的作者,甚至连作者在其中活动的"周围环境",都是何等动荡不安。我们这篇《启示录》并不是当时这种著作中独一无二的一篇。从纪元前 164 年第一篇流传至今的此类著作《但以理书》写成时起,差不多到约为康莫迪安写《护教歌》①时的纪元 250 年止,根据勒南的统计,传至今日的古典"启示作品"不下 15 种之多,较晚的仿作还不计算在内(我所以援引勒南,是因为他的书②并不是只有专家才熟悉,而且也最容易找到)。当时,甚至罗马和希腊,尤其是小亚细亚、叙利亚和埃及,都把由各种不同民族的极端粗陋的迷信观念构成

---

① 即康莫迪安《反犹太人和异教徒的护教歌》。——编者注
② 厄·勒南《基督教起源史》(八卷集)1863—1883 年巴黎版。——编者注

的毫无批判的混合物无条件地信以为真,并且用虔诚的蒙蔽和直截了当的欺骗来加以补充;当时,奇迹、狂热、幻觉、神咒、占卜、炼金术、喀巴拉²³⁶以及其他神秘荒诞的东西占据着首要地位。原始基督教就产生在这样一种气氛中,而且是产生在特别易于接受这种对超自然事物的玄想的那一类人中间。这就无怪乎在埃及,如莱顿城的纸草书之类的资料所证明的,基督教诺斯替教派²³⁷曾在基督纪元 2 世纪时热衷于炼金术,并把炼金术的观念引入他们的教义中。而迦勒底的和犹太的数学家——根据塔西佗的说法,他们曾在克劳狄乌斯时代和维特利乌斯时代先后两次因施用巫术而被逐出罗马①——所从事的,正是我们将要看到的构成《约翰启示录》之核心的那种几何学。

此外,还要补充第二点。所有启示作品都认为有权蒙蔽读者。这些作品(例如《但以理书》、《以诺书》,以斯拉、巴录、犹大等人的启示作品,《西维拉占语集》²³⁸)不仅通常都根本是别人所写(这些作者比名义上的作者晚得多),而且所预言的也都是早已发生并为真正作者所熟知的一些事情。例如《但以理书》的作者,在164 年名王安条克死前不久的时候,把关于波斯、马其顿的世界统治的兴衰和罗马的世界统治的开始的预言,放到好像生在尼布甲尼撒时代的但以理的嘴里,以便通过这种效验来证实自己的预言,使读者能够接受最后关于以色列人会克服一切苦难,终将胜利的预言。所以,如果《约翰启示录》果真是那位署名的作者所作,就会是所有启示著作中唯一的例外。

托名为约翰的作者,无论如何是在小亚细亚的基督徒中极孚

---

① 塔西佗《编年史》第 12 篇第 52 章和《历史》第 2 篇第 62 章。——编者注

众望的一个人。这可以由给七教会的书信中的语气来证明。因此，可能这就是那位使徒约翰，此人历史上是否存在尚无法完全肯定，但也可能确有其人。假如作者真的就是这位使徒，就只会加强我们的看法。这会有力地证实，书中的基督教，的的确确是真正的原始基督教。但是应该顺便指出的是，《启示录》和那也被认为是约翰写的一篇福音书或三篇使徒书信决不属于同一作者。

《启示录》是由一连串幻景构成的。在第一个幻景中出现了穿着最高祭司装束的基督；他在代表七个亚细亚教会的七个灯台中间行走，并把给这些教会的七个"天使"的书信口授给"约翰"。在这里，一开头就很尖锐地显示出**这种**基督教和尼西亚宗教会议[151]所制定的、君士坦丁大帝的世界宗教不同。在这里，不但没有听说过有而且也不可能有神圣的三位一体。这里我们所看到的不是后来的**一个**圣灵，而是犹太教的拉比在《以赛亚书》第十一章第二节的基础上构成的"神的七灵"。基督是神的儿子，是首先的也是末后的，是阿拉法也是俄梅戛，但绝不就是神本身，或与神等同；相反，他是"**在神创造万物**之上为元首的"，因而也就同上述七灵一样，是永远存在的，但却是居于属位的、神的流出体。在第十五章第三节里，殉道者在天上唱"神的仆人摩西的歌和羔羊的歌"以赞美神。这样看来，基督在这里不仅是作为神的下属，而且甚至于在某些方面被放在与摩西同等的地位。基督在耶路撒冷被钉十字架（第十一章第八节），但复活了（第一章第五节、第十八节）；他是为世界赎罪而牺牲的"羔羊"，各族各方的信徒都由于他的血而在神面前得蒙赦罪。这里我们看到了使原始基督教后来得以发展成为世界宗教的那种根本观念。当时，闪米特人和欧洲人的一切宗教里都存在有一种共同的观点，认为被人们的行为冒犯了的众神是可以用牺牲求其宽宥的。基督教最初的一个革命的（从斐洛学派抄袭来的）根本观念就是，在信徒们看来，一切时代的、一切人的罪恶，都可以通过一个中间人的一次伟大自愿牺牲而永远被赦免。于是，以后就没有必要再作任何牺牲，许许多多的宗教礼仪也就随之而失去依据；而摆脱这些妨碍或禁止与异教徒交往的礼仪，则是世界宗教的首要条件。然而，供献牺牲的习俗在各民族的风尚中毕竟是根深蒂固的，以致吸取了很多异教做法的天主教感到有必要实行一种哪怕是象征性的弥撒祭礼来适应这种情况。关于原罪的教义，在我们分析的书中反而连一点影子也没有。

但是在这些信中，也像在全书中一样，最大的特点却是，无论何时何地，作者都不曾想到要对自己或自己的教友用别的称呼，而只是称做**犹太人**。对于他所痛斥的士麦那和非拉铁非的宗派分子，他发出的指责是：

"他们自称是犹太人，其实他们不是犹太人，而是撒旦一会的人。"

谈到帕加马宗派分子，则说他们遵从巴兰的教训，而巴兰曾教巴勒引诱**以色列孩子们**去吃祭偶像之物，去行奸淫的事。可见，我们在这里接触到的不是自觉的基督徒，而是一些自称为犹太人的人；诚然，他们的犹太教是先前的犹太教发展的新阶段，但正因为如此，才是唯一真正的犹太教。因此，当圣徒在神的宝座前出现的时候，前来归附的先是 144 000 个犹太人，每一支派各 12 000 人，随后才是无数改宗这种革新了的犹太教的异教徒群众。请看，我们这位作者在基督纪元 69 年的时候，对于他代表着宗教发展的崭新阶段，即行将成为人类精神史中最革命因素之一的阶段，是很少意识到的。

由此我们可以看出，当时的还不曾有自我意识的基督教，同后来在尼西亚宗教会议上用教条固定下来的那种世界宗教,是有天渊之别的;二者如此不同,以致从后者很难认出前者。这里既没有后世基督教的教义,也没有后世基督教的伦理,但是却有正在进行一场对整个尘世的斗争以及这一斗争必将胜利的感觉,有斗争的渴望和胜利的信心,这种渴望和信心在现代的基督徒身上已经完全丧失,在我们这个时代里,只存在于社会的另一极——社会主义者方面。

事实上,对起初极其强大的尘世作斗争,同时又在革新者自己之间作斗争,这既是原始基督教教徒的特点,也是社会主义者的特点。这两个伟大的运动都不是由领袖们和先知们创造出来的(虽然两者都拥有相当多的先知),两者都是群众运动。而群众运动在起初的时候必然是混乱的;其所以混乱,是由于群众的任何思想开始都是矛盾的,不明确的,无联系;但是另一方面也是由于先知们起初在运动中还起着的那种作用。这种混乱表现为形成许许多多的宗派,彼此进行斗争,其激烈至少不亚于对共同外敌的斗争。在原始基督教是如此,在社会主义运动的早期也是如此,尽管这会使那些在根本无统一之可能的情况下宣扬统一的好心的庸人感到非常难过。

难道国际是靠某种统一的教条联合起来的吗?恰恰相反。那里有谨守 1848 年以前法国传统的共产主义者,而这些人又是带有各种不同色彩的;有魏特林派[107]的共产主义者和重整旗鼓的共产主义者同盟[3]中的另一种共产主义者,有在法国和比利时占优势的蒲鲁东主义者,有布朗基主义者,有德国工人党,最后,还有一度在西班牙和意大利占上风的巴枯宁无政府主义者——而这还只是些主要的集团。从国际建立时起,为了在各处彻底同无政府主义者划清界限,至少在最一般的经济观点上能够达到统一,竟花费了整整四分之一世纪的时间。而且这还是依靠了现代的交通工具，依靠了铁路、电报、巨大的工业城市、报刊和有组织的人民集会才达到的。

最初的基督徒也分裂成无数宗派，而这恰好成了引起争论并从而获致后来的统一的手段。就在我们这篇无疑是最古的基督教文献中，我们已经看到这种分裂成宗派的情况，而我们的作者，就像抨击整个罪恶的外部世界那样，势不两立地激烈地抨击这些宗派。这里首先是以弗所和帕加马的尼哥拉派，接着是士麦那和非拉铁非的那些自称是犹太人、其实并非犹太人而是属于撒旦一会的人，帕加马的那些信奉名叫巴兰的伪先知的教训的人，以弗所的那些自称是使徒而其实并非使徒的人，最后是推雅推喇的那些信奉名叫耶洗别的伪女先知的人。关于这些宗派的详情，我们毫无所知，只是听人谈到巴兰和耶洗别的徒众吃祭偶像之物和行奸淫的事。人们企图把所有这五个宗派说成是保罗派的基督徒，而把所有这些书信说成是反对保罗，反对伪使徒，反对虚构出来的巴兰和"尼哥拉"的。勒南在其1869年巴黎出版的《圣保罗》一书中（第303—305、367—370页）收集了一些相应的、很难使人信服的论据。所有这些论据，不外乎要从使徒行传和所谓的保罗书信出发来解释这些书信，其实这些著作至少就目前的版本来说其成书时间起码比《启示录》要迟60年，因而其中包含的与此有关的事实资料不仅极为可疑，而且是彼此完全矛盾的。有决定意义的倒是：我们这位作者不会想到要用五个不同的名称来称呼同一个宗派；单对以弗所就使用了两个（伪使徒和尼哥拉派），对帕加马也使用了两个（巴兰派和尼哥拉派），而且每次都清清楚楚地是两个不同的宗派。当然，不能否认，这些宗派里也完全可能有现在该称之为保罗信徒的那种人。

在讲得较详细的这两个场合,所谴责的都不外乎是吃祭偶像之物和行奸淫的事,这是犹太人——不论是古代的还是基督教的——同改宗的异教徒争论不休的两点。异教徒不仅把祭神肉拿到庆宴上,在此种情况下拒绝食用是非礼的,甚至可能是危险的;而且祭神肉还在公共市场上出售,在这里并不是每次都能分辨出是否已按教规清洁过。讲到奸淫的事,这些犹太人所指的不仅是婚姻以外的性关系,而且指犹太法律所禁止的、某亲等以内的人的通婚,也指犹太人与异教徒之间的通婚;这个词在《使徒行传》第十五章第二十和二十九节里一般都作此解释。但我们这位约翰对于正统犹太人所认可的那种性关系,也另有自己的看法。他在第十四章第四节里谈到天上的 144 000 个犹太人:

"这些人未曾沾染妇女,他们原是童身。"

而在我们这位约翰的天上,确实是一个妇女都没有。因而他是属于原始基督教其他著作中也常遇到的那个笼统地视性关系为罪恶的派别。如果我们还注意到,他把罗马叫做大淫妇,说地上的君王们与她行淫并被她淫乱之酒所醉倒,而她的商人因她的骄奢淫逸而发了财,那我们对上述的那个词就决不能按照神学的护教论所要赋予它的那种狭窄意义来理解,神学的护教论是要借此为解释新约中的其他地方找证据。与此相反,书信中这些地方清楚地显示出一切深刻动荡时代所共有的一种现象,即对性关系的传统束缚也同所有其他藩篱一起发生动摇。在基督教的最初几个世纪里,一方面有禁止肉欲的禁欲主义,另一方面,把或多或少不受限制的男女关系列入基督教自由的概念的倾向,也相当常见。在现代社会主义运动中情况也是这样。30 年代圣西门派的"肉体复权"——德文译做"Wiedereinsetzung des Fleisches"——在当时德国这样一个"虔诚的育儿所"①曾引起何等令人难以置信的恐惧啊！而恐惧得最厉害的,恰恰是那个在柏林也像在自己的庄园里一样,不经常使自己的肉体复权就一天也活不下去的、当时居统治地位的高贵等级(当时我们还没有阶级)！如果这些正人君子还知道傅立叶给肉体规定的自由不止这些的话,不知道该怎样啊！随着空想主义被克服,这些放荡行为让位给较为理智的而实际上更激进得多的概念;而且自德国从海涅的"虔诚的育儿所"发展成为社会主义运动中心的时候起,崇尚美德的上流社会那种伪善的愤慨,就被人们嗤之以鼻了。

那些书信里包含的全部教理就是如此。此外就是强烈号召同道者进行热心的宣传,在敌人面前勇敢而高傲地公开承认自己的信仰,不屈不挠地对内外敌人作斗争——就这些而论,国际的某个有先知气概的狂热者也可以写得毫不逊色。

三

我们这位约翰传谕给七个小亚细亚教会,并通过它们传谕给69 年的经过改革的犹太教(基督教就是以后从这种犹太教发展而来的)的其余部分。书信只是约翰传谕的真正题旨的引言。这里,我们才进入原始基督教的圣所。

最初的基督徒来自什么样的人呢？主要来自属于人民最低阶层的"受苦受难的人",革命因素总是这样形成的。这些人之中都有些什么人呢？在城市里,是形形色色的破产的自由人,他们很像

---

① 见海涅诗集《时事诗》中《安心》一诗。——编者注

美国南部各蓄奴州的"白种贫民"或在殖民地口岸和中国口岸流浪并从事冒险的欧洲人,此外还有被释的奴隶和特别是未被释的奴隶;在意大利、西西里、阿非利加的大庄园里,是奴隶;在各行省农业地区,是日益陷入债务奴役的小农。对所有这些人说来,绝对不存在任何共同的求得解放的道路。对所有这些人说来,天堂已经一去不复返;破产的自由人的天堂是他们先人曾在其中作自由公民的过去那种既是城市、又是国家的城邦;战俘奴隶的天堂是被俘和成为奴隶以前的自由时代;小农的天堂是已经被消灭的氏族制度和土地公有制。所有这一切,都被罗马征服者用荡平一切的铁拳消灭净尽了。古代所达到的最大的社会群,是部落以及亲属部落的联盟;野蛮人的组织的基础是氏族联系,而建立起城市的希腊人和意大利人的组织则以包括一个或几个部落的城邦为基础。菲力浦和亚历山大使希腊半岛得到政治的统一,但是希腊民族还没有就此建成。民族[Nation]只是由于罗马世界统治的衰亡才成为可能。罗马的世界统治一下子永远结束了小的联盟;军事暴力、罗马的审判权、税收机构彻底瓦解了传统的内部组织。除失去独立和自己特有的组织而外,更加之以军事和民政当局的强暴掠夺:它们先夺走被征服者的资财,然后又以重利贷给他们,为的是让他们能够交纳新的苛捐杂税。在纯自然经济的地区或者以自然经济为主的地区,沉重的赋税以及由此引起的对货币的需要,使农民越来越深地陷入被高利贷者奴役的境地,造成了巨大的财产差异,使富者更富,贫者赤贫。对于巨大的罗马世界强权,零散的小部落或城市进行任何反抗都是无望的。被奴役、受压迫、沦为赤贫的人们的出路在哪里?他们怎样才能得救?所有这些彼此利益各不相同甚至互相冲突的不同的人群的共同出路在哪里?可是为了使所有这些人都卷入一个统一的伟大革命运动,必须找到这样一条出路。

这样的出路找到了。但不是在现世。在当时的情况下,出路只能是在宗教领域内。于是另一个世界打开了。肉体死后灵魂继续存在,就渐渐成为罗马世界各地公认的信条。死后的灵魂将为其生前的行为受到某种报偿或惩罚这一信念,也越来越为大家所接受。但报偿是相当靠不住的;古代世界具有强烈的自发唯物主义,它把人世生活看得比冥土生活宝贵得多;希腊人把死后的永生还看成是一种不幸。于是,基督教出现了。它认真地对待彼岸世界的报偿和惩罚,造出天国和地狱。一条把受苦受难的人从我们苦难的尘世引入永恒的天堂的出路找到了。事实上,也只有靠对彼岸世界获得报偿的希望,斯多亚—斐洛学说的弃世和禁欲才得以提升为能吸引被压迫人民群众的一种新的世界宗教的基本道德原则。

但这种天堂乐园决不是一死之后就向信徒们开放的。我们将看到,以新耶路撒冷为首都的天国,只是经过对地狱势力的激烈斗争才被攻克与打开。可是在最初的基督徒的观念中,这种斗争很快就要到来。我们的约翰一开始就表明他的书是启示"**必要快成的事**";随后,在第三节,他宣称:

"念这书上预言的和那些听见又遵守其中所记载的,都是有福的,因为**日期近了**";

基督吩咐写信给非拉铁非教会说:"看哪,我必**快**来。"而在最后一章里天使说,他把"**必要快成的事**"指示给约翰,并吩咐他:

"不可封了这书上的预言,因为**日期近了**";

基督自己也说过两次(第十二节和第二十节):"我必**快**来。"我们以后会看到,人们预期这次降临将怎样快地到来。

《启示录》的作者现在向我们展示的那些幻景,全都是(而且大都一字不易地)从较早的一些范本中抄袭来的。一部分来自旧约中的古典先知,特别是以西结,一部分来自后来按照《但以理书》范式撰写的犹太教启示作品,特别是当时已经写就,至少是部分写就的《以诺书》。圣经批判已经详细查明,我们这位约翰的书中每一个情景,每一个可怕的预兆,每一项降给不信者的灾难——总之,书中的全部材料,是从哪里抄袭来的;这样,约翰不仅暴露出精神上的完全贫乏,而且还清楚地表明,他所描述的那种所谓狂喜和幻景,他连在想象中也没有经历过。

这些幻景出现的经过,简略地说来是这样的。一开始,约翰看到了神坐在宝座上,手里拿有一卷用七印封严了的书,在神面前是被杀过但又复活了的羔羊(基督),他被认为是配揭开那些印的。那些印揭开时,发生了各种各样可怕的奇异的征兆。在第五印揭开时,约翰看见在神的祭坛底下,有为神的道被杀的基督徒殉道者的灵魂,他们大声喊着说:

"主啊,你不审判住在地上的人,给我们伸流血的冤,要等到几时呢?"

随后有白衣赐给他们,并有话劝他们还要等待片刻,因为需要有更多的殉道者被杀。——这样看来,这里还根本没有什么"爱的宗教",什么"要爱你们的仇敌,为那逼迫你们的人祷告"等等;这里宣讲的是复仇,毫不隐讳的复仇,是应该的、正当的对基督徒迫害者的复仇。而且全篇都是如此。危机越是临近,天上降来的灾难和惩罚越是频繁,我们的约翰就越兴奋地宣布说广大众人还是不想忏悔他们的罪恶,说神的鞭子还应该再向他们头上猛抽,说基督应当用铁杖来放牧他们,并一脚踹翻盛满全能的神的炽烈怒火的酒醡,但又说有罪的人心里仍将顽固不化。这是一种自然的、不夹杂任何伪善的情感:斗争正在进行,而打仗就应当像个打仗的样子。——在揭开第七印的时候,出现七个带着号角的天使,每当其中一个天使吹响号角的时候都有新的可怕征兆出现。在第七个天使吹响号角之后又出现七个天使,带着装满神的大怒的七个碗,向地上倾注;又是新的灾难和惩罚,基本上大部分是令人厌烦地重复已经说过许多次的那些东西。然后,出现了坐在众水上、穿着朱红色衣服、喝醉了圣徒和为耶稣殉道者的血的巴比伦大淫妇;这就是管辖地上众王的坐落在七座山上的大城。她骑在一匹七头十角兽上。七头代表七座山,也代表七位"王"。在这些王中,五位已经倾倒,一位还在,第七位还没有来到,而在他之后,还有最初五位中受了死伤但医好的一位要来到。末后这一位将在地上做王 42 个月,或三年半(由七年构成的星期年的一半),将迫害信徒,置他们于死地,使罪恶居统治地位。但跟着来的是一场大决战;圣徒和殉道者扫灭了巴比伦大淫妇及其所有信从者,即广大众人,从而报了仇;魔鬼被投进无底坑,在那里捆绑 1 000 年,在这段时间内,基督和死去复活的殉道者一同做王。但在 1 000 年完了的时候,魔鬼将又被释放,并将发生一次新的神灵们的大交战,在这一战中魔鬼将被最终战胜。然后发生的是第二次复活,这时其余的死者也将苏醒过来,并在神(注意,**不是基督!**)面前听候审判,信徒们将进入新天、新地和新耶路撒冷而获得永生。

所有这一切都完全是以基督教之前的、犹太教的材料构成的,因而这里几乎全都是纯粹犹太教的观念。自从以色列人在这个世界上进入苦难时代,即从必须向亚述人和巴比伦人纳贡,以色列和犹太两王国被灭时起,一直到塞琉古的奴役,因而也就是从以赛亚到但以理,在每次灾难时期都有预言说救主将出现。在《但以理书》第十二章第一至三节里甚至有预言说,保佑犹太人的天使米迦勒将降临,他将救他们脱离大灾难;将有许多死者复活,一种末日的审判将发生，而教人归义的教师将永远发光如星。属于基督教的只有一点，即特别强调基督的王国快要到来，复活了的信徒——主要是殉道者——是光荣的。

对这一预言与当时事件的关系作出解释应归功于德国的批判，特别是埃瓦尔德、吕克和斐迪南·贝纳里。勒南使这种解释连非神学界也能理解。巴比伦大淫妇指的是罗马这个坐落在七座山上的城，这是我们已经知道的了。至于她骑的那匹兽，第十七章第九至十一节里有下面的话：

"那〈兽的〉七头就是女人所坐的七座山，又是七位王。五位已经倾倒了，一位还在，一位还没有来到，他来的时候必须暂时存留。那先前有、如今没有的兽，就是第八位。他也和那七位同列，并且归于沉沦。"

这里兽指的是罗马的世界统治，顺次由七个皇帝代表，其中一个皇帝受了死伤，不再做王，但将被医好，而且还要回来，作为第八个皇帝来最后完成亵圣渎神的王国。将任凭他

"与圣徒争战，并且得胜，凡住在地上、名字没有记在羔羊生命册上的人，都要拜他。众人无论大小贫富，自主的、为奴的，都在右手上，或是在额上，受兽的印记。除了那受印记，有了兽名或有兽名数目，都不得做买卖。在这里有智慧。凡有聪明的，可以算计兽的数目，因为这是人的数目，他的数目是666"（第13章第7—18节）。

我们只指出，由此看来，这里讲的是作为罗马世界强权用以对付基督徒的手段之一的抵制（因而，很明显，这是魔鬼搞出来的），现在我们来看这样一个问题：已经统治过一次，受了死伤，失了踪，但将按次序作为第八位回转来并将起反基督作用的这位罗马皇帝，究竟是谁呢？

把奥古斯都按次序算做第一，第二该是提比里乌斯，第三是卡利古拉，第四是克劳狄乌斯，第五是尼禄，第六是加尔巴。"五位

已经倾倒了,一位还在。"那就是说,尼禄已经倾倒了,而加尔巴还在。加尔巴做王是从 68 年 6 月 9 日至 69 年 1 月 15 日。但紧随他登极之后,守卫莱茵河的军团在维特利乌斯率领下起来暴动,而在其他行省,其他军事长官也在准备军事暴动。就在罗马当地,禁卫兵也起而叛变,杀死了加尔巴,立奥托为帝。

由此可以推论,我们的《启示录》是在加尔巴时代写的。很像是在他统治的末期,最迟是在奥托——"第七位"——的三个月(到 69 年 4 月 15 日)统治期间写的。但那先前有、如今没有的第八位究竟是谁呢? 666 这个数字将告诉我们。

在闪米特族——迦勒底人和犹太人——中间,当时流行着一种以字母双关义为根据的巫术。大约从纪元前 300 年开始,希伯来字母也当做数字来使用:a=1;b=2;g=3;d=4 等等。喀巴拉[236]占卜术士就是把某个名字的字母数值的总和算出,再设法从这个总和作出预言,例如,用这同一个数值构成一个词或词组,从而对具有此名字的人作出关于其前途的结论。这种数字语言也用做切口之类的东西。这种方术在希腊语叫做 gematriah——几何学;专干这一行,并被塔西佗称做数学家的迦勒底人在克劳狄乌斯时代,后来又一次是在维特利乌斯时代,被赶出罗马,大概是因为"太胡闹"的缘故。

666 这个数字也正是通过这种数学产生的。它隐含着前五个罗马皇帝之一的名字。但伊里奈乌斯在 2 世纪末在 666 这个数字之外,还知道有个数字是 616,在许多人仍然知道数字之谜的时候,这个数字还至少是出现过的。[①] 如果找到的答案同样适合于这两个数字,那就证明这个答案是准确无误的了。

---

① 伊里奈乌斯《反异端五书》第 5 卷第 28—30 章。——编者注

　　柏林的斐迪南·贝纳里提供了这个答案。那名字就是尼禄。数字的根据是 נרון קסר（尼禄凯撒）为希腊字 Nerôn Kaisar（尼禄皇帝）的希伯来文写法，塔木德[239] 和巴尔米拉铭文都可以证明。帝国东半部铸造的尼禄钱币上都有这种字样。原来 n（nun）= 50；r（resch）= 200；w（waw）代替 o = 6；n（nun）= 50；k（koph）= 100；s（samech）= 60；r（resch）= 200；合计 = 666。如果我们拿拉丁文的写法 Nero Caesar 作根据，去掉第二个 nun = 50，我们就得出 666−50＝616，即伊里奈乌斯的那个数字。

　　实际上，在加尔巴时代，整个罗马帝国突然陷入一片混乱之中。加尔巴自己就曾率领着西班牙和高卢的军团进军罗马来打倒尼禄。尼禄逃跑了，并命令一个被释的奴隶把他杀死。但不仅罗马的禁卫兵，而且各行省的军事长官都阴谋反对加尔巴；到处都出现了新的王位追求者，准备带着他们的军团开向首都。看来帝国的内战在所难免，崩溃之日已经临近。除这一切之外，还流传着一种谣言，特别是在东方，说尼禄并没有被杀死，只是受了伤，逃到安息人那里去了，并将率领军队越过幼发拉底河回来，好进行新的、更加凶残的恐怖统治。亚该亚和亚细亚对这些消息尤其感到恐怖。而且大约在写《启示录》的时候，恰好出现了一个假尼禄，带着相当多的归附者盘踞在帕特莫斯和小亚细亚附近爱琴海的基斯诺斯（现在的塞尔米亚）岛上，直到他在奥托时代被杀死为止。在受尼禄第一次严重迫害的基督徒中间流传一种看法，认为他将作为一个反基督者重新回来，认为他的回来以及必然与之俱来的、残忍地消灭新宗派的更加坚决的企图，将是一种先兆和前奏，预示基督将重新降临，预示将要对地狱的势力进行一场伟大的、胜利的决战，预示那殉道者出于信仰就为之欣然赴死的千年王国[227]“很快”即将来临，难道是奇怪的事吗？

最初两个世纪的基督教的文献和受基督教影响的文献,充分表明,666 这个数字的秘密是当时很多人都知道的。伊里奈乌斯固然已经不知道这个秘密,但他也像很多其他活到 3 世纪末的人一样,知道《启示录》里的兽是暗指回来的尼禄。后来连这个线索也失去了,我们所研究的这篇著作便被正统的占卜术士作了荒诞的解释;我自己在幼年时也还认识一些老年人,他们继老约翰·阿尔布雷希特·本格尔之后,在那里等待 1836 年出现世界的末日和末日的审判。这个预言应验了,而且恰恰就在那一年。不过末日的审判没有落到罪恶世界的头上,而是落到了《启示录》的虔诚的解释者自己的头上。因为正是在 1836 年,斐·贝纳里给 666 这个数字提供了一把钥匙,从而给一切预言性的数字演算,给这种新式的几何学带来一个可怕的末日。

关于等待着信徒的天国,我们这位约翰只能作最表面的描写。新耶路撒冷相当大,至少就当时的概念来说是这样;它是正方形的,每边长 12 000 斯达第 = 2 227 公里,因此它的面积差不多有 500 万平方公里,比美利坚合众国的一半还要大;它是用纯金和宝石筑成的。那里有神居住在信神者中间,他代替太阳为他们照耀,那里再没有死亡,再没有忧愁,再没有苦难;生命之水的河从城中流过,河两岸长着生命之树,结十二样果子,每月都有果子成熟;叶子"乃为医治万民"(勒南认为,这是一种可以治病的茶叶——《反基督者》第 542 页[1])。圣徒们在这里将永生。

就我们所知,68 年前后,基督教在其主要所在地小亚细亚就是这样。神圣的三位一体连影子也没有,相反,只有晚期犹太教的

---

[1] 引自厄·勒南《反基督者》,载于《基督教起源史》1873 年巴黎版第 4 卷。——编者注

那个旧的单一而不可分的耶和华,他在犹太教晚期,从犹太民族的神一跃而为天地间唯一最高的神,他要统治一切民族,他对改宗者许以恩泽,给不驯者以无情的毁灭,他信守古代的老规矩:宽恕降服者,制服傲慢者。因此,在末日的审判时高坐在审判席上的也就是这位神,而不是像晚出的福音书和使徒书信所描写的那样是基督。按照晚期犹太教从波斯吸收的流出说,羔羊基督一开始是从神产生出来的,由于误解富有诗意的一个段落(《以赛亚书》第十一章第二节)而造成的"神的七灵"虽然地位较低,也永远是从神产生出来的。他们都不是神,也不与神等同,而是从属于神。羔羊自己为世界罪恶赎罪而牺牲自己,为此它的地位在天上得到了相当的提升,因为这种自愿的牺牲在全篇中都是被当做特殊功勋,而不是内在本质必然产生的。不言而喻,还少不得有一整套天宫建制:天使长、基路伯、天使和圣徒。为要成为宗教,一神论从远古时代就不能不向多神论作些让步,曾德—阿维斯陀[240]便已开其端。犹太人慢慢地转向异教徒的诸具体神,这种情况一直继续到在流放[241]以后有了波斯式的天宫建制从而使宗教更适应于人们的想象的时候。就连基督教本身甚至在用自身有异的、神秘的、三位一体的神代替了永远等于自身的、不变的犹太神以后,也只是凭着对圣徒的崇拜才能在人民大众中间把对诸旧神的崇拜排除掉;例如,按照法耳梅赖耶尔的说法,在伯罗奔尼撒,在迈纳,在阿卡迪亚,对丘必特的崇拜只是在大约 9 世纪时才完全消失(《摩里亚半岛史》①第 1 册第 227 页)。只有现今的资产阶级时代及其新教,才又把圣徒取消,终于认真奉行自身有异的神的一神论。

---

① 雅·法耳梅赖耶尔《摩里亚半岛中世纪史》1830 年斯图加特—蒂宾根版。——编者注

我们分析的这篇作品也同样不知有原罪与因信称义之说。这些最初的战斗的团体的信仰,与后来胜利了的教会的信仰完全不同。除羔羊的赎罪的牺牲外,最重要的内容就是临近的基督再临和快要到来的千年王国;而用来树立这种信仰的手段只是:进行积极的宣传,对内外敌人作不屈不挠的斗争,在异教徒的法庭上昂首承认自己的革命观点,决心随时为将来的胜利而殉道。

我们已经看到,作者尚未意识到自己与犹太人有所不同。相应地,全篇没有一个地方讲到洗礼,倒是有许多其他地方使我们相信,洗礼是基督教的第二个时期的制度。144 000 个犹太信徒曾受"印记",而不是受洗。讲到天上的圣徒和地上的信徒时说,他们洗去了自己的罪恶,洗净自己的白衣服,用羔羊的血使它们变得鲜明洁亮;根本没有提到洗礼圣水。在反基督者出现以前的那两个先知(第十一章),也没有给任何人行洗礼,而且,照第十九章第十节的话看来,耶稣的见证不是洗礼,而是预言中的灵意。在所有这些场合,自然是该提到洗礼的,如果当时洗礼已经通行的话;因此,我们差不多可以有绝对把握得出结论说,我们这位作者不知道有洗礼,洗礼是在基督徒同犹太人最后分手的时候才出现的。

关于第二种更晚出的圣礼——圣餐礼,作者也同样一无所知。在路德的译文中写到基督许诺每一个信仰坚定的推雅推喇人到他那里并同他进圣餐,这只能导致误解。在希腊文本中是 deipnêsô——我将(同他)进晚餐,英文本圣经完全正确地译为:I shall *sup* with him。关于圣餐,即使作为一种悼念餐,这里也绝对没有谈到。

我们这篇以如此独特方式证实了写作时间为 68 年或 69 年的作品,在一切基督教文献中最为古老,这是无可怀疑的。找不到其他任何一篇作品,文字写得这样粗俗,满纸是希伯来腔调、荒谬的构句和文法错误。例如在第一章第四节中有一句话，现照录如下：

> "但愿从那今在昔在将在有恩惠与平安赐给你们。"

至于说福音书和使徒行传是对现已佚失的著作的后来的加工品，这些佚失著作的微弱的历史核心在传说的层层笼罩之下现在已经辨认不出；就连那几篇所谓"真正的"使徒书信，也如布鲁诺·鲍威尔所说，或者是更晚的作品①，或者最多也只是无名作家的旧著经过增补以后的加工品——这在目前只有职业神学家或其他立场偏颇的历史编纂学家才加以否认。更为重要的是：我们这里有了这样一篇作品(对其写作时间的判定已经精确到几个月以内)，这篇作品给我们描绘出形态最不发展时的基督教，这种形态的基督教对于 4 世纪时有着完备的教条和神话的国教的关系，大致有如塔西佗时代日耳曼人那种尚未固定的神话对于受基督教和古典古代因素影响而形成的、见于《艾达》[33]的神话的关系。这里是一种世界宗教的幼芽，但这种幼芽却已均等地包含着上千种的发展可能性，这些可能性后来体现为无数的宗派。这部基督教形成时期的最古老的文献对我们之所以特别重要，是因为它以纯净的形式告诉我们，犹太教在亚历山大里亚学派[235]的强烈影响之下，把什么带进了基督教。所有后来的东西，都是西方，希腊罗马附加进去的。只是通过一神论的犹太宗教的媒介作用，后来的希腊庸俗哲学的文明的一神论才能够取得那种唯一使它能吸引群众的宗教形式。但找到了这样一种媒介以后，它也只有在希腊罗马

---

① 在《社会发展》杂志上发表的经作者同意的法译文中，这句话是这样写的："就连蒂宾根学派还认为真本的那三、四篇使徒书信，也都如布鲁诺·鲍威尔通过深刻分析而指出的，不过是更晚时期的作品。"——编者注

世界里,借助于希腊罗马世界所达到的思想成果而继续发展并且与之相融合,才能成为世界宗教。

弗·恩格斯写于 1894 年 6 月 19 日—7 月 16 日

载于 1894—1895 年《新时代》杂志第 13 年卷第 1 册第 1、2 期

原文是德文

选自《马克思恩格斯文集》第 4 卷第 473—503 页

弗·恩格斯

法德农民问题[242]

　　资产阶级的和反动的政党,对目前社会主义者突然到处都把农民问题提上了议事日程,感到非常惊奇。按理说,他们倒应该对这件事情没有早已发生而感到惊奇。从爱尔兰到西西里,从安达卢西亚到俄罗斯和保加利亚,农民到处都是人口、生产和政治力量的非常重要的因素。只有西欧的两个地区是例外。在大不列颠本土,大土地占有和大农业完全排挤了自耕农;在普鲁士易北河以东地区,几百年来一直发生着同样的过程,在这里,农民也是日益被"驱逐",或者至少在经济上和政治上日益被挤到次要地位。

　　农民至今在多数场合下只是通过他们那种根源于农村生活闭塞状况的冷漠态度而证明自己是一个政治力量的因素。人口的主体的这种冷漠态度,不仅是巴黎和罗马议会贪污腐化的最强大的支柱,而且是俄国专制制度的最强大的支柱。然而这种冷漠态度决不是不可克服的。自从工人运动发生以来,西欧的资产者,特别是在农民小块土地所有制占优势的地区,不用很费气力就能够激起农民对社会主义工人的怀疑和憎恨,把他们想象成 partageux,即"均产分子",想象成设法抢夺农民财产的一群懒惰而贪婪的城里人。1848 年二月革命[2]的朦胧的社会主义的激情,很快就被法国农民的反动投票一扫而光;希望能生活安定的农民,从他们那丰富的记忆中取出关于农民皇帝拿破仑的神话,创立了第二帝国。我们大家都知道:单是农民的这一勋业就索取了法国人民多少代价;法国人民至今还深受这一勋业的后果之苦。

但是从那时以来,许多情况都已经改变了。资本主义生产形式的发展,割断了农业小生产的命脉;这种小生产正在无法挽救地灭亡和衰落。北美、南美和印度的竞争使廉价的粮食充斥欧洲市场,这种粮食廉价到没有一个欧洲的生产者能够跟它竞争。大土地占有者和小农都同样面临着灭亡。而因为他们两者都是土地占有者和乡村居民,所以大土地占有者宣称自己是为小农利益奋斗的先锋战士,而小农———一般讲来———也承认这个先锋战士。

然而在这个时候,在西方强大的社会主义工人政党已经成长起来了。二月革命时代模糊的预感和憧憬已经明朗化,扩展、深化成为能满足一切科学要求并包含有明确具体要求的纲领;不断增多的社会党议员在德国、法国、比利时的议会里捍卫着这些要求。社会党夺取政权已成为可以预见的将来的事情。然而,为了夺取政权,这个政党应当首先从城市走向农村,应当成为农村中的一股力量。社会党超越所有其他政党,认识经济原因和政治后果的联系,因此它早就识破了硬要跟农民做朋友的大地主那副羊皮掩盖着的豺狼面孔——这样一个政党能心安理得地任凭注定灭亡的农民继续被他们的伪保护者所控制,直到农民从工业工人的消极敌人变成工业工人的积极敌人吗?这样,我们便谈到农民问题的中心点了。

一

我们可能面对的农村居民，包含有一些很不相同的组成部分，这些不同的组成部分本身又按各个地区而有所区别。

在德国西部，和在法国和比利时一样，占统治地位的是小块土地农民的小生产，这些农民大部分是小块土地的所有者，在少数场合则是小块土地的租佃者。

在西北部——在下萨克森和石勒苏益格—荷尔斯泰因，占优势的是大农和中农，他们是非雇用男女长工，甚至非雇用短工不可的。在巴伐利亚的部分地区，情形也是一样。

普鲁士易北河以东地区和梅克伦堡，是一个拥有雇农、长工和短工的大土地占有和大生产的区域，而在某些地方则尚有为数不多并且日趋减少的小农和中农。

在德国中部，我们遇到的是所有这些生产形式和土地占有形式的混合，其比例因地区而异，并且这些形式当中没有一种是在稍许广大的面积上占有优势的。

此外，还有一些大小不同的地区，在那里，自有的或者租佃的耕地不足以养家糊口，而只是作为从事某种家庭工业的基础，确保这种家庭工业有可能支付通常无法思议的低工资，从而使产品在任何异国竞争下都能有稳固的销路。

这几类农村居民中有哪些是可以争取到社会民主党方面来的呢？不用说，我们只是大概地研究这一问题；我们只是考察一些显著突出的形式；篇幅的限制不允许我们详述各个过渡阶段以及农村居民的混合组成的情况。

我们先从小农说起。在所有的农民当中，小农不仅一般说来对于西欧是最重要的农民，而且还给我们提供了解开整个问题的关键。只要我们搞清楚了我们对小农应有的态度，我们便有了确定我们对农村居民其他组成部分的态度的一切立足点。

我们这里所说的小农，是指小块土地的所有者或租佃者——尤其是所有者，这块土地既不大于他以自己全家的力量通常所能耕种的限度，也不小于足以让他养家糊口的限度。因此，这个小农，像小手工业者一样，是一种工人，他和现代无产者不同的地方就是他还占有自己的劳动资料；所以，这是过去的生产方式的一种残余。他的祖先曾经是固定在土地上的，没有人身自由的，或者在十分例外的情况下是自由的，但又羁于地租和徭役的农民，他和他的祖先有三方面不同。第一，法国革命已经为他解除了必须对地主担负的种种封建的赋税和劳役，并在大多数场合，至少在莱茵河左岸，给了他一块田地作为他的自由的财产。第二，他丧失了自己曾作为其中一员的自治马尔克公社的保护，同时也丧失了他那一份使用早先马尔克公有土地的权利。马尔克公有土地一部分被过去的封建主，一部分被那开明的、基于罗马法的、官僚制度的立法玩魔术似地掠夺去了，从而使现代的小农不购买饲料就不能养耕畜。而在经济方面，废除封建赋役远远抵不上马尔克土地使用权的丧失；养不起耕畜的农民的数目不断增长。第三，现时的农民的不同点还在于：他丧失了自己过去的生产工作的一半。过去他和他的家庭用自产的原料来生产他所需要的大部分工业品；他的其余的需要则由那些除农业外同时兼营手工业的乡村邻居来满足，后者从他那里得的报酬大部分是交换的物品或换工。家庭是自给自足的，几乎生产它所需要的一切，而村庄则更是如此。这差不多是十足的自然经济，货币几乎根本不需要。资本主义生产借助于货币经济和大工业结束了这种情况。而如果说马尔克土地使用权是农民生存的一个基本条件,那么工业副业则是另一个基本条件。于是农民每况愈下。捐税、歉收、继承人分家、诉讼,将一个又一个农民驱向高利贷者;负债现象越来越普遍,而且每个人的债务越来越沉重——一句话,我们的小农,同过了时的生产方式的任何残余一样,在不可挽回地走向灭亡。他们是未来的无产者。

作为未来的无产者,他们本来应当乐意倾听社会主义的宣传。但是他们那根深蒂固的私有观念,暂时还阻碍他们这样做。为了保持他们那一小块岌岌可危的土地而进行的斗争越加艰苦,他们便越加顽固地拼命抓住这一小块土地不放,他们便越加倾向于把那些谈论将土地所有权转交整个社会掌握的社会民主党人看做如同高利贷者和律师一样危险的敌人。社会民主党应当用什么办法来战胜这种成见呢?在不背叛自己的情况下,它能给走向灭亡的小农拿出些什么呢?

在这一方面,我们可以把马克思主义派的法国社会党人的土地纲领当做实际的立足点,这一纲领特别值得重视,因为它是从小农经济的典型国家产生出来的。

在1892年的马赛代表大会上,通过了党的第一个土地纲领。[243]这个纲领为无地的农业**工人**(即短工和雇农)提出的要求是:实行由同业公会和市镇委员会规定的最低工资额;建立其成员半数由工人组成的农村工商业仲裁法庭;禁止出卖市镇土地,把国有土地租给市镇,市镇应当将这一切土地——不论是自己的或租来的——在禁止使用雇工并受市镇监督的条件下交给无地的农业工人家庭组合共同耕种;规定养老金和残废抚恤金,由对大地产征收的特别税支付。

这个纲领为**小农**(其中还专门谈到了佃农)提出的要求是:由

市镇置备农业机器,按成本价格租给农民使用;建立农民合作社以购买肥料、排水管、种子等等并销售产品;对于价值不超过 5 000 法郎的土地,在土地转手时免于征税;建立爱尔兰式的调停委员会,以减低过高的租价,并为退佃的佃农和分成制佃农(métayers)补偿他们所提高的土地价值;废除规定土地所有者有权夺走收成抵债的《民法典》[5] 第 2102 条,并剥夺债权人将青苗抵做押金的权利;规定一定数量的农具、收成、种子、肥料、耕畜——总之,凡农民耕作所必需的东西——不得抵做押金;修订早已过了时的总的地籍册,暂时则在每个市镇中进行地方性的修订;最后,实行免费的农业进修教育和建立农业试验站。

我们看到,为农民利益而提出的要求——至于为工人利益而提出的要求,我们在这里暂且不谈——并不是过分的。其中有一部分在别的国家里已经实现了。佃农调解法庭明显地是按照爱尔兰的样式建立起来的。农民合作社在莱茵地区已经存在。修订地籍册是西欧各地一切自由派以至于官僚经常表示的善良愿望。纲领的其他各条,也是不必使现存资本主义制度受到什么根本损害就可以实现的。我们说这些,只是为了说明纲领的特征,并无责难之意,而是恰恰相反。

利用这一纲领,党在法国各个不同地区的农民中间都获得了很大的成功,以致——因为胃口越吃越大——我们的法国同志就迫切地想把纲领弄得更加适合于农民的口味。当然,他们同时也感到他们正走上危险的道路。应该如何帮助农民,并且不是作为未来的无产者,而是作为现时的有产农民来帮助,而又不违背社会主义总的纲领的基本原则呢? 为了应对这方面的异议,于是在新的实际建议之前加上了一段理论性的绪论,企图证明社会主义原则中包括有保护小农所有制免于在资本主义生产方式下遭到灭亡,虽然作者们自己完全明白这种灭亡是不可避免的。现在我们来仔细考察一下今年9月在南特代表大会上所通过的这个绪论以及要求本身。

绪论开头写道:

"鉴于按照党的总纲的本文,生产者只有在占有生产资料时才能自由;

鉴于虽然说在工业方面这些生产资料已经达到如此程度的资本主义的集中,以至于只有以公有的或者说社会所有的形式才能归还生产者,但是——至少在今天的法国——,在农业方面情况就完全不同了,在这里生产资料,即土地,在许多地方还是作为个人财产掌握在个体生产者手中;

鉴于虽然这种以小块土地所有制为特征的情况不可挽救地注定要灭亡(est fatalement appelé à disparaître),可是社会主义却不应加速这种灭亡,因为社会主义的任务并不是要把所有权和劳动分离开来,而是相反,要把任何生产的这两个要素结合在同一手中,因为把这两个要素分隔开来的后果,就是沦为无产者的劳动者遭受奴役和贫困;

鉴于如果说一方面社会主义的职责在于重新使农业无产者在对现在的游手好闲的大地产所有者实行剥夺之后——以公有的或者说社会所有的形式——占有大地产,那么另一方面,社会主义的同样迫切的职责就在于维护自食其力的农民占有自己的小块土地,而反对国库、高利贷者以及来自新生的大地主方面的侵犯;

鉴于对那些作为佃农或分成制佃农(métayers)耕种别人土地的生产者(即使他们剥削短工也是在某种程度上迫于自己受着剥削),也应该予以同样保护——

工人党——它与无政府主义者相反,不把社会制度的改造寄托于贫困的增长和蔓延,而认为劳动和整个社会的解放只有靠城乡劳动者组织起来和共同努力,靠他们掌握行政和立法的权力才可获得——通过了下列土地纲领,以联合农村生产的一切成分和在各种法律基础上经营国内土地的一切种类的活动一齐去与共同的敌人——封建土地所有制作斗争。"

让我们来更详细地考察这几个"鉴于"。

首先,紧接法国纲领中关于占有生产资料是生产者自由的前提这句话之后,应该添上下面这几句,即生产资料的占有只能有两种形式:或者是个人占有,这一形式无论何时何地对于生产者来说都从来没有作为普遍形式存在过,而且一天天地越来越被工业的进步所排除;或者是公共占有,这一形式的物质的和精神的前提都已经由资本主义社会的发展本身造成了;所以,必须以无产阶级所拥有的一切手段来为生产资料转归**公共**占有而斗争。

这样,生产资料的公共占有便在纲领中被提出来作为应当争取的唯一的主要目标。这不仅在基础已经打好了的工业方面是如此,而且在所有的地方,也就是说在农业方面也是如此。按照纲领所说,个人占有无论何时何地对于一切生产者来说都从来没有普遍适用过;正因为如此,并且还因为工业的进步本来就在排除个人占有,所以社会主义的利益决不在于维护个人占有,而是在于排除它,因为凡是个人占有还存在的地方,公共占有就成为不可能。如果要引证纲领,那么就应该引证整个纲领,而这就会根本改变南特绪论中所引用的论点,因为这将使其中表达的普遍历史真理依存于这样的一些条件,只有在这些条件下,这个真理现在才能对西欧和北美仍然有效。

个体生产者对生产资料的占有,在现代已经不再赋予这些生产者以真正的自由。城市中的手工业已经破产,而在像伦敦那样的大城市中甚至已经全然绝迹,取而代之的是大工业、血汗制度以及靠破产维持生活的可怜的小生意人。靠自力耕种为生的小农既非牢靠地占有自己的小块土地,也不自由。他们本人以及他们的房屋、他们的院子、他们的少量田地,都属于高利贷者,他们的生活比无产者更没有保障,无产者至少有时还能过上些安生日子,而受尽折磨的债务奴隶却永远没有这样的事。即使把《民法典》第2102条删掉,即使通过法律保证农民有一定数量的农具、牲畜等等不得抵做押金,你们也仍旧无法使他们从走投无路的处境中解脱出来，因为他们为了暂时延缓毁灭的日期，必须"自愿地"将自己的牲畜，将他们本人连肉体带灵魂一并出卖给高利贷者。你们企图保护小农的所有权，这不是保护他们的自由，而仅仅是保护他们被奴役的特殊形式而已；这种形式的奴役延长着他们的求生不成求死不得的状况；因此，引证你们纲领的第一段在这里是根本不适当的。

绪论中说道：在今天的法国，生产资料，即土地，在许多地方还是作为个人财产掌握在个体生产者手中；社会主义的任务并不是要把所有权和劳动分离开来，而是相反，要把任何生产的这两个要素结合在同一手中——上面已经指出过，后面这点作为一种普遍状况来谈，决不是社会主义的任务；社会主义的任务，不如说仅仅在于把生产资料转交给生产者**公共占有**。我们只要忽视这一点，上述论点立刻就把我们引入歧途，以为社会主义的使命是把小农对自己田地的现在这种虚构的所有权变成真正的所有权，也就是说，把小佃农变成所有者，把满身债务的所有者变成没有债务的所有者。自然，农民所有权的这种假象的消失对于社会主义是有好处的，但不是以这种方式。

无论如何，现在事情已弄到这样的地步，绪论竟直截了当地宣称，社会主义的职责，甚至它的迫切的职责，是在于

"维护自食其力的农民对自己的小块土地的占有，而反对国库、高利贷者以及来自新生的大地主方面的侵犯"。

这样，绪论便把实现一件在前一段中已经认为是不可能的事情当做迫切的职责交给了社会主义。绪论委托社会主义"维护"农民的小块土地所有制，虽然它本身就说这一所有制"不可挽救地注定要灭亡"。国库、高利贷者、新生的大地主，这些不是资本

主义生产借以实现这种不可避免的灭亡的工具又是什么呢？"社会主义"应当用什么方法去保护农民不遭受这三位一体的侵害，我们下面就会看到。

但是不仅小农的所有权应该得到保护。与此同时，

"对那些作为佃农或分成制佃农（métayers）耕种别人土地的生产者（即使他们剥削短工也是在某种程度上迫于自己受着剥削），也应该予以同样保护"。

这里我们就置身于一个完全奇特的领域了。社会主义是专门反对剥削雇佣劳动的。而这里却宣布社会主义的迫切的职责是保护那些即使"**剥削短工**"——原话就是这样说的！——的法国佃农。这是因为这些佃农是在某种程度上"迫于自己受着剥削"！

一旦踏上了斜路，往下滑是多么容易和舒服啊！如果德国的大农和中农跑来请求法国社会党人在德国党的执行委员会面前美言一番，要德国社会民主党保护他们剥削男女长工，理由是他们"自己受着"高利贷者、税吏、粮食投机商和牲口贩子们的"剥削"——那么法国社会党人将怎样回答呢？谁又能为他们担保我们的大土地占有者不会把卡尼茨伯爵（要知道，他也提出了类似的将粮食进口国有化的议案）也派到他们那里去，以他们"自己受着"交易所、高利贷者和粮食投机商的"剥削"为理由而请求社会党人在他们剥削农业工人方面也加以保护呢？

不过应该说明，我们的法国朋友们根本不是像表面看上去那样怀有什么恶意。在上述的那一段中所指的仅仅是一种非常特殊的情况，即如下的情况：在法国北部，也如在我国甜菜产区一样，土地租给农民耕种，责成他们栽种甜菜，而且条件极端苛刻：他们必须向指定的工厂并按照该工厂所规定的价格出售甜菜，必须购买指定的种子，按规定定量施肥，此外他们在送交甜菜时还要受到无

耻的欺诈。这一切我们在德国也很熟悉。但是,如果法国社会党人想予以保护的正是这类农民,那就应当直接和明确地说出来。这作为一种普遍状况来谈,不仅直接违反法国的纲领,而且直接违反社会主义的基本原则,如果这一草率的措辞被不同的方面用来作出不符合它的起草者们本意的解释,那么他们是没有理由抱怨的。

绪论的结束语也可能受到同样的曲解。按照这一结束语,社会主义工人政党的任务是

"联合农村生产的一切成分和在各种法律基础上经营国内土地的一切种类的活动一齐去与共同的敌人——封建土地所有制作斗争"。

我坚决否认任何国家的社会主义工人政党有任务除了吸收农村无产者和小农以外,还将中农和大农,或者甚至将大地产租佃者、资本主义畜牧主以及其他按资本主义方式经营国内土地的人,也都吸收到自己的队伍中来。就算封建土地所有制对于他们大家都是共同的敌人吧。我们在某些问题上可以和他们一道走,可以在一定时期为达到一定的目的而与他们一起奋斗。我们党内可以有来自任何社会阶级的个人,但是我们绝对不需要任何代表资本家、中等资产阶级或中等农民的利益的集团。这里的本意也并不是看上去的那样坏;关于这一切,起草者们显然是根本没有考虑到;然而遗憾的是喜欢概括的热情使他们忘乎所以;如果有人要他们兑现诺言,他们可不要大惊小怪。

绪论的后面接着是对纲领本身的一些补充,这些补充是由新近作出的决议通过的。它们也像绪论一样措辞很草率。

关于市镇应当购置农业机器并按成本出租给农民的那一条,作了如下的更改:第一,市镇为此目的应当从国家获得补助金;第

二,市镇应当无报酬地把机器提供小农使用。这个进一步的让步决不会给小农带来多大的好处,因为小农的田地及其经营方式只容许小规模地运用机器。

其次:

"取消一切现行的间接税和直接税,代之以对3 000法郎以上的一切收入征收的单一的累进税。"

若干年来几乎在每一个社会民主党纲领中都包含有类似的要求。然而专门为了小农的利益把它提出来,这却是一件新鲜事,而且只是证明,它的效果被估计得多么不够。我们就拿英国做例子。在那里,国家的预算是9 000万英镑。其中有1 350万—1 400万英镑来自所得税,其余的7 600万中有一小部分来自营业税(邮政、电报、印花税),但绝大部分是靠对日用消费品抽税来取得的,即靠对全体国民而主要是对较贫穷阶层的收入经常不断地进行少量克扣——毫不显眼,但加起来却是若干百万——来取得的。在现代社会中,恐怕不可能用其他办法来偿付国家的开支了。我们姑且假定说,所有这9 000万英镑在英国都是靠对120英镑(3 000法郎)以上的收入征收直接累进税取得的。每年的平均积累,整个国民财富每年的增长,按吉芬的统计,在1865—1875年是24 000万英镑。假定现在每年是3亿英镑;9 000万英镑的捐税负担在这种情况下便会耗去全部积累的将近三分之一。换句话说,除了社会主义政府以外,没有一个政府能采取这类做法;而当社会主义者掌握了政权的时候,他们将要实行种种措施,这种税收改革在那时将只不过起一种暂时的、微不足道的分期偿付债款的作用,而在小农面前则将展现出完全不同的前景。

纲领的起草者们看来也认识到,这种税收改革农民还得等待一段较长的时间，因此"暂且"（en attendant）向他们许诺：

"废除向一切自食其力的农民征收的土地税和减轻向一切典押地征收的土地税。"

这项要求的后半部所指的只能是不能单靠家中人力耕作的**较大的农庄**；因此，这又是对那些"剥削短工"的农民的一个优待。

其次：

"渔猎自由不受任何限制，但为保护野物、鱼类以及庄稼所须作的限制除外。"

这听起来颇得人心，但是，这句话的后半部却将前半部勾销了。现时在所有农业地区每一户农家究竟能摊到多少兔子、鹧鸪、梭鱼和鲤鱼呢？够不够一年给每个农民**一天**多的时间去渔猎呢？

"减低法定的和通行的利率"——

这就是说，重新颁布一些反高利贷的法律，企图重新实行那种两千年来无论何时何地都遭到失败的警察措施。如果小农陷入困难的处境，以致向高利贷者求贷在他们看来已是较小的祸害，那么高利贷者总是能找到办法来吸尽他们的脂膏，而又不会受到反高利贷法律的制裁。这一措施最多只能使小农得到安慰，而不会带给他们什么好处；相反，它只会使他们恰恰在特别需要贷款时却难于获得贷款。

"免费治疗并按成本价格供给药品"——

这无论如何不是专门的保护农民的措施；德国纲领比这更进一步，甚至还要求免费供给药品。

"预备役士兵应征服役期间,其家属应得贴补"——

这在德国和奥地利都已经实行,虽然还很不够,并且这也不是专门为农民提的要求。

"降低肥料、农业机器和农产品的运费"——

这在德国基本上已经实行,而且主要是符合大土地占有者的利益。

"立即进行准备工作以拟定改良土壤和提高农业生产的公共工程计划"——

这一切都超不出含糊其词和漂亮诺言的圈子,并且首先也是为了大土地占有者的利益。

一句话,在绪论的全部大吹大擂的理论性的开场白之后,新土地纲领的实际建议却一点也没有向我们说清楚,法国工人党究竟打算怎样做到维护小农的小块土地所有制,而这种土地所有制按照它自己的说法是不可挽救地注定要灭亡的。

二

我们的法国同志有一点是完全正确的:**违反小农的意志**,任何持久的变革在法国都是不可能的。我只是觉得,他们没有找到接近农民的正确方法。

大概,他们的出发点是想要在朝夕之间,甚至尽可能就在最近一次的普选中把小农争取过来。他们只有靠很冒险的广泛的许诺,才有希望达到这个目的,而为了替这些许诺作辩护,他们便不得不运用还要冒险得多的理论上的一些考虑。如果我们比较仔细地考察一下,那就会发现:这些广泛的许诺是自相矛盾的(许诺准备维护一种他们自己宣布为不可挽救地注定要灭亡的状态);个别的措施或者完全没有实际的作用(反高利贷的法律),或者是工人的广泛要求,或者也对大土地占有者有利,或者最后,其作用对于小农的利益决不是很有意义的;因此,纲领的纯实践部分便自动改正了错误的开场白,并把绪论中那些看起来有冒险性的大话降低到事实上无伤大体的程度。

坦率地说,在由小农的整个经济地位、由他们所受的教育和闭塞的生活方式所产生并且为资产阶级报刊和大土地占有者所助长的偏见之下,我们只有向小农群众作出一些明知不能兑现的许诺,才能于朝夕之间把他们争取过来。这就是说:我们得向他们许诺不仅要在任何情况下都保护他们的财产,反对一切向它进攻的经济力量,而且要把这财产从现在就已经压在它身上的重担下解放出来:把佃农变成自由的所有者,为被典押压得喘不过气来的所有者偿还其债务。即使我们能够做到这点,也只会回到那必然要重新发展成现在这种情况的局面。我们不会使农民得到解放,而只会延缓一下他们灭亡的时间。

但是,我们的利益决不是要今天就把农民争取过来,好使他们明天在我们不能实现自己的诺言时又离开我们。我们是不需要期望我们永久保存其小块土地所有制的农民来做党员的,正如我们不需要那些想永久保存其师傅地位的小手工业师傅来做党员一样。这种人属于反犹太主义者之流。让他们到反犹太主义者那里去吧,让他们向后者取得拯救他们的小生产的诺言吧;当他们在那里知道这些夸夸其谈的话语有什么意义,反犹太主义者天堂里的小提琴演奏的是些什么样的曲子,他们就会越来越懂得:虽然我们许诺得少些,并且完全是从另一个方向寻求解救,但我们毕竟是更加可靠的人。假如法国人那里曾经发生过像我们这里一样喧嚣的反犹太主义的煽动，那么他们未必会犯南特的错误。

我们对待小农的态度究竟是怎样的呢？在我们夺得国家政权的那一天，我们应该怎样对待他们呢？

第一，法国纲领的论点是完全正确的：我们预见到小农必然灭亡，但是我们无论如何不要以自己的干预去加速其灭亡。

第二，同样明显的是，当我们掌握了国家政权的时候，我们决不会考虑用暴力去剥夺小农（不论有无赔偿，都是一样），像我们将不得不如此对待大土地占有者那样。我们对于小农的任务，首先是把他们的私人生产和私人占有变为合作社的生产和占有，不是采用暴力，而是通过示范和为此提供社会帮助。当然，到那时候，我们将有足够的手段，向小农许诺，他们将得到现在就必须让他们明了的好处。

差不多20年以前，丹麦的社会党人就已经提出了类似的计划，因为他们的国家实际上只有**一座**城市，即哥本哈根，所以除这座城市以外，他们就几乎完全要靠在农民中间进行宣传。一个村庄或教区的农民——在丹麦有许多大的个体农户——应当把自己的土地结合为一个大田庄，共同出力耕种，并按入股土地、预付资金和所出劳力的比例分配收入。在丹麦，小土地所有制只起次要作用。可是，如果我们将这一思想运用于小块土地所有制地区，我们就会发现：把各小块土地结合起来并且在全部结合起来的土地上进行大规模经营的话，一部分过去使用的劳动力就会变为多余的；劳动的这种节省也就是大规模经营的主要优点之一。要给这些劳动力找到工作，可以用两种方法：或是从邻近的大田庄中另拨出一些田地给农民合作社支配，或是给这些农民以资金和机会去从事工业性的副业，尽可能并且主要是供自己使用。在这两种情况下，他们的经济地位都会有所改善，并且这同时会保证总的社会领导机构有必要的影响，以便逐渐把农民合作社转变为更高级的形式，使整个合作社及其社员个人的权利和义务跟整个社会其他部门的权利和义务处于平等的地位。至于怎样具体地在每一个特殊场合下实现这一点，那将取决于这一场合的情况，以及我们夺得政权时的情况。可能我们那时将有能力给这些合作社提供更多的便利：由国家银行接收它们的一切抵押债务并将利率大大减低，从社会资金中抽拨贷款来建立大规模生产（贷款不一定或者不主要是货币，而可以是必需的产品：机器、人造肥料等等）及其他各种便利。

这里主要的是使农民理解，我们要挽救和保全他们的房产和田产，只有把它们变成合作社的占有和合作社的生产才能做到。正是以个人占有为条件的个体经济，使农民走向灭亡。如果他们要坚持自己的个体经济，那么他们就必然要丧失房屋和家园，大规模的资本主义经济将排挤掉他们陈旧的生产方式。情况就是如此。现在我们来让农民有可能不是为了资本家的利益，而是为了他们自己的共同利益自己进行大规模经营。难道不能使农民理解，这是为了他们自己的利益，这是他们唯一得救的途径吗？

我们永远也不能向小农许诺，给他们保全个人财产和个体经济去反对资本主义生产的优势力量。我们只能向他们许诺，我们不会违反他们的意志而强行干预他们的财产关系。其次，我们可以促使资本家和大土地占有者反对小农的斗争现在就尽量少用不公正的手段进行，并且尽可能阻挠现在常常发生的直接掠夺和欺诈行为。这是只有在例外的场合才可做到的。在发达的资本主义生产方式下，谁也搞不清楚到哪里为止算是诚实，从哪里起就算是欺诈。然而政权是站在欺骗者方面还是站在被欺骗者方面，这始终是有很大差别的。而我们则坚决站在小农方面;我们将竭力设法使他们的命运较为过得去一些,如果他们下了决心,就使他们易于过渡到合作社,如果他们还不能下这个决心,那就甚至给他们一些时间,让他们在自己的小块土地上考虑考虑这个问题。我们之所以要这样做,不仅是因为我们认为自食其力的小农可能来补充我们的队伍,而且也是为了党的直接利益。我们使之免于真正沦为无产者,在还是农民时就能被我们争取过来的农民人数越多,社会改造的实现也就会越迅速和越容易。如果我们要等到资本主义生产发展的后果到处都完全显现出来以后,等到最后一个小手工业者和最后一个小农都变成资本主义大生产的牺牲品以后,才来实现这个改造,那对我们是没有好处的。我们在这个意义上为了农民的利益而必须牺牲的一些社会资金,从资本主义经济的观点看来好像只是白花钱,然而这却是一项极好的投资,因为这种物质牺牲可能使花在整个社会改造上的费用节省十分之九。因此,在这个意义上说来,我们可以很慷慨地对待农民。这里不是深入细节,在这方面提出一定建议的地方;这里只能讲到一般的要点。

可见,如果我们许下的诺言使人产生哪怕一点点印象,以为我们是要长期保全小块土地所有制,那就不仅对于党而且对于小农本身也是最糟糕不过的帮倒忙。这就简直是把农民解放的道路封闭起来并把党降低到招摇过市的反犹太主义的水平。恰恰相反。我们党的义务是随时随地向农民解释:他们的处境在资本主义还统治着的时候是绝对没有希望的,要保全他们那样的小块土地所有制是绝对不可能的,资本主义的大生产将把他们那无力的过时的小生产压碎,正如火车把独轮手推车压碎一样是毫无问题的。如果我们这样做,那就是按照必然的经济发展的精神行动,而经济发展会使农民的头脑接受我们的话。

然而，在结束这个话题之前，我必须说明我相信南特纲领的起草者们实质上跟我抱有同样的观点。他们极有见识，决不会不了解，现在分为小块的土地也必定要转归公共占有。他们自己也承认，小块土地所有制是注定要消灭的。由拉法格起草的全国委员会在南特代表大会上的报告[244]，也完全确认了这一观点。这个报告的德文本刊载于今年10月18日柏林的《社会民主党人》[245]报上。南特纲领在措辞上的矛盾百出本身就已表明：它的起草者们实际上所说的并不是他们所想要说的。如果他们得不到理解，他们的言论被人滥用——实际上已经发生这种情形——，那当然是他们自己的过错。不管怎样，他们应该更详细地说明他们的纲领，而下届法国代表大会则必须对它进行彻底审查。

现在我们来谈一谈较大的农民。在这里，主要由于遗产分割，而且也由于欠债和被迫卖地，我们看到从小块土地农民起到完整保存了甚至扩大了自己旧有田地的大农为止的各个过渡阶段的全图。在中农住在小块土地农民中间的地方，中农的利益和观点跟小块土地农民没有什么本质区别；但是他们本身的经验应该告诉他们，有多少像他们这样的人已经下降为小农了。然而，在中农和大农占优势而农业经营又普遍都需用男女长工的地方，情形就完全不同了。工人政党当然应该首先维护雇佣工人，即维护男女长工和短工的利益；仅仅由于这一点，工人政党就不能向农民作出任何包括有让工人雇佣奴隶制继续存在的诺言。但是只要大农和中农本身仍然存在，他们就非使用雇佣工人不可。如果我们向小块土地农民许诺他们可以长期作为小块土地农民存在是愚蠢行为的话，那么向大农和中农作这样的许诺就近乎背叛了。

在这里又有跟城市手工业者相似的地方。虽然他们遭受破产比农民更为严重,但是他们中间还是有一些人除学徒外还雇有帮工,或用学徒来做帮工的工作。让这些手工业师傅中想永久保存自己的地位的人到反犹太主义者那里去吧,直到他们确信,即使在那里也不会得到什么帮助。其余那些看到自己的生产方式必然灭亡的人,则要到我们这里来,而且还准备在将来共同承担其他一切工人正面临的命运。对于大农和中农也是如此。当然,我们关心得更多的是他们的男女长工和短工,而不是他们。如果这些农民想要获得使他们的经济继续存在下去的保证,我们决不能给。这样一来,他们就到那些乐于什么都许诺,但什么都不履行的反犹太主义者、农民同盟盟员以及类似的党派那里去了。我们确切地知道一个经济上的真理,即由于资本主义经济和海外廉价粮食生产的竞争,无论大农和中农都同样无法挽救地要走向灭亡,这是这些农民日益增加的债务和到处可见的衰落所证明了的。对于这种衰落我们根本没有办法阻止,这里我们也只能建议把各个农户联合为合作社,以便在这种合作社内越来越多地消除对雇佣劳动的剥削,并把这些合作社逐渐变成一个全国大生产合作社的拥有同等权利和义务的组成部分。如果这些农民看到他们现在的生产方式必然要灭亡并且从中得出必要的结论,他们就要到我们这里来,而我们的职责就是要尽力使他们也易于过渡到新的生产方式。否则,我们就只得让他们听天由命,而去同一定会对我们表示欢迎的他们的雇佣工人打交道了。大概我们在这里也将拒绝实行暴力的剥夺,并且可以指望,经济发展将使这些顽固脑袋也能变得明智。

只有对于大土地占有制,事情才十分简单。这里摆在我们面前的是毫无掩饰的资本主义企业,因此也就不应该有任何迟疑。这里我们面对的是人数众多的农村无产者,因而我们的任务很清

楚。我们的党一旦掌握了国家政权，就应该干脆地剥夺大土地占
有者，就像剥夺工厂主一样。这一剥夺是否要用赎买来实行，这大
半不取决于我们，而取决于我们取得政权时的情况，尤其是也取决
于大土地占有者先生们自己的态度。我们决不认为，赎买在任何
情况下都是不容许的；马克思曾向我讲过（并且讲过好多次！）他
的意见：假如我们能赎买下这整个匪帮，那对于我们最便宜不过
了。然而这里我们不去谈论这点。我们将把这样归还给社会的
大地产，在社会监督下，转交给现在就已经耕种着这些土地并将
组织成合作社的农业工人使用。我们将用什么方式方法转交这
些土地，关于这点现在还不能说出一定的意见。无论如何，资本
主义的企业转变为社会的企业在这里已经万事俱备了，并且一
夜之间就可以马上完成，就像在克虏伯先生或冯·施杜姆先生
的工厂中一样。这些农业合作社的范例，将说服最后一些可能
仍在反抗着的小块土地农民乃至某些大农相信大规模合作企业
的优越性。

　　因此，在这里，我们可以在农村无产者面前展开一幅光辉的远
景，就像在工业工人面前所展开的一样。所以，把普鲁士易北河以
东地区的农业工人争取到我们这方面来，对于我们仅仅是时间问
题，而且甚至是一个很短时间的问题。而当易北河以东地区的农
业工人跟我们站在一起的时候，整个德国立刻就会改变风向。易
北河以东地区的农业工人实际上的半农奴状况，是普鲁士容克统
治的主要基础，因而也就是德国的道地普鲁士霸权的主要基础。
正是易北河以东地区的容克——他们日益陷入负债、贫穷，靠国家
和别人的供养过着寄生生活，因此也就越来越拼命抓紧自己的统
治不放——，正是他们造成了并在维护着官僚和军官的道地普鲁
士性质；他们的傲慢、狭隘和骄横，使得普鲁士民族的德意志帝

国——尽管显而易见，此刻它不可避免地成为现时唯一可能实现的民族统一形式——在国内如此被人憎恨，而在国外，虽有其光辉的胜利，却如此不受尊敬。这些容克的权力是建立在这样的基础上：在七个旧普鲁士省份的全部领土上，也就是说，几乎在整个帝国三分之一的领土上，他们掌握着在这里能带来社会权力和政治权力的地产，不仅掌握着地产，而且还通过甜菜制糖厂和烧酒酿造厂掌握着这一地区最重要的工业部门。无论德国其余部分的大土地占有者或大工业家，都没有处于这样有利的地位；无论前者或后者都没有掌握着整个的王国。他们都分散在广阔的地域里，并且为取得经济和政治优势既彼此发生竞争，又跟周围其他社会成分发生竞争。但是普鲁士容克的这种实力地位正日益丧失其经济基础。虽然有国家的帮助（自弗里德里希二世以来，这种帮助总是列入容克的每一个正常预算中），负债和贫穷化现象在这里也是不可抑制地日益扩大；只是立法和习惯所认可的实际上的半农奴制以及因而有可能对农业工人进行的无限制的剥削，才把正要没顶的容克勉强支持在水面上。只要把社会民主主义的种子撒到这些工人当中去，鼓舞他们和团结他们去坚持自己的权利，容克的统治就会完结。这一对于德国犹如俄国沙皇制度对于整个欧洲一样是野蛮的侵略成分代表的巨大反动势力，就会像刺破了的肥皂泡一样完全瓦解。普鲁士军队的"劲旅"就会变成社会民主主义的劲旅，那时在力量对比上便会发生那孕育着彻底变革的变动。正因为如此，争取易北河以东地区的农村无产者比争取德国西部的小农或者甚至比争取德国南部的中农都重要得多。这里，普鲁士易北河以东地区正是我们决战的战场，所以政府和容克将采取一切措施来阻挡我们到这里来。如果像他们威胁我们的那样，将重新采用强制措施来制止我们党的扩展，那么这首先将是为了阻碍易北河以东地区的农村无产阶级接受我们的宣传。这对我们反正一样。我们终究会将他们争取过来。

弗·恩格斯写于 1894 年 11 月
12—29 日

载于 1894—1895 年《新时代》
杂志第 13 年卷第 1 册第 10 期

原文是德文

选自《马克思恩格斯文集》
第 4 卷第 507—531 页

弗·恩格斯

卡·马克思《1848年至1850年的 法兰西阶级斗争》一书导言[246]

目前再版的这部著作,是马克思用他的唯物主义观点从一定经济状况出发来说明一段现代历史的初次尝试。在《共产主义宣言》①中,用这个理论大略地说明了全部近代史;在马克思和我在《新莱茵报》[4]上发表的文章中,这个理论一直被用来解释当时发生的政治事件。可是,这里的问题是要把一个对全欧洲都很关键而又很典型的多年发展过程中的内在因果联系揭示出来,照作者看来,就是把政治事件归结为最终是经济原因的作用。

在判断当前发生的各个事件和一系列事件时,人们总是不能追溯到**最终的**经济原因。甚至在今天已经有相应的专业报刊提供这样丰富的材料的时候,即使在英国都还没有可能逐日考察工业和世界市场贸易的进程以及生产方法中发生的变化,从而对这些十分复杂和不断变化的因素随时作出全面的总结,更何况其中那些最重要的因素,在还没有突然有力地显露出来以前,大部分都是

---

① 即《共产党宣言》。——编者注

长时期处于隐蔽作用状态。某一个时期的经济史的清晰的概况，决不会在当时就得到，而只有在事后，即在搜集和整理了材料之后才能得到。在这里，统计是必要的辅助手段，而统计总是落在事件之后。因此，在研究当前的事件时，往往不得不把这个最重要的因素看做是固定的，把所研究的时期开始时存在的经济状况看做是在整个时期内不变的，或者只考虑这个状况中那些从现有的明显事件本身产生出来因而同样是十分明显的变化。所以，唯物主义的方法在这里就往往只限于把政治冲突归结为由经济发展所造成的现有各社会阶级以及各阶级集团的利益的斗争，而把各个政党看做是这些阶级以及阶级集团的大体相应的政治表现。

不言而喻，这种对经济状况（这是所要研究的一切过程的真正基础）中同时发生的种种变化的不可避免的忽略，必然是产生错误的根源。但是，概括叙述眼前的事件时所面对的一切条件都不可避免地包含产生错误的根源，然而这并不妨碍任何人去写眼前的事件。

当马克思着手撰写本书时，要避免上面所说的那种产生错误的根源就更难了。在 1848—1849 年革命时期，要跟踪考察同时发生的那些经济变化，或者即使只是掌握它们的概况，也简直是不可能的。在流亡伦敦的最初几个月，即 1849—1850 年的秋冬，情况也是一样。然而马克思正是在这个时候开始撰写本书的。虽然有这些不利的情况，但是，由于马克思准确了解法国在二月革命[2]以前的经济状况以及这个国家在二月革命以后的政治事件，所以他能对当时的事变作出这样的叙述，这一叙述对事变内在联系的揭示达到了至今还无人达到的程度，并且光辉地经受住了后来由马克思自己进行的两度检验。

第一次检验是这样来的：从 1850 年春天起，马克思又有空从事经济研究,并且首先着手研究最近 10 年的经济史。结果,他从事实中完全弄清楚了他以前半先验地根据不完备的材料所推出的结论,即:1847 年的世界贸易危机孕育了二月革命和三月革命[9];从 1848 年年中开始逐渐复兴而在 1849 年和 1850 年达到全盛状态的工业繁荣,是重新强大起来的欧洲反动势力的振奋力量。这是有决定意义的。如果说在前三篇文章中(载于 1850 年汉堡出版的《新莱茵报。政治经济评论》[128]1 月号、2 月号和 3 月号)还在期待不久革命力量新高涨就会到来,那么由马克思和我为 1850 年秋季出版的最后一期合刊号(5—10 月)所写的那篇《时评》,就已经永远抛弃了这种幻想,那里指出:"新的革命,只有在新的危机之后才可能发生。但新的革命正如新的危机一样肯定会来临。"[247]然而这是我们所必须作的唯一重大修改。前几篇文章中对于事变所作的解释,那里所确定的种种因果关系,都绝对没有什么需要改动的地方,上面提到的那篇时评中对 1850 年 3 月 10 日至秋季的续评就表明了这一点。因此,我就把这个续篇作为第四篇文章编入了本版。

第二次检验更为严格。在路易·波拿巴 1851 年 12 月 2 日政变之后,马克思立刻重新探讨了从 1848 年 2 月起直到这次暂时结束了革命时期的事变为止的法国历史(《路易·波拿巴的雾月十八日》[①]第三版,1885 年汉堡迈斯纳出版社出版)。在这本小册子里,又一次谈到了本书中所描述的时期,不过较为简略一些。如果把这个参照一年多以后发生的决定性事变作出的第二次记述与本书比较一下,就可看到作者只须作很少的改动。

---

① 见本选集第 1 卷。——编者注

使本书具有特别重大意义的是,在这里第一次提出了世界各国工人政党都一致用以扼要表述自己的经济改造要求的公式,即:生产资料归社会所有。在第二章中,讲到被称做"初次概述无产阶级各种革命要求的笨拙公式"的"劳动权"时说:"其实劳动权就是支配资本的权力,支配资本的权力就是**占有生产资料**,使生产资料受联合起来的工人阶级支配,也就是消灭雇佣劳动、资本及其相互间的关系。"①可见,这里第一次表述了一个使现代工人社会主义既与封建的、资产阶级的、小资产阶级的等形形色色的社会主义截然不同,又与空想的以及自发的工人共产主义所提出的模糊的财产公有截然不同的原理。如果说马克思后来把这个公式也扩大到占有交换手段上,那么这种扩大不过是从基本原理中得出的结论罢了,况且,按《共产主义宣言》②来看这种扩大是不言而喻的。最近英国有些聪明人对此还提出了一个补充,说"分配手段"也应该转交给社会。这些先生大概很难说清楚,这些不同于生产资料和交换手段的经济分配手段究竟是些什么东西;他们莫不是指**政治的**分配手段,如捐税、包括萨克森林地③及其他各种奖赏在内的贫民救济。但是,首先,这些分配手段现今已经归社会整体即国家或市镇所有;其次,这些分配手段正是我们想要废除的。

————

当二月革命爆发时,在关于革命运动的条件和进程的看法上,我们大家都受过去的历史经验,特别是法国经验的影响。因为正是法国在 1789 年以来的全部欧洲历史中起了主导作用,而现在它

---

① 见本选集第 1 卷第 478—479 页。——编者注
② 即《共产党宣言》。——编者注
③ 指 1871 年皇帝威廉一世赠给俾斯麦的汉堡附近的地产。——编者注

又再次发出了普遍变革的信号。因此,我们关于 1848 年 2 月在巴黎所宣布的"社会"革命即无产阶级革命的性质和步骤的观念,带有回忆 1789—1830 年榜样的浓厚色彩,这是很自然的和不可避免的。而当巴黎起义在维也纳、米兰和柏林的胜利起义[14]中获得响应时;当整个欧洲直至俄国边境都被卷入运动时;当后来 6 月间在巴黎发生无产阶级和资产阶级争夺统治权的第一次大搏斗[12]时;当甚至资产阶级的胜利也如此震撼各国资产阶级,致使它又重新投入刚被推翻的君主封建反动势力的怀抱时——在当时的情势下,我们不可能有丝毫怀疑:伟大的决战已经开始,这个决战将在一个很长的和充满变化的革命时期中进行到底,而结局只能是无产阶级的最终胜利。

在 1849 年失败以后,我们并没有与那些在国外聚集在未来临时政府周围的庸俗民主派抱着相同的幻想。他们指望"人民"很快就会一举彻底打败"压迫者",我们却估计到在铲除"压迫者"之后,这个"人民"内部所隐藏着的对立成分彼此之间将进行长期的斗争。庸俗民主派等待着不久将再次爆发革命;我们却早在 1850 年秋季就已经宣布,至少革命时期的**第一**阶段已告结束,而在新的世界经济危机爆发以前什么也等待不到。因为这个缘故,我们当时曾被某些人当做革命叛徒革出教门,可是这些人后来只要受到俾斯麦的拉拢,就几乎毫无例外地跟俾斯麦和解了。

但是,历史表明我们也曾经错了,暴露出我们当时的看法只是一个幻想。历史走得更远:它不仅打破了我们当时的错误看法,并且还完全改变了无产阶级进行斗争的条件。1848 年的斗争方法,今天在一切方面都已经过时了,这一点值得在这里比较仔细地加以探讨。

以往的一切革命,结果都是某一阶级的统治被另一阶级的统治所排挤；但是，以往的一切统治阶级，对被统治的人民群众而言，都只是区区少数。这样，一个统治的少数被推翻了，另一个少数又取代它执掌政权并依照自己的利益改造国家制度。每次上台的都是一个由于经济发展状况而有能力并且负有使命进行统治的少数集团，正因为如此，并且也只是因为如此，所以在变革发生时，被统治的多数或者站在这个少数集团方面参加变革，或者安然听之任之。但是，如果撇开每一次的具体内容不谈，那么这一切革命的共同形式就在于：它们都是少数人的革命。多数人即使参加了，他们也只是自觉地或不自觉地为少数人效劳；然而，正是由于这种情形，或者甚至只是由于多数人采取消极的不反抗的态度，就造成了一种假象，好像这个少数是代表全体人民的。

在初次取得巨大的成就以后，胜利的少数照例发生分裂，其中一部分人满足于已经达到的成就，另一部分人则想继续前进，提出一些新的要求，这些要求至少有一部分是符合广大人民群众的真正的或表面的利益的。在个别场合，这些比较激进的要求也曾实现过；不过，往往只是瞬间的，较温和的一派重新占了上风，刚取得的成果又全部或部分地化为乌有；于是战败者就高呼有人叛变，或者把失败归咎于偶然。而实际上情形大多是这样：第一次胜利的成果，只有通过较激进的一派取得第二次胜利才会巩固下来；而一旦达到这一点，从而实现当前所必需的东西，激进派及其成就又从舞台上消失了。

从 17 世纪英国大革命起的近代一切革命，都显示了这些似乎是与任何革命斗争分不开的特征。看来，无产阶级争取自己解放的斗争也具有这些特征，何况恰好在 1848 年，哪怕只是稍微懂得一点应该循哪个方向去求得这一解放的人还是屈指可数的。甚至连巴黎的无产阶级群众本身，在获得胜利后也还完全不明白应该选择哪一条道路。然而终究已经有了运动,有了本能的、自发的和不可遏止的运动。难道这不正是革命一定要获得成功的形势吗?虽然这次革命是由少数人领导的,但这一次已经不是为了少数人的利益,而是为了多数人的真正利益而进行的革命。既然在一切稍微长久的革命时期中,广大的人民群众如此容易被那些拼命挤到前面来的少数人的纯粹的花言巧语所欺蒙,那么他们对于那些最确切地反映他们经济状况的思想,对于那些正好是明确而合理地表达了他们自己尚未理解,而只是刚刚模糊地感觉到的要求的思想,难道会更难接受吗? 诚然,当幻想消失而失望袭来的时候,人民群众的这种革命情绪几乎总是,而且往往很快就变为心灰意冷,甚至转到相反的方面去。但是,这里所涉及的问题不是欺蒙,而是实现大多数人本身的真正利益;虽然这些利益当时还根本没有为这大多数人所认识,但是在其实际实现的过程中,由于亲眼目睹而令人信服,一定很快就会为他们所认识。并且,正如马克思在第三篇文章中所证明的,1848 年“社会”革命中所产生的资产阶级共和国发展到 1850 年春季,已经使实际统治集中于大资产阶级——而且是具有保皇主义倾向的大资产阶级——手中,而另一方面则使所有其他的社会阶级,农民和小资产者,团结到无产阶级周围,以致在共同胜利时和共同胜利后,应该成为决定因素的已经不是大资产阶级,而是有了经验教训已经变得聪明起来的无产阶级。在这些条件下,难道不是完全存在着少数人的革命变成多数人的革命的前景吗?

历史表明,我们以及所有和我们有同样想法的人,都是不对的。历史清楚地表明,当时欧洲大陆经济发展的状况还远没有成熟到可以铲除资本主义生产的程度;历史用经济革命证明了这一点,从 1848 年起经济革命席卷了整个欧洲大陆,在法国、奥地

利、匈牙利、波兰以及最近在俄国刚刚真正确立了大工业,并且使
德国简直就变成了一个头等工业国——这一切都是以资本主义为
基础的,可见这个基础在 1848 年还具有很大的扩展能力。然而,
正是这个工业革命才到处都使各阶级之间的关系明朗化起来;它
排除了从工场手工业时期遗留下来,而在东欧甚至是从行会手工
业中遗留下来的许多过渡形式,造成了真正的资产阶级和真正的
大工业无产阶级,并把它们推到了社会发展的前台。因此,在
1848 年除英国之外只在巴黎以及充其量在几个大工业中心发生
的这两大阶级之间的斗争,现在已经遍及全欧洲,并且达到了在
1848 年还难以想象的激烈程度。那时存在的是许多模模糊糊的
宗派福音及其各自的万应灵丹;现在则是马克思的理论,是**一个得
到大家公认的、透彻明了的、明确地表述了斗争的最终目标的理
论**。那时按照地区和民族来划分和区别的群众,只是由共同蒙受
痛苦的感情联结起来,还不成熟,往往一筹莫展地摇摆于热情与绝
望之间;现在则是**一支社会主义者的国际大军**,它不可阻挡地前
进,它的人数、组织性、纪律性、觉悟程度和胜利信心都与日俱增。
既然连这支强大的无产阶级大军也还没有达到目的,既然它还远
不能以**一次重大的打击取得胜利**,而不得不慢慢向前推进,在严酷
顽强的斗争中夺取一个一个的阵地,那么这就彻底证明了,在
1848 年要以一次简单的突然袭击来实现社会改造,是多么不可能
的事情。

　　资产阶级分裂成两个王朝保皇集团[248],但是它要求的首先是
它的金融活动所需的太平和安全;与之相对抗的,是虽被打败但仍
然很可畏的无产阶级,小资产者和农民日益聚集在它的周围——
这就始终存在突发暴力事件的威胁,而这种突发事件无论如何也
不能提供任何最终解决问题的希望——,这就像是专为第三个,即

冒牌民主主义的王位追求者路易·波拿巴举行政变造成的局势。1851 年 12 月 2 日,路易·波拿巴借助军队结束了紧张局势,保障了欧洲内部的安宁,同时又赐给了它一个新的战争时代。从下面进行革命的时期暂告结束了;随之而来的是从上面进行革命的时期。

1851 年的向帝制倒退,又一次证明那时无产阶级的意愿还不成熟。但是向帝制倒退本身必定会造成使无产阶级的意愿成熟起来的条件。内部安宁为新的工业繁荣的充分发展提供了保证;由于需要使军队有事可做,并且由于需要将革命潮流引开,使之关注国外,结果就产生了战争,而波拿巴就利用这些战争,借口实现"民族原则"[249],千方百计为法国兼并领土。他的效尤者俾斯麦为普鲁士采取了同样的政策;1866 年俾斯麦实行了他自己的政变,对德意志联邦和奥地利,同样也对那个跟政府发生冲突的普鲁士议院,实行了一个从上面进行的革命。可是,欧洲太小,容不下两个波拿巴,于是就出现了历史的讽刺,俾斯麦推翻了波拿巴,普鲁士国王威廉不仅建立了一个小德意志帝国[156],而且还建立了一个法兰西共和国。然而总的结果则是,欧洲除波兰以外的所有各个大民族的独立自主和内部统一都成了现实。诚然,疆界是小了点,但是毕竟已宽广到足以使工人阶级的发展进程不再受民族纠纷的阻碍了。1848 年革命的掘墓人,竟成了它的遗嘱执行人。而在他们旁边则已经有 1848 年革命的继承者令人生畏地站立起来,这就是以**国际**为代表的无产阶级。

在 1870—1871 年的战争以后,波拿巴从舞台上消失了,俾斯麦的使命也已经完成,于是他又可以变成一个平庸的容克了。可是,结束这个时期的却是巴黎公社。梯也尔想窃取巴黎国民自卫军大炮的险恶企图,引起了一次胜利的起义。这再次表明,在巴黎,除了无产阶级的革命以外,任何其他的革命都已经不可能了。在胜利后,统治权就自然而然地、不容争辩地落到了工人阶级手中。这又表明,甚至在那时,即在本书所描述的那个时期的 20 年以后,工人阶级的这种统治还是多么不可能。一方面,法国让巴黎听天由命,无动于衷地观望着它在麦克马洪的炮弹下流血;另一方面,布朗基派(多数)和蒲鲁东派(少数)使公社本身发生分裂,这两派都不知道应该干什么,彼此进行着无谓的斗争,致使公社精力疲惫。1871 年的送上来的胜利,也和 1848 年的突然袭击一样,都没有什么成果。

人们以为战斗的无产阶级也跟巴黎公社一起被彻底埋葬了。可是,恰恰相反,无产阶级最强有力的发展,是从公社和普法战争的时候开始的。所有适合服兵役的人都应征入伍,被编入数以百万计的军队,加之威力空前强大的火器、炮弹和炸药的采用——这一切在整个军事领域造成了全面的变革,从而一方面使得除了空前酷烈而结局绝对无法逆料的世界战争以外的任何其他战争都成为不可能,这样就立刻结束了波拿巴的战争时期并且保证了和平的工业发展。另一方面,它使得军费按几何级数增长,必然引起捐税的激增,从而迫使人口中较贫苦的阶级投入社会主义的怀抱。阿尔萨斯—洛林的兼并,这个引起疯狂军备竞争的最近原因,能够煽起法德两国资产阶级互相敌对的沙文主义情绪,但是它却成了两国工人的新的联系纽带。而巴黎公社的周年纪念日,则成了全体无产阶级的第一个共同节日。

正如马克思所预言的,1870—1871 年的战争和公社的失败,暂时使欧洲工人运动的重心从法国移到了德国。在法国,要从 1871 年 5 月的流血牺牲中复原过来,自然需要多年的时间。在德国则相反,工业因从法国获得的数十亿横财[250],简直像处在温室条件下一样更加迅猛地发展起来,而社会民主党也更加迅猛和持续地成长起来。由于德国工人善于利用 1866 年开始实行的普选权,党的惊人的成长就以无可争辩的数字展现在全世界面前:社会民主党所得的选票 1871 年为 102 000 张,1874 年为 352 000 张,1877 年为 493 000 张。接着就是当局以实行反社会党人法[180]的方式承认了这些成就;党暂时被打散了,所得选票在 1881 年降到了 312 000 张。但是这种状况很快就被克服了,当时正是在受非常法压迫、没有报刊、没有合法组织、没有结社集会权利的情况下,真正开始了迅速的增长:1884 年为 550 000 张,1887 年为 763 000 张,1890 年为 1 427 000 张。这时,国家的手就软了。反社会党人法废除了,社会党人的选票增到了 1 787 000 张,即超过总票数的四分之一。政府和统治阶级使尽了一切手段,可是毫无用处,毫无成效,毫无结果。当局,从巡夜人以至首相,都不得不接受——并且是从被看不起的工人那里接受!——表明自己无能为力的明显证据,而这种证据数以百万计。国家已经走入绝境,工人却刚起程。

德国工人仅仅以自己作为最强有力、最守纪律并且增长最快的社会主义政党的存在,就已经对工人阶级事业作出了头一个重大贡献,而除此以外,他们还对这个事业作出了第二个重大贡献。他们给了世界各国的同志们一件新的武器——最锐利的武器中的一件武器,向他们表明了应该怎样使用普选权。

普选权在法国老早就已经存在了,但是它在那里因为被波拿巴政府滥用而声名狼藉。公社之后,就没有工人政党去利用它了。在西班牙,普选权也是自共和国成立时起就已经施行了的[251],但在西班牙拒绝参加选举早已成为所有严肃的反对党的通例。瑞士实施普选权的结果,也根本不能鼓舞工人政党。罗曼语国家的革命工人都惯于把选举权看做陷阱,看做政府的欺骗工具。在德国,情况就不同了。《共产主义宣言》①早已宣布,争取普选权、争取民主,是战斗的无产阶级的首要任务之一,而拉萨尔又再次提出了这个要求。当俾斯麦不得不实施普选权作为使人民群众对他的计划发生兴趣的唯一手段时,我们的工人立刻就认真地加以对待,把奥古斯特·倍倍尔选进了第一届制宪帝国国会。从此以后,他们就一直这样使用选举权,以致使他们自己得到了千百倍的好处,并成了世界各国工人的榜样。如果用法国马克思主义纲领中的话来说,选举权已经被他们 transformé, de moyen de duperie qu'il a été jusqu'ici, en instrument d'émancipation——由向来是欺骗的工具变为解放的工具。② 并且,即使普选权再没有提供什么别的好处,只是使我们能够每三年计算一次自己的力量;只是通过定期确认的选票数目的意外迅速的增长,既加强工人的胜利信心,同样又增加对手的恐惧,因而成为我们最好的宣传手段;只是给我们提供了关于我们自身力量和各个敌对党派力量的精确情报,从而给了我们一把衡量我们的行动是否适度的独一无二的尺子,使我们既可避免不适时的畏缩,又可避免不适时的蛮勇——即使这是选举权所给予我们的唯一的好处,那也就够多了。但是它的好处还要多得多。在竞选宣传中,它给了我们独一无二的手段到人民还疏远我们的地方去接触群众,并迫使一切政党在全体人民面前回答我们的抨击,维护自己的观点和行动;此外,它在帝国国会中给我们的代表提供了一个讲坛,我们的代表在这个讲坛上可以比在报刊上和集会上更有

---

① 即《共产党宣言》。——编者注
② 马克思《法国工人党纲领导言(草案)》,本选集第 3 卷第 818 页。——编者注

权威和更自由得多地向自己在议会中的对手和议会外的群众讲话。既然竞选宣传和帝国国会中的社会主义演说不断地突破反社会党人法,那么这项法律对于政府和资产阶级还有什么用处呢?

而由于这样有成效地利用普选权,无产阶级的一种崭新的斗争方式就开始发挥作用,并且迅速获得进一步的发展。人们发现,在资产阶级用来组织其统治的国家机构中,也有一些东西是工人阶级能够用来对这些机构本身作斗争的。工人参加各邦议会、市镇委员会以及工商业仲裁法庭的选举;他们同资产阶级争夺每一个职位,只要在确定该职位的人选时有足够的工人票数参加表决。结果弄得资产阶级和政府害怕工人政党的合法活动更甚于害怕它的不合法活动,害怕选举成就更甚于害怕起义成就。

这里斗争的条件毕竟已经发生了根本的变化。旧式的起义,在1848年以前到处都起过决定作用的筑垒巷战,现在大大过时了。

我们对此不应抱什么幻想,因为在巷战中起义者对军队的真正胜利,像两支军队之间的那种胜利,是极其罕见的。而起义者指望获得这样的胜利,也是同样罕见的。对起义者而言,关键在于用道义影响来动摇军队的士气,而这在两个交战国军队之间不会有任何作用,或者无论如何作用要小得多。如果这一点做到了,军队就会拒绝开枪,或者指挥官就会惊慌失措,而起义就会胜利。如果做不到,那么军队方面即使人数较少,也会显示出装备和训练较好、指挥统一、兵力调度得当和遵守军纪等长处。起义在实际战术行动中所能达到的,至多也只是熟练地构筑和防卫个别街垒。至于互相支援、后备力量的配置或使用,简言之,各分队的互相配合和协同动作,在防卫一个市区时已经是必不可少的,更不用说防卫整个大城市了——但是这在起义的场合往往是根本做不到的,即使做到了也是漏洞百出;集中战斗力于决定胜负的一点,在这里也就谈不上了。所以,这里主要的斗争形式是消极防御;如果某些地方也采取攻势,那只是例外,只是为了进行偶然的出击和侧翼攻击;通常进攻只限于占领退却军队所放弃的阵地。并且,军队拥有大炮以及装备精良和训练有素的工兵,而起义者则差不多总是完全缺乏这些战斗手段。所以无怪乎那些表现了莫大英勇精神的街垒战——如 1848 年 6 月在巴黎,1848 年 10 月在维也纳,1849 年 5 月在德累斯顿[122]——,当进攻部队的指挥官抛开政治上的考虑而按纯粹军事观点采取行动,并且手下的士兵仍属可靠的时候,就都以起义失败而告终。

1848 年以前起义者多次获得成功,是有各种各样原因的。1830 年 7 月和 1848 年 2 月在巴黎,以及在西班牙大部分巷战中,在军队与起义者之间都站着市民自卫军,它或者是直接投向起义者方面,或者是因采取冷漠的、犹豫不决的态度而使得军队也发生动摇,并且它还为起义者提供武器。凡是在这种市民自卫军一开始就表示反对起义的地方,如 1848 年 6 月在巴黎那样,起义便会遭受失败。1848 年柏林人民之所以获得胜利,一部分是由于 3 月 18 日夜间到 19 日早晨有许多新的战斗力量归附了他们,一部分是由于军队的疲惫和供应恶劣,还有一部分是由于指挥不力。但是在一切场合,起义者获得胜利总是由于军队拒绝执行命令,由于指挥官优柔寡断,或是由于指挥官的行动受到了束缚。

可见,即使在盛行巷战的时代,街垒在道义上也比在物质上起的作用更大。街垒是一种动摇军心的手段。如果能坚持到实现这个目的,就获得胜利;否则就遭受失败。在考察将来可能发生的巷战的胜利机会时,这也是应该注意的一个主要点。①

---

① 在《新时代》杂志刊载的文本和 1895 年出版的单行本《1848 年至 1850 年的法兰西阶级斗争》中,这句话被删去。——编者注

在 1849 年,这种胜利机会就已经相当少了。资产阶级到处都投到政府方面去了;"教育和财产"的代表人物欢迎和犒赏了镇压起义的军队。街垒已经丧失了它的魅力;士兵已经不是把街垒后面的人们看做"人民",而是把他们看做叛逆者、颠覆分子、抢掠者、分赃分子、社会渣滓;军官们渐渐掌握了巷战的战术形式:他们已经不是毫无掩蔽地径直冲向匆匆砌成的胸墙,而是穿过花园、庭院和房屋迂回前进。而这种办法,现在只要稍微用得巧妙一些,十回有九回都能得手。

而自那时以来,又发生了许多变化,并且都对军队有利。如果说大城市已经扩展了很多,那么军队就扩增得更多了。巴黎和柏林的人口自 1848 年以来增长不到四倍,而那里的驻军却增长到四倍以上。借助铁路,这些驻军的人数在 24 小时内就能增加一倍以上,而在 48 小时内则能扩增为一支大军。这些军队不仅人数大量增加,在武装上也是无比地改进了。在 1848 年是击发式前装滑膛枪,现在是小口径后装弹仓枪,它的射程是旧式枪的四倍,准确性和射速则是十倍。先前大炮发射的是威力不大的实心球形弹和霰弹,现在则是爆炸式的榴弹,只要命中一发,就足以摧毁最好的街垒。先前用以破坏防火壁的是工兵的丁字镐,现在则是炸药筒。

相反,在起义者方面,一切条件都变坏了。人民各个阶层都同情的起义,很难再有了;在阶级斗争中,中间阶层大概永远不会毫无例外地统统团结在无产阶级的周围,从而使纠集在资产阶级周围的反动党派几乎完全消失。就是说,"人民"看来将总是分开的,因而也就不会有一个强有力的像在 1848 年那样非常起作用的杠杆了。如果有较多服过役的士兵投到起义者方面,那么要把他们武装起来就更为困难了。枪械商店中的猎枪和豪华枪,即使没有按照警察命令预先把枪机的某一部分拆去而弄成不能使用,在近战中也远比不上士兵的弹仓枪。在 1848 年以前,可以自己用火药和铅制造出所需的子弹,而现在每种枪的子弹都各不相同,其相同点只在于它们都是大工业的复杂产品,因而是不能即刻制成的,所以,如果没有专用的子弹,大部分枪支就都会成为废物。最后,各大城市在 1848 年以后新建的街区中,街道都是又长、又直、又宽,好像是故意要使新式枪炮能充分发挥其效力似的。一个革命者,如果自愿选择柏林北部和东部的新建工人街区来进行街垒战,那他一定是疯了。

这是不是说,巷战在将来就不会再起什么作用了呢?决不是。这只是说,自 1848 年以来,各种条件对于民间战士已经变得不利得多,而对于军队则已经变得有利得多了。所以说,将来的巷战,只有当这种不利的情况有其他的因素来抵消的时候,才能达到胜利。因此,巷战今后在大规模革命初期将比在大规模革命的发展进程中要少,并且必须要用较多的兵力来进行。而这样多的兵力,正如在整个法国大革命期间以及 1870 年 9 月 4 日和 10 月 31 日在巴黎[252]那样,到时候恐怕会宁愿采取公开进攻,而不采取消极的街垒战术。①

现在,读者是否已经明白了,为什么统治阶级一定要把我们引到枪鸣剑啸的地方去?为什么现在人家因为我们不愿贸然走上我们预先知道必遭失败的街头,就指责我们怯懦?为什么他们这样坚决恳求我们最终答应去当炮灰?

这些先生们发出的恳求和挑战完全是徒劳的。我们并不这么笨。他们也可以在下一次战争中同样要求敌人,把军队排列成老

---

① 在《新时代》杂志刊载的文本和 1895 年出版的单行本《1848 年至 1850 年的法兰西阶级斗争》中,整个这一段被删去。——编者注

弗里茨①式的横队,或是排列成瓦格拉姆会战²⁵³和滑铁卢会战²⁵⁴中那样的整师构成的纵队,并且手持燧发枪。如果说国家间战争的条件已经变化,那么阶级斗争的条件也有了同样大的变化。实行突然袭击的时代,由自觉的少数人带领着不自觉的群众实现革命的时代,已经过去。凡是要把社会组织完全加以改造的地方,群众自己就一定要参加进去,自己就一定要弄明白这为的是什么,他们为争取什么而去流血牺牲②。近50年来的历史,已经教会了我们认识这一点。但是,为了使群众明白应该做什么,还必须进行长期的坚持不懈的工作,而我们现在正是在进行这种工作,并且进行得很有成效,已经使敌人陷于绝望。

在罗曼语国家里,人们也开始逐渐了解到对旧策略必须加以修正。德国人作出的利用选举权夺取我们所能夺得的一切阵地的榜样,到处都有人效法;无准备的攻击,到处都退到次要地位③。在法国,虽然一百多年来地基已经被一次又一次的革命掏空,那里没有一个政党不曾采取过密谋、起义和其他各种革命行动,因此政府丝毫也不能信赖军队,一般说来,环境对于突然起义要比在德国有利得多。但是甚至在法国,社会主义者也日益认识到,除非预先把人口中的主体——在这里就是农民——争取过来,否则就不可能取得持久的胜利。耐心的宣传工作和议会活动,在这里也被认

---

① 弗里德里希-威廉二世。——编者注

② 在《新时代》杂志刊载的文本和1895年出版的单行本《1848年至1850年的法兰西阶级斗争》中,不是"他们为争取什么而去流血牺牲",而是"他们应该拥护什么"。——编者注

③ 在《新时代》杂志刊载的文本和1895年出版的单行本《1848年至1850年的法兰西阶级斗争》中,"无准备的攻击,到处都退到次要地位"这句话被删去。——编者注

为是党的当前任务。成绩很快就做出来了。社会主义者不但夺得了许多市镇委员会,而且已经有 50 个社会主义者在议院中占有议席,他们已经推翻了共和国的三个内阁和一个总统。在比利时,工人去年争得了选举权[255],并在四分之一的选区中获得了胜利。在瑞士、意大利、丹麦,甚至在保加利亚和罗马尼亚,都有社会主义者参加议会。在奥地利,所有一切政党都已经一致认定再不能继续阻挠我们进入帝国议会了。我们是一定要进去的,现在争论的问题只是从哪一个门进去。甚至在俄国,如果召开著名的国民代表会议,即小尼古拉现在徒然反对召开的那个国民议会,我们也能很有把握地预期那里也将有我们的代表参加。

不言而喻,我们的外国同志们没有放弃自己的革命权。须知革命权是唯一的**真正**"历史权利"——是所有现代国家无一例外都以它为基础建立起来的唯一权利,连梅克伦堡也包括在内,那里的贵族革命是 1755 年以《继承条约》这个至今还有效力的光荣的封建主义文书而告终的。[256]革命权已经如此普遍地深入人心,甚至冯·博古斯拉夫斯基将军也只是根据这个人民权利才为自己的皇帝引申出举行政变的权利。

但是,不管别国发生什么情况,德国社会民主党总是占有一个特殊的地位,所以它至少在最近的将来就负有一个特殊的任务。由它派去参加投票的 200 万选民,以及虽非选民却拥护他们的那些男青年和妇女,共同构成为一个最广大的、坚不可摧的人群,构成国际无产阶级大军的决定性的"突击队"。这个人群现在就已经占总票数的四分之一以上,并且时刻都在增加,帝国国会的补充选举以及各邦议会、市镇委员会和工商业仲裁法庭的选举都证明了这一点。它的增长过程是自发的,经常不断的,不可遏止的,并且是平稳的,正如自然界中发生的某种过程一样。政府对此进行的一切干预都毫无成效。我们现在就已经能指望拥有225万选民。如果这样继续下去，我们在本世纪末就能夺得社会中间阶层的大部分，小资产阶级和小农，发展成为国内的起决定作用的力量，其他一切势力不管愿意与否，都得向它低头。我们的主要任务就是不停地促使这种力量增长到超出现行统治制度的控制能力，不让这支日益增强的突击队在前哨战中被消灭掉，而是要把它好好地保存到决战的那一天①。只有一种手段才能把德国社会主义战斗力量的不断增长过程暂时遏止住，甚至使它在一个时期内倒退：那就是使它同军队发生大规模冲突，像1871年在巴黎那样流血。从长远来看，这也会被克服的。要把一个成员以百万计的党派从地面上消灭是不可能的，即使动用欧洲和美洲所有的弹仓枪都做不到。但是这种冲突会阻碍正常的发展进程，我们临到紧急关头也许就会没有突击队，决定性的战斗②就会推迟、拖延并且会造成更大的牺牲。

世界历史的讽刺把一切都颠倒了过来。我们是"革命者"、"颠覆者"，但是我们用合法手段却比用不合法手段和用颠覆的办法获得的成就多得多。那些自称为秩序党的党派，却在它们自己所造成的合法状态下走向崩溃。它们跟奥迪隆·巴罗一起绝望地高叫：La légalité nous tue——合法性害死我们[257]，可是我们在这种合法性下却长得身强力壮，容光焕发，简直是一副长生不老的样

---

① 在《新时代》杂志刊载的文本和1895年出版的单行本《1848年至1850年的法兰西阶级斗争》中，"不让这支日益增强的突击队在前哨战中被消灭掉，而是要把它好好地保存到决战的那一天"被删去。——编者注

② 在《新时代》杂志刊载的文本和1895年出版的单行本《1848年至1850年的法兰西阶级斗争》中，"我们临到紧急关头也许就会没有突击队"被删去，而"决定性的战斗"印成"解决"。——编者注

子。只要**我们**不糊涂到任凭这些党派把我们骗入巷战,那么它们最后只有一条出路:自己去破坏这个致命的合法性。

目前,它们在制定新的法律来反对颠覆。又是一切都颠倒了。难道今天狂热地反颠覆的人不正是昨天的颠覆者吗?难道是**我们**引起了 1866 年内战吗?难道是**我们**把汉诺威国王、黑森选帝侯、拿骚公爵驱出了他们世袭的合法的领土,并且兼并了这些领土吗?**258**不正是这些颠覆了德意志联邦和三个奉天承运国王的人们,在那里埋怨颠覆吗?谁能容许格拉古埋怨叛乱呢?① 谁能容许崇拜俾斯麦的人们咒骂颠覆呢?

他们尽可以去通过他们的反颠覆法草案**259**,把这些草案弄得更残忍些,把全部刑法变成一块可以随便捏的橡皮,而他们所能得到的,只是再次证明自己无能为力罢了。他们要想认真地对付社会民主党就不得不采取完全不同的办法。现在社会民主党是靠遵守法律来从事颠覆的,要反对社会民主党的颠覆,他们就只能运用秩序党式的颠覆,即非破坏法律不可的颠覆。普鲁士的官僚律斯勒先生和普鲁士的将军冯·博古斯拉夫斯基先生,已经给他们指明了也许能用来对付那些不愿被人骗入巷战的工人们的唯一手段。破坏宪法,实行独裁,恢复专制,以君主的意志为最高的法律!那就大胆干吧,先生们,这里闲谈没有用,需要的是实际行动!

但是请不要忘记,德意志帝国同一切小国家,一般说来同一切现代国家一样,是一种**契约的产物**:首先是君主之间的契约的产物,其次是君主与人民之间的契约的产物。如果有一方破坏契约,整个契约就要作废,另一方也就不再受约束。这点已经由俾斯麦

① 参看尤维纳利斯《讽刺诗集》第 2 首。——编者注

在1866年给我们绝妙地示范过。所以,如果你们破坏帝国宪法,那么社会民主党也就可以放开手脚,能随意对付你们了。但是它届时究竟会怎样做——这点它今天未必会告诉你们。①

几乎整整1 600年以前,罗马帝国也有一个危险的颠覆派活动过。它破坏了宗教和国家的一切基础;它干脆不承认皇帝的意志是最高的法律,它没有祖国,是国际性的,它散布在帝国各处,从高卢到亚细亚,并且渗入帝国边界以外的地方。它曾长期进行地下秘密活动,但是它在一个相当长的时期内感觉到自己已经足够强大,应该公开活动了。这个叫做基督徒的颠覆派,在军队中也有许多信徒;整个整个的军团都信奉基督教。当这些军团被派去参加非基督教的国教会的祭典礼仪时,颠覆派士兵们就大胆地在头盔上插上了特别的标志——十字架,以示抗议。连兵营里长官所惯用的惩戒手段也不能奏效。戴克里先皇帝不能再无动于衷地看着他军队中的秩序、服从和纪律败坏下去。他趁着还不太迟的时候采取了坚决措施。他颁布了一道反社会党人法,请原谅,我是想说反基督徒法。颠覆者被禁止举行集会,他们的集会场所被封闭甚至被捣毁了,基督教的标志——十字架等等——一概被禁止,正像在萨克森禁止红手帕一样。基督徒不得担任公职,甚至不能当上等兵。既然当时还没有在"讲体面"方面训练有素的法官,还没有冯·克勒尔先生的那个反颠覆法草案所需要的那种法官,所以基督徒就干脆被禁止在法庭上寻求公道。但是连这项非常法也没有奏效。基督徒轻蔑地把它从墙上扯下来,并且据说他们甚至在尼科美底亚放火烧毁了皇帝当时所在的宫殿。于是皇帝就在公

---

① 在《新时代》杂志刊载的文本和1895年出版的单行本《1848年至1850年的法兰西阶级斗争》中,这一段的最后三句话被删去。——编者注

元 303 年用大规模迫害基督徒来进行报复。这是这类迫害的最后一次。而这次迫害竟起了如此巨大的作用，以致 17 年之后，军队中绝大多数都成了基督徒，而继任的全罗马帝国君主，即教士们所称的君士坦丁大帝，则宣布基督教为国教了。

弗·恩格斯
1895 年 3 月 6 日于伦敦

弗·恩格斯写于 1895 年 2 月
14 日—3 月 6 日

载于 1895 年在柏林出版的
马克思《1848 年至 1850 年的
法兰西阶级斗争》一书

原文是德文

选自《马克思恩格斯文集》
第 4 卷第 532—554 页

马克思恩格斯书信选编

1842 年

1. 马克思致阿尔诺德·卢格[260]

德 累 斯 顿

[1842 年]11 月 30 日于科隆

亲爱的朋友：

我今天这封信只谈同"自由人"[261]有关的"纠纷"。

……几天前我接到了小个子梅因（他心爱的范畴可以说就是：**应有**）的信，他在信里向我提出了几个关于我的态度的问题：（1）对您和海尔维格，（2）对"自由人"，（3）对新的编辑原则以及对政府的立场。我立即回了信①，并坦率地谈了对他们的作品不足之处的意见，这些作品不是从**自由的**即独立的和深刻的内容上看待自由，而是从无拘无束的、长裤汉[262]式的且又随意的形式上看待自由。我要求他们：少发些不着边际的空论，少唱些高调，少来些自我欣赏，多说些明确的意见，多注意一些具体的事实，多提供一些实际的知识。我说，我认为在偶然写写的剧评之类的东西里塞进一些共产主义和社会主义的信条，即新的世界观，是不适当的，甚至是不道德的。我要求他们，如果真要讨论共产主义，那就

---

① 这封信没有保存下来。——编者注

要用另一种完全不同的方式,更切实地加以讨论。我还要求他们更多地在批判政治状况当中来批判宗教,而不是在宗教当中来批判政治状况,因为这样做才更符合报纸的本质和读者的教育水平,因为宗教本身是没有内容的,它的根源不是在天上,而是在人间,随着以宗教为**理论**的被歪曲了的现实的消失,宗教也将自行消亡。最后,我向他们建议,如果他们真要谈论哲学,那么最好少炫耀"无神论"**招牌**(这看起来就像有些小孩向一切愿意听他们讲话的人保证自己不怕鬼怪一样),而多向人民宣传哲学的内容。我所说的就是这些……

1846 年

2. 恩格斯致布鲁塞尔共产主义通讯委员会

1846 年 10 月 23 日于巴黎

给委员会的第三封信

关于这里的施特劳宾人[263]的事情,没有多少可说的了。最主要的是,以前使我不得不和这些人斗争的各种争执问题现在都解决了;格律恩的主要支持者和门徒艾泽曼老爷子已经被赶跑,其余的人对群众的影响也完全扫清了,我提出的反对他们的议案获得了一致通过。

事情的简单经过如下:

对于蒲鲁东的协作社计划争论了三个晚上,最初差不多所有的人都反对我,到最后只剩下艾泽曼和其余三个格律恩分子。我所要做的主要就是证明暴力革命的必要性,同时对格律恩那种在蒲鲁东的万应灵药中找到了新生命力的"真正的社会主义"[118]从根本上加以驳斥,指出它是反无产阶级的、小资产阶级的和施特劳宾人的东西。最后,我因我的对手们老是重复同样的论据而发火了,并且直接攻击了这些施特劳宾人,这激起了格律恩分子的极大恼怒,但是我借此迫使高贵的艾泽曼对共产主义进行了**公开的攻击**。于是我就把他痛骂一顿,使得他再也没有露面。

我当时紧紧抓住了艾泽曼给我的把柄——对共产主义的攻击,这尤其是因为格律恩在继续捣鬼,奔走于各个作坊之间,每个星期天都把人召到他家里去,如此等等,而在上面说过的那次会议以后的星期天①,**他自己做了一桩天大的蠢事**:当着 8—10 个施特劳宾人的面攻击共产主义。因此,我宣布,在我继续参加讨论以前,必须先表决,我们在这里是不是以共产主义者的身份来集会的。如果是,那就必须注意不让像艾泽曼攻击共产主义那样的事情再度发生;如果不是,如果这里只是随便什么人在随便讨论某个问题,那我就不必同他们打交道,以后也不再来了。这使格律恩分子大为震惊,他们就辩解起来了,说他们是"为了人类的幸福",为了自己弄清问题来这里集会的,他们都是进步的人,并不是片面的空谈家,等等,像这样正直的人无论如何是不能称为"随便什么人"的。此外,他们**首先想要知道**,共产主义究竟是什么(这些卑劣的家伙多年来都以共产主义者自命,自从格律恩和艾泽曼打着

---

① 1846 年 10 月 18 日。——编者注

共产主义的招牌混到他们里面以后,他们仅仅因为害怕这两个人才离经叛道!)。他们盛情地请求我用三言两语对他们这些无知的人说明共产主义是什么,这当然难不倒我。我给他们下了一个最简单的定义,这个定义恰好涉及当时争论的各点,它用主张财产公有**排斥了**对资产者和施特劳宾人采取和解、温情和体谅的态度,最后**也排斥了**蒲鲁东的股份公司及其所保留的私人**财产**以及与此有关的一切。此外,这个定义中没有任何东西可以让他们作为借口来离题发挥和回避所提出的投票表决。就是说,我把共产主义者的宗旨规定如下:(1)实现同资产者利益相反的无产者的利益;(2)用消灭私有制而代之以财产公有的手段来实现这一点;(3)除了进行暴力的民主的革命以外,不承认有实现这些目的的其他手段。

这个问题争论了两个晚上。到第二个晚上,三个格律恩分子中最好的一个觉察到大多数人的情绪,完全转到我这方面来了。其余两个老是自相矛盾,而自己却对此毫无觉察。好几个还从来没有发过言的人突然开了口,宣布坚决拥护我。在这以前只有云格这样做过。这些新人中有那么几个虽然因为害怕得发抖而口齿不清,但是都说得非常好,看来他们具有相当健全的头脑。一句话,在表决的时候,以13票对2票宣布集会是共产主义的,是遵守上述定义的。至于投反对票的那两个依然忠实的格律恩分子,其中的一个后来也宣称,他非常愿意改邪归正……

3.马克思致帕维尔·瓦西里耶维奇·安年科夫[264]

巴　黎

[1846 年]12 月 28 日于布鲁塞尔

那慕尔郊区奥尔良路 42 号

亲爱的安年科夫先生:

　　如果不是我的书商拖到上星期才把蒲鲁东先生的著作《贫困的哲学》①给我寄来,那您早就接到我对您 11 月 1 日来信的回信了。为了能够立即把我的意见告诉您,我用了两天的时间把这本书浏览了一遍。由于读得很仓促,我不能深入细节,而只能对您谈谈这本书给我的一般印象。假如您需要的话,我可以在下一封信里来谈谈细节。[265]

　　我必须坦白地对您说,我认为它整个说来是一本坏书,是一本很坏的书。您自己在来信里对蒲鲁东先生在这一杂乱无章而妄自尊大的著作中所炫耀的"德国哲学的一个角落"曾经取笑了一番,但是您认为哲学之毒并没有感染他的经济学论述。我也丝毫不把蒲鲁东先生在经济学论述中的错误归咎于他的哲学。蒲鲁东先生之所以给我们提供了对政治经济学的谬误批判,并不是因为他有一种可笑的哲学;而他之所以给我们提供了一种可笑的哲学,却是因为他不了解处于现代社会制度联结[engrènement]——如果用

---

① 皮·约·蒲鲁东《经济矛盾的体系,或贫困的哲学》1846 年巴黎版第 1—2 卷。——编者注

蒲鲁东先生像借用其他许多东西那样从傅立叶那里借用的这个名词来表示的话——关系中的现代社会制度。

为什么蒲鲁东先生要谈上帝,谈普遍理性,谈无人身的人类理性,认为它永无谬误,认为它永远等于它自身,认为只要正确地意识到它就可以获得真理呢？为什么他要借软弱的黑格尔主义来把自己装扮成坚强的思想家呢？

他自己给了我们一把解开这个哑谜的钥匙。蒲鲁东先生在历史中看到了一系列的社会发展。他发现进步是在历史中实现的。最后,他发现,人们作为个人并不知道他们在做些什么,他们误解了自身的运动,就是说,他们的社会发展初看起来似乎是和他们的个人发展不同、分离和毫不相干的。他无法解释这些事实,于是就作出假设,说是一种普遍理性在自我表现。发明一些神秘的原因即不合常理的空话,那是最容易不过的了。

但是,蒲鲁东先生既然承认自己完全不理解人类的历史发展——他在使用普遍理性、上帝等等响亮的字眼时就承认了这一点——,岂不是含蓄地和必然地承认他不能理解**经济发展**吗？

社会——不管其形式如何——是什么呢？是人们交互活动的产物。人们能否自由选择某一社会形式呢？决不能。在人们的生产力发展的一定状况下,就会有一定的交换[commerce]和消费形式。在生产、交换和消费发展的一定阶段上,就会有相应的社会制度形式、相应的家庭、等级或阶级组织,一句话,就会有相应的市民社会[111]。有一定的市民社会,就会有不过是市民社会的正式表现的相应的政治国家。这就是蒲鲁东先生永远不会了解的东西,因为,当他从诉诸国家转而诉诸市民社会,即从诉诸社会的正式表现转而诉诸正式社会的时候,他竟认为他是在完成一桩伟业。

这里不必再补充说,人们不能自由选择**自己的生产力**——这是他们的全部历史的基础，因为任何生产力都是一种既得的力量，是以往的活动的产物。可见，生产力是人们应用能力的结果，但是这种能力本身决定于人们所处的条件，决定于先前已经获得的生产力，决定于在他们以前已经存在、不是由他们创立而是由前一代人创立的社会形式。后来的每一代人都得到前一代人已经取得的生产力并当做原料来为自己新的生产服务，由于这一简单的事实，就形成人们的历史中的联系，就形成人类的历史，这个历史随着人们的生产力以及人们的社会关系的愈益发展而愈益成为人类的历史。由此就必然得出一个结论：人们的社会历史始终只是他们的个体发展的历史，而不管他们是否意识到这一点。他们的物质关系形成他们的一切关系的基础。这种物质关系不过是他们的物质的和个体的活动所借以实现的必然形式罢了。

蒲鲁东先生混淆了思想和事物。人们永远不会放弃他们已经获得的东西，然而这并不是说，他们永远不会放弃他们在其中获得一定生产力的那种社会形式。恰恰相反。为了不致丧失已经取得的成果，为了不致失掉文明的果实，人们在他们的交往［commerce］方式不再适合于既得的生产力时，就不得不改变他们继承下来的一切社会形式。——我在这里使用"commerce"一词是就它的最广泛的意义而言，就像在德文中使用"Verkehr"一词那样。例如：各种特权、行会和公会的制度、中世纪的全部规则，曾是唯一适应于既得的生产力和产生这些制度的先前存在的社会状况的社会关系。在行会制度及各种规则的保护下积累了资本，发展了海上贸易，建立了殖民地，而人们如果想把这些果实赖以成熟起来的那些形式保存下去，他们就会失去这一切果实。于是就爆发了两次霹雳般的震动，即 1640 年和 1688 年的革命。一切旧的经济形式、一切和这些形式相适应的社会关系、曾经是旧市民社会的正式表现的政治国家,当时在英国都被破坏了。可见,人们借以进行生产、消费和交换的经济形式是**暂时的和历史性的**形式。随着新的生产力的获得,人们便改变自己的生产方式,而随着生产方式的改变,他们便改变所有不过是这一特定生产方式的必然关系的经济关系。

这正是蒲鲁东先生没有理解、更没有证明的。蒲鲁东先生无法探索出历史的实在进程,他就给我们提供了一套怪论,一套妄图充当辩证怪论的怪论。他觉得没有必要谈到 17、18 和 19 世纪,因为他的历史是在想象的云雾中发生并高高超越于时间和空间的。一句话,这是黑格尔式的陈词滥调,这不是历史,不是世俗的历史——人类的历史,而是神圣的历史——观念的历史。在他看来,人不过是观念或永恒理性为了自身的发展而使用的工具。蒲鲁东先生所说的**进化**,是在绝对观念的神秘怀抱中发生的进化。如果揭去这种神秘词句的帷幕,那就可以看到,蒲鲁东先生给我们提供的是经济范畴在他的头脑中的排列次序。我用不着花很多力气就可以向您证明,这是一个非常没有秩序的头脑中的秩序。

蒲鲁东先生的书一开头就论述**价值**,论述他的这个拿手好戏。我这次不来分析他书中的这些论述。

永恒理性的一系列经济进化是从**分工**开始的。在蒲鲁东先生看来,分工是一件非常简单的事情。但是,难道种姓制度²⁶⁶不是某种分工吗?难道行会制度不是另一种分工吗?难道在英国开始于 17 世纪中叶而结束于 18 世纪末叶的工场手工业时期的分工不是又和大工业即现代工业中的分工截然不同吗?

蒲鲁东先生离开真理这样遥远,竟然忘记了连普通经济学家都会做的事情。他谈分工时,竟没有感到必须谈世界**市场**。真行!难道 14 世纪和 15 世纪的分工,即在还没有殖民地、美洲对欧洲说来还不存在以及同东亚来往只有通过君士坦丁堡的那个时代的分工，不是一定与已经存在充分发展的殖民地的 17 世纪时的分工有根本的不同吗？

但是还不止于此。难道各族人民的整个内部组织、他们的一切国际关系不都是某种分工的表现吗？难道这一切不是一定要随着分工的改变而改变吗？

蒲鲁东先生竟如此不懂得分工问题，甚至没有提到例如在德国从 9 世纪到 12 世纪发生的城市和乡村的分离。这样，在蒲鲁东先生看来，这种分离必然成为永恒的规律，因为他既不知道这种分离的来源，也不知道这种分离的发展。他在他的整本书中都这样论述，仿佛这个一定生产方式的产物一直会存在到世界末日似的。蒲鲁东先生就分工问题所说的一切，最多不过是亚当·斯密和其他成百上千的人在他以前说过的东西的归纳，并且是个很表面、很不完备的归纳。

第二个进化是**机器**。在蒲鲁东先生那里，分工和机器间的联系是十分神秘的。每一种分工方式都有其特殊的生产工具。例如，从 17 世纪中叶到 18 世纪中叶，人们并不是一切工作都用双手来做。他们已经有了工具，而且是很复杂的工具，如织机、帆船、杠杆等等。

由此可见，把机器的产生看做一般分工的结果，是再可笑不过了。

我再顺便指出一点：蒲鲁东先生由于不懂得机器产生的历史，就更不懂得机器发展的历史。可以说，在 1825 年——第一次普遍危机时期——以前，消费的需求一般说来比生产增长得快，机器的发展是市场需求的必然结果。从 1825 年起，机器的发明和运用只是雇主和工人之间斗争的结果。而这一点也只适用于英国。至于欧洲各国,迫使它们使用机器的,是英国在它们的国内市场和世界市场上的竞争。最后,在北美,机器的引进既是由于和其他国家的竞争,也是由于人手不够,即由于北美的人口和工业上的需求不相称。根据这些事实您就可以得出结论:蒲鲁东先生把竞争这个鬼怪召来当做第三个进化,当做机器的反题,是表现得多么明达啊!

最后,把**机器**说成一种同分工、竞争、信贷等等并列的经济范畴,这根本就是极其荒谬的。

机器不是经济范畴,正像拉犁的牛不是经济范畴一样。现代**运用**机器一事是我们的现代经济制度的关系之一,但是利用机器的方式和机器本身完全是两回事。火药无论是用来伤害一个人,或者是用来给这个人医治创伤,它终究还是火药。

当蒲鲁东先生按照这里列举的次序在自己的头脑中产生出竞争、垄断、税收或警察、贸易差额、信用和所有权的时候,他真是在大显身手。在英国,几乎全部信用事业都在机器发明以前的18世纪初就发展起来了。公债不过是增加税收和满足资产阶级掌握政权所造成的新需要的一种新方式。

最后,**所有权**成为蒲鲁东先生的体系中的最后一个范畴。在现实世界中,情形恰恰相反:蒲鲁东先生的分工和所有其他范畴都是社会关系,这些关系的总和构成现在称之为**所有权**的东西;在这些关系之外,资产阶级所有权不过是形而上学的或法学的幻想。另一时代的所有权,封建所有权,是在完全不同的社会关系中发展起来的。蒲鲁东先生把所有权规定为独立的关系,就不只是犯了方法上的错误:他清楚地表明自己没有理解把**资产阶级**生产所具有的各种形式结合起来的纽带,他不懂得一定时代中各种生产形式的**历史的**和**暂时的**性质。蒲鲁东先生看不到现代种种社会制度是历史的产物,既不懂得它们的起源,也不懂得它们的发展,所以他只能对它们作教条式的批判。

因此，为了说明发展，蒲鲁东先生不得不求救于**虚构**。他想象分工、信用、机器等等都是为他的固定观念即平等观念而发明出来的。他的说明是极其天真的。这些东西都是特意为了平等而发明出来的，但是不幸它们掉过头来反对平等了。这就是他的全部论断。换句话说，他作出一种主观随意的假设，而因为实际发展进程和他的虚构每一步都是矛盾的，他就作出结论说，这里存在着矛盾。他对我们隐瞒了一点，这就是矛盾只存在于他的固定观念和现实运动之间。

这样，蒲鲁东先生主要是由于缺乏历史知识而没有看到：人们在发展其生产力时，即在生活时，也发展着一定的相互关系；这些关系的形式必然随着这些生产力的改变和发展而改变。他没有看到：**经济范畴**只是这些现实关系的**抽象**，它们仅仅在这些关系存在的时候才是真实的。这样他就陷入了资产阶级经济学家的错误之中，这些经济学家把这些经济范畴看做永恒的规律，而不是看做历史性的规律——只是适用于一定的历史发展阶段、一定的生产力发展阶段的规律。所以，蒲鲁东先生不是把政治经济学范畴看做实在的、暂时的、历史性的社会关系的抽象，而是神秘地颠倒黑白，把实在的关系只看做这些抽象的体现。这些抽象本身竟是从世界开始存在时起就已安睡在天父心怀中的公式。

在这里，这位善良的蒲鲁东先生陷入了严重的智力上的痉挛。既然所有这些经济范畴都是从上帝的心里流出来的东西，既然它们是人们的隐蔽的和永恒的生命，那么为什么：第一，有发展存在；第二，蒲鲁东先生不是一个保守分子？他认为这些明显的矛盾是由于有一整串对抗存在。

现在我们举个例子来阐明这一串对抗。

3.马克思致帕维尔·瓦西里耶维奇·安年科夫(1846年12月28日)

垄断是好东西,因为它是一个经济范畴,因而是从上帝那里流出来的东西。竞争是好东西,因为它也是一个经济范畴。但是,不好的是垄断的现实和竞争的现实。更不好的是垄断和竞争在相互吞并。该怎么办呢?因为上帝的这两个永恒思想是互相矛盾的,所以蒲鲁东先生就以为上帝的心怀里同样有这两个思想的综合,在这种综合中,垄断的祸害被竞争所抵消,而竞争的祸害则由垄断所抵消。两个观念互相斗争所引起的最终结果,将仅仅使它们的好的方面表露出来。应该从上帝那里夺取这个秘密的思想,然后加以运用,这样就万事大吉了。应该发现这个深藏在无人身的人类理性里面的综合公式。而蒲鲁东先生毫不犹豫地以发现者的身份出现了。

但是,请稍稍看一下现实生活吧。在现代经济生活中,您不仅可以看到竞争和垄断,而且可以看到它们的综合,这个综合并不是**公式**,而是**运动**。垄断产生竞争,竞争产生垄断。但是,这个方程式远不像资产阶级经济学家所想象的那样能消除现代状况的困难,反而会造成更困难、更混乱的状况。因此,如果改变现代经济关系赖以存在的基础,消灭现代的生产**方式**,那就不仅会消灭竞争、垄断以及它们的对抗,而且还会消灭它们的统一、它们的综合,亦即消灭使竞争和垄断达到真正平衡的运动。

现在我给您举一个蒲鲁东先生的辩证法的例子。

自由和**奴隶制**形成一种对抗。我没有必要谈自由的好的方面或坏的方面。至于奴隶制,它的坏的方面就不必去说了。唯一需要说明的,是奴隶制的好的方面。这里所说的,不是间接奴隶制,即对无产者的奴役。这里所说的,是直接奴隶制,即苏里南、巴西和北美南部各州的黑奴制。

直接奴隶制也像机器、信用等等一样,是我们现代工业的枢纽。没有奴隶制,就没有棉花;没有棉花,就没有现代工业。奴隶制使殖民地具有了价值,殖民地造成了世界贸易,而世界贸易则是机器大工业的必不可少的条件。在买卖黑奴以前,殖民地给予旧大陆的产品很少,没有显著地改变世界的面貌。可见,奴隶制是一个极为重要的经济范畴。没有奴隶制,北美这个最进步的国家就会变成宗法式的国家。只要从世界地图上抹去北美,结果就会出现混乱状态,就会出现贸易和现代文明的彻底衰落。但是,让奴隶制消失,那就等于从世界地图上把美国抹去。可见,正因为奴隶制是一个经济范畴,所以奴隶制从世界开始存在时起就在各个民族中存在。现代各民族无非是善于在本国把奴隶制掩饰起来,而在新大陆则公开地推行它。这样思考过奴隶制以后,这位善良的蒲鲁东先生又将怎么办呢?他会寻找自由和奴隶制的综合,寻求真正的中庸之道,即奴隶制和自由的平衡。

蒲鲁东先生很清楚地了解,人们生产呢子、麻布、丝绸——了解这么点东西确是一个大功劳!可是,蒲鲁东先生不了解,人们还按照自己的生产力而生产出他们在其中生产呢子和麻布的**社会关系**。蒲鲁东先生更不了解,适应自己的物质生产水平而生产出社会关系的人,也生产出**各种观念、范畴**,即恰恰是这些社会关系的抽象的、观念的表现。所以,范畴也和它们所表现的关系一样不是永恒的。它们是历史的和暂时的产物。而在蒲鲁东先生看来却完全相反,抽象、范畴是始因。根据他的意见,创造历史的,正是抽象、范畴,而不是人。**抽象、范畴就其本身来说**,即把它同人们及其物质活动分离开来,自然是不朽的、不变的、不动的。它不过是一种纯粹理性的存在物,这干脆就是说,抽象就其本身来说是抽象的。多么美妙的**同义反复**!

这样,当做范畴形式来看的经济关系,对于蒲鲁东先生说来,是既无起源又无发展的永恒的公式。

换个方式说:蒲鲁东先生不是直接肯定**资产阶级生活**对他说来是**永恒的真理**。他间接地说出了这一点,因为他神化了以观念形式表现资产阶级关系的范畴。既然资产阶级社会的产物被他想象为范畴形式、观念形式,他就把这些产物视为自行产生的、具有自己的生命的、永恒的东西。可见,他并没有超出资产阶级的视野。由于他谈到资产阶级的观念时,认为它们是永恒真理,所以他就寻找这些观念的综合,寻求它们的平衡,而没有看到,现在它们达到平衡的方式是唯一可能的方式。

其实,他所做的是一切好心的资产者所做的事情。他们都说,竞争、垄断等等在原则上,即如果把它们看做抽象的观念,是生活的唯一的基础,但是它们在实践中还得大加改善。他们全都希望有竞争而没有竞争的悲惨后果。他们全都希望有一种不可能的事情,即希望有资产阶级的生活条件而没有这些条件的必然后果。他们全都不了解,资产阶级生产形式是一种历史的和暂时的形式,也正像封建形式的情况一样。他们之所以犯这个错误,是由于在他们看来作为资产者的人是一切社会的唯一可能的基础,是由于他们不能想象会有这样一种社会制度:在那里人不再是资产者。

所以,蒲鲁东先生必然是一个**空论家**。变革现代世界的历史运动,对他来说不过是要发现两种资产阶级思想的正确的平衡、综合的问题。于是这个机灵的家伙就借用他的敏锐感觉来发现上帝的隐秘思想,发现两个孤立思想的统一,而这两个思想所以是孤立的,仅仅是因为蒲鲁东先生把它们从实际生活中孤立出来,把它们从现代生产即作为这两个思想所表现的种种现实的结合物的现代生产中孤立出来。蒲鲁东先生用自己头脑中奇妙的运动,代替了由于人们既得的生产力和他们的不再与此种生产力相适应的社会关系相互冲突而产生的伟大历史运动,代替了在一个民族内各个阶级间以及各个民族彼此间酝酿着的可怕的战争,代替了唯一能解决这种冲突的群众的实践和暴力的行动,总之,代替了这一广阔的、持久的和复杂的运动。可见,历史是由学者,即由有本事从上帝那里窃取隐秘思想的人们创造的。平凡的人只需应用他们所泄露的天机。

您现在就可以了解,为什么蒲鲁东先生十分强烈地敌视一切政治运动。在他看来,现代各种问题不是解决于社会行动,而是解决于他头脑中的辩证的旋转运动。由于在他看来范畴是动力,所以要改变范畴,是不必改变现实生活的;完全相反,范畴必须改变,而结果就会是现存社会的改变。

蒲鲁东先生一心想调和矛盾,因而完全避开了一个问题:是不是必须把这些矛盾的基础本身推翻呢?他完全像一个空论的政治家,想把国王、众议院、贵族院一并当做社会生活的构成部分,当做永恒的范畴。他只是寻求一个新公式,以便把这些力量平衡起来,而这些力量的平衡正是建立在现代运动的基础上,在这个运动中,各种力量时而取胜时而失败。同样,在18世纪,许多平庸的人物都曾努力去发现一个真正的公式,以便把各个社会等级、贵族、国王、议会等等平衡起来,而一夜之间无论国王、议会或贵族都消失了。这一对抗的真正平衡是推翻一切社会关系——这些封建体制和这些封建体制的对抗的基础。

由于蒲鲁东先生把永恒观念、纯粹理性范畴放在一边,而把人和他们那种在他看来是这些范畴的运用的实践生活放在另一边,所以他自始就保持着生活和观念之间、灵魂和肉体之间的**二元论**——以许多形式重复表现出来的二元论。您现在可以看到,这个对抗不过是表明蒲鲁东先生不能了解他所神化了的各种范畴的世俗的起源和平凡的历史罢了。

我的信已经太长了,所以我不能再谈蒲鲁东先生对共产主义的可笑的责难。现在您会承认:一个不了解社会现状的人,更不会了解力求推翻这种社会现状的运动和这个革命运动在文献上的表现。

只有一点我完全同意蒲鲁东先生,这就是他对社会主义温情的厌恶。在他以前,我因嘲笑那种绵羊般的、温情的、空想的社会主义而招致许多敌视。但是,蒲鲁东先生用他的小资产者的温情(我指的是他关于家庭生活、关于夫妻恩爱的空谈及其一切庸俗议论)来反对社会主义的温情(这种温情在比如傅立叶那里要比我们这位善良的蒲鲁东先生大言不惭的庸俗议论高深得多呢)时,岂不是给自己造成一些奇怪的幻想? 他本人感到自己的论据异常空洞,感到完全无力谈论这一切东西,于是突然忘形地恼怒起来,表示高尚的愤激,嚎叫,发疯发狂,肆口漫骂,指天画日,赌咒发誓,捶胸拍案,满口吹嘘说他丝毫没有沾染社会主义的龌龊! 他没有对社会主义的温情或他所视为温情的东西加以批评。他像一个圣徒,像一个教皇,无情地惩戒可怜的罪人,竭力颂扬小资产阶级以及那种小气的爱的和宗法式家庭的幻想。这并不是偶然的。蒲鲁东先生彻头彻尾是个小资产阶级的哲学家和经济学家。**小资产者**在已经发展了的社会中,迫于本身所处的地位,必然是一方面成为社会主义者,另一方面又成为经济学家,就是说,他既迷恋于大资产阶级的豪华,又同情人民的苦难。他同时既是资产者又是人民。他在自己的心灵深处引以为骄傲的,是他不偏不倚,是他找到了一个自诩不同于中庸之道的真正的平衡。这样的小资产者把**矛盾**加以神化,因为矛盾是他存在的基础。他自己只不过是社会矛盾的体现。他应当在理论上说明他在实践中的面目,而蒲鲁东先生的功绩就在于他做了法国小资产阶级的科学解释者;这是一种真正的功绩,因为小资产阶级将是一切正在酝酿着的社会革命的组成部分。

我本来很想随信把我那本关于政治经济学的书**267**寄给您,但是直到现在,我既未能出版这本书,也未能出版我曾在布鲁塞尔向您说过的对德国的哲学家和社会主义者的那篇批判①。您很难想象,在德国出版这种书要碰到怎样的困难,这些困难一方面来自警察,一方面来自与我所抨击的一切流派利益攸关的出版商。至于我们自己的党,它不仅很贫困,而且德国共产党内有相当大的一部分人由于我反对他们的空想和浮夸而生我的气。

忠实于您的　卡尔·马克思

1847 年

4.恩格斯致马克思

布 鲁 塞 尔

[1847 年 11 月 23—24 日于巴黎]

亲爱的马克思:

今天晚上才决定我去②。这样,星期六③晚上到达奥斯坦德,在正对火车站的水池旁边的王冠旅馆见面,星期日早晨过海峡。

---

① 马克思和恩格斯《德意志意识形态》,见本选集第 1 卷。——编者注
② 指出席 1847 年 11 月 29 日—12 月 8 日在伦敦召开的共产主义者同盟第二次代表大会。——编者注
③ 1847 年 11 月 27 日。——编者注

4. 恩格斯致马克思(1847 年 11 月 23—24 日)

你们如果乘 4 点到 5 点之间的火车动身,将大致和我同时到达。

如果星期日出乎意料地没有开往多佛尔的邮船,就立即回信告诉我。就是说,你星期四早晨接到这封信后,就必须马上去打听一下,如果需要回信给我,就在当天晚上(我认为要在 5 点钟以前)把信投到邮政总局去。所以,如果你想对我们的约会作些变动,还来得及。如果我星期五早晨接不到你的回信,那我就等着星期六晚上在王冠旅馆和你以及特德斯科见面了。这样我们就有足够的时间进行讨论;这次代表大会肯定是决定性的,**因为这一次我们将完全按照我们自己的方针来掌握大会**。**268**

……请你把《信条》①考虑一下。我想,我们最好不要采用那种教义问答形式,而把这个文本题名为《共产主义**宣言**》。因为其中或多或少要叙述历史,所以现有的形式完全不合适。我把我在这里草拟的东西②带去,这是用简单的叙述体写的,时间十分仓促,还没有作仔细的修订。我开头写什么是共产主义,接着写什么是无产阶级——它产生的历史,它和以前的劳动者的区别,无产阶级和资产阶级之间的对立的发展,危机,结论。其中也谈到各种次要问题,最后谈到了共产主义者的党的政策中应当公开的内容。这里的这个东西还没有提请批准,但是我想,除了某些小小不言的地方,要做到其中至少不包含任何违背我们观点的东西……

---

① 恩格斯《共产主义信条草案》,见《马克思恩格斯全集》中文第 1 版第 42 卷。——编者注
② 恩格斯《共产主义原理》,见本选集第 1 卷。——编者注

1851 年

5. 恩格斯致约瑟夫·魏德迈

美因河畔法兰克福

1851 年 6 月 19 日于曼彻斯特

亲爱的汉斯：

　　马克思刚刚把你的信转给我，从信中我终于知道了你的确切地址。一段时间以来我就在打听你的地址，因为我想问你以下这件事。

　　我自从迁来曼彻斯特以后^{269}，就开始啃军事，我在这里弄到的材料，至少对开端来说是足够了。军事在最近的运动中必将具有的重大意义，我往日的爱好，我在报纸①上发表的匈牙利军事通讯②，以及我在巴登的光荣的冒险经历^{19}——所有这些都促使我在这方面下功夫，我想在这方面至少要做到能够发表一定的理论见解而又不致太丢脸。这里现有的关于拿破仑战争和部分革命战争的材料要求事先了解很多历史细节，可是我对这些完全不了解，或者只是了解得很肤浅，有关这些细节不是根本得不到解释，就是

----

① 《新莱茵报》。——编者注
② 指恩格斯在《新莱茵报》上发表的关于匈牙利战争的军事通讯和评论，见《马克思恩格斯全集》中文第 1 版第 6 卷和第 43 卷。——编者注

只能得到一些极为肤浅的解释,而且还要费很大的劲去搜罗它们。自学往往是空话,如果不是系统地钻研,那就学不到什么正经的东西。为了使你更清楚地了解我真正需要的是什么,我提醒你——当然,我在巴登部队中的晋级除外——我在普鲁士王国后备军中只不过是炮手而已[270],因此对了解战役的细节,我还缺乏中间一环的知识,这种知识是普鲁士尉官考试,而且是各兵种尉官考试时所必须具备的。当然,我所说的不是军事操练等等的细节,这些对我毫无用处,因为现在我已确信,我的眼病使我不能服现役。我是说要一般地熟悉各个军事部门所必需的基本知识,了解和正确评价军事史实所必需的细节知识。例如,基本战术,筑城原理(多少带历史性的,包括从沃邦到现代独立堡垒的各种体系)以及对野战工事和其他有关军事工程问题(如各种类型的桥梁等等)的研究;还有一般的军事科学史和由于武器及其使用方法的发展和改进而引起的变化的历史。再就是需要认真熟悉炮兵学,因为我已经忘了不少,而且有些我根本不知道;还需要其他一些材料,我一时想不起来,不过你一定是知道的。

请把所有这些基本问题的资料来源告诉我,以便我能立即弄到它们。我最需要的是这样的书:它们一方面能使我了解目前各个军事部门的概况,另一方面还能使我了解现代各种军队之间的差别。例如,我想了解野炮炮架等等的各种不同的构造,师、军等等各种不同的编制和组织。我特别想得到关于军队、军需部门、野战医院的组织情况,以及任何一支军队所必需的装备方面的各种情况。

你现在大致可以了解,我所需要的是什么,你应该给我介绍些什么书。我猜想,恰恰在这类手册中,德国军事著作比法国或英国的同类著作适用得多。当然,对我来说重要的是了解实际的、确实存在的东西,而不是一些无人承认的天才们的体系或臆造物。至于炮兵学,贝姆的手册①也许是最好的。

在近代战争史方面(我对早期的历史不太感兴趣,这方面我有蒙特库库利老头儿的著作②),我在这里能找到的当然都是法文和英文的史料。在英文的史料中,特别出色的是威廉·纳皮尔中将的西班牙战争史;这是到目前为止我读过的战争史编纂方面最出类拔萃的一部作品。如果你没有看过这本书而又能在你那里找到它的话,那是值得一读的(《比利牛斯半岛和法国南部战争史》,共六卷)③。我这里什么德文著作都没有,但我必须弄到几本;我首先想到的是维利森和克劳塞维茨的著作。他们两个人的书怎样?从理论和历史方面来说,哪些值得读,哪些不值得读?只要我有所进展,我就要下功夫钻一钻1848—1849年的历次战役,特别是意大利和匈牙利的战役。你大概知道普鲁士方面出版过什么关于巴登运动的或多或少正式的或者稍微客观的报道吧?

其次,我还希望你能介绍一些好的专用的德国地图(尤其是1801—1809年符腾堡、巴伐利亚、奥地利的,1806—1807年和1813年萨克森、图林根、普鲁士的,1814年法国东北部的,伦巴第、匈牙利、石勒苏益格—荷尔斯泰因和比利时的),价钱不要太贵,但足以用来研究1792年以后的各次战役。我有施梯勒大地图

---

① 约·贝姆《1819年以前波兰王国炮兵使用康格里夫燃烧火箭的经验》1820年魏玛版。——编者注
② 雷·蒙特库库利《军队总司令、皇家炮兵总指挥官蒙特库库利回忆录。附评论》1770年阿姆斯特丹—莱比锡版。——编者注
③ 威·纳皮尔《比利牛斯半岛和法国南部1807—1814年战争史》1828—1840年伦敦版第1—6卷。——编者注

集①,但它远远不够用。我有1792—1814年期间各次会战的平面图,它们收在艾利生的《从法国革命开始的欧洲史》②一书所附的地图集里,但是我发现,这些平面图有许多是不正确的。德国有没有价钱不太贵但又可靠的这类地图集?

你对现在被法国人捧上了天的若米尼先生了解得多吗③?我只是从梯也尔先生那里④知道他的,众所周知,梯也尔无耻地抄袭过他的东西。这个小矮子梯也尔是当今仅有的最不要脸的撒谎家之一,没有一次战役他能举得出正确的数字。由于若米尼先生后来投奔了俄国人,所以人们当然会认为,他有理由不像梯也尔先生那样把法国人的英勇业绩描写得神乎其神,而在梯也尔的书里,一个法国人总是能打败两个敌人的。

瞧,我向你提出了一大堆问题。除此之外,我希望,现在在德国发生的对犹太人的迫害不再进一步扩大。但是丹尼尔斯的被捕**271**令我忧虑。看来,这里在准备进行搜查,以便把我们也牵连到这个案件中去,但是这不那么容易,想必也弄不出什么名堂,因为在我们这里是什么也找不到的。

关于在伦敦为美国建立石印所的计划⑤,马克思显然会写信告诉你的。像这样的事情,如果要安排好的话,在这里马上就需要

---

① 阿·施梯勒《世界地形袖珍地图》1817—1822年哥达版。——编者注
② 阿·艾利生《从1789年法国革命开始到1815年波旁王朝复辟的欧洲史》(十卷集)1833—1842年爱丁堡—伦敦版。——编者注
③ 指昂·若米尼《革命战争的考据与军事史》1820—1824年巴黎版。——编者注
④ 指阿·梯也尔《执政府时代和帝国时代的历史》1845—1851年巴黎版。——编者注
⑤ 指为美国出版石印通讯的计划,但马克思和恩格斯未能实现这个计划。——编者注

花很大一笔钱,而美国报纸大部分都很不可靠。鲁普斯①和弗莱里格拉特正在伦敦。本月初我也在那里待了两个星期。

根据一切情况看来,既然你很快也要到那里去,那么最好你能和一家或者几家报纸或杂志签订关于通讯报道等的合同。这在伦敦是可以得到很高报酬的,不过,最有支付力的几家报纸当然已经满员了。此外,还有一个问题——现在在德国的报刊情况如何。

指挥官维利希仍旧住在他的兵营**126**里,靠兵营供养和救济过日子。你看会不会弄出什么大规模对抗的事情?

请尽快回信。

你的 弗·恩·

来信请寄:曼彻斯特欧门—恩格斯公司。

1852 年

6. 马克思致约瑟夫·魏德迈

纽 约

1852 年 3 月 5 日于伦敦
索霍区第恩街 28 号

亲爱的魏维:

……至于讲到我,无论是发现现代社会中有阶级存在或发现

---

① 威·沃尔弗。——编者注

各阶级间的斗争,都不是我的功劳。在我以前很久,资产阶级历史编纂学家就已经叙述过阶级斗争的历史发展,资产阶级经济学家也已经对各个阶级作过经济上的分析。我所加上的新内容就是证明了下列几点:(1)**阶级的存在仅仅同生产发展的一定历史阶段相联系**;(2)阶级斗争必然导致**无产阶级专政**;(3)这个专政不过是达到**消灭一切阶级和进入无阶级社会**的过渡……

1856 年

7. 马克思致恩格斯

曼 彻 斯 特

[1856 年]4 月 16 日于伦敦

……前天为纪念《人民报》**272**的创刊举行了一个小型宴会。这次我接受了邀请,因为目前的形势似乎要求我这样做,尤其是因为在所有的流亡者中只有我**一个人**(像《人民报》所披露的那样)受到邀请,而且还让我第一个举杯祝酒,即由我提议为无产阶级在各国取得统治权而干杯。因此我用英语发表了一个简短的演说①,但是我不让它刊登出来。我想达到的目的已经达到了。塔朗迪埃先生(他不得不花两个半先令买了一张入场券)以及其余

---

① 马克思《在〈人民报〉创刊纪念会上的演说》,见本选集第 1 卷。——编者注

一切法国的和其他的流亡者团伙都确信：我们是宪章派[109]的唯一"亲密的"盟友；虽然我们不作公开的表示并且听凭法国人公开向宪章派献媚，我们仍然有能力随时重新占据历史上已经属于我们的地位。使这点变得更加必要的是，在前面已经提到的 2 月 25 日由皮阿主持的群众大会上，德国大老粗**谢尔策尔**(老滑头)发表了演说，并且以实在骇人听闻的施特劳宾人[263]的方式指责德国的"学者"即"脑力劳动者"抛弃了他们(大老粗)，从而使得他们在其他民族面前丢丑。你在巴黎的时候就已知道这个谢尔策尔。我又和朋友**沙佩尔**见了几次面，我发现他是一个正在痛心忏悔的罪人。他近两年来所过的闭门幽居生活，看来对他的智力有相当大的磨炼。你知道，把这个人争取过来，尤其是把他从维利希手里争取过来，无论如何是好事情。沙佩尔现在对磨坊街①的大老粗非常恼怒。

你给施特芬的信我一定转交给他。莱维的信你本来应当留下。凡是我不请求退还的信件，你全都这样处理吧。信件越少通过邮局越好。我完全同意你对莱茵省的看法。对我们说来糟糕的是，遥望未来，我看到某种带有"背叛祖国"味道的东西。我们是否会被迫处于美因茨俱乐部派[273]在旧革命中所处的境遇，这在很大程度上要看柏林情况的转变如何。这将不是轻而易举的。我们是多么了解莱茵河彼岸我们那些英勇的兄弟啊！德国的全部问题将取决于是否有可能由某种再版的农民战争来支持无产阶级革命。如果那样就太好了……

---

① 伦敦德意志工人教育协会所在地。——编者注

1857 年

8. 马克思致恩格斯

赖 德

1857 年 9 月 25 日［于伦敦］

亲爱的恩格斯：

……你的《军队》①一文写得非常好，只是它的分量之大就像给了我当头一棒，因为这么多的工作一定会损害你的健康。如果我知道你一直要工作到深夜，那我宁愿让这一切见鬼去。

军队的历史比任何东西都更加清楚地表明，我们对生产力和社会关系之间的联系的看法是正确的。一般说来，军队在经济的发展中起着重要的作用。例如，薪金最初就完全是在古代的军队中发展起来的。同样，罗马人的军役特有产②是承认非家长的动产的第一种法律形式。同样，工匠③公会是行会制度的开端。大规模运用机器也是在军队里首先开始的。甚至金属的特殊价值和它作为货币的应用，看来最初（格林石器时代以后）也是以它在军事上的作用为基础的。部门**内部**的分工也是在军队里首先

---

① 恩格斯《军队》，见《马克思恩格斯全集》中文第 2 版第 16 卷。——编者注
② 指古罗马家庭中处于父权支配下的家庭成员在服役期间取得的并由他们自己直接占有和经管的财产。——编者注
③ 指古代罗马人军队里的作业队或军事工匠。——编者注

实行的。此外,市民社会¹¹¹的全部历史非常明显地概括在军队之中。如果今后有时间,你应当从这个观点去探讨这一问题。

在我看来,你在叙述中忽略的地方只有以下几点:(1)雇佣军制度以完备的形式一下子大规模地第一次出现在迦太基人当中(为了我们个人的需要,我将查考一本最近才知道的、一个柏林人写的关于迦太基军队的著作①);(2)15 世纪和 16 世纪初意大利军队制度的发展。无论如何,战术方法是在这里发展起来的。同时,马基雅弗利在他所著的《佛罗伦萨史》中极其有趣地描写了雇佣兵队长的作战方式(我将摘要寄给你)。²⁷⁴(不过,如果我去布赖顿看你——什么时候?②——,我不如把马基雅弗利写的书带给你。《佛罗伦萨史》是一部杰作。)最后,(3)亚洲的军事制度,最初出现在波斯人中间,但后来在蒙古人和土耳其人等等中间则被改得面目全非了……

---

① 威·伯蒂歇尔《迦太基史》1827 年柏林版。——编者注
② 马克思大约于 1857 年 9 月 30 日在布赖顿和恩格斯见面。——编者注

1858 年

9. 马克思致斐迪南·拉萨尔

杜塞尔多夫

1858 年 2 月 22 日于伦敦哈弗斯托克小山
梅特兰公园路格拉弗顿坊 9 号

亲爱的拉萨尔:

……我想把我的经济学著作[275]的进展情况告诉你。事实上,最近几个月来我都在进行最后的加工。但是进展很慢,因为多年来作为主要研究对象的一些题目,一旦想最后清算它们,总是又出现新的方面的问题,引起新的考虑。加之,我并不是我的时间的主人,而宁可说是它的仆人。给我自己留下的仅仅是夜里的时间,而肝病的经常侵袭和复发,又使这种夜间工作受到妨碍。在这样一种情况下,如果我能把全部著作不定期地分册出版,那对我来说是最合适的了。这样做也许还有一个好处,就是比较容易找到出版商,因为他在这上面只要投入少量流动资本就行了。能不能在柏林找到一个出版商,如果你能打听一下,我当然非常感谢。我所指的"分册",就是像费舍的《美学》①那样陆续出版的东西。

---

① 弗·泰·费舍《美学或关于美的科学。供讲课用》(共十册)1846—1858年罗伊特林根—莱比锡—斯图加特版。——编者注

应当首先出版的著作是**对经济学范畴的批判**,或者,也可以说是对资产阶级经济学体系的批判叙述。这既是对上述体系的叙述,又是在叙述过程中对它进行的批判。我还一点儿都不清楚全部著作究竟有多少印张。假如我有时间、安宁和资金,能把全部著作好好加工一番再拿去出版,那么,我会把它大大压缩,因为我一向喜欢简要叙述的方法。而以这种分册的形式(也许更便于读者理解,但无疑会损害形式)陆续出版,必然会使这部著作写得长一些。**请注意**:一旦你打听清楚能**不能**在柏林办这件事,就请写信告诉我,因为如果那里不成,我想在汉堡试一下。另外还有一点,就是承办这件事的出版商必须**付钱**给我——这可能使整个事情在柏林告吹。

叙述(我指的是叙述的方式)是完全科学的,因而按一般意义来说并不违反警方规定。全部著作分成六个分册:1. 资本(包括一些绪论性的章节);2. 土地所有制;3. 雇佣劳动;4. 国家;5. 国际贸易;6. 世界市场。当然,我有时不能不对其他经济学家进行批判,特别是不能不反驳李嘉图,因为作为资产者,李嘉图本人也不能不犯**即使从严格的经济学观点看来**的错误。但是,总的来说,关于政治经济学和社会主义的批判及历史应当是另一部著作的对象。最后,对经济范畴或经济关系的发展的简短**历史概述**,又应当是第三部著作的对象。末了,我预感到,在我进行了 15 年研究工作以后的今天,当我能够动笔的时候,也许会受到外部暴风雨般的运动的干扰。这没有关系。如果我完成得太晚,以致世界不再关心这类东西,那显然是我自己的过错……

10.恩格斯致马克思

伦　敦

1858 年 7 月 14 日于曼彻斯特

亲爱的摩尔:

……顺便提一下:请把已经答应给我的黑格尔的《自然哲学》①寄来。目前我正在研究一点生理学,并且想与此结合起来研究一下比较解剖学。在这两门科学中包含着许多极富思辨成分的东西,但这全是新近才发现的;我很想看一看,所有这些东西老头子②是否一点也没有预见到。有一点是肯定的,如果他**现在**要写一本《自然哲学》,那么各种事物会从四面八方向他飞来。可是,人们对最近 30 年来自然科学所取得的成就却一无所知。对生理学有决定性意义的,一是有机化学的巨大发展,二是最近 20 年来才学会正确使用的显微镜。使用显微镜所造成的结果比化学更重大。使整个生理学发生革命并且首先使比较生理学成为可能的主要事实,是细胞的发现:在植物方面是由施莱登发现的,在动物方面是由施旺发现的(约在 1836 年)。一切东西都是细胞。细胞就是黑格尔的自在的存在,它在自己的发展中正是经过黑格尔的过程,直到最后"观念"即各个完成的有机体从细胞中发展出来为止。

---

① 黑格尔《自然哲学讲演录》。——编者注
② 黑格尔。——编者注

会使老头子黑格尔感到高兴的另一个结果就是物理学中各种力的相互关系,或这样一种规律:在一定条件下,机械运动,即机械力转化为热(比如经过摩擦),热转化为光,光转化为化学亲和力,化学亲和力转化为电(比如在伏打电堆中),电转化为磁。这些转化也能通过其他方式来回地进行。现在有个英国人(他的名字①我想不起来了)已经证明:这些力是按照完全确定的数量关系相互转化的,一定量的某种力,例如电,相当于一定量的其他任何一种力,例如磁、光、热、化学亲和力(正的或负的、化合的或分解的)以及运动。这样一来,荒谬的潜热论就被推翻了。然而,这难道不是关于反思规定如何互相转化的一个绝妙的物质例证吗?

可以肯定地说,人们在接触到比较生理学的时候,对人类高于其他动物的唯心主义的矜夸是会极端轻视的。人们到处都会看到,人体的结构同其他哺乳动物完全一致,而在基本特征方面,这种一致性也表现在一切脊椎动物身上,甚至表现在昆虫、甲壳动物和绦虫等等身上(比较模糊一些)。黑格尔关于量变系列中的质的飞跃这一套东西在这里也是非常适合的。最后,人们能从最低级的纤毛虫身上看到原始形态,看到独立生活的单细胞,这种细胞又同最低级的植物(单细胞的菌类——马铃薯病菌和葡萄病菌等等)、同包括人的卵子和精子在内的处于较高级的发展阶段的胚胎并没有什么显著区别,这种细胞看起来就同生物机体中独立存在的细胞(血球,表皮细胞和黏膜细胞,腺、肾等等的分泌细胞)一样……

---

① 詹·焦耳。——编者注

11.恩格斯致马克思

伦　敦

1858 年 10 月 7 日于曼彻斯特

亲爱的摩尔：

　　……琼斯的事非常令人厌恶。他在这里召开了一次群众大会,并完全按照新同盟的精神讲了话。[276]根据这件事来看,几乎确实应该相信:英国无产阶级运动的旧的传统的、宪章运动[109]那样的形式必须首先彻底毁灭,它的新的、具有生命力的形式才能发展起来。不过也很难想象,这种新的形式将是什么样子。此外我觉得,琼斯的新动向,与过去建立这种同盟而多少获得成功的一些尝试联系起来看,的确是有其根源的:英国无产阶级实际上日益资产阶级化了,因而这一所有民族中最资产阶级化的民族,看来想把事情最终弄到这样的地步,即**除了**资产阶级,它还要有资产阶级化的贵族和资产阶级化的无产阶级。自然,对一个剥削全世界的民族来说,这在某种程度上是有道理的。在这里,只有出现几个极坏的年头才能有所帮助,但是自从发现金矿以来,看来这样的年头已不再那么容易遇到了……

1859 年

12. 马克思致斐迪南·拉萨尔

柏 　林

1859 年 4 月 19 日于伦敦

亲爱的拉萨尔:

……我现在来谈谈《弗兰茨·冯·济金根》①。首先,我应当称赞结构和情节,在这方面,它比任何现代德国剧本都高明。其次,撇开对这个剧本的纯批判的态度不谈,在我读第一遍的时候,它就强烈地感动了我,所以,对于比我更容易激动的读者来说,它将在更大的程度上产生这种效果。这是第二个非常重要的方面。

现在来谈谈不足的一面:**第一**,——这纯粹是形式问题——既然你用韵文写,你本来可以把你的韵律安排得更艺术一些。但是,不管**专业诗人**对这种疏忽会感到多么震惊,总的说来,我却认为它是一个长处,因为我们诗坛上专事模仿的庸才们除了形式上的光泽,就再没有保留下什么了。**第二**,你所构想的冲突不仅是悲剧性的,而且是使 1848—1849 年的革命政党必然灭亡的悲剧性的冲突。因此我只能完全赞成把这个冲突当做一部现代悲剧的中心点。但是我问自己:你所探讨的主题是否适合于表现这种冲突?

----

① 斐·拉萨尔的剧本。——编者注

巴尔塔扎尔的确可以设想,如果济金根不是借骑士纷争的形式发动叛乱,而是打起反对皇权和公开向诸侯开战的旗帜,他就会胜利。但是,我们也可以有这种幻想吗? 济金根(而胡登多少和他一样)的覆灭并不是由于他的狡诈。他的覆灭是因为他作为**骑士**和作为**垂死阶级的代表**起来反对现存制度,或者说得更确切些,反对现存制度的新形式。如果从济金根身上除去那些属于个人和他的特殊的教养、天生的才能等等的东西,那么剩下来的就只是一个葛兹·冯·伯利欣根了。在后面这个**可怜的**人物身上,以同样的形式体现出骑士阶层同皇帝和诸侯的悲剧性的对抗,因此,歌德理所当然地选择他做主人公。在济金根——甚至胡登在某种程度上也是如此,虽然对于他,正像对于某个阶级的所有意识形态家**277**一样,这种说法应该有相当的改变——同诸侯作斗争时(他转而反对皇帝①,只是由于皇帝从骑士的皇帝变成诸侯的皇帝),他实际上只不过是一个唐·吉诃德,虽然是被历史认可了的唐·吉诃德。他在骑士纷争的幌子下发动叛乱,这只意味着,他是**按骑士的方式**发动叛乱的。如果他以另外的方式发动叛乱,他就必须在一开始发动的时候直接诉诸城市和农民,就是说,正好要诉诸那些本身的发展就等于否定骑士制度的阶级。

因此,如果你不想把这种冲突简单地化为《葛兹·冯·伯利欣根》②中所描写的冲突——而你也没有打算这样做——那么,济金根和胡登就必然要覆灭,因为他们自以为是革命者(对于葛兹就不能这样说),而且他们完全像 1830 年的**有教养的**波兰贵族那样,一方面使自己变成当代思想的传播者,另一方面又在实际上

---

① 查理五世。——编者注
② 歌德《铁手骑士葛兹·冯·伯利欣根》。——编者注

代表着反动阶级的利益[278]。革命中的这些**贵族**代表——在他们的统一和自由的口号后面一直还隐藏着旧日的皇权和强权的梦想——不应当像在你的剧本中那样占去全部注意力，农民和城市革命分子的代表（特别是农民的代表）倒是应当构成十分重要的积极的背景。这样，你就能够在更高得多的程度上用最朴素的形式恰恰把最现代的思想表现出来，而现在除**宗教**自由以外，实际上，市民的**统一**就是你的主要思想。这样，你就得更加**莎士比亚化**，而我认为，你的最大缺点就是**席勒式地**把个人变成时代精神的单纯的传声筒。你自己不是也有些像你的弗兰茨·冯·济金根一样，犯了把路德式的骑士反对派看得高于闵采尔式的平民反对派这样一种外交错误吗？

其次，我感到遗憾的是，在人物个性的描写方面看不到什么特色，查理五世、巴尔塔扎尔和特里尔的理查除外。难道还有别的时代比 16 世纪具有更加突出的个性吗？照我看来，胡登过多地一味表现"兴高采烈"，这是令人厌倦的。他不也是个聪明人，机灵鬼吗？因此你对他不是很不公平吗？

甚至你的济金根——顺便说一句，他也被描写得太抽象了——也是十分苦于不以他的一切个人打算为转移的冲突，这可以从下面一点看出来：他一方面不得不向他的骑士宣传与城市友好等等，另一方面他自己又乐于对城市施行强权司法。

在细节方面，我必须责备你在有些地方让人物过多地回忆自己，这是由于你对席勒的偏爱造成的。例如，在第 121 页上，胡登向玛丽亚叙述身世时，如果让玛丽亚把从"情感的全部阶梯"等等一直到"它的分量比我度过的岁月更沉重"这些话说出来，那就极为自然了。

前面的诗句，从"人们说"到"变老"，可以摆在**后面**，但是"一夜之间处女就变成妇人"这种回忆(虽然这表明玛丽亚不仅仅知道纯粹抽象的恋爱),是完全多余的;无论如何,让玛丽亚以回忆自己"变老"来开始,是最不应该的。在她说了她在"一个"钟头内所叙述的一切以后,她可以用关于她变老的警句把她的情感概括地表现出来。还有,下面的几行中,"我认为这是**权利**"(即幸福)这句话使我愤慨。为什么把玛丽亚所说的她迄今对于世界持有的天真看法变成关于权利的说教,从而把它斥为谎言呢? 也许下次我将更详细地对你说明我的意见。

我认为济金根和查理五世之间的一场是特别成功的,虽然对话有些太像是对簿公堂;还有,在特里尔的几场也是成功的。胡登关于剑的格言很出色……

13.恩格斯致斐迪南·拉萨尔

柏　林

1859年5月18日于曼彻斯特
特隆克利夫小林坊6号

亲爱的拉萨尔:

我这样久没有给您写信,特别是我还没有把我对您的《济金根》的评价告诉您,您一定觉得有些奇怪吧。但这也正是我拖延了这样久才写信的原因。由于现在到处都缺乏美的文学,我难得读到这类作品,而且我几年来都没有**这样**读这类作品:读了之后还要提出详细的评价、明确的意见。没有价值的东西是不值得这样费力的。甚至我间或还读一读的几本比较好的英国小说，例如萨克雷的小说，尽管有其不可辩驳的文学史和文化史的意义，也从来没有能够引起我这样的兴趣。但是我的判断能力，由于这样久没有运用，已经变得很迟钝了，所以我需要比较长的时间才能发表自己的意见。不过和那些东西相比，您的《济金根》是值得另眼看待的，所以我对它不吝惜时间。第一、二遍阅读您这部在各个方面——从题材以及处理上看——都堪称德意志民族戏剧的作品时，我的情绪激动不已，以致我不得不把它搁一些时候，特别是因为在这个贫乏的时期里，我的鉴赏力减弱到了这样的地步，我不得不惭愧地说：有时甚至价值不大的东西，在我**第一遍**阅读时也会给我留下一些印象。为了有一个不偏不倚、完全"批判的"态度，我把《济金根》往后放了一放，就是说，把它借给了几个相识的人（这里还有几个多少有些文学修养的德国人）。但是，"书有自己的命运"①——如果把它们借出去了，就很少能再看到它们，所以我不得不用暴力把我的《济金根》夺了回来。我可以告诉您，在读第三遍和第四遍的时候，印象仍旧是一样的，并且深知您的《济金根》经得住批评，所以我现在就把我的"意见"告诉您。

我知道，当我说出如下的事实，即当前德国的任何一个官方诗人都远远不能写出这样一个剧本时，我对您并没有作过分的恭维。再说，这的确是事实，而且是反映我国文学特点的，因而是不能不谈论的一个事实。如果首先谈形式的话，那么，对情节的巧妙安排和剧本的从头到尾的戏剧性使我惊叹不已。在韵律方面您确实处理得比较随意，而这给阅读时带来的麻烦比给上演时带来的麻烦

---

① 泰伦齐安·摩尔《论用词、音节和韵律》。——编者注

还要大。我很想读一读舞台脚本[279];就眼前的这个剧本来看,它肯定是不能上演的。我这里来了一个德国青年诗人(卡尔·济贝耳),他是我的同乡和远亲,和戏剧打过相当多的交道;他作为普鲁士近卫军的后备兵也许要到柏林去,那时我也许冒昧地托他带一封短信给您。他对您的剧本评价很高,但是认为,由于道白很长,根本不能上演,在念这些长篇道白时,只有一个演员做戏,其余的人为了不致作为哑角一直站在那里,只好三番两次地尽量做各种表情。最后两幕充分证明,您能够轻而易举地把对话写得简洁生动,我觉得,除了几场以外(这是每个剧本都有的情况),这在前三幕里也是能做到的,所以我毫不怀疑,您的舞台脚本大概考虑到了这一点。当然,**思想内容**必然因此受损失,这是不可避免的。[280]而您不无理由地认为德国戏剧具有的较大的思想深度和自觉的历史内容,同莎士比亚剧作的情节的生动性和丰富性的完美融合,大概只有在将来才能达到,而且也许根本不是由德国人来达到的。无论如何,我认为这种融合正是戏剧的未来。您的《济金根》完全是在正路上;主要的出场人物**是**一定的阶级和倾向的代表,因而也是他们时代的一定思想的代表,他们的动机不是来自琐碎的个人欲望,而正是来自他们所处的历史潮流。但是还应该改进的是,要更多地通过剧情本身的进程使这些动机生动地、积极地,所谓自然而然地表现出来,而使那些论证性的辩论(不过,我很高兴在这些辩论中又看到了您昔日在陪审法庭和民众大会上表现出来的雄辩才能[281])逐渐成为不必要的东西。您对舞台剧和文学剧作了区分,看来您自己也是把这种理想当做目标的;我相信,《济金根》是能够按照上面所说的那样改编成一个舞台剧的,虽然确实有困难(因为达到完美的确不是简单的事)。与此相关的是出场人物的个性描绘。您反对现在流行的**恶劣的**个性化,是完全正确的。这种个性化不过是玩弄小聪明而已,并且是垂死的模仿文学的一个本质的标记。此外,我觉得刻画一个人物不仅应表现他做**什么**,而且应表现他**怎样做**;从这方面看来,我相信,如果把各个人物用更加对立的方式彼此区别得更加鲜明些,剧本的思想内容是不会受到损害的。**古代人**的性格描绘在今天已经不够用了,而在这里,我认为您原可以毫无害处地多注意一下莎士比亚在戏剧发展史上的意义。然而这些都是次要的事情,我提到它们仅仅是为了使您看到,我在您的剧本的形式方面也用过一些心思。

　　至于历史内容,您以鲜明的笔调和对以后的发展的正确提示描述了您最关心的当时运动的两个方面:济金根所代表的贵族的国民运动和人道主义理论运动及其在神学和教会领域中的进一步发展,即宗教改革[153]。在这里我最喜欢济金根和皇帝①之间,教皇使节和特里尔大主教②之间的几场戏(在这里,您把世俗的受过美学和古典文学教育的、在政治上和理论上有远见的使节同目光短浅的德国僧侣侯爵加以对比,从而成功地直接根据这两个人物的**有代表性的**性格作出卓越的个性刻画);在济金根和查理的那场戏中对性格的描绘也是很动人的。不过,您对胡登的自传(您公正地称它的**内容**是本质的东西)采取了一种令人失望的做法,即把这种内容放到剧本中去了。第五幕里的巴尔塔扎尔和弗兰茨的对话也非常重要,在这段对话里前者向自己的主人说明他应当遵循的**真正革命的**政策。在这里,真正悲剧的因素出现了;而且正是由于这种意义,我认为在第三幕里就应当对这方面更强调一些,在那里有好几次机会这样做。但是,我现在又陷到次要问题上来

---

① 　查理五世。——编者注
② 　格赖芬克劳的理查。——编者注

了。——那个时代的城市和诸侯的态度在许多场合也都描写得非常清楚,这样,那时的运动中的所谓**官方**分子差不多被您描写得淋漓尽致了。但是,我认为对非官方的平民分子和农民分子,以及他们的随之而来的理论上的代表人物没有给予应有的注意。农民运动像贵族运动一样,也是一种国民运动,也是反对诸侯的运动,遭到了失败的农民运动的那种巨大的斗争规模,与抛弃了济金根的贵族甘心扮演宫廷侍臣的历史角色的那种轻率举动,正是一个鲜明的对照。因此,在我看来,即使就您对戏剧的观点(您大概已经知道,您的观点在我看来是非常抽象而又不够现实的)而言,农民运动也是值得进一步研究的;那个有约斯·弗里茨出现的农民场面的确有它的独到之处,而且这个"蛊惑者"的个性也描绘得很恰当,只是同贵族运动相比,它却没有充分表现出农民的鼓动在当时已经达到的高潮。我认为,我们不应该为了观念的东西而忘掉现实主义的东西,为了席勒而忘掉莎士比亚,根据**我**对戏剧的这种看法,介绍那时的五光十色的平民社会,会提供完全不同的材料使剧本生动起来,会给在前台表演的贵族的国民运动提供一幅十分宝贵的背景,只有在这种情况下,才会使这个运动本身显出本来的面目。在这个封建关系解体的时期,我们从那些流浪的叫花子王、无衣无食的雇佣兵和形形色色的冒险家身上,什么惊人的独特的形象不能发现呢! 这幅福斯泰夫式的背景在**这种**类型的历史剧中必然会比在莎士比亚那里产生更强烈的效果。撇开这一点不说,我觉得,由于您把农民运动放到次要地位,所以您在一个方面对贵族的国民运动作了不正确的描写,同时您也就忽视了在济金根命运中的**真正**悲剧的因素。据我看来,当时广大的帝国直属贵族并没有想到要同农民结成联盟;他们靠压榨农民获得收入,所以不可能与农民结成联盟。同城市结成联盟的可能性倒是大一些;但是这种联盟并没有出现或者只是小部分地出现了。而贵族的国民革命只有同城市和农民结成联盟，特别是同后者结成联盟才能实现。据我看来，悲剧的因素正是在于：同农民结成联盟这个基本条件不可能出现，因此贵族的政策必然是无足轻重的；当贵族想取得国民运动的领导权的时候，国民**大众**即农民，就起来反对他们的领导，于是他们就不可避免地要垮台。您假定济金根和农民确实有某种联系，这究竟有多少历史根据，我无法判断，而问题也根本不在这里。此外，就我的记忆所及，在向农民呼吁的文件中胡登只是略微触及这个与贵族有关的麻烦问题，而企图把农民的愤怒都特别集中到僧侣身上去。但是我丝毫不想否认您有权把济金根和胡登看做是打算解放农民的。而这样一来马上就产生了一个悲剧性的矛盾：一方面是坚决**反对**解放农民的贵族，另一方面是农民，而这两个人却被置于这两方面之间。在我看来，这就构成了历史的必然要求和这个要求实际上不可能实现之间的悲剧性的冲突。您忽略了这一因素，把这个悲剧性的冲突缩小到相当有限的范围之内：使济金根不立即向皇帝和帝国宣战，而只向一个侯爵宣战（这里虽然您也非常恰当地把农民引进来），并且使他仅仅由于贵族的冷漠和胆怯就遭到了灭亡。但是，如果您在此以前就先着力地强调气势凶猛的农民运动以及由于先前的"鞋会"和"穷康拉德"[282]而必然变得更加保守的贵族的心情，那么这一点就会得到完全不同的论证。然而这一切都不过是可以把农民运动和平民运动写入戏剧的一种方法而已；此外至少还有十种同样好的或者更好的其他方法。

您看，我是从美学观点和史学观点，以非常高的亦即**最高的**标准来衡量您的作品，而且我必须这样做才能提出一些反对意见，这对您来说正是我推崇这篇作品的最好证明。是的，几年来，**在我们中间**，为了党本身的利益，批评必然是尽可能坦率的；此外，每当出现一个新的例证,证明我们的党不论在什么领域中出现,都显出自己的优越性时,我和我们大家总是感到高兴。而您这次也提供了这样的例证……

1863 年

14.马克思致恩格斯

曼 彻 斯 特

1863 年 1 月 28 日[于伦敦]

亲爱的弗雷德里克:

……在上一封信①中,我曾向你问过自动走锭纺纱机的事。问题是这样:在这种机器发明**以前**,所谓的纺纱工人是用什么方法操作的? 自动走锭纺纱机我明白,但是它以前的状况我就不清楚了。

我正在对论述机器的这一节作些补充。在这一节里有些很有趣的问题,我在第一次整理时忽略了。为了把这一切弄清楚,我把我关于工艺学的笔记(摘录)**283**全部重读了一遍,并且去听威利斯教授为工人开设的实习(纯粹是实验)课(在杰明街地质学院里,赫胥黎也在那里讲过课)。我在力学方面的情况同在语言方面的情况一样。我懂得数学定理,但是需要有直接经验才能理解的最简单的实际技术问题,我理解起来却十分困难。

---

① 马克思 1863 年 1 月 24 日给恩格斯的信。——编者注

你知道——或许还不知道，因为事情本身无关紧要——，在**机器**和**工具**有什么区别这个问题上有很大的争议。英国的（数学）力学家，以他们那种粗率的方式称工具为简单的机器，而称机器为复杂的工具。但是比较注意经济方面的英国工艺学家们认为（英国经济学家中有许多人，甚至是大多数人都跟着他们走），二者的区别在于：一个的动力是人，而另一个的动力是自然力。德国的蠢驴们在这类小事情上是够伟大的，他们由此得出结论说，例如**犁**是机器，而极其复杂的"珍妮机"**284**等等，既然是用手转动的，就不是机器。但是，如果我们看一看机器的**基本**形式，那就毫无疑问，工业革命并不始于**动力**，而是始于英国人称为**工作机**的那部分机器，就是说，并不是始于比如说转动纺车的脚被水或蒸汽所代替，而是始于直接的纺纱过程本身的改变和人的一部分劳动被排除，而人的这部分劳动不是指单纯的力的使用（比如踩动轮子），而是同加工、同对所加工的材料的直接作用有关的。另一方面，同样没有疑问的是，一当问题不再涉及机器的**历史**发展，而是涉及在当前生产方式基础上的机器，**工作机**（例如在缝纫机上）就是唯一有决定意义的，因为现在谁都知道，一旦这一过程实现了机械化，就可以根据机械的大小，用手、水或蒸汽机来转动机械。

对纯粹的数学家来说，这些问题是无关紧要的，但是，在问题涉及证明人们的社会关系和这些物质生产方式的发展之间的联系时，它们则变得非常重要。

重读了我的关于工艺史的摘录之后，我产生了这样一种看法：撇开火药、指南针和印刷术的发明不谈——这些都是资产阶级发展的必要前提——，从 16 世纪到 18 世纪中叶这段时间，即从由手工业自身发展起来的工场手工业一直到真正的大工业这一时期，在工场手工业内部为机器工业做好准备的有两种物质基础，即**钟**

表和磨（最初是磨谷物的磨，而且是水磨），二者都是从古代流传下来的。（水磨在尤利乌斯·凯撒时代从小亚细亚传入罗马。）钟表是第一个应用于实际目的的自动机；匀速运动生产的全部理论就是在它的基础上发展起来的。按其性质来说，它本身是以半艺术性的手工业和直接的理论相结合为基础的。例如，卡尔达诺曾写过关于钟表构造的书（并且提出了实际的制法）。16 世纪的德国著作家把钟表制造业叫做"有学问的（非行会的）手工业"；从钟表的发展可以证明，在手工业基础上的学识和实践之间的关系，同比如大工业中这二者之间的关系，是多么地不同。同样也毫无疑问的是，在 18 世纪把自动机（由发条发动的）应用到生产上去的第一个想法，是由钟表引起的。从历史上可以证明，**沃康松**在这方面的尝试对英国发明家的想象力有极大的影响。

　　另一方面，**磨**从一开始，从水磨发明的时候起，就具有机器结构的本质特征。机械动力，由这种动力发动的最初的发动机，传动装置，最后是处理材料的工作机，这一切都彼此独立地存在着。在磨的基础上建立了关于**摩擦**的理论，并从而进行了关于轮盘联动装置、齿轮等等的算式的研究；测量动力强度的理论和最好地使用动力的理论等等，最初也是从这里建立起来的。从 17 世纪中叶以来，几乎所有的大数学家，只要他们研究应用力学并把它从理论上加以阐明，就都是从磨谷物的简单的水磨着手的。因此，在工场手工业时期出现的 *Mühle* 和 *mill*① 这一名称，实际上也应用于为了实际目的而使用的一切机械发动机上。

　　磨的情况和压力机、机锤、犁等等的情况完全一样，即使动力

---

① 德语和英语中的"磨"字。——编者注

是人力或畜力,但是打、压、磨、粉碎等等真正的作业,从一开始就**不需要**人的劳动。所以,这类机械至少从它的起源来看是很古老的,它最早使用了真正的机械动力。因此,它也几乎是工场手工业时期出现的唯一的机械。一旦机械应用于自古以来都必须通过人的劳动才能取得最后成果的地方,就是说,不是应用于如上述工具那样**从一开始**就**根本**不需要用人的手来加工原料的地方,而是应用于按事物的性质来说,人不是从一开始就只作为简单的**力**起作用的地方,**工业革命**就开始了。如果人们愿意和德国的蠢驴一样,把使用畜力(也就是完全和人的运动一样的**随意运动**)叫做使用**机器**,那么,使用这种发动机无论如何要比使用最简单的手工业工具古老得多……

15.马克思致恩格斯

曼 彻 斯 特

1863 年 4 月 9 日［于伦敦］

亲爱的弗雷德里克:

　　……伊戚希①又发表了两本关于他的诉讼的小册子②,幸而他**没有**寄给我。不过,他前天给我寄来了写给筹备莱比锡工人

---

① 斐·拉萨尔。——编者注
② 斐·拉萨尔《拉萨尔的刑事诉讼》1863 年苏黎世版和《法院对我的判决和我为上诉而提出的批判性意见》1863 年莱比锡版。——编者注

（应读做**手工业者**）代表大会的中央委员会的《公开**答复**》[285]。他摆出一副了不起的神气，大谈其从我们这里剽窃去的词句，俨然就是一个未来的工人独裁者。他"像玩游戏一样轻而易举地"（这是原话）解决工资和资本之间的问题。就是说，工人必须进行争取**普选权**的运动，然后把像他那样"带着闪闪发光的科学武器"的人送到议会中去。然后他们就创办由**国家**预付资本的工人工厂，而且这样的设施将逐渐遍布全国。这无论如何是令人吃惊的新鲜事！

……我出席了工联召开的一次群众大会，大会由布莱特主持。[286]他看起来完全像一个独立派分子，每当他说到"在美国没有国王，也没有主教"时，总是博得热烈的掌声。工人们自己讲得**很精彩**，完全没有资产者那套空洞词句，丝毫也不掩饰他们同资本家的对立（不过，布莱特老头也攻击了资本家）。

英国工人能够多快地摆脱资产阶级对他们的明显的腐蚀，还要等着瞧。此外，你的书①中的主要论点，连细节都已经被 1844 年以后的发展所证实了。我又把这本书和我关于后来这段时期的笔记对照了一下。只有那些用尺子和每条"报纸趣闻"来衡量世界历史的德国小市民才会认为，在这种伟大的发展中，二十年比一天长，殊不知以后可能又会有一天等于二十年的时期。

重读了你的这一著作，我惋惜地感到，我们渐渐老了。而这本书写得多么清新、热情和富于大胆的预料，没有学术上和科学上的疑虑！连认为明天或后天就会亲眼看到历史结局的那种幻想，也给了整个作品以热情和乐观的色彩，与此相比，后来的"灰暗的色

---

①　恩格斯《英国工人阶级状况》，见本选集第 1 卷。——编者注

调"就显得令人极不愉快。

祝好。

你的 卡·马·

1864 年

16. 马克思致恩格斯

曼 彻 斯 特

1864 年 11 月 4 日［于伦敦］

亲爱的弗雷德里克：

……（2）**国际工人协会**[97]。

不久以前,伦敦工人就波兰问题向巴黎工人发出一篇呼吁书①,请求他们在这件事情上采取共同行动。

巴黎人方面派来了一个代表团,由一个名叫**托伦**的工人率领,他是**巴黎最近一次选举**[287]**中的真正的工人候选人**,是一个很可爱的人（他的伙伴们也都是很可爱的小伙子）。1864 年 9 月 28 日在圣马丁堂召开了群众大会,召集人是奥哲尔（鞋匠,这里的各工联的伦敦理事会[288]的主席,也是工联的鼓动争取选举权的协会的主席,这个协会同布莱特有联系）和克里默——泥瓦匠,泥瓦匠工联

---

① 指《英国工人致法国工人》,载于 1863 年 12 月 5 日《蜂房报》第 112 号。——编者注

的书记(这两个人为声援北美而在圣詹姆斯堂组织过由布莱特主持的工联群众大会,也为欢迎加里波第而组织过游行示威[289])。一个叫**勒吕贝**的人被派到我这里来,问我是否愿意作为德国工人的代表参加会议,是否愿意专门推荐一个德国工人在会上讲话等等。我推荐了埃卡留斯,他干得很出色,我也在讲台上扮演哑角加以协助。我知道伦敦和巴黎方面这一次都显示了真正的"实力",因此我决定打破向来谢绝这类邀请的惯例。

(**勒吕贝**是一个年轻的法国人,30 岁左右,但在泽西和伦敦长大,英语讲得很漂亮,是法国和英国工人之间很好的中间人。)(他是音乐兼法语教师。)

会场上挤得让人**透不过气来**(因为工人阶级现在显然重新开始觉醒了),沃尔弗少校(图尔恩-塔克西斯,加里波第的副官)代表伦敦的**意大利**工人团体[290]出席了大会。会上决定成立"国际工人协会",它的总委员会设在伦敦,"联系"德国、意大利、法国和英国的工人团体。同时决定于 1865 年在比利时召开全协会工人代表大会。这次群众大会选举了一个临时委员会,其中奥哲尔、克里默和其他许多人(一部分是老宪章主义者、老欧文主义者等等)代表英国;沃尔弗少校、方塔纳和其他一些意大利人代表意大利;勒吕贝等人代表法国;埃卡留斯和我代表德国。委员会有权任意吸收新的成员。

目前一切都进行得很顺利。我参加了委员会的第一次会议。会议选举了一个**小委员会**[291](我也在内)起草原则宣言和临时章程。我因病未能出席小委员会的会议和接着召开的委员会全会。

在我未能出席的两次会议——小委员会会议和接着召开的委员会全会——上发生了以下的事情:

沃尔弗少校提议把**意大利**工人团体(它们有中央组织,但是如后来所表明的,它所联合的基本上都是一些互助会)的规章(章程)当做新的协会的章程。[292]我后来才看到这个东西。这显然是**马志尼**的粗劣作品,因而你可以料到,真正的问题,即工人问题是以什么样的精神和措辞来阐述的。同样,也可以料到民族问题是怎样被放到里面去的。

此外,老欧文主义者韦斯顿——他本人现在是厂主,是一个非常和气有礼的人——起草了一个杂乱无章且又冗长拖沓的纲领。

接着召开的委员会全会授权小委员会修订韦斯顿的纲领和沃尔弗的章程。沃尔弗本人已离开伦敦,去参加在那不勒斯举行的意大利工人团体代表大会,并劝告它们参加伦敦的中央协会。

小委员会的第二次会议我又没有参加,因为我接到开会的通知太迟了。在这次会议上勒吕贝提出了"原则宣言"和由他修订过的沃尔弗的章程,小委员会把二者都接受下来提交委员会全会讨论。委员会全会于 10 月 18 日召开。因为埃卡留斯来信告诉我,危险在于迟缓①,我就出席了会议,当我听到好心的勒吕贝宣读妄想当做原则宣言的一个空话连篇、写得很糟而且极不成熟的导言时,我的确吃了一惊,导言到处都带有马志尼的色彩,而且披着法国社会主义的轮廓不清的破烂外衣。此外,意大利的章程大体上被采用了,这个章程追求一个事实上完全不可能达到的目的,即成立**欧洲**工人阶级的某种中央政府(当然是由马志尼在幕后操纵),至于其他错误就更不用说了。我温和地加以反对,经过长时间的反复讨论后埃卡留斯提议由小委员会重新"修订"这些文件。而勒吕贝的宣言中所包含的"意见"却被采纳了。

---

① 这句话出自罗马历史学家梯特·李维的著作《罗马建城以来的历史》第38 卷第25 章。——编者注

16. 马克思致恩格斯(1864 年 11 月 4 日)

　　两天以后,10 月 20 日,英国人的代表克里默、方塔纳(意大利)和勒吕贝在我家里集会(韦斯顿因故缺席)。我手头一直没有这两个文件(沃尔弗的和勒吕贝的),所以无法预先做准备;但是,我下定决心尽可能使这种东西连一行也不保留下来。为了赢得时间,我提议我们在"修订"导言之前,先"讨论"一下章程。于是就这样做了。40 条章程的第一条通过时已是午夜一点钟了。克里默说(**这正是我所要争取的**):"我们向原定于 10 月 25 日开会的委员会提不出什么东西。我们必须把会议推迟到 11 月 1 日举行。而小委员会可以在 10 月 27 日开会,并且争取获得肯定的结果。"这个建议被采纳了,"文件"就"留下来"给我看。

　　我觉得,想根据这种东西弄出点什么名堂来是不可能的。我要用一种极其特殊的方法来整理这些已经"被采纳的意见",为了要证明这种方法正确,我起草了《告工人阶级书》①(这不在原来的计划之内,这是对 1845 年以来工人阶级的命运的一种回顾)。我以这份《告工人阶级书》已经包括了一切实际材料和我们不应当再三重复同样的东西为借口,修改了整个导言,删掉了"原则宣言",最后以 10 条章程②代替了原来的 40 条章程。在《告工人阶级书》中说到国际的政策时,我讲的是各个国家而不是各个民族,我所揭露的是俄国而不是较小的国家。我的建议完全被小委员会接受了。不过我必须在章程导言中采纳"义务"和"权利"这两个词,以及"真理、道德和正义"等词,③但是,对这些字眼已经妥为安

---

① 马克思《国际工人协会成立宣言》,见本选集第 3 卷。——编者注
② 马克思《协会临时章程》,见《马克思恩格斯全集》中文第 2 版第 21 卷。——编者注
③ 见《马克思恩格斯全集》中文第 2 版第 21 卷第 17 页。——编者注

排,使它们不可能造成危害。

　　总委员会会议以很大的热情(一致)通过了我的《告工人阶级书》,等等。关于付印方法等问题将在下星期二①讨论。勒吕贝拿了《告工人阶级书》的一个副本去译成法文,方塔纳拿了一个副本去译成意大利文。(首先将刊登在叫做《蜂房报》293的周报上,这是一种通报,由工联主义者波特尔编辑。)我自己准备把这个文件译成德文。

　　要把我们的观点用目前水平的工人运动所能接受的形式表达出来,那是很困难的事情。几星期以后,这些人将同布莱特和科布顿一起举行争取选举权的群众大会。重新觉醒的运动要做到使人们能像过去那样勇敢地讲话,还需要一段时间。这就必须做到实质上坚决,形式上温和。这个文件一印出来,你就可以得到一份……

---

① 1864年11月8日。——编者注

1865 年

17. 马克思致路德维希·库格曼

汉　诺　威

1865 年 2 月 23 日于伦敦哈弗斯托克小山
梅特兰公园路摩德纳别墅 1 号

尊敬的朋友：

昨天接到您的一封信，我很感兴趣，现在就来逐项回答。

首先我想对您简略地说明一下我与**拉萨尔**的关系。在他从事鼓动的时期，我们的关系就已经断绝了，这是(1)由于他大肆自我吹嘘，甚至还把从我和其他人的著作里极其无耻地剽窃去的东西也拿来吹嘘；(2)因为**我谴责了**他的**政治**策略；(3)因为早在他开始进行鼓动**以前**，我在伦敦这里就向他详细解释和"证明"：所谓**"普鲁士国家"**实行直接的**社会主义**干涉是荒谬的。他在给我的信(从 1848 年到 1863 年)中像同我会面时一样，老说他是我所代表的党的追随者。但是，一当他在伦敦(1862 年底)确信，他**对我**不能施展他的伎俩，他就决定以**"工人独裁者"**的身份来**反对**我和原来的党。尽管如此，我还是承认他进行鼓动的功绩，虽然在他的短短的一生临近结束的时候，甚至这种鼓动也使我感到越来越暧昧了。他的突然死亡、旧日的友情、哈茨费尔特伯爵夫人的诉苦信、资产阶级报纸对一个生前曾经使他们胆战心惊的人采取的那种**怯懦无耻的态度**所引起的憎恶,所有这一切都促使我发表一个简短声明来反对卑鄙的布林德①(哈茨费尔特把这个声明送交《北极星》[294]发表了)。但是这个声明没有涉及拉萨尔活动的**内容**。由于同样的原因,并由于希望能够消除那些在我看来是危险的因素,我同恩格斯一起答应给《社会民主党人报》[295]撰稿(该报刊登了《成立宣言》的译文[296],我还按照该报的愿望,就蒲鲁东之死写了一篇关于他的文章②),而在施韦泽寄给我们一份**令人满意的编辑纲领**之后,我就同意把我们列为撰稿人。[297]**威·李卜克内西**担任编辑部的非正式编委,这对我们又是一层保证。但是不久就表明——这方面的证据已经落到我们手中——**拉萨尔**事实上已经**背叛了党**。他同俾斯麦订立了一个正式的契约(**他**自然并没有得到**任何保证**)。他本来要在 1864 年 9 月底到汉堡去,在那里(同疯狂的施拉姆和普鲁士警探马尔一起)"**迫使**"俾斯麦兼并石勒苏益格—荷尔斯泰因,也就是以"工人"的名义来宣布兼并,等等,而俾斯麦为此则答应给予普选权和实行某些冒牌的社会主义措施。[298]可惜拉萨尔未能演完这幕喜剧!否则这出戏一定会使他暴露出极其愚蠢可笑的面目!而所有这一类企图也一定会永远结束!

拉萨尔走上这条错误的道路,因为他是米凯尔先生式的"**现实政治家**",只是派头更大、目标更高罢了!(顺便说说,我早已看透了米凯尔,因此我认为,他的出场,是由于民族联盟[299]对一个小小的**汉诺威**律师来说是个很好的机遇,可以借助它在德国、在自己的小天地以外扬名,这样既能提高他自己的"**现实性**",反过来又

---

① 马克思《致斯图加特〈观察家报〉编辑》,见《马克思恩格斯全集》中文第 2 版第 21 卷。——编者注
② 马克思《论蒲鲁东》,见本选集第 3 卷。——编者注

能使他在汉诺威当地得到公认,并在"**普鲁士的**"保护下扮演"**汉诺威的**"米拉波。)正如米凯尔和他现在的朋友们抓住了普鲁士摄政王所宣布的"新纪元"[300],以便加入民族联盟并依附于"普鲁士的领导地位"[301]一样,正如他们通常在**普鲁士的保护**下发展自己的"公民自豪感"一样,拉萨尔想在乌克马克的菲力浦二世面前扮演无产阶级的波扎侯爵①,而让俾斯麦扮演他和普鲁士王权之间的撮合者。他只是仿效民族联盟中的先生们而已。不过,那些人是为了中等阶级的利益而引起了普鲁士的"反动",而他则是为了无产阶级的利益而同俾斯麦握手言欢。那些先生们这样做要比拉萨尔更有根据,因为资产者习惯于把眼前的直接利益看做"现实",而且这个阶级实际上到处妥协,甚至和封建主义妥协,可是工人阶级按其本性来说应当是真正"革命的"。

对拉萨尔这样一个装腔作势、爱好虚荣的人来说(但是,他不是用市长等官职这样的小恩小惠可以收买的),一个很有诱惑力的想法就是:为无产阶级建立了直接功勋的是斐迪南·拉萨尔!他对建立这种功勋的现实的经济条件的确太无知,以致不能批判地对待自己!另一方面,由于曾经使德国资产者容忍了1849—1859 年的反动并对愚民措施采取旁观态度的那个卑鄙的"**现实政策**",德国工人竟"**堕落**"到这种地步,以致对这位答应帮助他们一跃而进入天国的自吹自擂的救主表示欢迎!

现在我们再接着谈上面中断了的那个话题!《社会民主党人报》刚一创办,立刻就看得出,哈茨费尔特这个老太婆还想执行拉萨尔的"遗嘱"。她通过《十字报》[8]的瓦盖纳同俾斯麦保持联系。

---

① 菲力浦二世和波扎侯爵是席勒的《唐·卡洛斯》一剧中的人物。"乌克马克的菲力浦二世"暗指威廉一世。——编者注

她把"全德工人联合会"**184**、《社会民主党人报》等等都交给俾斯麦掌握。她打算在《社会民主党人报》上宣布兼并石勒苏益格—荷尔斯泰因，完全承认俾斯麦为保护人等等。这一整套美妙的计划，由于我们有李卜克内西在柏林并且参加了《社会民主党人报》编辑部而**破产了**。虽然恩格斯和我都讨厌该报的方针，讨厌它对拉萨尔的阿谀和迷信，讨厌它一有机会就向俾斯麦谄媚，等等，但是，更重要的当然是暂时同该报保持正式联系，以防止哈茨费尔特这个老太婆的阴谋，使工人党不致声誉扫地。因此，我们采取了心里不高兴、表面上和颜悦色的态度，但是私下经常给《社会民主党人报》写信，要他们就像对进步党人**302**一样地对俾斯麦进行斗争。我们甚至容忍了妄自尊大的公子哥儿伯恩哈德·贝克尔**反对国际工人协会**的阴谋。这个人竟然一本正经地看待拉萨尔遗嘱赋予他的重要地位。

这时，施韦泽先生在《社会民主党人报》上发表的文章已经越来越俾斯麦化了。以前我就写信对他说过，进步党人在"结社问题"上可能被**吓倒**，但是**普鲁士政府绝对不会**同意完全废除结社法，因为这样做就会在官僚制度那里打开缺口，就必须给工人以公民权，必须撕碎奴仆规约**303**，废除贵族在农村中使用的笞刑等等，这是俾斯麦永远不会容许的，是同普鲁士的**官僚**国家根本不相容的。我还补充说，如果议会否决了结社法，政府就会用**言辞**（如社会问题要求"更深刻的"措施等等一类的言辞）来搪塞，使这些法律仍然有效。这一切都已经得到证实。而冯·施韦泽先生做了些什么呢？他写了一篇**拥护俾斯麦的文章304**，并把自己所有的勇气都用来反对舒尔采、孚赫等等这样一些渺小得无法再渺小的人物。

我相信，施韦泽等人这样做是有**诚意的**，然而他们是"**现实政治家**"，他们要考虑**现存的**条件，不想把"现实政策"的**特权**都让给米凯尔先生之流。(后者似乎想给自己保留同普鲁士政府同流合污的权利。)他们知道,在普鲁士(从而在德国其他各地),工人报刊和工人运动只是由于警察的恩惠才存在。因此,他们愿意维持现状,不激怒政府等等,正如我们的"**共和派的**"现实政治家愿意"接受"姓霍亨索伦的**皇帝**一样。但是,因为我不是"现实政治家",所以我认为有必要和恩格斯一起公开声明同《社会民主党人报》断绝关系(您不久就会在某家报纸上看到这个声明)①。

同时,您由此可以了解,为什么目前我在普鲁士**任何事情**也不能做。那里的政府直截了当地拒绝恢复我的普鲁士国籍。³⁰⁵我如果要在那里进行**宣传活动**,那就只有采取冯·俾斯麦先生所希望的形式才会被允许。

我倒万分愿意在这里通过"**国际协会**"进行我的宣传活动。这对**英国**无产阶级的影响是直接的和极为重要的。现在我们正在这里搞普选权问题,这个问题在这里同在普鲁士,当然有着**完全不同的意义。**³⁰⁶

总的说来,在这里,在巴黎,在比利时、瑞士和意大利,这个"协会"的进展都是**完全出乎意料**的。只有在德国,我很自然地遭到了拉萨尔的继承人的反对,因为他们(1)愚蠢地害怕失掉自己的重要性;(2)知道我公开反对德国人称为"现实政策"的那种东西。(正是这种"**现实**"使德国远远落后于一切文明国家。)

由于每人花一先令取得会员证就能成为协会会员,由于法国人(以及比利时人)受法律禁止不能以"协会"的形式参加我们的组织而选择了这种个别取得会员资格的方式,由于德国的情况也

---

① 马克思和恩格斯《致〈社会民主党人报〉编辑部的声明》,见《马克思恩格斯全集》中文第 2 版第 21 卷。——编者注

与此类似,所以我现在决定要求我在这里的和在德国的朋友们成立小团体,不管每个地方的成员有多少,这种团体的每个成员都购买一张英国会员证。由于英国的协会是**公开的**,所以,这种办法就是在法国也不会遇到任何障碍。我非常希望您以及您的亲朋好友用这种办法和伦敦建立联系……

18.恩格斯致弗里德里希·阿尔伯特·朗格

杜 伊 斯 堡

1865年3月29日于曼彻斯特
南门街7号

阁下:

……我的回信不得已而拖延下来,倒使我有机会在此期间接到了您的关于工人问题的著作①;我怀着很大的兴趣读了这本书。在我第一次读达尔文的著作②时,我也很快就发现他对动植物生活的描述同马尔萨斯的理论**307**异常相似。不过我得出了和您不同的结论,我认为:现代资产阶级的发展还没有超出动物界的经济形式,这对它来说是极大的耻辱。在我们看来,所谓"经济规律"并不是永恒的自然规律,而是既会产生又会消失的历史性的规律,

---

① 弗·阿·朗格《工人问题及其在目前和将来的意义》1865年杜伊斯堡版。——编者注
② 查·达尔文《根据自然选择即在生存斗争中适者保存的物种起源》1859年伦敦版。——编者注

而现代政治经济学大全,只要是由经济学家真正客观地编纂出来的,对我们来说不过是现代资产阶级社会所赖以存在的规律和条件的总汇,一句话,是这个社会的生产条件和交换条件的抽象的描述和概括。因此,在我们看来,任何一个规律只要是表现**纯粹资产阶级关系**的,都不是先于现代资产阶级社会而存在的;那些或多或少地对过去的全部历史起过作用的规律则仅仅表现了以阶级统治和阶级剥削为基础的一切社会状态所共有的关系。所谓李嘉图规律[308]就属于前者,它无论对农奴制还是对古代的奴隶制都不起作用;而所谓马尔萨斯理论中的站得住脚的东西则属于后者。

马尔萨斯牧师的这个理论,同他所有的其他思想一样,都是直接从他的前人那里剽窃来的,只有两种级数的纯粹武断的运用,才属于他自己。[309]在英国,这一理论本身早就被经济学家纳入了合理的范围;人口不是对生活资料产生压力,而是对**就业**手段产生压力;人类可能增加得比现代资产阶级社会所能承受的更快。在我们看来,这又是一个根据,它表明这个资产阶级社会是必须消除的发展中的障碍。

您自己提出了如何使人口的增加和生活资料的增加相适应的问题;可是,除了序言中的一句话,我并没有发现您有解决这一问题的意图。我们的出发点是:创造了现代资产阶级社会的那些力量——蒸汽机、现代化的机器、大规模的殖民、铁路和轮船、世界贸易,现在已经由于接连不断的商业危机而使这个社会走向解体并且最后走向灭亡;这些生产资料和交换手段也足以在短时间内使比例关系翻转过来,把每个人的生产力提高到能生产出够两个人、三个人、四个人、五个人或六个人消费的产品;那时,城市工业就能腾出足够的人员,给农业提供同此前完全不同的力量;科学终于也将大规模地、像在工业中一样彻底地应用于农业;欧洲东南部和美国西部在我们看来是取之不尽、用之不竭的天然肥沃的地区将以空前巨大的规模进行开发。如果这些地区都已经开垦出来,可是还有匮乏现象,那才是该说应该警惕[310]的时候。

生产得太少,这就是全部问题之所在。但是,**为什么生产得太少呢**?并不是因为生产已经达到极限(即使是在今天,在使用现代化的手段的情况下)。不是由于这个原因,而是由于生产的极限并不取决于挨饿的肚子的数目,而取决于有购买力的有支付能力的**钱袋**的数目。资产阶级社会不希望,也不可能希望生产得更多。没有钱的肚子,即不能用来生产**利润**、因而也没有购买力的劳动,使死亡率不断提高。如果突然来一个工业繁荣(这是常有的现象),使这种劳动变得能用来生产利润,那么劳动就能得到钱买东西,而且总能找到生活资料。这就是整个经济所陷入的无尽头的恶性循环。人们总是把资产阶级关系的总体作为前提,然后证明,任何个别部分都是这个总体的必要部分,即"永恒的规律"。

您对舒尔采的合作社[311]的描述使我非常感兴趣。这一切也都在这里按自己的方式存在过,而现在大体上都已经过去了。在德国的人们一定还会表现出无产阶级自豪感。

我不能不提一下您所说的关于老黑格尔缺乏较深的数学和自然科学素养的意见。黑格尔的数学知识极为渊博,以致他的任何一个学生都没有能力把他遗留下来的大量数学手稿整理出版。据我所知,对数学和哲学了解到足以胜任这一工作的唯一的人,就是马克思。您说黑格尔的自然哲学的细节中有荒谬的东西,这我当然同意,但是他的**真正的**自然哲学是在《逻辑学》第二部分即《本质论》中,这是全部理论的真正核心。现代自然科学关于自然力相互作用的学说(格罗夫的《力的相互关系》,我记得该书最初是在1838年出版的①)不过是用另一种说法表达了,或者更确切地说,是从正面证明了黑格尔关于原因、结果、相互作用、力等等的论述。当然,我已经不再是黑格尔派了,但是我对这位伟大的老人仍然怀着极大的尊敬和依恋的心情。

尊敬您的　弗里德里希·恩格斯

1866 年

19.马克思致恩格斯

曼 彻 斯 特

1866年7月7日［于伦敦］

亲爱的弗雷德:

……现在,波拿巴在采用针发枪或其他威力相等的武器以前,当然不愿意发生战争。有一个**美国佬**②在这里提供给陆军部一种步枪,一个普鲁士流亡军官(维尔克)肯定地告诉我,这种枪构造非常简单,不易发热,不大需要擦拭,而且又便宜,这样就使针发枪显得落后了,就像针发枪使"老拜斯"**312**显得落后一样。我们关于**生产资料**决定劳动**组织**的理论,在哪里能比在杀人工业中得到更

---

① 指威·罗·格罗夫《物理力的相互关系》,该书第1版于1846年在伦敦出版。——编者注
② 雅·斯奈德。——编者注

为显明的证实呢？你的确值得费一些力气来写点这方面的东西（我缺乏这方面的知识），我可以把你写的东西署上你的名字放在我的书①中作为附录。请你考虑一下。如果这样做的话，那就应当放在第一卷里，在那里我专门探讨了这个题目。你知道，如果你能在我的主要著作（到目前为止，我只写了些小东西）中直接以合著者的身份出现，而不只是被引证者，这会使我多么高兴！

我现在顺便研究孔德，因为英国人和法国人都对这个家伙大肆渲染。使他们受迷惑的是他的著作简直像百科全书，包罗万象。但是这和黑格尔比起来却非常可怜（虽然孔德作为专业的数学家和物理学家要比黑格尔强，就是说在细节上比他强，但是整个说来，黑格尔甚至在这方面也比他不知道伟大多少倍）。而且这种实证主义破烂货是出版于 1832 年！②

20. 马克思致路德维希·库格曼

汉 诺 威

1866 年 10 月 13 日星期六于伦敦

亲爱的朋友：

由于我想立即给您回信，而您的信刚好在邮局关门以前才寄到（明天又是星期日，这里不发信），所以我想简单地谈谈我被截

---

① 马克思《资本论》。——编者注
② 指奥·孔德《实证哲学教程》。——编者注

去的那封信[313]的主要内容。(这样截取别人的信件当然是令人不快的,因为我并不想让俾斯麦先生知道我的**私事**。如果他想了解我对**他的**政策的看法,他可以直接来找我,而我当然会直截了当地说的。)

因为我长期生病和为治病花了很多钱,所以我的经济情况非常恶劣,以致在**不久的**将来会遇到财政危机,这除了直接影响我和我的家庭以外,在政治上对我也是极其有害的,因为在伦敦这里必须维持**外表上的**体面。我想向您打听一件事:您知道哪个人或者哪几个人(因为这种事**决不能公开**)能借给我大约 1 000 塔勒,利率5%或6%,时间至少两年? 我现在出 20%—50%的利率借小额款项,但是即使这样,我还是无法应付那帮债主,因此我面临着彻底破产的危险。

从我给您写上上封信以来,我的病老是复发,因此只能断断续续地搞理论研究。(国际协会的实际工作照常在进行,而且工作很多,因为事实上我必须领导整个协会。)下个月我将给迈斯纳寄去第一批稿子①,以后再陆续寄,最后一批我将自己带到汉堡去。那时我一定去看您。

我的情况(身体情况和日常生活中的事情老是把工作打断)迫使我只好先出版**第一卷**,而不是像我起初设想的那样两卷一起出版。而且现在看来总共可能有三卷。

这就是说,全部著作分为以下几部分:

第一册　资本的生产过程。

第二册　资本的流通过程。

---

① 马克思《资本论》第 1 卷。——编者注

第三册　总过程的各种形式。

第四册　理论史。

第一卷包括头两册。

我想把第三册编做第二卷,第四册编做第三卷。[314]

我认为在第一册中必须从头开始,也就是必须把我在敦克尔那里出版的书概括为专论商品和货币的一章[315]。我之所以认为需要这样做,不仅是为了叙述的完整,而且是因为即使很有头脑的人对这个题目也理解得不完全正确,就是说,最早的叙述,特别是关于**商品的分析**,必然有欠缺之处。例如,拉萨尔在他的《资本和劳动》①中自称是表达了我的阐述的"思想精髓",其实犯了许多重大错误,而这种情况常常发生在他肆无忌惮地剽窃我的著作的时候。可笑的是他甚至重复我在历史文献方面的"失误",因为我有时仅凭记忆引证,没有去查原著。我还没有最后决定,是否应该在序言中对拉萨尔的剽窃行为讲几句。他那班盲从的信徒无耻地跑出来反对我,就证明这样考虑无论如何是正确的。[316]

英国工联伦敦理事会[288]（它的书记就是我们的主席奥哲尔）目前正在讨论是否宣布自己为国际协会英国支部的问题。如果它这样做,那么这里的工人阶级的领导权从某种意义上说就会转移给我们,而我们就能够把运动大大地"向前推进"。

祝好。

您的　卡·马克思

---

①　斐·拉萨尔《巴师夏-舒尔采-德里奇先生,经济学上的尤利安,或者:资本和劳动》1864 年柏林版第 3 章。——编者注

1868 年

21. 马克思致恩格斯

曼 彻 斯 特

1868 年 1 月 8 日［于伦敦］

亲爱的弗雷德：

关于杜林[317]。他几乎完全接受了《原始积累》这一节①，这对他来说已经很不容易了。他还年轻。作为凯里的信徒，他是直接反对自由贸易派[189]的。此外，他还是非公聘**讲师**，所以妨碍他们这些人的前程的罗雪尔**教授**挨了脚踢[318]，他并不伤心。他的评论中有一处特别引起我的注意。这就是：当劳动时间决定价值这一点像在李嘉图本人的书里那样还"不明确"的时候，它并没有引起这些人不安。但是，一旦把它同工作日和工作日的变化准确地联系起来时，他们就感觉到这是一种令人十分难堪的新见解。我相信，杜林完全是由于憎恨罗雪尔才来评论这部书的。他害怕自己也陷入罗雪尔的处境，这的确是十分明显的。奇怪的是，这个家伙并没有觉察到这部书中的三个崭新的因素：

（1）过去的**一切**经济学**一开始**就把表现为地租、利润、利息等

---

① 指马克思《资本论》第 1 卷德文第 1 版第 6 章《所谓原始积累》这一节。——编者注

固定形式的剩余价值特殊部分当做已知的东西来加以研究,与此相反,我首先研究剩余价值的一般形式,在这种形式中所有这一切都还没有区分开来,可以说还处于融合状态中。

(2)经济学家们毫无例外地都忽略了这样一个简单的事实:既然商品是二重物——使用价值和交换价值,那么,体现在商品中的劳动也必然具有二重性,而像斯密、李嘉图等人那样只是单纯地分析劳动本身,就必然处处都碰到不能解释的现象。实际上,对问题的批判性理解的全部秘密就在于此。

(3)工资第一次被描写为隐藏在它后面的一种关系的不合理的表现形式,这一点通过工资的两种形式即计时工资和计件工资得到了确切的说明。(在高等数学中常常可以找到这样的公式,这对我很有帮助。)

至于杜林先生对价值规定所提出的温和的反对意见,他在第二卷[314]中将会惊奇地看到:价值规定在资产阶级社会中不是"直接"实现的。实际上,**没有一种**社会**形式**能够阻止社会所支配的劳动时间以这种或那种方式调节生产。但是,只要这种调节不是通过社会对自己的劳动时间所进行的直接的自觉的控制——这只有在公有制之下才有可能——来实现,而是通过商品价格的变动来实现,那么,结局就始终像你在《德法年鉴》[110]中已经十分正确地说过的那样①……

---

① 参看恩格斯《国民经济学批判大纲》,本选集第 1 卷。——编者注

22. 马克思致路德维希·库格曼

汉　诺　威

1868年3月6日于伦敦

亲爱的朋友：

……我现在能够理解杜林先生的评论³¹⁷中的那种异常尴尬的语调了。就是说，这是一个往常极为傲慢无礼的家伙，他俨然以政治经济学中的革命者自居。他做过两件事。第一，他出版过一本(以凯里的观点为出发点)《国民经济学批判基础》(约500页)，其次，出版过一本新的《自然的辩证法》(反对黑格尔辩证法的)。我的书①在这两方面都把他埋葬了。他是由于憎恨罗雪尔等人才来评论我的书的。此外，他在进行欺骗，这一半是出自本意，一半是由于无知。他十分清楚地知道，我的阐述方法**不是**黑格尔的阐述方法，因为我是唯物主义者，而黑格尔是唯心主义者。黑格尔的辩证法是一切辩证法的基本形式，但是，只有**在**剥去它的神秘的形式**之后**才是这样，而这恰好就是**我的**方法的特点。至于说到李嘉图，使杜林先生感到不自在的，正是在我的论述中**没有**凯里以及他以前的成百人曾用来反对李嘉图的那些弱点。因此，他恶意地企图把李嘉图的局限性强加到我身上。但是，我不在乎这些。我应当感谢这个人，因为他毕竟是谈论我的书的第一个专家……

---

①　马克思《资本论》第1卷德文第1版。——编者注

23.马克思致恩格斯

曼 彻 斯 特

1868 年 3 月 25 日［于伦敦］

亲爱的弗雷德：

昨天我本来想在博物馆里给你写信,但是我突然感到很不舒服,只好合上手中那本非常有趣的书。我两眼发黑,头痛得要命,胸部闷得慌。我就慢慢走回家了。空气和阳光使我感到舒服一点,到家后我睡了一会儿。照我的情况来看,本来应当把一切工作和思考都丢开一些时候；但是,这**对我来说,即使有钱去游荡,也很难做到**。

关于毛勒：他的书是非常有意义的[58]。不仅是原始时代,就是后来的帝国直辖市、享有豁免权的地主、公共权力以及自由农和农奴之间的斗争的全部发展,都获得了崭新的说明。

在人类历史上存在着和古生物学中一样的情形。由于某种判断的盲目性,甚至最杰出的人物也会根本看不到眼前的事物。后来,到了一定的时候,人们就惊奇地发现,从前没有看到的东西现在到处都露出自己的痕迹。对法国革命以及与之相联系的启蒙运动的第一个反应,自然是用中世纪的、浪漫主义的眼光来看待一切,甚至像格林这样的人也不能摆脱这种看法。第二个反应是越过中世纪去看每个民族的原始时代,而这种反应是和社会主义趋向相适应的,虽然那些学者并没有想到他们和这种趋向有什么联系。于是他们在最旧的东西中惊奇地发现了最新的东西,甚至发现了连蒲鲁东看到都会害怕的平等派。

我们大家被这种判断的盲目性束缚得多么厉害啊:恰好在**我的故乡**,即在**洪斯吕克**①,古代德意志的制度一直保存到**最近**几年。我现在还记得,我的**当律师的**父亲还和我谈到过这件事呢!另一个证明是:地质学家,甚至像居维叶那样一些最优秀的地质学家也把某些事实完全解释错了,同样,像格林那样一些大语文学家也把最简单的拉丁文句子**译错**了,因为他们深受默泽(我记得,他所叹赏的是:德意志人那里从来没有"自由",但是"空气造成占有")等人的影响。例如,塔西佗有一句名言,"*arva per annos mutant, et superest ager*"②,意思是:他们更换(通过抽签,后来所有蛮族法典**319**中的 *sortes*[抽签]一词就是由此而来的)田地(arva),而仍然保留公有地(ager 同 arva 相反,是 ager publicus[公有地]),格林等人却把它译成:他们每年耕种生地,但仍有(荒)地存在!

同样,"他们**单独地和分散地**进行耕作"③这句话可以证明,德意志人自古以来就像威斯特伐利亚的容克那样,经营单个的田庄。但在这句话的后面还有:"**他们建立村庄的方式和我们的不同,他们不是把房屋聚集在一起并使之互相毗连**,而是每家住所周围都**有一块空地**";像上面所描写的那种日耳曼原始村落,如今在丹麦的一些地方仍然存在。斯堪的纳维亚对德国的法学和经济学,就像对德国的神话学一样,自然是非常重要的。只有从这里出发,我们才能重新认清我们的过去。此外,甚至格林等人也在凯撒的书中发现,德意志人总是按血族共同体集体定居,而不是单独定居

---

① 德国西南部的一个山区。——编者注
② 塔西佗《日耳曼尼亚志》第 26 章。——编者注
③ 塔西佗《日耳曼尼亚志》第 16 章。——编者注

的:"他们是按氏族和亲属关系一起居住的"①。

不过,要是老黑格尔有在天之灵,他知道德文和北欧文中的 *Allgemeine*[**一般**]不过是公有地的意思,而 *Sundre*,*Besondre*[**特殊**]不过是从公有地分离出来的 Sondereigen[私人财产],那他会说什么呢?真糟糕,原来逻辑范畴还是产生于"我们的交往"!

弗腊斯的《各个时代的气候和植物界,二者的历史》(1847年)一书十分有趣,这本书证明,气候和植物在**有史**时期是有变化的。他是达尔文以前的达尔文主义者,他认为**物种**甚至产生于有史时期。但是他同时是农学家。他断定,农民非常喜欢的"湿度"随着耕作的发展(并且与耕作的发展程度相适应)逐渐消失(因此,植物也从南方移到北方),最后形成了草原。耕作的最初影响是有益的,但是,由于砍伐树木等等,最后会使土地荒芜。这个人既是化学家、农学家等等,又是知识渊博的语言学家(他曾经用**希腊文**著书)。结论是:耕作——如果自发地进行,而不是**有意识地加以控制**(他作为资产者当然想不到这一点)——会导致土地荒芜,像波斯、美索不达米亚等地以及希腊那样。可见,他也具有不自觉的社会主义倾向!

这位弗腊斯还具有德国人的那种有趣的特点。他最初是医学博士,后来是视察员,化学和工艺学教师,现在是巴伐利亚兽医管理局局长,大学教授,全国农艺实验所所长,等等。他在担任最后这几项职务时年事已高,但仍然像个精神饱满的小伙子。他曾游历过希腊、小亚细亚和埃及的许多地方!他的《农业史》也很有意义。他称傅立叶是一位"虔诚的和人道的社会主义者"。关于阿

---

① 凯撒《高卢战记》第4卷第22章。——编者注

尔巴尼亚人等等是这样写的:"各种缺德的通奸和强奸"。①

　　必须认真研究全部近代和现代农业文献。**物理学**派同**化学**派是对立的。

　　别忘了把库格曼寄来的那个厂主②的信还给我。

　　再没有比即将在这里看到你更使我高兴的了。

你的　卡·马·

　　又及:埃德加③的种植场主的帽子又找到了,这一次你可以把它带给莉希夫人。

24.马克思致路德维希·库格曼

汉　诺　威

1868 年 7 月 11 日于伦敦

亲爱的朋友:

　　……至于《中央报》,那个人已经作了尽可能大的让步,因为他承认,如果想象价值这个东西总还有点什么内容,就只好同意我的结论。**320**这个不幸的人看不到,即使我的书中根本没有论"价值"的一章,我对现实关系所作的分析仍然会包含对实在的价值关系的论证和说明。**321**胡扯什么价值概念必须加以证明,只不过

---

①　卡·弗腊斯《农业史》1852 年布拉格版第 12 页。——编者注

②　古·迈耶尔。——编者注

③　埃·冯·威斯特华伦。——编者注

是由于既对所谈的东西一无所知,又对科学方法一窍不通。任何一个民族,如果停止劳动,不用说一年,就是几个星期,也要灭亡,这是每一个小孩子都知道的。小孩子同样知道,要想得到与各种不同的需要量相适应的产品量,就要付出各种不同的和一定量的社会总劳动量。这种按一定比例**分配社会劳动**的**必要性**,决不可能被社会生产的**一定形式**所取消,而可能改变的只是**它的表现方式**,这是不言而喻的。自然规律是根本不能取消的。在不同的历史条件下能够发生变化的,只是这些规律借以实现的**形式**。而在社会劳动的联系体现为个人劳动产品的**私人交换**的社会制度下,这种按比例分配劳动所借以实现的形式,正是这些产品的**交换价值**。

科学的任务正是在于阐明价值规律是**如何**实现的。所以,如果想一开头就"说明"一切表面上与规律矛盾的现象,那就必须**在科学之前**把科学提供出来。李嘉图的错误恰好是,他在论价值的第一章[1]里就把尚待阐明的一切可能的范畴都假定为**已知的**,以便证明它们和价值规律是等同的。

另一方面,如您所正确地指出的,**理论的历史**确实证明,对价值关系的理解**始终**是**同一个东西**,只是有时比较清楚,有时比较模糊,有时掺杂着较多的错觉,有时包含着较多的科学的明确性。因为思维过程本身是在一定的条件中生成的,它本身是一个**自然过程**,所以真正理解着的思维永远只能是同一个东西,只是随着发展的成熟程度(其中也包括思维器官发展的成熟程度)逐渐地表现出区别。其余的一切都是废话。

庸俗经济学家根本想不到,实际的日常的交换关系和价值量

---

① 　大·李嘉图《政治经济学和赋税原理》1817年伦敦版。——编者注

是**不能直接等同**的。资产阶级社会的症结正是在于,对生产自始就不存在有意识的社会调节。合理的东西和自然必需的东西都只是作为盲目起作用的平均数而实现。当庸俗经济学家不去揭示事物的内部联系却傲慢地鼓吹事物从现象上看是另外的样子的时候,他们自以为这是作出了伟大的发现。实际上,他们所鼓吹的是他们紧紧抓住了外表,并且把它当做最终的东西。这样一来,科学究竟有什么用处呢?

但是,在这里事情还有另外的背景。内部联系一旦被了解,相信现存制度的永恒必要性的一切理论信仰,还在现存制度实际崩溃以前就会破灭。因此,在这里统治阶级的绝对利益就是把这种缺乏思想的混乱永远保持下去。那些造谣中伤的空谈家不凭这一点,又凭什么取得报酬呢?他们除了根本不允许人们在政治经济学中进行思考以外,就拿不出任何其他的科学王牌了。

但是,够了,足够了。这无论如何表明,这些资产阶级的传教士已经堕落到什么地步,工人,甚至工厂主和商人都读懂了我的书,并且了解得很清楚,而这些"**博学的**〈!〉著作家"却抱怨我对他们的理解力要求过高……

25. 马克思致约翰·巴蒂斯特·施韦泽

柏　林

1868年10月13日于伦敦

阁下：

……首先,关于拉萨尔的联合会[184],它是在一个反动时期成立的。在德国工人运动沉寂了15年之后,拉萨尔又唤醒了这个运动,这是他的不朽的功绩。但是,他犯了很大的错误。他受直接的时代条件的影响太深了。他把一个小小的出发点——他同舒尔采-德里奇这样一个无足轻重的人[311]的对立——当做自己的鼓动的中心点:以国家帮助反对自助。这样,他不过是重新提出了**天主教**社会主义的首领**毕舍**为反对法国的真正的工人运动而于1843年和以后几年提出的口号。拉萨尔是够聪明的,当然认为这个口号是权宜之计,所以他只能以这个口号(据说!)可以直接实现为理由来为之辩护。为了这个目的,他不得不断言这个口号在**最近的将来**就会实现。因此,**这种**"国家"就变成了普鲁士国家。这样一来,他就不得不向普鲁士君主制、向普鲁士反动派(封建党派)、甚至向教权派让步。他把宪章派的普选权口号[322]同毕舍所说的国家对协作社的帮助结合起来。他忽略了德国和英国的条件是不同的。他忽略了衰落帝国[323]在法国普选权问题上的教训。其次,就像每一个说自己的口袋里装有能为群众医治百病的万应灵丹的人一样,他一开始就使自己的鼓动带有宗教的宗派性质。其实,任何宗派都带有宗教性质。再次,正因为他是一个宗派的创始人,所以他否认同德国和外国以前的运动有任何天然的联系。他陷入了蒲鲁东的错误之中,他不是从阶级运动的实际因素中去寻找自己的鼓动的现实基础,而是想根据某种教条式的处方来规定这一运动的进程。

在我现在的追述中,大部分内容早在拉萨尔 1862 年来到伦敦要求我同他一起领导新的运动的时候,我就对他讲过。

您本人根据切身的体验,知道宗派运动和阶级运动是对立的。宗派不是在它和阶级运动的**共同之处**中,而是在把它和阶级运动**区别开来**的**特殊护符**中,寻求自己存在的权利和自己的荣誉。因此,当您在汉堡建议召开工会成立大会[324]时,您只有以放弃主席职务相威胁,才粉碎了宗派的反抗。此外,您曾经不得不把自己变成双重人物,宣布您时而作为宗派首脑进行活动,时而作为阶级运动的代表进行活动。

全德工人联合会的解散[325]曾使您有机会向前迈进一大步,并有机会声明,如果需要的话,还可以证明,现在一个新的发展阶段已经到来,把宗派运动融合于阶级运动和消除一切宗派主义的时机已经成熟。至于说到宗派的真实内容,那么像过去的一切工人宗派一样,宗派会把它当做丰富运动的因素带到总的运动中去。但是您并没有这样做,您实际上是要求阶级运动服从特殊的宗派运动。与您为敌的人就由此得出结论,说您千方百计地想保持您"自己的工人运动"。

至于柏林代表大会[326],首先是不应匆忙召开,因为结社法[327]还没有通过。因此,您本应同拉萨尔集团**之外**的领袖们商量,和他们共同制订计划并召开代表大会。但是您并没有这样做,您只是让他们二者择一:公开地附和**您**或者**反对您**。这次代表大会本身不过是汉堡代表大会的增订版。

至于章程草案[328]，我认为它在原则上是错误的，我相信我在工会方面的经验并不比任何同时代人少。在这里，我不想再作详细的说明，只想指出，**集中制的**组织不管对秘密团体和宗派运动多么有用，但它同工会的本质是相矛盾的。即使这种组织是可能存在的——我说它根本不可能存在——，那它也是不适宜的，至少在德国是这样。这里的工人从小就受官僚主义的管束，相信权威，相信上级机关，所以在这里首先应当**教会**他们**自己走路**。

您的计划在其他方面也是不切实际的。在"联合会"中有三个来源不同的独立的权力机构：(1)由**工会**选出来的**委员会**；(2)由**普选**产生的**主席**(他在这里完全是多余的)；(3)由**地方**选出来的代表大会。这样一来，到处都是冲突，而竟说这样有利于"迅速行动"！在国际工人协会[97]的章程中，也设有协会的主席。但是，实际上他的职能只不过是主持总委员会的会议。我在 1866 年拒绝了主席的职务，1867 年根据我的建议根本取消了这个职位，而代之以在总委员会的每周例会上选出的执行主席（Chairman）。**工联伦敦理事会**[288]也只有一个执行主席。**书记**才是它的常设的负责人员，由他处理日常事务。拉萨尔从 1852 年法国宪法中搬用了"由普选产生总统"的做法，是极大的失策。况且是搬用到工会运动！这种运动多半是围绕着钱的问题兜圈子，您很快就会发现，在这里任何独裁都将完结。

但是，不管在组织方面出现了什么样的错误，这些错误大概都可能被合理的实践或多或少地克服掉。作为国际的书记，我准备充当您和直接参加了国际的纽伦堡多数派之间的调解人，——当然是在合理的基础上进行调解。我已经把同样的意思写信告诉莱比锡方面。我不会忽视您的难处，并且永远不会忘记，我们每一个人都是更多地受环境的支配,而不是受自己的意志的支配。

我向您担保,在任何情况下我都将是公正的,这是我的责任。但是,另一方面,我不能向您担保,我不会在某一天——在我认为是工人运动的利益所绝对需要的时候——作为**著作家**以**个人**名义公开批判拉萨尔派的偏见,就像当年我对待蒲鲁东派的偏见那样①。

我向您保证,我对您个人怀着最良好的愿望。

忠实于您的　卡·马·

26.恩格斯致马克思

伦　敦

1868 年 11 月 6 日于曼彻斯特

亲爱的摩尔:

艾希霍夫的信和狄慈根的手稿②一并寄还。由于女人们要收拾屋子,我把这份手稿放到一个**保险的**地方去了,因而就完全把它忘了。

要对这本书作出完全确定的评价是困难的;这个人不是天生

---

① 参看马克思《哲学的贫困》和《论蒲鲁东》,本选集第 1 卷和第 3 卷。——编者注
② 约·狄慈根《人脑活动的实质》,1869 年在汉堡出版。——编者注

的哲学家,而且一半是靠自学出来的。从他使用的术语上一下子就可以看出他的一部分知识来源(例如,费尔巴哈、你的书①和关于自然科学的各种毫无价值的通俗读物),很难说他此外还读过什么东西。术语自然还很混乱,因此缺乏精确性,并且常常用不同的术语重复同样的东西。其中也有辩证法,但多半是星星点点,没有什么关联。关于自在之物是想象之物的描述,如果能够**肯定这是他自己的创造**,那么这种描述应当说是很出色的,甚至是天才的。他这本著作中有许多地方很机智,而且,尽管语法上有缺点,但是表现了出色的写作才能。总的说来,他有一种值得注意的本能,能够在这样缺乏基础性研究的情况下苦思冥想出这么多正确的东西……

27.马克思致路德维希·库格曼

汉 诺 威

1868 年 12 月 12 日于伦敦

亲爱的朋友:

……请转告您亲爱的夫人,我从来没有"猜疑"她听命于白痴将军夫人②。我提的问题只是开开玩笑。何况妇女对于"**国际**"是

---

① 马克思《资本论》第 1 卷。——编者注
② 指玛·戈克。"戈克"这个姓的原文是"Gögg",同"白痴"(Geck)发音相近。——编者注

无可抱怨的,因为它任命了一位妇女罗夫人担任**总委员会**委员。说正经的吧。美国"**劳工同盟**"**329**最近一次代表大会有很大进步,别的不说,这也表现在它对待女工完全平等,而英国人在这一方面还受某种狭隘观点的束缚,对妇女彬彬有礼的法国人更是如此。每个了解一点历史的人也都知道,没有妇女的酵素就不可能有伟大的社会变革。社会的进步可以用女性(丑的也包括在内)①的社会地位来精确地衡量……

1869 年

28. 马克思致路德维希·库格曼

汉 诺 威

1869 年 11 月 29 日于伦敦

亲爱的库格曼:

……也许你在《人民国家报》**196**上已经看到我提出的在爱尔兰大赦问题上反对格莱斯顿的决议案②。我现在抨击格莱斯顿——这件事在这里已经引起轰动——和以前抨击帕麦斯顿③完

---

① 此处"女性"照德文字面意思是"美性"。——编者注
② 马克思《总委员会关于不列颠政府对被囚禁的爱尔兰人的政策的决议草案》,见《马克思恩格斯全集》中文第 1 版第 16 卷。——编者注
③ 马克思《帕麦斯顿勋爵》,见《马克思恩格斯全集》中文第 2 版第 12 卷。——编者注

全一样。在这里进行煽动的流亡者喜欢从安全的远方攻击大陆上的专制君主。对我来说,只有当着威势逼人的暴君的面做这类事才觉得够刺激。

但是,我的关于爱尔兰大赦问题的发言,以及紧接着我在总委员会里提出的讨论英国工人阶级对爱尔兰的态度并作出有关决议的建议,除了要大声疾呼坚决支持被压迫的爱尔兰人反对他们的压迫者以外,当然还有其他目的。

我越来越确信——问题只在于要让英国工人阶级也确信——,只要英国工人阶级对爱尔兰的政策还没有和统治阶级的政策一刀两断,只要英国工人阶级还没有做到不仅和爱尔兰人一致行动,而且倡议取消 1801 年所实行的合并**330**,代之以自由联盟的关系,它在英国本土就永远不会有所作为。这是必须做到的,这并不是出于对爱尔兰的同情,而是基于英国无产阶级利益的要求。如果不这样做,英国人民就还得受统治阶级的摆布,因为**他们必然要和统治阶级结成反对爱尔兰的统一战线**。在英国本土的任何人民运动都会因为和爱尔兰人(他们占英国本土工人阶级的相当大的一部分)的不和而陷入瘫痪状态。英国无产阶级解放的**首要条件**——推翻英国的土地寡头政权——也就不能实现,因为当英国的土地寡头政权在爱尔兰还保持着自己的非常巩固的前哨时,它在英国本土的阵地就不可能被摧毁。但是,在那里,只要事情掌握在爱尔兰人民自己的手中,只要他们成为自己国家的立法者和执政者,只要他们获得了自治权,那么消灭土地贵族(其中大部分**也就是**英国的地主)要比在这里容易得多,因为这在爱尔兰不仅是一个单纯的经济问题,同时还是一个**民族**问题,因为那里的地主不像在英国这样是传统的显贵和代表人物,而是令人深恶痛绝的民族压迫者。英国和爱尔兰目前的关系不仅阻碍了英国内部的社会发展,而且也妨害了它的对外政策,特别是对俄国和美国的政策。

但是,因为英国工人阶级在整个社会解放的天平上毫无疑问是举足轻重的,所以杠杆必须安放在这里。实际上,克伦威尔时代的英吉利共和国就是由于爱尔兰而覆灭的。[331]不要重蹈覆辙!爱尔兰人和英国政府开了个大玩笑,他们把"被判决的重罪犯"奥顿诺凡-罗萨选为议员。政府报纸正以重新废除"人身保护法"[332]、重新恢复恐怖制度来进行威胁!实际上,英国从来都是依靠最残酷的恐怖政策和最卑鄙的收买手段来统治爱尔兰的,而且只要现在的关系继续保持下去,它也决不**可能**依靠别的手段来统治……

1870 年

29. 马克思致齐格弗里德·迈耶尔和
奥古斯特·福格特

纽　　约

1870 年 4 月 9 日于伦敦

亲爱的迈耶尔和亲爱的福格特:

……后天(4 月 11 日)我将把我刚刚拿到手的一些国际的文件寄给你们。(今天已经来不及送邮局了。)同时,我将再补寄给你们一些"巴塞尔"[333]的材料。

在我寄给你们的材料中,还有几份你们所知道的总委员会

11月30日就**爱尔兰大赦**通过的决议(由我起草的),以及一本关于被囚禁的芬尼社社员所受待遇的爱尔兰文小册子。**334**

我曾打算再提出几个关于必须把现在的这种合并**330**(即对爱尔兰的奴役)变为同大不列颠的自由平等的联盟的决议案。由于我无法出席总委员会,这件事情就暂时搁置起来,未能作出公开的决议。总委员会里没有一个委员可以在这方面代替我,因为他们对爱尔兰问题没有足够的了解,而且在总委员会的**英国**委员中也没有足够的威信。

可是时间并没有白白地过去,我请你们特别注意下列各点:

对爱尔兰问题作了多年研究之后,我得出了这样的结论:**不是在英国**,而是**只有在爱尔兰**才能给英国统治阶级以决定性的打击(而这对全世界的工人运动来说是有决定意义的)。

1870年1月1日①总委员会发出一个由我用法文草拟的秘密通告②(就对英国的反作用而言,重要的仅仅是法文报纸,而不是德文报纸),其中阐述了爱尔兰的民族斗争和工人阶级解放的关系,从而也就阐述了国际工人协会对爱尔兰问题应该采取的态度。

在这里,我只简略地把要点告诉你们。

爱尔兰是**英国土地贵族**的堡垒。对这个国家的剥削不仅是他们的物质财富的主要来源,而且也是他们最大的**精神**力量。英国土地贵族事实上代表着**英国对爱尔兰的统治**。所以,爱尔兰是英国贵族用来保持**他们在英国本土的统治**的重要工具。另一方面,如果英国军队和警察明天从爱尔兰撤走,那么爱尔兰立刻就会发

---

① 手稿上是:"1869年12月1日"。——编者注
② 马克思《总委员会致瑞士罗曼语区联合会委员会》,见《马克思恩格斯全集》中文第1版第16卷。——编者注

生土地革命。而英国贵族如果在爱尔兰被推翻,其后果就是他们在英国也必然会被推翻。这就为英国的无产阶级革命创造了前提。因为在爱尔兰,**土地问题**一向是社会问题的**唯一形式**,因为这个问题对绝大多数爱尔兰人民来说是一个生存问题,即**生或死的问题**,同时它又是同**民族**问题分不开的,所以,在爱尔兰消灭英国的土地贵族比在英国本土要容易得多。何况爱尔兰人比英国人更热情,更富于革命性。

至于英国**资产阶级**,它首先是和英国贵族有着共同的利益,都想把爱尔兰变成一个纯粹的牧场,向英国市场提供最廉价的肉类和羊毛。他们也都想用驱逐佃户和强制移民的办法使爱尔兰的人口尽量减少,少到能够让**英国资本**(租佃资本)"安全地"在这个国家里发挥作用;他们都想清扫爱尔兰领地,就像过去清扫英格兰和苏格兰的农业区一样。此外,现在每年流入伦敦的在外地主[335]的收入和其他从爱尔兰得到的收入6 000—10 000英镑,也应当计算在内。

但是,英国资产阶级在爱尔兰当前的经济中还有更重要得多的利益。由于租地日益集中,爱尔兰就不断为英国的劳动市场提供自己的过剩人口,因而压低了英国工人阶级的工资,使他们的物质状况和精神状况恶化。

而最重要的是:英国所有工商业中心的工人阶级现在都**分裂为英国无产者和爱尔兰无产者这样两个敌对**阵营。普通的英国工人憎恨爱尔兰工人,把他们看做会降低自己生活水平的竞争者。英国工人在爱尔兰工人面前觉得自己是**统治民族**的一分子,正因为如此,他们就把自己变成了本民族的贵族和资本家用来**反对爱尔兰**的工具,从而巩固了贵族和资本家**对他们自己**的统治。他们对爱尔兰工人怀着宗教、社会和民族的偏见。他们对待爱尔兰工人的态度和以前美国各蓄奴州的白种贫民对待黑人的态度大致相同。而爱尔兰人则以同样的态度加倍地报复英国工人。同时,他们把英国工人看做**英国对爱尔兰统治**的同谋者和愚笨的工具。

报刊、教堂讲坛、滑稽小报,总之,统治阶级所掌握的一切工具都人为地保持和加深这种对立。**这种对立就是英国工人阶级**虽有自己的组织但**没有力量的秘密所在**。这就是资本家阶级能够保持它的权力的秘密所在。这一点资本家阶级自己是非常清楚的。

祸害还不止于此。它还越过了大洋。英国人和爱尔兰人之间的对立是美国和英国之间的冲突的隐秘的基础。它使两国工人阶级之间不可能有任何认真的和真诚的合作。它使两国政府能够在它们认为合适的时候用互相恐吓的手段,必要时用两国之间的战争去缓和社会冲突。

英国作为资本的大本营,作为至今统治着世界市场的强国,在目前对工人革命来说是最重要的国家,同时它还是这种革命所需要的物质条件在某种程度上业已成熟的**唯一**国家。因此,加速英国的社会革命就是国际工人协会的最重要的目标。而加速这一革命的唯一办法就是使爱尔兰独立。因此,"国际"的任务就是到处把英国和爱尔兰的冲突提到首要地位,到处都公开站在爱尔兰方面。伦敦中央委员会的特殊任务就是唤醒英国工人阶级,使他们意识到:**爱尔兰的民族解放对他们来说**并不是一个抽象的正义或博爱的问题,而是**他们自己的社会解放的首要条件**。

这个通告的几个要点大致就是这样,同时,通告借此说明了中央委员会就爱尔兰大赦作出的决议的理由。此后不久,我寄给《国际报》**[336]**(设在布鲁塞尔的我们的比利时中央委员会①的机关

---

①　比利时联合会委员会。——编者注

报)一篇论述英国人对芬尼社社员及其他人的待遇并反对格莱斯顿等人的措辞激烈的匿名文章①。我在这篇文章中还同时谴责了法国的共和派(《马赛曲报》[337]登载了居住在这里的可怜的塔朗迪埃所写的论述爱尔兰的一篇乌七八糟的东西②),说他们由于民族的自私心,而把自己全部的愤怒都蓄积起来准备对付帝国。

这篇文章发生了作用。我的女儿燕妮用"燕·威廉斯"的笔名(她在给编辑部的私人信中自称燕妮·威廉斯)给《马赛曲报》写了一系列文章,并且还公布了奥顿诺凡-罗萨的一封信。③ 由此引起了很大的轰动。**格莱斯顿**多年来一直无耻地拒绝对被囚禁的芬尼社社员的待遇问题进行**议会调查**,最后他也**因此**不得不同意了。燕妮现在已经是《马赛曲报》在爱尔兰问题方面的正式通讯员了。(**这一点当然不要对外人说**。)英国政府和报刊感到非常恼火的是,爱尔兰问题目前在法国**成了关注的中心**,而且整个大陆正在通过巴黎来监视和揭露这些坏蛋。

还有一个附带的收获:我们已经迫使在都柏林的爱尔兰领袖和新闻工作者等等同我们建立了联系,而这一点是**总委员会**至今没有做到的!

在美国,你们有广阔的天地来按同样的精神进行工作。使**德国工人同爱尔兰工人**(当然,也同那些愿意联合的英国工人和美

---

① 马克思《英国政府和被囚禁的芬尼社社员》,见《马克思恩格斯全集》中文第1版第16卷。——编者注

② 阿·塔朗迪埃《爱尔兰和天主教》,载于1870年2月18日《马赛曲报》。——编者注

③ 燕·马克思关于爱尔兰问题的文章,见《马克思恩格斯全集》中文第1版第16卷附录。——编者注

国工人)**联合起来**,这就是你们现在能够从事的最重要的工作。这必须以"国际"的名义去做。必须把爱尔兰问题的社会意义解释清楚。

下一次,我将专门谈谈英国工人的情况。

敬礼和兄弟情谊。

卡尔·马克思

30.马克思致保尔·拉法格和劳拉·拉法格

巴　黎

1870年4月19日于伦敦

亲爱的保尔·洛朗①:

下星期二我将请杜邦推荐您。[338]

同时请你们注意,**巴枯宁的代理人罗班**参加了你们的委员会②。罗班在日内瓦曾竭力**破坏总委员会的威信**(他曾在《平等报》上公开攻击总委员会[339])并为巴枯宁在国际协会中实行独裁统治准备条件。他是专门被派往巴黎进行同样性质的活动的。因此,必须密切注意这个家伙,但是不要让他发觉。

为了使你们了解情况,应当扼要地谈一谈巴枯宁的阴谋。

巴枯宁加入**国际**总共只有一年半左右的时间。他是一个新会

---

① 保·拉法格的笔名。——编者注
② 巴黎联合会委员会。——编者注

员。在**和平和自由同盟**[340]（他是这个为同无产阶级国际相对抗而创立的国际资产阶级组织的**执行委员会委员**）伯尔尼①代表大会（**1868 年 9 月**）上，巴枯宁扮演了一个他最得心应手的江湖骗子的角色。他提出了一系列决议案，这些决议案本身是荒谬的，其目的是以夸张的激进主义语调激起资产阶级蠢货们的恐惧。由于这个缘故，当他遭到大多数人的否决时，他吵吵嚷嚷地退出了同盟，并煞有介事地在欧洲报刊上宣布了这一巨大事件。[341]他几乎同维克多·雨果一样善于张扬，用海涅的话来说，雨果不仅仅是利己主义者，而且是雨果主义者②。

于是巴枯宁加入了我们的协会，加入了协会的日内瓦罗曼语区支部。他的第一个步骤就是策划阴谋。他建立了**社会主义民主同盟**。[342]这个团体的纲领[343]无非是巴枯宁向和平同盟伯尔尼代表大会提出的那些决议案。这个团体是作为一个宗派创立起来的，其主要中心在日内瓦，它是一个有自己的代表大会的**国际组织**，它既要作为一个独立的国际联合组织而存在，**同时**又要成为我们的**国际**的一个组成部分。总之，我们的协会由于这个钻进来的秘密团体而势必会逐渐变成俄国人巴枯宁的工具。建立这个新团体的借口是为了达到一个所谓的专门目的——"进行理论宣传"。如果考虑到巴枯宁及其信徒在理论上的无知，会觉得这真是非常可笑的。但是巴枯宁的纲领就是"**理论**"。它实际上包含三点：

（1）社会革命的第一个要求——**废除继承权**，这是圣西门派的旧货色[344]，江湖骗子和**无知之徒**巴枯宁却冒充是这种货色的首倡者。显然，如果有可能通过全民投票在一天之内完成社会革命，

---

① 此处以及下面一处，在马克思的手稿中是"洛桑"。——编者注
② 见海涅《吕太斯》第 1 部分。——编者注

那么马上就会废除土地所有权和资本,因而也就根本没有必要研究**继承权**。另一方面,如果没有这种可能性(当然,设想有这种可能性是荒谬的),那么宣布**废除继承权**就不是一个严肃的举动,而是一种愚蠢的威胁,这种威胁会使全体农民和整个小资产阶级围拢在反动派周围。请设想一下,比如美国佬未能用武力废除奴隶制,那么,宣布**废除奴隶继承权**会是多么愚蠢的行为! 这全部货色来源于一种陈旧的唯心主义,它认为现在的法学是我们经济状况的基础,而不是把我们的经济状况看做我们法学的基础和根源! 至于巴枯宁,他只是想炮制他自己的纲领。如此而已。这是一个应景的纲领。

(2)"**各阶级的平等**"。一方面要保留现存的**阶级**,另一方面又要使这些阶级的成员**平等**——这种荒谬见解一下子就表明这个家伙的可耻的无知和浅薄,而他却认为自己的"特殊使命"就是在"理论"上开导我们。

(3)工人阶级不应当从事**政治**。它只可以在工联中组织起来。而工联借助于**国际**总有一天会取代所有现存国家的地位。你们看,他把我的学说变成了什么样的漫画! 既然把现存的国家改造成协作社是我们的最终目的,那么我们就应当允许各国政府,即统治阶级的这些庞大的工联做它们愿意做的一切事情,因为同它们打交道,就意味着承认它们。原来如此! 旧学派的社会主义者也正是这样说的:你们不应当研究工资问题,因为你们想消灭雇佣劳动。为提高工资水平而同资本家作斗争就意味着承认雇佣劳动制度! 这头蠢驴甚至不了解,一切阶级运动**本身**必然是而且从来就是**政治**运动。

先知巴枯宁,这个没有古兰经的先知的全部理论货色就是这样。

他秘密地继续进行他的阴谋活动。他在西班牙和意大利有一些拥护者,在巴黎和日内瓦也有一些头脑简单的人。善良的老贝克尔竟愚蠢到这种程度,听任巴枯宁把他当做主角推到前台。他现在对自己的错误感到懊悔。

在巴枯宁认为自己的计划已经是既成事实之后,才把情况告诉总委员会,并要求它批准"**同盟**"的章程。然而他错了。总委员会在一份经过仔细研究拟定的文件①中宣布"同盟"是用来瓦解组织的工具,并拒绝同它发生任何联系。(我将把这个文件寄给你们。)

几个月之后,"同盟"的**中央局**寄给总委员会一封信,内容如下:这些大人物同意解散自己的组织并使它同**国际**合并,但是,另一方面,我们必须以"**是**"或"**否**"来明确回答我们是否承认他们的原则!如果不承认,他们那一方面就要实行公开的分裂,而我们却要对局势恶化负责!

我们回答说,总委员会不是教皇,我们容许每个支部对实际运动抱有自己的理论观点,但是有一个前提,即不得提出任何与我们的章程直接抵触的论点。我们委婉地暗示,我们认为他们的"理论"是一种欺骗。我们坚持用"消灭阶级"来代替"阶级平等",这一点他们做到了。**345** 我们要求他们提供关于同盟成员数量的材料,他们没有这样做。(你们也将收到这第二个文件②。)

这样,同盟**名义上**是解散了。实际上它继续作为国中之国而

---

① 马克思《国际工人协会和社会主义民主同盟》,见《马克思恩格斯全集》中文第 2 版第 21 卷。——编者注
② 马克思《国际工人协会总委员会致社会主义民主同盟中央局》,见《马克思恩格斯全集》中文第 1 版第 16 卷。——编者注

存在。它的支部同总委员会没有任何联系,唯一的联系就是进行反对总委员会的阴谋活动。同盟听从巴枯宁的独裁统治。而巴枯宁做好了一切准备,企图在巴塞尔代表大会上发动决定性的袭击。一方面他唆使日内瓦委员会①提出**继承权问题**。我们接受了挑战。**346** 另一方面,他到处搞阴谋,破坏我们的威信,以便使总委员会从伦敦迁往日内瓦。在代表大会上这个骗子作为"那不勒斯和里昂的代表"出现(在里昂追随他的是**阿尔伯·里沙尔**,这是一个在其他方面非常积极且又正派的年轻人)。这个家伙是从什么地方弄到钱来耍弄他的全部阴谋诡计、开支旅费、委派代理人等等,目前还是一个谜。他穷得像教堂里的老鼠,一生中从来没有靠自己的劳动挣过一分钱。

在代表大会上巴枯宁遭到挫败。代表大会以后,他在自己的私人通报——《进步报》**347**(勒洛克勒)和《平等报》**339**(日内瓦)上公开攻击我们,《进步报》是由他的喽啰,瑞士的一名教师詹姆斯·吉约姆出版的。在一段时间内我们听任事态发展,后来我们向日内瓦联合会委员会发出了一封通告信②。(**瓦尔兰**有这个文件的副本。)而对巴枯宁和**同盟**从来没有好感的日内瓦联合会委员会,早在收到我们的通告信以前就同他断绝了关系。罗班及其同伙被逐出了《平等报》编辑部。瑞士罗曼语区联合会委员会举行了反对同盟及其俄国佬独裁者的阴谋的政变。

这时巴枯宁从日内瓦迁回泰辛。他的经济状况发生了变化。赫尔岑突然逝世。不久前还猛烈攻击赫尔岑的巴枯宁(大概是因

---

① 瑞士罗曼语区联合会委员会。——编者注

② 马克思《总委员会致瑞士罗曼语区联合会委员会》,见《马克思恩格斯全集》中文第 1 版第 16 卷。——编者注

为赫尔岑的钱袋没有向他开放),忽然在法国的和其他地方的报刊上成了他的热烈辩护者[348]。为什么?因为赫尔岑(尽管他本人是百万富翁)每年为自己的《钟声》[349]和"俄国宣传"从俄国的"民主主义者—泛斯拉夫主义者"那里得到一笔相当可观的钱[350]。巴枯宁虽然极端仇视继承权,但还是想继承赫尔岑的地位和钱。他通过颂扬死者成功地把《钟声》、资金等等都转入自己手中。

与此同时,在日内瓦形成了俄国流亡者的侨民团体[351],他们是巴枯宁的反对者,因为他们了解这个极平庸的人(虽然作为阴谋家他是很能干的)纯粹的个人野心,因为他们知道,巴枯宁在他的"**俄国的**"作品中所鼓吹的教条是完全违反**国际**的原则的。

巴枯宁及其一群盲从者不久前利用在拉绍德封举行的**瑞士罗曼语区代表大会**(今年4月5日)来制造公开分裂。[352]结果代表大会分裂成两个:一个是宣布放弃一切政治的巴枯宁派的代表大会,代表着大约600人;一个是日内瓦联合会委员会的代表大会,代表着2000人。吴亭(一个年轻的俄国人)公开揭露了巴枯宁的阴谋。他(巴枯宁)的拥护者宣称自己是瑞士罗曼语区的"联合会中央委员会",并创办了自己的机关报《团结报》[353],由巴枯宁的喽啰詹姆斯·吉约姆出版。这家报纸的"**原则**"就是"巴枯宁"。双方都向总委员会提出了申诉。

这样,这个可恶的俄国佬就在我们的队伍中挑起了一场公开的大争吵,他把自己当做一面旗帜,用宗派主义的毒药毒化我们的工人协会,并以密谋来遏制我们的行动。

他期望在我们的下一次代表大会上取得强有力的地位。为了在巴黎引起注意,他开始同《马赛曲报》[337]通信。但是我们已同弗路朗斯谈过,弗路朗斯将加以制止。

现在你们已经了解到足够的情况,可以在我们的巴黎各支部中抵制巴枯宁的阴谋。

谢谢洛朗的来信[354]。下一次请设法给你们的信件找一个不易拆开的信封。顺便说一下，请看一看，你们是否还保存着《女王信使报》[355]上关于克兰里卡德勋爵的文章。我们这里需要这篇文章，但是我们哪里也无法弄到。

你们的　老尼克

1871 年

31. 马克思致路德维希·库格曼

汉　诺　威

1871 年 4 月 12 日于伦敦

亲爱的库格曼：

……如果你查阅一下我的《雾月十八日》①的最后一章，你就会看到，我认为法国革命的下一次尝试不应该再像以前那样把官僚军事机器从一些人的手里转到另一些人的手里，而应该把它**打碎**，这正是大陆上任何一次真正的人民革命的先决条件。这也正是我们英勇的巴黎党内同志们的尝试。这些巴黎人，具有何等的灵活性，何等的历史主动性，何等的自我牺牲精神！在忍受了六个月与其说是外部敌人不如说是内部叛变所造成的饥饿和破坏之

---

① 马克思《路易·波拿巴的雾月十八日》，见本选集第 1 卷。——编者注

后,他们起义了,在普军的刺刀下起义了,好像法国和德国之间不曾发生战争似的,好像敌人并没有站在巴黎的大门前似的!历史上还没有过这种英勇奋斗的范例!如果他们战败了,那只能归咎于他们的"仁慈"。当维努瓦和随后巴黎国民自卫军中的反动分子逃出巴黎的时候,本来是应该立刻向凡尔赛进军的。由于讲良心而把时机错过了。他们不愿意**开始内战**,好像那邪恶的小矮子梯也尔在企图解除巴黎武装时还没有开始内战似的!第二个错误是中央委员会为了让位给公社而过早地放弃了自己的权力。[356]这又是出于过分"诚实的"考虑!不管怎样,巴黎的这次起义,即使它会被旧社会的豺狼、瘟猪和下贱的走狗们镇压下去,它还是我们党从巴黎六月起义[12]以来最光荣的业绩。就让人们把这些冲天的巴黎人同那个戴着陈腐面具,散发着兵营、教堂、土容克的气味,特别是市侩气味的德意志普鲁士神圣罗马帝国[357]的天国奴隶们比较一下吧……

32.恩格斯致伊丽莎白·恩格斯

恩格斯基兴

1871年10月21日于伦敦

亲爱的妈妈:

很久没有给你写信,因为我想用适当的形式来答复你最近对我的政治活动提出的意见,以便使你不致感到不快。但是,当我一次又一次地看到《科隆日报》[17]上的无耻谎言,特别是瓦亨胡森这个坏蛋的卑鄙行为,当我看到那些在战时把所有法国报刊上的东西全都看做是谎言的人,现在却把警察局的每一个捏造和卖身投靠的巴黎下流报纸对于公社的每一个诽谤,都当做福音书一样在德国各地传布,这时我的心情就不太适于写回信了。由于按照普鲁士的做法枪毙了几个人质,由于按照普鲁士的先例烧毁了几座宫殿——而其余一切全是谎言——,人们就对此大叫大嚷起来,而对于凡尔赛分子枪杀**已经**解除武装的 4 万男人、妇女和儿童一事,却无人谈论!然而,你们不可能知道这一切;你们只有靠《科隆日报》和《埃尔伯费尔德日报》**358**得到消息,而这两家报纸简直是在向你们灌输谎言。不过,你在自己的一生中也曾听说过,有不少人,例如在老拿破仑统治时期的道德协会**359**会员、1817 年和 1831 年的蛊惑者**105**、1848 年的人们,都曾被诽谤为真正的食人生番,而后来总是证实,他们根本不是那么坏;出于私利的迫害狂起先给他们编造了各种各样骇人听闻的故事,但后来这些故事都烟消云散了。亲爱的妈妈,我希望你在报纸上读到这些捏造的恶行时,会记起这些,同时对 1871 年的人们也会从好处着想。

我丝毫没有改变将近 30 年来所持的观点,这你是知道的;而且每当事变需要,我就不仅会坚持它,在其他方面也会去履行自己的义务,对此想必你也没有感到意外。我要是不这样做,你倒应该为我感到羞耻。即使马克思不在这里或者根本没有他,情况也不会有丝毫改变。所以,归罪于他是很不公平的。当然我还记得,从前马克思的亲属曾经断言,是**我**把他引坏了。

这一点不必多谈了。这是无法改变的,只好任其如此。如果再平静一段时间,叫嚣自然会沉寂下来,而你自己也就会比较平静地看待这些事情了……

33. 马克思致弗里德里希·波尔特

纽 约

1871 年 11 月 23 日［于伦敦］

波尔特朋友：

……成立**国际**是为了用工人阶级的真正的战斗组织来代替那些社会主义的或半社会主义的宗派。只要看一下最初的章程①和《成立宣言》②就会发现这一点。另一方面，要不是历史的进程已经粉碎了宗派主义，国际就不可能巩固。社会主义的宗派主义的发展和真正工人运动的发展总是成反比。只要宗派有其（历史的）存在的理由，工人阶级就还没有成熟到可以进行独立的历史运动。一旦工人阶级成熟到这种程度，一切宗派实质上就都是反动的了。可是，在国际的历史上还是重复了历史上到处出现的现象。过时的东西总是力图在新生的形式中得到恢复和巩固。

国际的历史就是**总委员会**对那些力图在国际内部巩固起来以抗拒真正工人阶级运动的各个宗派和各种浅薄尝试所进行的**不断的斗争**。这种斗争不仅在**历次代表大会**上进行，而且更多的是在总委员会同个别支部的非正式的商谈中进行。

在巴黎，由于蒲鲁东主义者（互助主义派**360**）是协会的共同创

---

① 马克思《协会临时章程》，见《马克思恩格斯全集》中文第 2 版第 21 卷。——编者注

② 马克思《国际工人协会成立宣言》，见本选集第 3 卷。——编者注

始人,在最初几年他们自然就掌握了巴黎的领导权。后来,在那里自然又成立了一些和他们相对立的集体主义派、实证论派^{361}等等的团体。

在德国有拉萨尔集团。我个人和声名狼藉的施韦泽通过两年信,并且无可争辩地向他证明了,拉萨尔的组织是一个纯粹的宗派组织,这种组织是和国际所追求的**真正**工人运动的组织相敌对的。他不理解这一点是有他自己的"理由"的。

1868 年底俄国人巴枯宁参加了**国际**,目的是要在国际内部建立**一个以他为首领的叫做"社会主义民主同盟"**^{342}**的第二个国际**。他这个没有任何理论知识的人妄图以这个特殊团体来代表国际进行**科学的**宣传,并把这种宣传变成**国际内部的**这个第二个**国际**的专职。

他的纲领是东一点西一点地草率拼凑起来的大杂烩——**阶级平等**(!),以**废除继承权**作为社会运动的**起点**(圣西门主义的谬论),以**无神论**作为会员必须遵守的**信条**,等等,而以**放弃政治运动**作为主要信条(**蒲鲁东主义的**)。

这种童话在工人运动的现实条件还不太成熟的意大利和西班牙曾经受到欢迎(现在也还受到一定的支持),在瑞士罗曼语区和比利时的一些爱好虚荣的、沽名钓誉的空论家中间也受到欢迎。

对巴枯宁先生来说,学说(从蒲鲁东、圣西门等人那里乞取而拼凑成的废话)过去和现在都是次要的东西——仅仅是抬高他个人的手段。如果说他在理论上一窍不通,那么他在干阴谋勾当方面却是颇为能干的。

几年来总委员会都不得不对这种阴谋(它在一定程度上受到法国蒲鲁东主义者的支持,特别是在**法国南部**)进行斗争。最后,总委员会根据代表会议的决议(第一条、第二条、第三条以及第九项、第十六项、第十七项)给予了经过长期准备的打击。[362]

不言而喻,总委员会不会在美国支持它在欧洲所反对的东西。决议的第一条、第二条、第三条和第九项现在给了纽约委员会合法的武器来取消一切宗派主义和浅薄之徒的团体,并且在必要的时候把他们清除出去。

……工人阶级的政治运动自然是以为自身夺得政权作为最终目的,为此当然需要一种发展到一定程度的、在经济斗争中成长起来的工人阶级的预先的组织。

但是另一方面,任何运动,只要工人阶级在其中作为**一个阶级**与统治阶级相对抗,并试图通过外部压力对统治阶级实行强制,就都是政治运动。例如,在某个工厂中,甚至在某个行业中试图用罢工等等来迫使个别资本家限制工时,这是纯粹的经济运动;而强迫颁布八小时工作日等等**法律的**运动则是**政治**运动。这样,到处都从工人的零散的经济运动中产生出**政治**运动,即目的在于用一种普遍的形式,一种具有普遍的社会强制力量的形式来实现本阶级利益的**阶级**运动。如果说这种运动以某种预先的组织为前提,那么它们本身也同样是这种组织发展的手段。

在工人阶级在组织上还没有发展到足以对统治阶级的集体权力即政治权力进行决定性攻击的地方,工人阶级无论如何必须不断地进行反对统治阶级政策的鼓动(并对这种政策采取敌对态度),从而使自己在这方面受到训练。否则,工人阶级仍将是统治阶级手中的玩物,法国的九月革命已经证明了这一点,而格莱斯顿先生及其同伙在英国直到今天还能够耍把戏也在某种程度上证明了这一点。

1872 年

34.恩格斯致卡洛·特尔察吉[363]

都 灵

[第二稿]

1872 年 1 月 14[—15]日于伦敦
海-霍耳博恩街 256 号

亲爱的特尔察吉:

我没有早一些回复您 12 月 4 日的来信,是因为我想对您最关心的问题,即《无产者报》[364]的经费问题,给以确切的答复。

您知道,国际的百万财富只存在于资产阶级和某些政府的惊恐万状的想象之中,他们不能理解,像我们这样的协会没有数百万的财富怎么能占据这样强大的阵地。要是他们看到最近一次代表会议上提出的关于经费的报告就好了!

尽管很穷,我们本来还是决定给你们寄去 150 法郎,但这时那份登载着有关报道等等的《玫瑰小报》来了[365]。这就改变了一切。如果你们单是决定派代表参加未来的代表大会,那很好。但是,这是一个充满了对总委员会的诽谤和毫无根据的指责的通告[366]所要求召开的代表大会啊!如果你们能够等一等总委员会对这个通告的回答[367],那就好了! 总委员会认为你们的决议只能证明,你们不等总委员会起来辩护,就站到指责者这一方面去了,因此,我给你们寄上述款项的委托就被撤销了。在此期间你们理应收到了载有罗曼语区委员会的答复的《平等报》**368**,这个委员会所代表的瑞士工人比汝拉人所代表的要多十倍。但是,从汝拉通告中已经暴露出起草者本身的恶毒意图。起初,他们借口代表会议来同我们争吵,现在又攻击我们,原因是我们在执行巴塞尔代表大会的决议**369**——我们**有义务**执行的决议。他们不希望总委员会有任何**权威,即使这种权威是大家自愿承认的**。我很想知道,如果没有这种权威(如他们所称呼的),怎么对付得了托伦之流、杜朗之流或涅恰耶夫之流,又怎么能够用关于支部自治——像在通告中所说的那样——的华丽辞藻阻止警探和叛徒的渗入。

当然,谁也不会否认支部有自治权,但是,如果联合会不把某些全权给予联合会委员会,并且最终给予总委员会,那么联合会的存在是不可能的。但是,您知道谁是这些**权威性的**决议的起草人和维护者吗? 或许是总委员会的代表吧? 根本不是。这些权威性的措施是由比利时的代表们提出的,而施维茨格贝尔们、吉约姆们和巴枯宁们当时都是**最热烈的维护者**。**事情就是这样**。

我认为,"权威"和集中这些字眼用得太滥了。我不知道什么东西能比革命更有权威了,如果用炸弹和枪弹把自己的意志强加于别人,就像在一切革命中所做的那样,那么,我认为,这就是在行使权威。巴黎公社遭到灭亡,就是由于缺乏集中和权威。胜利以后,你们可以随意对待权威等等,但是,为了进行斗争,我们必须把我们的一切力量捏在一起,并使这些力量集中在同一个攻击点上。如果有人对我说,权威和集中是两种在任何情况下都应当加以诅咒的东西,那么我就认为,说这种话的人,要么不知道什么叫革命,要么只不过是口头革命派。

如果您想知道通告的起草人在实践中为国际做了些什么,那就请读一下他们自己向代表大会所作的关于汝拉联合会状况的正式报告(1871年11月23日的日内瓦《社会革命报》[370]),您将会看到,他们使一年前还很稳固的联合会陷入了怎样的瓦解和软弱的境地。[371]而这些人还想改革国际!

敬礼和兄弟情谊。

您的 弗·恩格斯

35.恩格斯致泰奥多尔·库诺[372]

米 兰

1872年1月24日于伦敦

亲爱的库诺:

……巴枯宁一直到1868年都是阴谋反对国际的,他在伯尔尼和平同盟的代表大会上遭到惨败[341]之后,加入了国际,并且立刻就开始在**国际内部**进行反对总委员会的阴谋活动。巴枯宁有一种独特的理论——蒲鲁东主义和共产主义的混合物,其中最主要的东西就是:他认为应当消除的主要祸害不是资本,就是说,不是由于社会发展而产生的资本家和雇佣工人的阶级对立,而是**国家**。广大的社会民主党工人群众都和我们抱有同样的观点,认为国家权力不过是统治阶级——地主和资本家——为维护其社会特权而为自己建立的组织,而巴枯宁却硬说**国家**创造了资本,资本家只是**由于国家的恩赐**才拥有自己的资本。因此,既然国家是主要祸害,那就必须首先废除国家,那时资本就会自行完蛋。我们的说法恰好相反:废除了资本,即废除了少数人对全部生产资料的占有,国家就会自行垮台。差别是本质性的:要废除国家而不预先实行社会变革,这是荒谬的;废除资本**正是**社会变革,其中包括对整个生产方式的改造。但是,既然在巴枯宁看来国家是主要祸害,就不应当做出任何事情来维持国家的生命,即任何一种国家——不管是共和国,君主国等等——的生命。因此就应当**完全放弃一切政治**。进行政治活动,尤其是参加选举,那是对原则的背叛。应当进行宣传,咒骂国家,组织起来,而当**一切**工人即大多数人都站到自己这方面来的时候,就撤销一切政权机关,废除国家,而代之以国际的组织。千年王国[227]由以开始的这一伟大行动,就叫做**社会清算**。

这一切听起来都异常激进,而且简单得五分钟就能背熟,因此,巴枯宁的这套理论在意大利和西班牙也很快受到了青年律师、医生以及其他空论家们的欢迎。但是,工人群众决不会轻信:他们国内的公共事务并不同时是他们自己的事。他们天生就是**有政治头脑的**;任何要他们放弃政治的人,都终究会被他们所唾弃。向工人宣传在任何情况下都应当放弃政治,这就等于把他们推到传教士或资产阶级共和主义者的怀抱里去。

根据巴枯宁的意见,既然国际的建立并不是为了进行政治斗争,而是为了在进行社会清算时能够立即代替旧的国家组织,所以国际应当尽可能地接近巴枯宁的未来社会的理想。在这个社会中,首先是不存在任何**权威**,因为权威=国家=绝对的祸害。(没有一个作出最后决定的意志,没有统一的领导,人们究竟怎样经营工厂,管理铁路,驾驶轮船,这一点他们当然没有告诉我们。)多数对少数的权威也将终止。每一个人、每一个乡镇,都是自治的;但是,一个哪怕只由两个人组成的社会,如果每个人都不放弃一些自治权,又怎么可能存在,——关于这一点巴枯宁又闭口不谈。

所以,国际也应当照这个样子来建立。每一个支部都是自治的,每一个支部中的每一个人也是自治的。**巴塞尔决议**[369]见鬼去吧,它竟授予总委员会以一种危险的和可以败坏它自己的权威!即使这种权威是**自愿授予**的,它也必须终止,就是**因为**它是权威!

整个骗局的要点简单说来就是如此。但是究竟谁是巴塞尔决议的首倡者呢?正是**巴枯宁先生自己**及其同伙!

当这些先生们在巴塞尔代表大会上看到,他们无法实现自己的计划——把总委员会迁移到日内瓦去,即把它抓到自己手里,这时,他们便采取了另一套办法。他们创立了社会主义民主同盟[342],即大国际**内部**的一个国际协会,他们这样做的借口,目前您在巴枯宁派的意大利报刊,如《无产者报》[364]、《玫瑰小报》[365]上面又可以看到:热情的拉丁种族比起冷淡的、迟缓的北方人来,需要一个更为鲜明的纲领。这个卑鄙的计划因总委员会的反对而遭到失败,总委员会自然不能容忍国际**内部**有任何分立的**国际**组织存在。此后,由于巴枯宁及其拥护者力图用巴枯宁的纲领来偷换国际的纲领,这个计划又以各种不同的形式出现过;另一方面,从茹尔·法夫尔和俾斯麦起到马志尼止的反动派,每当要攻击国际的时候,他们所抨击的始终正是巴枯宁的空洞而浮夸的词句。因此我12月5日发表的反对马志尼和巴枯宁的声明①是很必要的,这个声明也在《玫瑰小报》上刊载过。

巴枯宁派的核心是由汝拉的几十个人组成的,拥护他们的工人总共不到200人。其先头部队是现在到处以意大利工人代表的身份出现的意大利的青年律师、医生和新闻记者,是巴塞罗那和马

---

① 恩格斯《总委员会就马志尼关于国际的若干文章给意大利几家报纸编辑部的声明》,见《马克思恩格斯全集》中文第1版第17卷。——编者注

德里的一些同样的人物,是里昂和布鲁塞尔有时出现的个别人物,几乎没有一个是工人;在这里①,有一个唯一的标本,那就是罗班。因为不能召开代表大会而必须召开的代表会议[373]让他们找到了借口,而且由于瑞士境内的大多数法国流亡者转到他们那方面去——因为这些人(蒲鲁东主义者)在那里找到了许多引起共鸣的东西,同时也是出于个人的动机——,于是他们就发动了战役。自然,在国际里到处都有少数不满的人和没有得到承认的天才,这些人也是他们不无理由地可以指靠的。目前他们的战斗力量如下:

(1)巴枯宁本人——这一战役中的拿破仑。

(2)200个汝拉人和法国人支部的40—50人(在日内瓦的流亡者)。

(3)在布鲁塞尔,有《自由报》[374]的编辑安斯,但是他**并不公开拥护他们**。

(4)在这里,有从来没有被我们承认过的1871年法国人支部[375]的残余分子,这个支部已经分裂为三个彼此敌对的部分;其次是大约20个从德国人支部中清除出去的(由于提议大批**退出国际**的缘故)冯·施韦泽先生式的拉萨尔分子,他们这些捍卫极端的集中和严密的组织的人,十分适合同无政府主义者和自治主义者结成联盟。

(5)在西班牙,有巴枯宁的几个私人朋友和信徒,他们至少在理论方面对工人,特别是对巴塞罗那的工人有很大的影响。但是,另一方面,西班牙人很重视组织,而别人没有组织的情况是会引起

---

① 指伦敦。——编者注

他们注意的。巴枯宁在这里能指望获得多大的成功,只有在4月间的西班牙代表大会[376]上才能看出来,由于工人将在大会上占优势,所以我并不为此担心。

(6)最后,在意大利,据我所知,都灵、博洛尼亚和吉尔真蒂①的支部都主张**提前**召开代表大会。巴枯宁派的报刊说已经有20个意大利支部站在他们方面,我不知道这些支部。反正领导权几乎到处都掌握在巴枯宁的乱叫乱嚷的朋友和信徒的手中;但是,只要较为仔细地研究一下,大概就会发现,拥护他们的人并不多,因为绝大多数意大利工人到现在终究还是马志尼主义者,而且只要国际在那里被认为是放弃政治的,他们将仍然是马志尼主义者。

但是,无论如何,意大利的现状是,在那里,巴枯宁派目前还是可以在国际里左右形势的。总委员会并不想抱怨这种情况;意大利人有权随心所欲地干蠢事,而总委员会将只用和平辩论的办法来反对他们。这些人也有权声明拥护汝拉人所说的代表大会,虽然无论如何总使人感到极为奇怪,那些刚刚加入而且一点情况也不可能了解的支部,怎么会在这样一个问题上立即站到某一方面,尤其是在它们听取**双方**的意见之前!我已经直率地对都灵人说明我对此事的看法,对于其他像这样发表过声明的支部,我也将这样做,因为任何这种附和通告[366]要求的声明,都是间接赞同通告中所包含的对总委员会的毫无根据的指责和诽谤,而总委员会也即将就这个问题发出自己的通告②。如果您**在通告发出之前能够阻**

① 现称阿格里真托。——编者注
② 马克思和恩格斯《所谓国际内部的分裂》,见《马克思恩格斯全集》中文第1版第18卷。——编者注

止米兰人发表类似的声明,那么您就完全实现了我们的愿望。

最可笑的是,正是那些声明拥护汝拉人并从而谴责我们搞权威主义的都灵人,现在突然要求总委员会用一种它从来没有采取过的权威的方式去对付他们的对手都灵工人联合会[377],开除那个根本不属于国际的《多事人报》[378]的贝盖利,等等。而这一切都是要我们在听取工人联合会对这件事的意见以前就做!

星期一①我给您寄去了一份载有汝拉通告的《社会革命报》[370]、一期日内瓦出版的《平等报》(可惜,载有日内瓦联合会委员会所作的答复[368]的那一期,我再也没有了,该委员会所代表的工人比汝拉人所代表的要多 20 倍)以及一期《人民国家报》[196],您从这期《人民国家报》中可以看出,在德国人们对这件事是怎样想的。萨克森区域代表大会——来自 60 个地方的 120 个代表——已**一致**声明拥护总委员会。[379]比利时代表大会(12 月 25—26 日)要求修改章程,但是要求在**例行的**代表大会上(9 月)进行修改。[380]我们每天都从法国收到拥护我们的声明。在英国这里,所有这些阴谋自然都得不到任何支持。总委员会决不会为了讨好几个阴谋家和妄自尊大的人而召开非常代表大会。只要这些先生们还不越出合法的范围,总委员会是乐意给他们行动自由的,这个由各式各样的人物结成的联盟很快就会自行瓦解;但是,只要他们做出什么违反章程或代表大会决议的事情,总委员会就要履行自己的职责。

如果想一想,这些人是在什么时候——正好是在国际到处都受到极为残酷的迫害的时候——开始他们的阴谋的话,那就不能

---

① 1872 年 1 月 22 日。——编者注

不想到,国际密探先生们在这件事情上是插了一手的。事实正是这样。在贝济耶,日内瓦的巴枯宁分子让警务总长①做了他们的通讯员!巴枯宁派的两个主要人物——里昂的阿尔伯·里沙尔和勃朗②曾经到过这里,并且向他们所要争取的一个里昂工人绍耳说,推翻梯也尔的唯一方法就是重新把波拿巴扶上王位,所以,他们是拿着**波拿巴的钱**周游各地,向流亡者进行**拥护波拿巴复辟的宣传**!这些先生们所谓的放弃政治就是如此!在柏林,俾斯麦资助的《新社会民主党人报》²⁹⁵唱着完全同样的调子。俄国警察插手这件事情有多深,我暂且不去讨论,但是巴枯宁是彻头彻尾地卷进涅恰耶夫事件中去了。(他固然否认这一点,但是我们这里有原版的俄文报道,而马克思和我都懂俄文,所以他是无法骗过我们的。)³⁸¹涅恰耶夫要么是俄国奸细,要么是进行过这样的活动;此外在巴枯宁的那些俄国朋友中还有各种形迹可疑的人物。

您丢掉了自己的职位,我感到很遗憾,我曾经特意给您写过信,要您避免能导致这种后果的所有活动;您住在米兰,这对国际说来要比**公开**活动所能取得的一点点效果重要得多;在秘密状态下也能做许多事,等等。如果我在翻译等方面能对您有所帮助的话,我将非常高兴地去做。不过您得告诉我,您能**从哪种文字译成哪种文字**,我**怎样**才能对您有所帮助。

既然警察狗仔把我的照片也扣下了,我现在随信另给您寄上一张,并请给我寄来两张您的照片,其中一张用来促使马克思小姐给您一张她父亲的照片(只有她还有几张好的)。

我还要提醒您当心和巴枯宁有联系的**一切**人物。紧紧地纠集

---

① 阿·布斯凯。——编者注
② 加·勃朗。——编者注

在一起和进行阴谋活动是一切宗派的特点——**您提供的任何消息**（您可以确信这一点）都会立刻传到巴枯宁那里去。他的基本原则之一就是：信守诺言一类的事情纯系资产阶级偏见，真正的革命者为了事业必须始终加以蔑视。在俄国，他是公开这样说的，在西欧，这是秘密的信条。

请您**即刻**给我写信。如果我们能够使米兰支部不参加意大利其他各支部的大合唱，那就太好了。

敬礼和兄弟情谊。

您的　弗·恩格斯

1873 年

36.恩格斯致马克思[382]

曼 彻 斯 特

1873 年 5 月 30 日［于伦敦］

亲爱的摩尔：

今天早晨躺在床上，我脑子里出现了下面这些关于自然科学的辩证思想。

自然科学的对象是运动着的物质，物体。物体是离不开运动的，各种物体的形式和种类只有在运动中才能认识，处于运动之外，处于同其他物体的一切关系之外的物体，是谈不上的。物体只有在运动之中才显示出它是什么。因此，自然科学只有在物体的相互关系之中,在物体的运动之中观察物体,才能认识物体。对运动的各种形式的认识,就是对物体的认识。所以,对这些不同的运动形式的探讨,就是自然科学的主要内容。①

1. 最简单的运动形式是**位置移动**(是在时间之中的——为了使老黑格尔高兴)——**机械**运动。

(a)**单个**物体的运动是不存在的;但是相对地说,可以把**下落**看做这样的运动。向着许多物体所共有的一个中心点运动。但是,只要单个物体不是向着中心而是向着**另外的**一个方向运动,那么,虽然它还是受**落体**运动定律的支配,但是这些定律已经变化成为②

(b)抛物线运动定律并直接导致几个物体的相互运动——行星等等的运动,天文学,平衡——在运动本身中的暂时的或表面上的平衡。但是,这种运动的**真正**结果最终总是运动着的诸物体的**接触**,一些物体落到另一些物体上面。

(c)接触的力学——相互接触的物体。普通力学,杠杆、斜面等等。但是**接触的作用并不就此穷尽**。接触直接表现为两种形式:摩擦和碰撞。二者都具有这样一种特性:在一定的强度和一定的条件下产生**新的**、不再仅仅是力学的作用,即产生**热、光、电、磁**。

2. **本来意义上的物理学**——研究这些运动形式的科学,它逐一研究了每种运动形式之后确认,在一定的条件下这些运动形式**互相转化**;并且最后发现,所有这些运动形式在一定的强度(因不同的运动着的物体而异)下就产生超出物理学范围的作用,即物

---

① 卡·肖莱马在页边上写着:"很好,这也是我个人的意见。卡·肖·"——编者注

② 卡·肖莱马在页边上写着:"完全正确!"——编者注

体内部构造的变化——**化学**作用。

3. **化学**。过去,对于研究上述运动形式来说,无论研究的是有生命的物体或无生命的物体,都没有多大关系。无生命的物体所表现出来的现象甚至是最**纯粹**的。与此相反,化学只有在那些从生命过程中产生的物质身上才能认识最重要的物体的化学性质;人工制造这些物质越来越成为化学的主要任务。它构成了向关于有机体的科学的过渡,但是,这种辩证的过渡只是在化学已经完成或者接近于完成实际的过渡的时候才能实现。①

4. 有机体——在这里,我暂时不谈任何辩证法。②

由于你那里是自然科学的中心,所以你最有条件判断这里面哪些东西是正确的。

你的 弗·恩·

如果你们认为这些东西还有点意义,请不要对别人谈起,以免被某个卑鄙的英国人剽窃,加工这些东西总还需要很多时间。

---

① 卡·肖莱马在页边上写着:"这是最根本的!"——编者注
② 卡·肖莱马在页边上写着:"我也不谈。卡·肖·"——编者注

37.恩格斯致奥古斯特·倍倍尔

胡贝图斯堡

1873年6月20日于伦敦

亲爱的倍倍尔：

……至于党对拉萨尔主义的态度，您自然能够比我们更好地判断应当采取什么策略，特别是在个别场合下。但是，也应当考虑到下述情况。当人们像您一样在一定程度上处于和全德工人联合会**184**竞争的地位时，就容易过于顾忌对手，并且习惯于在一切事情上都首先想到对手。但是，全德工人联合会和社会民主工党二者合起来，在德国工人阶级中也只占无足轻重的少数。根据我们的已经由长期的实践所证实的看法，宣传上的正确策略并不在于经常从对手那里把个别人物和一批批成员争取过来，而在于影响还没有卷入运动的广大群众。我们自己从荒地上争取到的每一个新生力量，要比十个总是把自己的错误倾向的病菌带到党内来的拉萨尔派倒戈分子更为宝贵。如果能够只是把群众争取过来，而不要他们的**地方首领**，那也不错。然而总还得附带接受一大批这样的首领，这些人即使没有被自己过去的观点所束缚，也被自己过去公开发表的言论所束缚，他们首先想证明：他们并没有放弃自己的原则，倒是社会民主工党在宣扬**真正的**拉萨尔主义。这就是爱森纳赫**383**的不幸，这在当时也许是不可避免的，但这些人无疑是危害了党，而且我不知道，要是没有他们参加，党在今天是否起码就不会同样强大。但是无论如何我认为，如果让这些人的势力得到加强,那将是一个不幸。

不要让"团结"的叫喊把自己弄糊涂了。那些口头上喊这个口号喊得最多的人,恰好是煽动不和的罪魁;现在瑞士汝拉的巴枯宁派正是如此:他们是一切分裂的制造者,可是叫喊团结叫喊得最响。这些团结狂,或者是一些目光短浅的人,想把一切都搅在一锅稀里糊涂的粥里,但是这锅粥只要沉淀一下,其中的各种成分正因为是在一个锅里,就会以更加尖锐的对立形式再现出它们之间的差别(在德国,最好的例子是那些宣扬工人和小资产者调和的先生们);或者就是一些无意(如米尔柏格)或有意伪造运动的人。正因为如此,最大的宗派主义者、争论成性者和恶徒,在一定的时机会比一切人都更响亮地叫喊团结。在我们的一生中,这些大嚷团结的人给我们造成的麻烦和捣的鬼,比任何人都多。

自然,任何党的领导都希望看到成功,这也是很好的。但是在某些情况下,需要有勇气为了更重要的事情而牺牲**一时的**成功。尤其是像我们这样的政党,它的最后的成功是绝对不成问题的,它在我们这一生中并且在我们眼前已获得了如此巨大的发展,所以它决不是始终无条件地需要一时的成功。以国际为例。它在巴黎公社之后获得了巨大的成功。吓得要死的资产者认为它是个万能的东西。国际本身的大批成员以为,这样的情形会永远继续下去。我们深知,气泡是**一定要破灭**的。什么乌七八糟的人都钻到国际里来了。它里面的宗派主义者猖狂起来,滥用国际,希望会容许他们去干极端愚蠢而卑鄙的事情。我们没有容忍这种情况。我们很清楚,气泡总有一天是要破灭的,我们所关心的不是使灾祸推迟到来,而是设法使国际纯净清白地从灾祸中脱身出来。气泡在海牙**384**破灭了,您知道,大会的多数代表都怀着沉重的失望心情回家去了。而几乎所有这些误以为可以在国际中找到博爱和调和的理想的失望者,在自己家里进行了比在海牙激烈得多的争吵!现在,好争吵的宗派主义者竟宣扬起调和来了,而且还诬蔑我们好争吵,说我们是独裁者!如果我们在海牙采取调和的态度,如果我们掩饰分裂的爆发,那么,结果将会怎样呢?宗派主义者,特别是巴枯宁派,就会有一年之久的时间以国际的名义干出许多更加愚蠢而无耻的事情;最发达的国家的工人就会厌恶地背过身去;气泡就不会破灭,它将由于被针刺破而慢慢地瘪下去,而势必带来危机的下一次代表大会,则会变成无耻之徒的丑剧,因为**原则**早已在海牙牺牲掉了!在这种情况下,国际确实就会灭亡,会因"团结"而灭亡!而我们并没有这样做,现在我们光荣地摆脱了腐败分子(出席最后一次有决定意义的会议的公社委员们说,从来没有一次公社会议像这一次对欧洲无产阶级叛徒所进行的审判会那样给他们以如此强烈的印象);我们让他们在 10 个月中尽一切力量撒谎,诽谤,搞阴谋,而结果怎样呢?他们,即所谓的国际大多数的代表现在自己声明说,他们不敢出席下一次的代表大会(详见和这封信同时送交《人民国家报》[196]的那篇文章①)。如果我们不得不再一次采取行动的话,大体说来,我们还会这样做;当然,策略上的错误总是可能犯的。

无论如何,我相信,拉萨尔派中的优秀分子会逐渐地自己来投靠你们,所以,在果实成熟以前,就像团结派所希望的那样把它摘下来,那是不明智的。

顺便提一句,老黑格尔早就说过:一个派别如果**分裂**了并且经

---

① 恩格斯《在国际中》,见《马克思恩格斯全集》中文第 1 版第 18 卷。——编者注

得起这种分裂,这就证明自己是胜利的派别。① 无产阶级的运动必然要经过各种发展阶段;在每一个阶段上都有一部分人停留下来,不再前进。仅仅这一点就说明了,为什么"无产阶级的团结一致"实际上到处都是在各种不同的党派中实现的,这些党派彼此进行着生死的斗争,就像在罗马帝国里处于残酷迫害下的各基督教派一样。

您也不应当忘记,比如《新社会民主党人报》**295**比《人民国家报》的订户多,原因在于每个**宗派**都必然是狂热的,而由于这种狂热心理——特别是在宗派还新鲜的地方(例如全德工人联合会在石勒苏益格—荷尔斯泰因),它获得的一时的成功要比没有任何宗派怪癖而只代表真正运动的政党所能获得的大得多。然而狂热心理是不能持久的……

1874 年

38.恩格斯致弗里德里希·阿道夫·左尔格

霍 博 肯

1874 年 9 月 12[—17]日于伦敦

亲爱的左尔格:

……在你退出**385**以后,旧国际算是完全终结了。这也是件好

---

① 参看黑格尔《精神现象学》第 6 章《精神》中的《启蒙的真理性》一节。——编者注

事。它是属于第二帝国时期的东西,当时笼罩着整个欧洲的压迫,要求刚刚复苏的工人运动实现统一和抛开一切内部争论。在那个时候,无产阶级共同的世界性的利益能够提到首要地位了。德国、西班牙、意大利、丹麦刚刚加入了运动,或者正在加入运动。在1864 年,运动本身的理论性质在整个欧洲,即在群众中间,实际上还是很模糊的,德国共产主义还没有作为工人政党而存在,蒲鲁东主义很弱,还不能夸耀它的那一套特别的幻想,巴枯宁的那一套新的荒谬货色甚至在他自己的头脑里都还不存在,连英国工联的领袖们也认为可以按照章程①的导言中所规定的纲领加入运动。第一个伟大的成就必然打破各个派别的这种幼稚的联合。这个成就就是巴黎公社,公社无疑是国际的精神产儿,尽管国际没有动一个手指去促使它诞生;要国际在一定程度上对公社负责是完全合理的。当国际由于公社而在欧洲成为一种道义上的力量时,争吵马上就开始了。各个派别都想利用这个成就。不可避免的瓦解开始了。由于看到唯一真正打算按照广泛的旧纲领继续工作的人们——德国共产党人——的力量日益增长而产生的忌妒心,驱使比利时的蒲鲁东主义者投入了巴枯宁主义冒险家的怀抱。海牙代表大会**384**实际上是一个终结,而且对于两派来说都是如此。当时还能够以国际的名义做出点事情的唯一的国家就是美国,因而出于健全的本能就把最高领导机关搬到那里去了。可是现在,国际在美国也没有威望了。任何想注入新生命的进一步的努力,都会是愚蠢而徒劳的。10 年来,国际支配了欧洲历史的一个方面,即蕴藏着未来的一个方面,它能够自豪地回顾自己的工作。可是,它

---

① 马克思《协会临时章程》,见《马克思恩格斯全集》中文第 2 版第 21
卷。——编者注

的旧形式已经过时了。要创立一个像旧国际那样的新国际,即世界各国各无产阶级政党的联盟,需要有对工人运动的普遍镇压,即像1849—1864年那样的情形。可是现在的无产阶级世界太大、太广了,要达到这一点已不可能了。我相信,下一个国际——在马克思的著作产生了多年的影响以后——将是纯粹共产主义的国际,而且将直截了当地树立起我们的原则……

1875 年

39. 恩格斯致彼得·拉甫罗维奇·拉甫罗夫

伦 敦

1875 年 11 月 12—17 日于伦敦

亲爱的拉甫罗夫先生:

从德国旅行回来以后[386],我终于能够来谈一谈您的那篇文章了,我刚刚怀着极大的兴趣读完了它。以下是我对这篇文章的意见,意见是用德文写的,这样可以叙述得简洁些。[387]

(1)在达尔文的学说中我接受他的**进化论**,但是我认为达尔文的证明方法(生存斗争、自然选择)只是对一种新发现的事实所作的初步的、暂时的、不完善的说明。在达尔文以前,现在到处都只看到生存**斗争**的那些人(福格特、毕希纳、摩莱肖特等)所强调的正是有机界中的**合作**,植物界怎样给动物界提供氧和食物,反过来动物界怎样给植物界提供碳酸和肥料,李比希就曾特别强调这一点。这两种见解在一定范围内都是有一定道理的,但两者也都同样是片面的和褊狭的。自然界中物体——不论是无生命的物体还是有生命的物体——的相互作用既有和谐,也有冲突,既有斗争,也有合作。因此,如果有一个所谓的自然科学家想把历史发展的全部丰富多样的内容一律概括在"生存斗争"这一干瘪而片面的说法中,那么这种做法本身就已经对自己作出了判决,这一说法即使用于自然领域也还是值得商榷的。

(2)在您所列举的三个"坚定的达尔文主义者"中,看来只有赫尔瓦尔德值得一提。泽德利茨顶多只能说是一个小有才气的人物,而罗伯特·比尔是一个小说家,他的小说《三次》目前正在《海陆漫游》[388]杂志上发表。那里也正是他夸夸其谈的好地方。

(3)我要把您的那种攻击法叫做心理攻击法,这种方法的优点我并不否认,但是我宁愿选择另一种方法。我们每一个人都或多或少地受着我们主要在其中活动的精神环境的影响。对于俄国(您对自己在那里的读者了解得比我清楚),对于依靠"感情上的联系"、依靠道义感的宣传性刊物,您的方法可能是比较好的。对于德国,由于虚伪的温情主义已经并且还在继续造成闻所未闻的危害,这种方法并不合适,它会被误解,会被歪曲为温情主义的。我们更需要的是恨,而不是爱(至少在最近期间),而且首先要抛弃德国唯心主义的最后残余,恢复物质事实的历史权利。因此,我向这些资产阶级达尔文主义者进攻时(也许在适当时候这样做),大概会采取下述方式:

达尔文的全部生存斗争学说,不过是把霍布斯关于一切人反对一切人的战争[389]的学说和资产阶级经济学的竞争学说以及马尔萨斯的人口论[307]从社会搬到生物界而已。变完这个戏法以后

（正像我在第一点中已经指出的，我否认它是无条件合理的，特别是同马尔萨斯的学说相关的东西），再把同一种理论从有机界搬回历史，然后就断言，已经证明了这些理论具有人类社会的永恒规律的效力。这种做法的幼稚可笑是一望而知的，根本用不着对此多费唇舌。但是，如果我想比较详细地谈这个问题，那么我就要首先说明他们是蹩脚的**经济学家**，其次才说明他们是蹩脚的自然科学家和哲学家。

（4）人类社会和动物界的本质区别在于，动物最多是**采集**，而人则**从事生产**。仅仅由于这个唯一的然而是基本的区别，就不可能把动物界的规律直接搬到人类社会中来。由于这种区别，就有可能，如您所正确指出的，使

"人不仅为生存而斗争，而且为享受，为增加自己的享受而斗争……准备为取得高级的享受而放弃低级的享受"①。

在不否定您由此得出的进一步结论的情况下，我从我自己的前提出发将进一步作出下面的结论。人类的生产在一定的阶段上会达到这样的高度：能够不仅生产生活必需品，而且生产奢侈品，即使最初只是为少数人生产。这样，生存斗争——我们暂时假定这个范畴在这里是有效的——就变成为享受而斗争，不再是单纯为**生存**资料而斗争，而是为**发展**资料，为**社会地生产出来的**发展资料而斗争，对于这个阶段，来自动物界的范畴就不再适用了。但是，如果像目前这样，资本主义方式的生产所生产出来的生存资料和发展资料远比资本主义社会所能消费的多得多，因为这种生产

---

① 见彼·拉·拉甫罗夫《社会主义和生存斗争》，载于 1875 年 9 月 15 日《前进！双周评论》第 17 号。——编者注

人为地使广大真正的生产者同这些生存资料和发展资料相隔绝；如果这个社会由于它自身的生存规律而不得不继续扩大对它来说已经过大的生产，并从而周期性地每隔 10 年不仅毁灭大批产品，而且毁灭生产力本身，那么，"生存斗争"的空谈还有什么意义呢？于是生存斗争的含义只能是，生产者阶级把生产和分配的领导权从迄今为止掌握这种领导权但现在已经无力领导的那个阶级手中夺过来，而这就是社会主义革命。

顺便提一下，只要把迄今的历史视为一系列的阶级斗争，就足以看出，把这种历史理解为"生存斗争"的稍加改变的翻版，是如何肤浅。因此，我是决不会使这些冒牌的自然科学家称心如意的。

（5）由于同样的理由，我想用相应的另一种措辞来表述您的下面这个实质上完全正确的论点：

"为了便于斗争而团结起来的思想，最后能够……发展到把全人类都包括在内，使全人类作为一个团结一致的兄弟社会，而与另一个矿物、植物和动物的世界相对立。"[①]

（6）但是，另一方面，我不能同意您认为"一切人反对一切人的斗争"是人类发展的第一阶段的那种说法。在我看来，社会本能是从猿进化到人的最重要的杠杆之一。最初的人想必是群居的，而且就我们所能追溯到的来看，我们发现，情况就是这样。

————

11 月 17 日

我再次被打断了，今天又拿起这封信，以便给您寄去。您可以

————

① 见彼·拉·拉甫罗夫《社会主义和生存斗争》。——编者注

看出,我的这些意见与其说是与您的攻击的内容有关,倒不如说是与您的攻击的形式和方法有关。但愿您会觉得我的这些意见写得够清楚了。这是我仓促写成的,重读之后,本想把许多词句修改一下,但是又担心会把信改得字迹难以辨认。

　　衷心问好。

弗·恩格斯

1876 年

40. 恩格斯致马克思

卡尔斯巴德

1876 年 8 月 25 日星期五于拉姆斯盖特

亲爱的摩尔:

　　……目前在拉姆斯盖特住的几乎全是小菜贩和其他很小很小的伦敦小店主。这些人在返程票有效期间,在这里待一个星期,然后让位给另一批这样的人。这些人以前是当天来当天走,现在则要待一个星期。乍看起来,会以为这是些工人,但是这些人的谈吐立即显出他们的状况大概略好一些,属于伦敦社会最令人厌恶的阶层,这种人在言谈和举止上已经准备好在必然临头的破产以后从事同样必然临头的沿街叫卖的行业。让杜西想象一下自己的老朋友戈尔早晨在沙滩上被三四十个这样的市场女商贩围住的情景吧!

在海滨浴场的鄙俗气氛变得越来越浓的情况下,最适宜的读物自然是杜林先生的自然现实哲学①。我还从来没有看到过如此自然的东西。一切都被看做是自然之物,凡是杜林先生认为是自然地发生的一切,都应被看做是自然的;因此,他也就永远从"公理式的命题"出发,因为自然的东西不需要任何论证。这本东西的平庸程度超过以往的一切。但是,不管它怎样不好,谈论自然界的那一部分还是最好的。在这里总算还有一些辩证说法的可怜残余,但是只要他一转到社会和历史方面,以**道德**形式出现的旧形而上学就占支配地位,于是他就像骑在一匹真正的瞎马上,由这匹瞎马驮着无望地兜圈子。他的视野几乎没有越出通用邦法**6**的适用范围,而普鲁士的官僚统治在他看来就体现了"国家"。从今天算起,过一个星期,我们将返回伦敦,那时我立即着手批判这个家伙。他宣扬的永恒真理是些什么,你可以从他把烟草、猫和犹太人看做三样令人厌恶的东西并痛加叱骂这一点看出来。

杜西给琳蘅的信刚刚收到,我立即把它寄往伦敦。

《每日新闻》**390**和老罗素关于"土耳其暴行"**391**的叫喊,给俄国人帮了大忙,为他们即将发动的战争做了出色的准备。一俟自由党的先生们在这里执政,战争就会爆发。自由党的地方报刊现在也大肆鼓噪,而且由于老迪希②已经退居上院**392**,自由党的叫喊家们在最近下院开会时想必会在那里左右一切。对于黑山人和黑塞哥维那人的卑鄙行为,当然都闭口不谈。好在塞尔维亚人挨了打**393**——顺便提一下,甚至福布斯这个还是唯一有理智的战地记

---

① 欧·杜林《哲学教程》1875年莱比锡版。——编者注
② 本·迪斯累里。——编者注

者,也以毫不掩饰的热情谈到土耳其军队在军事上的出色表现——,而白色沙皇①进行干预并不那么容易。

你的夫人和莉希向杜西和你衷心问好。

你的　弗·恩·

1877 年

41. 马克思致弗里德里希·阿道夫·左尔格

霍 博 肯

1877 年 10 月 19 日［于伦敦］

亲爱的左尔格:

　　……在德国,我们党内流行着一种腐败的风气,在群众中有,在领导人(上等阶级出身的分子和"工人")中尤为强烈。同拉萨尔分子的妥协已经导致同其他不彻底分子的妥协:在柏林(通过**莫斯特**)同杜林及其"崇拜者"妥协,此外,也同一帮不成熟的大学生和过分聪明的博士妥协,这些人想使社会主义有一个"更高的、理想的"转变,就是说,想用关于正义、自由、平等和博爱的女神的现代神话来代替它的唯物主义的基础(这种基础要求人们在运用它以前进行认真的、客观的研究)。《未来》**394**杂志的出版人赫希柏格博士先生是这种倾向的代表,他已经"捐资"入党,——

---

① 亚历山大二世。——编者注

我想他可能怀有"无比高尚的"意图，但是，我对"意图"不感兴趣。世界上很难找到一种比他的《未来》杂志的纲领①更糟糕、更"谦逊地自负"的东西了。

工人本身如果像莫斯特先生那帮人一样放弃劳动而成为**职业文人**，就会不断制造"理论上的"灾难，并且随时准备加入所谓"有学问的"阶层中的糊涂虫行列。尤其需要指出的是，几十年来我们做了许多工作、花了许多精力才把**空想**社会主义，即对未来社会结构的一整套幻想从德国工人的头脑中清除出去，从而使他们在理论上（因而也在实践上）比法国人和英国人优越，但是，现在这些东西又流行起来，而且其形式之空虚，不仅更甚于伟大的法国和英国空想主义者，也更甚于魏特林[107]。当然，**在**唯物主义的批判的社会主义时代**以前**，空想主义本身包含着这种社会主义的萌芽，可是现在，**在**这个时代到来**以后**它又出现，就只能是愚蠢的——愚蠢的、无聊的和根本反动的……

---

① 指卡·赫希柏格《社会主义和科学》，载于 1877 年 10 月《未来》杂志第 1 期。——编者注

42.马克思致威廉·布洛斯

汉　堡

1877 年 11 月 10 日于伦敦西北区
梅特兰公园路 41 号

亲爱的布洛斯：

……我"不生气"（如海涅所说）①，恩格斯也一样。**395** 我们两人都把声望看得一钱不值。举一个例子就可证明：由于厌恶一切个人崇拜，在国际存在的时候，我从来都不让公布那许许多多来自各国的、使我厌烦的歌功颂德的东西；我从来也不予答复，偶尔答复，也只是加以斥责。恩格斯和我最初参加共产主义者秘密团体②时的必要条件是：摒弃章程**396** 中一切助长迷信权威的东西。（后来，拉萨尔的所作所为却恰恰相反。）

但是，最近一次党的代表大会上所发生的那类事件**397**——它一定会被党在国外的敌人充分利用——，毕竟促使我们慎重对待与"德国的党内同志"的关系。

另外，我的健康状况迫使我把医生给我限定的工作时间全都用于完成我的著作③；恩格斯现在正忙于写几部篇幅较大的著作，

---

① 海涅《抒情间奏曲》第 18 首。——编者注
② 共产主义者同盟。——编者注
③ 马克思《资本论》。——编者注

同时仍在继续为《前进报》**398**写文章①。

关于我"和贝克斯神父的配合"这种说法**399**,我想不时地了解些详情,这会很有趣的。

恩格斯日内将给你写信。

我的妻子和女儿爱琳娜向你衷心问好。

完全属于你的 卡尔·马克思

1878 年

43.恩格斯致威廉·白拉克

不 伦 瑞 克

1878 年 4 月 30 日于伦敦

亲爱的白拉克:

……我觉得,在您对帝国铁路和烟草专卖的看法中**400**,关于未来的展望稍多了一些。尽管一方面由于享有不受任何监督的完全的财政独立,另一方面由于直接支配铁路职员和烟草经销商这两支新的大军,从而有权分配职位并且可以贪污受贿,普鲁士主义的实力会获得巨大增长,尽管有这一切,但不应该忘记,今天将工商业职能向国家的任何移交,根据情况的不同,都可能有两重意义和两重效果:一种是反动的,向中世纪倒退一步,一种是进步的,向

---

① 恩格斯《反杜林论》,见本选集第 3 卷。——编者注

共产主义前进一步。[401]但是,我们德国刚刚从中世纪挣脱出来,目前还仅仅是准备借助于大工业和通过崩溃[402]来进入现代资产阶级社会。在我国,需要尽可能发展的,恰恰是促使资本积聚并使对立尖锐化的**资产阶级**经济制度,特别是在东北部。易北河以东地区封建制度在经济上的解体,在我看来,是我们最迫切需要的前进的一步,除此之外,我们所需要的是,全德国工业的和手工业的小生产的解体并为大工业所取代。归根到底,烟草专卖的唯一积极方面就在于,它将一举把一种最低下的家庭工业变为大工业。然而,另一方面,对国家烟草工人也可能立即实行非常法,剥夺他们结社和罢工的自由,而这可能更糟糕。在我国没有必要使帝国铁路和烟草专卖成为国有经济部门,至少对铁路**还**没有必要,这在英国也刚刚开始;相反,对于邮政和电讯,这倒**是**必要的。对于这两种新的国家垄断会给我们造成的全部损失,我们将得到的补偿只能是鼓动演说中一句新的响亮的空话。因为纯粹出于财政和权势的考虑,而并非由于迫切的内在需要建立的国家垄断,不会给我们提供哪怕多少像样一点的论据。况且,实行烟草专卖和废除家庭烟草工业所需的时间,至少将同俾斯麦主义的最长寿命相等。您还可以相信,普鲁士国家会使烟草的**质量**大大下降,并使它的价格大大提高,从而使得自由竞争的拥护者们能兴高采烈地宣扬国家共产主义已大出其丑,而人民将不得不承认他们是正确的。所有这一切全都是俾斯麦的无知妄想,同他 1863 年关于兼并波兰和在三年内使它日耳曼化的计划相比毫不逊色……

您的 弗·恩格斯

1879 年

44.马克思致马克西姆·马克西莫维奇·柯瓦列夫斯基

莫 斯 科

[1879 年 4 月于伦敦]

卡列耶夫先生的著作[403]非常好(excellent)。只是我不完全同意他对重农学派[404]的看法。就拿资本的理论,即现代社会结构的理论来说吧。从配第开始到休谟为止,这个理论只是根据作者生活的那个时代的需要,一部分一部分地——零零碎碎地——发展起来的。魁奈第一个把政治经济学建立在它的真正的即资本主义的基础上,不过奇怪的是,他在这样做的时候看起来却像是土地所有者的一个佃户。卡列耶夫先生说,重农学派只是把一种社会职业即农业与其他社会职业即工业和商业对立起来,却从来没有像斯密那样把社会各阶级对立起来,他的这种说法根本不对。如果卡列耶夫先生还记得李嘉图在他那部名著①的序言中所表述的主要思想(在序言中他分析了国家的三个阶级:土地所有者、资本家和耕种土地的工人),那么他就会相信,只有在农业系统中才能首先发现经济领域里的三个阶级及其相互关系,正像魁奈所做的那

---

① 大·李嘉图《政治经济学和赋税原理》1817 年伦敦版。——编者注

样。此外,对一个著作家来说,把某个作者实际上提供的东西和他自认为提供的东西区分开来,是十分必要的。这甚至对哲学体系也是适用的:例如,斯宾诺莎视为自己体系的基石的东西和实际上构成这种基石的东西,两者完全不同。因此,毫不奇怪,魁奈的某些拥护者,如梅尔西埃·德拉里维耶尔,认为妻的动产[405]是整个体系的实质,而 1798 年从事写作的英国重农学派却与亚·斯密相反,根据魁奈的学说第一次证明了消灭土地私有制的必要性。

45.马克思致尼古拉·弗兰策维奇·丹尼尔逊

彼 得 堡

1879 年 4 月 10 日于伦敦

尊敬的先生:

收到您 2 月的来信时(珍贵的出版物和您提到的其他书籍也同时寄到)[406],我妻子正病得很厉害,医生甚至怀疑这次发病她能否挺得过去。与此同时,我自己的健康状况也出了一些问题。(实际上,自从德国和奥地利的局势①使我无法继续我的一年一度的卡尔斯巴德之行以来,我的健康状况就一直不太好。)在这种情况下,我无法研究您寄给我的资料,而这种情况直到不久以前才有所好转。在此期间,我曾请一个去圣彼得堡的德国人给您带去一封信,信中只是说明收到了您的信并向您介绍送信人。但是,使我

---

① 指由于实行反社会党人非常法而形成的严酷局势。——编者注

非常惊讶的是,昨天这个人又在这里出现了,他告诉我,由于出了些事,他最远只到了柏林并已完全放弃了彼得堡之行。

现在我首先要告诉您(这一点请不要对外人说),据我从德国得到的消息说,只要那里现行的制度仍然像现在这样严厉,我的第二卷**314**就**不可能出版**。鉴于目前的状况,这个消息并没有使我感到惊奇,而且我还应当承认,它也一点没有使我感到气愤,其原因在于:

第一,在英国目前的工业危机**402**还没有达到顶峰之前,我决不出版第二卷。这一次的现象十分特殊,在很多方面都和以往不同,完全撇开其他各种正在变化着的情况不谈,这很容易用下列事实来解释:**在英国的危机**发生以前,**在美国、南美洲、德国和奥地利**等地就**出现**如此严重的、至今几乎已经持续五年之久的危机,这还是从来没有过的事。

因此,必须注意目前事件的进展,直到它们完全成熟,然后才能把它们"消费到生产上",我的意思是"**理论上**"。

目前形势的特点之一是,正如您所知道的,在苏格兰以及在英格兰的一些郡,主要是西部各郡(康沃尔和威尔士),出现了银行倒闭。然而**货币市场的**真正**中心**(不仅是联合王国的,而且是世界的)**伦敦**直到现在仅仅受到些微的影响。与此相反,除了少数例外,那些大股份银行,如英格兰银行,至今还只是从普遍停滞中**获利**。至于这种停滞意味着什么,您可以从英国工商业界的庸人们的极端绝望中去判断,他们害怕再也看不到较好的日子了。我还从来没有经历过类似的情况,从来没有目睹过这种惶惶不可终日的现象,尽管 1857 年和 1866 年我都在伦敦。①

---

① 这两年发生了影响英国经济的世界危机。——编者注

毫无疑问，**法兰西银行**的状况是有利于伦敦货币市场的条件之一，自从最近两国之间的交往发展以来，法兰西银行已经成了英格兰银行的一个**分行**。法兰西银行握有大量的贵金属储备，它的银行券的自由兑现还没有恢复，而在伦敦证券交易所稍稍出现一点骚乱迹象的时候，法国货币就会涌来购买暂时跌价的证券。假如去年秋天法国货币突然被撤回的话，英格兰银行肯定会采取最后的**极端**的医治手段，即**中止实行银行法**[407]，那样一来，我们的货币市场就要崩溃了。

另一方面，美国不声不响地恢复了现金支付，这就消除了从这一方面加于英格兰银行的储备的种种压力。但是到目前为止，使伦敦货币市场免于崩溃的主要原因，是**兰开夏郡**和其他工业区（西部矿区除外）各银行的明显的稳定状况；不过，有一点是确定无疑的，即这些银行不仅把它们的很大一部分资金用于为工厂主无利可图的交易进行票据贴现和垫款，而且把它们的很大一部分资本用来创办新的工厂，例如在奥尔德姆就是这样。同时，以棉织品为主的存货，不仅在亚洲（主要是在印度）——这是运到那里去委托销售[408]的——，而且在曼彻斯特等等地方都一天天地堆积起来。如果不是首先在工厂主当中、继而在地方银行当中发生一次直接影响伦敦货币市场的普遍崩溃，这种情况会怎样结束，是很难预见的。

在这期间到处都是罢工和混乱。

我顺便说明一下，当去年所有其他行业都很不景气的时候，唯独**铁路**事业很繁荣，但这只是一些特殊情况，如巴黎博览会①等等

---

① 指 1878 年 5 月 1 日在巴黎开幕的世界博览会。——编者注

造成的。事实上,铁路不过是通过增加债务从而日益扩大自己的**资本账户**来维持着繁荣假象的。

不论这次危机可能怎样发展——仔细观察这次危机,对资本主义生产的研究者和职业理论家来说当然是极其重要的——,它总会像以前的各次危机一样地过去,并且会开始一个具有繁荣等等各个不同阶段的新的"工业周期"。

但是,在这个"表面上"如此稳固的英国社会的内部,正潜伏着另外一个危机——**农业**危机,它将在这个社会的社会结构方面引起巨大而深刻的变化。这个问题等以后有机会我再来谈。① 现在来讨论这个问题,未免扯得太远了。

第二,我不仅从**俄国**而且也从**美国**等地得到了大批资料,这些资料使我幸运地得到一个能够继续进行我的研究的"借口",而不是最后结束这项研究以便发表。

第三,我的医务顾问②警告我,要我把我的"工作日"大大缩短,否则就难免重新陷入 1874 年和以后几年的境地,那时我时常头晕,只要专心致志地工作几小时就不能再坚持下去。

关于您的极其值得注意的信,我只想讲几句。

铁路首先是作为"实业之冠"出现在那些**现代工业最发达**的国家,如英国、美国、比利时、法国等。我把它叫做"实业之冠",不仅是因为它终于(同远洋轮船和电报一起)成了和现代生产资料相适应的**交通联络工具**,而且也因为它给巨大的股份公司提供了基础,同时形成了从股份银行开始的**其他各种**股份公司的一个新的起点。总之,它给**资本的积聚**以一种从未预料到的推动力,而且

---

① 参看马克思 1880 年 9 月 12 日给尼·弗·丹尼尔逊的信。——编者注
② 乔·艾伦。——编者注

也加速了和大大扩大了**借贷资本的世界性活动**,从而使整个世界陷入金融欺诈和相互**借贷**——资本主义形式的"国际"博爱——的罗网之中。

另一方面,铁路网在居主导地位的资本主义国家的出现,促使甚至迫使那些资本主义还局限在社会的少数点面上的国家在最短期间建立起它们的资本主义的**上层建筑**,并把这种上层建筑扩大到同主要生产仍以传统方式进行的社会机体的躯干完全不相称的地步。因此,毫无疑问,铁路的敷设在这些国家里加速了社会的和政治的解体,就像在比较先进的国家中加速了资本主义生产的最终发展,从而加速了资本主义生产的彻底变革一样。在一切国家中(英国除外),政府都让铁路公司依靠国库发财和发展。在美国,铁路公司除了赢利外,还无偿地得到大量国有土地,其中不仅有敷设铁路所必需的土地,而且还包括线路两旁许多英里之内布满森林等等的土地。这样,它们就变成了最大的土地所有者,移民中的小农场主当然优先选择这种为他们的产品提供现成的运输工具的土地。

路易-菲力浦在法国创立的把铁路交给一小帮金融贵族、让他们长期占有并靠国库保证一定收入等等的制度,被路易·波拿巴发展到了顶点。路易·波拿巴的制度事实上主要是建立在铁路承租权的交易上,在这方面他竟仁慈到把运河等等赠送给某些承租者。

但是,在奥地利,特别是在意大利,铁路成了难以承受的国债和群众负担的一个新的根源。

一般说来,铁路当然有力地推动了对外贸易的发展,但是这种贸易在主要出口**原料**的国家里却加深了群众的贫困。不仅是政府为了发展铁路而举借的新债增加了压在群众身上的**赋税**,而且从一切土产能够变成世界性的黄金的时候起,许多**以前**因大量卖不出去而**很便宜的东西**,如水果、酒、鱼、野味等等,都变得**昂贵**起来,人民再也消费不起了;另一方面,**生产本身**(我指的是特殊**种类的产品**)也都按其**对出口用途的大小**而有所变化,而它在过去主要是适应**当地的**消费的。例如,在石勒苏益格—荷尔斯泰因,农田就变成了牧场,因为出口牲畜收益更大;但同时农村居民被赶走了。这一切变化对大地主、高利贷者、商人、铁路公司、银行家等等的确是非常有利的,但对真正的生产者来说却是非常悲惨的!

在结束我的这封信(投邮的时间越来越近了)时,我再指出一点:要找出美国和俄国之间的真正的相似之处是不可能的。在美国,政府的开支日益减少,国债也逐年迅速减少,而在俄国,国家破产好像越来越成为不可避免的结局。美国已经摆脱了自己的纸币(尽管采取的是有利于债权人而有损于平民的极端可耻的方式),俄国却没有任何工厂像印钞厂那样兴隆。在美国,资本的积聚和对群众的逐步剥夺不仅是空前迅速的工业发展、农业进步等等的先决条件,而且也是它们的自然结果(虽然被内战[129]人为地加速了);俄国则同路易十四和路易十五时代更为相像,那时财政、商业和工业方面的上层建筑,或者更确切地说是社会大厦的**正面**,看起来好像是对生产的主体部分(农业)的停滞状态和生产者的贫困现象的一种讽刺(诚然,法国当时有一个比俄国稳固得多的基础)。美国经济进步的速度现在已经大大地超过了英国,虽然美国在已获得的财富的数量方面还落后于英国;同时,群众更为活跃,并掌握着更为强大的政治手段,可用来拒绝那种以牺牲他们的利益为代价的进步形式。我用不着再继续对比下去了。

顺便问一下:您认为关于信贷和银行业的最好的俄文著作是什么?

考夫曼先生非常友好地把他的《银行业的理论和实践》一书寄给了我,但是,使我感到有些惊讶的是,这个曾在彼得堡《欧洲通报》[213]上批评我的聪明人[409]竟变成了玩弄现代交易所欺骗把戏的平达式的人物。此外,这本书即使完全从专业的角度来看——总的来说,我对这类书已不再抱什么期望——,在细节上也没有什么独到之处。其中最精彩的部分是反纸币的论战。

据说,某国政府想从某些国外银行家那里得到新的借款,这些银行家要求它以实施宪法作为保证。我难以相信这是真的,因为他们用现代的方法做生意,至少到目前为止,他们对政体一直是满不在乎的,而且他们也有能力这样做。

忠实于您的 阿·威廉斯①

46.恩格斯致奥古斯特·倍倍尔

莱 比 锡

1879 年 11 月 24 日于伦敦

亲爱的倍倍尔:

……在关税问题上,您的信恰恰证实了我所谈的看法。② 既然事实上发生了意见分歧,那就要考虑到这种意见分歧,而**在表决时正好**应当**弃权**。没有这样做就只是考虑了**一部分**意见。不过实

---

① 马克思的化名。——编者注
② 参看恩格斯 1879 年 11 月 14 日给奥·倍倍尔的信。——编者注

在看不出,为什么主张保护关税的那部分意见应当比主张自由贸易的那部分意见更受到重视。您说,您不能在国会里采取单纯否决的立场。可是,既然他们最后全都投票**反对**那项法律,那也就是采取了单纯否决的立场。我只是说,一开始就应当知道该采取什么态度;应当使行动同最后的表决一致。

社会民主党议员可以在哪些问题上超出单纯否决,这个范围是很有限的。这全是些直接涉及工人和资本家的相互关系的问题:工厂立法,正常工作日,企业主的责任,以实物发工资等等。其次是具有进步性质的纯粹资产阶级的改良:统一币制和衡制,迁徙自由,扩大个人自由等等。您暂时还不会为这些问题所困扰。对于所有其他的经济问题,如保护关税、铁路和保险业的国有化,社会民主党议员必须始终遵循一个基本原则:不投票赞同加强政府对人民的权力的任何措施。由于党内在这些问题上经常发生意见分歧,自然而然地要求在表决时弃权和否决,这一点就更加容易做到。

……我主要指的是报告①中的这几处:(1)有一处认为争取舆论具有十分重大的意义,好像舆论这个因素反对谁,谁就要失掉活动能力似的;生命攸关的问题是"**把这种仇恨变成同情**"云云(同情!从不久前在恐慌时期**410**表明自己是恶棍的人们那里来的同情!)。根本不需要走得这么远,尤其是因为恐慌**早已过去了**。(2)另一处说,党谴责任何形式的战争(就是说也谴责它本身**必须**进行的战争,它尽管这样做却仍要进行的战争)并以一切人的博爱作为自己的目的(在口头上,这是一切政党的目的,而实际上没

---

① 指《社会民主党德意志帝国国会议员的报告》,载于 1879 年 10 月 12、19 和 26 日《社会民主党人报》。——编者注

有一个政党是这样的,因为我们也不打算和资产者讲博爱,只要他们还想当资产者),这样的党不会主张国内战争(就是说,即使在国内战争是达到目的的唯一手段的情况下也是如此)。这个论点也可以理解为:党谴责任何形式的流血,它就不会主张放血,也不会主张切除坏疽的肢体,也不会主张科学上的活体解剖。讲这样的话干什么?我并不要求你们把话说得"很厉害";我批评这个报告,不是因为它讲得太少,相反,是因为不该讲的话讲得太多了。后面的要好得多,因此,汉斯·莫斯特①幸好忽略了几处他能够从中捞到一点油水的地方。

……顺便说一句,我们决不否认,我们在这里,如人们所说的,评论容易,你们的处境比我们要困难得多。

小资产者和农民的加入的确证明,运动有了极大的进展,但是同时这对运动也是危险的,只要人们忘记,这些人是被迫而来的,他们来,仅仅是**因为**迫不得已。他们的加入表明,无产阶级已经确实成为领导阶级。但是,既然他们是带着小资产阶级和农民的思想和愿望来的,那就不能忘记,无产阶级如果向这些思想和愿望作出让步,它就会丧失自己在历史上的领导地位。

致以友好的问候。

您的　弗·恩格斯

---

① 约·莫斯特。——编者注

1881 年

47.恩格斯致卡尔·考茨基

维 也 纳

1881 年 2 月 1 日于伦敦西北区
瑞琴特公园路 122 号

亲爱的考茨基先生:

耽搁了很久,终于动手给您写回信。

不过,既然您打算很快就到这里来,对您惠寄给我的那本书写详细的**书面**评论,看来也许是多余的了,我将有机会和您面谈这一问题,所以这里只稍微谈点意见。**411**

(1)第 66 页以及后面几页上的说法是站不住脚的,因为在剩余价值和资本利润之间,除了对可变资本或总资本的百分比计算的差别之外,还有其他的一些实际差别。《反杜林论》第 182 页上汇总了《资本论》中与此有关的一些重要段落。①

(2)即使讲坛社会主义者**412**硬要我们无产阶级社会主义者向他们解答一个谜,即我们用什么办法可以消除可能发生的人口过剩以及由此而来的新的社会制度垮台的危险,那我也决无义务去

---

① 恩格斯《欧根·杜林先生在科学中实行的变革。哲学·政治经济学·社会主义》1878 年莱比锡版。参看本选集第 3 卷第 592—593 页。——编者注

满足他们的愿望。为这些人解决他们由于自己的混乱的超智慧所产生的一切顾虑和疑问,或者,比如说,哪怕是仅仅反驳一个谢夫莱在他的许多厚书[413]中所写的那一大堆荒谬已极的胡言乱语,我看,这简直是浪费时间。光是修改这些先生们加上引号从《资本论》中摘引的**错误引文**,大概就可以凑成一大本书。在他们要求回答他们的问题之前,让他们首先学会阅读和抄写吧。

况且,我决不认为这个问题在当前是一个迫切的问题,当前刚刚处于形成时期的美国的大规模生产和**真正的**大农业,生产出堆积如山的生活资料,使我们大有窒息的危险;当前是变革的前夜,这种变革除了其他后果之外,还会使**地球上住满居民**——您在第169—170页上所谈的,只是很浅地涉及这个问题——,这种变革在欧洲也**必然要求**大量增加人口。

欧拉的计算法[414],其价值跟下面这种计算克劳泽的方法完全一样,即假定从公元1年起按复利存放一个克劳泽,则每隔13年增加一倍,那么现在就应为大约$\frac{1\times2^{144}}{60}$古尔登,这是体积超过地球的一大块银子。您在第169页上说美洲的社会关系和欧洲差别不大,这只有在您观察的都是一些沿海的大城市,或者只是这些关系的表面的法律形式的情况下才是对的。广大美洲居民的确生活在非常有利于人口增长的条件下。移民源源而来,就能证明这一点。而要使人口增长一倍,仍然需要30年以上。这没有什么可怕的。

人类数量增多到必须为其增长规定一个限度的这种抽象可能性当然是存在的。但是,如果说共产主义社会在将来某个时候不得不像已经对物的生产进行调节那样,同时也对人的生产进行调节,那么正是这个社会,而且只有这个社会才能无困难地做到这点。在这样的社会里,有计划地达到现在法国和下奥地利在自发的无计划的发展过程中产生的那种结果,在我看来,并不是那么困难的事情。无论如何,共产主义社会中的人们自己会决定,是否应当为此采取某种措施,在什么时候,用什么办法,以及究竟是什么样的措施。我不认为自己有向他们提出这方面的建议和劝导的使命。那些人无论如何也会和我们一样聪明。

其实,早在1844年我就谈过这个问题(《德法年鉴》**110**第109页):"即使马尔萨斯完全正确,也必须立刻进行这种(社会主义)变革,原因是只有这种变革,只有通过这种变革来教育群众,才能够从道德上限制繁殖本能,而马尔萨斯本人也认为这种限制是对付人口过剩的最有效和最简易的办法。"①

暂时告一段落——其余的问题等以后和您面谈。您要到这里来,很好。您是年轻一代中真正想学到点东西的少数人之一,而在无批判的气氛下,现在德国出的一切历史和经济书籍越来越糟,对您来说,摆脱这种气氛将是很有益处的。

衷心问好。

您的 弗·恩格斯

---

① 恩格斯《国民经济学批判大纲》,本选集第1卷第43页。——编者注

48.马克思致斐迪南·多梅拉·纽文胡斯

海 牙

1881年2月22日于伦敦西北区
梅特兰公园路41号

尊敬的同志：

我长时间没有回信，是因为我想在答复您1月6日的来信时附上一份修正表，这些修正也许是您在再版《资本与劳动》[415]时必须做的。由于家务事忙乱以及一些预料不到的工作和其他的干扰，这份表我还没有完成，因此暂且先寄给您这封短信，没有附表，因为我再继续沉默可能会引起您的误会。我认为必须修改的地方都是一些细节；主要的东西，问题的实质，已经讲清楚了。

感谢您的友好的献词；您用这一献词亲自向我们的资产阶级敌人提出了挑战。

《伟人传》[416]的作者①是一个学校视察员之类的人，他曾写信请我把我的传记材料寄给他；此外，他还让他的出版者找我的妹夫尤塔，要尤塔说服我答应他的请求，因为我通常对这类请求都加以拒绝。这位先生——《伟人传》的作者——给我写信说，他不同意我的观点，但承认这些观点的重要性，并对我表示尊敬等等。就是这个人后来厚颜无耻地把声名狼藉的普鲁士间谍施梯伯的诽谤谰言写入了他的小册子，即硬说——大概是在某一个波恩讲坛社会

---

① 阿·凯迪伊克。——编者注

主义者[412]的怂恿下——我有意捏造引文;然而这位正人君子甚至都没有花点力气去读读我发表在《人民国家报》[196]上的同尊敬的布伦坦诺论战的文章[417],如果他读了我的文章,他会看到布伦坦诺起先是在《协和》[418]杂志(工厂主的刊物)上责备我"在形式上和实质上都进行了伪造",后来又作狡辩,说他对此不是这样理解的等等。一家荷兰杂志愿意向我提供版面来驳斥那个"学校视察员",不过我对这种臭虫的叮咬**原则上**是置之不理的。即使在伦敦,我对这种文坛上的谎言也从来都是不屑一顾的。要是采取相反的做法,那我就不得不花费我的大部分时间从加利福尼亚起到莫斯科止到处辟谣。在我还年轻的时候,我有时会给以迎头痛击,但是,人上了年纪也就学聪明了,不去徒劳无益地浪费精力了。

您告诉我的要在即将召开的苏黎世代表大会上讨论的"问题"[419],在我看来提得不正确。在将来某个特定的时刻应该做些什么,应该**马上**做些什么,这当然完全取决于人们将不得不在其中活动的那个既定的历史环境。而现在提出这个问题是**不着边际的**,因而这实际上是一个幻想的问题,对这个问题唯一的答复应当是**对问题本身的批判**。如果一个方程式的已知各项中不包含解这个方程式的因素,那我们就无法解这个方程式。此外,一个由于人民的胜利而突然产生的政府陷入窘境,这决不是什么特别的"社会主义的"东西。恰好相反。胜利的资产阶级政治家由于自己的"胜利"立刻感到束手束脚,而社会主义者至少可以无拘无束地采取行动。有一点您可以深信不疑,这就是,如果在一个国家还没有发展到能让社会主义政府首先采取必要的措施把广大资产者威吓住,从而赢得首要的条件,即持续行动的时间,那么社会主义政府就不能在那个国家取得政权。

也许您会向我指出巴黎公社;但是,且不说这不过是在例外条件下的一个城市的起义,公社中的大多数人也根本不是社会主义者,而且也不可能是社会主义者。然而,只要懂得一点常理,公社就可能同凡尔赛达成一种对全体人民群众有利的妥协——这是当时唯一能做到的事情。只要夺取法兰西银行,就能吓住凡尔赛分子,使他们不敢再自吹自擂,如此等等。

法国资产阶级在1789年以前所提出的一般要求,除了必要的改变之外,大体上同无产阶级当前提出的最基本的直接要求一样明确,而无产阶级的这些要求在资本主义生产占统治地位的一切国家里大致相同。但是,在18世纪有哪一个法国人曾经事先、先验地哪怕是极模糊地意识到用什么方式实现法国资产阶级的要求呢?对未来的革命的行动纲领作纯学理的、必然是幻想的预测,只会转移对当前斗争的注意力。世界末日日益临近的幻梦曾经煽起原始基督徒反对罗马世界帝国的火焰,并且给了他们取得胜利的信心。对于占统治地位的社会秩序所必然发生而且也一直在我们眼前发生着的解体过程的科学认识,被旧时代幽灵的化身即各国政府折磨得日益激愤的群众,以及与此同时生产资料大踏步向前的积极发展——所有这些就足以保证:真正的无产阶级革命一旦爆发,革命的直接的下一步行动方式的种种条件(虽然决不会是田园诗式的)也就具备了。

我确信,建立一个新的国际工人协会的关键性的形势还不具备;因此,我认为,任何工人代表大会或社会党人代表大会,只要它们不和这个或那个国家当前的直接的条件联系起来,那就不仅是无用的,而且是有害的。它们只能在没完没了的翻来覆去的陈词滥调之中化为乌有。

友好地忠实于您的 卡尔·马克思

49.恩格斯致爱德华·伯恩施坦

苏　黎　世

1881年3月12日于伦敦

亲爱的伯恩施坦先生：

……把国家对自由竞争的每一种干涉——保护关税、同业公会、烟草专卖、个别工业部门的国有化、海外贸易公司**420**、皇家陶瓷厂——都叫做"社会主义"，纯粹是曼彻斯特的资产者为了自己的利益而在胡说。对这种胡说我们应当**批判**，而不应当**相信**。如果我们相信它，并且根据它建立起一套理论，那么，只要提出下面的简单论据就会使这套理论连同它的前提一起破产，这种论据就是：此类所谓的社会主义一方面不过是封建的反动，另一方面不过是榨取金钱的借口，而它的间接目的则是使尽可能多的无产者变成依赖国家的公务员和领养老金者，即除了一支有纪律的士兵和公务员大军以外，再组织一支类似的工人大军。在国家长官，而不是在工厂监工的监视下举行强制性的选举——好一个美妙的社会主义！但是，如果相信资产阶级这一套连他们自己都不相信、而只是假装相信的说法，那就会得出结论：国家等于社会主义……

50.恩格斯致爱德华·伯恩施坦

苏 黎 世

1881年10月25日于伦敦

亲爱的伯恩施坦先生：

……但是盖得的确到这里来过,当时是为了起草法国工人党的纲领**草案**[192]。导言①就是在这里,在我的房间里,我和拉法格都在场,由马克思口授,盖得笔录的：工人只有在成了他们的劳动资料的占有者时才能获得自由；这可以采取个体形式或集体形式；个体占有形式正在被经济的发展所排斥,而且将日益被排斥；所以,剩下的只是共同占有形式,等等。这真是具有充分说服力的杰作,寥寥数语就可以对群众说得一清二楚,这样的杰作是我少见的,措辞这样精练,真使我自己也感到惊叹。接下去就讨论纲领的其他内容,在这里我们作了某些增减,但是很难说盖得是马克思的传声筒,这可以从下列事实中看出来：盖得硬要把他的那一套最低工资额的谬论放到纲领里去,因为对纲领负责的不是我们而是法国人,所以最后我们只得随他的便,虽然他也承认这一点在理论上是荒诞无稽的。

布鲁斯当时在伦敦,他是很乐意出席的。但是盖得的时间很有限,并且不无根据地预料到布鲁斯会引起一场关于他自己也不懂的无政府主义论调的无聊争论,所以坚持不要布鲁斯参加这次

---

① 马克思《法国工人党纲领导言(草案)》,见本选集第3卷。——编者注

会议。这是他的事情。可是布鲁斯对盖得的这种做法耿耿于怀,从此他那反对盖得的小集团便产生了。

法国人后来讨论了这个纲领,作了一些改动以后便通过了,其中马隆所作的改动决不是什么改进。

后来,我还在《平等报》**421**第2期上写了两篇关于"俾斯麦先生的社会主义"的文章①,就我所知,这就是我们积极参加法国运动的全部经过。

可是,最使那些微不足道而又自命不凡的满腹牢骚的小人恼火的是:马克思由于在理论上和实践上的成就已经赢得了这样的地位,各国工人运动的最优秀的人物都充分信任他。他们在**紧要关头**都向他请教,而且总是发现他的建议是最好的。他已经在德国、法国、俄国赢得了这种地位,至于在比较小的国家就更不用说了。所以,并不是马克思把自己的意见,更谈不上把自己的意志强加于人,而是这些人自己来向他求教的。马克思所起的特殊的、对运动极端重要的影响,正是建立在这种基础上的。

马隆也曾想到这里来,但是他想通过拉法格得到马克思的特别邀请;他当然没有得到这种邀请。我们愿意同其他任何怀有良好意愿的人,也愿意同他进行商谈,但是要邀请他! 为什么? 我们什么时候这样邀请过人呢?

马克思,其次是我,对其他国家的运动所持的态度同对法国人的态度是一样的。我们总是同他们保持接触,如果值得花力气这样做,而且有机会这样做的话;但是,违反别人的意志去影响别人的任何企图,都只会对我们有害,只会毁灭在国际时期取得的原有

---

① 恩格斯《俾斯麦先生的社会主义》,见《马克思恩格斯全集》中文第2版第25卷。——编者注

的信任。在革命事业中我们在这方面的经验实在太多了⋯⋯

1882 年

51.恩格斯致爱德华·伯恩施坦

苏　黎　世

1882年1月25—31日于伦敦

亲爱的伯恩施坦先生:

　　⋯⋯关于德国"领袖"中的情况的报道,使我们很感兴趣。我从来不讳言:在我看来,德国的群众要比领袖先生们好得多,特别是在党由于报刊和宣传而变成了为这些领袖提供黄油的奶牛,而俾斯麦和资产阶级却突然宰了这头奶牛[422]之后,情况就更是这样了。上千人因此一下子被剥夺了生存条件,他们没有被直接置于革命者的处境中即没有被放逐到国外去,这是他们个人的不幸。否则,许多现在垂头丧气的人都会转到莫斯特的营垒里去,或者无论如何会认为《社会民主党人报》[174]是过于温和了。这些人大部分都留在德国,而且必须这样做;他们大部分都去了相当反动的地方,受到社会排斥,为了自己的生存而依靠庸人,因而大多数人也被庸俗习气所侵蚀。他们的一切希望很快都集中在废除反社会党人法[180]上面来了。在庸俗习气的压抑下,在他们中间产生了一种确实荒唐的幻想,以为只要温顺就可以达到目的,这是毫不足怪的。对意志薄弱的人来说,德国是一个很坏的国家。日常关系和政治关系的狭隘琐碎,甚至在大城市中也存在的小城市风气,在同警察和官僚进行斗争时总要遇到的小小的但是层出不穷的刁难——这一切把人弄得精疲力竭,而不是激发人起来反抗;于是,在这个"大育儿所"①里,许多人自己也变得很幼稚了。生活条件的狭隘造成了眼界的狭隘,以致生活在德国的人,必须有很大的智慧和精力才能超出身边的事物而看得更远一些,才能看见世界大事的巨大联系,才不至于陷入自满自足的"客观性"。这种"客观性"不能看得比自己的鼻子更远,因此恰恰是最狭隘的主观性,虽然它是成千上万的这种人都具有的。

但是,无论这种用"客观的"过分聪明来掩盖自己缺乏判断力和抵抗力的倾向是怎样自然而然地产生的,我们还是必须对它进行坚决的斗争。而在这里,工人群众本身是最好的支点。在德国,只有他们是生活在比较现代的条件下,他们的一切大大小小的不幸都是**资本**的压迫所造成的;德国的其他一切斗争,无论是社会斗争或政治斗争,都是琐碎的和微不足道的,都是围绕着一些在别的地方早已解决了的琐碎的事情打转,而工人的斗争是唯一伟大的、唯一站在时代高度的、唯一不使战士软弱无力而是不断加强他们的力量的斗争……

---

① 见海涅诗集《时事诗》中《安心》一诗。——编者注

52.恩格斯致卡尔·考茨基

维　也　纳

1882 年 9 月 12 日于伦敦

亲爱的考茨基先生:

……您问我,英国工人对殖民政策的想法如何？这和他们对一般政策的想法一样:和资产者对它的想法一样。这里没有工人政党,只有保守派和自由主义激进派,工人十分安然地分享英国在世界市场上的垄断权和英国的殖民地垄断权。依我看,真正的殖民地,即欧洲移民占据的土地——加拿大、好望角和澳大利亚,都会独立的;相反地,那些只是被征服的、由土著人居住的土地——印度、阿尔及利亚以及荷兰、葡萄牙、西班牙的属地,无产阶级不得不暂时接过来,并且尽快地引导它们走向独立。这一过程究竟怎样展开,还很难说。印度也许会,甚至很可能会闹革命,既然争取解放的无产阶级不能进行殖民战争,那就必须容许它这样做,那时自然不会没有种种破坏,但是,这类事情恰恰是任何革命都免不了的。在其他地方,如阿尔及利亚和埃及,也可能发生同样情况,这**对我们**来说当然是最好不过的事情。我们在自己家里将有足够的工作要做。只要欧洲和北美一实行改造,就会产生巨大的力量和做出极好的榜样,使各个半文明国家完全自动地跟着走,单是经济上的需要就会促成这一点。至于这些国家要经过哪些社会和政治发展阶段才能同样达到社会主义的组织,我认为我们今天只能作一些相当空泛的假设。不过有一点是肯定的:胜利了的无产阶级不能强迫他国人民接受任何替他们造福的办法,否则就会断送自己的胜利。当然,这决不排除各种各样的自卫战争。

埃及的事件[423]是俄国外交制造的。让格莱斯顿侵占埃及(埃及还远未落入他的手中,他即使能得到埃及,也远不能守住),以便俄国占据亚美尼亚,按照格莱斯顿的说法,这样做又可以把一个基督教国家从伊斯兰教的压迫下解放出来。在这件事上其余的一切都是幌子、托词、借口。这种企图是否会得逞,很快就会见分晓。

热情问好。

您的 弗·恩·

53.恩格斯致爱德华·伯恩施坦

苏　黎　世

1882年10月20日于伦敦

亲爱的伯恩施坦先生:

我早就想写信告诉您法国的情况,但是一直到现在才动笔。也好,这样倒可以一举两得了。

(1)**圣艾蒂安**。尽管有比利时人的好意劝告,不可避免的事还是发生了,互不相容的因素已经分开。[424]这是一件好事。起初,在工人党创立的时候,必须容许所有接受纲领的人参加到党里来;如果他们在接受纲领的时候暗地里还有保留,这在以后是一定会表现出来的。在这里我们从来没有被马隆和布鲁斯所迷惑。他们两人都是在巴枯宁的阴谋学校里培养出来的;马隆甚至是建立巴

549

枯宁的秘密"同盟"**342**的共谋者(他是 17 个创始人之一)。但是,毕竟还应当给他们一个机会来表明,他们是否连同巴枯宁的理论一起放弃了巴枯宁的实践。事情的进程表明,他们接受了纲领(同时歪曲了它,马隆给它加进了许多坏的东西),不过暗中却想推翻纲领。在兰斯和巴黎开始的事情**425**,在圣艾蒂安完成了。纲领的无产阶级的阶级性已经被抛弃。1880 年的共产主义的导言**426**,已经被 1866 年国际章程的导言所代替,而 1866 年的国际章程之所以不得不那么一般地表述,正是因为法国的蒲鲁东主义者非常落后,而又不能把他们排除在外。纲领的正面要求都被取消了,因为每个地方组织有权为了任何一种它们随意设定的特殊目的制定自己特有的纲领。这个所谓的圣艾蒂安党,不仅不是工人党,而且根本不是一个党,因为它实际上没有任何纲领:它至多只是一个马隆—布鲁斯派。这两个人能够对旧纲领提出的最严厉的责难,就是这个纲领推出去的人比吸收进来的人还多。这一点现在已可以补救:蒲鲁东主义者和激进派**427**再也没有理由留在党外了,而如果事情照马隆这一帮人所希望的那样发展,那么福尔马尔所抱怨的"革命稀粥"**428**就会成为法国无产阶级的正式说法。

在所有的罗曼语国家中(可能还有其他地方),对待代表大会的代表资格证向来是很宽松的。这些代表资格证很多都是见不得阳光的。当这种事情还没有做得太过分的时候,当这还只涉及次要问题的时候,其危害性还不那么大。但是巴枯宁主义者把这种做法变成了常规(最初是在汝拉),他们一贯地伪造代表资格证,企图用这种办法来窃取领导地位。现在在圣艾蒂安就是这样。在筹备代表大会的时候,完全使用了巴枯宁的一整套旧策略,不惜采取撒谎、诽谤、搞阴谋诡计等一切手段。只有在这方面布鲁斯才是能手。但是这些人忘记了,这在小的支部里和在汝拉这样小的地区能够获得成功,而在一个大国的真正的工人党内则必然要使那些干这种事情和耍这种手腕的人遭到毁灭。圣艾蒂安的表面的胜利不会长久保持下去,马隆和布鲁斯很快就会彻底完蛋。

看来,一个大国的**任何**工人政党,只有在内部斗争中才能发展起来,这是符合一般辩证发展规律的。德国党就是在爱森纳赫派[383]和拉萨尔派[184]的斗争中变成现在这个样子的,在这种斗争中连吵架本身也起了重要的作用。只是在被拉萨尔特意豢养起来充当其工具的一帮恶棍垮下来以后,合并才有可能,即便在那时从我们这方面来说去争取合并也是过于匆忙了。[183]在法国,有些人虽然抛弃了巴枯宁的理论,却继续运用巴枯宁的斗争手段,同时还想为了自己的特殊目的而牺牲运动的阶级性质,这些人也必须先垮下来,然后重谈合并才有可能。在这种情况下宣传合并就是十足的愚蠢。道德说教对于反对目前情况下不可避免的幼稚病是没有帮助的。

此外,甚至罗阿讷派也很需要经常的尖锐的批评。他们常常醉心于革命的词句和软弱无力的行动要求……

54.恩格斯致奥古斯特·倍倍尔

莱 比 锡

1882 年 10 月 28 日于伦敦

亲爱的倍倍尔:

我终于可以给你写信了。马克思又在这里住了约三个星期,他后天要去怀特岛,因此我一直没法安静地做点事。

福尔马尔的两篇文章,我非常喜欢的是第一篇**429**,因为它给了"右翼"先生们的哀怨以应有的回击,这些先生们甚至不惜接受那些对党来说要比反社会党人法**180**本身还要坏的条件,来争取废除反社会党人法,这无非是想借此重新筹办像《审判报》**430**之类的报纸,以便回到旧日的写作方面的"埃及的肉锅"**431**。我认为,向这些先生们——文章就是针对他们的——指出下面的一点,是完全正确的,即:如果反社会党人法被**自愿**废除,就很容易出现使**党**的处境更加恶化的条件;应当强调指出,靠屈膝乞求的办法我们是很难摆脱反社会党人法的。

其实,在我看来,这个问题也是纯理论的问题。我认为,这个法律将会被那些导致革命而且不久就会到来的事件**432**一扫而光。

第二篇文章我相当匆忙地看了一遍,当时有两三个人一直在旁边谈话,否则我就会从作者对革命的看法看出法国的影响,同时大概也就认清了我们的福尔马尔。你在这方面的看法是完全正确的。**433**"只是反动的一帮"**434**这种说法终于在长久期待之后被实现了。**这边**是所有的正式党派纠合在一起,**那边**是我们社会主义者组成严整的队伍;一场大决战,一举获得全线胜利。实际上事情并不那么简单。恰好相反,实际上,正如你也指出过的,革命是在绝大多数人民和正式党派联合起来**反对**因此而遭到孤立的政府并要推翻它的时候开始的;而且只有在那些还能继续存在下来的正式党派在相互斗争中一个促使一个和一个接着一个地垮台以后,只有在这以后,才会出现福尔马尔所谈的彻底分裂,与此同时,我们取得统治权的时机也就来临了。假如我们和福尔马尔一起立刻从革命的**最后一举**开始革命,那对我们将是非常不利的。

末尾论及新策略的那一段话,我当时没有怎么重视,——无论如何,要是对照一下刑法典,就可以在这里发现许多能使人**坐牢**的东西。但是,如果有人偶尔向这方面偏了,那也不是了不得的事,因为偏向另一方面的人也不少。如果说我把这一点看得太轻了,那么我认为你则看得太重了。你看看菲勒克在《南德意志邮报》上那种兴高采烈的样子,就可以知道,右翼在怎样想方设法利用你的反驳。[435]我不认为我们在德国的同志会由于福尔马尔的文章就真的立即接受他的说法。不过,对他要求宣布"我们要**秘密**组织起来"这一点,应当断然拒绝。

我焦急地等待关于俾斯麦的材料,但是现在你们两人①正在坐牢[436],我大概得再等一些时候。不过,如果我那时要埋头于另外的、也是我早该动手的长篇文章②,那我就不能把它中途搁下,而不得不把俾斯麦往后推了③。

---

① 奥·倍倍尔和威·李卜克内西。——编者注
② 恩格斯《自然辩证法》,见本选集第3卷。——编者注
③ 恩格斯曾打算撰文评论俾斯麦的经济政策和社会政策,该计划没有实现。参看恩格斯1882年9月13日给爱·伯恩施坦的信。——编者注

在法国,早已预料到的分裂发生了。[424] 在建立党的时候,盖得和拉法格同马隆和布鲁斯之间的最初的合作是不可避免的,但是马克思和我从来没有幻想这种合作能够长期维持下去。争论的问题完全是原则性的:是应当把斗争作为无产阶级对资产阶级的**阶级斗争**来进行呢,还是应当像机会主义者(翻译成社会主义者的语言就是:可能派)那样,只要能获得更多的选票和更多的"支持者",就可以把运动的阶级性和纲领都丢开不管?马隆和布鲁斯赞成后一种做法,从而牺牲了运动的无产阶级的阶级性,并且使分裂成为不可避免的事。这也好。无产阶级的发展,无论在什么地方总是在内部斗争中实现的,而现在第一次建立工人政党的法国也不例外。在德国,我们已经走过了这种内部斗争(同拉萨尔派)的第一阶段,其他阶段还摆在我们面前。在可能团结一致的时候,团结一致是很好的,但还有高于团结一致的东西。谁要是像马克思和我那样,一生中对冒牌社会主义者所作的斗争比对其他任何人所作的斗争都多(因为我们把资产阶级只当做一个**阶级**来看待,几乎从来没有去和资产者个人交锋),那他对爆发不可避免的斗争也就不会感到十分烦恼了。

我希望这封信能在你入狱以前到达你手里。马克思和杜西向你表示衷心的问候。马克思的健康正在完全恢复,如果胸膜炎不再犯,明年秋天他的身体将会比近几年以来都好。如果你在"塔笼"①(在伯尔尼的叫法)碰到李卜克内西,请代我们大家问候他。

你的 弗·恩·

---

① 指监狱。——编者注

55.恩格斯致爱德华·伯恩施坦

苏 黎 世

1882年11月28日于伦敦

亲爱的伯恩施坦先生：

……巴枯宁主义者也完全是这样做的。据拉法格说，可能派只是在蒙马特尔才真正有些势力，并且在那里也组织得很好。

暂时处于少数——在组织上——而有正确的纲领，总比没有纲领而只是表面上拥有一大批虚假的拥护者要强得多。我们一辈子都处于少数，我们觉得这样也非常好。巴黎的组织力量较弱（果真如此，我还远不理解可能派为什么不敢出席罗阿讷派举行的关于两个代表大会[424]的辩论会），这可以通过报刊的影响而两倍三倍地得到弥补。

在这样的情况下，您的巴黎通讯员们怎么会认为圣艾蒂安派是"真正的工人政党"，我真是无法理解。首先，这帮人根本不是什么党，更不是什么**工人**政党，就像此地的工人一样。他们其实从骨子里就是**激进资产阶级政党的尾巴**，正像此地的工人已经完全变成的那样。把他们维系在一起的唯一的东西，就是资产阶级的激进主义，他们根本没有工人的纲领。那些为激进派搜罗这类工人投票工具的工人领袖们的行为，在我看来，是**直接的背叛**……

1883 年

56. 恩格斯致爱德华·伯恩施坦

苏 黎 世

1883 年 2 月 27 日—3 月 1 日于伦敦

亲爱的伯恩施坦先生:

……菲勒克就电工技术革命掀起了一阵喧嚷,却丝毫不理解这件事的意义,这种喧嚷只不过是为他出版的小册子做广告。但是这件事实际上是一次巨大的革命。蒸汽机教我们把热变成机械运动,而电的利用将为我们开辟一条道路,使**一切**形式的能——热、机械运动、电、磁、光——互相转化,并在工业中加以利用。循环完成了。德普勒的最新发现[437]在于,能够把高压电流在能量损失较小的情况下,通过普通电报线输送到迄今连做梦也想不到的远处,并在那一端加以利用——这件事还只是处于萌芽状态——,这一发现使工业彻底摆脱几乎所有的地方条件的限制,并且使极遥远的水力的利用成为可能,如果说在最初它只是对**城市**有利,那么到最后它必将成为消除城乡对立的最强有力的杠杆。而且非常明显的是,生产力将因此得到大发展,以至于越来越不再需要资产阶级的管理了。笨蛋菲勒克从这里只是看到了自己所喜爱的国有化的新论据:资产阶级办不到的事,应当由俾斯麦来办……

57.恩格斯致威廉·李卜克内西

莱　比　锡

1883 年 3 月 14 日于伦敦

亲爱的李卜克内西：

从我给倍倍尔夫人(这是我所知道的唯一通讯处)的电报①里,你们大概已经知道,欧洲的社会主义革命党遭受了多么严重的损失。上星期五医生②——伦敦最好的医生之一——还告诉我们,只要营养跟得上,维持住他的体力,他完全有希望恢复得像以前那样健康。而且正是从那时候起,他的胃口又开始好一些了。但是今天下午两点多钟我去的时候,看到全家都在掉泪,说他异常地虚弱;琳蘅叫我上楼去看他,说他处在半睡的状态,当我上了楼的时候——此时她离开房间不过两分钟光景——他已完全睡着,但是长眠不醒了。19 世纪下半叶最伟大的头脑停止思考了。关于致死的直接原因,没有医生的意见我不好判断;整个情况是这样复杂,以致医生们要把它详细写出来,也要花费许多笔墨。然而,现在这毕竟已经不是那么重要的了。最近六个星期以来,我饱受了惊恐,而我所能说的只是,在我看来,起初他的夫人去世,接着,在他非常危急的关头燕妮③又去世,这些都起了作用,加速了他的

---

① 这封电报没有保存下来。——编者注
② 霍·布·唐金。——编者注
③ 燕·龙格。——编者注

逝世。

虽然今天晚上我看到他仰卧在床上,面孔已经僵硬,但是我仍然不能想象,这个天才的头脑不再用他那强有力的思想来哺育新旧大陆的无产阶级运动了。我们之所以有今天的一切,都应当归功于他;现代运动当前所取得的一切成就,都应归功于他的理论活动和实践活动;没有他,我们至今还会在黑暗中徘徊。

你的 弗·恩格斯

58. 恩格斯致菲力浦·范派顿[438]

纽 约

[草稿]

1883年4月18日于伦敦

亲爱的同志们:

你们在4月2日来信问我,卡尔·马克思对无政府主义者,特别是对约翰·莫斯特抱什么态度,我的答复是简短而明确的。

马克思和我从1845年起就持有这样的观点:未来无产阶级革命的最终结果**之一**,将是称为**国家**的政治组织逐步解体直到最后消失。这个组织的主要目的,从来就是依靠武装力量保证富有的少数人对劳动者多数的经济压迫。随着富有的少数人的消失,武装压迫力量或国家权力的必要性也就消失。同时我们始终认为,为了达到未来社会革命的这一目的以及其他更重要得多的目的,工人阶级应当首先掌握有组织的国家政权并依靠这个政权镇压资本家阶级的反抗和按新的方式组织社会。这一点在 1847 年写的《共产主义宣言》①的第二章末尾已经阐明。

无政府主义者把事情颠倒过来了。他们宣称,无产阶级革命应当从废除国家这种政治组织**开始**。但是,无产阶级在取得胜利以后遇到的唯一现成的组织正是国家。这个国家或许需要作一些改变,才能完成自己的新职能。但是在这种时刻破坏它,就是破坏胜利了的无产阶级能用来行使自己刚刚夺取的政权、镇压自己的资本家敌人和实行社会经济革命的唯一机构,而不进行这种革命,整个胜利最后就一定归于失败,工人就会大批遭到屠杀,巴黎公社以后的情形就是这样。

这种无政府主义的谬论从巴枯宁用现在的形式把它提出来的第一天起就遭到马克思的反对,这难道还需要我特别证明吗?国际工人协会**97**的整个内部的历史证实了这一点。从 1867 年开始,无政府主义者就企图用各种最卑鄙的手段夺取国际的领导权;他们遇到的主要障碍就是马克思。经过五年的斗争,终于在 1872 年 9 月的海牙代表大会**384**上把无政府主义者驱逐出国际;在驱逐无政府主义者这件事情上出力最大的就是马克思。如果你们希望知道更详细的情况,我们的老朋友、出席那次大会的代表,霍博肯的**弗·阿·左尔格**可以告诉你们……

---

① 即《共产党宣言》。——编者注

59.恩格斯致爱德华·伯恩施坦

苏 黎 世

1883 年 8 月 27 日于伊斯特本市
卡文迪什街 4 号

亲爱的伯恩施坦:

……波拿巴式的君主政体(它的特点,马克思和我分别在《雾月十八日》①和《论住宅问题》第二篇②以及其他地方阐述过)在无产阶级和资产阶级之间的阶级斗争中所起的作用,同旧的专制君主政体在封建制度和资产阶级之间的斗争中所起的作用相类似。但是,正像后一种斗争不能在旧的专制君主政体下而只能在立宪君主政体下(英国、1789—1792 年和 1815—1830 年的法国)才能进行到底一样,资产阶级和无产阶级之间的斗争也只有在共和政体下才能进行到底。因此,如果说,有利的条件和革命的经历曾经帮助法国人打倒了波拿巴,建立了资产阶级共和国,那么,同依然停滞在半封建主义和波拿巴主义的混合体中的我们相比,法国人有这样一个优越性:他们拥有一定会把斗争进行到底的形式,而这种形式我们还有待于**夺取**。他们在政治上要比我们先进整整一个阶段。因此,如果君主政体在法国复辟,其结果必然是争取恢复**资产阶级**共和国的斗争又出现在日程上;而共和国的继续存在就意

---

① 马克思《路易·波拿巴的雾月十八日》,见本选集第 1 卷。——编者注
② 见本选集第 3 卷。——编者注

味着无产阶级和资产阶级之间**直接的**、非隐蔽的阶级斗争将日益尖锐化,一直到发生危机。

在我们这里,革命的第一个直接结果,按其**形式**来说,同样只能是而且**必然**是一个**资产阶级**共和国。但是,它在这里只是一个短暂的过渡阶段,因为我们很幸运,没有一个纯粹共主义的资产阶级政党。这个也许是以进步党[302]为首的资产阶级共和国,我们可以利用它首先来**为革命的社会主义争取广大的工人群众**;这件事将在一两年内完成,并将引起除我们以外还可能存在的一切中间党派彻底衰退和自行瓦解。只有到那个时候,我们才能胜利地取得政权。

德国人的重大错误就在于把革命想象成一夜之间就能完成的事情。事实上,它是群众在加速情况下的多年发展过程。任何一个一夜之间就完成的革命,或者只不过是推翻一个早已毫无希望的反动政权(1830年),或者直接导致预定目的的反面(1848年的法国)。

您的 弗·恩·

1884 年

60.恩格斯致卡尔·考茨基

苏 黎 世

1884 年 2 月 4 日于伦敦

亲爱的考茨基:

邮班快停收了,匆忙写几行。

请您赶快告诉我,您对德维尔的书**439**打算**怎样**加工,是整章地保留,逐字逐句地翻译呢,还是按我所建议的加以压缩。只有等我知道了这一点,我才能够向迈斯纳征求意见,因为我得告诉他一个确定的消息。已经在巴黎给迈斯纳订了一本;等书来的时候,您的回答大概也到了。

理论部分我很愿意校订,虽然我并不认为有必要这样做。至于叙述部分,校订没有意义,因为您会避免德维尔的错误。他的主要错误在于:他把马克思认为只在一定条件下起作用的一些原理解释成绝对的原理。德维尔删去了这些条件,因此那些原理看来就不正确了。

其余的问题过几天再谈。

您的 弗·恩·

61. 恩格斯致卡尔·考茨基

苏 黎 世

1884 年 2 月 16 日于伦敦

亲爱的考茨基:

……如果有人肯花点力气用**爪哇**(国家社会主义在这里极为盛行)的实例来说明猖獗一时的国家社会主义,那倒是一件好事。全部的材料都包括在詹·威·贝·莫尼律师著的《爪哇,或怎样管理殖民地》(1861 年伦敦版,共两卷)这本书里。从这里可以看到,荷兰人怎样在古代公社共产主义的基础上由国家组织生产,并且怎样保证人们过上一种在荷兰人看来是非常舒适的生活;结果是:人民被保持在原始的愚昧阶段上,而荷兰的国库却每年得到7 000 万马克的收入(现在大概还要多)。这种情况很有意思,而且很容易从中吸取有益的教训。这也附带证明了,那里的原始共产主义,像在印度和俄国一样,今天正在给剥削和专制制度提供最好的、最广阔的基础(只要现代共产主义的因素不去震动这种原始共产主义),并且在现代社会条件下,它和瑞士各旧州**440**的独立的马尔克公社一样,成为极其引人注目的(或者应当被克服或者应当得到进一步发展的)历史遗迹。

在论述社会的原始状况方面,现在有一本像达尔文的著作对于生物学那样具有**决定意义**的书,这本书当然也是马克思发现的,这就是摩尔根的《古代社会》(1877 年版)。马克思谈到过这本书,但是,当时我脑子里正装着别的事情,而以后他也没有再回头研究;看来,他是很想回头再研究的,因为从他所作的十分详细的摘录①中可以看出,**他自己**曾打算把该书介绍给德国读者。摩尔根在他自己的研究领域内独立地重新发现了马克思的唯物主义历史观,并且最后还对现代社会提出了直接的共产主义的要求。他根据野蛮人的、尤其是美洲印第安人的氏族组织,第一次充分地阐明了罗马人和希腊人的氏族,从而为原始史奠定了牢固的基础。假如我有时间,我倒想利用马克思的札记把这些材料加加工,为《社会民主党人报》**174**的杂文栏或《新时代》**131**写点东西,但是,目前不可能去考虑这一点。泰勒、拉伯克及其同伙所搞的整个骗局,不管是内婚制、外婚制,还是其他各种荒诞无稽之谈,现在都被彻底揭穿了。**441**这些先生们在这里拼命抵制这本书,它是在美国印刷的,而在扉页上还印着一家伦敦书局作为共同出版者,五个星期以前我就订购了这本书,但是还没有收到!

衷心问好。

您的 弗·恩·

---

① 马克思《路易斯·亨·摩尔根〈古代社会〉一书摘要》,见《马克思恩格斯全集》中文第 1 版第 45 卷。——编者注

62.恩格斯致爱德华·伯恩施坦

苏 黎 世

1884 年 3 月 24 日于伦敦

亲爱的爱德:

……关于三月的文章不管怎么说还是很好的,要点都强调得十分正确。刊登在下一号里的那篇论述人民党人对农民进行说教的文章也很好,只是其中对民主这个"概念"的引证是糟糕的。**442** 这个概念每次都随着人民的变化而变化①,因此它没有帮助我们前进一步。照我的意见,应当这样说:无产阶级为了夺取政权也需要民主的**形式**,然而对于无产阶级来说,这种形式和一切政治形式一样,只是一种手段。在今天,如果有人要把民主看成**目的**,那他就必然要依靠农民和小资产者,也就是要依靠那些正在灭亡的阶级,而这些阶级只要想人为地保全自己,那他们对无产阶级说来就是**反动的**。其次,不应该忘记,资产阶级统治的**彻底的**形式正是民主共和国,虽然这种共和国由于无产阶级已经达到的发展水平而面临严重的危险,但是,像在法国和美国所表明的那样,它作为单纯的资产阶级统治,总还是可能的。可见,自由主义的"原则"作为"一定的、历史地形成的"东西,实际上不过是一种不彻底的东西。自由主义的立宪君主政体是资产阶级统治的适当形式,那是

---

① "民主"的德文原文是"Demokratie",这个词来源于希腊文,有"人民当权"的意思。——编者注

(1)在初期,当资产阶级还没有和专制君主政体彻底决裂的时候,
(2)在后期,当无产阶级已经使民主共和国面临严重的危险的时候。不过无论如何,民主共和国毕竟是资产阶级统治的**最后**形式:资产阶级统治将在这种形式下走向灭亡。就此结束我的赘谈……

63.恩格斯致爱德华·伯恩施坦

苏 黎 世

1884年6月5日于伦敦

亲爱的爱德:

在海滨住了一个星期。**443**右手食指割破,很厉害,所以写得简短而潦草。这样一来,考茨基只好等一等了,因为《社会民主党人报》**174**比《新时代》**131**更重要,况且后者的情况是这样的:不论我是否发表意见,反正一样。再说,考茨基的一切行动,就他告诉我的和就我对事态的判断而言,我认为是完全正确的。**444**

《社会民主党人报》情况有些不同。自从抱怨派**445**先生们形式上联合成一个党派并在国会党团中占了多数之后,自从他们意识到他们这种由于实施反社会党人法**180**而取得的力量并利用这一力量之后,我认为,我们尤其必须竭尽全力守住**我们**掌握的一切阵地,而首先是守住其中最重要的阵地——《社会民主党人报》。

这些人是靠反社会党人法**过日子**的。假如明天能公开论战,我主张立即出击,那时他们马上就会完蛋。但是目前任何的公开论战都不可能,目前所有在德国出版的报刊都在他们手中,而且他们的

人数(在"领袖"中间占多数)使他们有可能拼命造谣中伤,施展阴谋和暗中破坏,——我认为,在这样的时候**我们**应当避免一切使他们有口实说我们搞分裂,即把分裂的**罪名**加在我们身上的行动。这是党内斗争的常规,而现在比任何时候更应当遵循这一常规。若是分裂,我们应当继续掌握老的党,而他们或者退党,或者被开除。

再来谈谈时机问题。现在一切都对**他们**有利。我们不能阻止他们在分裂后在德国诬蔑和诽谤我们,不能阻止他们冒充群众的代表(因为群众真会**选举**他们!)。我们手中只有《社会民主党人报》和国外的报刊。他们的话能够被人倾听,而我们却很难办到。如果**我们**现在就造成分裂,那么全体党员群众就会不无理由地说,党费了很大力气,冒着种种危险,刚刚开始改组,而我们却在这时候制造不和,瓦解党。如果我们能够避免这一情况,那么我仍然认为,分裂应当推迟到德国发生某种变化的时候,那时我们就会有较大的行动自由。

但如果分裂还是不能避免的话,那么它决不应当带有私人的性质,不应当成为个别人之间的争吵(或某种可能被描绘成这类争吵的东西),例如,你和斯图加特人之间的争吵,而应当在某个十分明确的原则性问题上发生,也就是说,在当前应当由于纲领[183]遭到破坏而发生。无论纲领怎样坏,你对它稍加研究就会发现,对你来说,那里足以找到立脚点。况且,国会党团是管不着纲领的。其次,分裂必须经过充分的准备,至少要使倍倍尔同意这样做并立即跟我们一起走。第三,你自己应当弄清楚,分裂一旦发生,你打算怎么办和你**能够**怎么办。如果让《社会民主党人报》落入这些人的手中,那就是在全世界面前败坏德国党的声誉。

在这个问题上,再没有什么比急躁更糟的了;一时激动作出的决定,在自己看来似乎总是非常高尚的和英雄主义的,但是通常会导致蠢举,这一点我从千百次的亲身经验中知道得太清楚了。

总之:(1)分裂应当尽可能往后拖;(2)如果分裂不可避免的话,那就应当让**他们**提出来;(3)同时做好一切准备;(4)至少要有倍倍尔,而且尽可能还要有李卜克内西,否则不采取任何行动,李卜克内西只要看到分裂不可避免,就会又转变过来(也许,甚至会**矫枉过正**);(5)不顾一切地竭尽全力守住《社会民主党人报》这个阵地。我的意见就是这样。

对待这些先生们的"傲慢态度",你们完全可以用千百倍的傲慢去回敬他们。你们本来是很会讲话的,你们完全可以用相当尖刻和相当讽刺的话去对付这些蠢驴,以便消除他们的此类癖好。同这些不学无术而又自命不凡的人,没有必要进行认真的争论,而应当挖苦他们,用他们自己讲过的话嘲弄他们,等等。

同时你别忘了,我的手脚已经被我承担的大量工作束缚住了,所以,如果发展到短兵相接的地步,我不会有时间像我希望的那样参加进去。

我还想从你那里比较详细地了解这些庸人不满的是**什么**和他们要求的是**什么**,而不是对这些庸人的一般的怨言。你要记住,你同他们谈判越久,他们向你提供的可用来指责他们自己的材料就会越多!

请来信告诉我,我在和倍倍尔通信中关于这些问题可以谈到什么程度。我这几天本应该给他写信,但我想拖到星期一,本月9日;到时候我也许能接到你的回信。

问候考茨基。

你的 弗·恩·

64.恩格斯致爱德华·伯恩施坦

苏 黎 世

[1884年7月于伦敦]

……①我硬着头皮看了几期《新世界》**446**。这个杂志无聊透了,没法看下去。至于盖泽尔先生,他的"科学"是碰不得的。一个人在如此低贱的杂志上炫耀他的科学,就证明他实际上什么学问也没有,何况他还一直把"bacillus"印成"Cholera-Baccillus",好像这个词是来源于bacca,而不是来源于baculus。而这个词是任何一本拉丁文词典里都有的。说什么唯物主义同唯心主义一样,二者都有片面性,应当结合为一个更高的统一体②,这种说法是陈词滥调,你不必去管它。至于无神论只是表示一种否定,这一点我们自己早在40年前驳斥哲学家们的时候就已经说过了,但是我们补充说:无神论作为对宗教的**单纯的**否定,它始终要涉及宗教,没有宗教,它本身也不存在,因此它本身还是一种宗教……

---

① 原信开头部分残缺。——编者注
② 布·盖泽尔《地球的内部结构》(载于1884年《新世界》第9年卷第14—15期)一文中的说法。——编者注

65.恩格斯致卡尔·考茨基[447]

苏 黎 世

1884年9月20日于伦敦

亲爱的考茨基:

随信将稿子挂号寄还。

你评洛贝尔图斯的文章①,有关经济方面写得很好;我又要指摘的地方是你在那些自己明知没有把握的领域所下的不容争辩的论断,你这样也就把弱点暴露给施拉姆,这个人是很会抓住这些弱点的。

这特别表现在对待"抽象"这个问题上,你的确过于一般地贬低"抽象"了。这里的区别在于:

马克思把存在于事物和关系中的共同内容概括为它们的最一般的思维表现,所以他的抽象只是用思维形式反映出已存在于事物中的内容。

与此相反,洛贝尔图斯给自己制造出一种或多或少是不完备的思维表现,并用这种概念来衡量事物,让事物必须符合这种概念。他寻求事物和社会关系的真正的、**永恒的**内容,但是它们的内容实质上是暂时性的。这样就有了**真正的**资本。这不是**目前的**资本,目前的资本只不过是这个概念的不完备的体现。他不从目前

---

① 卡·考茨基《洛贝尔图斯的〈资本〉》,载于1884年《新时代》第2年卷第8、9期。——编者注

的、唯一实际存在的资本里面得出资本概念,却为了从今天的资本达到真正的资本,去求助于孤立的人们,询问在他们的生产当中能体现为资本的是什么。当然是单纯的生产资料。这样一来,就干脆把**真正的**资本和根据不同情况有时是资本有时不是资本的生产资料混在一起。这样一来,一切**坏的**属性,即一切**真实的**资本属性就都从资本中排除掉了。于是他就可以要求真实的资本必须符合这个概念,就是说,它只行使单纯的社会生产资料的职能,抛弃一切使它成为资本的东西,然而它必须仍旧是资本,也正因为如此,它才成为真正的资本……

66. 恩格斯致约翰·菲力浦·贝克尔

日 内 瓦

1884 年 10 月 15 日于伦敦

老朋友:

……你不必为我的健康担心。我的病是局部的,虽然有时令人厌烦,但是对整个健康毫无影响,而且决不是什么不治之症;它最坏不过使我不适于服兵役,但是也许过几年我还能够骑马。四个月以来,我不能动笔,但是我口述并几近完成了《资本论》第二册,还校订了第一册的英译文(已译完的那部分,占全书的八分之三)。另外,我现在找到了一种办法,它使我的病好了一些,但愿不久会进一步好转。不幸的倒是,自从我们失去了马克思之后,我必须代替他。我一生所做的是我注定要做的事,就是拉第二小提琴,而且我想我做得还不错。我很高兴我有像马克思这样出色的第一小提琴手。当现在突然要我在理论问题上代替马克思的地位去拉第一小提琴时,就不免要出漏洞,这一点没有人比我自己更强烈地感觉到。而且只有在时局变得更动荡一些的时候,我们才会真正感受到失去马克思是失去了什么。我们之中没有一个人像马克思那样高瞻远瞩,在应当迅速行动的时刻,他总是作出正确的决定,并立即切中要害。诚然,在风平浪静的时期,有时事件证实正确的是我,而不是马克思,但是在革命的时期,他的判断几乎是没有错误的……

67. 恩格斯致卡尔·考茨基

苏 黎 世

1884 年 11 月 8 日于伦敦

亲爱的考茨基:

……你看看多有趣。正是德国的工业落后,给我们事业的进展帮了大忙。英国和法国向大工业的过渡大体已经完成。无产阶级所处的境况现在已经稳定;农业区和工业区,大工业和家庭工业已经分离,并且按现代工业所能容许的程度固定下来了。甚至每隔十年一次的周期性危机引起的波动,也已经成了习以为常的生存条件。工业变革时期出现的政治运动或直接社会主义运动(那时还不成熟)遭到了失败,遗留下来的与其说是鼓舞,不如说是沮丧;资产阶级的即资本主义的发展证明自己比革命的反抗更有力量;再要反对资本主义生产,就需要新的更强大的推动力,例如,英国失去它目前在世界市场上的统治地位或者法国发生某种特别的革命事件。

相反,德国大工业的发展在 1848 年才开始,这是那一年最可观的遗产。工业变革仍然在继续,而且是在极其不利的条件下继续着。以小块自由地产或租佃地产支撑的家庭工业,仍然在同机器和蒸汽抗争;濒于毁灭的小农抓住家庭工业作为最后的救命稻草;但是,他们刚刚被卷入工业,就又被机器和蒸汽压下去。农业的辅助收入,自己种的马铃薯,成为资本家压低工资最有力的工具;资本家现在把全部正常的剩余价值赠送给外国买主,只有靠这种办法才能在世界市场上保持住竞争能力,他自己的全部利润则通过降低正常工资来榨取。同时,由于大工业突飞猛进的发展,工业中心的整个生活条件发生了根本变化。这样,整个德国(也许只有容克统治的东北地区除外)都卷入社会革命,小农被拉入工业,最守旧的地区也被卷进这个运动,因而整个德国的革命化比英国或法国彻底得多。而这场最终导致剥夺小农和手工业者的社会革命,又是发生在这样的时候:恰好一个德国人——马克思已经从理论上总结了英国和法国的实践和理论发展史的成果,揭示了资本主义生产的全部本质,从而也揭示了它的最终历史命运。这就给德国无产阶级提供了它的先驱者英国人和法国人从来没有过的纲领。一方面是更加深刻的社会变革,另一方面是人们更加心明眼亮,——这就是德国工人运动势不可挡地发展的奥秘……

1885 年

68.恩格斯致维拉·伊万诺夫娜·查苏利奇[448]

日 内 瓦

1885 年 4 月 23 日于伦敦

亲爱的女公民:

……首先,我再对您说一遍,得知在俄国青年中有一派人真诚地、无保留地接受了马克思的伟大的经济理论和历史理论,并坚决地同他们前辈的一切无政府主义的和带点泛斯拉夫主义的传统决裂,[449]我感到自豪。如果马克思能够多活几年,那他本人也同样会以此自豪的。这是一个对俄国革命运动的发展将会具有重大意义的进步。在我看来,马克思的历史理论是任何**坚定不移**和**始终一贯的**革命策略的基本条件;为了找到这种策略,需要的只是把这一理论应用于本国的经济条件和政治条件。

但是,要做到这一点,就必须了解这些条件;至于我,对俄国现状知道得太少,不能冒昧地对那里在某一时期所应采取的策略的细节作出判断。此外,对俄国革命派内部的秘密的事情,特别是近几年的事情,我几乎一无所知。我在民意党[220]人中的朋友从来没有对我谈过这类事情。而这是提出意见的必不可少的条件。

我所知道的或者我自以为知道的俄国情况,使我产生如下的想法:这个国家正在接近它的 1789 年。革命**一定**会在某一时刻爆发;

574

它每天都**可能**爆发。在这种情况下,这个国家就像一颗装上炸药的地雷,所差的就是点导火线了。从 3 月 13 日**450**以来更是如此。这是一种例外情况,在这种情况下,一小伙人就能**制造出**一场革命来,换句话说,只要轻轻一撞就能使处于极不稳定的平衡状态(用普列汉诺夫的比喻①来说**451**)的整个制度倒塌,只要采取一个本身是无足轻重的行动,就能释放出一种接着便无法控制的爆炸力。如果说布朗基主义(幻想通过一个小小的密谋团体的活动来推翻整个社会)有某种存在的理由的话,那这肯定是在彼得堡②。只要火药一点着,只要力量一释放出来,只要人民的能量由位能变为动能(仍然是普列汉诺夫爱用的、而且用得很妙的比喻**452**),那么,点燃导火线的人们就会被炸得粉身碎骨,因为这种爆炸力将比他们强一千倍,它将以经济力和经济阻力为转移尽可能给自己寻找出路。

假定这些人设想能够抓到政权,那有什么关系呢?如果他们凿穿堤坝引起决堤,那急流本身很快就会把他们的幻想冲得一干二净。而即使这种幻想偶然赋予他们更大的意志力,这有什么值得抱怨的呢?那些自夸**制造出**革命的人,在革命的第二天就会看到,他们不知道他们做的是什么,**制造出的**革命根本不像他们原来打算的那个样子。这就是黑格尔所说的历史的讽刺**453**,免遭这种讽刺的历史活动家为数甚少。③ 您不妨看看违心的革命者俾斯麦,看看到头来竟同自己所崇拜的沙皇④闹得不可开交的格莱

---

① 草稿中这里删去:"爱用的比喻"。——编者注
② 草稿中这里删去:"我不说是在俄国,因为在远离行政中心的省份,这样的打击是无法进行的。"——编者注
③ 草稿中这里删去:"也许我们大家的命运都会是这样。"——编者注
④ 亚历山大三世。——编者注

斯顿。

据我看来,最重要的是:在俄国能有一种推动力,能爆发革命。至于是这一派还是那一派发出信号,是在这面旗帜下还是那面旗帜下发生,我认为是无关紧要的。如果这是①一场宫廷革命,那它在第二天就会被一扫而光。在这个国家里,形势这样紧张,革命的因素积累到这样的程度,广大人民群众的经济状况日益变得无法忍受,社会发展的各个阶段——从原始公社到现代大工业和金融巨头——都有其代表,所有这一切矛盾都被举世无双的专制制度用强力禁锢着,这种专制制度日益使那些体现了民族智慧和民族尊严的青年们忍无可忍了,——在这样的国家里,如果 1789 年一开始,1793 年很快就会跟着到来……

69.恩格斯致盖尔特鲁黛·吉约姆-沙克

博 伊 滕

[草稿]

[1885 年 7 月 5 日前后于伦敦]

尊敬的夫人:

对您提的问题**454**,我只能回答说:关于马克思和我在政治著述方面**互信**合作的情况,我没有权利作任何报道,供最后拿去发

---

① 草稿中这里删去:"贵族集团或交易所投机分子集团,好吧,欢迎! 直到"。——编者注

表。我既不能以马克思的名义，也不能以我本人的名义对法国的整个纲领承担任何责任，因为在起草纲领时①，实际上我们至多只是提些建议。**出于信任**，我可以告诉您，罗阿讷派工人党纲领**192**的**导言**的确出自马克思之意。

如果说法国人在要求限制妇女劳动方面不像德国人那么迫切，那是由于在法国，尤其是在巴黎，妇女的工厂劳动只起比较次要的作用。就我所知，在工资还根本没有废除以前，争取男女同工同酬始终是所有社会主义者的要求。劳动妇女，由于她们的特殊生理机能，需要特别的保护，来对抗资本主义的剥削，我认为这是很明显的。英国那些女先锋们争取妇女的形式上的权利，让妇女和男子受资本家同样厉害的剥削，她们自己多半同资本主义对男女劳动者的剥削有直接或间接的利害关系。我承认，在资本主义生产方式存在的最后年代里，我关心下一代人的健康更甚于关心两性在形式上的绝对平等。我深信，只有在废除了②资本对男女双方的剥削并把私人的家务劳动变成一种公共的行业以后，男女的真正平等才能实现。

---

① 草稿中这里删去："我们只是作为顾问"。——编者注
② 草稿中这里删去："在男权统治基础上发展起来的资本"。——编者注

70.恩格斯致明娜·考茨基[455]

维 也 纳

1885 年 11 月 26 日于伦敦

亲爱的考茨基夫人：

……《旧和新》①我已经看过了，衷心地感谢您寄给我这本书。您在这本书里对盐场工人生活的描写，就像在《斯蒂凡》②里对农民生活的描写一样出色。对维也纳社交界的描写大部分也是很好的。维也纳的确是唯一有社交界的德意志城市，柏林只有一些"固定的小圈子"，而更多是不固定的，因此，在那里只有描写文人、官员和演员的那种小说才能找到地盘。在您的作品的这一部分里，情节的发展有的地方是否太急促了一些，您比我更能作出判断；使我们这样的人得到这种印象的某些东西，在维也纳可能是完全自然的，因为那里具有把南欧和东欧的各种因素混合在一起的独特的国际性质。对于这两种环境里的人物，我认为您都用您平素的鲜明的个性描写手法刻画出来了；每个人都是典型，但同时又是一定的单个人，正如老黑格尔所说的，是一个"这个"，而且应当是如此。但是，为了表示没有偏颇，我还要找点毛病出来，在这里我来谈谈阿尔诺德。这个人确实太完美无缺了，因此，当他最终在一次山崩中死掉时，人们只有推说他不见容于这个世界，才能把这

---

① 明·考茨基《旧和新》1885 年莱比锡版。——编者注
② 明·考茨基《格里兰霍夫的斯蒂凡》1881 年莱比锡版。——编者注

种情形同文学上的崇尚正义结合起来。可是，如果作者过分欣赏自己的主人公，那总是不好的，而据我看来，您在这方面也多少犯了这种毛病。爱莎尽管已经被理想化了，但还保有一定的个性描写，而在阿尔诺德身上，个性就更多地消融到原则里去了。

至于产生这个缺陷的原因，从小说本身就能感觉到。显而易见，您认为需要在这本书里公开表明您的立场，在全世界面前证明您的信念。这您已经做了，已经是过去的事了，用不着再以这种形式重复。我决不反对倾向诗本身。悲剧之父埃斯库罗斯和喜剧之父阿里斯托芬都是有强烈倾向的诗人，但丁和塞万提斯也不逊色；而席勒的《阴谋与爱情》的主要价值就在于它是德国第一部有政治倾向的戏剧。现代的那些写出优秀小说的俄国人和挪威人全是有倾向的作家。可是我认为，倾向应当从场面和情节中自然而然地流露出来，而无须特别把它指点出来；同时我认为，作者不必把他所描写的社会冲突的历史的未来的解决办法硬塞给读者。此外，在当前条件下，小说主要是面向资产阶级圈子里的读者，即不直接属于我们的人的那个圈子里的读者，因此，如果一部具有社会主义倾向的小说，通过对现实关系的真实描写，来打破关于这些关系的流行的传统幻想，动摇资产阶级世界的乐观主义，不可避免地引起对于现存事物的永恒性的怀疑，那么，即使作者没有直接提出任何解决办法，甚至有时并没有明确地表明自己的立场，我认为这部小说也完全完成了自己的使命。您对奥地利农民和维也纳"社交界"的透彻了解以及您对他们的出色的生动描写，表明在这方面的素材是很多的，而在《斯蒂凡》中您已证明您还善于用巧妙的讽刺处理您的主人公，这种讽刺显示出作者能驾驭自己的作品……

1886 年

71. 恩格斯致奥古斯特·倍倍尔

柏 林

1886 年 1 月 20—23 日于伦敦

亲爱的倍倍尔:

……至于我提的关于在国有土地上建立生产合作社的建议,它的唯一目的就是给当时**赞成轮船公司津贴**[177]的多数派指明一条出路,告诉他们怎样才能不失体面地投票反对这个提案,走出他们已经陷入的死胡同。而在我看来,这个建议原则上是完全正确的。我同意,如果我们要提出积极的东西,那我们应该只提**可行的**建议。但是,它们应该是**实质上**可行的,不管现政府会不会实行。我还认为,如果我们提出导致资本主义生产崩溃的社会主义措施(如上所述),那只能是一些**切实可行**、但对**现**政府说来是**不可行**的措施。因为现政府会败坏和糟蹋任何类似的措施,政府实行这类措施仅仅是为了断送它们。而这个建议是任何一个容克的或资产阶级的政府都不会实行的。给东部各省的农村无产阶级指明道路,使他们本身走上一条他们能够消灭容克和租佃者的剥削的道路——正是把这样一部分居民吸引到运动中来,这部分居民由于受到奴役和愚化,使得支撑整个普鲁士的军队能从他们中间得到兵员的补充,总之,要从内部、从根基上炸毁普鲁士,这样的建议多数派是想不到的。只要那里还存在大土地所有制,这个措施我们无论如何必须坚持,而我们一旦掌握政权,就一定要付诸实施:把大地产转交给(先是租给)在国家领导下独立经营的合作社,这样,国家仍然是土地的所有者。这个措施有一个很大的优点:它在实质上是切实可行的,但是除了我们党以外,没有一个党会实行它,因而也没有一个党能破坏它。而仅仅这一个措施就能使普鲁士完蛋,我们越早宣传这个措施,对我们就越有利。

这件事无论同舒尔采-德里奇还是同拉萨尔都毫无共同之处。他们两个人提出建立小合作社,一个是靠国家帮助,另一个是不靠国家帮助;但他们两个人都认为,这些合作社不应占有**现存的**生产资料,而只是**同现存的资本主义生产并列地**建立新的合作生产。我的建议要求把合作社推行到现存的生产中去。正像巴黎公社要求工人按合作方式经营被工厂主关闭的工厂那样,**应该将土地交给合作社,否则土地会按照资本主义方式去经营**。这是一个巨大的差别。至于在向完全的共产主义经济过渡时,我们必须大规模地采用合作生产作为中间环节,这一点马克思和我从来没有怀疑过。但事情必须这样来处理,使社会(即首先是国家)保持对生产资料的所有权,这样合作社的特殊利益就不可能压过全社会的整个利益。至于德意志帝国没有国有土地,那无关紧要:总是可以找到适当方式的,就像在关于波兰人问题的辩论过程中那样,当时驱逐出境的事[456]同帝国也并没有直接的关系。

正因为政府决不可能接受这类东西,所以,提出我所建议的津贴来同轮船公司津贴相对抗是没有什么危险的。如果政府能同意这一点,那你当然是正确的……

72. 恩格斯致爱德华·皮斯[457]

伦　敦

[草稿]

1886 年 1 月 27 日[于伦敦]

尊敬的先生:

对于您昨天友好的短笺,很遗憾,我只得告诉您,我的时间现在已被无法拖延的工作完全占去,至少最近一年我无法承担任何新的义务。

如上所述,我无须再申述其他理由,来说明为什么我不能写您所请求的文章。但是无论如何应当声明,我所在的党并没有任何一劳永逸的现成方案。我们对未来非资本主义社会区别于现代社会的特征的看法,是从历史事实和发展过程中得出的确切结论;不结合这些事实和过程去加以阐明,就没有任何理论价值和实际价值。这些特征的经济方面,我在自己的《欧根·杜林先生在科学中实行的变革》一书中曾试图加以叙述和解释,见该书第二版第253—271 页,转载于我的著作《社会主义从空想到科学的发展》第三版第28—48 页。① 这样一个无论是政治的还是非经济的社会问题都根本未触及的特殊的概述,我无法写得更简短。因此要为

---

① 　恩格斯《欧根·杜林先生在科学中实行的变革》1886 年苏黎世第 2 版,《社会主义从空想到科学的发展》1883 年霍廷根—苏黎世第 3 版。参看本选集第 3 卷第 654—671、797—817 页。——编者注

您写600字的提要,对我来说是一项力所不及的任务。

忠实于您的

73.恩格斯致弗里德里希·阿道夫·左尔格

霍 博 肯

1886年11月29日于伦敦

亲爱的左尔格:

……亨利·乔治的成就[166]当然已经暴露了一大堆骗局,我感到高兴的是,我当时没有在场。但是,尽管如此,那还是一个划时代的日子。德国人一点不懂得把他们的理论变成推动美国群众的杠杆;他们大部分连自己也不懂得这种理论,而用学理主义和教条主义的态度去对待它,认为只要把它背得烂熟,就足以满足一切需要。对他们来说,这是教条,而不是行动的指南。此外,他们原则上是不学英语的。因此,美国的群众不得不自找出路,看来他们首先在"劳动骑士"[167]那里找到了这种出路,这一团体的混乱的原则和可笑的组织看来是同他们自己的混乱情况相适应的。但是根据我所听到的一切来判断,"劳动骑士"已经成了一种真正的力量,特别是在新英格兰和西部地区,而且,由于资本家的疯狂反对,这种力量将日益增大。我认为,必须在他们中间开展工作,在这批还完全可塑的群众中培养一个核心,让这一核心了解运动和运动的目的,从而在目前的"骑士团"必然发生分裂的时候能自然而然地把该团的领导权(至少是一部分领导权)抓到手中。"劳动骑士"

583

的最大的弱点就是他们在政治上的中立态度,结果出现了鲍德利等人的十足的欺诈行为。可是这种中立态度已经在 11 月选举时期,特别是在纽约,由于群众所采取的行动而遭到挫败。每一个新参加运动的国家所应采取的第一个步骤,始终是把工人组织成独立的政党,不管怎样组织起来,只要它是一个真正的工人政党就行。而这一步已经做到了,并且比我们所预期的要快得多,这是最主要的。这个党的第一个纲领还是混乱的和极不完备的,[458]它还打着亨·乔治的旗号,这都是不可避免的缺点,然而也是暂时的缺点。群众需要有时间和机会来成长,而只要他们有了自己的运动——不管这种运动采取什么形式,只要是**他们自己的**运动——,他们就会有这种机会,因为在这种运动中,他们将通过本身的错误而取得进步,吃一堑,长一智。

美国的运动正处于我们在 1848 年以前所处的那种阶段上,那里真正有才智的人物首先应当起共产主义者同盟[3]在 1848 年以前在各个工人联合会中所起的那种作用。不同的是,在美国,这一切目前将进展得无比迅速;运动开展不过八个月,就能在选举中取得那样的成绩,这简直是闻所未闻的。而如果有做得不够的地方,资产者就会去补做;全世界没有哪一个地方的资产者像你们那里的资产者那样无耻和专横,你们那里的法官比起俾斯麦手下的那帮帝国讼棍来有过之而无不及。[459]凡是资产者用这种手段进行斗争的地方,斗争很快就会见分晓,如果我们在欧洲不加紧行动,那么美国人很快就会超过我们。不过,恰恰是现在,你们那里更需要有几个我们方面的人,他们要在理论和久经考验的策略方面毫不动摇,同时要能说英文和写英文,因为美国人由于各种显而易见的历史原因在所有理论问题上都远远落后,他们虽然没有接受欧洲中世纪的制度,但是接受了大量中世纪的传统、宗教、英国的普通

(封建)法、迷信、降神术,总之,接受了过去对做生意并不直接有
害而现在对愚化群众则非常有用的各种荒唐的东西。如果那里有
几个理论头脑清醒的人,能预先告诉他们,他们自己的错误会造成
什么后果,能使他们弄清楚,任何一个运动,要是不始终把消灭雇
佣劳动制作为最终目标,它就一定要走上歧途,遭到失败,那么,许
多蠢事都可以避免,整个过程也将大大地缩短。可是,这必须按英
国方式去做,德国的特点必须抛开,《社会主义者报》[460]的先生们
未必能胜任这一工作,而《人民报》[461]的先生们也只是在**做生意**方
面比他们聪明一点……

74.恩格斯致弗洛伦斯·凯利-威士涅威茨基

纽　约

1886 年 12 月 28 日于伦敦西北区
瑞琴特公园路 122 号

亲爱的威士涅威茨基夫人:

　……我的序言①当然将完全转到论述美国工人最近十个月来
所取得的巨大进展上来,自然也要涉及亨·乔治和他的土地改革
计划。但是不能要求非常详尽地谈论这个问题。而且我并不认为
这样做的时机已经到了。使运动扩大,使它协调地发展,扎下根子
并尽可能地包括整个美国无产阶级,要比使它从一开始就按照理

---

①　指恩格斯《美国工人运动》,见本卷。——编者注

论上完全正确的路线出发和前进重要得多。要获取明确的理论认识,最好的道路就是从本身的错误中学习,"吃一堑,长一智"。而对于整整一个大的阶级来说,特别是对于像美国人这样一个如此重视实践而轻视理论的民族来说,别的道路是没有的。最主要的是使工人阶级**作为阶级**来行动;一旦做到了这一步,他们就会很快找到正确的方向,而一切进行阻挠的人,不论是亨·乔治还是鲍德利,都将同他们自己的小宗派一起被抛弃。因此,我也认为"劳动骑士"**167**是运动中的一个极重要的因素,不应当从外面冷眼看待它,而要从内部使之革命化,而且我认为,那里的许多德国人犯了一个严重的错误,他们在面临一个强大而出色的、但不是由他们自己创造出来的运动时,竟企图把他们那一套从外国输入的、常常是没有弄懂的理论变成一种"唯一能救世的教条",并且同任何不接受这种教条的运动保持遥远的距离。我们的理论不是教条,而是对包含着一连串互相衔接的阶段的发展过程的阐明。希望美国人一开始行动就完全了解在比较老的工业国家里制定出来的理论,那是可望而不可即的。德国人所应当做的事情是,根据自己的理论去行动——如果他们像我们在 1845 年和 1848 年那样懂得理论的话——,参加工人阶级的一切真正的普遍的运动,接受运动的实际出发点,并通过下列办法逐步地把运动提到理论高度:指出所犯的每一个错误、遭到的每一次失败都是原来纲领中的各种错误理论观点的必然结果。用《共产主义宣言》①里的话来说,就是他们应当在当前的运动中代表运动的未来。② 可是,首先要让运动有巩固自己的时间,不要硬把别人在开始时还不能正确了解、但很快

---

① 即《共产党宣言》。——编者注
② 参看本选集第 1 卷第 434 页。——编者注

就能学会的一些东西灌输给别人,从而使初期不可避免的混乱现象变本加厉。一二百万工人在下一个 11 月投票拥护真正的工人政党,在目前来说,要比十万人投票拥护一个在学理上无可挑剔的纲领更有价值得多。一旦运动向前发展,马上要做的第一个尝试,就是要在全国范围内把卷入运动的群众联合起来,从而使所有的人——乔治的拥护者、"劳动骑士"、工联主义者以及所有其他人都处于面对面的地位。如果我们的德国朋友们到那时把这个国家的语言学得很好,能够参加讨论,那时他们就能批评别人的观点,通过揭发各种立场的内在矛盾,逐步地使这些人了解他们本身所处的实际地位,即资本和雇佣劳动的相互关系给他们造成的地位。而任何可能拖延或阻挠工人政党在全国范围内巩固起来(不管根据什么样的纲领)的举动,我都认为是个大错误,因此,我认为全面而详尽地谈论亨·乔治或"劳动骑士"的时机尚未到来……

1887 年

75.恩格斯致弗洛伦斯·凯利-威士涅威茨基

纽　约

1887 年 1 月 27 日于[伦敦]西北区
瑞琴特公园路 122 号

亲爱的威士涅威茨基夫人:

　　……美国的运动,我认为正是目前从大洋的这一边看得最清楚。在当地,个人之间的纠纷和地方上的争论必然要使运动大为失色。真正能够阻碍运动向前发展的唯一的东西,就是这些分歧的加剧并从而导致宗派的形成。在某种程度上说,这种情形将是不可避免的,但是越少越好。而德国人尤其应当提防这一点。我们的理论是发展着的理论,而不是必须背得烂熟并机械地加以重复的教条。越少从外面把这种理论硬灌输给美国人,而越多由他们通过自己亲身的经验(在德国人的帮助下)去检验它,它就越会深入他们的心坎。当我们在 1848 年春天回到德国的时候,我们参加了民主派,因为这是唯一能引起工人阶级注意的手段;我们是该派的最先进的一翼,但毕竟是它的一翼。当马克思创立国际的时候,他草拟的总章程①使当时**一切**工人阶级社会主义者——蒲鲁东分子、皮埃尔·勒鲁分子、甚至英国工联中比较先进的部分都可以参加国际;就是由于这种广泛性,国际才成为它当时的那个样子,即成为逐步融解和吸收除无政府主义者外的各个比较小的宗派的一种工具,无政府主义者在各个国家的突然出现不过是公社失败以后资产阶级的极端反动的结果,因此我们可以泰然地让他们寿终正寝,事实上也已经是这样了。如果我们在 1864—1873 年间坚持只和那些公开承认我们纲领的人合作,那我们今天会处于什么境地呢? 我认为,我们的全部实践已经证明,可以在工人阶级普遍性的运动的各个阶段上同它进行合作,而无须放弃或隐瞒我们自己的独特立场甚至组织;我担心的是,如果在美国的德国人选择另一条道路,那他们要犯大错误……

---

① 马克思《协会临时章程》,见《马克思恩格斯全集》中文第 2 版第 21
　卷。——编者注

1888 年

76.恩格斯致玛格丽特·哈克奈斯

伦　敦

［草稿］

　　　　　　　　　　　　　　　［1888 年 4 月初于伦敦］

尊敬的哈克奈斯女士：

　　多谢您通过维泽泰利出版公司把您的《城市姑娘》转给我。我无比愉快地和急切地读完了它。的确,正像我的朋友、您这本书的译者艾希霍夫所说的,它是一件小小的艺术品。他还说——您听了一定会满意的——,他几乎不得不逐字逐句地翻译,因为任何省略或试图改动都只能损害原作的价值。

　　您的小说,除了它的现实主义的真实性以外,给我印象最深的是它表现了真正艺术家的勇气。这种勇气不仅表现在您敢于冒犯傲慢的体面人物而对救世军**462**所作的处理上,这些体面人物也许从您的小说里才第一次知道救世军**为什么**竟对人民群众产生这样大的影响;而且还主要表现在您把无产阶级姑娘被资产阶级男人所勾引这样一个老而又老的故事作为全书的中心时所使用的朴实无华的手法。平庸的作家会觉得需要用一大堆矫揉造作和修饰来掩盖这种他们认为是平凡的情节,然而他们终究还是逃脱不了被人看穿的命运。您觉得您有把握叙述一个老故事,因为您能够如实地叙述它,使它变成一个新故事。

您对阿瑟·格兰特先生的刻画十分出色。

如果我要提出什么批评的话,那就是,您的小说也许还不够现实主义。据我看来,现实主义的意思是,除细节的真实外,还要真实地再现典型环境中的典型人物。您的人物,就他们本身而言,是够典型的;但是环绕着这些人物并促使他们行动的环境,也许就不是那样典型了。在《城市姑娘》里,工人阶级是以消极群众的形象出现的,他们无力自助,甚至没有试图作出自助的努力。想使他们摆脱其贫困而麻木的处境的一切企图都来自外面,来自上面。如果说这种描写在 1800 年前后或 1810 年前后,即在圣西门和罗伯特·欧文时代是恰如其分的,那么,在 1887 年,在一个有幸参加了战斗无产阶级的大部分斗争差不多 50 年之久的人看来,就不可能是恰如其分的了。工人阶级对压迫他们的周围环境所进行的叛逆的反抗,他们为恢复自己做人的地位所作的令人震撼的努力,不管是半自觉的或是自觉的,都属于历史,因而也应当在现实主义领域内占有一席之地。

我决不是责备您没有写出一部直截了当的社会主义的小说,一部像我们德国人所说的"倾向性小说",来鼓吹作者的社会观点和政治观点。我决不是这个意思。作者的见解越隐蔽,对艺术作品来说就越好。我所指的现实主义甚至可以不顾作者的见解而表露出来。让我举一个例子。巴尔扎克,我认为他是比过去、现在和未来的一切左拉都要伟大得多的现实主义大师,他在《人间喜剧》里给我们提供了一部法国"社会",特别是巴黎上流社会的无比精彩的现实主义历史,他用编年史的方式几乎逐年地把上升的资产阶级在 1816—1848 年这一时期对贵族社会日甚一日的冲击描写出来,这一贵族社会在 1815 年以后又重整旗鼓,并尽力重新恢复旧日法国生活方式的标准。他描写了这个在他看来是模范社会的最后残余怎样在庸俗的、满身铜臭的暴发户的逼攻之下逐渐屈服，或者被这种暴发户所腐蚀；他描写了贵妇人（她们在婚姻上的不忠只不过是维护自己的一种方式，这和她们在婚姻上听人摆布的情况是完全相适应的）怎样让位给为了金钱或衣着而给自己丈夫戴绿帽子的资产阶级妇女。围绕着这幅中心图画，他汇编了一部完整的法国社会的历史，我从这里，甚至在经济细节方面（诸如革命以后动产和不动产的重新分配）所学到的东西，也要比从当时所有职业的史学家、经济学家和统计学家那里学到的全部东西还要多。不错，巴尔扎克在政治上是一个正统派[248]；他的伟大作品是对上流社会无可阻挡的衰落的一曲无尽的挽歌；他对注定要灭亡的那个阶级寄予了全部的同情。但是，尽管如此，当他让他所深切同情的那些贵族男女行动起来的时候，他的嘲笑空前尖刻，他的讽刺空前辛辣。而他经常毫不掩饰地赞赏的唯一的一批人，却正是他政治上的死对头，圣玛丽修道院的共和党英雄们[463]，这些人在那时（1830—1836 年）的确是人民群众的代表。这样，巴尔扎克就不得不违背自己的阶级同情和政治偏见；他**看到了**他心爱的贵族们灭亡的必然性，把他们描写成不配有更好命运的人；他在当时唯一能找到未来的真正的人的地方**看到了**这样的人，——这一切我认为是现实主义的最伟大的胜利之一，是老巴尔扎克最大的特点之一。

为了替您辩解，我必须承认，在文明世界里，任何地方的工人群众都不像伦敦东头①的工人群众那样不积极地反抗，那样消极地屈服于命运，那样迟钝。而且我怎么能知道：您是否有非常充分

---

① 伦敦东头是无产阶级和贫民的居住区。——编者注

的理由这一次先描写工人阶级生活的消极面,而在另一本书中再描写积极面呢?

1889 年

77.恩格斯致格尔松·特里尔

哥 本 哈 根

[草稿]

1889 年 12 月 18 日于伦敦

亲爱的特里尔先生:

衷心地感谢您 8 日的有趣来信。

如果要我对最近在哥本哈根演出的大型政治历史剧[464](您成了它的牺牲品)发表意见,那么,我就从和您的意见**不同**的一点开始吧。

您原则上拒绝同其他政党采取任何共同行动,甚至是暂时的共同行动。而我即使不绝对拒绝在采取共同行动比较有利或害处最小的情况下采取这种手段,我仍不失为一个革命者。

无产阶级不通过暴力革命就不可能夺取自己的政治统治,即通往新社会的唯一大门,在这一点上,我们的意见是一致的。无产阶级要在决定关头强大到足以取得胜利,就必须(马克思和我从 1847 年以来就坚持这种立场)组成一个不同于其他所有政党并与它们对立的特殊政党,一个自觉的阶级政党。

可是，这并不是说，这一政党不能暂时利用其他政党来达到自己的目的。同样也不是说，它不能暂时支持其他政党去实施或是直接有利于无产阶级的、或是朝着经济发展或政治自由方向前进一步的措施。在德国谁真正为废除长子继承权和其他封建残余而斗争，为废除官僚制度和保护关税制度而斗争，为废除反社会党人法[180]和对集会结社权的限制而斗争，那我就会支持谁。如果我们德国的进步党[302]或者你们丹麦的农民党[465]是真正激进的资产阶级政党，而不仅仅是一些一受到俾斯麦或埃斯特鲁普的威胁就溜之大吉的可怜的说大话的英雄，那么，我决不会**无条件地**反对同他们一起采取任何暂时的共同行动，来达到特定的目的。当我们的议员投票赞成（他们不得不经常这样做）由另一方提出的建议时，这也就是一种共同行动。可是，我只是在下列情况下才赞成这样做：对我们的直接的好处或对国家朝着经济革命和政治革命的方向前进的历史发展的好处是无可争辩的、值得争取的。而所有这一切又必须以党的无产阶级性质不致因此发生问题为前提。对我来说，这是绝对的界限。您在1847年的《共产主义宣言》①中就可以看到对这种政策的阐述，我们在1848年，在国际中，到处都遵循了这种政策。

我把道德问题抛开不说——这里不是谈这一点的地方，所以我把它撇在一边——对于我这个革命者来说，一切达到目的的手段都是可以使用的，不论是最强硬的，还是看起来最温和的。

这种政策要求洞察力和坚强意志，但是什么政策不要求这些呢？无政府主义者们和朋友莫里斯说：它使我们有腐化的危险。

---

① 即《共产党宣言》。——编者注

是啊,如果工人阶级是一群傻瓜、懦夫和干脆卖身投靠的无赖,那我们最好马上卷起铺盖回家,那无产阶级和我们大家在政治舞台上就毫无作为了。和其他一切政党一样,无产阶级将从没有人能使它完全避免的错误的后果中最快地取得教训。

因此,在我看来,您把首先纯属策略的问题提高到原则问题,这是不正确的。我认为这里原本只是策略问题。但是策略上的错误在一定情况下也能够导致破坏原则。

而在这方面,据我判断,您反对中央执委会的策略是正确的。丹麦左派党[465]多年来充当反对派,表演着一出有失体面的喜剧,不遗余力地一再在全世界面前显示本身的软弱无力。它早已放过拿起武器来惩罚宪法的破坏者[466]的机会(如果曾经有过的话),看起来,这个左派党党内越来越多的人力求同埃斯特鲁普和好。我觉得,一个真正的无产阶级政党不能同这种党共同行动,否则长此下去就要丧失其工人政党的阶级性。所以,您反对这一政策,强调运动的阶级性,我只能表示同意。

至于中央执委会对您和您的朋友们采取的做法,在1840—1851年期间的秘密团体中确实发生过这种不分青红皂白地把反对派开除出党的现象,而秘密组织这样做是不可避免的。另外,英国宪章派中物质力量派[467]在奥康瑙尔独裁时期也相当经常地采取这种做法。但是,宪章派正像其名称所表明的,是一个直接为进攻而组织起来的政党,所以他们服从独裁,而开除则是一种军事措施。相反,在和平时期我只知道约·巴·冯·施韦泽那个"严密组织"中的拉萨尔派[184]有过类似的专横行为。冯·施韦泽由于同柏林的警察有着可疑的联系而有必要这样做,其结果只是加速了全德工人联合会的瓦解。任何现有的社会主义工人政党——在美国自从罗森堡先生自己幸运地退出[468]以后——恐怕都不会想到按照丹麦的方式对付自己队伍中产生的反对派。每一个党的生存和发展通常伴随着党内较为温和的派别和较为极端的派别的发展和相互斗争,谁如果不由分说地开除较为极端的派别,那只会促进这个派别的发展。工人运动的基础是最尖锐地批评现存社会,批评是工人运动的生命要素,工人运动本身怎么能逃避批评,禁止争论呢? 难道我们要求别人给自己以言论自由,仅仅是为了在我们自己队伍中又消灭言论自由吗?

如果您希望**全文**发表这封信,我丝毫不反对。

忠实于您的

1890 年

78. 恩格斯致保尔·恩斯特[469]

柏 林

[草稿]

1890 年 6 月 5 日于伦敦

尊敬的先生:

……至于您用唯物主义方法处理问题的尝试,我首先必须说明:如果不把唯物主义方法当做研究历史的指南,而把它当做现成的公式,按照它来剪裁各种历史事实,那它就会转变为自己的对立物。如果巴尔先生认为他抓住了您的这种错误,我看他是有点道理的。

您把整个挪威和那里所发生的一切都归入小市民阶层的范畴,接着您又毫不迟疑地把您对**德国**小市民阶层的看法硬加在这个挪威小市民阶层身上。这样一来就有两个事实横亘在您的面前。

第一,当对拿破仑的胜利在整个欧洲成了反动派对革命的胜利的时候,当革命还仅仅在自己的法兰西祖国引起这样多的恐惧,使从国外返回的正统王朝不得不颁布一个资产阶级自由主义宪法的时候,挪威已经找到机会争得一个比当时欧洲的任何一个宪法都要民主得多的宪法。

第二,挪威在最近20年中所出现的文学繁荣,在这一时期除了俄国以外没有一个国家能与之媲美。这些人无论是不是小市民,他们创作的东西要比其他人所创作的多得多,而且他们还给包括德国文学在内的其他各国的文学打上了他们的印记。

在我看来,这些事实使我们有必要对挪威小市民阶层的特性作一定程度的研究。

在这里,您也许会发现一个极其重大的区别。在德国,小市民阶层是遭到了失败的革命的产物,是被打断和遏制了的发展的产物;由于经历了三十年战争[470]和战后时期,德国的小市民阶层具有胆怯、狭隘、束手无策、毫无首创能力这样一些畸形发展的特殊性格,而正是在这段时间里,几乎所有的其他大民族都在迅猛发展。后来,当德国再次被卷入历史运动的时候,德国的小市民阶层仍然保留着这种性格;这种性格十分顽强,在我国的工人阶级最后打破这种狭窄的框框以前,它作为一种普遍的德国典型,也给德国的所有其他社会阶级或多或少地打上它的烙印。德国工人"没有祖国",这一点正是最强烈地表现在他们已经完全摆脱了德国小市民阶层的狭隘性。

可见,德国的小市民阶层并不是一个正常的历史状态,而是一幅夸张到了极点的漫画,是一种退化,正如波兰的犹太人是犹太人的漫画一样。英法等国的小资产者和德国的小资产者决不是处于同一水平的。

而在挪威,掺杂着少量中等资产阶级的小农和小资产阶级(大致和17世纪时英法两国的情形一样),好几个世纪以来都是正常的社会状态。在挪威,谈不上由于伟大运动的失败和三十年战争而被迫退回到过时的状态中去。这个国家由于它的闭塞和自然条件而落后,可是,它的状况是完全适合它的生产条件的,因而是正常的。只是直到最近,这个国家才零散地出现了一点点大工业,可是在那里并没有资本积聚的最强有力的杠杆——交易所,此外,海外贸易的猛烈扩展也正好产生了保守的影响。因为在其他各地轮船都在排挤帆船的时候,挪威却在大规模地扩大帆船航运,它所拥有的帆船队即使不是世界上最大的,无疑也是世界上第二大的,而这些船只大部分都为中小船主所有,就像1720年前后的英国那样。但是这样一来,旧有的停滞状态毕竟开始运动了,这种运动也表现在文学的繁荣上。

挪威的农民**从来都不是农奴**,这使得全部发展(卡斯蒂利亚的情形也类似)具有一种完全不同的背景。挪威的小资产者是自由农民之子,在这种情况下,与堕落的德国小市民相比,他们是**真正的人**。同样,挪威的小资产阶级妇女与德国的小市民妇女相比也不知要好多少倍。就拿易卜生的戏剧来说,不管有怎样的缺点,它们却反映了一个虽然是中小资产阶级的、但与德国相比却有天渊之别的世界;在这个世界里,人们还有自己的性格以及首创精神,并且独立地行动,尽管在外国人看来往往有些奇怪。因此,在我对这类东西作出判断以前,我宁愿先把它们彻底了解清楚……

79.恩格斯致康拉德·施米特

柏　林

1890年8月5日于伦敦

亲爱的施米特：

……我在维也纳的《德意志言论》**471**杂志上看到了莫里茨·维尔特这只不祥之鸟所写的关于保尔·巴尔特著作①的评论②，**这个评论使我也对该书本身产生了不良的印象**。我想看看这本书,但是我应当说,如果莫里茨这家伙正确地引用了巴尔特的一段话,在这段话中,巴尔特说他在马克思的一切著作中所能找到的哲学等等依赖于物质存在条件的唯一的例子,就是笛卡儿宣称动物是机器,那么我就只好为这个人竟能写出这样的东西感到遗憾了。既然这个人还没有发现,物质存在方式虽然是始因,但是这并不排斥思想领域也反过来对物质存在方式起作用,然而是第二性的作用,那么,他就决不可能了解他所谈论的那个问题了。但是,我已经说过,这全是第二手的东西,而莫里茨这家伙是一个危险的朋友。唯物史观现在也有许多朋友,而这些朋友是把它当做**不研究**历史的借口的。正像马克思就70年代末的法国"马克思主义者"

---

① 保·巴尔特《黑格尔和包括马克思及哈特曼在内的黑格尔派的历史哲学》1890年莱比锡版。——编者注

② 莫·维尔特《现代德国对黑格尔的侮辱和迫害》,载于1890年《德意志言论》第10年卷。——编者注

所曾经说过的:"我只知道我自己不是马克思主义者。"

在《人民论坛》上也发生了关于未来社会中的产品分配问题的辩论:是按照劳动量分配呢,还是用其他方式。[472]人们对于这个问题,是一反某些关于公平原则的唯心主义空话而处理得非常"唯物主义"的。但奇怪的是谁也没有想到,分配方式本质上毕竟要取决于**有多少**产品可供分配,而这当然随着生产和社会组织的进步而改变,从而分配方式也应当改变。但是,在所有参加辩论的人看来,"社会主义社会"并不是不断改变、不断进步的东西,而是稳定的、一成不变的东西,所以它应当也有个一成不变的分配方式。而合理的想法只能是:(1)设法发现将来由以**开始的**分配方式,(2)尽力找出进一步的发展将循以进行的**总趋向**。可是,在整个辩论中,我没有发现一句话是关于这方面内容的。

对德国的许多青年著作家来说,"唯物主义"这个词大体上只是一个套语,他们把这个套语当做标签贴到各种事物上去,再不作进一步的研究,就是说,他们一把这个标签贴上去,就以为问题已经解决了。但是我们的历史观首先是进行研究工作的指南,并不是按照黑格尔学派的方式构造体系的杠杆。必须重新研究全部历史,必须详细研究各种社会形态的存在条件,然后设法从这些条件中找出相应的政治、私法、美学、哲学、宗教等等的观点。在这方面,到现在为止只做了很少的一点工作,因为只有很少的人认真地这样做过。在这方面,我们需要人们出大力,这个领域无限广阔,谁肯认真地工作,谁就能做出许多成绩,就能超群出众。但是,许许多多年轻的德国人却不是这样,他们只是用历史唯物主义的套语(**一切**都可能被变成套语)来把自己的相当贫乏的历史知识(经济史还处在襁褓之中呢!)尽速构成体系,于是就自以为非常了不起了。那时就可能有一个巴尔特冒出来,并攻击在他那一圈人中间确实已经退化为套语的东西本身。

但是所有这一切都是会好转的。我们在德国现在已经非常强大，足以经得起许多变故。反社会党人法[180]给予我们一种极大的好处，那就是它使我们摆脱了那些染有社会主义色彩的德国大学生的纠缠。现在我们已经非常强大，足以消化掉这些重又趾高气扬的德国大学生。您自己确实已经做出些成绩，您一定会注意到，在依附于党的青年著作家中间，是很少有人下一番功夫去钻研经济学、经济学史、商业史、工业史、农业史和社会形态发展史的。有多少人除知道毛勒的名字之外，还对他有更多的了解呢！在这里，新闻工作者的自命不凡必定支配一切，不过结果也是可想而知的。这些先生们往往以为，一切东西对工人来说都是足够好的。他们竟不知道，马克思认为自己的最好的东西对工人来说也还不够好，他认为给工人提供的东西比最好的稍差一点，那就是犯罪！……

80.恩格斯致奥托·冯·伯尼克

布 雷 斯 劳

1890年8月21日于多佛尔
附近的福克斯通

奥托·伯尼克先生
布 雷 斯 劳

尊敬的先生：

对于您的问题[473]，我只能给予简短而概略的回答，否则，为了回答第一个问题，我就得写一篇论文。

一、我认为，所谓"社会主义社会"不是一种一成不变的东西，而应当和任何其他社会制度一样，把它看成是经常变化和改革的社会。它同现存制度的具有决定意义的差别当然在于，在实行全部生产资料公有制(先是国家的)基础上组织生产。即便明天就实行这种变革(指逐步地实行)，我根本不认为有任何困难。我国工人能够做到这一点，这已经由他们的许多个生产和分配合作社所证明，在那些没有遭到警察蓄意破坏的地方，这种合作社同资产阶级的股份公司相比，管理得一样好，而且廉洁得多。我国工人在反对反社会党人法的胜利斗争中出色地证明了自己政治上的成熟，在这种情况下，您还谈论德国群众的无知，我是难以理解的。我觉得，我国所谓有教养的人那种好为人师的狂妄自大倒是更严重得多的障碍。当然，我们还缺乏技术员、农艺师、工程师、化学家、建筑师等等，但是在万不得已时我们也能像资本家所做的那样收买这些人,如果再对几个叛徒——在这伙人中间一定会有叛徒的——给以严厉的惩罚以儆效尤,那么他们就会懂得,就是为自己的利害着想,也不能再盗窃我们的东西了。但是除了这些专家(我把教员也包括在内)以外,我们没有其他"有教养的人"也是完全过得去的,而且,比方说,目前著作家和大学生大量涌进党内,如果不把这些先生们控制在一定范围内,还会带来种种的危害。

易北河以东地区的容克大庄园,可以在必要的技术指导下毫不费力地租给目前的短工或雇农集体耕种。如果在这种情况下出一些乱子,那么应由容克先生们负责,这些先生们无视所有现存的学校法,把人们弄得如此野蛮。

小农和那些咄咄逼人的聪明绝顶的有教养的人,是最大的障碍,这些有教养的人对一件事情越是不懂,就越要装出一副无所不知的样子。

总之,一旦我们掌握了政权,只要在群众中有足够的拥护者,大工业以及大庄园式的大农业是可以很快地实现社会化的。其余的也将或快或慢地随之实现。而有了大生产,我们就能左右一切。

您谈到缺乏一致的认识。这种情况是存在的,但缺乏认识的是那些出身于贵族和资产阶级的有教养的人,他们甚至想象不到,他们还应当向工人学习何等多的东西。

二、马克思夫人是特里尔政府枢密顾问冯·威斯特华伦的女儿和曼托伊费尔内阁的反动大臣冯·威斯特华伦的妹妹。

致以敬意。

您的 弗·恩格斯

81.恩格斯致保尔·拉法格

勒 佩 勒

1890 年 8 月 27 日于福克斯通
贝尔维尤旅馆

亲爱的拉法格：

……德国党内发生了大学生骚动。[474]近两三年来，许多大学生、著作家和其他没落的年轻资产者纷纷涌入党内。他们来得正是时候，在种类繁多的新报纸的编辑部中占据了大部分位置；他们习惯性地把资产阶级大学当做社会主义的圣西尔军校[475]，以为从那里出来就有权带着军官证甚至将军证加入党的行列。所有这些先生们都在搞马克思主义，然而是 10 年前你在法国就很熟悉的那一种马克思主义，关于这种马克思主义，马克思曾经说过："我只知道我自己不是马克思主义者。"马克思大概会把海涅对自己的模仿者说的话转送给这些先生们："我播下的是龙种，而收获的却是跳蚤。"

这些老兄的无能只能同他们的狂妄相比拟，他们在柏林的新党员中找到了支持。厚颜无耻、胆小怯懦、自吹自擂、夸夸其谈这些特有的柏林习气，现在一下子似乎又都冒了出来；这就是大学生先生们的合唱……

82.恩格斯致约瑟夫·布洛赫

柯 尼 斯 堡

1890年9月21[—22]日于伦敦

尊敬的先生:

……根据唯物史观,历史过程中的决定性因素**归根到底**是现实生活的生产和再生产。无论马克思或我都从来没有肯定过比这更多的东西。如果有人在这里加以歪曲,说经济因素是**唯一**决定性的因素,那么他就是把这个命题变成毫无内容的、抽象的、荒诞无稽的空话。经济状况是基础,但是对历史斗争的进程发生影响并且在许多情况下主要是决定着这一斗争的**形式**的,还有上层建筑的各种因素:阶级斗争的各种政治形式及其成果——由胜利了的阶级在获胜以后确立的宪法等等,各种法的形式以及所有这些实际斗争在参加者头脑中的反映,政治的、法律的和哲学的理论,宗教的观点以及它们向教义体系的进一步发展。这里表现出这一切因素间的相互作用,而在这种相互作用中归根到底是经济运动作为必然的东西通过无穷无尽的偶然事件(即这样一些事物和事变,它们的内部联系是如此疏远或者是如此难于确定,以致我们可以认为这种联系并不存在,忘掉这种联系)向前发展。否则把理论应用于任何历史时期,就会比解一个简单的一次方程式更容易了。

我们自己创造着我们的历史,但是第一,我们是在十分确定的前提和条件下创造的。其中经济的前提和条件归根到底是决定性的。但是政治等等的前提和条件,甚至那些萦回于人们头脑中的传统,也起着一定的作用,虽然不是决定性的作用。普鲁士国家也是由于历史的、归根到底是经济的原因而产生出来和发展起来的。但是,恐怕只有书呆子才会断定,在北德意志的许多小邦中,勃兰登堡成为一个体现了北部和南部之间的经济差异、语言差异,而自宗教改革[153]以来也体现了宗教差异的强国,这只是由经济的必然性决定的,而不是也由其他因素所决定的(在这里首先起作用的是这样一个情况:勃兰登堡由于掌握了普鲁士而卷入了波兰事件,并因而卷入了国际政治关系,这种关系在奥地利王室权力的形成过程中也起过决定性的作用)。要从经济上说明每一个德意志小邦的过去和现在的存在,或者要从经济上说明那种把苏台德山脉至陶努斯山所形成的地理划分扩大成为贯穿全德意志的真正裂痕的高地德语音变的起源,那么,很难不闹出笑话来。

但是第二,历史是这样创造的:最终的结果总是从许多单个的意志的相互冲突中产生出来的,而其中每一个意志,又是由于许多特殊的生活条件,才成为它所成为的那样。这样就有无数互相交错的力量,有无数个力的平行四边形,由此就产生出一个合力,即历史结果,而这个结果又可以看做一个作为整体的、**不自觉地**和不自主地起着作用的力量的产物。因为任何一个人的愿望都会受到任何另一个人的妨碍,而最后出现的结果就是谁都没有希望过的事物。所以到目前为止的历史总是像一种自然过程一样地进行,而且实质上也是服从于同一运动规律的。但是,各个人的意志——其中的每一个都希望得到他的体质和外部的、归根到底是经济的情况(或是他个人的,或是一般社会性的)使他向往的东西——虽然都达不到自己的愿望,而是融合为一个总的平均数,一个总的合力,然而从这一事实中决不应作出结论说,这些意志等于零。相反,每个意志都对合力有所贡献,因而是包括在这个合力里面的。

另外,我请您根据原著来研究这个理论,而不要根据第二手的材料来进行研究——这的确要容易得多。在马克思所写的文章中,几乎没有一篇不是贯穿着这个理论的。特别是《**路易·波拿巴的雾月十八日**》①,这本书是运用这个理论的十分出色的例子。《**资本论**》中的许多提示也是这样。再者,我也可以向您指出我的《**欧根·杜林先生在科学中实行的变革**》②和《**路德维希·费尔巴哈和德国古典哲学的终结**》③,我在这两部书里对历史唯物主义作了就我所知是目前最为详尽的阐述。

青年们有时过分看重经济方面,这有一部分是马克思和我应当负责的。我们在反驳我们的论敌时,常常不得不强调被他们否认的主要原则,并且不是始终都有时间、地点和机会来给其他参与相互作用的因素以应有的重视。但是,只要问题一关系到描述某个历史时期,即关系到实际的应用,那情况就不同了,这里就不容许有任何错误了。可惜人们往往以为,只要掌握了主要原理——而且还并不总是掌握得正确,那就算已经充分地理解了新理论并且立刻就能够应用它了。在这方面,我不能不责备许多最新的"马克思主义者",他们也的确造成过惊人的混乱……

---

① 见本选集第1卷。——编者注
② 恩格斯《反杜林论》,见本选集第3卷。——编者注
③ 见本卷。——编者注

83.恩格斯致康拉德·施米特

柏　林

1890 年 10 月 27 日于伦敦

亲爱的施米特:

我现在刚刚抽出空来给您写回信。我认为,如果您接受《苏黎世邮报》[476]的聘请,那您做得很对。在那里,您总可以在经济方面学到一些东西,特别是如果您注意到,苏黎世毕竟只是第三等的货币和投机市场,因而在那里得到的印象都是由于双重和三重的反映而被削弱或者被故意歪曲了的。但是您会在实践中熟悉全部机制,并且不得不注意来自伦敦、纽约、巴黎、柏林、维也纳的第一手交易所行情报告,这样,您就会看到反映为货币和证券市场的世界市场。经济的、政治的和其他的反映同人的眼睛中的反映完全一样,它们都通过聚光透镜,因而表现为倒立的影像——头足倒置。只是缺少一个使它们在观念中又正过来的神经器官。货币市场的人所看到的工业和世界市场的运动,恰好只是货币和证券市场的倒置的反映,所以在他们看来结果就变成了原因。这种情况我早在 40 年代就在曼彻斯特看到过[477]:伦敦的交易所行情报告对于认识工业的发展进程及其周期性的起落是绝对无用的,因为这些先生们想用货币市场的危机来解释一切,而这种危机本身多半只是一些征兆。当时的问题是有人要否认工业危机来源于暂时的生产过剩,所以问题还有让人们趋向于进行曲解这一方面。现在,至少对我们来说这一点已经永远消失,而且事实的确是这样:

货币市场也会有自己的危机,工业中的直接的紊乱对这种危机只起次要的作用,甚至根本不起作用。这里还需要弄清和研究一些问题,特别是要考虑到最近 20 年的历史。

凡是存在着社会规模的分工的地方,局部劳动过程也都成为相互独立的。生产归根到底是决定性的东西。但是,产品贸易一旦离开本来的生产而独立起来,它就循着本身的运动方向运行,这一运动总的说来是受生产运动支配的,但是在单个的情况下和在这个总的隶属关系以内,它毕竟还是循着这个新因素的本性所固有的规律运行的,这个运动有自己的阶段,并且也对生产运动起反作用。美洲的发现是先前就已经驱使葡萄牙人到非洲去的那种黄金欲所促成的(参看泽特贝尔《贵金属的生产》①),因为 14 世纪和 15 世纪蓬勃发展的欧洲工业以及与之相适应的贸易,要求有更多的交换手段,这是德国——1450—1550 年的白银大国——所提供不出来的。葡萄牙人、荷兰人和英国人在 1500—1800 年间侵占印度,目的是要从印度**输入**,谁也没有想到要向那里输出。但是这些纯粹由贸易利益促成的发现和侵略,终归还是对工业起了极大的反作用:只是由于有**向**这些国家**输出**的需要,才创立和发展了大工业。

货币市场也是如此。货币贸易同商品贸易一分离,它就有了——在生产和商品贸易所决定的一定条件下并在这一范围内——它自己的发展,它自己的本性所决定的特殊规律和独特阶段。此外,货币贸易在这种进一步的发展中扩大到证券贸易,这些证券不仅是国家证券,而且也包括工业和运输业的股票,因而总的

① 阿·泽特贝尔《从发现美洲到现在的贵金属的生产和金银比值》1879 年哥达版。——编者注

说来支配着货币贸易的生产,有一部分就为货币贸易所直接支配,这样货币贸易对于生产的反作用就变得更为厉害而复杂了。金融家是铁路、矿山、钢铁厂等的所有者。这些生产资料获得了双重的性质:它们的经营时而应当适合于直接生产的利益,时而应当适合于股东(就他们同时是金融家而言)的需要。关于这一点,最明显的例子就是北美的铁路。这些铁路的经营完全取决于杰·古尔德、万德比尔特这样一些人当前的交易所业务——这种业务同某条特定的铁路及其作为交通工具来经营的利益是完全不相干的。甚至在英国这里我们也看到过各个铁路公司为了划分地盘而进行的长达数十年之久的斗争,这种斗争耗费了巨额资金,它并不是为了生产和运输的利益,而完全是由于竞争造成的,这种竞争往往只有一个目的,即让握有股票的金融家便于经营交易所业务。

在上述关于我对生产和商品贸易的关系以及两者和货币贸易的关系的见解的几点说明中,我基本上也已经回答了您关于历史唯物主义本身的问题。从分工的观点来看问题最容易理解。社会产生它不能缺少的某些共同职能。被指定执行这种职能的人,形成**社会内部**分工的一个新部门。这样,他们也获得了同授权给他们的人相对立的特殊利益,他们同这些人相对立而独立起来,于是就出现了国家。然后便发生像在商品贸易中和后来在货币贸易中发生的那种情形:新的独立的力量总的说来固然应当尾随生产的运动,然而由于它本身具有的即它一经获得便逐渐向前发展的相对独立性,它又对生产的条件和进程发生反作用。这是两种不相等的力量的相互作用:一方面是经济运动,另一方面是追求尽可能大的独立性并且一经确立也就有了自己的运动的新的政治权力。总的说来,经济运动会为自己开辟道路,但是它也必定要经受它自己所确立的并且具有相对独立性的政治运动的反作用,即国家权力的以及和它同时产生的反对派的运动的反作用。正如在货币市场中,总的说来,并且在上述条件之下,反映出,而且当然是**头足倒置地**反映出工业市场的运动一样,在政府和反对派之间的斗争中也反映出先前已经存在着并且正在斗争着的各个阶级的斗争,但是这个斗争同样是头足倒置地、不再是直接地、而是间接地、不是作为阶级斗争、而是作为维护各种政治原则的斗争反映出来的,并且是这样头足倒置起来,以致需要经过上千年我们才终于把它的真相识破。

国家权力对于经济发展的反作用可以有三种:它可以沿着同一方向起作用,在这种情况下就会发展得比较快;它可以沿着相反方向起作用,在这种情况下,像现在每个大民族的情况那样,它经过一定的时期都要崩溃;或者是它可以阻止经济发展沿着某些方向走,而给它规定另外的方向——这种情况归根到底还是归结为前两种情况中的一种。但是很明显,在第二和第三种情况下,政治权力会给经济发展带来巨大的损害,并造成大量人力和物力的浪费。

此外,还有侵占和粗暴地毁灭经济资源的情况;由于这种情况,从前在一定条件下某一地方和某一民族的全部经济发展可能被毁灭。现在,这种情况多半都有相反的作用,至少在各大民族中间是如此:从长远看,战败者在经济上、政治上和道义上赢得的东西有时比胜利者更多。

法也与此相似:产生了职业法学家的新分工一旦成为必要,就又开辟了一个新的独立领域,这个领域虽然一般地依赖于生产和贸易,但是它仍然具有对这两个领域起反作用的特殊能力。在现代国家中,法不仅必须适应于总的经济状况,不仅必须是它的表现,而且还必须是不因内在矛盾而自相抵触的**一种内部和谐一致的**表现。而为了达到这一点,经济关系的忠实反映便日益受到破坏。法典越是不把一个阶级的统治鲜明地、不加缓和地、不加歪曲地表现出来（否则就违反了"法的概念"），这种现象就越常见。1792—1796 年时期革命资产阶级的纯粹而彻底的法的概念，在许多方面已经在拿破仑法典[5]中被歪曲了，而就它在这个法典中的体现来说，它必定由于无产阶级的不断增长的力量而每天遭到各种削弱。但是这并不妨碍拿破仑法典成为世界各地编纂一切新法典时当做基础来使用的法典。这样，"法的发展"的进程大部分只在于首先设法消除那些由于将经济关系直接翻译成法律原则而产生的矛盾，建立和谐的法的体系，然后是经济进一步发展的影响和强制力又一再突破这个体系，并使它陷入新的矛盾（这里我暂时只谈民法）。

经济关系反映为法的原则，同样必然是一种头足倒置的反映。这种反映是在活动者没有意识到的情况下发生的；法学家以为他是凭着先验的原理来活动的，然而这只不过是经济的反映而已。这样一来，一切都头足倒置了。而这种颠倒——在它没有被认识的时候构成我们称之为**意识形态观点**的那种东西——又对经济基础发生反作用，并且能在某种限度内改变经济基础，我认为这是不言而喻的。以家庭的同一发展阶段为前提，继承法的基础是经济的。尽管如此，也很难证明：例如在英国立遗嘱的绝对自由，在法国对这种自由的严格限制，在一切细节上都只是出于经济的原因。但是二者都对经济起着很大的反作用，因为二者都影响财产的分配。

至于那些更高地悬浮于空中的意识形态的领域，即宗教、哲学等等，它们都有一种被历史时期所发现和接受的史前的东西，这种东西我们今天不免要称之为愚昧。这些关于自然界、关于人本身的性质、关于灵魂、魔力等等的形形色色的虚假观念，多半只是在消极意义上以经济为基础；史前时期低水平的经济发展有关于自然界的虚假观念作为补充，但是有时也作为条件，甚至作为原因。

虽然经济上的需要曾经是,而且越来越是对自然界的认识不断进展的主要动力,但是,要给这一切原始状态的愚昧寻找经济上的原因,那就太迂腐了。科学的历史,就是逐渐消除这种愚昧的历史,或者说,是用新的、但越来越不荒唐的愚昧取而代之的历史。从事这些事情的人们又属于分工的特殊部门,并且认为自己是致力于一个独立的领域。只要他们形成社会分工之内的独立集团,他们的产物,包括他们的错误在内,就要反过来影响全部社会发展,甚至影响经济发展。但是,尽管如此,他们本身又处于经济发展的起支配作用的影响之下。例如在哲学上,拿资产阶级时期来说这种情形是最容易证明的。霍布斯是第一个现代唯物主义者(18 世纪意义上的),但是当专制君主制在整个欧洲处于全盛时期,并在英国开始和人民进行斗争的时候,他是专制制度的拥护者。洛克在宗教上和政治上都是 1688 年的阶级妥协[154]的产儿。英国自然神论者[138]和他们的更彻底的继承者法国唯物主义者都是真正的资产阶级哲学家,法国人甚至是资产阶级革命的哲学家。在从康德到黑格尔的德国哲学中始终显现着德国庸人的面孔——有时积极地,有时消极地。但是,每一个时代的哲学作为分工的一个特定的领域,都具有由它的先驱传给它而它便由此出发的特定的思想材料作为前提。因此,经济上落后的国家在哲学上仍然能够演奏第一小提琴:18 世纪的法国对英国来说是如此(法国人是以英国哲学为依据的),后来的德国对英法两国来说也是如此。但是,不论在法国或是在德国,哲学和那个时代的普遍的学术繁荣一样,也是经济高涨的结果。经济发展对这些领域也具有最终的至上权力,这在我看来是确定无疑的,但是这种至上权力是发生在各个领域本身所规定的那些条件的范围内:例如在哲学中,它是发生在这样一种作用所规定的条件的范围内,这种作用就是各种经济影响

(这些经济影响多半又只是在它的政治等等的外衣下起作用)对先驱所提供的现有哲学材料发生的作用。经济在这里并不重新创造出任何东西,但是它决定着现有思想材料的改变和进一步发展的方式,而且多半也是间接决定的,因为对哲学发生最大的直接影响的,是政治的、法律的和道德的反映。

关于宗教,我在论费尔巴哈①的最后一章里已经把最必要的东西说过了。

因此,如果巴尔特认为我们否认经济运动的政治等等的反映对这个运动本身的任何反作用,那他就简直是跟风车作斗争了。他只需看看马克思的《雾月十八日》②,那里谈到的几乎都是政治斗争和政治事件所起的**特殊**作用,当然是在它们**一般**依赖于经济条件的范围内。或者看看《资本论》,例如关于工作日的那一篇③,那里表明立法起着多么重大的作用,而立法就是一种政治行动。也可以看看关于资产阶级的历史的那一篇(第二十四章)④。再说,如果政治权力在经济上是无能为力的,那么我们何必要为无产阶级的政治专政而斗争呢? 暴力(即国家权力)也是一种经济力量!

但是我现在没有时间来评论这本书⑤了。首先必须出版第三卷⑥,而且我相信,例如伯恩施坦也能把这件事情很好地完成。

---

① 恩格斯《路德维希·费尔巴哈和德国古典哲学的终结》,见本卷。——编者注
② 马克思《路易·波拿巴的雾月十八日》,见本选集第 1 卷。——编者注
③ 见《马克思恩格斯文集》第 5 卷第 267—350 页。——编者注
④ 同上,第 820—875 页。——编者注
⑤ 保·巴尔特《黑格尔和包括马克思及哈特曼在内的黑格尔派的历史哲学》1890 年莱比锡版。——编者注
⑥ 马克思《资本论》第 3 卷。——编者注

所有这些先生们所缺少的东西就是辩证法。他们总是只在这里看到原因,在那里看到结果。他们从来看不到:这是一种空洞的抽象,这种形而上学的两极对立在现实世界只存在于危机中,而整个伟大的发展过程是在相互作用的形式中进行的(虽然相互作用的力量很不相等:其中经济运动是最强有力的、最本原的、最有决定性的),这里没有什么是绝对的,一切都是相对的。对他们说来,黑格尔是不存在的……

1891 年

84.恩格斯致卡尔·考茨基[478]

斯 图 加 特

1891 年 2 月 23 日于伦敦

亲爱的考茨基:

我前天仓促发出的贺信,你大概已经收到了。现在还是言归正传,谈谈马克思的信①吧。

担心这封信会给敌人提供武器,是没有根据的。恶意的诽谤当然是借任何事由都可以进行的。但是总的说来,这种无情的自我批评引起了敌人极大的惊愕,并使他们产生这样一种感觉:一个能够这样做的党该具有多么大的内在力量啊! 这一点,从你寄给

---

① 指马克思《哥达纲领批判》,见本选集第3卷。——编者注

我的(多谢!)和我从别处得到的敌人的报纸上可以看得很清楚。坦白地说,这也是我发表这个文件的用意。我知道,这个文件最初一定会使某些人感到很不愉快,但这是不可避免的,在我看来,文件的具体内容绰绰有余地补偿了这一点。同时我知道,党很坚强,能够经受得住这件事,而且我估计,党在目前也会**经受得住**这种在 15 年前使用的直率的语言,人们会怀着应有的自豪心情提到这次力量的检验,并且说:哪里还有另外一个政党敢于这样做呢? 其实,这一点已经由萨克森的《工人报》、维也纳的《工人报》以及《苏黎世邮报》说了。[479]

你在《新时代》[131]第 21 期上承担起发表的责任[480],你这样做是很值得称赞的,但是不要忘记,第一个推动力毕竟是我给的,而且在某种程度上是我使你没有选择的余地。所以我要承担主要的责任。至于细节,在这方面总是会有不同意见的。你和狄茨提出异议的每一个地方,我都已经删去和修改了,即使狄茨标出更多的地方,我也会尽可能地考虑,我总是向你们证明我是好商量的。至于说到主要问题,那么**我的责任**就是:纲领一提出讨论,就发表这份手稿。况且,李卜克内西在哈雷作了报告[481],在这个报告中他一方面把抄自马克思手稿的东西放肆地当做自己的加以利用,一方面不指名地对这份手稿进行攻击。马克思如果还在世,一定会拿自己的原稿来同这种篡改进行对证,而我是有义务替他做这件事的。可惜,那时我手头还没有这个文件;我只是在找了很久以后才找到的。

你说,倍倍尔写信告诉你,马克思对拉萨尔的态度激起了老拉萨尔分子的恼怒。这是可能的。这些人并不知道事实经过,看来在这方面也没有对他们作过什么解释。拉萨尔的整个伟大名声是由于马克思容忍他多年来把马克思的研究成果当做自己的东西来装饰门面,而且因为缺乏经济学素养还歪曲了这些成果,如果这些人不了解这一点,那并不是我的过错。但是,我是马克思的著作方面的遗嘱执行人,所以我也是有义务的。

拉萨尔属于历史已有 26 年了。如果他在非常法[180]时期没有受到历史的批判,那么现在终于到了必须进行这种批判并弄清拉萨尔对马克思的态度的时候了。掩饰拉萨尔的真实面目并把他捧上天的那种神话,决不能成为党的信条。无论把拉萨尔对运动的功绩评价得多么高,他在运动中的历史作用仍然具有两重性。同社会主义者拉萨尔形影不离的是蛊惑家拉萨尔。透过鼓动者和组织者拉萨尔,到处显露出一个办理过哈茨费尔特诉讼案[482]的律师面孔:在手法的选择上还是那样无耻,还是那样喜欢把一些声名狼藉和卖身求荣的人拉在自己周围,并把他们当做单纯的工具加以使用,然后一脚踢开。1862 年以前,他实际上还是一个具有强烈的波拿巴主义倾向的、典型普鲁士式的庸俗民主主义者(我刚才看了他写给马克思的那些信),由于纯粹个人的原因,他突然来了个转变,开始了他的鼓动工作。过了不到两年,他就开始要求工人站到王权方面来反对资产阶级,并且同品质和他相近的俾斯麦勾结在一起,如果他不是侥幸恰好在那时被打死,那就一定会在实际上背叛运动。在拉萨尔的鼓动著作中,从马克思那里抄来的正确的东西同他自己的通常是错误的论述混在一起,二者几乎不可能区分开来。由于马克思的批判而感到自己受了伤害的那一部分工人,只了解拉萨尔两年的鼓动工作,而且还是戴着玫瑰色眼镜来看他的鼓动工作的。但是在这种偏见面前,历史的批判是不能永远保持毕恭毕敬的姿态的。我的责任就是最终揭示马克思和拉萨尔之间的关系。这已经做了,我暂时可以因此而感到满足。况且我自己现在还有别的事情要做。而已经发表的马克思对拉萨尔的无情批判,本身就会产生应有的影响并给别人以勇气。但是,假如情况迫使我非讲话不可,我就没有选择的余地:我只有一劳永逸地肃清有关拉萨尔的神话了。

在国会党团里有人叫嚷要对《新时代》进行检查,这确实太妙了。这是反社会党人法时期国会党团独裁(这种独裁当时是必要的而且实行得很好)的幽灵再现呢,还是对冯·施韦泽过去的严密组织的留恋?在德国社会主义科学摆脱了俾斯麦的反社会党人法以后,又要把它置于一个由社会民主党的机关自己炮制和实施的新的反社会党人法之下,这实在是个绝妙的想法。但是,大自然不会让树木长得戳破了天。①

《前进报》[483]上的文章[480]对我没有什么触动。我将等待李卜克内西说明事情的经过,然后再用尽可能友好的语调对二者一并答复。对《前进报》上的文章,只要纠正几个错误的说法(例如,说我们本来不愿意合并,事实证明了马克思不正确等等),并肯定那些不言而喻的东西就行了。如果不再发生新的攻击或出现错误的论断迫使我进一步采取行动,我想,从我这方面来说就以这个答复来结束这场争论。

请告诉狄茨,我正在整理《起源》②。可是今天费舍来信,又要我写三篇新的序言[484]!

你的　弗·恩·

---

① 德语成语,意思是万物都有限度。——编者注
② 恩格斯《家庭、私有制和国家的起源》,见本卷。——编者注

85.恩格斯致康拉德·施米特

苏　黎　世

1891年7月1日于怀特岛赖德

亲爱的施米特：

我来这里躲几天。**485**彭普斯现在住在这里，她的丈夫在此负责一个经销处。堆到我身上的工作实在太多了，只好来这里几天，呼吸一下新鲜空气，处理刻不容缓的信件。明天就回伦敦。

我面前有您3月5日和6月18日两封来信。您关于信用事业和货币市场的著作，最好到第三卷出版后再脱稿；在这本书里，您可以看到关于这一问题的许多新的东西和更多尚待解决的东西；也就是说，其中既有新的解答，又有新的问题。暑期休养后，将加紧完成第三卷。您的第二个写作计划——向共产主义社会的过渡阶段——值得认真考虑；然而，我劝您：放它九年，先不拿出！①这是目前存在的所有问题中最难解决的一个，因为情况在不断地变化。例如，随着每一个新托拉斯的出现，情况都要有所改变；每隔十年，进攻的目标也会全然不同。

您最近在苏黎世大学的遭遇非常有趣。**486**这些先生们到处都是一样。好吧，愿您取得最后胜利，刺激这帮家伙一下，好从此摆脱他们的纠缠。

---

① 贺拉斯《诗论》第388行，转义是：不要急于求成，匆忙作出结论。——编者注

巴尔特的书①使我大失所望。我原以为不会有那么多浅薄和
轻率的东西。一个人评价每一个哲学家,不是根据他活动中的永
恒的、进步的东西,而是根据必然是暂时的、反动的东西,根据**体
系**,——这个人还是少说为佳。在巴尔特看来,整个哲学史只不过
是已经坍塌的种种体系的"废墟"。同这个所谓的批评家相比,老
黑格尔显得多么高大!巴尔特以为,他在这里或那里搜寻到黑格
尔(像其他任何一个建立体系的人一样)在创造自己体系时不得
不采用的一点牵强附会的东西,就是对黑格尔的批判!说黑格尔
有时把相反的、互相矛盾的对立物混为一谈,这真是伟大的发现!
如果值得花气力的话,我还可以向他揭露一些完全不同的手法!
巴尔特就是我们莱茵地区所说的那种注重细枝末节的人,他把一
切都变成琐碎的东西,如不去掉这种习惯,他就会像黑格尔所说的
那样,"从无通过无到无"**487**。

巴尔特对马克思的批评,真是荒唐可笑。他首先制造一种唯
物主义的历史理论,说什么这**应当**是马克思的理论,继而发现,在
马克思的著作中根本不是这么回事。但他并未由此得出结论说,
是他,巴尔特,把某些不正确的东西强加给了马克思,相反,却说马
克思自相矛盾,不会运用自己的理论!"咳,这些人哪怕能**读懂**也
好啊!"遇到这类批评时,马克思总是这样感叹。

我手头没有这本书。如果有时间,我还可以给您一一指出几
百个歪曲之处。真是可惜。显然,此人如果不是这样急于下最后
的结论,还是能做些事情的。希望他最近再写点儿东西,这一定会
引起更激烈的抨击;痛斥他一顿,对他会大有好处。

---

① 保·巴尔特《黑格尔和包括马克思及哈特曼在内的黑格尔派的历史哲
学》1890年莱比锡版。——编者注

总的说来,我现在的状况很好,我觉得身体比去年这个时候要好些。想来,再休息一下,就会很健康了。让工作少中断些吧!两三个月前,我就着手准备《家庭……的起源》的新版①了。本来,两周内即可完成,但当时收到一份新的纲领草案,必须提出批评意见;**488**后来大陆上又发生了一些这样或那样的小差错,给我们在英国——这里条件虽然很好,但也要慎重从事——筹备布鲁塞尔代表大会**489**等工作造成了一定的困难。这些又打扰了我,使我中断了工作。不管怎样,这一纲领不仅大部分需要重新修改和补充,而且必须**完成**,以便继续准备第三卷。好吧,一切最终都会完成的,因为必须完成。

在这里有身在普鲁士之感。星期天②,遇到四五名斯托什号军舰的水兵,都是些很好的小伙子,并不比英国水兵逊色。今晨,传来隆隆的炮声和阵阵的榴弹爆炸声,这是朴次茅斯要塞在进行射击演习。

彭普斯、珀西和我向您问好。

您的　老弗·恩格斯

---

① 恩格斯《家庭、私有制和国家的起源》德文第 4 版,1891 年在斯图加特出版。——编者注
② 1891 年 6 月 28 日。——编者注

86.恩格斯致卡尔·考茨基

斯 图 加 特

1891 年 10 月 14 日于伦敦

亲爱的考茨基：

在《前进报》[483]刊登的你那个草案中，我突然发现写上了"反动的一帮"，[490]甚为惊异。我立即就此写信给你，尽管我担心已经太晚了。这一鼓动性的词句，犹如一个刺耳的不谐和音，破坏了措辞简明的科学原理的全部和音。要知道，这是一个鼓动性的词句，而且又是极端片面的，它只有用这种武断的和绝对的形式才能给人留下印象，所以是完全错误的。

其所以错误，是因为它把本身是正确的**历史倾向**当做**既成的事实**。在发生社会主义变革时，其他一切政党对我们来说，都将**表现为**反动的一帮。可能它们现在已经是**这样的**了，已经丧失采取任何进步行动的一切能力，虽然这并不是必然的。然而**在目前**，我们对此还不能像阐述纲领的其他原理那样说得很肯定。甚至在德国，也可能出现这样的情况：那些左翼党，不管它们怎样卑劣，也**不得不**清除一部分在德国仍然大量存在的反资产阶级的、官僚主义的和封建主义的垃圾。在这种情况下，它们也就不是反动的一帮了。

只要我们还没有强大到足以自己夺取政权并实现我们的原则，严格地讲，**对我们来说**就谈不上什么反动的**一帮**，不然，整个民族就要分为反动的多数和软弱无力的少数。

一些人摧毁了德国的小邦分立制度,给资产阶级提供了实行工业变革的行动自由,实现了(物的和人的)交往条件的统一,从而也不得不给我们提供了较大的活动自由,他们是作为"反动的一帮"做了这些吗?

法国的资产阶级共和派在1871—1878年间彻底战胜了君主制和僧侣统治,给法国带来了过去在非革命时期闻所未闻的新闻出版、结社和集会的自由,实行了义务教育,把教育普及和提高到我们德国人可以向他们学习的程度,他们是作为反动的一帮这样做的吗?

英国两个官方政党的活动家大大扩大了选举权,使选民人数增加了四倍,使各选区一律平等,实行了义务教育,改进了教学制度,他们还在议会的历次会议上不但投票赞成资产阶级改革,而且总是投票赞成对工人的新的让步,——他们是在缓慢地、委靡不振地前进,但是任何人也不能简单地责骂他们是"反动的一帮"。

总之,我们没有权利把逐渐成为现实的倾向说成既成的事实,何况这种倾向,例如在英国,**永远不会**彻底成为事实。如果这里发生变革,资产阶级仍然会愿意实行种种微小的改革。只是到那时,对将被推翻的制度进行某些微小的改革将失去任何意义。

鼓动中使用拉萨尔的用语,**在一定的情况下**是有理由的,尽管我们的人,例如在1890年10月1日[180]以来的《前进报》上,用得太滥了。但是,**纲领中不容许这种用语存在**,它用在那里是绝对错误的,而且会把人引入迷途。它用在那里,就像银行家贝特曼的妻子要坐在别人打算给贝特曼的房子修建的阳台上一样:"如果你们给我修建一个阳台,我的妻子往上面一坐,楼房的整个外观就给破坏了!"

关于《前进报》刊登的草案中的其他改动,现在无法谈了,这份报纸不知放到哪里去了,而且已经到了发信的时间。

党代表大会**491**在一个光荣的日子开幕了。10月14日是耶拿
会战和奥尔施泰特会战的纪念日;正是在这一天,革命前的旧普鲁
士崩溃了。让1891年10月14日对普鲁士化的德国来说,成为马
克思所预言的"**内部耶拿**"**492**的开端吧!

你的 弗·恩格斯

87.恩格斯致康拉德·施米特

苏 黎 世

1891年11月1日于伦敦

亲爱的施米特:

……不读黑格尔的著作,当然不行,而且还需要时间来消化。
先读《哲学全书》的《小逻辑》,是很好的办法。可是,您要采用《全
集》第六卷的版本①,而不要采用罗生克兰茨编的单行本(1845年
版)②,因为前者引自讲课记录的解释性的补充要多得多,尽管亨
宁这个蠢驴自己对这些补充也往往不懂。

在导言中您会看到,首先是第26节等批判沃尔弗对莱布尼茨
的修改(**历史**意义上的形而上学),其次是第37节等批判英、法经

---

① 黑格尔《哲学全书纲要》第1部(即《小逻辑》)1840年柏林版(《黑格尔
全集》第6卷)。——编者注
② 黑格尔《哲学全书纲要》,附卡·罗生克兰茨的序言,1845年柏林第4
版。——编者注

验主义,再其次是第40节及以下几节批判康德,最后是第61节批判雅科比的神秘主义。在第一篇(《存在论》)中,您无须在《存在》和《无》上花费过多的时间;《质》的最后几节,以及《量》和《度》,就好多了。但是,主要部分是《本质论》:揭示了抽象的对立是站不住脚的,人们刚想抓住一个方面,它就悄悄地转化为另一个方面,如此等等。在这里您随时可以通过一些具体的例子弄清问题。例如,您作为未婚夫,会在自己和您的未婚妻身上看到同一和差异不可分离的鲜明例证。根本无法判明:性爱的欢娱,是来自差异中的同一,还是来自同一中的差异。如果抛开差异(这里指的是性别)或同一(两者都属于人类),那您还剩下什么呢? 我记得,正是同一和差异的这种不可分离,最初是怎样折磨我的,尽管我们每前进一步都不能不碰到这个问题。

然而,您千万不要像巴尔特先生那样读黑格尔的著作,即在黑格尔的著作中寻找作为他构造体系的杠杆的那些错误推论和牵强之处。这纯粹是小学生做作业。更为重要的是:从不正确的形式和人为的联系中找出正确的和天才的东西。例如,从一个范畴过渡到另一个范畴,或者从一个对立面过渡到另一个对立面,几乎总是随意的,经常是通过俏皮的说法表述的,比如,肯定和否定(第120节)"灭亡了",这样黑格尔就可以转到"根据"①的范畴上去。在这方面思考过多,简直是浪费时间。

在黑格尔那里每一个范畴都代表哲学史上的一个阶段(他在多数情况下也指出了这种阶段),所以您最好把《哲学史讲演录》

---

① "灭亡"的原文是"zu Grunde gehen",而"Grund"有"根据"的意思。——编者注

(最天才的著作之一)拿来作一比较。建议您读一读《美学》①,作为消遣。只要您稍微读进去,您就会赞叹不已。

黑格尔的辩证法之所以是颠倒的,是因为辩证法在黑格尔看来应当是"思想的自我发展",因而事物的辩证法只是它的反光。而实际上,我们头脑中的辩证法只是自然界和人类历史中进行的并服从于辩证形式的现实发展的反映。

如果把马克思的从商品到资本的发展同黑格尔的从存在到本质的发展作一比较,您就会看到一种绝妙的对照:一方面是具体的发展,正如现实中所发生的那样;而另一方面是抽象的结构,在其中非常天才的思想以及有些地方是极为正确的转化,如质和量的互相转化,被说成一种概念向另一种概念的表面上的自我发展。这类例子,还可以举出一打来……

1892 年

88.恩格斯致尼古拉·弗兰策维奇·丹尼尔逊

彼 得 堡

1892 年 6 月 18 日于伦敦

尊敬的先生:

感谢您3月24日、4月30日和5月18日的很有意思的来

---

① 黑格尔《美学讲演录》。——编者注

信**493**,很抱歉,我没有早日复信。我忙得很,连一分钟也抽不出来去整理第三卷①,但愿下周能继续这项工作。

我想,无论对于表明你们国家目前经济状况的那些事实,还是对于这些事实的意义,实际上我和您的看法是完全一致的。看来,只是您把我最近一封信②中的一些**讽刺**话,尤其是我关于各种事物最终都将为人类进步事业服务的说法,看得太认真了。历史上确实没有一件事实不是通过这种或那种途径为人类进步事业服务的,但这毕竟是漫长而曲折的道路。你们国家当前的经济变革可能也是这样。

我特别要强调这样一个事实:去年的歉收(用官方语言来说)并不是孤立的和偶然的现象,而是克里木战争**211**结束以后俄国整个发展的必然后果,是从公社农业和宗法式家庭工业向现代工业过渡的结果;在我看来,这一变革最终必将危及公社**46**的存在,并把资本主义制度扩展到农业方面去。

从您的来信可以断定,对于这些事实本身,您是同意我的看法的;至于我们是否喜欢这些事实,那就是另一回事了;但不管我们喜欢与否,这些事实照样要继续存在下去。而我们越是能够摆脱个人的好恶,就越能更好地判断这些事实本身及其后果。

毋庸置疑,当前俄国现代"**大工业**"的迅猛增长是由人为的手段——禁止性关税、国家补贴等等引起的。从柯尔培尔时起就已实行禁止性关税制度的法国,以及西班牙、意大利都是这样,甚至德国从1878年起也是这样。尽管德国在1878年实行保护关税制度时,几乎已经完成了工业革命,当时这样做是为了使资本家能够

---

① 马克思《资本论》第3卷。——编者注
② 恩格斯1892年3月15日给尼·弗·丹尼尔逊的信。——编者注

迫使国内消费者按高价购买商品,以便他们能够按低于成本价格的价格在国外推销同样的商品。美国为了缩短其企业家尚不能按照同等条件与英国竞争的时间,也采取了同样的做法。美国、法国、德国,甚至奥地利势必将在开放的世界市场上成功地对付英国的竞争,至少在某些重要商品方面是这样,对此我是没有怀疑的。而现在法国、美国和德国在某种程度上已经打破了英国的工业垄断,对这一点我们这里感觉特别明显。俄国是否能做到这一点呢?对此我是怀疑的,因为俄国和意大利一样,在最适合发展工业的地区却不产煤,此外,正如您在3月12(24)日来信中所明确指出的,俄国还处于完全不同的历史条件之下。

不过,这里还有另一个问题:1890年,俄国作为出口粮食并以此换回外国工业品的纯粹农业国,能够存在下去并保持它在世界上的地位吗?我想,我们可以有把握地说:**不能**。一个在世界历史中起着重要作用的拥有一亿人口的民族,在现在的经济和工业情况下,不可能继续停留在俄国在克里木战争以前的那种发展阶段。采用蒸汽机和工作机,试用现代生产资料来制造纺织品和金属品(至少是为了国内的需要),或迟或早,**想必**已经实现了,无论如何是在1856—1880年之间的**某个**时期实现的。如果没有实现,你们国家的宗法式家庭工业也就会被英国机器的竞争所破坏,结果就会成为印度,成为一个在经济上受世界大工厂英国支配的国家。可是,连印度也通过保护关税来抵制英国棉织品,而不列颠的其他殖民地也是一获得自治,就立即保护本国的工业,抵制宗主国的压倒优势的竞争。代表英国利益的著作家不能理解:为什么全世界都拒绝学习他们的自由贸易的榜样,而去实行保护关税。他们当然**不敢**正视这样一种情况:目前几乎普遍实行的这种保护关税制度,正是对付使英国的工业垄断达到顶峰的这同一个英国自由贸易的自卫手段,这种手段或多或少是明智的,而在某些场合下是绝对愚蠢的。(例如对德国来说就是愚蠢的,德国由于实行自由贸易已经成了一个大工业国,而它现在把保护关税推行到农产品和原料方面,这就提高了工业生产的费用!)我认为,这种普遍倒退到保护关税的做法不是一种简单的偶然现象,而是对英国那种令人不能忍受的工业垄断的反应。这种反应的**形式**,正如我说过的,也许是不适当的,甚至是很糟糕的,但是,这种反应的历史必然性,我觉得是显而易见的。

一切政府,甚至最专制的政府,**归根到底**都不过是本国状况的经济必然性的执行者。它们可以通过各种方式——好的、坏的或不好不坏的——来执行这一任务;它们可以加速或延缓经济发展及其政治和法律的结果,可是最终它们还是要遵循这种发展。俄国实现工业革命的手段,是不是最适宜的手段,是另一个问题,讨论这个问题会使我们离题太远。只要我能证明这一工业革命本身是不可避免的,我的目的就算达到了。

关于这种惊人的经济变化必然带来的一些现象,你说的完全正确,不过所有已经或者正在经历这种过程的国家,或多或少都有这样的情况。地力耗损——**如在美国**;森林消失——**如在英国和法国**,目前在德国和美国也是如此;气候改变、江河干涸在俄国大概比其他任何地方都厉害,因为给各大河流提供水源的地带是平原,没有像为莱茵河、多瑙河、罗讷河及波河提供水源的阿尔卑斯山那样的积雪。农业旧有条件遭到破坏,向大农场资本主义经营方式逐渐过渡——这些都是在英国和德国东部已经完成了的而在其他地方正在普遍进行着的过程。在我看来,很明显,"俄国的大工业必将扼杀农业公社",除非发生其他有助于保留这种公社的巨大变化。问题是,俄国的社会舆论是否会发生这样的变化,以至于能使现代工业和现代农业嫁接在公社上面,同时又能对公社加以改造,使之成为组织这种现代生产和变这种生产的资本主义形式为社会主义形式的适当而又有利的工具?您会同意,哪怕只是去设想这样一种变化,你们国家的社会舆论首先就要有一个巨大的进步。在资本主义生产连同这次危机的后果使公社遭到极其严重的破坏之前,是否会发生这种变化呢?我丝毫也不怀疑,在许多地方,公社在1861年受到打击以后,已经恢复过来了(像瓦·沃·描写的那样[494])。但是,工业变革、资本主义的迅猛发展、家庭工业的破坏、公社对牧场及森林的无权地位、农民的自然经济向货币经济的演变以及富农与恶霸的财富和权力的增长等等,对公社的打击连续不断,而公社是否能经受住这些打击呢?

另外,我还要感谢您盛情地给我寄来了几本书,特别是卡布鲁柯夫和卡雷舍夫写的书①。我现在非常忙,六个月以来不管是哪一种文字的书一本也没有看完;我要把您寄来的书留到8月间休假时再看。您信中谈到的关于卡布鲁柯夫的那些话,据我判断,看来是完全正确的[495],虽然他这本书我还没有看完。既没有自己的土地也没有租地的农业工人,一年当中只是在一定时间能找到工作;如果他们**只是靠这段工作**得到报酬,那么,在整个失业期间他们就要挨饿,除非他们在这期间找到其他的工作。但是现代资本主义生产剥夺了农业工人找到这类工作的任何希望。在西欧和中欧,这些困难在可能的限度内是这样解决的:(1)资本家农场主或土地所有者在自己的农场整年要留下一部分工人,尽可能让他们食用农场生产的东西,以便尽量少付现金。这个办法在德国东北

---

① 尼·卡布鲁柯夫《农业工人问题》1884年莫斯科版;尼·卡雷舍夫《农民非份地的租佃》1892年杰尔普特版。——编者注

部用得很普遍,而在英国却采用得较少,尽管在这里的气候条件下,冬季也有许多农活可干。此外,**在资本主义农场中**,即使冬天也经常有许多农活。(2)所有为维持农业工人冬季生活所需要的(只是为着维持生活所需要的)东西,通常通过妇女和儿童在新的家庭工业部门的劳动来取得(见《资本论》第1卷第13章第8节①)。英国南部和西部的情况就是这样,在爱尔兰和德国,对小农也是这样。当然,在发生这种演变时,农业和宗法式家庭工业分离的致命后果就会特别明显地表现出来;目前你们国家的情况也正是这样。

这封信写得太长了,因此我不能再详谈您5月18日的来信。不过我觉得,您在那封信里援引的事实也证明了农民的破产和至少在一个时期内的地力耗损。我完全同意您的看法,即这两个过程正在加速进行着。如果现在的制度继续存在下去,必然使地主和农民遭到破产并产生一个新的阶级即资产阶级土地所有者。但是,问题还有另一个方面,我担心《财政通报》[496]不会对它加以认真研究。这就是国家财政的状况。最近在巴黎发行的公债(1891年)本想筹集2 000万英镑。这笔公债的认购数字超过了好几倍;但是这里有消息说,实际上只收到了1 200万,其余800万并未进入彼得堡的国库。[497]既然法国在喀琅施塔得[498]之后竟发生这样的事,那么,进行下一次公债谈判时,情况又会怎样呢? 在歉收迫使国库作出重大牺牲以后,能否长期不再向外借债呢? 威士涅格拉茨基会不会成为卡龙,在他之后会不会出现一个内克呢?[499]

忠实于您的 珀·怀·罗舍[500]

---

① 见《马克思恩格斯文集》第5卷第536—540页。——编者注

89. 恩格斯致弗里德里希·阿道夫·左尔格

霍 博 肯

1892 年 12 月 31 日于伦敦

亲爱的左尔格：

……在这里,在古老的欧洲,比你们那个还没有很好地摆脱少年时代的"年轻的"国家,倒是更活跃一些。在这样一个从未经历过封建主义、一开始就在资产阶级基础上发展起来的年轻的国家里,资产阶级偏见在工人阶级中也那样根深蒂固,这是令人惊奇的,然而也是十分自然的。美国工人正是由于反抗还披着封建外衣的宗主国,便以为传统的资产阶级经济天然就是,而且任何时候都是先进的、优越的、无与伦比的。这同新英格兰的情况完全一样,在那里,清教主义这一整个殖民地产生的根源,也正因为如此而变成了传统的遗产,并且同它的地方观念几乎不能分开。无论美国人如何抗争和坚持,也不能把他们那个确实宏伟的未来像票据一样贴现,他们必须等到支付日期;正因为未来是如此远大,他们现在主要的是要为这个未来做准备;而这种准备正如在每一个年轻的国家里那样,首先是物质方面的,它会造成人们思想上某种程度的落后,使人们留恋同新民族的形成相联系的传统。盎格鲁撒克逊种族——这些可恶的石勒苏益格—荷尔斯泰因人,马克思总是这样称呼他们——本来就脑筋迟钝,而他们在欧洲和美洲的历史(经济上的成就和政治上的主要是和平的发展),使他们的这一特点更加突出。在这里,只有发生重大事变,才能有所帮助;国有土地已经差不多完全转为私人占有,如果现在还能在不太狂暴的关税政策下扩展工业,并夺取国外市场,那么,你们那里的事情也就好办了。阶级斗争在英国这里也是在大工业的**发展时期**比较激烈,而恰好是在英国工业无可争辩地在世界上占据统治地位的时候沉寂下去的。在德国,1850 年以来的大工业的发展也是和社会主义运动的高涨同时出现的,美国的情况大概也不会有什么两样。**日益发展的**工业使一切传统的关系革命化,而这种革命化又促使头脑革命化。

此外,美国人早就向欧洲世界证明,资产阶级共和国就是资本主义生意人的共和国;在那里,政治同其他任何事情一样,只不过是一种买卖。法国人通过巴拿马丑闻[501]也终于在全国范围内开始领悟这个道理,那里当权的资产阶级政治家早就懂得了这一点,并且不声不响地付诸实践。而那些立宪君主国也无法以品行端正自诩,它们个个都有自己的小巴拿马:英国有建筑协会丑闻,其中有一个"解放者协会",把一大批小存户从大约 800 万英镑的存款中彻底"解放了";[502]德国有巴雷丑闻[503]和勒韦的犹太枪丑闻[504](这证明,普鲁士军官仍在偷窃,不过是零星地干——这是他们唯一有节制的表现);意大利有罗马银行丑闻[505],它几乎已经可以和巴拿马丑闻媲美了,这家银行收买了约 150 名众议员和参议员;我听说,关于这件事的文件不久将在瑞士发表。施留特尔应该注意报纸上有关罗马银行丑闻的一切消息。而在神圣的俄罗斯,有古老俄罗斯公爵称号的美舍尔斯基,由于俄国对揭发出的巴拿马丑闻无动于衷而大动肝火,他认为这只能说明俄国的道德已经被法国的榜样败坏了,而且"我们自己家里不止有一个巴拿马"……

1893 年

90.恩格斯致弗里德里希·阿道夫·左尔格

霍 博 肯

1893年1月18日于伦敦

亲爱的左尔格：

……在伦敦这里，费边派[457]是一伙野心家，他们有相当清醒的头脑，懂得社会变革必不可免，但是他们决不肯把这个艰巨的事业交给粗鲁的无产阶级单独去做，所以他们惯于自己出来领导。害怕革命，这就是他们的基本原则。他们是地道的"有教养的人"。他们的社会主义是市政社会主义：生产资料应当归**公社**所有，而不应当归国家所有，至少在开头应该这样。此外，他们把自己的社会主义描述为资产阶级自由主义的一种极端的、然而是不可避免的结果，因此就产生了他们的策略：不是把自由党人当做敌人同他们进行坚决的斗争，而是推动他们作出社会主义的结论，也就是哄骗他们，用社会主义**渗透**自由主义，不是用社会主义候选人去同自由党人相抗衡，而是把他们硬塞给自由党人，强加给自由党人，也就是用欺骗手段使自由党人接受他们。费边派这样做不是自己被欺骗，被愚弄，就是欺骗社会主义，这当然是他们所不了解的。

费边派除了出版各种各样的恶劣作品外，还尽力出版了一些好的宣传品,这是英国人在这方面所出版的最好的东西。但是他们一谈到他们的特殊策略——抹杀阶级斗争,那就糟糕了。他们之所以疯狂地仇视马克思和我们大家,就是因为阶级斗争问题。

费边派当然有许多资产阶级信徒,所以也有钱……

91. 恩格斯致奥古斯特·倍倍尔

柏　林

1893 年 1 月 24 日于伦敦

亲爱的奥古斯特:

……《前进报》**483** 刊登的辛格尔关于交易所的演说①是很出色的,我急切希望看到它的速记稿。但是在这个问题上有一点是我们大家容易忽略的:交易所并不是资产者剥削工人的机构,而是他们自己**相互**剥削的机构;在交易所里转手的剩余价值是已经**存在的**剩余价值,是**过去**剥削工人的产物。只有在这种剥削完成后,剩余价值才能为交易所里的尔虞我诈效劳。交易所首先只是间接地和我们有关,因为它对于工人所受的资本主义剥削的影响和反作用也只是间接的,通过迂回曲折的道路实现的。要求工人直接关心容克、工厂主和小资产者在交易所里受到的盘剥并要求对此表示愤慨,这等于要求工人拿起武器保护这些工人自己的直

---

① 1893 年 1 月 20 日《前进报》第 17 号详细报道了保·辛格尔就交易所税务法附则发表的演说。——编者注

接剥削者占有从这些工人身上榨取来的剩余价值。我们敬谢不敏。但是,作为资产阶级社会最高贵的成果,作为极端腐化行为的策源地,作为巴拿马[501]和其他丑闻的温室,因而也作为积聚资本、瓦解和摧毁资产阶级社会中自发的联系的最后残余以及同时消灭一切传统的道德观念并使之转变为自己的反面的最卓越的手段——作为无比的破坏因素,作为即将爆发的革命的最强有力的加速器——在这种历史意义上,交易所与我们也有直接的关系……

92. 恩格斯致弗拉基米尔·雅柯夫列维奇·施穆伊洛夫

德 累 斯 顿

1893 年 2 月 7 日于伦敦西北区
瑞琴特公园路 122 号

尊敬的同志:

您友好地祝愿我活 90 岁,我非常感谢;如果我仍然能够像现在这样,我并不反对,但是,如果我的肉体和精神注定要像许多人那样变得呆滞的话,那就敬请原谅,我不能从命了。

您在马克思传记方面的要求[506],**很遗憾**,我所能做到的很少;我没有这个时间,我正忙于《资本论》第三卷,一时一刻也不能丢开。

关于第一点,除了您已经有的传记材料,我介绍不出更多的东西。至少没有什么可靠的东西。

关于第二点，马克思 1844—1849 年的实际活动，一部分是在工人协会，特别是在 1846—1848 年布鲁塞尔协会[112]，一部分是在同盟[3]。但是您在印刷品中，如我们给《宣言》所写的那些序言(1892 年**柏林最新**版本)和附有我的引言①的《揭露共产党人案件》②(1885 年苏黎世版)中，只能找到某些有关他在同盟活动的东西。关于国际，可靠的**只有艾希霍夫**③，他是根据马克思的批注写作的；**其他所有人的东西**，从弗里布尔④到拉夫莱⑤和察赫尔⑥，完全是**谎言和神话**。宁可自己动手写一大本书来正确地阐明事实，也不要把材料交给第三者去加工。但是我可以向您提供有关总委员会同巴枯宁进行决定性斗争的两个出版物(《所谓的分裂》⑦和《社会主义民主同盟》⑧)。埃里蒂埃给《柏林人民论坛》[472]写的《汝拉联合会和米哈伊尔·巴枯宁》一文，渗透着对无政府主义者编造的一切谎言的盲目信任[507]，这种信任超出了单纯幼稚的范围，而译者，正如埃里蒂埃给我写信所说的那样，又进一步作了无政府主义的歪曲。(不过，俄国书报检查机关的大删大砍，倒可使您避免许多错误。)

---

① 恩格斯《关于共产主义者同盟的历史》，见本卷。——编者注
② 马克思《揭露科隆共产党人案件》，见《马克思恩格斯全集》中文第 2 版第 11 卷。——编者注
③ 威·艾希霍夫《国际工人协会》1868 年柏林版。——编者注
④ 厄·爱·弗里布尔《国际工人协会》1871 年巴黎版。——编者注
⑤ 埃·拉夫莱《现代社会主义》1881 年布鲁塞尔—海牙版。——编者注
⑥ 格·察赫尔《赤色国际》1884 年柏林第 2 版。——编者注
⑦ 马克思和恩格斯《所谓国际内部的分裂》，见《马克思恩格斯全集》中文第 1 版第 18 卷。——编者注
⑧ 马克思和恩格斯《社会主义民主同盟和国际工人协会》，见《马克思恩格斯全集》中文第 1 版第 18 卷。——编者注

关于第三点,《神圣家族》①无论如何您必须弄到;我自己的这一本在任何情况下也不会拿出去,而叙述该书的内容是一件力所不及的工作,摘出要点,也是办不到的。您应该了解**全书**。在柏林大概可以找到这本书。

关于历史唯物主义的**起源**,在我看来,您在我的《费尔巴哈》(《路德维希·费尔巴哈和德国古典哲学的终结》)中就可以找到足够的东西——马克思的附录②其实**就是**它的起源!其次,在《宣言》的序言(1892 年柏林新版)和《揭露共产党人案件》的引言中也可以找到。

马克思在 50 年代一个人埋头制定了剩余价值理论③,在他没有完全弄清这一理论的所有结论时,他坚决拒绝发表关于这一理论的任何材料。因此,《政治经济学批判》第二分册及以下各分册都没有出版。

给您寄去《分裂》和《同盟》,希望这些足够您用了;很遗憾,这就是我能为您做的一切。

衷心问候格拉德瑙尔和当地的全体同志们。

您的 弗·恩格斯

---

① 马克思和恩格斯《神圣家族》,见《马克思恩格斯文集》第 1 卷。——编者注
② 指马克思《关于费尔巴哈的提纲》,见本选集第 1 卷。——编者注
③ 指马克思 1857 年 10 月中至 1858 年 5 月底所写的经济学手稿。——编者注

93.恩格斯致尼古拉·弗兰策维奇·丹尼尔逊

彼 得 堡

1893年2月24日于伦敦

尊敬的先生：

很久没有写信，请原谅。这也是不得已。我必须努力——尽最大的努力，争取在这个冬春把第三卷①完成。为此我只好放弃所有其他工作，甚至连信也不写，除非非写不可。否则，我不会中止同您继续就那个十分有意思而且重要的问题进行讨论。②

现在，除了一些形式方面的工作以外，我已经结束了第五篇（银行和信用）的**编辑工作**，这一篇无论从内容本身或就**手稿的状况**来说，都是最难的。现在只剩下两篇，占全卷三分之一，其中的一篇（地租）内容也很难，但这一篇的手稿，我记得，要比第五篇的手稿完善得多。因此，我仍有希望在预定期限内完成任务。原先一个很大的困难，是保证在3—5个月的时间里不受任何干扰，把全部时间都用在第五篇上，现在这一篇幸而已经完成。在工作的时候，我时常想到这一卷出版之后会带给您多么大的喜悦。我将把清样寄给您，就像过去第二卷那样。**508**

现在我们言归正传。

---

① 马克思《资本论》第3卷。——编者注
② 参看恩格斯1891年10月29—31日、1892年3月15日、6月18日和9月22日给尼·弗·丹尼尔逊的信。——编者注

我们似乎在所有各点上都已取得一致意见,只有一个问题除外;您在 10 月 3 日和 1 月 27 日的两封信里都谈到了这个问题,虽然两封信是从不同角度谈的。

在头一封信您问道:1854 年以后不可避免地发生的那种经济变革,不但不能促进俄国历史上形成的那些制度的发展,反而必然从根本上破坏它们吗? 换句话说,农村公社[46]不能作为新的经济发展的基础吗?

在 1 月 27 日的信中,您用下面的方式表达了同一思想:大工业对俄国来说已经成为必然,但是它以资本主义的形式来发展是不可避免的吗?

好吧,我们来看看。在 1854 年前后,俄国的起点是:一方面存在着公社,另一方面必须建立大工业。如果您考虑一下你们国家当时总的情况,难道您认为有可能以这样一种方式把大工业嫁接在农民公社上面:一方面使这种大工业的发展成为可能,另一方面又把这种原始的公社提高到世界上空前优越的一种社会制度的水平? 而且是在整个西方都还生活在资本主义制度下的时候? 我认为,这样一种史无前例的发展,它所要求的经济、政治和精神条件,同当时俄国所具有的条件是不同的。

毫无疑问,公社,在某种程度上还有劳动组合,都包含了某些萌芽,它们在一定条件下可以发展起来,使俄国不必经受资本主义制度的苦难。我完全同意我们的作者有关茹柯夫斯基的那封信[509]。但无论他还是我都认为,实现这一点的第一个条件,是**外部的推动**,即西欧经济制度的变革,资本主义在最先产生它的那些国家中被消灭。我们的作者在 1882 年 1 月给过去的一篇《宣言》写的一篇序言中, 对于俄国的公社能否成为更高级的社会发展的起点这个问题,是这样回答的:假如俄国经济制度的变革与西方经济制度的变革同时发生，"从而双方互相补充的话，那么现今的俄国土地占有制便能成为新的社会发展的起点"。[510]

如果在西方，我们在自己的经济发展中走得更快些，如果我们在 10 年或 20 年以前能够推翻资本主义制度，那么，俄国也许还来得及避免它自己向资本主义发展的趋势。遗憾的是，我们的进展太慢，那些必然使资本主义制度达到临界点的经济后果，目前在我们周围的各个国家只是刚刚开始发展：当英国迅速丧失它在工业上的垄断地位的时候，法国和德国正在接近英国的工业水平，而美国正要不仅在工业品方面，而且在农产品方面把它们统统赶出世界市场。美国实行一种至少是相对的自由贸易政策，无疑会彻底摧毁英国的工业垄断地位，同时会破坏德国和法国的工业品出口贸易；然后危机就会到来，这就是到**世纪末**还剩下的一切。而在这期间你们那里的公社却在衰败，我们只能希望我们这里向更好的制度的过渡尽快发生，以挽救——至少是在你们国家一些较边远的地区——那些在这种情况下负有使命实现伟大未来的制度。但事实终究是事实，我们不应当忘记，这种机会正在逐年减少。

其余的我都同意您的意见：俄国是被资本主义大工业征服的**最后**一个国家，同时又是**农民人口最多**的国家，这种情况必然会使这种经济变革所引起的动荡比其他任何地方都更加剧烈。由一个新的**资产阶级**土地占有者阶级代替大约 50 万地主和大约 8 000 万农民的过程，只能通过可怕的痛苦和动荡来实现。但历史可以说是所有女神中最残酷的一个，她不仅在战争中，而且在"和平的"经济发展过程中，都驾着凯旋车在堆积如山的尸体上驰骋。而不幸的是，我们人类却如此愚蠢，如果不是在几乎无法忍受的痛苦逼迫之下,怎么也不能鼓起勇气去实现真正的进步。

永远是您的　珀·怀·罗·500

来信请寄给考茨基夫人,而不要寄给罗舍夫人。

94.恩格斯致弗兰茨·梅林

柏　林

1893 年 7 月 14 日于伦敦

亲爱的梅林先生:

　　直到今天我才有机会感谢您惠寄的《莱辛传奇》①。我不想仅仅是正式通知您书已经收到,还想同时谈谈这本书本身——它的内容,因此就拖延下来了。

　　我从末尾,即从《论历史唯物主义》这篇附录②谈起。在这里主要的东西您都论述得很出色,对每一个没有成见的人都是有说服力的。如果说我有什么异议,那就是您加在我身上的功绩大于应该属于我的,即使我把我经过一定时间也许会独立发现的一切都计算在内也是如此,但是这一切都已经由眼光更锐利、眼界更开阔的马克思早得多地发现了。如果一个人能有幸和马克思这样的

---

①　弗·梅林《莱辛传奇》1893 年斯图加特版。——编者注
②　弗·梅林《论历史唯物主义》,作为附录收入《莱辛传奇》1893 年版。——编者注

641

人一起工作 40 年之久,那么他在后者在世时通常是得不到他以为应当得到的承认的;后来,伟大的人物逝世了,那个平凡的人就很容易得到过高的评价——在我看来,现在我的处境正好是这样。历史最终会把一切都纳入正轨,到那时那个人已经幸运地长眠于地下,什么也不知道了。

此外,只有一点还没有谈到,这一点在马克思和我的著作中通常也强调得不够,在这方面我们大家都有同样的过错。这就是说,我们大家首先是把重点放在从基本经济事实中**引出**政治的、法的和其他意识形态的观念以及以这些观念为中介的行动,而且**必须这样做**。但是我们这样做的时候为了内容方面而忽略了形式方面,即这些观念等等是由什么样的方式和方法产生的。这就给了敌人以称心的理由来进行曲解或歪曲,保尔·巴尔特就是个明显的例子①。

意识形态是由所谓的思想家通过意识、但是通过虚假的意识完成的过程。推动他的真正动力始终是他所不知道的,否则这就不是意识形态的过程了。因此,他想象出虚假的或表面的动力。因为这是思维过程,所以它的内容和形式都是他从纯粹的思维中——或者从他自己的思维中,或者从他的先辈的思维中引出的。他只和思想材料打交道,他毫不迟疑地认为这种材料是由思维产生的,而不去进一步研究这些材料的较远的、不从属于思维的根源。而且他认为这是不言而喻的,因为在他看来,一切行动既然都以思维为**中介**,最终似乎都以思维为**基础**。

历史方面的意识形态家(历史在这里应当是政治、法律、哲学、神学,总之,一切属于**社会**而不是单纯属于自然界的领域的简

---

① 指保·巴尔特《黑格尔和包括马克思及哈特曼在内的黑格尔派的历史哲学》1890 年莱比锡版。——编者注

单概括）在每一科学领域中都有一定的材料，这些材料是从以前的各代人的思维中独立形成的，并且在这些世代相继的人们的头脑中经过了自己的独立的发展道路。当然，属于本领域或其他领域的外部事实对这种发展可能共同起决定性的作用，但是这种事实本身又被默认为只是思维过程的果实，于是我们便始终停留在纯粹思维的范围之中，而这种思维仿佛顺利地消化了甚至最顽强的事实。

正是国家制度、法的体系、各个不同领域的意识形态观念的独立历史这种外观，首先迷惑了大多数人。如果说，路德和加尔文"克服了"官方的天主教，黑格尔"克服了"费希特和康德，卢梭以其共和主义的《社会契约论》间接地"克服了"立宪主义者孟德斯鸠，那么，这仍然是神学、哲学、政治学内部的一个过程，它表现为这些思维领域历史中的一个阶段，完全不越出思维领域。而自从出现了关于资本主义生产永恒不变和绝对完善的资产阶级幻想以后，甚至重农主义者和亚当·斯密克服重商主义者，也被看做纯粹的思想胜利；不是被看做改变了的经济事实在思想上的反映，而是被看做对始终普遍存在的实际条件最终达到的真正理解。如果狮心理查和菲力浦-奥古斯特实行了自由贸易，而不是卷入了十字军征讨[91]，那我们就可以避免 500 年的贫穷和愚昧。

对问题的这一方面（我在这里只能稍微谈谈），我觉得我们大家都有不应有的疏忽。这是一个老问题：起初总是为了内容而忽略形式。如上所说，我也这样做过，而且我总是在事后才发现错误。因此，我不仅根本不想为此对您提出任何责备——我在您之前就在这方面有过错，我甚至没有权利这样做——，相反，我只是想让您今后注意这一点。

与此有关的还有意识形态家们的一个愚蠢观念。这就是：因为我们否认在历史中起作用的各种意识形态领域有独立的历史发展,所以我们也否认它们对**历史**有任何**影响**。这是由于通常把原因和结果非辩证地看做僵硬对立的两极,完全忘记了相互作用。这些先生们常常几乎是故意地忘记,一种历史因素一旦被其他的、归根到底是经济的原因造成了,它也就起作用,就能够对它的环境,甚至对产生它的原因发生反作用。例如在您的书中第 475 页上巴尔特讲到教士等级和宗教的地方,就是如此。我很高兴您收拾了这个平庸得令人难以置信的家伙。而他们还让这个人在莱比锡当历史教授呢! 那里曾经有个老瓦克斯穆特,这个人头脑也很平庸,但对事实很敏感,完全是另一种人!

此外,关于这本书,我只能再重复一下那些文章在《新时代》**131**上发表①时我已经不止一次地讲过的话:这是现有的对普鲁士国家形成过程的最好的论述,我甚至可以说,是唯一出色的论述,对大多数事情,甚至各个细节,都正确地揭示出相互联系。令人遗憾的只是您未能把直到俾斯麦为止的全部进一步发展也包括进去,我不由地希望您下一次会做到这一点,连贯地描绘出自选帝侯弗里德里希-威廉到老威廉②为止的整个情景。您已经做过准备性的研究工作,至少在主要问题上可以说已经完成了。而在破马车散架以前这件事无论如何是必须做好的。打破保皇爱国主义的神话,这即使不是铲除掩盖着阶级统治的君主制度(因为**纯粹的**资产阶级共和制在德国还没有产生出来就已经过时了)的必要前提,也毕竟是完成这一任务的最有效的杠杆之一。

这样您就会有更多的余地和机会把普鲁士的地方史当做全德

---

① 弗·梅林《莱辛传奇》1892 年 1—6 月在《新时代》杂志上连载。——编者注
② 威廉一世。——编者注

苦难的一部分描绘出来。正是在这一点上,我在某些地方不同意您的意见,不同意您对德国的割据局面和16世纪德国资产阶级革命失败的先决条件的见解。如果我有机会重新改写我的《农民战争》①的历史导言(希望这能在今年冬季实现),那么我就能在那里阐述有关的各点。**511**这并不是说我认为您列举的各种先决条件不正确,但是除此之外我还要提出其他一些,并加以稍许不同的分类。

在研究德国历史(它完全是一部苦难史)时,我始终认为,只有拿法国的相应的时代来作比较,才可以得出正确的标准,因为那里发生的一切正好和我们这里发生的相反。那里是封建国家的各个分散的成员组成一个民族国家,我们这里恰好是处于最严重的衰落时期。那里的整个发展过程中贯穿着罕见的客观逻辑,我们这里则表现出不可救药的,而且越来越不可救药的紊乱。在那里,在中世纪,英国征服者是外国干涉的代表,帮助普罗旺斯族反对北法兰西族。对英国人的战争可说是三十年战争**470**,但是战争的结果是外国干涉者被驱逐出去和南部被北部制服。随后是中央政权同依靠国外领地、起着勃兰登堡—普鲁士所起作用的勃艮第藩国的斗争,但是这一斗争的结果是中央政权获得胜利和民族国家最后形成。**512**在我们这里,当时恰好是民族国家彻底瓦解(如果神圣罗马帝国**357**范围内的"德意志王国"可以称为民族国家的话),德国领土开始大规模被掠夺。这对德国人来说是极其令人羞愧的对照,但是正因为如此就更有教益,自从我们的工人重又使德国站在历史运动的前列以来,我们对过去的耻辱就稍微容易忍受了。

德国的发展还有一点是极其特殊的,这就是:最终共同瓜分了

---

① 恩格斯《德国农民战争》,见《马克思恩格斯文集》第2卷。——编者注

整个德国的两个帝国组成部分,都不纯粹是德意志的,而是在被征服的斯拉夫人土地上建立的殖民地:奥地利是巴伐利亚的殖民地,勃兰登堡是萨克森的殖民地;它们之所以**在德国内部**取得了政权,仅仅是因为它们依靠了国外的、非德意志的领地:奥地利依靠了匈牙利(更不用说波希米亚了),勃兰登堡依靠了普鲁士。在最受威胁的西部边境上,这类事情是根本没有的,在北部边境上,保护德国不受丹麦人侵犯一事是让丹麦人自己去做的,而南部则很少需要保卫,甚至国境保卫者瑞士人自己就能从德国分立出去!

我已经天南地北地扯得太远了;让这些空话至少给您作个证据,证明您的著作使我多么兴奋吧。

再次表示衷心的感谢和问候。

您的 弗·恩格斯

1894 年

95. 恩格斯致朱泽培·卡内帕

迪亚诺马里纳

[草稿]

[1894 年 1 月 9 日于伦敦]

亲爱的公民:

请原谅我用法文给您写信。近 20 年来,我已经失掉在运用意大利文方面所掌握的那点能力。

我打算从马克思的著作中给您找出一则您所期望的题词。[513]
我认为,马克思是当代唯一能够和那位伟大的佛罗伦萨人①相提
并论的社会主义者。但是,除了《共产主义宣言》②中的下面这句
话(《社会评论》[514]杂志社出版的意大利文版③第 35 页),我再也
找不出合适的了:"代替那存在着阶级和阶级对立的资产阶级旧
社会的,将是这样一个联合体,在那里,每个人的自由发展是一切
人的自由发展的条件。"④

要用几句话来概括未来新时代的精神,而又不堕入空想主义
或者不流于空泛辞藻,几乎是不可能的。

因此,如果我向您提供的这段文字不能满足您所希望的一切
条件,那就请您原谅。但是,由于您要在 21 日(这是个充满吉兆
的日子,是路易·卡佩公民被处死刑的日子)前做好准备,所以时
间不能耽误。

衷心问好。

您的

---

① 但丁。——编者注
② 即《共产党宣言》。——编者注
③ 1893 年米兰版。——编者注
④ 见本选集第 1 卷第 422 页。——编者注

96.恩格斯致瓦尔特·博尔吉乌斯

布 雷 斯 劳

1894 年 1 月 25 日于伦敦西北区
瑞琴特公园路 122 号

尊敬的先生:

对您的问题回答如下:

1. 我们视之为社会历史的决定性基础的经济关系,是指一定社会的人们生产生活资料和彼此交换产品(在有分工的条件下)的方式。因此,这里包括生产和运输的**全部技术**。这种技术,照我们的观点看来,也决定着产品的交换方式以及分配方式,从而在氏族社会解体后也决定着阶级的划分,决定着统治关系和奴役关系,决定着国家、政治、法等等。此外,在经济关系中还包括这些关系赖以发展的**地理基础**和事实上由过去沿袭下来的先前各经济发展阶段的残余(这些残余往往只是由于传统或惰性才继续保存着),当然还包括围绕着这一社会形式的外部环境。

如果像您所说的,技术在很大程度上依赖于科学状况,那么,科学则在更大得多的程度上依赖于技术的**状况**和**需要**。社会一旦有技术上的需要,这种需要就会比十所大学更能把科学推向前进。整个流体静力学(托里拆利等)是由于 16 世纪和 17 世纪意大利治理山区河流的需要而产生的。关于电,只是在发现它在技术上的实用价值以后,我们才知道了一些理性的东西。可惜在德国,人们撰写科学史时习惯于把科学看做是从天上掉下来的。

2. 我们把经济条件看做归根到底制约着历史发展的东西。而种族本身就是一种经济因素。不过这里有两点不应当忽视：

（a）政治、法、哲学、宗教、文学、艺术等等的发展是以经济发展为基础的。但是，它们又都互相作用并对经济基础发生作用。这并不是说，只有经济状况才是**原因，才是积极的**，其余一切都不过是消极的结果，而是说，这是在**归根到底**不断为自己开辟道路的经济必然性的基础上的相互作用。例如，国家就是通过保护关税、自由贸易、好的或者坏的财政制度发生作用的，甚至德国庸人的那种从 1648—1830 年德国经济的可怜状况中产生的致命的疲惫和软弱（最初表现为虔诚主义，而后表现为多愁善感和对诸侯贵族的奴颜婢膝），也不是没有对经济起过作用。这曾是重新振兴的最大障碍之一，而这一障碍只是由于革命战争和拿破仑战争把慢性的穷困变成了急性的穷困才动摇了。所以，并不像人们有时不加思考地想象的那样是经济状况自动发生作用，而是人们自己创造自己的历史，但他们是在既定的、制约着他们的环境中，是在现有的现实关系的基础上进行创造的，在这些现实关系中，经济关系不管受到其他关系——政治的和意识形态的——多大影响，归根到底还是具有决定意义的，它构成一条贯穿始终的、唯一有助于理解的红线。

（b）人们自己创造自己的历史，但是到现在为止，他们并不是按照共同的意志，根据一个共同的计划，甚至不是在一个有明确界限的既定社会内来创造自己的历史。他们的意向是相互交错的，正因为如此，在所有这样的社会里，都是那种以**偶然性**为其补充和表现形式的**必然性**占统治地位。在这里通过各种偶然性来为自己开辟道路的必然性，归根到底仍然是经济的必然性。这里我们就来谈谈所谓伟大人物问题。恰巧某个伟大人物在一定时间出现于某一国家,这当然纯粹是一种偶然现象。但是,如果我们把这个人去掉,那时就会需要有另外一个人来代替他,并且这个代替者是会出现的,不论好一些或差一些,但是最终总是会出现的。恰巧拿破仑这个科西嘉人做了被本身的战争弄得精疲力竭的法兰西共和国所需要的军事独裁者,这是个偶然现象。但是,假如没有拿破仑这个人,他的角色就会由另一个人来扮演。这一点可以由下面的事实来证明:每当需要有这样一个人的时候,他就会出现,如凯撒、奥古斯都、克伦威尔等等。如果说马克思发现了唯物史观,那么梯叶里、米涅、基佐以及1850年以前英国所有的历史编纂学家则表明,人们已经在这方面作过努力,而摩尔根对于同一观点的发现表明,发现这一观点的时机已经成熟了,这一观点**必定**被发现。

历史上所有其他的偶然现象和表面的偶然现象都是如此。我们所研究的领域越是远离经济,越是接近于纯粹抽象的意识形态,我们就越是发现它在自己的发展中表现为偶然现象,它的曲线就越是曲折。如果您画出曲线的中轴线,您就会发现,所考察的时期越长,所考察的范围越广,这个轴线就越是接近经济发展的轴线,就越是同后者平行而进。

在德国,达到正确理解的最大障碍,就是著作界对于经济史的不负责任的忽视。不仅很难抛掉学校里灌输的那些历史观,而且更难搜集为此所必需的材料。例如,老古·冯·居利希在自己的枯燥的材料汇集①中的确收集了能够说明无数政治事实的大量材料,可是他的著作又有谁读过呢!

---

① 古·居利希《关于当代主要商业国家的商业、工业和农业的历史叙述》1830—1845年耶拿版。——编者注

此外,我认为马克思在《雾月十八日》①一书中所作出的光辉范例,能对您的问题给予颇为圆满的回答,正是因为那是一个实际的例子。我还认为,大多数问题都已经在《反杜林论》第一编第九至十一章、第二编第二至四章和第三编第一章或导言里②,后来又在《费尔巴哈》③最后一章里谈到了。

请您不要过分推敲上面所说的每一句话,而要把握总的联系;可惜我没有时间能像给报刊写文章那样字斟句酌地向您阐述这一切。

请代我向……④先生问好并代我感谢送来的……④,它使我十分高兴。

致以崇高的敬意。

您的　弗·恩格斯

---

① 马克思《路易·波拿巴的雾月十八日》,见本选集第1卷。——编者注
② 见本选集第3卷。——编者注
③ 恩格斯《路德维希·费尔巴哈和德国古典哲学的终结》,见本卷。——编者注
④ 原信此处缺损。——编者注

97.恩格斯致保尔·拉法格

勒 佩 勒

1894年3月6日于伦敦西北区
瑞琴特公园路122号

亲爱的拉法格：

……前激进派**427**会对你们说，是啊，但是我们法国有共和国！我们的情况有所不同；我们可以利用政府来实现社会主义措施！

对无产阶级来说，共和国和君主国不同的地方仅仅在于，共和国是无产阶级将来进行统治的**现成的**政治形式。你们比我们优越的地方是，你们已经有了共和国，而我们则不同，我们还必须花费24小时去建立它。但是，共和国像其他任何政体一样，是由它的内容决定的；只要它是**资产阶级**的统治形式，它就同任何君主国一样敌视我们（撇开敌视的**形式**不谈）。因此，无论把它看做本质上是一种社会主义的形式，还是当它还被资产阶级掌握时，就把社会主义的使命委托给它，都是毫无根据的幻想。我们可以迫使它作出某些让步，但是决不能把我们自己的工作交给它去完成；即使我们能够通过一个强大得随时就能使自己变为多数派的少数派去监督它，也不能那样做……

98. 恩格斯致弗里德里希·阿道夫·左尔格

霍 博 肯

1894 年 11 月 10 日于伦敦西北区
瑞琴特公园路 41 号

亲爱的左尔格:

……这里的运动至今仍然同美国的运动相似,只是**多少**走在你们前面一点。群众本能地感到,工人必须建立自己的政党来同两个官方的政党相对抗;这种本能日益增强,而且在 11 月 1 日的市政选举中又表现得比任何时候都为明显。但是由于各种陈旧的传统观念以及缺乏能把这种本能变成自觉行动并在全国范围内把它联合起来的人,运动停滞在思想不明确和各地分散行动的早期阶段上。盎格鲁撒克逊宗派主义在工人运动中也很盛行。社会民主联盟[515]同你们那里的德国人的社会主义工人党[163]完全一样,竟把我们的理论变成了正统教派的死板的教条;它目光短浅,故步自封,而且由于海德门的缘故,它在国际政策中固守着腐朽透顶的传统,这种传统固然时有松动,但是还远远没有被彻底打破。独立工党[516]在策略上十分含糊,它的领袖基尔·哈第是一个极其狡猾的苏格兰人,对他的蛊惑人心的诡计是丝毫不能相信的。他虽然是一个出身于苏格兰煤矿工人的贫民,却创办了一家大型周刊《工人领袖》[517],要是没有一大笔钱,这是办不到的,毫无疑问,这笔钱是他从托利党[518]或自由党人合并派[519]即从反对格莱斯顿和地方自治[520]的人那里弄来的。他在伦敦文坛上臭名昭著的交往和一些直接资料以及他的政治态度都能证实这一点。因此,他很可能由于爱尔兰选民和激进派选民的背弃而在 1895 年的普选中失去他的议席,[521]这将是幸事,因为这个人目前是一块最大的绊脚石。他只是在有蛊惑人心的机会时才在议会中出现:说几句关于失业者的空话来抬高自己,却不去为他们争得任何东西,或者在某个王子①诞生的时候向女王②说一些蠢话(这种做法在这里是极其陈腐和一钱不值的),等等。不过,无论是在社会民主联盟内,还是在独立工党内,特别是在地方上,都有一些很好的人,但是他们很分散;当然,他们至少使得领袖们唆使这两个组织互相倾轧的一切企图每次都遭到了失败。约翰·白恩士在政治上相当孤立,他受到海德门和基·哈第的猛烈攻击,表现出一副似乎对工人的政治组织失去信心、仅仅对工联还抱有希望的样子。的确,他同这两个人打交道是有惨痛教训的,如果机械工人联合会不给他支付议会津贴,他就会饿死。他爱慕虚荣,完全让自由派即激进党人"社会派"牵着鼻子走,他无疑过分重视他所争得的许多个别的让步;虽然如此,在整个运动中,即在领袖们中间,他是唯一真正诚实的人,并且具有真正无产阶级的本能,我认为,比起其他人的狡猾和自私打算来,这种本能在紧要关头是能够引导他走向比较正确的道路的。

在大陆上,随着各种成果的取得,渴望获得更大成果的心理也在增强,而名副其实的争取农民的活动也就风行起来了。起初,法国人在南特通过拉法格[244]不仅声明说:通过直接干预去加速小农的破产,这不是我们的事情,这一点资本主义会替我们操心(关于

---

① 爱德华·阿伯特,约克亲王。——编者注
② 维多利亚。——编者注

这个问题我已经写信和他们谈过①);而且还说:必须直接**保护**小农,使他们不受国库、高利贷者和大地主的剥削。但是这一点我们是不能赞同的,因为第一,这是愚蠢的;第二,这是不可能的。接着,福尔马尔又在法兰克福发表演说**522**,他打算收买**全体农民**,但是他在上巴伐利亚要收买的农民,不是莱茵地区的负债累累的小农,而是剥削男女雇工并大批出卖牲口和粮食的中农甚至大农。除非我们放弃一切原则,否则是不能同意这一点的。我们要把阿尔卑斯的农民以及下萨克森和石勒苏益格—荷尔斯泰因的大农争取过来,就只有把雇农和短工出卖给他们,而这样做,我们在政治上就会得不偿失。法兰克福党代表大会在这个问题上没有作出决定;不过也好,这个问题现在可以深入研究。参加代表大会的人对农民和各省的根本不同的土地关系了解太少,所以他们除了胡说一通以外,不能作出什么决议。不过,这个问题迟早总是要解决的。

……在中国进行的战争②给古老的中国以致命的打击。闭关自守已经不可能了;即使是为了军事防御的目的,也必须敷设铁路,使用蒸汽机和电力以及创办大工业。这样一来,旧有的小农经济的经济制度(在这种制度下,农户自己也制造自己使用的工业品),以及可以容纳比较稠密的人口的整个陈旧的社会制度也都在逐渐瓦解。千百万人将被迫离乡背井,移居国外;他们甚至会移居到欧洲,而且是大批的。而中国人的竞争一旦规模大起来,就会给你们那里和我们这里迅速地造成极端尖锐的形势,这样一来,资本主义征服中国的同时也将促进欧洲和美洲资本主义的崩溃……

---

① 参看恩格斯1894年8月底给保·拉法格的信。——编者注
② 指1894年发生的中日战争,即甲午战争。——编者注

99.恩格斯致威廉·李卜克内西

柏　林

1894 年 11 月 24 日于[伦敦]西北区
瑞琴特公园路 41 号

亲爱的李卜克内西：

我已经写信给倍倍尔并向他指出，在政治争论中，一切都必须冷静考虑，决不要匆忙行事或者凭一时的冲动，我自己在这方面也常常吃亏。因此我现在也要向你提出一个小小的警告。

倍倍尔在会议上的做法是否**不够聪明**，这可以争论。但就事情本身而论，他无疑是正确的。[523]你作为中央机关报的编辑，当然应当起调解作用，应当通过争论消除确实存在的分歧，应当做到各方都能接受，只要党还没有分裂，就应当致力于党的团结。你作为**编辑**对倍倍尔的行为可能感到不愉快。然而，**编辑**感到不愉快的东西应当是**党的领袖**所期望的东西，就是说，有些人用不着总是把必不可少的编辑眼镜架在鼻子上，而且他们还可以提醒编辑本人，他作为党的领袖，有时不妨摘掉玫瑰色眼镜，用自己的肉眼来观察世界。

法兰克福党代表大会[522]前夕，巴伐利亚人在纽伦堡建立了真正的**宗得崩德**。[524]他们带着明白无误的**最后通牒**来到法兰克福。另外，福尔马尔还说什么**各走各的路**，而格里洛①则说，随便你们

---

①　卡·格里伦贝格尔。——编者注

通过什么决议,反正我们**不服从**。他们宣布了巴伐利亚人的特权,并把他们在党内的反对者称为"普鲁士人"和"柏林人"。[525] 他们要求党同意他们投票赞成政府预算,同意那种甚至比小资产阶级的政策还**右**的农民政策。这次党代表大会不是像以前经常做的那样,坚决制止这种行为,而是不敢通过任何决议。如果说倍倍尔在这种情况下谈党内小资产阶级分子活动的加强不合时宜,那么,我真不知道究竟什么时候谈才合时宜。

而《前进报》[483]在干什么呢?它紧紧抓住倍倍尔的攻击形式不放,说事情并不是那样糟糕,并采取同倍倍尔"完全相反"的态度,以致你因倍倍尔的反对者事后必然产生的"误会"才被迫发表声明,说你的完全相反的态度仅仅涉及倍倍尔的攻击**形式**,而就事情本身而论(在政府预算和农民问题上),他是正确的,你也是站在他一边的。[526]我觉得,你**事后被迫**发表声明这一事实本身就向你证明,你所犯的右倾错误比倍倍尔可能犯的左倾错误要严重得多。

整个这场争论所涉及的归根到底仅仅是巴伐利亚人的行动,这种行动最明显地表现为以下两点:为了争取小资产者而以机会主义的态度赞成政府预算,福尔马尔为了争取中农和大农而在农村进行机会主义的宣传。这两点和巴伐利亚人的宗得崩德立场,是当前存在的唯一实际的问题。如果说倍倍尔正是在党代表大会置党于不顾的时候抓住了这些问题,那么你们应当为此而感谢他。如果说他把党代表大会所造成的这种难以容忍的状况看做是党内庸俗习气日益增长的结果,那也不过是他从正确的总观点出发来看这个具体问题,这一点同样是应当肯定的。如果说他急于对这一切进行辩论,那是他在履行自己应尽的职责,是在设法使下一次党代表大会能够对法兰克福代表大会不知所措的那些迫切问题作出完全正确的判断。

分裂的危险并不是来自倍倍尔方面,他不过是直言不讳而已。这种危险来自巴伐利亚人,他们采取了党内前所未有的行动方式,使《法兰克福报》[527]的那些把福尔马尔和巴伐利亚人看做自己人的庸俗民主主义者欣喜若狂;这家报纸兴高采烈,而且变得更加肆无忌惮。

你说福尔马尔不是叛徒。也许是这样。我也不认为他自己会把自己看做叛徒。但是,你把一个竟然要求无产阶级政党使拥有 10—30 公顷土地的上巴伐利亚大农和中农的现状(这种现状的基础是剥削雇农和短工)永远保持不变的人叫做什么呢? 无产阶级政党是专门为了使雇佣奴隶制永远保持不变而建立的吗! 这种人可以叫做反犹太主义者,资产阶级民主主义者,巴伐利亚分立主义者,随便叫什么都可以,但是难道可以叫做社会民主党人?! 其实,在一个日益壮大的工人政党内,小资产阶级分子的增多是不可避免的,并没有什么了不起。这就像"学士"、考试不及格的大学生等的增多一样。他们在几年前还是一种危险。现在我们能够消化他们。但是消化总得有个过程。为此就需要盐酸;如果盐酸不够(像法兰克福所表明的那样),那么现在就应该感谢倍倍尔,他为了使我们能够很好地消化这些非无产阶级分子而加了盐酸。

建立党内真正和谐的关键就在这里,而不在于否认和隐瞒党内一切真正有争论的问题。

你说,重要的是"引起有效的行动"。这好极了,但是这种行动究竟什么时候才开始呢?

1895 年

100.恩格斯致理查·费舍

柏　林

1895 年 3 月 8 日于［伦敦］西北区
瑞琴特公园路 41 号

亲爱的费舍:

我尽可能考虑到你们的严重担忧,虽然我十分愿意理解但还是多半不能理解你们的担忧是由何而起。[528]然而我不能容忍你们立誓忠于绝对守法,任何情况下都守法,甚至在那些已被其制定者违犯的法律面前也要守法,简言之,即忠于右脸挨了耳光再把左脸送过去的政策。不错,在《前进报》[483]上人们有时以过去宣传革命的那种劲头否定革命(而以后他们可能又来宣传)。但我认为此事不可效法。

我认为,如果你们宣扬绝对放弃暴力行为,是决捞不到一点好处的。没有人会相信这一点,也没有一个国家的**任何一个**政党会走得这么远,竟然放弃拿起武器对抗不法行为这一权利。

我还必须考虑到,阅读我的著作的还有外国人——法国人、英国人、瑞士人、奥地利人、意大利人等,我决不能在他们面前这样糟蹋自己的名誉。

因此,我接受你们提出的修改意见,但以下几点除外:1. 长条校样第9页,关于群众现在是这样写的:"他们一定要弄明白,他们采取行动是为了什么。"① 2.下一段:关于攻击的话**全部**删掉。② 你们的建议③有事实上的错误。法国人、意大利人等每天都在运用攻击的**号召**,只是不认真罢了。3.长条校样第10页:"**现在**社会民主党是靠……来从事颠覆的",你们想去掉"**现在**"一词,也就是把暂时的策略变成永久的策略,把具有相对意义的策略变成具有绝对意义的策略。我不会这样做,也不能这样做,以免使自己永世蒙受耻辱。因此我拒绝写什么相反的东西,我说:"正是现在遵守法律对社会民主党从事颠覆**十分有利**"。

为什么你们认为在涉及破坏宪法问题时指出俾斯麦1866年的行为是有害的呢?这是我绝对无法理解的。事实上这是适应其人的最好证据。好吧,我让你们称心如意④。

就这样,我**决**不会再多走一步。为了减少你们在辩论期间的烦恼,我已尽了我最大的努力。如果你们坚持这样的观点就更好些:守法的义务是法律上的,而不是道义上的,像博古斯拉夫斯基(这里有一个长s)给你们郑重指出的那样;**529** 如果掌权者违犯法律,上述义务就完全解除。而你们(起码是你们之中的某些人)却

---

① 在恩格斯《卡·马克思〈1848年至1850年的法兰西阶级斗争〉一书导言》手稿中这句话是这样写的:"凡是要把社会组织完全加以改造的地方,群众自己就一定要参加进去,自己就一定要弄明白这为的是什么,他们为争取什么而去流血牺牲。"(见本卷第394页)——编者注

② 指恩格斯《导言》手稿中下面这句话:"无准备的攻击,到处都退到次要地位。"(见本卷第394页)——编者注

③ 执行委员会成员建议将这句话改成这样:"号召无准备的攻击,到处都退到次要地位。"——编者注

④ 在1895年发表的恩格斯《导言》文本中,引起执行委员会成员反对的地方被删去了(参看本卷第397—398页)。——编者注

表现软弱,敌人提出守法的义务是**道义上的**、是适用于一切场合的,你们对这一要求未能给予应有的抵制,当时本应声明:"你们掌权,你们制定法律,我们如有违犯,你们可以根据这些法律处置我们,我们只得忍受;如此而已,此外,我们再没有任何义务,你们也再没有任何权利。"天主教徒在五月法令[530]时期是这样做的,迈森的老路德派[531]教徒和那个在各家报刊上出头露面的门诺派教徒士兵[532]也是这样做的,你们不能从这个立场后退。反颠覆法草案[259]反正是要完蛋的,类似的东西很难搞成,更难实施;但是,如果这些人掌握了权力,他们就会想方设法压制和折磨你们。

如果你们想让政府的先生们了解,我们现在还要等待,只是因为我们目前的力量还不足以自立,因为军队还没有受到深刻的影响——既然如此,亲爱的朋友们,那你们为什么天天在报纸上吹嘘党的巨大进步和成就呢?其实他们和我们一样十分了解,我们正在不可阻挡地走向胜利,再过几年我们将成为不可制服的,因此他们现在就想和我们较量,可惜他们不知道怎么干。在这种情况下,我们的演说什么也不能改变,这一切他们了解得和我们一样清楚;而且他们还知道,将来我们**掌握了**权力,我们将用来维护自己的利益,而不是维护他们的利益。

因此,当事情发展到在帝国国会开展大辩论时,你们要考虑一下:你们现在维护抵制权,和博古斯拉夫斯基过去维护反对我们的抵制权完全一样;听你们讲话的还有老一代的革命者,法国人、意大利人、西班牙人、匈牙利人和英国人;"合法的"一词很久以前在维登已被删掉[175],此事必须严肃对待的时刻还会到来(谁知道多快到来)。请你们看看奥地利人,如果选举权不很快实行,他们将尽可能直接地使用武力威胁![533]回想一下你们自己在反社会党人法[180]时期的非法行为吧,现在人们又想用它逼你们就范!守法,目前暂时在一定程度上对我们还是适用的,但决不是不惜任何代价的守法,即使是口头上也罢!

你的 弗·恩·

把引用语(大部分已**包括在**正文里)译成德文现在太晚了,因为早已排版。

校样从这里寄往汉堡。

101.恩格斯致韦尔纳·桑巴特

布 雷 斯 劳

1895 年 3 月 11 日于伦敦西北区
瑞琴特公园路 41 号

尊敬的先生:

在答复您上月 14 日来信时,对您惠寄的关于马克思的文章①谨致谢意。这篇文章,我在亨·布劳恩博士好意寄给我的那一期《文库》**534**里已经饶有兴味地拜读了;我很高兴,终于在一所德国的大学里也看到对《资本论》②有这样的理解。不言而喻,我不能完全同意您对马克思观点的表述。尤其是第 576 和 577 页上关于价值概念的转述,我觉得谈得太远了一点。如果是我,那就首先对

---

① 韦·桑巴特《卡尔·马克思经济学体系批判》,载于 1894 年《社会立法和统计学文库》第 7 卷第 4 期。——编者注
② 马克思《资本论》第 3 卷。——编者注

这一概念从历史上加以限定,强调它只适用于迄今唯一能够谈得上价值的那个经济阶段,即存在**商品**交换,相应地也存在商品生产的那些社会形式。原始共产主义不知道什么是价值。其次,我认为,这个论点还可以有一个在概念上更狭窄的表述。可是这样会使我们扯得太远。在主要问题上,您所谈的还是正确的。

在第 586 页上您直接点了我的名,您这种用手枪顶住我的胸膛的可爱的做法使我觉得好笑。然而您可以放心,我不会要您"相信相反的东西"。马克思从个别资本主义企业产生的各种数值 $\frac{m}{C} = \frac{m}{c+v}$ 得出一般的、相同的利润率时所借助的那些概念上的过渡,单个的资本家是完全意识不到的。至于这些过渡在历史上具有某种与其相应的现象或者它们具有某种存在于我们头脑之外的现实性,这可以在下面的过程中看到:资本家甲生产的剩余价值中超出利润率、因而也超出他在总剩余价值中应得份额的那部分剩余价值,转入另一个自己生产的剩余价值通常总是低于其应得红利的资本家乙的钱袋中。但这个过程是客观地、在事物中不知不觉地完成的,而我们只是到现在才能判断,要费多大气力才能达到对这个过程的正确理解。如果平均利润率的创造需要单个资本家**有意识的**合作,如果单个资本家**意识到**,他是在生产剩余价值、生产多少以及在很多情况下还得把自己的剩余价值拿出一部分,那么剩余价值和利润之间的联系从一开始就相当清楚了,亚当·斯密,甚至配第,一定早就会指出这一点了。

从马克思的观点看,迄今为止的整个历史进程,就重大事件来说,都是不知不觉地完成的,就是说,这些事件及其所引起的后果都是不以人的意志为转移的。要么历史事件的参与者所希望的完全不是已成之事,要么这已成之事又引起完全不同的未曾预见到的后果。用之于经济方面就是:单个资本家都各自追求**更大的利**

润。资产阶级经济学发现，每一单个资本家这种对**更大的利润**的追求，产生一般的、**相同的利润率**，差不多人人**相同的利润率**。但是，不论资本家还是资产阶级经济学家都没有意识到：这种追求的真正目的是全部剩余价值按同等的比例分配给总资本。

那么平均化的过程实际上是怎样完成的呢？这是个非常有趣的问题，马克思本人对此谈得不多。但是，马克思的整个世界观不是教义，而是方法。它提供的不是现成的教条，而是进一步研究的出发点和**供**这种研究**使用**的方法。因此这里还有一些马克思自己在这部初稿中没有做完的工作要做。我们首先看看第三卷上册第153—156 页的叙述①，这些对您转述价值概念也很重要，并且证明这个概念具有或曾经具有比您所赋予的更大的现实性。在交换之初，当产品逐渐转化为商品的时候，交换大致是**按照它们的价值**进行的。花费在两种物品上的劳动，正是它们在数量上进行比较的唯一标准。因此，那时价值曾经有**直接的、现实的存在**。我们知道，在交换中，价值的这种直接实现停止了，现在不再有这种情况了。我认为，对您来说，不用费什么事就能看出（起码是大致看出）那些从这种直接的、现实的价值到资本主义生产形式下的价值的中间环节；后一种价值隐藏得很深，以致我们的经济学家可以满不在乎地否认它的存在。对这个过程作出真正历史的解释，当然要求认真地进行研究，而为此花费的全部心血将换来丰硕的成果；这样的解释将是对《资本论》的十分宝贵的补充。**535**

最后，我还应该感谢您对我的看重，认为我可以根据第三卷写出比它的现有形式更好的东西。但是我不能同意这种看法，我认

---

① 马克思《资本论》第 3 卷 1894 年汉堡版。参看《马克思恩格斯文集》第 7 卷第 195—198 页。——编者注

为,按马克思的文字整理马克思的手稿,就是尽了我的职责,虽然这可能要逼着读者更多地进行独立思考。

致以崇高的敬意。

忠实于您的 弗·恩格斯

102.恩格斯致康拉德·施米特

苏 黎 世

1895 年 3 月 12 日于伦敦西北区
瑞琴特公园路 41 号

亲爱的施米特:

……您在利润率问题上为什么走上了岔路,我认为,您的来信已经使我得到了一些解释。我在这里发现了同一种陷入枝节问题的偏向,我把它归咎于 1848 年以来在德国大学中流行的哲学研究的折中主义方法,这种方法丢掉了事物的总的概貌,过于经常地陷入一种几乎是无休止、无结果的对枝节问题的思辨中。在古典作家中,您以前主要研究的恰好就是康德,而康德由于他那个时代的德国哲学研究的状况,由于同学究气十足的沃尔弗式的莱布尼茨主义的对立,也就或多或少地被迫在形式上对这种沃尔弗式的思辨作一些表面的让步。我就是这样来解释您陷入枝节问题的偏向的,这种偏向也表现在您的来信中谈到价值规律的那些题外话里;在这些地方,我认为您没有经常注意总的联系,所以您把价值规律贬为一种虚构,一种必要的虚构,差不多就像康德把上帝的存在贬

665

为实践理性的一种假定一样。

您对价值规律的责难,从现实的观点来看,涉及**一切**概念。思维和存在的同一性(用黑格尔的话来说)完全符合于您举的圆和多边形的例子。换句话说,这两者,即一个事物的概念和它的现实,就像两条渐近线一样,一齐向前延伸,彼此不断接近,但是永远不会相交。两者的这种差别正好是这样一种差别,由于这种差别,概念并不无条件地直接就是现实,而现实也不直接就是它自己的概念。由于概念有概念的基本特性,就是说,它不是直接地、明显地符合于使它得以抽象出来的现实,因此,毕竟不能把它和虚构相提并论,除非您因为现实同一切思维成果的符合仅仅是非常间接的,而且也只是渐近线似地接近,就说这些思维成果都是虚构。

一般利润率的情况不就是这样吗? 它在任何时候都只是近似地存在着。如果一般利润率某个时候在两个企业中分毫不差地实现了,如果这两个企业在某一年内获得**完全相同的利润率**,那么这是纯粹的偶然性,实际上,利润率是根据各个企业、各个年度的各种不同情况而变化的,一般利润率只是作为许多企业和许多年度的平均数而存在。但是,如果我们想要求利润率(比如说是14.876934……)在每一个企业和每一个年度直到第一百位小数都完全一样,不然就把它贬为虚构,那我们就严重地误解了利润率和一般经济规律的本质。它们全都没有任何其他的现实性,而只是一种近似值,一种趋势,一种平均数,但不是**直接的**现实。其所以如此,部分地是由于它们所起的作用被其他规律同时起的作用打乱了,而部分地也是由于它们作为概念的特性。

或者,您可以举工资规律即劳动力价值的实现为例,劳动力价值只是作为平均数实现的,而且就连这一点也不总是如此,它在每一个地区,甚至在每一个部门,都随着通常的生活水平而有所变化。或者以地租这种从被垄断的自然力中产生的超出一般利润率的超额利润为例。就是在这里,现实的超额利润和现实的地租也不是绝对地符合,而只是在平均数上近似地符合。

价值规律以及剩余价值通过利润率来分配的情况也是这样。

1. 这两者只有在资本主义生产到处都已经充分地实现,也就是说,社会已经被简化为地主、资本家(工业家和商人)和工人这三个现代阶级,而一切中间阶层都已被消灭的前提下,才能最完全地达到近似的实现。这种情形甚至在英国都没有,而且永远也不会有,我们决不会让它发展到这个地步。

2. 利润(包括地租)是由各种不同的成分构成的:

(a)由欺诈而来的利润,它在代数和中互相抵消;

(b)由于库存货物(例如,当第二年歉收时,上一年收成的余额)的价值上涨而来的利润。这种利润如果不是已经被其他商品的价值下降所抵消,在理论上归根到底也应该平均化,因为,要么是买进的资本家必须多支付的正好等于卖出的资本家多取得的,要么是在涉及工人的生活资料的时候,工资终究必须提高。可是,这种价值上涨的最本质的东西**不是长期存在的**,因而平均化只是出现在几年的平均数中,而且是十分不完全的,显然是要靠牺牲工人的利益才会出现的;工人将生产更多的剩余价值,因为他们的劳动力没有得到十足的报酬;

(c)剩余价值的总和,但是其中还要扣除**送给买主**的那一部分,特别是在危机时期,那时过剩的生产会缩减到它的社会必要劳动实际含量以内。

由此可以立即得出结论,总利润和总剩余价值只能近似地符合。而且您还要考虑到,总剩余价值和总资本都不是常数,而是每天都在变化的变数。于是,很明显,利润率由$\frac{\Sigma m}{\Sigma(c+v)}$来表现,要不是通过一个近似的数列,是完全不可能的;总价格和总价值的符合,要不是经常趋于统一而又经常与这种统一背离的符合,也是完全不可能的。换句话说,概念和现象的统一是一个本质上无止境的过程,这种统一无论在这个场合还是在其他一切场合都是如此。

难道封建制度始终与它的概念相符合吗? 它在西法兰克王国[536]奠定了基础,在诺曼底为挪威侵略者进一步发展,在英格兰和南意大利为法国的诺曼人所完善,而它最接近于它的概念是在短命的耶路撒冷王国,这个王国在耶路撒冷法典[537]中遗留下了封建制度的最典型的表现。难道说,因为这种制度只是在巴勒斯坦有过短暂的十分典型的存在,而且很大程度上这也只是在纸上,它就是一种虚构吗?

或者,自然科学中通用的概念,因为它们决不是一直与现实相符合,就都是虚构吗? 从我们接受了进化论的时刻起,我们关于有机体的生命的一切概念都只是近似地与现实相符合。否则就不会有任何变化;哪一天有机界的概念与现实绝对符合了,发展也就终结了。鱼这个概念的内涵是在水中生活和用鳃呼吸;如果不突破这个概念,您想怎么能从鱼转到两栖动物呢? 而这个概念已经被突破了,我们知道一系列的鱼,它们的鳔已经发展成肺并且可以呼吸空气。如果不让爬行动物和哺乳动物这两个概念中的一个或两个与现实发生冲突,您想怎么能从卵生的爬行动物转到能生育活生生的幼儿的哺乳动物呢? 实际上,单孔目动物有整整一个亚纲是卵生的哺乳动物,——1843 年我在曼彻斯特看见过鸭嘴兽的蛋,并且傲慢无知地嘲笑过哺乳动物会下蛋这种愚蠢之见,而现在这却被证实了! 因此,但愿您对价值概念不要做我事后不得不请求鸭嘴兽原谅的那种事情吧!

在桑巴特那篇其他方面都写得很好的关于第三卷的文章①中,我也发现了这种削弱价值理论的倾向;他显然也曾希望得到一种稍微不同的答案。

而您在《中央导报》⁵³⁸上发表的那篇文章②却**很好**,对于马克思的利润率理论——由于它的量的规定性——同旧经济学的利润率理论之间的特殊区别作了很好的论证。那位著名的洛里亚自作聪明,认为第三卷中直接抛弃了价值理论③,您的这篇文章就是对这个问题的很完备的回答。现在有两个人很关心这个问题,这就是罗马的拉布里奥拉⁵³⁹和正在《社会评论》⁵¹⁴上同洛里亚进行论战的拉法格⁵⁴⁰。因此,如果您能把文章寄一份给安东尼奥·拉布里奥拉教授(他的地址是罗马维克多-艾曼努埃尔大街251号),那么他会尽一切可能发表这篇文章的意大利文译文;另外再寄一份给保尔·拉法格(他的地址是法国塞纳省勒佩勒),这会给他提供必要的论据,他会引用您的文章的。我已经就此写信告诉他们两人,说您的文章已包含了对主要论点的现成的答案。如果您无法寄发这两份东西,请您来信告诉我。

我必须就此搁笔,否则我就会没完没了地写下去。

衷心问好。

您的　弗·恩格斯

---

① 韦·桑巴特《卡尔·马克思经济学体系批判》,载于1894年《社会立法和统计学文库》第7卷第4期。——编者注

② 康·施米特《〈资本论〉第三卷》,载于1895年2月25日《社会政治中央导报》第4年卷第22期。——编者注

③ 阿·洛里亚《卡尔·马克思的遗著》,载于1895年2月1日《科学、文学和艺术最新集萃》。——编者注

注　释

1 《马克思和〈新莱茵报〉(1848—1849 年)》是恩格斯在马克思逝世一周
年时为《社会民主党人报》(见注 4)撰写的纪念文章。恩格斯在文章
中高度评价了马克思创办的《新莱茵报》(见注 4)在欧洲 1848 年革命
中的作用,回顾了马克思和他为坚持报纸的正确方向、鼓舞和激励无产
阶级群众而努力奋斗的历程,指出一份大型的革命报纸,就是一面有影
响的旗帜。恩格斯还强调指出,《共产党宣言》(见本选集第 1 卷)作为
无产阶级政党的纲领,经受住了实践的检验,《宣言》阐明的原则,在革
命斗争中完全适用;《宣言》阐述的策略,已经成为所有坚决而有觉悟
的工人政党的准则。他指出,无产阶级政党无论在什么时候都必须保
持自己的阶级性质,坚持不断革命,坚持自己的最终目标。

这篇文章写于 1884 年 2 月中—3 月初,发表在 1884 年 3 月 13 日
《社会民主党人报》第 11 号。

1939 年延安解放社出版的由王石巍、柯柏年等翻译的《德国的革
命和反革命》一书,收入了由景林翻译的这篇文章。——1。

2 二月革命指 1848 年 2 月爆发的法国资产阶级民主革命。代表金融资
产阶级利益的"七月王朝"推行极端反动的政策,反对任何政治改革和
经济改革,阻碍资本主义发展,加剧对无产阶级和农民的剥削,引起全
国人民的不满;农业歉收和经济危机进一步加深了国内矛盾。1848 年
2 月 22—24 日巴黎爆发革命,推翻了"七月王朝",建立了资产阶级共
和派的临时政府,宣布成立法兰西第二共和国。二月革命为欧洲
1848—1849 年革命拉开了序幕。无产阶级和小资产阶级积极参加了
这次革命,但革命果实却落到了资产阶级手里。——1、2、203、326、
355、379。

3 共产主义者同盟是历史上第一个以科学社会主义为指导的无产阶级政
党,1847 年在伦敦成立。共产主义者同盟的前身是 1836 年成立的正

义者同盟（见注99），这是一个主要由德国工人和手工业者组成的德国政治流亡者秘密革命组织，后期也有其他国家的人参加。随着形势的发展，正义者同盟的领导成员逐步认识到必须使同盟摆脱旧的密谋传统和方式，并且确信马克思和恩格斯的理论是正确的，遂于1847年邀请马克思和恩格斯参加正义者同盟，协助同盟改组。1847年6月，正义者同盟在伦敦召开代表大会，恩格斯出席了大会，按照他的倡议，同盟的名称改为共产主义者同盟，因此这次大会也是共产主义者同盟的第一次代表大会。大会批准了同盟的章程草案，并用"全世界无产者，联合起来！"的战斗口号取代了正义者同盟原来的"人人皆兄弟"的口号。同年11月29日—12月8日，同盟召开第二次代表大会，马克思和恩格斯出席了大会。大会通过了同盟的章程，并委托马克思和恩格斯起草同盟的纲领，这就是1848年2月问世的《共产党宣言》。

1848年2月法国爆发革命，在伦敦的同盟中央委员会于1848年2月底把同盟的领导权移交给了以马克思为首的布鲁塞尔区部委员会。3月初，马克思被驱逐出布鲁塞尔并迁居巴黎。同盟在巴黎成立新的中央委员会，马克思当选为中央委员会主席，恩格斯当选为中央委员。

1848年3月下半月至4月初，马克思、恩格斯和数百名德国工人（他们多半是共产主义者同盟盟员）回国参加已经爆发的德国革命。马克思和恩格斯在3月底写成的《共产党在德国的要求》（见《马克思恩格斯全集》中文第1版第5卷）是共产主义者同盟在这次革命中的政治纲领。同年6月，马克思和恩格斯创办了《新莱茵报》，该报成为革命的指导中心。

欧洲1848—1849年革命失败后，共产主义者同盟进行了改组并继续开展活动。1850年夏，同盟中央委员会内部在斗争策略问题上发生严重分歧。以马克思和恩格斯为首的中央委员会多数派坚决反对维利希—沙佩尔集团提出的宗派主义、冒险主义的策略，反对该集团无视革命发展的客观规律和欧洲现实政治形势而主张立即发动革命。1850年9月中，维利希—沙佩尔集团的分裂活动最终导致同盟与该集团决裂。1851年5月，由于警察迫害和大批盟员被捕，共产主义者同盟在德国的活动实际上已陷于停顿。1852年11月17日，科隆共产党人案件（见注96）宣判后不久，同盟根据马克思的建议宣告解散。

共产主义者同盟在国际工人运动史上起了巨大的作用，它是培养无产阶级革命家的学校，很多共产主义者同盟盟员后来都积极参加了国际工人协会（见注97）的活动。——1、196、207、339、584、636。

4　指《新莱茵报。民主派机关报》(Neue Rheinische Zeitung. Organ der De-
mokratie)。该报是德国 1848—1849 年革命时期民主派中无产阶级一
翼的战斗机关报,1848 年 6 月 1 日—1849 年 5 月 19 日每日在科隆出
版,马克思任主编;参加编辑部工作的有恩格斯、威·沃尔弗、格·维尔
特、斐·沃尔弗、恩·德朗克、斐·弗莱里格拉特和亨·毕尔格尔斯。

　　《新莱茵报》编辑部作为无产阶级革命运动的领导核心,实际履行
了共产主义者同盟中央委员会的职责,起到了教育和鼓舞人民群众的
作用。报纸发表的有关德国和欧洲革命的社论,通常都是由马克思和
恩格斯执笔。尽管遭到当局的种种迫害和阻挠,《新莱茵报》仍然英勇
地捍卫革命民主主义运动和无产阶级的利益。1848 年 9 月 26 日科隆
实行戒严,报纸暂时停刊;此后在经济和组织方面遇到了巨大困难,马
克思不得不在经济上对报纸的出版负责,为此,他把自己的全部积蓄贡
献出来,报纸终于获得了新生。1849 年 5 月,在反革命势力全面进攻
的形势下,普鲁士政府借口马克思没有普鲁士国籍而把他驱逐出境,同
时又加紧迫害《新莱茵报》的其他编辑,致使该报被迫停刊。1849 年 5
月 19 日,《新莱茵报》用红色油墨印出了最后一号即第 301 号。报纸的
编辑在致科隆工人的告别书中说:"无论何时何地,他们的最后一句话
将始终是:工人阶级的解放!"(参看《马克思恩格斯全集》中文第 1 版
第 6 卷第 619 页)——3、210、283、378。

5　拿破仑法典(法兰西民法典)指在拿破仑统治时期于 1804 年通过并以
《拿破仑法典》著称的民法典,这里还广义地指 1804—1810 年拿破仑第
一统治时期通过的五部法典:民法典、民事诉讼法典、商业法典、刑法典
和刑事诉讼法典。这些法典曾沿用于拿破仑法国所占领的德国西部和
西南部,在莱茵地区于 1815 年归并于普鲁士以后仍然有效。恩格斯称
法兰西民法典为"典型的资产阶级社会的法典"(见本卷第 259
页)。——4、71、259、360、611。

6　指《普鲁士国家通用邦法》,包括私法、国家法、教会法和刑法,自 1794
年 6 月 1 日起开始生效。由于法国资产阶级革命及其对德国的影响,
普鲁士邦法明显地反映出资产阶级改良的萌芽,然而就其实质来说,它
仍然是一部封建性质的法律。——4、259、283、521。

7　德国学生、民主主义者古·阿·施勒弗尔 1848 年三月革命后曾在柏林
出版《人民之友》报,4 月 19 日他在该报第 5 号上发表了两篇文章,抨
击私有财产,捍卫劳动群众的权利,因而于 1848 年 4 月受审,并以教唆

暴动的罪名被判处六个月要塞监禁。——4。

8 《十字报》(Kreuz-Zeitung)是《新普鲁士报》(Neue Preußische Zeitung)的别称(因报头上印有后备军的十字章图样)。该报是德国的一家日报,普鲁士容克和上层贵族的喉舌;1848年6月至1939年在柏林出版,创办人是恩·路·格尔拉赫和汉·胡·克莱斯特-雷措,编辑是海·瓦盖纳(1848—1854年)。——6、456。

9 指柏林群众反对普鲁士政府的三月革命,这是德国1848—1849年资产阶级民主革命的开端。1848年3月初,柏林群众举行集会,要求取消等级特权、召开议会和赦免政治犯。国王弗里德里希-威廉四世调动军队进行镇压,遂发生流血冲突。3月13日,维也纳人民推翻梅特涅统治的消息传到柏林,斗争进一步激化。国王慑于群众的威力,并企图拉拢资产阶级自由派、阻止革命发展,于17、18日先后颁布特别命令,宣布取消书报检查制度,允诺召开联合议会,实行立宪君主制。资产阶级自由派遂与政府妥协。柏林群众要求把军队撤出首都,在遭到军警镇压后,于3月18日构筑街垒举行武装起义,最终迫使国王于19日下令把军队撤出柏林,起义获得了胜利,但是起义的成果却被资产阶级窃取,3月29日普鲁士成立了康普豪森—汉泽曼内阁。——6、380。

10 指《新莱茵报》(见注4)刊登了多篇批评法兰克福国民议会和柏林国民议会的文章,其中一部分出自马克思的手笔(见《马克思恩格斯全集》中文第1版第5卷和第6卷);恩格斯在《德国的革命和反革命》(见本选集第1卷)一文中也概括地作过类似的批评。——7。

11 《人民之友》(L'Ami du peuple)是法国的一家报纸,1789年9月12日由让·保·马拉在巴黎创办,并由他任主编出版至1793年7月初;1793年7月16日起由雅·卢任主编,并更名为《法兰西共和国政论家》。——8。

12 二月革命(见注2)后,无产阶级要求把革命推向前进,资产阶级共和派政府推行反对无产阶级的政策,1848年6月22日颁布了封闭"国家工场"的挑衅性法令,激起巴黎工人的强烈反抗。6月23—26日,巴黎工人举行了大规模武装起义。经过四天英勇斗争,起义被资产阶级共和派政府残酷镇压下去。马克思论述这次起义时指出:"这是分裂现代社会的两个阶级之间的第一次大规模的战斗。这是保存还是消灭资产阶级制度的斗争。"(见本选集第1卷第467页)——8、382、494。

13 1848年2月24日是法国路易-菲力浦君主制被推翻的日子。1848年俄历2月24日(公历3月7日),尼古拉一世在获悉法国二月革命胜利以后,向陆军大臣发布了在俄国实行部分动员的命令,准备对付欧洲的革命。——8。

14 维也纳事变是指1848年3月13日爆发的维也纳人民推翻梅特涅统治的起义。

　　米兰事变是指1848年3月18日米兰人民举行的反对奥地利统治的武装起义。起义赶走了奥地利军队,成立了资产阶级自由派和民主派领导的临时政府,推动了意大利其他各地的革命。

　　柏林事变是指与米兰事变同一天爆发的柏林人民武装起义,见注9。——8、382。

15 马克思和恩格斯的朋友和战友威·沃尔弗的一组文章《西里西亚的十亿》于1849年3月22日—4月25日发表在《新莱茵报》第252、255、256、258、264、270—272和281号。1886年,这些文章略经修改后,以单行本形式出版,并由恩格斯写了导言(见《马克思恩格斯文集》第4卷第247—259页)。恩格斯在《威廉·沃尔弗》(见《马克思恩格斯全集》中文第2版第25卷)一文中对这些文章作了详细的评述。——9。

16 红色雅各宾帽,即弗利基亚帽或红色尖顶帽,是古代弗利基亚(小亚细亚)人的头饰,后来在18世纪法国资产阶级革命时期成为雅各宾党人的帽子样式,此后这种帽子便成了自由的象征。——9。

17 《科隆日报》(Kölnische Zeitung)是德国的一家日报,17世纪创刊,1802—1945年用这个名称出版;19世纪40年代初代表温和自由派的观点,对资产阶级民主主义反对派持批判态度,维护莱茵地区资产阶级的利益;在科隆教会争论中代表天主教会的利益;《莱茵报》被查封后,该报成为莱茵地区资产阶级自由派的主要机关报;1831年起出版者是杜蒙,1842年报纸的政治编辑是海尔梅斯。——10、494。

18 1849年6月13日,小资产阶级政党山岳党在巴黎组织了一次和平示威,抗议法国派兵镇压意大利革命,因为共和国宪法规定,禁止动用军队干涉别国人民的自由。这次示威被军队驱散,它的失败宣告了法国小资产阶级民主主义的破产。6月13日以后,当局开始迫害民主主义者,其中包括外侨,同时许多社会主义报刊遭到查封。——10、211。

19 恩格斯作为奥·维利希志愿军团的一员参加了1849年巴登-普法尔茨起义。参看注124。——11、421。

20 《家庭、私有制和国家的起源》是恩格斯阐发历史唯物主义基本理论的重要著作。在这部著作中，恩格斯用唯物史观科学地阐明了人类社会早期发展阶段的历史，论述了氏族组织的结构、特点和作用以及家庭的起源和发展，揭示了原始社会制度解体和以私有制为基础的阶级社会形成过程，分析了国家从阶级对立中产生的历史条件和本质特征，指出了国家必将随着阶级的消灭和共产主义的胜利而消亡。恩格斯对历史唯物主义关于物质生产是社会发展决定性因素的基本原理作了进一步的阐述，指出："根据唯物主义观点，历史中的决定性因素，归根结底是直接生活的生产和再生产。但是，生产本身又有两种。一方面是生活资料即食物、衣服、住房以及为此所必需的工具的生产；另一方面是人自身的生产，即种的繁衍。一定历史时代和一定地区内的人们生活于其下的社会制度，受着两种生产的制约：一方面受劳动的发展阶段的制约，另一方面受家庭的发展阶段的制约"（见本卷第 13 页）。家庭的形式是随着生产的发展而改变的，在人类历史发展的早期阶段，家庭血缘关系曾对社会制度起过重要作用；随着私有制和阶级的产生，以血族关系为基础的社会就被受私有制支配的社会所代替；私有制是人类社会在一定历史阶段的产物，是与生产力发展到一定阶段相联系的；私有制的出现导致剥削制度的产生和对抗阶级的形成。恩格斯分析了国家的起源、发展和消亡的规律，指出："国家是社会在一定发展阶段上的产物；国家是承认：这个社会陷入了不可解决的自我矛盾，分裂为不可调和的对立面而又无力摆脱这些对立面。而为了使这些对立面，这些经济利益互相冲突的阶级，不致在无谓的斗争中把自己和社会消灭，就需要有一种表面上凌驾于社会之上的力量，这种力量应当缓和冲突，把冲突保持在'秩序'的范围以内；这种从社会中产生但又自居于社会之上并且日益同社会相异化的力量，就是国家"（见本卷第 186—187 页）。阶级社会中的国家"是最强大的、在经济上占统治地位的阶级的国家，这个阶级借助于国家而在政治上也成为占统治地位的阶级，因而获得了镇压和剥削被压迫阶级的新手段"（见本卷第 188页）；国家随着阶级的产生而产生，也必然随着阶级的消灭而消亡；以生产者自由平等的联合体为基础的、按新方式来组织生产的社会，即共产主义社会，将把全部国家机器放到古物陈列馆去。恩格斯在这部著作中还论证了妇女解放和社会解放的关系，阐明了在私有制统治下妇女不平等地位的经济基础，并指出，只有消灭了资本主义生产方式，婚姻自由和妇女的彻底解放才有可能。

列宁认为，《家庭、私有制和国家的起源》"是现代社会主义的基本著作之一,其中每一句话都是可以相信的,每一句话都不是凭空说的,而是根据大量的史料和政治材料写成的"(见《列宁全集》中文第2版第37卷第62页)。

这部著作写于1884年4月初—5月26日。恩格斯在整理马克思的手稿时,发现了马克思在1880—1881年间对美国人类学家路·亨·摩尔根的《古代社会》一书所作的详细摘要、批语和补充材料(见《马克思恩格斯全集》中文第1版第45卷)。恩格斯确信摩尔根的这本书证实了马克思和他本人的历史唯物主义研究的结论。因此,他认为有必要利用这些材料,写一部专门的著作。恩格斯在第一版序言中称,这在某种程度上是实现马克思的遗愿。在写作过程中,恩格斯还利用了自己对古希腊罗马史、古代爱尔兰史、古代德意志史等等的研究成果(恩格斯的《马尔克》、《论德意志人的古代历史》和《法兰克时代》,见《马克思恩格斯全集》中文第2版第25卷)和其他文献,扩大了研究的视野和范围。

1884年10月初,《家庭、私有制和国家的起源》在霍廷根—苏黎世问世,1886年和1889年在斯图加特重新装订出版,并注明是"1886年斯图加特第二版"和"1889年斯图加特第三版"。这部著作的波兰文、罗马尼亚文和意大利文译本于1885年出版,其中意大利文译本是经恩格斯亲自审定的。此后恩格斯还审定了1888年出版的丹麦文译本。第一个塞尔维亚文译本也于19世纪80年代末出版。

1890年,恩格斯积累了有关原始社会史的新材料,于是便着手准备出版新版。他在新版中对原文作了许多修改和订正,特别是利用考古学和民族学的最新材料,对《家庭》一章作了重要补充。经过修改和补充的《家庭、私有制和国家的起源》第四版,于1891年底在斯图加特出版。本卷译文主要以该版为依据。该版所作的重要改动,在本卷的脚注中作了说明。

1892年和1894年,这部著作还出版了第五版和第六版,这两版都是在第四版的基础上翻印的。

这部著作在恩格斯生前还被译成法文(1893年)、保加利亚文(1893年)、西班牙文(1894年)和俄文(1894年),其中法译文由劳·拉法格校订,并经恩格斯审阅。

1920年,《家庭、私有制和国家的起源》的部分内容由恽代英译成中文,发表在上海《东方杂志》第17卷第19—20号;1929年上海新生命书局出版了李膺扬的中译本;1941年学术出版社又出版了张仲实的中译本。——12。

21 这篇序言在《家庭、私有制和国家的起源》第四版出版以前，经恩格斯本人同意，曾以《关于原始家庭的历史（巴霍芬、麦克伦南、摩尔根）》为题发表在1890—1891年《新时代》（见注131）杂志第9年卷第2册第41期。1891年以后以德文和其他文字出版的恩格斯的《家庭、私有制和国家的起源》的各种版本，都收入了这篇序言。——15。

22 《现代人》（Contemporanul）是罗马尼亚社会主义者的一家文学、科学和政治杂志，由康·多布罗贾努-盖雷亚和若·纳杰日杰创办；1881年7月—1890年12月用这个名称在雅西出版，先是每月出两次，后改为月刊；该杂志刊登过马克思和恩格斯的《资本论》、《工资、价格和利润》、《家庭、私有制和国家的起源》的一些片断。——16。

23 这段引文摘自约·弗·麦克伦南《古代史研究。附重印的〈原始婚姻。关于婚礼中抢劫仪式的起源的研究〉》1886年伦敦—纽约版第124—125页。麦克伦南的《原始婚姻》最早于1865年在爱丁堡出版单行本，而收有《原始婚姻》的《古代史研究》第1版于1876年在伦敦出版。恩格斯在下面也提到这一版本。——21。

24 马加尔人过去是一个部落，现在是居住在尼泊尔西部地区的一个民族。——21、146。

25 路·亨·摩尔根的14封《关于易洛魁人的通信》发表在纽约的《美国评论》杂志1847年2—12月第2—12期，他的著作《Ho-dé-no-sau-nee或易洛魁联盟》1851年在伦敦出版。

《美国评论：辉格党关于政治、文学、艺术和科学的期刊》（The American Review：A Whig journal of politics，literature，art and science）是1845—1852年间在纽约出版的一份月刊，这份刊物的副标题曾作多次改动。——21。

26 1888年8—9月恩格斯曾同爱·艾威林、爱·马克思-艾威林和卡·肖莱马去美国和加拿大旅行。恩格斯在旅行归来乘坐的纽约号轮船上，用轮船上的公用信笺写下了一些片断，描述美国的社会政治生活，《美国旅行印象》（见《马克思恩格斯全集》中文第1版第21卷）即是其中一篇。——26。

27 普韦布洛印第安人是原居住在新墨西哥（今美国西南部和墨西哥北部）的一个部落集团的名称。恩格斯也称普韦布洛印第安人为新墨西哥人。他们的村庄是要塞式建筑，有五六层，可容纳上千人。因西班牙殖民者称这些宅居群为 pueblo(意为人民、村庄、公社)故而得名。普韦布洛印第安人同属史前阿纳萨齐人的后裔,但他们的语言并不相同,分为四大语系。他们按居住地分为东西两支,东支有较发达的农业,种植多种农作物,并具有灌溉系统,掌握了复杂的、水平较高的建筑术,已接近阶级社会;西支则仍保留氏族制度。在路·亨·摩尔根《古代社会》一书中普韦布洛印第安人一般指印第安人的村庄;在休·豪·班克罗夫特《北美太平洋沿岸各州的土著民族》中,被用做美国西南部部落集团的总称。——32、106、122。

28 这里的海盗是指中世纪斯堪的纳维亚各国侵扰英国、法国、南意大利、俄国等国沿海地区的半商海盗。——34。

29 马克思在《路易斯·亨·摩尔根〈古代社会〉一书摘要》中写道:"家庭是一个能动的要素,它从来不是静止不动的,而是由较低级的形式进到较高级的形式。反之,亲属制度却是被动的;它把家庭经过一个长久时期所发生的进步记录下来,并且只有当家庭已经根本变化了的时候,它才发生根本的变化。

〔同样,政治的、宗教的、法律的、哲学的体系,一般都是如此。〕"

从"反之,亲属制度……"开始,一直到这段结束,旁边有用红笔画的线;"一般都是如此"下面有用红笔画的线(参看《马克思恩格斯全集》中文第 1 版第 45 卷第 353—354 页)。——38。

30 亚·日罗-特隆在《婚姻与家庭的起源》1884 年日内瓦—巴黎版第 XV 页的脚注中沿用了昂利·德·索绪尔本人的这种提法。——40。

31 马克思给恩格斯的这封信没有保存下来。但恩格斯在 1884 年 4 月 11 日给卡·考茨基的信中提到了这封信:"如果杜西能把信找到,书中还将包括马克思对理·瓦格纳的批评;这里有何联系,请您自己去想吧。"——45。

32 这是理·瓦格纳的大型组歌剧《尼贝龙根的指环》的一句歌词,引自《瓦尔库蕾》第 2 幕。这部歌剧是作曲家瓦格纳根据斯堪的纳维亚史诗《艾达》(见注 33)和德国史诗《尼贝龙根之歌》写成的。它包括以下四部歌剧:《莱茵的黄金》、《瓦尔库蕾》、《齐格弗里特》和《神的灭亡》。

《尼贝龙根之歌》是根据民族大迁徙时期(3—5 世纪)的古代德意志神话和传说创作的德意志民间英雄史诗。这部叙事诗形成于公元 1200 年前后,作者不详。——45、89。

33 《艾达》是一部斯堪的纳维亚各民族的神话和英雄传说与歌曲的集子;保存下来的有两种形式,一种是 13 世纪的手稿,1643 年为冰岛主教斯维因松所发现(即所谓老《艾达》),另一种是 13 世纪初诗人和编年史家斯诺里·斯图鲁逊所编的古代北欧歌唱诗人诗歌论集(即所谓小《艾达》)。《艾达》中的诗歌反映了氏族制度解体和民族大迁徙时期斯堪的纳维亚的社会状况,从中可以看到古代日耳曼人民间创作中的一些形象和情节。

《厄革斯德列克》是老《艾达》诗歌集中属于较晚时期的歌词之一。恩格斯在这里引的是这首诗歌的第 32 和 36 节。——45、353。

34 亚萨神和瓦那神是斯堪的纳维亚神话中的两类神。

《英格林加传说》是中世纪冰岛诗人和编年史家斯诺里·斯图鲁逊所著关于挪威国王(从远古到 12 世纪)的《环球》一书中的第一个传说,该书是作者在 13 世纪上半叶根据有关挪威国王的历史记述以及冰岛和挪威的氏族传说编写成的。恩格斯在这里引的是第一个传说的第 4 章。——45。

35 约·雅·巴霍芬的观点见他的《母权论》1861 年斯图加特版第 XXIII 页。马克思的话引自《路易斯·亨·摩尔根〈古代社会〉一书摘要》(参看《马克思恩格斯全集》中文第 1 版第 45 卷第 565 页)。——48。

36 见凯撒《高卢战记》第 5 卷第 14 章,他在这一章中谈到了野蛮时代中级阶段布列吞人的婚姻情况。——48。

37 这里所谓级别制度中的级别是指婚姻等级或组别,澳大利亚的大多数部落都分成二至四个等级或组别。每一组别的男子只能与另一个一定的组别的女子通婚。——49。

38 洛·法伊森和阿·威·豪伊特多年研究澳大利亚群婚制,他们共同取得的研究成果,见法伊森和豪伊特《卡米拉罗依人和库尔纳依人》(1880 年墨尔本—悉尼—阿德莱德—布里斯班版)一书。——51。

39 克兰即氏族,在凯尔特民族中,除指氏族外偶尔也指部落;在氏族关系解体时期,则指一群血缘相近且具有想象中的共同祖先的人们。克兰内部保存着土地公有制和氏族制度的古老习俗。在苏格兰和威尔士的个别地区,克兰一直存在到 19 世纪。——57、98、148、311。

40 这段引文出自阿·莱特 1874 年 5 月 19 日写给路·亨·摩尔根的信,这封信曾全文发表在美国威斯康星州默纳沙出版的《美国人类学家》杂志(新辑)1933 年第 1 期第 138—140 页。恩格斯转引自摩尔根《古代社会》

1877 年伦敦版第 455 页（摩尔根指明该信写于 1873 年），马克思在《路易斯·亨·摩尔根〈古代社会〉一书摘要》中也摘录了这段引文（参看《马克思恩格斯全集》中文第 1 版第 45 卷第 361 页）。——57。

41 见休·豪·班克罗夫特《北美太平洋沿岸各州的土著民族》1875 年伦敦版第 1 卷第 565 页。恩格斯在《休·豪·班克罗夫特〈北美太平洋沿岸各州的土著民族〉一书摘要》第 10 页上写道"……在节日里几个部落聚集在一起，目的是不加区别地发生性关系（这显然是古老的，是通过脱离了平日生活的旧习俗来重温往昔岁月的部落集团）。"恩格斯在 1883 年 2 月 10 日写给卡·考茨基的信中，也提到班克罗夫特谈到的加利福尼亚居民的情况。——58。

42 沙特恩节是古罗马的重要节日之一，每年冬季农事结束后都要举行纪念农神沙特恩的节日。节日从 12 月 17 日开始，起初为一至三天，后来延长到五至七天。在节日期间举行群众性的盛宴和狂饮；奴隶得到暂时的自由，也可以参加沙特恩节，并与自由民同席。在沙特恩节期间盛行性关系的自由。"沙特恩节"遂成了纵情欢乐、盛宴狂饮的代名词。——59。

43 1486 年 4 月 21 日，西班牙国王、天主教徒斐迪南五世在加泰罗尼亚农民起义的压力下，在瓜达卢佩召见农民和封建主代表，并以仲裁人的身份作出裁决，颁发了所谓《瓜达卢佩诏谕》。裁决规定不得再把农民固定在土地上，并且取消了封建主裁判权和一些羞辱性的封建习俗，其中包括初夜权，但是，农民必须为此付出大量的赎金。——61。

44 扎德鲁加（Zádruga）是古代南方斯拉夫人、凯尔特人的家长制家庭公社，这种公社包括几个或十几个在血缘、经济、土地上有联系的家庭，大家共同生产，共同消费。19 世纪后半期扎德鲁加逐渐解体。——67、311。

45 见马·马·柯瓦列夫斯基的著作《原始的法》第一分册《氏族》1886 年莫斯科版第 32—38 页。在这一著作中，柯瓦列夫斯基引用了 1875 年奥尔山斯基和 1878 年亚·雅·叶菲缅科提供的关于俄国的家庭公社的资料。——68。

46 公社（община）是俄国农民共同使用土地的形式，其特点是在实行强制性的统一轮作的前提下，将耕地分给农户使用，森林、牧场则共同使用，不得分割。公社内实行连环保制度。公社的土地定期重分，农民无权放弃土地和买卖土地。公社管理机构由选举产生。俄国的公社在远古时代即已存在，在历史发展过程中逐渐成为俄国封建制度的基础。俄国自 1861 年改革以后,随着资本主义生产关系的发展和资本主义向俄国农业的渗透,公社制度逐渐解体。——68、308、626、639。

47 《雅罗斯拉夫的真理》是古俄罗斯的法典《俄罗斯的真理》古本第一册的名称,它是 11 世纪上半叶在当时习惯法的基础上产生的,其中既有封建权利的法规也有原始公社制度下形成的古老法规。这些法规反映了11—12 世纪俄罗斯社会的经济和社会关系。——68。

48 达尔马提亚法典,又称波利察法规,是一部刑法、民法、诉讼法的汇编。15—17 世纪该法典一直在波利察(历史上达尔马提亚的一部分)通行。——68。

49 Calpullis(卡尔普里)是墨西哥的印第安人被西班牙人征服时期的家庭公社。每一个家庭公社的全体成员都有着共同的世系,家庭公社占有一块公共的土地,土地不得让渡,也不得在继承者之间分配。阿·德·苏里塔在其所著《关于新西班牙的各类首领、法律、民俗、被征服前后确定的赋税等等的报告》中记述了 calpullis,这一报告被收入《有关美洲发现史的游记、报告和回忆录原本》,由泰尔诺-孔庞第一次用法文发表,1840 年巴黎版第 11 卷第 50—64 页。——69。

50 《外国》(Das Ausland)是德国的一家地理学、民族学和博物学杂志,1828—1893 年出版,最初是日刊,在奥格斯堡出版。从 1853 年起改为周刊,1873 年起改在斯图加特出版。——69。

51 马克思在《路易斯·亨·摩尔根〈古代社会〉一书摘要》中有这样一段文字:"而对奥林波斯山的女神们的态度,则反映了对妇女以前更自由和更有势力的地位的回忆。……"——71。

52 斯巴达人是古斯巴达享有充分权利的公民。

黑劳士是被斯巴达征服的南伯罗奔尼撒的农民,属于古斯巴达无权的居民。黑劳士属于国家,并隶属于斯巴达人的土地,他们耕种斯巴达人个人使用的土地,向斯巴达人交纳国家规定的地租(约占收成的一半)。——73。

53 恩格斯引用的可能是马克思和恩格斯的著作《德意志意识形态》手稿中未保留下来的 10 页上的一句话。《德意志意识形态》的其他地方也表达过类似的思想,参看《马克思恩格斯文集》第 1 卷第 534 页。——76。

54 庙奴是古希腊和希腊殖民地中属于神庙的男女奴隶。在许多地方,包括小亚细亚和科林斯,女庙奴都在神庙中从事卖淫活动。——77。

55 恩格斯在这里套用了沙·傅立叶的话,见傅立叶的著作《关于普遍统一的理论》1841 年巴黎第 2 版第 3 卷(《傅立叶全集》第 4 卷)第 120 页;这部著作第 1 版书名为《论家务农业协作》1822 年巴黎—伦敦版第 1—2 卷。——82。

56《古德龙》又称《库德龙》,是 13 世纪德国的一部叙事诗。13 世纪上半叶形成,作者不详,在 16 世纪的一部手稿中保存下来,直到 19 世纪初才被发现。——89。

57 萨姆是马加尔人(见注 24)的血缘团体的称谓。——98。

58 格·路·毛勒的主要著作有:《马尔克制度、农户制度、乡村制度、城市制度和公共政权的历史概论》1854 年慕尼黑版;《德国马尔克制度史》1856 年埃朗根版;《德国领主庄园、农户和农民制度史》1862—1863 年埃朗根版第 1—4 卷;《德国乡村制度史》1865—1866 年埃朗根版第 1—2 卷和《德国城市制度史》1869—1871 年埃朗根版第 1—4 卷。——107、469。

59"中立民族"指 17 世纪居住在伊利湖北岸的几个与易洛魁人血缘相近的印第安部落所组成的军事联盟。这些部落在易洛魁人和古朗人的战争中保持中立,因此法国殖民者称其为"中立民族"。——109。

60 指祖鲁人和努比亚人反对英国殖民者的民族解放斗争。

　　1879 年 1 月英国人向祖鲁人进攻,祖鲁人在自己的领袖芝瓦约的领导下非常顽强地抵抗了英国殖民军达半年之久。英国殖民军由于在武器装备方面占巨大优势,在经过一系列战斗之后取得胜利。直到 1887 年,英国人利用了他们在祖鲁人中间挑起的连续几年的部落混战,才得以最后征服祖鲁人。

　　19 世纪 70 年代英国殖民者开始侵入苏丹,遭到苏丹各族人民的顽强抵抗。1881 年爆发了以穆斯林传教主穆罕默德-艾哈迈德(他自称"马赫迪",意即"救世主")为首的苏丹的努比亚人、阿拉伯人和其他民族的民族解放起义,起义于 1883—1884 年获得胜利,从英国殖民军手中解放了几乎全部国土。在起义的过程中成立了独立统一的马赫迪国家。1899 年,英国殖民军趁这个国家因连年战事和发生部落纷争而内部削弱之机,依靠武器的绝对优势,征服了苏丹。——109、328。

61 指狄摩西尼在法庭上反驳欧布利得的演说词。演说词提到了共同的墓地只能埋葬本氏族死人的习俗。——112。

62 恩格斯在这里提到的古希腊哲学家狄凯阿尔科斯没有保存下来的著作的片断,引自威·瓦克斯穆特的著作《从国家观点研究希腊古代》1826 年哈雷版第 1 部第 1 篇第 312 页。——113。

63 公元前 477 年通过的选举资格法规定,允许雅典公民第四阶级,即最低阶级自由的贫民担任民政职务。一部分历史学家曾认为这是从亚里斯泰迪兹时期开始的。——130。

64 在古希腊城邦定居的外来移民被称做麦特克。他们虽有人身自由,但没有雅典的公民权利。他们不能参加人民大会、担任公职和占有不动产,不能和雅典公民通婚等;他们可以从事手工业、商业等职业并参加祭祀庆祝活动,要交纳特别的捐税和服兵役,但必须有全权公民作为自己的保护人,在法庭上也只能由全权公民代为辩护。公元前 5—4 世纪,麦特克成为阿提卡的城市人口中的重要部分,在阿提卡的经济生活,尤其是贸易方面起了重要作用。——131。

65 克利斯提尼革命指公元前 509 年雅典平民反对旧氏族贵族统治的斗争,其领袖是阿尔克梅奥尼德氏族的代表克利斯提尼。这次革命推翻了贵族的统治,并于公元前 508 年前后实行改革,消灭了氏族制度的残余,为雅典民主制度的发展奠定了基础。——131。

66 公元前 560 年贫困破产的贵族氏族的代表庇西特拉图夺取了雅典的政权,建立了个人统治的制度即僭主政体。这种制度在庇西特拉图公元前 527 年去世前曾因他两次被逐出雅典而中断,后来一直延续到公元前 510 年庇西特拉图之子希庇亚斯被逐为止。不久,在雅典建立了以克利斯提尼为首的奴隶主民主派的统治。庇西特拉图旨在保护中小地主的利益、反对氏族贵族的活动,没有引起雅典国家政治结构的重大改变。——134。

67 十二铜表法是古罗马最早的成文法,它代替了原先在罗马有效的习惯法。习惯法的解释权原先掌握在贵族手中,在平民的要求下,成立了以亚庇乌斯·克劳狄乌斯为首的十人委员会(十人团),该委员会受托编制法律,公元前 451 年编出十表,次年又成立新的十人委员会,再编两表,先后刻在十二块铜牌上公布,故而得名,原物已散失,仅在拉丁作家文集中保存下来不完整的法律条文。十二铜表法反映了罗马社会财产分化的过程、奴隶制发展和奴隶主国家形成的过程。十二铜表法是后来罗马法以及欧洲法学的渊源。——135。

68　公元 9 年,在条顿堡林山会战中,阿尔米纽斯领导的德意志部落起义军歼灭了三个罗马军团,罗马军队的统帅普卜利乌斯·昆提利乌斯·瓦鲁斯自杀身亡。

　　构成罗马人名的中间部分是其所属氏族的原名,由此可以推断瓦鲁斯是昆提利氏族的成员。——135。

69　亚庇乌斯·克劳狄乌斯在公元前451 年和450 年被选进十人委员会(十人团),委员会受托制定法律,即著名的十二铜表法(见注 67);在此期间,委员会享有充分权力,在期满以后,亚庇乌斯·克劳狄乌斯同十人团的其他人一起企图把委员会的权力延长到公元前449 年。十人团尤其是亚庇乌斯·克劳狄乌斯的专横和暴力引起了平民的起义,十人团被推翻;亚庇乌斯·克劳狄乌斯被监禁,此后不久死在监狱。——136。

70　布匿战争是古代地中海地区两个最大的奴隶制国家罗马和迦太基为了确立在地中海西部的统治,争夺新的土地和奴隶而进行的三次战争。第二次布匿战争发生于公元前218—201 年,以迦太基的失败而告终。——136。

71　见巴·格·尼布尔《罗马史》1828 年柏林修订第 3 版第 1 部第 352 页。恩格斯的这段话转引自路·亨·摩尔根《古代社会》第 315 页的脚注。参看马克思《路易斯·亨·摩尔根〈古代社会〉一书摘要》(《马克思恩格斯全集》中文第 1 版第 45 卷第 418—419 页)。——141。

72　参看泰·蒙森《罗马史》1881 年柏林第 7 版第 1 卷第 62—63 页。该书第一卷第一版于 1854 年在莱比锡出版。——142。

73　杜罗·德拉马尔的计算,见其著作《罗马人的政治经济学》1840 年巴黎版第 1 卷第 39 及以下几页和第 448 页。该卷卷末附有新旧度量衡以及货币单位比较表。——144。

74　路·亨·摩尔根《古代社会》第 2 编第 15 章(《人类其他部落中的氏族》)对凯尔特人和日耳曼人的氏族阐述得比较简单,于是恩格斯决定撰写这一章。

　　摩尔根在上述著作第 15 章中还扼要地对其他各民族的氏族发表了看法。马克思在他的《路易斯·亨·摩尔根〈古代社会〉一书摘要》第 2 编第 15 章《人类其他部落中的氏族》(见《马克思恩格斯全集》中文第 1 版第 45 卷)中完全略去了摩尔根的这些见解。除一小段关于凯尔特人的摘录外,他集中摘记了日耳曼人氏族的材料,同时根据凯撒和塔西佗著作的拉丁文版本核对了摩尔根所引用的资料,在核对过程中又摘录了比摩尔根更多的原始资料。恩格斯在论述日耳曼人时使用了马克思搜集的原始资料,同时利用了自己的《马尔克》、《论德意志人的古代历史》和《法兰克时代》(见《马克思恩格斯全集》中文第 2 版第 25 卷)等著作。至于凯尔特人,他可能参照了自己在 1869—1870 年间写的《爱尔兰史》(见《马克思恩格斯全集》中文第 1 版第 16 卷)。——145。

75 威尔士在 1283 年被英格兰人征服,但在这以后继续保持自治,直到 16 世纪中叶才完全并入英国。——146。

76 1869—1870 年,恩格斯着手编写一部长篇历史著作《爱尔兰史》。为此他曾开列了一个多达 150 余种图书的有关爱尔兰的书目,从这些著作中作了 15 本摘要,此外还准备了札记、单页资料、剪报等材料。1870 年 7 月以后,恩格斯中止了写作(这部未完成的《爱尔兰史》收入《马克思恩格斯全集》中文第 1 版第 16 卷,准备材料中的《戈尔德温·斯密斯〈爱尔兰历史和爱尔兰性格〉一书札记》和《有关爱尔兰没收土地历史的材料》收入《马克思恩格斯全集》中文第 1 版第 45 卷)。后来,在写作《家庭、私有制和国家的起源》时,恩格斯利用了这些准备材料和研究成果。这里谈到的有关威尔士法律的摘要,是指他当时对安·欧文受官方委托于 1841 年出版的历史资料集《威尔士的古代法律和规章》一书所作的摘要,见恩格斯 1870 年 7 月 6 日写给马克思的信。——146。

77 1891 年 9 月 8—23 日,恩格斯同玛·埃·罗舍和路·考茨基在苏格兰和爱尔兰旅行。

恩格斯 1891 年 9 月底拿到最后清样,因此这个注是后来才加上的。——149。

78 1745—1746 年苏格兰山民举行起义,反对英格兰—苏格兰的土地贵族和资产阶级的夺地运动。苏格兰高地的一部分贵族,为了保存封建宗法的氏族制度,并支持被推翻的斯图亚特王朝的代表们争夺英国王位,利用了山民的不满。起义的失败彻底破坏了苏格兰山地氏族制度,加剧了剥夺苏格兰农民土地的进程。——149。

79 阿勒曼尼亚法典是从 5 世纪起占有现在的阿尔萨斯、瑞士东部和德国西南部的阿勒曼尼亚德意志部落联盟的习惯法汇编;这一法典产生于 6 世纪末 7 世纪初和 8 世纪。恩格斯在这里引用的是《阿勒曼尼亚法典》第八十一(在另一版本中是第八十四)条。——150。

80　《希尔德布兰德之歌》这部英雄史诗，是古代德意志叙事诗文献，反映了民族大迁徙后期东哥特人的习俗，流传于 8 世纪，保留下来的仅是一些片断。——152、179。

81　见西西里的狄奥多鲁斯《史学丛书》。——153、162。

82　《女预言者的预言》(Völuspâ)是老《艾达》(见注 33)中最著名的一首歌，描述了世界从创始到毁灭及其再生——和平与正义的胜利。下文引述的两行诗中的德译文为恩格斯所译。——154。

83　齐维利斯领导的德意志部落和高卢部落反对罗马统治的起义发生在69—70 年(有些史料记载发生在 69—71 年)，这次起义是由于罗马统治者增加赋税、加紧募兵和罗马官吏胡作非为而引起的。起义席卷了大部分高卢和被罗马统治的德意志地区。起初起义者打了几次胜仗，之后却屡屡受挫，最后被迫同罗马媾和。——155。

84　《洛尔希寺院文书》(Codex Laureshamensis)是授予洛尔希寺院的各类证书和特权的副本集子。洛尔希寺院于 764 年在法兰克王国建立，距沃尔姆斯城不远，是德国西南部的一个大封建领地。《洛尔希寺院文书》于 12世纪编成，它汇集了有关特权和馈赠的各类寺院档案证书 3 836 份，其中2 700 份涉及 8—9 世纪的档案，是关于德国西南部农民和封建土地所有制的重要史料之一。——158。

85　见克雷莫纳的利乌特普朗德《奖赏》第 6 卷第 6 章。——167。

86　采邑(Beneficium，字面意思是"恩赐")是 8 世纪上半叶在法兰克王国盛行的一种赏赐土地的形式。一块块的土地连同居住在土地上的依附农民一起以采邑的形式授予领用人(采邑主)终身享用，条件是要履行一定的、多半是军事性的义务。在领用人或采邑主死亡，或未完成义务以及田园荒芜的情况下，采邑就应当归还给原主或交给他的继承人，若要恢复采邑关系，就须第二次赏赐。实行采邑分配的不仅有王权、教会，而且还有豪绅巨富。采邑制度促进了封建主阶级、特别是中小贵族的形成，使农民群众处于更加受奴役的地位，同时促进了藩属关系和封建等级制的发展。后来采邑变成了世袭封地。恩格斯在《法兰克时代》这篇著作(见《马克思恩格斯全集》中文第 2 版第 25 卷)中揭示了采邑制度在封建制度形成史上的作用。——169。

87　郡守是法兰克王国担任州郡领导的王室官吏。每位郡守在自己的区域内都享有司法权，可以征税和管辖军队，并在出征时统率军队。郡守在任内可以享有王室在该郡收入的三分之一,并获得赏赐的土地作为酬劳。后来郡守逐渐由王室委派的官员演变成大封建领主,拥有自主权,在 877 年正式建立郡守官职的世袭制以后,这种权力得到了加强。——170。

88 指 9 世纪编成的圣日耳曼-德-普雷修道院地产登记册(地产、人口和收入登记册),以《修道院院长伊尔米农的地产登记册》的名称而闻名。恩格斯从地产登记册中引用的材料大概载于保·罗特《采邑制度史》1850 年埃朗根版第 378 页。——170。

89 安加利是罗马帝国时期派给居民的义务,规定居民必须提供马匹和挑夫为政府运输,后来范围扩大了,成为居民的沉重负担。——171。

90 依附制度是从 8—9 世纪起在欧洲盛行的农民受封建主"保护",或者小封建主受大封建主"保护"的形式之一,接受保护需要一定的条件,即为"保护人"服兵役和承担其他徭役,并把自己的土地交给"保护人",然后以有条件地占有的形式赎回这些土地。这对于那些迫于暴力而不得不这样做的农民来说,意味着人身自由的丧失,而对于小封建主来说,则意味着处于大封建主藩属的地位。这种依附制度使农民陷于受奴役的境地,使封建等级制度得以巩固。——172。

91 十字军征讨指 11—13 世纪西欧天主教会、封建主和大商人打着从伊斯兰教徒手中解放圣地耶路撒冷的宗教旗帜,主要对东地中海沿岸伊斯兰教国家发动的侵略战争。因参加者的衣服上缝有红十字,故称"十字军"。十字军征讨前后共八次,历时近 200 年,最后以失败而告终。十字军征讨给东方国家的人民带来了深重的灾难,也使西欧国家的人民遭受惨重的牺牲,但是,它在客观上也对东西方的经济和文化交流起到了一定的促进作用。——172、643。

92 1066 年 10 月 14 日,诺曼底公爵威廉的军队侵入英国,在黑斯廷斯附近同盎格鲁撒克逊人展开会战。盎格鲁撒克逊人的军队由于在军事组织中还保留着公社制度的残余,使用的也是原始的武器装备,因此被击败。盎格鲁撒克逊国王哈罗德战死,而威廉则成为英国国王,称威廉一世,史称征服者威廉一世。——179。

93 迪特马申是德国北部的一个地区,曾是自由民的一个要塞。自由民曾长期保留公社制度,反抗德国和丹麦封建主的征服。从 12 世纪中叶起迪特马申的居民逐渐取得独立。旧的地方贵族到 13 世纪事实上已经消失,在独立时期迪特马申仍由自治的农民公社组成,这些农民公社的基础在许多地方都是旧有的农民氏族。到14世纪,迪特马申的最高权力属于全体土地自由占有者大会,后来转归三个由选举产生的委员会。1559年丹麦国王弗雷德里克二世、荷尔斯泰因公爵约翰和阿道夫的军队镇压了迪特马申居民的反抗,胜利者瓜分了这个地区。但是公社制度和部分自治在迪特马申一直保存到19世纪下半叶。——186。

94 斐·拉萨尔《既得权利体系》第2部:《罗马和日耳曼继承权在历史—哲学发展中的实质》。该书第一版于1861年在莱比锡出版。——193。

95 《关于共产主义者同盟的历史》是恩格斯为世界上第一个无产阶级政党撰写的简史。恩格斯在这篇文章中阐明了共产主义者同盟(见注3)成立的背景和经过、同盟在国际工人运动中的历史地位和作用,指出它是工人运动与科学社会主义相结合的产物,是无产阶级政党发展史上的重要阶段。恩格斯阐述了他和马克思为同盟制定的纲领和策略,强调同盟的目的是推翻资产阶级政权,建立无产阶级统治,消灭旧的以阶级对立为基础的资产阶级社会和建立没有阶级、没有私有制的新社会。恩格斯论述了同盟内部的思想斗争,指出同盟之所以成为无产阶级的先进组织,是因为它摆脱了威·魏特林的平均共产主义(见注107)、德国的"真正的社会主义"(见注118)等错误思潮的影响,接受了马克思和恩格斯创立的科学社会主义作为指导思想。

这篇文章是为马克思的著作《揭露科隆共产党人案件》(见《马克思恩格斯全集》中文第2版第11卷)德文第三版写的引言,第一次刊登在1885年11月12、19、26日《社会民主党人报》(见注174)第46、47、48号;还被收入1885年11月在霍廷根—苏黎世出版的小册子:马克思《揭露科隆共产党人案件。新版附弗里德里希·恩格斯的引言和几个文件》。

1939年延安解放社出版的由王石巍、柯柏年等翻译的《德国的革命和反革命》一书,收入了由景林翻译、徐冰校订的这篇文章。——196。

96 指科隆共产党人案件(1852年10月4日—11月12日),这是普鲁士政府策动的一次挑衅性案件。共产主义者同盟的11名成员被送交法庭审判,其罪名是"进行叛国性密谋"。被指控的证据是普鲁士警探们假造的中央委员会会议《原本记录》和其他一些伪造文件,以及警察局从已被开除出共产主义者同盟的维利希—沙佩尔冒险主义宗派集团那里窃得的一些文件。法庭根据伪造文件和虚假证词,判处七名被告三年至六年徒刑。马克思和恩格斯对这一案件的策动者的挑衅行为和普鲁士警察国家对付国际工人运动的卑鄙手段进行了彻底的揭露(参看马克思《揭露科隆共

产党人案件》和恩格斯《最近的科隆案件》,《马克思恩格斯全集》中文第
2 版第 11 卷)。——196、215。

97 国际工人协会简称国际,后通称第一国际,是无产阶级第一个国际性的革命联合组织,1864 年 9 月 28 日在伦敦成立。马克思参与了国际工人协会的创建,是它的实际领袖,恩格斯参加了国际后期的领导工作。在马克思和恩格斯的指导下,国际工人协会领导了各国工人的经济斗争和政治斗争,积极支持被压迫民族的解放运动,坚决揭露和批判了蒲鲁东主义、巴枯宁主义、拉萨尔主义、工联主义等错误思潮,促进了各国工人的国际团结。国际工人协会在 1872 年海牙代表大会(见注 384)以后实际上已停止了活动,1876 年 7 月 15 日正式宣布解散。国际工人协会的历史意义在于它"奠定了工人国际组织的基础,使工人做好向资本进行革命进攻的准备"(见《列宁全集》中文第 2 版第 36 卷第 290 页)。——196、216、329、449、477、559。

98 卡·维尔穆特和威·施梯伯的《19 世纪共产主义者的阴谋》一书上册叙述了所谓工人运动的"历史",该书的附录转载了若干落到警察手里的共产主义者同盟的文件。下册的内容是一份同工人运动和民主运动有联系的人的"黑名单"以及他们的履历表。——196、207。

99 正义者同盟是 1836 年在巴黎成立的德国工人和手工业者的秘密组织,主要由流亡者同盟中分裂出来的激进分子组成,也有一些其他国家的人参加。随着同盟开展各种合法活动和秘密活动,该组织日益具有国际性。同盟长期受威·魏特林粗陋的平均共产主义的影响,也受"真正的社会主义"和蒲鲁东小资产阶级社会主义的影响。后来在马克思和恩格斯的直接指导下,正义者同盟于 1847 年 6 月初在伦敦举行代表大会,实行了改组,更名为共产主义者同盟。——197、204。

100 巴贝夫主义是法国空想的平均共产主义流派之一,18 世纪末由法国革命家弗·巴贝夫及其拥护者创立。他们主张以密谋方式策动工人、贫民和士兵进行革命,推翻现存制度,消灭私有制,建立财产公有、人人平等的劳动人民共和国。——197。

101 四季社是法国七月王朝时期的秘密革命团体,1837—1839 年在巴黎进行活动。1835 年,奥·布朗基等人建立了家族社,1837 年改组为四季社。其目的是以暴力推翻现存的金融贵族政权,由少数革命家专政,建立共和国,实现社会平等。1839 年 5 月 12 日四季社策划发动了巴黎武装起义,

占领了市政厅。起义中革命工人起了主要作用,但没有获得广大群众的支持,起义当天即被政府军队和国民自卫军镇压,布朗基等人被捕,四季社亦不复存在。——197。

102 卡·沙佩尔在1839年5月12日起义后立即被捕,经过七个月监禁后被逐出法国;亨·鲍威尔在巴黎继续从事革命活动,于1841年12月被逮捕后也被驱逐出境。——197。

103 指法兰克福袭击岗哨事件,这是德国民主主义者同维也纳会议后在德国建立的反动统治进行斗争的事件之一。1833年4月3日,一群激进分子,主要是大学生,企图通过袭击德意志联邦中央机关,即美因河畔法兰克福的联邦议会,在国内发起变革,宣布成立全德意志共和国。由于准备不充分且事先走漏了消息,这次行动被在人数上占压倒优势的官方军队镇压下去。——198。

104 1834年2月,意大利资产阶级民主主义者朱·马志尼组织了他在1831年创建的"青年意大利"社的成员以及一群外国革命流亡者,从瑞士向属于撒丁王国(皮埃蒙特)的萨瓦进军,目的是在那里发动人民起义,以便统一意大利并建立独立的意大利资产阶级共和国。进入萨瓦的部队被皮埃蒙特的军队击溃。——198。

105 蛊惑者是对19世纪20年代德国知识分子反政府运动的参加者的称呼。他们组织政治性的示威游行,反对德意志各邦的反动制度,提出统一德国的要求。1819年大学生桑德刺杀神圣同盟的拥护者和沙皇代理人科策布,这一事件成了镇压所谓"蛊惑者"的借口。1819年8月德意志各邦大臣在卡尔斯巴德召开联席会议,通过一项对付所谓"蛊惑者阴谋"的专门决议,从此"蛊惑者"这一称谓便流传开来。到了30年代,由于受法国1830年革命的影响,德国及欧洲各国的反政府运动和革命运动又高涨起来,所谓的"蛊惑者"又受到新的迫害。——198、495。

106 德意志工人教育协会,即伦敦德意志工人共产主义教育协会,1840年2月7日由正义者同盟(见注99)的成员卡·沙佩尔、约·莫尔和其他活动家在伦敦成立,有时按会址称做大磨坊街协会。共产主义者同盟成立后,在协会中起领导作用的是同盟的地方支部。1847年和1849—1850年,马克思和恩格斯参加了该协会的活动。在共产主义者同盟内部以马克思和恩格斯为首的中央委员会多数派同维利希—沙佩尔冒险主义宗派集团少数派之间的斗争中,协会大多数成员站在少数派一边,因此,马克思和恩格斯及其许多拥护者于 1850 年 9 月 17 日退出了协会。从 50 年代末起,马克思和恩格斯重新参加了该协会的活动。国际工人协会(见注 97)成立之后,该协会成为国际在伦敦的德国人支部。伦敦教育协会一直存在到 1918 年为英国政府所封闭。——199、200。

107 威·魏特林是德国早期工人运动活动家,空想共产主义者。魏特林 1842 年出版了《和谐与自由的保证》一书,抨击资本主义社会,提出他的空想共产主义计划。他认为,理想的社会是和谐与自由的社会,在这个社会中,人人从事劳动,产品平均分配;他承认使用暴力实现社会革命的必要性。魏特林的学说是一种粗陋的平均共产主义理论,在早期德国工人运动中起过一定的积极作用,但后来成为工人运动发展的障碍。——199、339、523。

108 《前进报。巴黎德文杂志》(Vorwärts. Pariser Deutsche Zeitschrift)是在巴黎出版的一家德文刊物,1844 年 1 月创刊,每周出两次(星期三和星期六),创办人和编辑之一为亨·伯恩施太因,副标题为《巴黎艺术、科学、戏剧、音乐和社交生活信号》(Pariser Signale aus Kunst, Wissenschaft, Theater, Musik und geselligem Leben),1844 年 7 月 1 日卡·路·贝尔奈斯参加编辑部,同时副标题改为《巴黎德文杂志》;报纸最初为一家温和的自由派刊物,从 1844 年夏天起,在马克思的影响下成为当时最优秀的革命报纸之一,批判普鲁士的反动政策,刊登马克思和恩格斯等人的文章;1844 年 12 月因一些工作人员被政府驱逐出法国而停刊。——199。

109 宪章派指宪章运动的参加者。宪章运动是 19 世纪 30—50 年代中期英国工人的政治运动,其口号是争取实施人民宪章(见注 322)。人民宪章要求实行普选权并为保障工人享有此项权利而创造种种条件。宪章派的领导机构是"宪章派全国协会",机关报是《北极星报》(见注 114),左翼代表人物是乔·朱·哈尼、厄·琼斯等。宪章运动在 1839、1842 和 1848 年出现三次高潮,宪章运动领导人试图通过向下院提交全国请愿书的方式迫使政府接受人民宪章,但均遭到下院否决。19 世纪 50 年代末,宪章派全国协会停止活动,宪章运动即告结束。恩格斯称宪章派是"近代第一个工人政党"(见本选集第 3 卷第 768 页)。列宁指出,宪章运动是"世界上第一次广泛的、真正群众性的、政治上已经成型的无产阶级革命运动"(见《列宁全集》中文第 2 版第 36 卷第 292 页)。——201、203、427、434。

110 《德法年鉴》(Deutsch-Französische Jahrbücher)是由马克思和阿·卢格在巴黎编辑出版的德文刊物,仅在 1844 年 2 月出版过第 1—2 期合刊;其中刊载有马克思的著作《论犹太人问题》(见《马克思恩格斯文集》第 1 卷)和《〈黑格尔法哲学批判〉导言》(见本选集第 1 卷),以及恩格斯的著作《国民经济学批判大纲》(见本选集第 1 卷)和《英国状况。评托马斯·卡莱尔的〈过去和现在〉》(见《马克思恩格斯全集》中文第 2 版第 3 卷)。这些著作标志着马克思和恩格斯完成了从唯心主义向唯物主义、从革命民主主义向共产主义的转变。该杂志由于马克思和资产阶级激进分子卢格之间存在原则分歧而停刊。——202、467、539。

111　市民社会(bürgerliche Gesellschaft)这一术语出自黑格尔《法哲学原理》第 182 节(见《黑格尔全集》1833 年柏林版第 8 卷)。在马克思的早期著作中,这一术语有两重含义。广义地说,是指社会发展各历史时期的经济制度,即决定政治制度和意识形态的物质关系总和;狭义地说,是指资产阶级社会的物质关系。因此,应按照上下文作不同的理解。——202、243、258、408、429。

112　即布鲁塞尔德意志工人教育协会,该协会是马克思和恩格斯 1847 年 8 月底在布鲁塞尔建立的德国工人团体,旨在对侨居比利时的德国工人进行政治教育并向他们宣传科学社会主义思想。在马克思和恩格斯及其战友的领导下,协会成了团结侨居比利时的德国革命无产者的合法中心,并同佛兰德和瓦隆工人俱乐部保持着直接的联系。协会中的优秀分子加入了共产主义者同盟的布鲁塞尔支部。协会在布鲁塞尔民主协会(见注 115)成立过程中发挥了积极作用。1848 年法国资产阶级二月革命(见注 2)后不久,由于协会成员被比利时警察当局逮捕或驱逐出境,协会在布鲁塞尔的活动即告停止。——203、636。

113　《德意志—布鲁塞尔报》(Deutsche-Brüsseler-Zeitung)是布鲁塞尔德国流亡者创办的报纸,1847 年 1 月 3 日—1848 年 2 月 27 日由阿·冯·伯恩施太德主编和出版;起初具有小资产阶级民主主义倾向,后来在马克思和恩格斯的影响下,成为传播革命民主主义思想和共产主义思想的报纸;威·沃尔弗从 1847 年 2 月底起,马克思和恩格斯从 1847 年 9 月起经常为该报撰稿,并实际领导编辑部的工作。——203。

114　《北极星报。全国工联的报纸》(The Northern Star, and National Trades' Journal)是英国的一家周报,宪章派(见注 109)的机关报;1837 年由菲·奥康瑙尔在利兹创刊,名称为《北极星报。利兹总汇报》(The Northern Star, and Leeds General Advertiser);1843 年 9 月乔·朱·哈尼参加报纸编辑部;1844 年 11 月起用《北极星报。全国工联的报纸》这一名称在伦敦出版;1843—1849 年报纸曾刊登恩格斯的文章、短评和通讯;哈尼离开编辑部后报纸逐步转向反映宪章派右翼的观点;1852 年停刊。——203。

115 民主协会,即布鲁塞尔民主协会,1847 年 11 月 7 日成立于布鲁塞尔。协会成员大多数是比利时激进的及温和的民主主义者,此外还有法国人、荷兰人、波兰人和瑞士人,以及在布鲁塞尔的德国共产主义者中的积极分子。马克思和恩格斯以及他们所领导的布鲁塞尔德意志工人教育协会(见注 112)对该协会的成立起了积极的作用。布鲁塞尔民主协会把无产阶级革命者(其中主要是德国的革命流亡者)和资产阶级以及小资产阶级民主进步分子团结在自己的队伍中。1847 年 11 月 15 日,马克思当选为该协会的副主席,比利时的民主主义者吕·若特兰被推选为主席。在马克思的影响下,布鲁塞尔民主协会成为国际民主主义运动的中心之一。在法国资产阶级二月革命时期,民主协会中的无产阶级革命者曾设法武装比利时工人,开展争取建立民主共和国的斗争。但是到 1848 年 3 月初,马克思被驱逐出布鲁塞尔以及比利时当局镇压了协会中最革命的分子以后,比利时的资产阶级民主主义者便没有能力领导劳动群众反对君主政体的运动了,民主协会的活动成了纯地方性的活动,到 1849 年,协会的活动实际上已告停止。——204。

116 《改革报》(La Réforme)是法国的一家日报,小资产阶级民主派、小资产阶级共和党人和小资产阶级社会主义者的机关报;1843 年 7 月—1850 年 1 月在巴黎出版,创办人和主编是赖德律-洛兰和多·弗·阿拉戈,编辑有赖德律-洛兰和斐·弗洛孔等;1847 年 10 月—1848 年 1 月曾刊登恩格斯的多篇文章。——204、326。

117 指《人民代言者报》(Der Volks-Tribun),该报是德国"真正的社会主义者"(见注 118)在纽约创办的周报,1846 年 1 月 5 日—12 月 31 日出版,其编辑是海·克利盖。——204。

118 "真正的社会主义"是从 1844 年起在德国知识分子中间传播的一种小资产阶级社会主义学说,其代表人物有卡·格律恩、莫·赫斯和海·克利盖等人。"真正的社会主义者"宣扬超阶级的爱、抽象的人性和改良主义思想,拒绝进行政治活动和争取民主的斗争,否认进行资产阶级民主革命的必要性。在 19 世纪 40 年代的德国,这种学说成了不断发展的工人运动的障碍,不利于团结民主力量进行反对专制制度和封建秩序的斗争,不利于在革命斗争的基础上形成独立的无产阶级运动。马克思和恩格斯在 1845—1848 年的许多著作中对"真正的社会主义"进行了不懈的批判,如

《德意志意识形态》(见《马克思恩格斯文集》第1卷)、《反克利盖的通告》(见《马克思恩格斯全集》中文第1版第4卷)、《诗歌和散文中的德国社会主义》(同上)、《"真正的社会主义者"》(见《马克思恩格斯全集》中文第1版第3卷)和《共产党宣言》(见本选集第1卷)。——205、229、405。

119　《共产党在德国的要求》是马克思和恩格斯于1848年3月21—29日在巴黎写成的。这些要求是共产主义者同盟(见注3)在德国革命的初始阶段的政治纲领。3月30日前后,《共产党在德国的要求》被印成传单,4月初发表在一系列民主报纸上。《要求》是作为指示性文件分发给回国的共产主义者同盟盟员。在革命的进程中,马克思、恩格斯和他们的拥护者在人民群众中广泛宣传这一纲领性的文件。1848年9月10日以前,《要求》在科隆印成传单,并由科隆工人联合会的会员在莱茵省许多地方散发。1848年10月在柏林召开的第二届民主主义者代表大会上,科隆工人联合会的代表弗·博伊斯特以社会问题处理委员会的名义,建议通过一个措施纲领,这个纲领几乎完全摘自《要求》。1848年11月和12月在科隆工人联合会的多次会议上曾讨论过《要求》中的个别条文。1848年底或1849年初,《要求》被摘要收入维勒在莱比锡出版的《政治传单汇编》。

　　恩格斯在这里没有全部引用这个文件。参看《马克思恩格斯全集》中文第1版第5卷第3—5页。——208。

120　指德国工人俱乐部,它是根据共产主义者同盟领导人的提议于1848年3月8—9日在巴黎成立的。马克思在这个团体中起了领导作用,起草了俱乐部章程。成立俱乐部的目的是要团结侨居巴黎的德国工人流亡者,向他们说明无产阶级在资产阶级民主革命中的策略,反对资产阶级和小资产阶级民主派企图通过民族主义的宣传引诱工人参加志愿军团打回德国的冒险行径。俱乐部在组织德国工人个别回国参加革命斗争方面做了很多工作。——210。

121　工人兄弟会是共产主义者同盟盟员斯·波尔恩于1848年在柏林建立的德国工人和手工业者的组织。波尔恩是工人运动中改良主义路线的代表,他把兄弟会的活动局限于组织经济罢工和力图实现有利于手工业者的狭隘的行会性措施,如给小生产者贷款和组织合作社等。兄弟会的纲领是断章取义地引用了《共产党宣言》的观点和吸收了路易·勃朗及皮·约·蒲鲁东的小资产阶级社会主义学说以后拼凑而成的。但是,兄弟会的一些经常接受共产主义者同盟盟员领导的地方分会,在1848—1849年革命事件的直接影响下积极参加了革命斗争。1849年春,马克思和恩格斯在筹建摆脱小资产阶级民主派的无产阶级政党时,曾想利用工人兄弟会的组织。1850年,政府禁止了工人兄弟会的活动,但是它的若干分会还继续存在了许多年。——210。

122 1849年5月3—9日在德累斯顿发生了武装起义,萨克森国王拒绝承认帝国宪法并且任命极端反动分子钦斯基担任首相,是这次起义的导火线。起义者曾控制了一个主要城区,成立了以激进的民主主义者赛·埃·奇尔讷为首的临时政府。在起义中起积极作用的有米·巴枯宁、斯·波尔恩和作曲家理·瓦格纳。资产阶级和小资产阶级几乎没有参加斗争,工人和手工业者在街垒战中起了主要作用。起义遭到萨克森军队和开抵萨克森的普鲁士军队的镇压。德累斯顿起义为1849年5—7月在德国西南部发生的维护帝国宪法运动(见注124)拉开了序幕。——211、391。

123 宗得崩德是瑞士七个经济落后的天主教州为对抗进步的资产阶级改革和维护教会的特权于1843年缔结的单独联盟。

马克思和恩格斯经常用这个名称来讽刺搞分裂的宗派集团,尤其是1850年9月15日共产主义者同盟分裂后另立自己的中央委员会的维利希—沙佩尔宗派集团。这个集团的活动为普鲁士警察当局破获共产主义者同盟的德国地下支部提供了方便,使其找到借口于1852年在科隆制造了迫害共产主义者同盟著名活动家的案件(见注96)。——211、215。

124 德国五月起义指1849年5月德国一些地区爆发的维护帝国宪法的运动。这场运动是1848—1849年德国资产阶级民主革命的最后阶段。以普鲁士为首的德意志各邦拒绝承认法兰克福国民议会于1849年3月28日通过的帝国宪法,激发了人民群众的反抗情绪,他们把帝国宪法视为唯一还没有被取消的革命成果。1849年5月初在萨克森和莱茵省,5—7月在巴登和普法尔茨相继爆发了维护帝国宪法的武装起义。6月初,两个普鲁士军团约6万人与一个联邦军团开始对两地起义者实行武力镇压,而法兰克福国民议会却不给起义者任何援助。1849年7月,维护帝国宪法运动被镇压下去。恩格斯在《德国维护帝国宪法的运动》(见《马克思恩格斯全集》中文第2版第10卷)和《德国的革命和反革命》(见本选集第1卷)中对这一运动进行了评述。——211。

125 1849年,沙皇军队为了镇压匈牙利资产阶级革命、恢复奥地利哈布斯堡王朝的统治,对匈牙利进行了武装干涉。根据尼古拉一世的命令,俄国军队于 1849 年 5 月开进了匈牙利。——211。

126　兵营指社会民主主义流亡者委员会于 1850 年 7 月在伦敦租用的一套带工作室、卧室及公用厨房的住宅。这里聚集着奥·维利希的追随者及维利希—沙佩尔冒险主义宗派集团的大多数成员。——212、425。

127　这句话引自 1850 年 6 月的《共产主义者同盟中央委员会告同盟书》（见《马克思恩格斯全集》中文第 2 版第 10 卷第 425 页）。1885 年，恩格斯在编辑出版马克思《揭露科隆共产党人案件》第三版时，把 1850 年 3 月和 6 月的两个告同盟书都收入了该书的附录。——213。

128　《新莱茵报。政治经济评论》（Neue Rheinische Zeitung. Politisch-ökonomische Revue）是马克思和恩格斯于 1849 年 12 月创办的共产主义者同盟的理论和政治刊物。它是马克思和恩格斯在 1848—1849 年革命期间出版的《新莱茵报》（见注 4）的续刊。该杂志 1850 年 3—11 月底总共出了六期，其中有一期是合刊（第 5—6 期合刊）。杂志在伦敦编辑，在汉堡印刷。封面上注明的出版地点还有纽约，因为马克思和恩格斯打算在侨居美国的德国流亡者中间发行这个杂志。该杂志发表的绝大部分文章（论文、短评、书评）都是马克思和恩格斯撰写的。他们也约请他们的支持者如威·沃尔弗、约·魏德迈、格·埃卡留斯等人撰稿。该杂志发表的马克思和恩格斯的重要著作有：马克思《1848 年至 1850 年的法兰西阶级斗争》（见本选集第 1 卷）、恩格斯《德国维护帝国宪法的运动》（见《马克思恩格斯全集》中文第 2 版第 10 卷）和《德国农民战争》（见《马克思恩格斯文集》第 2 卷）。这些著作总结了 1848—1849 年革命的经验，进一步制定了革命无产阶级政党的理论和策略。1850 年 11 月，由于反动势力的迫害，加上资金缺乏，杂志被迫停刊。——214、380。

129　美国内战即 1861—1865 年美国南北战争。19 世纪中叶，美国南部种植园主奴隶制与北部资产阶级雇佣劳动制的矛盾日益尖锐。1860 年 11 月，主张限制奴隶制的共和党候选人林肯当选为总统，美国南部的奴隶主发动了维护奴隶制的叛乱。1861 年 2 月，南部先后宣布脱离联邦的各州在蒙哥马利大会上成立南部同盟，公开分裂国家，并于当年 4 月 12 日炮轰萨姆特要塞（南卡罗来纳州），挑起内战。1865 年 4 月，南部同盟的首都里士满被攻克，南部同盟的联军投降，战争结束。北部各州在南北战争中取得了胜利，维护了国家的统一，并为资本主义的迅速发展扫清了道路。——214、533。

130　《路德维希·费尔巴哈和德国古典哲学的终结》是恩格斯阐述马克思主义哲学基本原理的重要著作。在这篇著作中,恩格斯论述了马克思主义哲学形成和发展的历史过程,具体说明了它的理论来源和自然科学基础,详细论证了马克思主义哲学同德国古典哲学之间的批判继承关系和本质区别,深刻地分析了马克思主义哲学的诞生在哲学领域中引起革命变革的实质和意义,系统地阐述了辩证唯物主义和历史唯物主义的基本原理。他第一次提出"全部哲学,特别是近代哲学的重大的基本问题,是思维和存在的关系问题"(见本卷第 229 页),哲学家们依照对思维和存在、精神和物质何者为本原的问题的不同回答而分成唯物主义和唯心主义两大阵营。恩格斯同时指出,思维和存在的关系问题还有另一个方面,即我们的思维能不能正确认识世界的问题,对这一问题的不同回答形成可知论和不可知论。恩格斯批驳了怀疑和否定人认识世界的可能性的错误观点,指出对这一哲学怪论的"最令人信服的驳斥是实践,即实验和工业"(见本卷第 232 页)。他论述了马克思主义哲学产生的自然科学基础,阐明了自然科学的发展,特别是 19 世纪中叶自然科学领域中的三大发现对辩证唯物主义的自然观和历史观形成的作用,指出:"随着自然科学领域中每一个划时代的发现,唯物主义也必然要改变自己的形式"(见本卷第 234 页)。他阐明了辩证唯物主义的自然观和社会历史观的一致性,同时论述了社会发展史不同于自然发展史的特点,指出"在社会历史领域内进行活动的,是具有意识的、经过思虑或凭激情行动的、追求某种目的的人",但社会发展史与自然发展史的不同特点"丝毫不能改变这样一个事实:历史进程是受内在的一般规律支配的";"在表面上是偶然性在起作用的地方,这种偶然性始终是受内部的隐蔽着的规律支配的,而问题只是在于发现这些规律"(见本卷第 253、254 页)。这篇著作还系统地论述了历史发展的动力、经济基础的决定作用和上层建筑的反作用、人民群众是历史的创造者等历史唯物主义基本原理。

　　列宁认为,这篇著作"同《共产党宣言》一样,都是每个觉悟工人必读的书籍"(见《列宁全集》中文第 2 版第 23 卷第 42 页)。

　　这篇著作写于 1886 年 1 月—2 月初,最初刊登在德国社会民主党的理论杂志《新时代》(见注 131)1886 年第 4 年卷第 4、5 期;1888 年在斯图加特出版了单行本,恩格斯专门写了序言,并在该书附录中第一次发表了马克思的《关于费尔巴哈的提纲》(见本选集第 1 卷)。

　　1889 年圣彼得堡出版的杂志《北方通报》第 3、4 期刊登了恩格斯这篇著作的俄译文,标题为《德国古典唯心主义哲学的危机》;1890 年,这篇著作被译成波兰文;1892 年,日内瓦劳动解放社(见注 449)全文发表了格·普列汉诺夫翻译的俄译文,同年葡萄牙文译本问世;1894 年,在巴黎出版的法国社会主义月刊《新纪元》第 4 期和第 5 期刊载了劳·拉法格翻译并经恩格斯审阅的法译文。

这篇著作最早由林超真译成中文,发表在 1929 年 10 月上海沪滨书局出版的《宗教·哲学·社会主义》一书;1929 年 12 月上海南强书局出版了彭嘉生的中译本;1937 年上海生活书店出版了张仲实的中译本。——217。

131 《新时代。精神生活和社会生活评论》(Die Neue Zeit. Revue des geistigen und öffentlichen Lebens)是德国社会民主党的理论杂志;1883—1890 年 10 月在斯图加特出版,每月一期,以后至 1923 年秋每周一期;1883—1917 年 10 月由卡·考茨基担任编辑,1917 年 10 月—1923 年秋由亨·库诺担任编辑。从 19 世纪 90 年代初起,弗·梅林为该杂志撰稿;1885—1894 年恩格斯在杂志上发表了许多文章,经常提出批评、告诫,帮助杂志编辑部端正办刊方向。——218、564、566、615、644。

132 巴士底狱是 14—18 世纪巴黎的城堡和国家监狱。从 16 世纪起,主要用来囚禁政治犯。——220。

133 指海涅在其著作《论德国宗教和哲学的历史》中关于德国哲学革命的言论。这部著作发表于 1833—1834 年,是对德国精神生活中所发生事件的评论。海涅的评论贯穿了这样的思想:当时由黑格尔哲学总其成的德国哲学革命,是德国即将到来的民主革命的序幕。——221。

134 《德国年鉴》(Deutsche Jahrbücher)是青年黑格尔派刊物《德国科学和艺术哈雷年鉴》(Hallische Jahrbücher für deutsche Wissenschaft und Kunst)的简称,又简称《哈雷年鉴》(Hallische Jahrbücher),1838 年 1 月—1841 年 6 月以日报形式在莱比锡出版,由阿·卢格和泰·埃希特迈尔负责编辑;因在普鲁士受到禁止刊行的威胁,编辑部从哈雷迁到萨克森的德累斯顿,并更名为《德国科学和艺术年鉴》(Deutsche Jahrbücher für Wissenschaft und Kunst),从 1841 年 7 月起由阿·卢格负责编辑,继续出版;起初为文学哲学杂志,从 1839 年底起逐步成为政治评论性刊物,1838—1841 年还出版《哈雷年鉴附刊》(Intelligenzblatt zu den Hallischen Jahrbüchern),主要刊登新书广告;1843 年 1 月 3 日被萨克森政府查封,并经联邦议会决定在全国查禁。——227。

135 指《莱茵政治、商业和工业日报》(Rheinische Zeitung für Politik, Handel und Gewerbe)。该报是德国的一家日报,青年黑格尔派的喉舌,1842 年 1 月 1 日—1843 年 3 月 31 日在莱茵地区资产阶级自由派的支持下在科隆出版;创办人是伯·腊韦,编辑是伯·腊韦和阿·鲁滕堡,发行负责人是路·舒尔茨和格·荣克。1842 年 4 月马克思开始为该报撰稿,同年 10 月成为报纸编辑。《莱茵报》也发表过恩格斯的许多文章。在马克思担任编辑期间,该报日益具有明显的革命民主主义性质并成为德国最重要的反对派报纸之一。普鲁士政府对该报进行了特别严格的检查,1843 年 4 月 1 日将其查封。——227。

136 这段引文在卡·施达克《路德维希·费尔巴哈》1885 年斯图加特版第 166 页上引用过。引文摘自路·费尔巴哈的著作《箴言》,见卡·格律恩《路德维希·费尔巴哈的书简、遗稿及其哲学特征的阐述》1874 年莱比锡—海德堡版第 2 卷第 308 页。——234。

137 燃素说是格·施塔尔于 1700 年创立的,在 18 世纪的化学中曾一度占统治地位。根据这一学说,燃烧的过程决定于可燃物体中有一种特殊的物质——燃素,它在燃烧时从可燃物体中逸出。但是,由于人们知道,金属在空气中燃烧时重量增加了,于是主张燃素说的人断言燃素具有一种在物理学上无法解释的负重量。法国化学家安·拉瓦锡证明了这种理论是毫无根据的,他把燃烧过程正确地解释为燃烧着的物质与氧化合的反应。关于燃素说曾经起过的积极作用,恩格斯曾在《〈反杜林论〉旧序》的结尾部分谈到(见本选集第 3 卷第 879—880 页),并在《资本论》第二卷的序言中作了详细的论述(见本选集第 2 卷第 301—302 页)。——234。

138 自然神论是一种推崇理性原则,把上帝解释为非人格的始因的宗教哲学理论,曾是资产阶级反对封建制度和正统宗教的一种理论武器,也是无神论在当时的一种隐蔽形式。这种理论反对蒙昧主义和神秘主义,认为上帝不过是"世界理性"或"有智慧的意志",上帝在创世之后就不再干预世界事务,而让世界按它本身的规律存在和发展下去。在封建教会世界观统治的条件下,自然神论者往往站在理性主义的立场上批判中世纪的神学世界观,揭露僧侣们的寄生生活和招摇撞骗的行为。——239、612。

139 这段引文在卡·施达克《路德维希·费尔巴哈》1885 年斯图加特版第 168 页上引用过。引文摘自路·费尔巴哈的著作《哲学原理。改造的必要性》,见卡·格律恩《路德维希·费尔巴哈的书简、遗稿及其哲学特征的阐述》1874 年莱比锡—海德堡版第 1 卷第 407 页。——240。

140 关于炼金术和宗教之间的联系,海·柯普最先在他的著作《化学史》第1卷1843年不伦瑞克版第38—49页作了说明。马·拜特洛在化学史方面的主要著作是他的《炼金术的起源》1885年巴黎版。

　　哲人之石指古代炼金术士幻想通过炼制得到的一种怪诞的物质,据说能把普通金属变成金银,医治百病,返老还童。——241。

141 这段引文在卡·施达克《路德维希·费尔巴哈》1885年斯图加特版第119页上引用过。引文摘自路·费尔巴哈的著作《驳躯体和灵魂、肉体和精神的二元论》,见《费尔巴哈全集》1846年莱比锡版第2卷第363页。——243、245。

142 这段引文在卡·施达克《路德维希·费尔巴哈》1885年斯图加特版第254页上引用过。引文摘自路·费尔巴哈的著作《道德哲学》,见卡·格律恩《路德维希·费尔巴哈的书简、遗稿及其哲学特征的阐述》1874年莱比锡—海德堡版第2卷第285—286页。——243、245。

143 这段引文在卡·施达克《路德维希·费尔巴哈》1885年斯图加特版第280页上引用过。引文摘自路·费尔巴哈的著作《哲学原理。改造的必要性》,见卡·格律恩《路德维希·费尔巴哈的书简、遗稿及其哲学特征的阐述》1874年莱比锡—海德堡版第1卷第409页。——243。

144 见卡·施达克《路德维希·费尔巴哈》1885年斯图加特版第280页。——243。

145 黑格尔关于恶是历史发展动力的思想见他的著作《法哲学原理,或自然法和国家学纲要》第18、139节以及《宗教哲学讲录》第3部第2篇第3章。后面这本著作的第一版于1832年在柏林出版。——244。

146 这段引文在卡·施达克《路德维希·费尔巴哈》1885年斯图加特版第114页上引用过。引文摘自路·费尔巴哈《我的哲学经历的特征描述片断》,见《费尔巴哈全集》1846年莱比锡版第2卷第411页。——244。

147 “萨多瓦的教师”是普鲁士军队在1866年奥普战争中萨多瓦一役获胜后,德国资产阶级政论文章中的流行用语,其意是将普鲁士军队获胜的原因归功于普鲁士优越的国民教育制度。这一用语源于《外国》杂志(见注50)的编辑奥·佩舍尔发表在该杂志1866年7月17日第29期上的一篇题为《最近的战争历史的教训》的文章。——246。

148 指大·施特劳斯《基督教教理的历史发展及其同现代科学的斗争》

1840—1841 年蒂宾根—斯图加特版第 1—2 卷,该书第二部的标题是《基督教教理的物质内容(教义学)》。——248。

149 指约·狄慈根的著作《人脑活动的实质。一个手艺人的描述,纯粹的和实践的理性的再批判》1869 年汉堡版。——250。

150 斯多亚派是公元前 4 世纪末产生于古希腊的一个哲学派别,因其创始人芝诺通常在雅典集市的画廊(画廊的希腊文是"στοά")讲学,故称斯多亚派,又称画廊学派。

斯多亚派哲学分为逻辑学、物理学和伦理学,以伦理学为中心,逻辑学和物理学只是为伦理学提供基础。这个学派主要宣扬服从命运并带有浓厚宗教色彩的泛神论思想,其中既有唯物主义倾向,又有唯心主义思想。早期斯多亚派认为,认识来源于对外界事物的感觉,但又承认关于神、善恶、正义等的先天观念。他们把赫拉克利特的火和逻各斯看成一个东西,认为宇宙实体既是物质性的,同时又是创造一切并统治万物的世界理性,也是神、天命和命运,或称自然。人是自然的一部分,也受天命支配,人应该顺应自然的规律而生活,即遵照理性和道德而生活。合乎理性的行为就是德行,只有德行才能使人幸福。人要有德行,成为善人,就必须用理性克制情欲,达到清心寡欲以至无情无欲的境界。中期斯多亚派强调社会责任、道德义务,加强了道德生活中的禁欲主义倾向。晚期斯多亚派宣扬安于命运,服从命运,认为人的一生注定是有罪的、痛苦的,只有忍耐和克制欲望,才能摆脱痛苦和罪恶,得到精神的安宁和幸福。晚期斯多亚派的伦理思想为基督教的兴起准备了思想条件。——261、334。

151 尼西亚宗教会议是基督教会第一次世界性主教会议。这次会议于 325 年由罗马皇帝君士坦丁一世在小亚细亚的尼西亚城召开,约 300 名主教或代表主教的长老出席。会议针对当时教会存在的"三位一体"派和阿里乌派的信仰分歧,通过了一切基督徒必须遵守"三位一体"的信条(正统基督教教义的基本原则),不承认信条以叛国罪论。会议还制定了教会法规,以加强主教权力,实为加强皇帝权力,因主教由皇帝任免。从此基督教成为罗马帝国国教。——261、337。

152 阿尔比派是基督教的一个教派,12—13 世纪广泛传播于法国南部和意大利北部的城市,其主要发源地是法国南部阿尔比城。阿尔比派反对天主教的豪华仪式和教阶制度,它以宗教的形式反映了城市商业和手工业居民对封建制度的反抗。法国南部的部分贵族也加入了阿尔比派,他们企图剥夺教会的土地。法国北部的封建主和教皇称该派为南方法兰西的

"异教徒"。1209 年教皇英诺森三世曾组织十字军征讨阿尔比派。经过 20 年战争和残酷的镇压,阿尔比派运动终于失败。——262。

153 指 16 世纪德国新教创始人马丁·路德领导的要求摆脱教皇控制、改革封建关系的宗教改革运动。1517 年 10 月 31 日,路德在维滕贝格教堂门前张贴了《九十五条论纲》,抗议教皇滥用特权、派教廷大员以敛财为目的向各地教徒兜售赎罪券,并要求对此展开辩论。随着《九十五条论纲》的传播,德国和欧洲各地掀起了宗教改革运动。关于这一运动的情况,可参看恩格斯《德国农民战争》第二章(《马克思恩格斯文集》第 2 卷第 234—254 页)。——262、441、605。

154 指 1688 年英国政变。这次政变驱逐了斯图亚特王朝的詹姆斯二世,宣布荷兰共和国的执政者奥伦治的威廉三世为英国国王。从 1689 年起,在英国确立了以土地贵族和大资产阶级的妥协为基础的立宪君主制。这次没有人民群众参加的政变被资产阶级史学家称做"光荣革命"。——263、612。

155 自 17 世纪 20 年代起,对胡格诺教徒(加尔文派新教徒)施加的政治迫害和宗教迫害加剧。1685 年,路易十四取消了亨利四世 1598 年颁布的赋予胡格诺教徒以信教和敬神自由的南特敕令,数十万胡格诺教徒不得不离开法国。——263。

156 小德意志帝国指 1871 年 1 月在普鲁士领导下建立的不包括奥地利在内的德意志帝国。普鲁士在 1866 年普奥战争中取得胜利以后,于 1867 年成立了以普鲁士为首的北德意志联邦,其成员有 19 个德意志邦和三个自由市。1870 年,北德意志联邦又吸收了德国西南的四个邦(巴登、黑森、巴伐利亚和符腾堡),并于 1871 年成立了德意志帝国。历史上把在普鲁士领导下实现统一的德意志联邦称为"小德意志"。——264、386。

157 《科学》(Science)是美国科学促进协会从 1883 年起在纽约出版的一份正式机关杂志。——264。

158 《纪念巴黎公社十五周年》是恩格斯应法国社会主义者的请求而写的纪念文章。恩格斯在这篇文章中高度评价了工人阶级自从有自己的历史以来第一次掌握政权的伟大历史意义,总结了巴黎公社失败后国际工人运动的新成就,指出:"革命的工人社会主义比任何时候都富有生命力,它现在已经是一支使所有掌权者——无论是法国激进派、俾斯麦、美国的交易所巨头,或者是全俄罗斯的沙皇——胆战心惊的力量。""无产者的国际团结,各国革命工人的友谊,已经比公社以前巩固千倍,广泛千倍。"
(见本卷第266、267页)

这篇文章写于1886年3月15日,载于1886年3月27日《社会主义
者报》,标题为《恩格斯的信》。——266。

159 这里指1884年帝国国会的选举。当时,在奥·俾斯麦实施反社会党人非
常法(见注180)的情况下,德国社会民主党依然获得了大约55万张选
票,它的代表人数也增加了一倍,上升到24名。——267。

160 1885年以前在法国实施"名单投票制",当时每个选区推选一名代表进入
众议院。1885年6月,根据温和的资产阶级共和派的创议,实施按各省
名单选举的制度。根据这个制度,小选区合并为较大的选区,每个选区相
当于一个省。在这个选区内,选举人按照包括各党派候选人在内的名单
投票,但又必须按照该省应有的议席总数(每7万居民有一名议员)投
票。在初选中,议员获得投票数的绝对多数,才算当选;在复选中,只要相
对多数就可当选。该制度一直实施到1889年。——267。

161 《美国工人运动》是恩格斯为他的《英国工人阶级状况》(见本选集第1
卷)一书的美国版写的序言。恩格斯在这篇序言中批驳了所谓在美国工
人和资本家之间不可能产生阶级斗争、社会主义不可能在美国的土壤中
生根的错误观点,论述了在资本主义制度下无产阶级和资产阶级发生冲
突和斗争的必然性,阐明了无产阶级作为一个新的独特的阶级所负的特
殊历史使命,指出科学社会主义确立的奋斗目标是实现整个社会生产体
系的全面变革,而资产阶级和小资产阶级的社会主义则要求不触动现有
的社会生产方式。恩格斯强调,美国工人阶级为了实现共同利益,应当把
分散的工人组织联合为一支全国性的工人大军,应当创建全国性的工人
政党,它的纲领应以科学社会主义的理论为基础,"这个纲领将宣布,最
终目标是工人阶级夺取政权,使整个社会直接占有一切生产资料——土
地、铁路、矿山、机器等等,让它们供全体成员共同使用,并为了全体成员的
利益而共同使用"(见本卷第272页)。恩格斯还重申了《共产党宣言》(见
本选集第1卷)对无产阶级政党宗旨和策略的规定,指出"共产党人"是
"我们当时采用的、而且在现在也决不想放弃的名称"(见本卷第277页)。

1887年4月,这篇序言同《英国工人阶级状况》美国版一起出版。随
后恩格斯将这篇序言译成德文,以《美国工人运动》为题发表在1887年6
月10日和17日《社会民主党人报》(见注174);序言的德文和英文单行
本于7月在纽约出版。

1887 年 6 月 18、25 日,维也纳《平等。社会民主党人周报》第 26、27 号根据《社会民主党人报》转载了这篇序言;同年爱·福尔坦又根据德文本把这篇序言译成法文,发表在 1887 年 7 月 9、16 和 23 日《社会主义者报》上。——269。

162　指爱·艾威林和爱·马克思-艾威林 1887 年发表在《时代》杂志上的一组文章。

《时代》(Time)是英国的社会主义月刊,1879—1891 年在伦敦出版。——269。

163　指有许多拉萨尔分子(见注 184)参加的北美社会主义工人党执行委员会散布流言飞语,中伤英国社会主义者爱·艾威林。1886 年 9—12 月艾威林和他的伴侣——马克思的女儿爱琳娜——及德国社会主义者威·李卜克内西一起,到美国作了一次宣传旅行,拉萨尔分子指责艾威林向执行委员会报了假账;恩格斯为此事曾先后几个月多次写信,帮助艾威林证实这种非难完全是恶意诽谤,荒唐之极。

北美社会主义工人党是由国际工人协会(见注 97)美国各支部和美国其他社会主义组织合并而在 1876 年费城统一代表大会上建立的。大多数党员是移民(主要是德国人),同美国本地工人联系极少。党内持拉萨尔主义立场的改良主义领导同以弗·阿·左尔格为代表的马克思主义派之间展开过斗争。该党曾宣布为社会主义而斗争是自己的纲领,但是由于党的领导人推行宗派主义政策,不重视在美国无产阶级群众性组织中开展政治工作,因而未能成为一个真正革命的群众性的马克思主义政党。——269、275、653。

164　指 1886 年 1 月 22 日—2 月 26 日美国宾夕法尼亚州一万多矿冶工人举行罢工。在罢工过程中炼铁工人和炼焦工人提出要增加工资和改善劳动条件,这些要求部分地得到了满足。——270。

165　指美国 1886 年 5 月 1 日和以后几天争取八小时工作日的大罢工。这次罢工席卷了国内的主要工业中心纽约、费城、芝加哥、路易斯维尔、圣路易斯、密尔沃基、巴尔的摩,参加的总人数在 35 万以上;罢工结果大约有 20 万工人缩短了工作日。但企业主们马上就开始了反攻。5 月 4 日,在芝加哥有人向一群警察投了一枚炸弹,警方遂用武力对付工人,并以此为由展开大规模的逮捕,八名工人领袖被捕并受到严厉的审判,其中四人在 1887 年 11 月 11 日被处绞刑。此后的几年中,美国工人在 1886 年五月大罢工中取得的成果全被企业主们一笔勾销。为了纪念这次罢工,1889 年巴黎国际社会主义工人代表大会通过一项决议,将每年的五月一日定为国际劳动节。——270。

166 1886 年秋天,纽约市政选举筹备期间,为了实现工人阶级统一的政治行动,在纽约中央劳动联合会,即 1882 年成立的该市工会的联合组织的倡导下,建立了统一工人党。以纽约为榜样,其他许多城市也纷纷建立了这样的政党。工人阶级在新的工人政党的领导下,在纽约、芝加哥和密尔沃基的选举中获得了重大的成就:统一工人党提出的纽约市长候选人亨·乔治获得全部选票的 31%;在芝加哥,工人党支持者把一名参议员候选人和九名众议员候选人选入了州立法议会,工人党的美国国会议员候选人仅以 64 票之差落选;在密尔沃基,工人党一名候选人当选为市长,一名候选人当选为州立法议会的参议员,六名候选人当选为众议员,并有一名候选人当选为美国国会议员。——271、583。

167 “劳动骑士”即劳动骑士团的简称,是 1869 年在费城创建的美国工人组织。在 1878 年以前,它是一个秘密团体,其成员大部分是非熟练工人,并且还有许多是黑人,其目的是建立合作社和组织互助。劳动骑士团也曾多次参加工人阶级的行动,但是,它的领导层原则上反对工人参加政治斗争,并主张阶级合作,他们曾试图阻止 1886 年在全国范围内爆发的罢工运动,禁止其成员参加。尽管如此,劳动骑士团的普通成员仍然参加了罢工。此后,劳动骑士团在工人群众中的影响逐渐丧失,19 世纪 90 年代末彻底解散。——272、583、586。

168 《所谓原始积累》在《资本论》第一卷德文第一版中编为第六章第二节,从第二版开始编为第七篇第二十四章。参看本选集第 2 卷第 290—300 页。——274。

169 《给〈萨克森工人报〉编辑部的答复》是恩格斯论述如何对待马克思主义以及无产阶级政党的领导人应当怎样提高自身素养的文章。恩格斯在这篇文章中从理论和实践两个方面批判了德国社会民主党内“青年派”(见注 474)的错误,指出他们在理论上宣扬的是被歪曲得面目全非的“马克思主义”,在实践上奉行的是完全不顾党的实际斗争条件的冒险主义;强调应当正确理解马克思主义世界观,把握在每一特定时刻起决定作用的历史事实。恩格斯还提出了在无产阶级政党内担任领导职务的人应当具备的条件:“在我们党内,每个人都应该从普通一兵做起;要在党内担任负责的职务,仅仅有写作才能或理论知识,甚至二者全都具备,都是不够的,要担任领导职务还需要熟悉党的斗争条件,掌握这种斗争的方式,具备久经考验的耿耿忠心和坚强性格,最后还必须自愿地把自己列入战士的行列中——一句话,他们这些受过'学院式教育'的人,总的说来,应该向工人学习的地方,比工人应该向他们学习的地方要多得多。"(见本卷第281页)

这篇文章写于1890年9月7日,以《致〈社会民主党人报〉编辑部》为标题发表在《社会民主党人报》(见注174)1890年9月13日第37号;《柏林人民报》(见注483)1890年9月14日第214号附刊转载了这篇文章。《萨克森工人报》(见注170)编辑部将这篇文章以《关于〈萨克森工人报〉》为标题发表在该报1890年9月17日第112号;维也纳《工人报》(见注479)1890年9月19日第38号、《纽约人民报》(见注461)1890年9月23日第228号和布尔诺(捷克)的《人民之友报》1890年9月25日第18号转载了这篇文章。此外,1890年9月17日哥本哈根的《社会民主党人报》第220号发表了这篇文章的丹麦文译文。——279。

170 《萨克森工人报》(Sächsische Arbeiter-Zeitung)是德国社会民主党的日报,90年代初是半无政府主义反对派"青年派"的机关报,1890—1908年在德累斯顿出版。——279。

171 恩格斯1890年8月27日在给保·拉法格的信中也提到过马克思的这句话。恩格斯指出:"所有这些先生们都在搞马克思主义,然而是10年前你在法国就很熟悉的那一种马克思主义,关于这种马克思主义,马克思曾经说过:'我只知道我自己不是马克思主义者'。"(见本卷第603页)恩格斯在与爱·伯恩施坦、康·施米特的通信中,也提到马克思的这句话。——280。

172 这里从圣经中借用了一句谚语:滤出蚊虫,吞下骆驼。意思是,注意细枝末节,忽视了主要的东西。——281。

173 《给〈社会民主党人报〉读者的告别信》是恩格斯为德国社会主义工人党的中央机关报《社会民主党人报》停刊而写的致读者的告别信。恩格斯在信中回顾了自己参与党的新闻工作的经历,强调党的报纸在党的全部工作中具有不可替代的作用,指出党报作为党的旗帜应当极其明确和坚决地阐述并坚持党的原则,同时要具有生动的风格。恩格斯在信中还阐明了德国工人阶级政党在资产阶级政府颁布的反社会党人法(见注180)废除后应当采取的策略,指出工人阶级政党可以用自己争得的合法手段同资产阶级进行斗争,但必须以资产阶级也在法律范围内活动为前提,如果反动当局用新的非常法或其他非法手段来迫害工人阶级政党,再次把它置于普通法之外,那么党就不得不重新走上不合法的斗争道路,这是它能够选择的唯一道路。

恩格斯这封告别信写于 1890 年 9 月 7 日—9 月中,发表在 1890 年 9 月 27 日出版的《社会民主党人报》终刊号。这封告别信还刊载于 1890 年 9 月 30 日奥地利《社会民主党人月刊》第 9 期,同年 10 月 2 日和 3 日又分别发表在《萨克森工人报》第 119 号(最后一段被删掉)和《柏林人民报》第 230 号(开头两段被删掉)。此外,这封告别信的英译文还被收入爱·艾威林的《德国社会主义的新纪元》一文,发表在 1890 年 9 月 25 日的《每日纪事报》第 8903 号;1890 年 10 月 5 日该信被摘译成意大利文发表在《正义报》第 234 号。——282。

174 《社会民主党人报。德语区社会民主党的机关报》(Der Sozialdemokrat. Organ der Sozialdemokratie deutscher Zunge)是反社会党人法时期德国社会民主党在国外出版的德文周报,1879 年 9 月—1888 年 9 月在苏黎世出版,1888 年 10 月—1890 年 9 月 27 日在伦敦出版;1879—1880 年编辑是格·福尔马尔,1881—1890 年编辑是爱·伯恩施坦;马克思、恩格斯、奥·倍倍尔和威·李卜克内西为之撰稿,在他们的影响下报纸成为国际工人运动最主要的革命报纸,为德国社会民主党战胜反社会党人法作出了重大贡献。——282、546、564、566。

175 维登代表大会指 1880 年 8 月 20—23 日在瑞士的维登举行的德国社会主义工人党代表大会。出席代表大会的有 56 名代表。这是在 1878 年颁布了反社会党人法的情况下德国社会民主党举行的第一次秘密代表大会。代表大会的召开标志着党克服了因活动条件急剧变化而在党的领导人中间引起的惊慌和动摇情绪。在党员群众的影响下,党的革命路线战胜了右倾机会主义和无政府主义的倾向。

代表大会讨论了以下问题:党内情况,社会民主党议员在帝国国会中的立场,党的纲领和组织,党的报刊,参加选举,德国社会民主党同其他国家的工人政党的关系,等等。代表大会通过的决议对于党的进一步发展和巩固具有重大的意义。代表大会谴责了以约·莫斯特和威·哈赛尔曼为首的无政府主义分子的言行,批判了他们否认合法斗争的必要性的错误观点,并决定把他们开除出党。同时代表大会与右派的立场针锋相对,把 1875 年哥达纲领第二部分关于党力求"用一切合法手段"来达到自己的目的这一提法中的"合法"一词删掉,这意味着代表大会承认必须把合法的斗争形式同不合法的斗争形式结合起来。代表大会批准《社会民主党人报》为党的正式机关报。

　　马克思和恩格斯对德国社会民主党内的各种机会主义表现,以及党的某些领导人对机会主义所抱的调和主义态度进行了原则性的批评,对这次代表大会具有指导意义。——283、661。

176 指 1871 年 4 月 16 日通过的德意志帝国宪法,它的基础是 1867 年 4 月 17 日批准的、而后在 1870 年 11 月根据德意志西南四个邦(巴登、黑森、巴伐利亚和符腾堡)加入联邦的条约作了修改的北德意志联邦宪法。德意志帝国宪法巩固了普鲁士在德国的统治地位和德意志帝国国家制度的反动基础。帝国国会的立法权大受限制,帝国国会通过的法律只有在取得按其组成来说是反动的联邦会议的赞同和经皇帝批准之后才能生效。皇帝和不受帝国国会约束的帝国首相所拥有的特权非常广。这部宪法保留了分立主义的残余和德意志一些小邦的特权。——283、292。

177 1884 年底,俾斯麦为了加紧推行德国殖民政策,要求帝国国会批准对轮船公司发放年度津贴,以筹办通往东亚、澳洲和非洲的定期航线。政府的这项提案使社会民主党国会党团内部产生了意见分歧。以奥·倍倍尔和威·李卜克内西为首的左翼反对支持政府的要求。党团中的右翼成员(威·狄茨、卡·弗罗梅、卡·格里伦贝格尔等人)在发展国际关系的借口下打算投票赞成对轮船公司发放津贴。在他们的压力下,党团通过了决议,宣称关于津贴的问题是非原则性问题,党团的每个成员有权根据自己的看法投票;决议还指出多数社会民主党议员准备投票赞成对轮船公司发放津贴。

　　恩格斯支持倍倍尔和李卜克内西的立场,明确表示对这个问题应该投反对票。他指出,党团可以通过提出自己的要求来抵制政府提案,可以要求在国有土地上建立农业工人合作社,并由国家给予津贴(见恩格斯 1884 年 12 月 29 日给李卜克内西和 30 日给倍倍尔的信)。党团右翼成员受到来自《社会民主党人报》等多方面的尖锐批评后,在 1885 年 3 月帝国国会讨论政府提案时不得不稍微改变自己对政府提案的态度,他们以帝国国会接受党团的一些要求作为投票赞成政府提案的条件。只是在这些要求被帝国国会拒绝以后,社会民主党党团的全体成员才投票反对这项提案。——284、580。

178 1885 年,德国社会民主党帝国国会党团的机会主义多数派和《社会民主党人报》编辑部对待政府的轮船公司津贴法案的态度截然不同,国会党团就此在 1885 年 4 月 2 日《社会民主党人报》第 14 号上发表了声明。声明宣称《社会民主党人报》编辑部无权在报纸上批评国会党团的活动,认为对党团在航运津贴问题上的立场所作的原则性批评是毫无根据的攻击。但是,在这一声明公布以后,《社会民主党人报》编辑部收到在德国的和流亡在外的党员寄来的大量信件,以及社会民主党地方组织集会作出的决议,坚决抗议社会民主党党团多数的机会主义立场及其对该报的攻击。党团的多数被迫作了让步。1885年4月23日该报发表了《社会民主党人报》编辑部和社会民主党帝国国会党团的联合声明,声明指出任何限制党内批评的企图都意味着破坏党的原则和动摇党的基础。这样,实际上等于社会民主党党团的多数放弃了自己原先的声明。——284。

179 1888年4月18日瑞士联邦委员会根据德国当局要求发布了驱逐令,把《社会民主党人报》编辑部的许多工作人员和编辑驱逐出瑞士,其中有爱·伯恩施坦和尤·莫特勒,报纸因此而迁往伦敦,从1888年10月1日起在伦敦继续出版。——284。

180 反社会党人法即反社会党人非常法,是俾斯麦政府在帝国国会多数的支持下于1878年10月19日通过并于10月21日生效的一项法律,其目的在于反对社会主义运动和工人运动。这项法律将德国社会民主党置于非法地位,党的一切组织、群众性的工人组织被取缔,社会主义的和工人的刊物被查禁,社会主义文献被没收,社会民主党人遭到镇压。但是,社会民主党在马克思和恩格斯的积极帮助下战胜了自己队伍中右的和"左"的机会主义倾向,得以在非常法生效期间正确地把地下工作同利用合法机会结合起来,大大加强和扩大了自己在群众中的影响。在日益壮大的工人运动的压力下,反社会党人非常法于1890年10月1日被废除。——284、293、388、546、552、566、593、600、616、622、661。

181 《1891年社会民主党纲领草案批判》是恩格斯针对德国社会民主党执行委员会在1891年6月18日提出的党纲草案而写的一篇重要的马克思主义文献。恩格斯在这篇文章中批判了当时在德国社会民主党内出现的德国可以和平"长入"社会主义的机会主义观点,指出只有"在人民代议机关把一切权力集中在自己手里、只要取得大多数人民的支持就能够按照宪法随意办事的国家里,旧社会有可能和平长入新社会"(见本卷第293页),而在实行反动专制制度的德国,以为"可以用舒舒服服和平的方法建立共和国,不仅建立共和国,而且还可以建立共产主义社会,这是多么大的幻想"(见本卷第294页)。他指出,德国工人阶级及其政党的近期目标是争取实现民主共和国,无产阶级只有在民主共和国这种政治形式下才能取得政权,"民主共和国甚至是无产阶级专政的特殊形式"(见本卷第294页)。他还揭露了工人阶级政党内部的机会主义的实质:"为了眼前暂时的利益而忘记根本大计,只图一时的成就而不顾后果,为了运动的现在而牺牲运动的未来"(见本卷第294页)。这篇文章对于德国社会民主党根据科学社会主义理论制定党纲起了重要的指导作用。

这篇文章写于1891年6月19—27日。1890年反社会党人法被废除后,德国社会民主党重获合法地位,进入了一个新的发展时期。在这样的形势下,党需要制定一个新的纲领,以代替1875年的哥达纲领。1891年5月,威·李卜克内西着手起草新纲领。6月,党的执行委员会经过反复讨论和修改,把草案确定下来。6月18日,执行委员会以机密文件的形式把草案寄给了恩格斯。恩格斯收到后立即进行了深入的分析,肯定这个草案优于哥达纲领,并分别对草案的绪论部分、政治要求和经济要求提出具体修改意见。党的执行委员收到恩格斯的批评意见后,对草案作了一些修改,并于1891年7月4日把修正草案公布在德国社会民主党机关报《前进报》(见注483)上。修正草案吸收了恩格斯对绪论部分和经济要求部分的意见,但在政治要求部分没有什么改动。

《1891年社会民主党纲领草案批判》直到1901年才在《新时代》(见注131)杂志上发表。编辑部在发表这篇文章时所加的按语中指出,这篇文章的手稿是在李卜克内西的遗物中找到的。——287。

182　指德国社会民主党执行委员会寄给恩格斯并受到恩格斯批判的纲领草案手抄稿,这份手抄稿迄今尚未找到。——287。

183　1875年2月,德国社会民主工党(爱森纳赫派)和全德工人联合会(拉萨尔派)在哥达召开了合并预备会议,并拟定了合并纲领草案《德国工人党纲领》。马克思在《德国工人党纲领批注》以及附信,即1875年5月5日给威·白拉克的信(见马克思《哥达纲领批判》,本选集第3卷)中,恩格斯在1875年3月18—28日给奥·倍倍尔的信中,均表示赞同建立德国统一的社会主义党,但同时警告爱森纳赫派(见注383)的领导人不要急于求成,不要同拉萨尔派的思想进行妥协。他们批判了纲领草案的错误观点,可是,该纲领草案最后只是略加修改,便在1875年5月哥达合并代表大会上通过了。合并后的党名为德国社会主义工人党(1890年改称德国社会民主党)。——287、551、567。

184　拉萨尔派是19世纪60—70年代德国工人运动中的机会主义派别,斐·

拉萨尔的信徒,主要代表人物是约·巴·施韦泽、威·哈森克莱维尔、威·哈赛尔曼等。

1863年5月23日在莱比锡各工人团体代表大会上成立全德工人联合会,从成立时起,全德工人联合会就深受力图使工人运动按改良主义道路发展的拉萨尔及其追随者的影响。拉萨尔派反对暴力革命,认为只要进行议会斗争,争取普选权,就可以把普鲁士君主国家变为"自由的人民国家";主张在国家帮助下建立生产合作社,把资本主义和平地改造为社会主义;支持普鲁士政府通过王朝战争自上而下地统一德国的政策。

随着国际工人协会(见注97)的成立,全德工人联合会的拉萨尔派领导人所奉行的机会主义策略成了在德国建立真正工人政党的障碍。马克思和恩格斯始终不渝地同拉萨尔主义进行斗争,到70年代初,先进的德国工人抛弃了拉萨尔主义。1875年5月在哥达代表大会上,全德工人联合会同爱森纳赫派实行合并,合并后的党名为德国社会主义工人党。——287、305、457、475、511、551、594。

185 1850年普鲁士宪法是按照普鲁士国王弗里德里希-威廉四世的提议,于1850年1月31日通过的宪法。它以1848年12月5日钦定宪法为基础,消除了钦定宪法中的最后民主内容,在普鲁士保留了主要由封建贵族议员组成的第一议院(上院)和按照三级选举制选举产生的第二议院(下院)。第二议院的权力受到极大限制,失去了立法动议权。大臣由国王任命并只对国王负责。宪法规定政府有权设立特别法庭,审理背叛国家和危害国内外安全的案件。为了保留国民兵役法,即全民兵役制,宪法规定凡有作战能力的普鲁士居民都由政府调配。根据宪法第40条,保留了地产长子继承权,即封建的土地所有权的继承形式,按照这种继承形式,所有权不得转让,由长子继承。——292。

186 宪制冲突是指60年代初在普鲁士发生的、普鲁士政府与议会的资产阶级自由派多数之间的冲突。1860年2月,自由派多数拒绝批准陆军大臣冯·罗昂提出的改组军队提案。但是政府不久就争得资产阶级支持用于"维持军队战备、提高军队战斗力"的拨款,开始实施计划中的军队改组。1862年3月,议会的自由派多数拒绝批准军费开支,政府遂解散议会并决定重新选举。1862年9月底,反革命的俾斯麦内阁组成,同年10月,俾斯麦内阁再次解散议会,并完成了军事改革,不经议会批准就拨付这项经费。直到1866年,当普鲁士战胜了奥地利,普鲁士资产阶级向俾斯麦投降以后,这场冲突才得到解决。——292。

187 恩格斯在这里讽刺地把两个很小的"主权"邦国联成一个名称。这两个在 1871 年加入德意志帝国的小邦分别是:属于罗伊斯长系大公的罗伊斯-格赖茨和属于罗伊斯幼系大公的罗伊斯-施莱茨-洛本施泰因-埃伯斯多夫。——293。

188 1879 年 5 月 17 日,社会民主党议员麦·凯泽尔在整个社会民主党帝国国会党团的同意下,在帝国国会上发表了为政府的保护关税法案辩护的演说。马克思和恩格斯严厉地谴责了凯泽尔在帝国国会中为这个有利于大工业家和大地主而损害人民群众利益的法案辩护,同时也严厉地谴责了德国社会民主党的许多领导人对凯泽尔采取的纵容态度。——294。

189 曼彻斯特主义也称自由贸易主义,指 19 世纪上半叶英国出现的资产阶级政治经济学的一个派别曼彻斯特学派或自由贸易派的学说。该学派的主要代表人物是曼彻斯特的两个纺织厂主理·科布顿和约·布莱特。19 世纪 20—50 年代,曼彻斯特是自由贸易派的宣传中心。该学派提倡自由贸易,要求国家不干涉经济生活,反对贸易保护主义原则,要求减免关税并奖励出口,废除有利于土地贵族的、规定高额谷物进口关税的谷物法。1838 年,曼彻斯特的自由贸易派建立了反谷物法同盟。19 世纪 40—50 年代,该派组成了一个单独的政治集团,后来成为自由党的左翼。——294、466。

190 指德国南部各邦,主要是巴伐利亚和符腾堡的特殊权利,这些权利由关于它们加入北德意志联邦的条约(1870 年 11 月)和德意志帝国宪法(1871 年 4 月)确定下来。其中,巴伐利亚和符腾堡保留了特有的烧酒和啤酒税,以及独立管理邮电的特殊权利。此外,巴伐利亚在管理它的军队和铁路方面保留了独立性;巴伐利亚、符腾堡以及萨克森在联邦会议中的代表成立了一个拥有否决权的对外政策问题特别委员会。——295。

191 没有皇帝的帝国指拿破仑·波拿巴于 1799 年雾月十八日(11 月 9 日)发动政变,推翻了 1792 年 8 月 10 日在法国建立的共和制度,宣布实行以自己为第一执政的专政。1804 年,法国正式建立了帝国,史称法兰西第一帝国,拿破仑被宣布为法国的皇帝。尽管后来制度发生改变,但第一帝国的许多官僚机构却在法国继续保存下来,甚至在 1870 年 9 月建立的第三共和国时期也是如此。——295。

192 指 1880 年 5 月马克思和恩格斯同茹·盖得和保·拉法格一起制定的法国工人党纲领(在法国叫做马克思派或盖得派纲领,又叫做集体主义派纲领）。1879 年在马赛举行的社会主义者代表大会上成立法国工人党后,以盖得为首的一批法国社会主义者决定通过拉法格请求马克思和恩格斯,帮助他们制定工人党的竞选纲领草案。1880 年 5 月盖得抵达伦敦,5 月 10 日前后在恩格斯的寓所内与马克思、恩格斯和拉法格共同制定了法国工人党纲领。纲领分为理论部分和实践部分。纲领的理论性导言是由马克思口授,盖得笔录而成;马克思和恩格斯还参与制定了纲领的实践部分,即最低纲领。最低纲领连同导言首次发表在 1880 年 6 月 19 日《先驱者》第 25 期上,后来又发表在 1880 年 6 月 30 日《平等报》(见注 421),1880 年 7 月 10 日《无产者报》和 1880 年 7 月 20 日《社会主义评论》上。1880 年 11 月,在法国工人党勒阿弗尔代表大会上,这个纲领被确定为法国工人党的正式纲领(纲领导言见本选集第 3 卷第 818—819 页,纲领的实践部分见《马克思恩格斯全集》中文第 2 版第 25 卷第 658—659 页)。法国工人党分裂以后,在 1882 年 9 月圣艾蒂安代表大会(见注 424)上,这个纲领遭到保·布鲁斯、贝·马隆为代表的可能派(该派因坚持改良主义原则,宣布只争取"可能"争得的东西而得名)的否决,他们通过了一个新的改良主义纲领,但同时召开的马克思派的罗阿讷代表大会确认这一纲领仍然有效。——298、544、577。

193 指 1888 年巴塞罗那代表大会上通过的西班牙社会主义工人党纲领。纲领后来作为附录收入 1891 年在马德里出版的马克思的《哲学的贫困。答蒲鲁东先生的〈贫困的哲学〉》(见本选集第 1 卷)西班牙文版。——298。

194 《致国际社会主义者大学生代表大会》是 1893 年 12 月恩格斯写给国际社会主义者大学生代表大会的贺信。恩格斯在信中希望从大学生中产生出"脑力劳动无产阶级",希望他们在未来革命中与从事体力劳动的工人兄弟并肩战斗。他还强调无产阶级掌权后需要各种专门人才,"因为问题在于不仅要掌管政治机器,而且要掌管全部社会生产,而在这里需要的决不是响亮的词句,而是扎实的知识"(见本卷第 301 页)。

　　根据日内瓦社会主义者大学生小组的倡议,国际社会主义者大学生代表大会于 1893 年 12 月 22—25 日在日内瓦举行。参加大会的有亚美尼亚、比利时、保加利亚、意大利、德国、波兰、罗马尼亚、俄国、法国和瑞士等大学生组织的代表共 26 人。代表大会探讨了关于脑力劳动者参加社会主义运动、反犹太主义、无政府主义、国家社会主义等问题。代表大会的决议贯彻了第二国际布鲁塞尔代表大会和苏黎世代表大会决议的精神。大会还建议在学生中进行积极的社会主义宣传,并决定在日内瓦设立国际书记处,以建立和加强各国社会主义者大学生的联系。

这篇贺信发表在 1894 年 3 月 25 日—4 月 10 日《社会主义者大学生报》第 8 号和 1894 年保加利亚社会民主党杂志《日子》第 4—5 期。——301。

195　《〈人民国家报〉国际问题论文集(1871—1875)》序是恩格斯为介绍收入这个文集中的各篇著作的内容而写的序言。恩格斯在这篇序言中阐明了共产主义和社会民主主义的区别,解释了他不把自己称做社会民主主义者而称做共产主义者的原因,指出"这是因为当时在各个国家里那些自称是社会民主主义者的人根本不把全部生产资料转归社会所有这一口号写在自己旗帜上"(见本卷第 304 页)。恩格斯强调指出,虽然在一定历史条件下社会民主主义这个词也许可以过得去,"但是对于经济纲领不单纯是一般社会主义的而直接是共产主义的党来说,对于政治上的最终目的是消除整个国家因而也消除民主的党来说,这个词还是不确切的"(见本卷第 305 页)。

这篇序言写于 1894 年 1 月 3 日。《〈人民国家报〉国际问题论文集(1871—1875)》于当年在柏林出版。——303。

196　《人民国家报》(Der Volksstaat)是德国社会民主工党(爱森纳赫派)(见注 383)的中央机关报,其前身是《民主周报》。1869 年 10 月 2 日—1876 年 9 月 29 日在莱比锡出版,起初每周出两次,1873 年 7 月起每周三次;创刊时的副标题是"社会民主工党和工会联合会机关报"(Organ der sozial-demokratischen Arbeiterpartei und der Gewerksgenossenschaften),1870 年 7 月 2 日起改为"社会民主工党和国际工会联合会机关报"(Organ der sozial-demokratischen Arbeiterpartei und der Internationalen Gewerksgenossenschaften),1875 年 6 月 11 日起又改为"德国社会主义工人党机关报"(Organ der So-zialistischen Arbeiterpartei Deutschlands);该报反映了德国工人运动中革命派的观点,因而经常受到政府和警察的迫害。由于编辑常被逮捕,致使该报编辑部成员不断更换,但报纸的领导权始终掌握在威·李卜克内西手里。主持《人民国家报》出版社的奥·倍倍尔在该报中起了很大的作用。马克思和恩格斯从该报创刊起就为它撰稿,经常给编辑部提供帮助和指导,使这家报纸成了 19 世纪 70 年代优秀的工人报刊之一。

根据 1875 年哥达代表大会的决定,从 1876 年 10 月 1 日起,开始出版德国社会主义工人党的统一的中央机关报《前进报》(见注 398),以代替《人民国家报》和《新社会民主党人报》(见注 295)。反社会党人非常法实行以后,《前进报》于 1878 年 10 月 27 日停刊。——303、480、506、513、541。

197 马克思 1860 年出版的抨击性小册子《福格特先生》,见《马克思恩格斯全集》中文第 2 版第 19 卷;恩格斯《再论〈福格特先生〉》一文发表在 1871 年 5 月 10 日《人民国家报》第 38 号上,见《马克思恩格斯全集》中文第 1 版第 17 卷。恩格斯的这篇文章是对马克思小册子的补充。——303。

198 恩格斯《行动中的巴枯宁主义者》一文发表在 1873 年 10 月 31 日、11 月 2 日和 5 日《人民国家报》第 105、106 和 107 号上(见《马克思恩格斯全集》中文第 1 版第 18 卷),此后不久便印成单行本于 1874 年在莱比锡出版,标题是《行动中的巴枯宁主义者——关于西班牙最近一次起义的札记》。——303。

199 指《流亡者文献》这一组文章中的第一篇。《流亡者文献》发表在 1874 年 6 月—1875 年 4 月《人民国家报》上。这篇文章载于 1874 年 6 月 17 日《人民国家报》第 69 号(见本选集第 3 卷),文章的标题《波兰人的声明》是恩格斯在 1894 年将这篇文章收进《〈人民国家报〉国际问题论文集(1871—1875)》时加上的。——303。

200 指《流亡者文献》这一组文章中的第二篇,载于 1874 年 6 月 26 日《人民国家报》第 73 号(见本选集第 3 卷),文章的标题《公社的布朗基派流亡者的纲领》是恩格斯在 1894 年将这篇文章收进《〈人民国家报〉国际问题论文集(1871—1875)》时加上的。——304。

201 在 1893 年 8 月 20 日和 9 月 3 日法国众议院选举中,当选的布朗基主义者有:爱·瓦扬、博丹、茹·绍维埃尔和瓦尔特。——304。

202 迫于工人运动和民主运动的压力,法国于 1880 年通过了一项赦免公社成员的法律;这项法律于 7 月 11 日颁布,使许多被流放的和流亡的公社成员得以返回祖国。——304。

203 恩格斯在这里所说的"机会主义派资产阶级"是指温和的资产阶级共和派,即代表大资产阶级利益的所谓"机会主义派"。——304。

204 《社会主义党。革命中央委员会机关报》(Le Parti socialiste. Organe du Comité Révolutionnaire Central)是法国的一家周刊,布朗基派的机关报,1890—1898 年在巴黎出版。——304。

205 恩格斯《论俄国的社会问题》一文是《流亡者文献》这一组文章中的第五

篇,即最后一篇,载于1875年4月16、18和21日《人民国家报》第43、44和45号上(见本选集第3卷),此后又以《论俄国的社会问题》为标题,印成单行本于1875年在莱比锡出版,恩格斯为单行本写了一篇不太长的导言。恩格斯将这篇文章连同导言一并收进了《〈人民国家报〉国际问题论文集(1871—1875)》。——305。

206 《〈论俄国的社会问题〉跋》是恩格斯论述俄国农村公社(见注46)命运和俄国革命前景的重要著作。恩格斯在这篇跋中分析了俄国的社会经济的新发展,批判了那种不顾客观社会历史条件,把农村公社当做直接过渡到社会主义社会的手段的看法,指出:"较低的经济发展阶段解决只有高得多的发展阶段才产生了的和才能产生的问题和冲突,这在历史上是不可能的。在商品生产和单个交换以前出现的一切形式的氏族公社同未来的社会主义社会只有一个共同点,就是一定的东西即生产资料由一定的集团共同所有和共同使用。但是单单一个共同特性并不会使较低的社会形式能够从自己本身产生出未来的社会主义社会,后者是资本主义社会的最独特的最后的产物。每一种特定的经济形态都应当解决它自己的、从它本身产生的问题;如果要去解决另一种完全不同的经济形态的问题,那是十分荒谬的。"(见本卷第312—313页)恩格斯认为,那些刚刚进入资本主义生产的国家,可以利用公社土地所有制的残余,缩短向社会主义社会发展的过程,并避免西欧所遭受的由资本主义制度带来的苦难,而这方面不可缺少的条件是西欧资本主义国家的无产阶级革命取得成功,并对这些国家给予积极支持。恩格斯分析了当时俄国的情况,指出"俄国越来越快地转变为资本主义工业国,很大一部分农民越来越快地无产阶级化,旧的共产主义公社也越来越快地崩溃"(见本卷第320页);在这种条件下,俄国革命的首要任务是推翻沙皇专制制度,"俄国革命还会给西方的工人运动以新的推动,为它创造新的更好的斗争条件,从而加速现代工业无产阶级的胜利;没有这种胜利,目前的俄国无论是在公社的基础上还是在资本主义的基础上,都不可能达到社会主义的改造"(见本卷第321页)。恩格斯在这篇跋中不仅回顾和介绍了自己在1875年撰写的《论俄国的社会问题》一文中对俄国农村公社和俄国革命问题的论述,而且还详细引述了马克思在1877年《给〈祖国纪事〉杂志编辑部的信》(见本选集第3卷)中对俄国农村公社发展前景的判断,以及马克思和他在《共产党宣言》1882年俄文版序言中对俄国农村公社发展前途的预测,并联系不断发展变化的新情况进行了阐述和分析,这体现了他在考察复杂社会问题时一贯坚持的辩证唯物主义和历史唯物主义的方法论原则。

这篇跋是恩格斯在把《论俄国的社会问题》一文收入《〈人民国家报〉国际问题论文集(1871—1875)》时专门写的,大约写于1893年10月中—1894年1月3日之间。这部论文集于1894年在柏林出版,恩格斯在论文集的序(见本卷第303—306页)中说明了促使他重印这篇文章并为它写跋的原因。

这篇跋还同恩格斯的《论俄国的社会问题》一起被收入《弗里德里希·恩格斯论俄国》,这本小册子经维·查苏利奇同恩格斯商定后译成俄文,1894年由劳动解放社(见注449)出版,格·瓦·普列汉诺夫为小册子写了序。后来,这篇跋连同恩格斯的《论俄国的社会问题》曾以不同标题在俄国多次出版。——307。

207 指彼·特卡乔夫的小册子《给弗里德里希·恩格斯先生的公开信。致1874年度〈人民国家报〉第117和118号所载〈流亡者文献〉一文的作者》(1874年苏黎世《哨兵报》印刷所版)。这封信的俄译文载于特卡乔夫《社会经济问题论文选》1933年版第3卷第88—98页。

恩格斯《流亡者文献》这一组文章的第四篇和第五篇就是对特卡乔夫的答复(见本选集第3卷)。——307。

208 亚·伊·赫尔岑给《英格兰共和国》杂志编辑威·林顿的三封信是他在1854年1—2月写的,第一次用英文发表在该杂志1854年第3卷上。恩格斯所引赫尔岑给林顿的第三封信上的这段话转引自1885年日内瓦出版的格·瓦·普列汉诺夫《我们的意见分歧》一书第9页。

赫尔岑给林顿的信的全文,见赫尔岑的文集《旧世界和俄国》。——308。

209 这段引文出自尼·加·车尔尼雪夫斯基的批评文章《杂志短评》,这篇文章第一次发表在1857年《同时代人》杂志第5期上。下面一段引文出自他的另一篇文章《评奥·哈克斯特豪森男爵〈俄国的国内状况、国民生活,特别是农村设施概论〉》,这篇文章第一次发表在1857年《同时代人》杂志第7期上。两篇文章均被收入1879年日内瓦出版的《车尔尼雪夫斯基文集》第5卷,总标题是《论公社的土地占有制》。在格·瓦·普列汉诺夫《我们的意见分歧》(1885年日内瓦版)一书中这段引文在第16—17页上;下面那段引文在第15页上。显然恩格斯是从普列汉诺夫的书上引用了车尔尼雪夫斯基的话,因为这两段引文同该书中的这两段话一致。——309。

210 参看《共产党宣言》1882年俄文版序言(本选集第1卷第379页)。这段引文是恩格斯从格·瓦·普列汉诺夫的俄译文转译的，因此同序言手稿稍有出入。——314。

211　克里木战争是1853—1856年俄国对英国、法国、土耳其和撒丁的联盟进行的战争。这场战争是由于这些国家在近东的经济和政治利益发生冲突而引起的，故又称东方战争。克里木战争中俄国的惨败重挫了沙皇俄国独占黑海海峡和巴尔干半岛的野心，同时加剧了俄国国内封建制度的危机。这场战争以签订巴黎和约而告结束。——314、626。

212　恩格斯指出的《家庭、私有制和国家的起源》一书中关于雅典民族解体的过程，见本卷第125—129页。——315。

213　《欧洲通报。历史、政治和文学杂志》（Вестникъ Европы. Журналъ исторіи, политики, литературы）是俄国一家资产阶级自由派月刊，1866—1908年由米·马·斯塔秀列维奇在圣彼得堡创办和出版，1909—1918年夏由马·马·柯瓦列夫斯基编辑；19世纪90年代初期该杂志经常刊登反对马克思主义的文章。——315、534。

214　《祖国纪事》（Отечественныя Записки）是俄国的一家文学政治月刊，1839—1884年在圣彼得堡出版；主要撰稿人有维·格·别林斯基、亚·伊·赫尔岑、米·尤·莱蒙托夫、尼·阿·涅克拉索夫、伊·谢·屠格涅夫和米·叶·萨尔蒂科夫-谢德林；报纸具有革命民主主义性质，后来主要倾向于民粹派。——315。

215　指1877年《欧洲通报》（见注213）杂志第9期发表的尤·茹柯夫斯基的文章《卡尔·马克思和他的〈资本论〉一书》，以及俄国民粹主义思想家之一尼·康·米海洛夫斯基为答复这篇文章而在1877年《祖国纪事》杂志第10期上发表的《卡尔·马克思在尤·茹柯夫斯基先生的法庭上》一文。——315。

216　《民意导报》（Вестник Народной Волы）是俄国民意党（见注220）在国外的机关报，1883—1886年在日内瓦出版，由彼·拉·拉甫罗夫和列·亚·吉霍米罗夫主编，共出五期。——315。

217　马克思《给〈祖国纪事〉杂志编辑部的信》（见本选集第3卷）是在该杂志1877年10月登载了俄国民粹主义思想家尼·康·米海洛夫斯基《卡尔·马克思在尤·茹柯夫斯基先生的法庭上》一文后不久写的。米海洛夫斯基的文章对《资本论》作了错误的解释。马克思这封信没有寄出，是他逝世以后恩格斯从他的文件中发现的。恩格斯认为，当时马克思"写了这篇答辩文章,看来是准备在俄国发表的,但是没有把它寄到彼得堡去,因为他担心,光是他的名字就会使刊登他的这篇答辩文章的刊物的存在遭到危险。"(见《马克思恩格斯全集》中文第 1 版第 36 卷第 123 页)恩格斯将这封信抄写了几个副本,并把其中一个副本附在 1884 年 3 月 6 日的信中寄给了在日内瓦的劳动解放社成员维·伊·查苏利奇。马克思这封信曾在日内瓦 1886 年《民意导报》杂志第 5 期上发表。后来又由尼·丹尼尔逊译成俄文于 1888 年 10 月在俄国的合法刊物《司法通报》杂志上发表。——315。

218 马克思关于亚·伊·赫尔岑的这段话,见 1867 年汉堡出版的《资本论》德文第 1 版第 1 卷第 763 页(1987 年北京经济科学出版社出版的《资本论》第 1 卷第 750—751 页)。马克思在《资本论》第 1 卷德文第 2 版及其以后各版里删去了这个附注。——316。

219 以下引文出自马克思给《祖国纪事》编辑部的信(参看本选集第 3 卷第 728、729—730 页)。——316。

220 恩格斯在这里显然是指民粹派组织土地和自由社以及民意党的领导机关。

  土地和自由社是俄国民粹派的秘密革命组织,1876 年秋在彼得堡成立,起初称北方革命民粹主义小组、民粹派协会,1878 年底改称土地和自由社。该社著名活动家有马·安·和奥·亚·纳坦松夫妇、亚·德·米哈伊洛夫等人,他们认为俄国可以走非资本主义的特殊发展道路,其基础就是农村公社。他们在纲领中提出全部土地归"农村劳动等级"并加以"平均"分配、农村公社完全自治等等。1879 年 8 月,土地和自由社分裂为民意党和土地平分社。

  民意党是俄国土地和自由社分裂后产生的革命民粹派组织,1879 年 8 月建立。主要领导人是安·伊·热里雅鲍夫、亚·德·米哈伊洛夫等。该党主张推翻专制制度,提出广泛的民主改革要求。但是民意党人把民主革命的任务和社会主义革命的任务混为一谈,认为在俄国可以超越资本主义,经过农民革命走向社会主义。民意党领导机关还宣称以恐怖手段作为政治斗争的主要手段,于 1881 年 3 月 13 日刺杀了沙皇亚历山大二世。在沙皇政府的残酷迫害下,民意党在 1881 年以后就瓦解了。——317、574。

221 《未来的意大利革命和社会党》是恩格斯分析意大利革命形势、论述工人阶级政党斗争策略的著作。恩格斯分析了意大利的社会经济状况,说明意大利社会主义革命的条件远未成熟，如果发生革命，只能是资产阶级革命。在这种情况下，恩格斯根据《共产党宣言》中制定的策略原则，指出工人阶级政党应该积极参加无产阶级和资产阶级斗争的每个发展阶段的行动，"而且，一时一刻也不忘记，这些阶段只不过是达到首要的伟大目标的阶梯。这个目标就是：由无产阶级夺取政权作为改造社会的手段"（见本卷第324页）。恩格斯强调，工人阶级政党必须牢牢坚持这个伟大目标，把每一个进步的或革命的运动看做是向这个目标前进的一步；必须利用一切有利条件来发展壮大自己的力量，避免无谓的牺牲；在参加人民革命运动时要保持独立性，同时把农民看做"强大的和不可缺少的同盟者"（见本卷第323页）。恩格斯还明确指出，他所强调的一般策略虽然是正确的，但怎样把它运用于意大利，"必须因地制宜地作出决定，而且必须由处于事变中的人来作出决定"（见本卷第326页）。

　　这篇文章是恩格斯应意大利劳动社会党领导人安·米·库利绍娃和菲·屠拉梯的请求写的。库利绍娃和屠拉梯在1894年1月19日致信恩格斯，请他谈谈意大利劳动社会党在国内酝酿革命的形势下所应采取的策略问题。恩格斯用法文写成这篇文章，由屠拉梯译成意大利文，并以恩格斯给屠拉梯的书信的形式公开发表在1894年2月1日《社会评论》（见注514）杂志第3期，编辑部加的标题是《未来的意大利革命和社会党》。这篇文章还以《弗里德里希·恩格斯谈意大利的状况》为标题刊登在德国报纸《社会民主党人》（见注245）1894年7月12日第24号。——322。

222　在新的旗帜下集合起来的共和主义者指意大利激进派，其领袖是费·卡瓦洛蒂。他们代表中小资产阶级的利益，站在民主主义的立场上，在许多场合都同社会主义者步调一致。——323。

223　在1848年2月24日成立的法兰西共和国临时政府中，温和的资产阶级共和派占了大部分职位，三个《改革报》（见注116）派代表，即小资产阶级民主派赖德律-洛兰、斐·弗洛孔、小资产阶级社会主义者路易·勃朗以及机械工阿尔伯也进入政府。但人们很快就发现，这些"社会主义者部长们"（更不用说"民主主义者部长们"了）只不过是资产阶级政府可怜的装饰品而已。——326。

224　纯粹的共和派（也称三色旗共和派、《国民报》派）是法国温和的资产阶级共和派，该派所依靠的是法国工业资产阶级和一部分自由主义知识分子。1848年革命时期，这一派的领导人参加了临时政府，后来靠卡芬雅克的帮助策划了六月大屠杀。《国民报》是该派的机关报,该报从 1830 年至 1851 年在巴黎出版,总编辑是阿·马拉斯特。——326。

225 《论原始基督教的历史》是恩格斯运用历史唯物主义观点研究和阐述宗教问题的重要著作。恩格斯在这篇文章中对基督教产生的历史原因、演变过程和社会本质作了科学的解释,根据对大量史料特别是对《启示录》的分析,说明最初的基督徒主要来自属于人民最低阶层的受苦受难的人,他们在残酷的压迫和剥削中寻找出路,而在当时的情况下,他们只能在宗教领域寻找出路。恩格斯指出,基督教作为诱使人们把希望寄托在彼岸世界的宗教,必然被统治阶级所利用,因此,这个世界宗教在产生 300 年之后便从奴隶和被释奴隶、穷人和无权者的宗教,从奴隶社会中被压迫群众的宗教,变成剥削者国家的官方宗教,变成精神上奴役劳动者的工具。恩格斯把原始基督教同现代工人运动作了比较,指出两者具有一些值得注意的共同点:基督教在产生时和现代工人运动一样,也是被压迫者的运动,原始基督教和工人的社会主义都宣传要摆脱奴役和贫困;但是两者又存在本质上的区别,基督教诱使人们在天国中寻求解脱,而社会主义则引导无产阶级和劳动群众通过斗争在现实世界中、在社会改造中实现解放。

这篇文章是为《新时代》(见注 131)杂志写的,发表在该杂志 1894—1895 年第 13 卷第 1 册第 1、2 期;这一著作还由马克思的女儿劳·拉法格翻译成法文,发表在 1895 年 4、5 月《社会发展》杂志第 1、2 期。

这篇文章的中译文曾收入 1929 年上海沪滨书局出版的由林超真翻译的《宗教·哲学·社会主义》一书。——327。

226 安·门格尔《十足劳动收入权的历史探讨》1886 年斯图加特版第 108 页。恩格斯和卡·考茨基 1886 年底在《法学家的社会主义》一文中对门格尔进行了批判(见《马克思恩格斯全集》中文第 1 版第 21 卷)。——328。

227 千年王国是基督教用语,指世界末日到来之前,基督将再次降临,在人间为王统治一千年,届时魔鬼将暂时被捆锁,福音将传遍世界。此语常被用来象征理想中的公正平等、富裕繁荣的太平盛世。——328、349、502。

228 塔博尔派是 15 世纪上半叶同德国封建主和天主教会进行斗争的波希米亚胡斯派民族解放运动和宗教改革运动中革命的、民主的一翼。塔博尔派之名得自 1420 年建成并成为该派政治中心的城市塔博尔。该派建立了自己的军队,领袖之一是扬·杰士卡,基本群众是农民和城市平民,其中大多数人主张消灭封建所有制和封建特权,没收天主教会财产,建立一个"没有国王的国家",并试图在消费方面实行平均共产主义的原则。该派曾经联合胡斯运动中的温和派——圣杯派,多次击退教皇和德意志皇帝对波希米亚的征讨。后来由于圣杯派与天主教势力妥协,塔博尔派于1434 年遭到失败,胡斯运动也随之被镇压下去。——329。

229 恩格斯从琉善的讽刺作品《佩雷格林之死》所摘引的文字,可能不是安·肖特的译文,而是奥·保利的德译文(见《琉善文集》1831 年斯图加特版第 13 卷第 1618—1620 和 1622 页)。——330。

230 指威·魏特林在 19 世纪 40 年代初建立的德国工人和手工业者的秘密组织正义者同盟的支部。恩格斯在《关于共产主义者同盟的历史》(见本卷)一文中讲述了正义者同盟的历史。——331。

231 格·库尔曼《新世界或人间的精神王国。通告》1845 年日内瓦版第VIII、IX 页。

马克思和恩格斯在他们的著作《德意志意识形态》中驳斥了库尔曼的"预言"(见《马克思恩格斯全集》中文第 1 版第 3 卷第 629—640页)。——331。

232 自由公理会是在"光明之友"运动的影响下,于 1846 年和 1847 年从官方新教教会中分化出来的宗教团体,曾试图成立全德国的教会。"光明之友"是产生于 1841 年的一种宗教派别,它反对在新教教会中占统治地位的、以极端神秘主义和伪善行为为特征的虔诚主义。自由公理会在政治上反映了 19 世纪 40 年代德国资产阶级对本国反动制度的不满。该团体于 1847 年 3 月 30 日获得了进行自由的宗教活动的权利。1859 年,自由公理会与德国天主教徒协会合并。——332。

233 蒂宾根学派是指蒂宾根神学学派,该派是德国神学家斐·克·鲍尔在 19世纪上半叶创立的一个研究并评判圣经的学派。该派主张对圣经进行理性评判,他们指出圣经中自相矛盾的地方,同时又力图把圣经中的某些说法作为历史的真实保留下来。但是事与愿违,这种研究方式竟使圣经的威信遭到了贬损。——333。

234 布·鲍威尔对新约的考证,见他的下列著作:《约翰的福音故事考证》1840 年不来梅版、《符类福音作者的福音故事考证》1841 年莱比锡版第1—2 卷;此书第 3 卷以《符类福音作者和约翰的福音故事考证》为书名于1842 年在不伦瑞克出版。在宗教史文献中把前三部福音书,即《马太福音》、《马可福音》和《路加福音》的作者称为符类福音作者。——333。

235 亚历山大里亚学派是希腊化—罗马时期(公元前323—公元642年)以亚历山大里亚城为中心的各种学术思潮的总称。亚历山大里亚是当时埃及的一个港口城市,是地中海地区的经济中心,也是各种学派的聚集地和东西方文化的交汇点。在各种因素的交互影响下,亚历山大里亚学派在科学、文学和哲学等方面都取得了辉煌成就。

在科学方面,亚历山大里亚学派从百科全书式的知识综述转向对自然界进行分门别类的有系统的深入研究,各种专门学科,如数学、力学、地理学、天文学、解剖学、生理学等,都有长足发展,主要代表人物有欧几里得、阿基米德等人。

在哲学和神学方面,该派将古犹太神学和古希腊哲学结合起来,对犹太教及以后的基督教发展产生深远影响。该派认为神灵的启示是最高的知识源泉,对圣经进行比喻性诠释,与侧重从字面和历史意义上进行解释的安提阿学派相对。其主要代表是犹太学者斐洛·尤迪厄斯。斐洛不是基督徒,但因其哲学促成了早期基督教的希腊化,恩格斯在《布鲁诺·鲍威尔和原始基督教》中称他为"基督教的真正父亲"(《马克思恩格斯文集》第3卷第593页)。斐洛之后的重要代表人物是欧利根和普罗提诺。——334、353。

236 喀巴拉(希伯来语,意为传统、传说)是一种对古老的"圣"书经文进行解释的神秘而具有巫术成分的方法,即对一些词和数码赋予特殊的象征性含义。这种方法曾流行于犹太教徒中间,后又从犹太教传入基督教和伊斯兰教。——336、348。

237 诺斯替教派是诺斯替教的信徒。诺斯替教是公元1—2世纪产生的一种宗教哲学学说,由基督教、犹太教、各种多神教以及希腊—罗马哲学中的唯心主义成分等结合而成。诺斯替教的基础是关于"诺斯"(古希腊语,意为"真知")的神秘学说,即通过神的起源的启示而获得真知。诺斯替教强调物质是罪恶的,宣传禁欲主义,不承认旧约的神圣性和神话中基督教创始者耶稣基督的"神人"双重性。正统的基督教界将诺斯替教斥为异端,对诺斯替教派进行了残酷的斗争,把他们的著作几乎全部销毁。——336。

238 《西维拉占语集》是根据古代周游四方的"女预言家"西维拉的占语编辑而成的。据传说西维拉住在库马城(古希腊在意大利南部的殖民地)。这个集子在古代罗马的宗教生活中起重大作用。——336。

239 塔木德是公元前2世纪至公元5世纪间犹太教关于律法、条例、传统、风俗、祭典、礼仪的论著和释义汇编。犹太教认为它是仅次于圣经的经籍。——349。

240 曾德—阿维斯陀是18—19世纪时对阿维斯陀使用的不准确的名称。阿维斯陀是流行于古波斯、阿塞拜疆、中亚细亚的琐罗亚斯德教的圣书。琐罗亚斯德教的主要教义是善与恶在世界上的斗争这种二元论观念。阿维斯陀的写作时间大约是从公元前9世纪直到公元3—4世纪。——351。

241 指公元前6世纪的所谓古犹太人的"巴比伦之流放"，或称"巴比伦之囚"。巴比伦王尼布甲尼撒在公元前597年攻占耶路撒冷以及公元前586年最终灭掉犹太王国以后，迫使犹太贵族、官吏、商人和手工业者移居巴比伦。公元前6世纪30年代，波斯国王居鲁士征服了巴比伦王国，才准许大部分被俘的犹太人返回故国。——351。

242 《法德农民问题》是恩格斯论述农民问题的一篇重要著作。恩格斯在这篇文章中批判了法、德工人阶级政党内部在农民问题上的错误观点，强调了农民作为工人的同盟军对无产阶级革命事业的重要意义，为无产阶级政党制定了在夺取政权的斗争中争取农民支持并在革命胜利后引导农民走社会主义道路的方针。恩格斯高度重视农民在无产阶级革命中的地位和作用，指出"农民到处都是人口、生产和政治力量的非常重要的因素"，无产阶级政党为了夺取政权，"应当首先从城市走向农村，应当成为农村中的一股力量"（见本卷第355、356页）。恩格斯对农村中的不同阶级和阶层的状况作了科学分析，提出了区别对待的原则，指出：当无产阶级政党掌握政权的时候，决不会考虑用暴力去剥夺小农；"我们对于小农的任务，首先是把他们的私人生产和私人占有变为合作社的生产和占有，不是采用暴力，而是通过示范和为此提供社会帮助。"（见本卷第370页）对于有雇工剥削行为的大农和中农，也不能对他们实行暴力的剥夺，而要把各个农户联合为合作社，以便在这种合作社内越来越多地消除对雇佣劳动的剥削，并逐步过渡到新的生产方式。对于大土地所有者则实行剥夺，把他们的大地产转交给已经在耕种着这些土地并将组织成合作社的农业工人使用。至于这种剥夺是否要用赎买来进行，这将取决于无产阶级取得政权时的情况，尤其是取决于大土地所有者的态度。恩格斯还着重阐述了科学社会主义的基本原则，指出社会主义的任务就在于把生产资料转交给生产者公共占有，因此共产党人必须以无产阶级所拥有的一切手段来为生产资料转归公共占有而斗争。

　　这篇文章写于1894年11月12—29日，直接原因是为了批判德国社会民主党内的改良主义派领袖格·亨·福尔马尔在土地问题上的错误言论。福尔马尔在1894年10月25日德国社会民主党法兰克福代表大会（见注522）上作了关于起草土地纲领的报告，主张这个纲领既要反映劳动农民的利益，同时也要反映农村富裕阶层、农村资产阶级的利益。他在说明这个提案时，引证了法国工人党的土地纲领，并声称恩格斯也赞同这个纲领。恩格斯在1894年11月12日给《前进报》（见注483）编辑部的信中澄清了事实。他写道："福尔马尔同志10月25日在法兰克福党代表大会关于土地问题的辩论中发言时，援引了在南特举行的法国社会党人代表大会的决议，说它们'得到了弗里德里希·恩格斯的直接赞同'。……我不得不声明，这里有错误，显然，福尔马尔所掌握的关于我的消息是完全不可靠的。"（见《马克思恩格斯全集》中文第1版第22卷第561页）在这种情况下，恩格斯认为有必要专门写一篇文章，阐述无产阶级政党关于农民问题的基本原则，并对法国工人党的土地纲领中的错误观点加以批判。

这篇文章发表于1894—1895年《新时代》（见注131）第13年卷第1册第10期，曾以《农民问题》为标题转载于波兰杂志《黎明》1894年第12期。

1928年上海远东图书公司出版了这篇著作的中译本，译者是陆一远，书名为《农民问题》；1951年8月，人民出版社出版了曹葆华、毛岸英翻译的《法德农民问题》单行本。——355。

243 1892年9月24—28日在马赛举行了法国工人党第十次代表大会。大会研究了关于农村工作、党的现状和党的活动、庆祝五一节、参加1893年苏黎世国际社会主义工人代表大会，以及关于参加即将举行的议会选举等问题。

代表大会议事日程中最重要的一项是关于农村工作问题，原因是国内农民运动进一步高涨，并且党希望在议会选举中得到农民的支持。代表大会通过了第一个土地纲领，其中提出了一系列有利于农村无产阶级和小农的具体要求。但是，纲领也存在一些背离社会主义原则的地方，对农民的小资产阶级倾向、甚至对富裕的剥削阶层的利益作了某些让步。1894年9月在法国工人党南特代表大会上所通过的纲领绪论部分和对纲领的补充里，这些反映了机会主义影响的错误更加严重。——359。

244 指保·拉法格的报告《农民的财产和经济的发展》，这个报告是以法国工人党全国委员会的名义向南特代表大会提出的。报告发表在1894年10

月 18 日《社会民主党人》(见注 245)第 38 号附刊上。——373、654。

245　《社会民主党人》(Der Sozialdemokrat)是德国的一家周报,德国社会民主党的机关报,1894—1895 年在柏林出版。——373。

246　《卡·马克思〈1848 年至 1850 年的法兰西阶级斗争〉一书导言》是恩格斯根据资本主义新变化和工人运动新经验撰写的论述无产阶级政党革命斗争策略思想的重要著作。在导言中,恩格斯阐述了马克思《1848 年至 1850 年的法兰西阶级斗争》(见本选集第 1 卷)的理论价值和实践意义,指出:"使本书具有特别重大意义的是,在这里第一次提出了世界各国工人政党都一致用以扼要表述自己的经济改造要求的公式,即:生产资料归社会所有"(见本卷第 381 页)。恩格斯认为这一公式是科学社会主义区别于形形色色封建的、资产阶级的、小资产阶级的社会主义的根本特征。在导言中,恩格斯详细具体地分析了 1848 年以来欧洲的经济发展状况,指出:在 1848 年革命时期,欧洲资本主义经济还有很大的扩展能力,欧洲大陆的经济发展状况还远远没有成熟到可以铲除资本主义生产的程度。因此,1848 年革命时期他和马克思关于无产阶级与资产阶级大决战已经开始的看法是不符合实际的,以一次简单的突然袭击来实现社会改造是不可能的。恩格斯强调无产阶级政党应当根据变化了的条件制定符合新的形势要求的新的斗争策略。他充分肯定德国社会民主党利用普选权取得的成就,指出:在德国工人那里,普选权从历来的欺骗手段变成了解放手段,普选权成为无产阶级的一种崭新的斗争方式,应当利用普选权这一合法斗争形式为未来的决战积蓄和准备力量。他同时告诫无产阶级决不能放弃革命暴力,决不能放弃革命权,"革命权是唯一的真正'历史权利'——是所有现代国家无一例外都以它为基础建立起来的唯一权利"(见本卷第 395 页)。

1895 年 1 月 30 日,担任德国社会民主党《前进报》(见注 483)出版社经理的理·费舍写信给恩格斯,建议把马克思在 1850 年《新莱茵报。政治经济评论》(见注 128)上发表的论述法国 1848 年革命的一组文章(共三篇)编成单行本出版,并请恩格斯写一篇导言。恩格斯同意了这个建议,同时增添一章,作为该书的第四章。他为各章拟定了标题,将书名定为《1848 年至 1850 年的法兰西阶级斗争》。恩格斯于 1895 年 2 月 14 日—3 月 6 日为单行本撰写了导言。

1895 年 3 月 6 日,费舍受党的执行委员会委托给恩格斯写信,以当时德意志帝国国会正在讨论所谓反颠覆法草案(见注 259)为由,请求恩格斯按照随信附上的修改方案,对导言进行修改。恩格斯在 3 月 8 日的复信中表示,他尽可能考虑党的执行委员会的严重担忧,接受他们的部分修改意见。同时,恩格斯郑重声明,导言的原稿经过这样的删改已受到一些损害,他自己在修改原稿方面绝不会再多走一步。他还告诫党的执行委员会不要在资产阶级统治下的德国"立誓忠于绝对守法",指出"没有一个国家的任何一个政党会走得这么远,竟然放弃拿起武器对抗不法行为这一权利"(见本卷第 659 页)。

在单行本出版前,1895 年 3 月 30 日的《前进报》发表了一篇题为《目前革命应怎样进行》的社论,其中未经恩格斯同意就从导言中断章取义地摘录了几段话,使恩格斯的观点遭到严重歪曲,似乎他主张"无论如何都要守法"。恩格斯看到后非常气愤,在 1895 年 4 月 1 日给卡·考茨基的信中强调有必要在《新时代》(见注 131)上全文发表导言,以"消除这个可耻印象"。他在 1895 年 4 月 3 日给保·拉法格的信中也批评了《前进报》的这种做法,指出:"我谈的这个策略仅仅是针对今天的德国,而且还有重要的附带条件。对法国、比利时、意大利、奥地利来说,这个策略就不能整个采用。就是对德国,明天它也可能就不适用了。"(见《马克思恩格斯文集》第 10 卷第 700 页)根据恩格斯的要求,1894—1895 年《新时代》杂志第 13 年卷第 2 册第 27 期和 28 期连载了这篇导言,但仍保留了作者在单行本导言中所作的删改。

1925 年,苏共中央马克思恩格斯研究院院长达·梁赞诺夫在 1925 年《在马克思主义旗帜下》第 1 期发表《恩格斯的〈1848 年至 1850 年的法兰西阶级斗争〉一书导言》,根据研究院收集到的导言手稿和排印的条样,介绍了它在 1895 年发表时被删改的情况。在本卷中,导言的删改之处都在脚注中作了说明。

这篇《导言》的中译文曾收入 1942 年 7 月延安解放社出版的由柯柏年翻译的《法兰西阶级斗争》一书。——378。

247 恩格斯在 1895 年出版马克思的《1848 年至 1850 年的法兰西阶级斗争》一书单行本时,把《新莱茵报。政治经济评论》杂志第 1、2 和 3 期发表的马克思的《从 1848 年到 1849 年》一组文章中的几篇文章收入这个单行本作为头三章(恩格斯这里提到的也就是这几篇文章),另把马克思和恩格斯为该杂志 5、6 两期合刊撰写的《时评。1850 年 5—10 月》中马克思所写的关于法国部分(见《马克思恩格斯全集》中文第 2 版第 10 卷第 593—596、602—613 页)作为第四章。恩格斯所引的这段话摘自《时评》中收入马克思著作单行本作为第四章的那部分(见本选集第 1 卷第 541

页）。——380。

248　指19世纪上半叶法国资产阶级的两个保皇党——正统派和奥尔良派。

正统派是法国代表大土地贵族和高级僧侣利益的波旁王朝(1589—1792年和1814—1830年)长系的拥护者。1830年波旁王朝第二次被推翻以后,正统派结成政党。在反对以金融贵族和大资产阶级为支柱的当政的奥尔良王朝时,一部分正统派常常抓住社会问题进行蛊惑宣传,标榜自己维护劳动者的利益,使他们不受资产者的剥削。马克思和恩格斯在《共产党宣言》中,把该派代表人物的观点叫做封建的社会主义。在第二帝国时期,正统派得不到人民的支持,只能采取等待时机的策略,出版一些批评性的小册子。他们在1871年参加了反革命势力对巴黎公社的镇压以后才开始活跃起来。

奥尔良派是金融贵族和大资产阶级的保皇党,是1830年七月革命到1848年二月革命(见注2)这一时期执政的波旁王朝幼系奥尔良公爵的拥护者。奥尔良公爵统治时期在历史上称为奥尔良王朝。

在第二共和国时期(1848—1851年),这两个保皇集团成为联合起来的保守的"秩序党"的核心。——385、591。

249　"民族原则"是波拿巴第二帝国(1852—1870年)统治集团提出的、反映其对外政策原则的名词。拿破仑第三自诩为"民族的保卫者",利用被压迫民族的民族利益进行投机,以图巩固法国的霸权并扩大其疆域。"民族原则"与承认民族自决权毫无共同之处。相互争斗的大国,利用所谓的"民族原则",挑起民族不和,把民族运动,特别是小民族的运动变成它们推行反革命政策的工具。马克思在《福格特先生》(见《马克思恩格斯全集》中文第2版第19卷)一文中,恩格斯在《工人阶级同波兰有什么关系?》(见《马克思恩格斯全集》中文第2版第21卷)一文中,对"民族原则"进行了揭露和批判。——386。

250　指法国在1870—1871年普法战争失败后,根据1871年5月10日签订的法兰克福和约付给德意志帝国的50亿法郎赔款。——387。

251　西班牙共和国在1873年宣布成立,普选权则在1868—1874年西班牙资产阶级革命时期,从1868年开始实施,并经1869年宪法批准。1874年,西班牙共和国由于保皇派发动政变而被推翻。——388。

252　1870年9月4日,法军在色当溃败的消息传出后,巴黎举行了人民群众的革命起义,这次行动导致第二帝国制度的垮台和以资产阶级国防政府为首的共和国的成立。

1870 年 10 月 31 日,当梅斯投降,布尔歇失守以及阿·梯也尔受国防政府之命开始同普鲁士人谈判的消息传来以后,巴黎工人和一部分革命的国民自卫军举行起义,他们占领了市政厅,建立了以奥·布朗基为首的革命政权机关。在工人的压力下,国防政府不得不答应辞职,并决定于11 月 1 日举行公社选举。但是,当时巴黎的革命力量尚未充分组织起来,领导起义的布朗基派与小资产阶级民主派雅各宾分子之间又存在意见分歧,这给国防政府造成可乘之机,它依靠当时仍然拥护它的那部分国民自卫军,背弃了辞职的诺言,重新占据了市政厅,恢复了自己的政权。——393。

253 第五次反法同盟战争时期,在 1809 年 7 月 5—6 日瓦格拉姆会战中,拿破仑第一指挥下的法国军队击败了卡尔大公的奥地利军队,取得了决定性的胜利。——394。

254 1815 年 6 月 18 日,拿破仑的军队在滑铁卢(比利时)会战中被阿·威灵顿指挥的英荷联军及格·布吕歇尔指挥的普鲁士军队击败。这次会战在1815 年的战局中起了决定性作用,它预示了第七次反法同盟的彻底胜利和拿破仑帝国的崩溃。——394。

255 1890—1893 年在比利时展开了争取普选权的斗争。在工人党领导的群众运动和罢工的压力下,众议院于 1893 年 4 月 18 日通过了关于普选权的法律,并于 4 月 29 日由参议院批准。但是,这一法律对普选权作了一些有利于统治阶级的限制。按照这一法律,在比利时实施以年满 25岁、居住期满 1 年为限制条件的男子普选权。此外,该法律还规定了多次投票制,即对某几类选民,可根据他们的财产状况、教育程度和供职情况,多给一两张选票。——395。

256 这里的贵族革命是指梅克伦堡-什未林公国和梅克伦堡-施特雷利茨公国中公爵势力与贵族之间展开的长期斗争,这场斗争以 1755 年在罗斯托克签订作为宪法基础的关于继承权的调解协定而告结束。根据这个协定,梅克伦堡贵族以往享受的优待和特权得到确认。他们的一半地产享受免税待遇,他们应缴纳的商业和手工业税及其在国家开支中占有的份额被固定下来。贵族在等级议会及其常设机构中的领导地位得以巩固。——395。

257 "合法性害死我们"是恩格斯引用的法兰西第二共和国时期保守派政治

活动家奥·巴罗的一句话,这句话反映出 1848 年底至 1849 年初法国反动势力的代表人物的企图,他们打算挑起人民起义,然后把它镇压下去,从而恢复君主制。——396。

258　暗指 1866 年普鲁士在对奥地利和德意志几个小邦的战争取得胜利后,兼并了汉诺威王国、黑森-卡塞尔选帝侯国和拿骚大公国。——397。

259　1894 年 12 月 6 日,德国政府向帝国国会提交《关于修改和补充刑法典、军事法典和新闻出版法的法律草案》(即所谓《反颠覆法草案》)。按照这个法案,对现行法令增加了一些补充条文,规定对"蓄意用暴力推翻现行国家秩序者"、"唆使一个阶级用暴力行动反对另一个阶级从而破坏公共秩序者"、"唆使士兵不服从上级命令者"等等,采取严厉措施。1895 年 5 月,该法律草案被帝国国会否决。——397、661。

260　1842 年 10 月上半月,马克思来到科隆,从 10 月 15 日起担任《莱茵报》(见注 135)编辑。在他的主持下,该报开始具有越来越明确的革命民主主义倾向。从这封信中,可以看到马克思作为该报事实上的主笔的一些活动情况。——403。

261　"自由人"是 19 世纪 40 年代上半期由柏林一些著作家组成的青年黑格尔派小组的名称,该小组的核心是布·鲍威尔、埃·鲍威尔、爱·梅因、路·布尔、麦·施蒂纳等人。

　　"自由人"脱离现实生活,醉心于抽象的哲学争论,在 1843—1844 年抛弃了激进民主主义,陷入了主观主义和无政府主义。早在"自由人"小组成立时,马克思就同他们发生严重分歧。随着马克思和恩格斯由唯心主义转向唯物主义、由革命民主主义转向共产主义,他们对"自由人"的斗争日趋尖锐。1844 年 9—11 月,马克思和恩格斯在他们合写的第一部著作《神圣家族》(见《马克思恩格斯文集》第 1 卷)中对"自由人"进行了彻底批判。——403。

262　长裤汉又称无套裤汉,是法国大革命时期对城市平民的称呼。他们穿粗布长裤,有别于穿丝绒短套裤的贵族富豪,故名。长裤汉原是贵族对平民的蔑称,后来成为"革命者"、"共和主义者"的同义语。1793—1794 年,他们曾发起要求社会经济改革的运动。——403。

263　施特劳宾人是德国流动的手工业帮工。马克思和恩格斯以此称呼那些还受落后的行会意识和成见支配的德国手工业者,这些人抱着反动的小资产阶级幻想,认为可以从资本主义的大工业退回到小手工业去。——

404、427。

264 这封信是马克思对帕·安年科夫1846年11月1日来信的回复。安年科夫在来信中谈到蒲鲁东《经济矛盾的体系,或贫困的哲学》一书时写道:"老实说,我认为这部著作的结构本身只不过是观察了德国哲学的一个角落的人的幻想的结果,而并不是研究某一个题目及其逻辑发展的必然的结论。"马克思在这封信里对蒲鲁东的《贫困的哲学》作了详细的分析批判。

虽然安年科夫不是唯物主义者和共产主义者,但马克思对蒲鲁东的批判以及对唯物史观基本观点的阐述还是给他留下了深刻的印象。他在1847年1月6日给马克思写信说:"您对蒲鲁东的著作的看法精确、明晰,尤其是不逾越现实的界线,真的令我耳目一新。"

安年科夫在1880年彼得堡出版的《欧洲通报》(见注213)第15年卷第4期上发表了他的回忆录《值得纪念的十年。1838—1848年》,其中用俄文摘引了马克思信中的大段论述。1883年马克思去世时,这些摘录被译成德文,发表在《新时代》(见注131)和《纽约人民报》(见注461)上。1912年《米·马·斯塔秀列维奇和他同代人的通信》圣彼得堡版中用原文发表了这封信的全文。这封信的英译文收入马丁·劳伦斯出版社1934年在伦敦出版的《马克思恩格斯通信集(1846—1895年)》一书。——407。

265 这封信没有保存下来。马克思在《哲学的贫困》(见本选集第1卷)中对蒲鲁东的著作进行了详细的批判分析。——407。

266 种姓是职业世袭、内部通婚和不准外人参加的社会等级集团。种姓的出现和阶级社会形成时期的分工有关。种姓制度曾以不同形式存在于古代和中世纪各国,但在印度社会中表现得最为典型。古印度的《摩奴法典》规定有四个种姓:婆罗门、刹帝利、吠舍及首陀罗。——410。

267 指马克思的《政治和国民经济学批判》。马克思从1843年年底以来一直在从事政治经济学研究,1844年春,他决定从唯物主义和共产主义的立场来公开批判资产阶级的政治经济学。他当时所写的手稿只保存下来一部分,即《1844年经济学哲学手稿》(见《马克思恩格斯文集》第1卷)。为撰写《神圣家族》,马克思曾暂时中断政治经济学研究,直到1844年12月才又恢复。马克思在1845—1846年研究了英国、法国和其他国家的经济学家的著作,并写了提纲,作了大量的摘录和札记。但当时马克思未能实现他的计划,1845年2月1日与出版商卡·列斯凯签订的《政治和国民经济学批判》两卷本的出版合同于 1847 年 2 月被后者取消。——419。

268　这里所说的代表大会是指共产主义者同盟第二次代表大会。这次大会于
　　　1847 年 11 月 29 日—12 月 8 日在伦敦召开。参加大会的有来自德国、英
　　　国、法国、比利时、瑞士、波兰的代表，可能还有来自丹麦、瑞典和其他国
　　　家的代表。马克思作为布鲁塞尔区部的代表、恩格斯作为巴黎的代表出席
　　　了这次代表大会。马克思和恩格斯认为这次代表大会是一次决定性的会
　　　议，他们在会上不懈地宣传科学社会主义原理，最后使与会代表充分认识
　　　到他们的观点是正确的。大会通过了共产主义者同盟的章程，并委托马克
　　　思和恩格斯起草同盟的纲领。他们起草的纲领就是 1848 年 2 月问世
　　　的《共产党宣言》。
　　　　　共产主义者同盟，见注 3。——420。

269　马克思于 1849 年 8 月底来到伦敦，在这里一直居住到逝世。
　　　　　1850 年 11 月中旬，恩格斯从伦敦转赴曼彻斯特，重新在欧门—恩
　　　格斯公司工作，这主要是为了给马克思以经济上的援助，使他能继续研
　　　究政治经济学理论。从这时起，马克思和恩格斯之间的通信更加频
　　　繁。——421。

270　1841 年 9 月—1842 年 10 月，恩格斯曾在柏林的炮兵旅服役，其间被晋升
　　　为炮手。——422。

271　罗·丹尼尔斯和威·豪普特都是共产主义者同盟的盟员，由于豪普特的
　　　叛变出卖，丹尼尔斯 1851 年 6 月 12 日在科隆被捕。对丹尼尔斯等人的
　　　审判一直拖到 1852 年 10 月 4 日才开始，这就是科隆共产党人案件，参看
　　　注 96。——424。

272　《人民报。维护公正政治和普遍权利》(The People's Paper, the champion of
　　　political justice and universal right)是英国的一家周报，宪章派(见注 109)
　　　左翼的机关报，1852 年 5 月由厄·琼斯在伦敦创刊；1852 年 10 月—1856
　　　年 12 月马克思和恩格斯曾为报纸撰稿，并对报纸的编辑工作给以帮助；
　　　周报除刊登马克思和恩格斯专门为之撰写的文章外，还转载他们在《纽
　　　约每日论坛报》发表的重要文章；在这个时期，报纸捍卫工人阶级的利
　　　益，宣传社会主义思想；后来琼斯同资产阶级激进派日益接近，致使马克
　　　思和恩格斯停止为该报撰稿，同琼斯的关系一度破裂；1856 年 6 月报纸
　　　转入资产阶级实业家手中。——426。

273　指 1792 年 10 月法国军队占领美因茨以后，在当地按照法国雅各宾俱乐

部的方式成立的自由平等之友协会,即美因茨俱乐部。该俱乐部要求取消封建赋税并建立共和国。1793 年 2 月进行了选举并召开了法国莱茵地区国民公会。国民公会颁布了废除为数众多的僧俗王公的法令,并宣布美因茨及其邻近地区为共和国。

1793 年 3 月,国民公会宣布美因茨共和国并入法国。这样一来,美因茨俱乐部派不仅遭到来自反动贵族势力方面,而且也遭到来自资产阶级势力方面的非难,被指责犯有"背叛祖国"罪。美因茨俱乐部和国民公会也没有得到农民和手工业工人的支持。虽然国民公会颁布法令废除了封建依附关系、贵族和僧侣的特权,以及原来的赋税,但同时它却规定要向法国交纳特别税款。这一点是造成这些阶层愤懑不平的重要原因。

1793 年 7 月普军占领美因茨,美因茨共和国遂告解体。美因茨俱乐部的成员被捕入狱并遭到虐待。——427。

274 尼·马基雅弗利《佛罗伦萨史》第 1 版于 1532 年在罗马和佛罗伦萨出版。书中描写的雇佣兵队长是 14—15 世纪意大利雇佣兵的首领。——429。

275 马克思是指他的 1857—1858 年经济学手稿,即后来《资本论》的第一稿。马克思在写作这部手稿的过程中,制订了他准备撰写的政治经济学巨著的计划。他打算在这部著作中研究资本主义生产方式的全部问题,同时对资产阶级政治经济学进行批判。这部巨著的计划要点,马克思在给恩格斯和其他人的一系列书信(见本卷第 431 页,另见《马克思恩格斯文集》第 10 卷第 157 页)以及这部著作的没有完成的《导言》(见本选集第 2 卷第 708—709 页)草稿中都曾提到过。在继续研究的过程中,马克思多次改变自己的原订计划,并按照一再修改的方案写成了《政治经济学批判。第一分册》和《资本论》。——430。

276 指厄·琼斯 1858 年 10 月 4 日在曼彻斯特宪章派群众大会上的讲话。

1857 年琼斯主张联合资产阶级激进派,其目的是为了与资产阶级激进派共同争取选举改革,并希望在此基础上恢复国内群众性的宪章运动。但是,他在制订联合资产阶级激进派的共同纲领时,放弃了人民宪章提出的若干主张,只保留了成年男子普选权的要求。马克思和恩格斯认为琼斯与激进派的妥协是他政治上动摇的表现,是滑到了改良主义的立场,因此同他断绝了朋友关系。琼斯的做法也引起了宪章派成员的不满和反对。几年后,在琼斯重新开始表现出革命无产阶级的精神时,他同马克思和恩格斯的朋友关系才得以恢复。——434。

277 马克思和恩格斯把那些抱有唯心主义观念,认为思想具有独立作用,而不

懂思维和意识对物质现实的依赖性的哲学家、社会学家和历史学家称为
意识形态家。——436。

278 在1830年11月开始的1830—1831年反对沙皇制度的波兰解放起义中，
起义的领导权基本上掌握在波兰小贵族的手里。由于他们拒绝满足广大
农民群众废除农奴依附地位的要求，未能得到农民群众的支持，起义最终
遭到沙皇的残酷镇压。对这次起义的评价，见恩格斯1848年2月22日
在布鲁塞尔举行的1846年克拉科夫起义两周年纪念大会上的演说
(《马克思恩格斯全集》中文第1版第4卷第537—541页)以及他在《德
国农民战争》中的有关论述(见《马克思恩格斯文集》第2卷第274
页)。——437。

279 斐·拉萨尔1858年春写了舞台剧本《弗兰茨·冯·济金根》，并匿名发
表。在柏林皇家剧院拒绝上演这部戏剧之后，拉萨尔1859年春将《弗兰
茨·冯·济金根》作为文学剧本发表。——440。

280 恩格斯在这里和后面谈到舞台剧本和文学剧本之间的区别和其他艺术创
作问题的地方，实际上都是针对斐·拉萨尔在《弗兰茨·冯·济金根》剧
本的序言中所提出的论点进行的批评。——440。

281 斐·拉萨尔1848年11月21日在诺伊斯(杜塞尔多夫附近)举行的民众
大会上发表演说，号召武装起来反对国家政权。一天后拉萨尔被捕。高
等法院和检察院一再拖延审判，拉萨尔写信给马克思和恩格斯谴责这一
阴谋。马克思和恩格斯以同一标题《拉萨尔》在《新莱茵报》(见注4)上
发表了一系列文章，揭露司法当局和监狱当局对拉萨尔的暴行(见《马克
思恩格斯全集》中文第1版第6卷)。对拉萨尔的审判于1849年5月
3—4日进行。

　　恩格斯在这里也可能是指1848年9月17日拉萨尔在沃林根(科隆
附近)民众大会上的讲话。恩格斯曾亲自参加了这次民众大会并当选为
大会书记。——440。

282 鞋会和穷康拉德是15—16世纪初期在德国出现的反封建的农民秘密团
体。它们的活动为德国1525年农民战争做了准备。恩格斯在《德国农民
战争》(见《马克思恩格斯文集》第2卷)中对这两个团体的活动做了论
述。——443。

283 马克思在1861—1863年作了大量有关工艺学的笔记(摘录)，其中主要
摘录了以下作者的著作:约·亨·莫·波珀《从科学复兴至18世纪末

的工艺学历史》1807—1811 年格丁根版第 1—3 卷；安·尤尔《技术词典或工业手册》，克拉马尔施和黑伦整理，1843—1844 年布拉格版（三卷集）第 1 卷；约·贝克曼《发明史文集》1782—1805 年格丁根版第 1—5卷。——444。

284 珍妮机是詹·哈格里沃斯于 1764—1767 年发明并用他女儿的名字命名的一种纺纱机。——445。

285 《公开答复》即斐·拉萨尔的小册子《就莱比锡全德工人代表大会的召开给中央委员会的公开答复》1863 年苏黎世版。

　　1863 年 2 月 10 日，筹备全德工人代表大会的莱比锡中央委员会建议拉萨尔阐述他关于工人运动问题的观点。拉萨尔 3 月 1 日在《公开答复》中阐明了他的观点，然而却没有考虑中央委员会就建立协会的一些原则而陈述的建议。马克思这封信中引用的拉萨尔的话出自这本小册子第 11、23、36 页。——448。

286 1863 年 3 月 26 日，工联伦敦理事会（见注 288）在圣詹姆斯堂举行工人群众大会，表示英国工人阶级支持美国北部各州反对奴隶制的斗争。同时，与会者在会上还抗议英国政府站在南部各州一边武装干涉美国内战（见注 129）。担任大会主席的是激进派最具声望的领袖约·布莱特。——448。

287 1864 年 3 月举行了法国立法团补选两名共和党议员的选举。在这次选举中，巴黎工人推选出了工人候选人昂·托伦，而此前他们投票支持的是温和的资产阶级共和党候选人。选举之前，工人团体于 1864 年 2 月发表了《六十人宣言》，指出工人阶级需要在立法机构中拥有自己的代表。这表明工人已同资产阶级共和党人决裂并开始独立进行政治活动。——449。

288 工联伦敦理事会首次于 1860 年 5 月由伦敦各工联代表会议选出。理事会领导着伦敦各工联成千上万的群众，对整个英国工人阶级都有影响。在 60 年代前半期，它曾领导英国工人反对干涉美国、维护波兰和意大利的历次行动，稍后又领导了他们争取工联合法化的运动。在伦敦理事会中起领导作用的是联合起来的各工联领导人，有粗细木工工联的威·克里默及其后的罗·阿普尔加思，鞋匠工联的乔·奥哲尔，泥瓦匠工联的埃·科尔森和乔·豪威耳，以及机械工人联合会的威·阿伦。工联伦敦理事会通过参加该理事会的国际工人协会总委员会委员同国际进行接触。马克思从国际成立时起就力图把广大的英国工人群众吸收进来,设法使工联的基层组织加入国际。根据总委员会英国委员们的动议,工联伦敦理事会在1866年秋历次会议上都讨论了加入国际的问题。理事会于1867年1月14日通过决议,表示赞同国际工人协会的原则,但断然拒绝与国际建立任何组织联系。此后,工联伦敦理事会通过它在总委员会中的成员继续与国际保持接触。

　　工联争取成年男子普选权和秘密投票协会于1864年9月成立。奥哲尔任协会主席。他和协会书记罗·哈特韦耳、财务委员 W. 特里姆勒特后来都加入了国际总委员会。——449、465、477。

289 1864年4月初,朱·加里波第到英国作宣传旅行,希望得到英国统治集团的某些帮助,以便进行旨在反对奥地利对威尼斯的统治的远征。英国工人举行大规模示威游行,欢迎加里波第的到来。英国政府考虑到热烈欢迎意大利民族英雄的英国人民的情绪,起初给加里波第以正式的礼遇。但是,加里波第为波兰起义者辩护的言论使英国资产阶级大为不满,他们开始在报刊上掀起反对意大利革命家的运动。在这种情况下,加里波第不得不马上离开英国。——450。

290 指共进会,即由居住在伦敦的意大利工人于1864年6月底成立的互助会。该会在成立初期参加者有300人左右,主要受朱·马志尼的影响;朱·加里波第是该会的名誉主席。1865年1月,该会加入了国际。——450。

291 小委员会是国际工人协会临时中央委员会(通称中央委员会,1866年9月8日以后改称总委员会)在1864年10月5日的第一次会议上为制定协会的纲领性文件而选出的委员会,它在纲领性文件批准之后继续存在,通常每周开会一次,成为中央委员会的执行机关;从1865年夏天起,称为中央委员会常务委员会。其成员包括中央委员会常务主席(1867年9月起根据马克思的建议取消了这个职位)、名誉总书记和各国通讯书记。它在马克思的领导下全面处理国际的日常工作,草拟须提交中央委员会审阅的国际文件。从1872年6月起改称总委员会的执行委员会。——450。

292 路·沃尔弗在1864年10月8日小委员会会议上提出的章程是《意大利工人团体联合条例》的英译本;这个条例于1864年7月31日在《工人协会报》上发表,并于1864年10月25—27日在那不勒斯举行的、受到马志尼分子影响的意大利工人团体代表大会上通过。出席代表大会的有50

多个工人团体的代表,会上成立了意大利工人协会联合会,该联合会后来加入国际工人协会。马志尼及其拥护者提出这个具有资产阶级民主派性质的章程,是打算把国际工人运动的领导权抓到自己手里。——451。

293 《蜂房报》(The Bee-Hive Newspaper)是英国工联的机关报(周报);1861—1876 年在伦敦出版;曾三度易名:《蜂房》(The Bee-Hive)、《蜂房报》(The Bee-Hive Newspaper)、《便士蜂房》(The Penny Bee-Hive);该报受到资产阶级激进派和改良派的强烈影响;1864 年 11 月该报被宣布为国际的机关报,从此主要刊登国际工人协会的正式文件和总委员会历次会议的报道;但是该报刊登国际文件时常作篡改或删节,为此,马克思曾一再提出抗议;从 1869 年起该报实际上已成了资产阶级的喉舌;1870 年 4 月,总委员会根据马克思的建议,与《蜂房报》断绝了一切关系。——453。

294 《北极星》(Nordstern)是德国的一家周报,1860—1866 年用不同名称在汉堡出版;1863 年起为全德工人联合会(见注 184)的机关报,1865 年起为该联合会内部反对派的机关报;编辑是卡·冯·布伦(1861—1866),编辑部成员有约·菲·贝克尔、斐·拉萨尔、奥·亨利希和威·吕斯托夫;1865—1866 年经常刊登有关国际工人协会瑞士支部的消息。——455。

295 《社会民主党人报。全德工人联合会机关报》(Der Social-Demokrat. Organ des Allgemeinen Deutschen Arbeitervereins)1864 年 12 月 15 日—1871 年 4 月 21 日由约·巴·施韦泽和约·巴·霍夫施泰滕在柏林出版,每周出三次;马克思和恩格斯应邀为报纸撰稿,后来施韦泽在报上支持俾斯麦的政策,搞拉萨尔崇拜,马克思和恩格斯便不再为报纸撰稿;1871 年 4 月底—1876 年报纸用《新社会民主党人报》(Neuer Social-Demokrat)的名称出版,推行拉萨尔的政策,迎合俾斯麦制度,巴结德国统治阶级,反对国际和德国社会民主工党,支持巴枯宁派和其他反无产阶级流派的仇视总委员会的活动。——455、507、514。

296 1864 年 12 月 21 日和 30 日《社会民主党人报》(见注 295)第 2 号和第 3 号发表了马克思翻译的《国际工人协会成立宣言》的德译文。马克思在译文中作了一些修改(译文中重要的修改,见本选集第 3 卷《国际工人协会成立宣言》一文及相关脚注)。——455。

297 1864 年 11 月 11 日约·巴·施韦泽和威·李卜克内西写信给马克思,请他为正在筹办的拉萨尔派全德工人联合会机关报《社会民主党人报》撰稿。马克思和恩格斯同年 11 月收到施韦泽寄来的办报纲领,其中没有包含拉萨尔的口号。由于当时没有掌握其他刊物来引导德国的工人运动，同时考虑到李卜克内西还是该报的非正式编辑，马克思和恩格斯同意给《社会民主党人报》撰稿。该报发表过马克思的《国际工人协会成立宣言》和《论蒲鲁东》（见本选集第 3 卷）以及恩格斯翻译的古代丹麦民歌《提德曼老爷》（见《马克思恩格斯全集》中文第 2 版第 21 卷）。马克思和恩格斯曾多次批评该报的路线。在证实了施韦泽继续奉行向政府和容克谄媚的拉萨尔主义政策并企图散布对拉萨尔的迷信之后，马克思和恩格斯于 1865 年 2 月 23 日声明同该报断绝关系（见《马克思恩格斯全集》中文第 2 版第 21 卷第 116、128—132 页）。紧接着李卜克内西也拒绝为该报撰稿。——455。

298　威·李卜克内西在 1865 年 1 月 20 日以前写给马克思的信中谈到，拉萨尔向俾斯麦的反动政府表示妥协，他答应俾斯麦，在普鲁士兼并石勒苏益格—荷尔斯泰因的问题上，全德工人联合会给予支持，条件是俾斯麦答应实行普选制。马克思和恩格斯认为拉萨尔的这个政治"遗嘱"是对无产阶级利益的背叛。1928 年发表的拉萨尔和俾斯麦的通信证实了李卜克内西所提供的信息。——455。

299　民族联盟是德国中、北部资产阶级自由派和原来的资产阶级民主派的一个组织，主张把德国统一成为以君主制普鲁士为首的中央集权国家（奥地利除外），从而实现"德国的普鲁士化"。该联盟于 1859 年 9 月 15—16 日在美因河畔法兰克福德意志各邦资产阶级自由派的代表会议上成立。联盟的基本核心是 1849 年 6 月从法兰克福议会退出的大资产阶级的代表和左翼自由派——哥达派。1866 年普奥战争和北德意志联邦成立后，该联盟于 1867 年 11 月宣布解散。——455。

300　普鲁士亲王威廉（1861 年即位为国王）在 1858 年 10 月开始摄政时宣布采取"自由主义"方针，他解散了曼托伊费尔的内阁，让温和的自由派执掌政权。资产阶级报刊盛赞这一方针开创了"新纪元"。实际上实施这一政策完全是为了巩固普鲁士君主政体和容克的阵地。所谓"新纪元"实际上为 1862 年 9 月上台执政的俾斯麦实行独裁做了准备。——456。

301　普鲁士的领导地位是普鲁士国王弗里德里希-威廉四世在 1848 年 3 月 20 日的演说中使用的一个说法。他在演说中宣布，"为了拯救德意志"，他决心站在"整个祖国的领导地位"。在争取德国统一的时期，这一说法用来表示普鲁士想在自己的领导下统一国家的意图。——456。

302 进步党人是指 1861 年 6 月成立的普鲁士资产阶级进步党的代表。其著名的代表人物有贝·瓦尔德克、鲁·微耳和、舒尔采-德里奇、马·福尔肯贝克和莱·霍维尔贝克。进步党在纲领中提出如下要求:在普鲁士领导下统一德国,召开全德议会,成立对众议院负责的强有力的自由派内阁。进步党没有提出普选权、结社和集会权以及新闻出版自由等基本的民主要求。进步党政治上的动摇反映了它所依靠的商业资产阶级、小工业家和部分手工业者的不稳定性。1866 年,进步党分裂,其右翼组成了屈从于俾斯麦政府的民族自由党。——457、561、593。

303 马克思讽刺地把普鲁士通行的禁止工人结社和罢工的工商业管理条例以及 1854 年关于雇农权利规范的法律称为奴仆规约。

所谓"奴仆规约"是 18 世纪和 19 世纪初普鲁士各省实行的一种封建规章,它允许容克专横地对待农奴,包括对他们施以肉刑。——457。

304 指约·巴·施韦泽写的《俾斯麦内阁》这一组文章中的第三篇。这篇文章发表在 1865 年 2 月 17 日《社会民主党人报》(见注 295)第 23 号,也就是说,是在马克思坚决要求他不再向俾斯麦谄媚以后发表的。在《俾斯麦内阁》这组文章中,施韦泽公开支持俾斯麦用"铁和血"统一德国的政策。——457。

305 1861 年 1 月 12 日,普鲁士因威廉一世即位而宣布大赦,声称准许政治流亡者"不受阻碍地返回普鲁士国土"。1861 年春天,马克思在逗留柏林期间曾设法要求恢复他的普鲁士国籍,但遭到拒绝。普鲁士当局借口他在 1845 年是"自愿"放弃普鲁士国籍的,"因此""只能"被看做是一个"外国人"。——458。

306 根据国际工人协会中央委员会的倡议并在其直接参与下,选举法改革的拥护者于 1865 年 2 月 23 日在伦敦圣马丁堂召开会议,通过了建立改革同盟的决议。改革同盟成为领导工人争取第二次选举改革的群众性运动的政治中心。中央委员会的一些委员,主要是英国各工联的领袖,参加了同盟的领导机关——理事会和执行委员会。同盟所领导的改革运动的纲领和对待资产阶级政党的策略都是在马克思的直接影响下制定的,马克思努力促使英国工人阶级实行不依赖资产阶级政党的、独立的政策。资产阶级仅仅要求把选举权扩大到独栋住宅的房主和房客,改革同盟则按马克思的主张提出给予国内所有男性成年居民普选权的要求。由国际重新提出的这个宪章派(见注 109)的口号,在英国工人阶级队伍中得到广泛的响应,并且使同盟获得了此前对政治漠不关心的工联的支持。同盟在英国各大工业城市和各地方都有分支机构。但是,由于改革同盟领导层中的资产阶级激进派慑于群众运动的声势而发生动摇,加之工联机会主义领袖的妥协,同盟未能贯彻中央委员会拟定的路线。英国资产阶级使运动发生了分裂,在1867年进行了一次不彻底的改革,仅仅把选举权给予小资产阶级和工人阶级的上层,而工人阶级的基本群众仍然和以前一样处于政治上无权的地位。——458。

307 指马尔萨斯的人口论,又称马尔萨斯主义。英国资产阶级经济学家托·马尔萨斯在他1798年(伦敦)出版的《人口原理。人口对社会未来进步的影响》一书中提出,人口以几何级数率(1、2、4、8、16……)增长,生活资料以算术级数率(1、2、3、4、5……)增长,人口的增长超过生活资料的增长是一条"永恒的自然规律"。他用这一观点来解释资本主义制度下劳动人民遭受失业、贫困的原因,认为只有通过战争、瘟疫、贫困和罪恶来抑制人口的增长,人口与生活资料的数量才能相适应。——459、517。

308 马克思对李嘉图的"人口规律"的批判,见《资本论》第1卷第23章第3节脚注(79)(《马克思恩格斯文集》第5卷第728页)和《剩余价值理论》有关章节(《马克思恩格斯全集》中文第2版第34卷第123—177页)。——460。

309 关于马尔萨斯在《人口原理》一书中的抄袭行为,马克思在《资本论》第一卷中作了详细论述(见《马克思恩格斯文集》第5卷第711—713页)。——460。

310 "应该警惕"一词来源于"为了共和国不受损失,执政官应该警惕"这句话,这是古罗马元老院在国家面临外部或内部的危险时使用的一句名言;在这种情况下,执政官将被赋予独裁的权力。——461。

311 指德国资产阶级经济学家和进步党的领导人舒尔采-德里奇宣传用工人自己的钱创办小型储蓄贷款银行、消费合作社和生产合作社。舒尔采-德里奇进行这种"贮钱箱"鼓动是企图诱使工人脱离反对资本的革命斗争。他鼓吹资本家和工人的利益协调一致,断言通过成立合作社可以在资本主义范围内从根本上改善工人阶级的状况,并且可以使手工业者免于破产。——461、475。

312 老拜斯或褐色的拜斯是18世纪和19世纪初英国军队对明火枪(燧发的、滑膛的前装枪)的称呼,这种枪的枪身呈褐色。——462。

313 指马克思1866年8月23日给路·库格曼的信,后来查明,这封信直到

1866 年 11 月 27 日才收到。——464。

314 马克思在写完 1861—1863 年经济学手稿以后,于 1863 年 8 月开始分册撰写《资本论》。马克思原定《资本论》分为三卷四册:第一册是资本的生产过程;第二册是资本的流通过程;第三册是总过程的各种形式;第四册是理论史。第一卷包括第一、二册,第二卷为第三册,第三卷为第四册。这里所说的《资本论》第四册即最后一册的初稿,马克思已经写好;他把1861—1863 年经济学手稿中有关理论史的部分标题为《剩余价值理论》。

马克思在写完《资本论》第一、二、三册以后,又回到第一册上来。按照恩格斯的建议,他决定先出版第一册。1866 年至 1867 年 3 月,马克思用了一年多的时间对《资本论》第一册手稿进行润色,这实质上是对这一册作了新的、仔细的加工。1867 年 9 月出版的《资本论》第一卷德文第一版只包括第一册的内容。根据同出版商奥·迈斯纳商定的出版计划,第二册和第三册以《资本论》第二卷的形式出版,而第四册理论史则以《资本论》的最后一卷即第三卷的形式出版(见《资本论》第一卷第一版序言,本选集第 2 卷第 84 页)。

马克思在世时没有完成付印《资本论》后几册的准备工作。马克思逝世以后,恩格斯整理并以《资本论》第二卷和第三卷的形式出版了马克思的第二册和第三册的手稿。恩格斯还打算整理并以《资本论》第四卷的形式出版上述第四册的手稿,但是他未能实现这一愿望。——465、467、529。

315 马克思在《资本论》第一卷德文第一版第一章中概括了 1859 年出版的《政治经济学批判。第一分册》的内容。在《资本论》德文第二版和以后各版中,《商品和货币》这一章成为第一卷的第一篇。——465。

316 马克思在《资本论》第一卷德文第一版序言脚注(1)中实现了这个意图(见《马克思恩格斯文集》第 5 卷第 7 页)。——465。

317 指欧·杜林对《资本论》第一卷的书评,载于 1867 年在希尔德堡豪森出版的《现代知识补充材料》杂志第 3 卷第 3 期第 182—186 页。

《现代知识补充材料》(Ergänzungsblätter zur Kenntniß der Gegenwart)是德国的一家通俗科学月刊,1865—1871 年在希尔德堡豪森出版。——466、468。

318 指马克思在《资本论》第一卷中对威·罗雪尔庸俗经济学观点的彻底批判(见《马克思恩格斯文集》第 5 卷第 112、186、239—240、251、264、

304、376、421、709 页）。——466。

319　蛮族法典是对 5—9 世纪形成的、一些日耳曼部落法规的最初文字记录的统称，其中主要记录了这些部落的习惯法，但也包括了符合当时需要的新的法律规范。这些部落于 5—7 世纪在随着民族大迁徙而分崩离析的西罗马帝国及其邻近的土地上逐渐定居并开始建立国家。蛮族是古希腊人和罗马人对其他各民族的蔑称。——470。

320　指署名"赫"的书评《卡尔·马克思〈资本论。政治经济学批判〉（共三卷）。第一卷第一册。资本的生产过程。1867 年汉堡奥·迈斯纳出版社版》，载于 1868 年 7 月 4 日《德国中央文学报》第 28 号第 754—756 页。

　　《中央报》即《德国中央文学报》（ Literarisches Centralblatt für Deutschland ），是德国的一家文摘性的科学情报评论周刊，1850—1944 年在莱比锡出版。——472。

321　指《资本论》第一卷德文第一版第一章（《商品和货币》），参看注315。——472。

322　指宪章派（见注 109）提出并写入人民宪章的普选权要求。人民宪章是英国宪章运动的纲领性文件，1837 年由下院六名议员和六名伦敦工人协会会员组成的一个委员会提出，并于 1838 年 5 月 8 日作为准备提交议会的一项草案在各地群众大会上公布。人民宪章包括宪章派的下列六项要求：普选权（年满 21 岁的男子）、议会每年改选一次、秘密投票、各选区一律平等、取消议会议员候选人的财产资格限制，以及发给议员薪金。1839、1842 和 1849 年，议会三次否决了宪章派递交的要求通过人民宪章的请愿书。——475。

323　衰落帝国（bas-empire）在历史文献中是指拜占庭帝国或处于晚期的罗马帝国；后来泛指处于没落腐朽阶段的国家。马克思和恩格斯经常用它来指法兰西第二帝国。——475。

324　1868 年 8 月 22—26 日，全德工人联合会（见注 184）代表大会在汉堡举行。这次大会表明，联合会中的先进分子在工人运动经验的启示下，并在国际工人协会和《资本论》的影响下开始抛弃拉萨尔的教条。大会原则上赞成罢工运动，但又表示反对实际组织罢工；大会原则上承认各国工人共同行动的必要性，但实际上联合会的领导人继续阻挠联合会加入国际工人协会。在这次大会上，约·巴·施韦泽和弗·弗里茨舍建议在柏林召开全德各工会代表大会，正统的拉萨尔分子拒绝了这一建议，而要施韦泽和弗里茨舍以国会议员身份召开这样的代表大会。——476。

325 1868年9月16日莱比锡警察当局勒令设在莱比锡的全德工人联合会解散。但是在三星期之后,即1868年10月10日,以约·巴·施韦泽为首的一批拉萨尔分子用同一名称在柏林重新建立了联合会。此后它便在普鲁士警察当局的监督下进行活动。——476。

326 指柏林全德工人代表大会。这次代表大会是约·巴·施韦泽和弗·弗里茨舍经拉萨尔派的全德工人联合会汉堡大会的同意,以国会议员身份于1868年9月26日召开的。出席代表大会的代表有206名,代表了142 000多名工人(主要是北德意志各城市的)。这次代表大会拒绝奥·倍倍尔和威·李卜克内西领导的德国工人协会联合会派遣代表参加。柏林代表大会以后,一批工会按拉萨尔派的宗派主义组织的模式建立起来,并且联合成为一个以施韦泽为首的总的联合会。马克思在这封信中对施韦泽作了尖锐的批评,因为组织并召开这样的代表大会导致了德国各工会的分裂,同时,代表大会所通过的章程从根本上违背了工会运动的目的和性质。——476。

327 结社法暗指新工商业管理条例,根据这一条例,工人有罢工权和结社权。1869年5月29日北德意志联邦国会通过了这一条例。——476。

328 指1868年10月4日《社会民主党人报》附刊上刊登的柏林全德工人代表大会通过的拉萨尔派的工会章程草案。参看注326。——477。

329 指全国劳工同盟。该同盟1866年8月在美国巴尔的摩代表大会上成立。美国工人运动出色的活动家威·西尔维斯积极参加了建立同盟的工作。在美国展开的为争取工人组织的独立政策,促进白人工人和黑人工人的团结,实行八小时工作制以及维护女工权利的斗争中,同盟起了很大的作用,并且它很快就与国际工人协会建立了联系。1869年,同盟的代表卡梅伦出席了国际巴塞尔代表大会(见注333)的最后几次会议。1870年8月,同盟召开辛辛那提代表大会,会上通过决议,宣布同盟拥护国际工人协会的原则,并希望加入国际。但是这一决议并没有实现。同盟的领导人不久就埋头于制定空想的金融改革方案,指望通过这种改革达到由国家提供低息贷款、消灭银行制度的目的。1870—1871年,一些工人组织脱离了劳工同盟。到1872年该同盟实际上已不复存在。——480。

330 英国在美洲殖民地争取独立的战争中的失败引起了爱尔兰民族运动的高涨。1782年,英国议会迫于爱尔兰民族运动的压力,通过了关于废除英国议会替爱尔兰颁布法律的权利和把这项权利移交给爱尔兰议会的法令。1783 年英国议会通过了一项新的《放弃权利法令》，再次确认了1782 年的法令。这意味着在立法方面承认了爱尔兰的自治。但是，在1798 年爱尔兰民族解放起义被镇压下去后，英国政府实际上取消了对爱尔兰的这些让步，而把英爱合并强加给了爱尔兰。从 1801 年 1 月 1 日起生效的英爱合并，消除了爱尔兰自治的最后痕迹，并取消了爱尔兰议会。英爱合并巩固了英国在爱尔兰的殖民统治，因此遭到爱尔兰人的反抗，从19 世纪 20 年代起，取消合并的要求在爱尔兰成为深得人心的口号。——481、483。

331 1641 年 10 月，在英国资产阶级革命前夕，爱尔兰爆发了一次民族起义，几乎使该岛的大部分完全脱离英国。这次起义于 1649—1652 年被奥·克伦威尔镇压下去。对爱尔兰起义的残酷镇压，使英国新土地贵族夺取了大量土地，资产阶级大地主势力的加强为 1660 年王朝复辟提供了基础。——482。

332 人身保护法是 1679 年英国议会通过的一项法令，根据这一法令，被捕者可以要求公布将其送交法庭的命令，说明逮捕的理由，以便审查逮捕的合法性。同时被捕者必须于短期内（3—20 天）送交法庭，法庭根据对逮捕原因的审查，或释放被捕者，或将其押回监狱，或取保释放。人身保护法不适用于叛国罪案件，而且根据议会的决定可以暂时中止其生效。——482。

333 指 1869 年 9 月 6—11 日国际工人协会在巴塞尔举行的代表大会。马克思没有出席这次代表大会，但是积极参加了大会的准备工作。他在总委员会按大会议程进行讨论时就土地问题、继承权问题和教育普及问题发表了意见。发言记录被保存了下来（见《马克思恩格斯全集》中文第 1 版第 16 卷第 648—656 页）。

巴塞尔代表大会再次讨论了土地问题，大多数代表赞成废除土地私有制，实行土地公有制；通过了关于在全国范围和国际范围内把工会联合起来的决议，以及一系列关于从组织上巩固国际和扩大总委员会权力的决议。在巴塞尔代表大会上，马克思的拥护者和巴枯宁及其追随者围绕继承权问题发生了激烈争论。——482。

334 这里所说的"总委员会 11 月 30 日就爱尔兰大赦通过的决议"，指马克思起草的《总委员会关于不列颠政府对被囚禁的爱尔兰人的政策的决议草案》（见《马克思恩格斯全集》中文第 1 版第 16 卷），该决议草案 1869 年

11 月 30 日由国际工人协会总委员会通过;"关于被囚禁的芬尼社社员所受待遇的爱尔兰文小册子",可能收录了马克思女儿燕·马克思论述爱尔兰问题的一组文章中的前五篇,这些文章最初发表在 1870 年 3 月《马赛曲报》(见注 337)第 71、79、89、91、99 期(见《马克思恩格斯全集》中文第 1 版第 16 卷附录)。

芬尼社社员是爱尔兰民族主义革命组织爱尔兰革命兄弟会的参加者。19 世纪 50 年代,爱尔兰掀起了反对英国殖民统治,争取独立的革命运动。50 年代末,詹·斯蒂芬斯领导的小资产阶级秘密革命组织爱尔兰革命兄弟会起初在侨居美国的爱尔兰人中间,不久也在爱尔兰本土出现。该组织自称芬尼社。芬尼的古爱尔兰语"Fiann",是传说中爱尔兰古代英雄芬恩·麦库尔统率的武装民团的名称。芬尼社曾广泛活动于英国、爱尔兰和美国等地,其宗旨是争取爱尔兰的独立并建立爱尔兰共和国,其成员主要是城市小资产阶级和非贵族出身的知识分子。1865 年,芬尼社社员的武装起义未能成功;1867 年芬尼社社员密谋发动的武装起义也遭英国政府镇压。——483。

335 在外地主(来自"absentee"——"缺席者"一词)通常指那些在爱尔兰拥有地产却长期居住在英格兰的地主。他们把地产交给土地代理人管理,或者出租给靠投机获利的经纪人,这些人再以苛刻的条件转租给小佃户。——484。

336 《国际报》(L'Internationale)是比利时的一家周报,国际比利时支部的机关报;1869—1873 年在塞·德巴普的直接参与下在布鲁塞尔出版;该报持无政府主义立场。——485。

337 《马赛曲报》(La Marseillaise)是法国左派共和党人的日报,1869 年 12 月19 日—1870 年 9 月 9 日在巴黎出版;由于采取反对第二帝国统治集团的行动,1870 年 2 月 10—11 日被勒令停刊,5 月 18 日—7 月 20 日被查封,9 月 9 日完全停刊;出版者为昂·罗什弗尔,主编为保·格鲁赛,编辑部成员有安·阿尔诺、西·德雷尔、阿·恩贝尔、昂·罗什弗尔、昂·马雷等人,撰稿人有茹·瓦莱斯、欧·瓦尔兰、古·弗洛朗斯、保·拉法格、维·罗瓦尔和燕·龙格等人;报纸经常报道国际工人协会在法国和其他国家的活动,刊登国际总委员会的文件。——486、492。

338 保·拉法格在 1870 年 4 月 18 日的信中告诉马克思,在巴黎成立了国际工人协会联合会委员会。拉法格认为,他自己不作为新成立的委员会成员而作为伦敦总委员会驻巴黎联合会的代表较为适宜。他请求马克思在下一次会议上提出授予他代表权的问题。1870年5月17日总委员会授予拉法格代表权。

国际工人协会巴黎联合会1870年4月18日在由欧·瓦尔兰主持召开的国际工人协会巴黎各支部全体成员大会上成立。出席大会的有1 200人左右。会上通过了联合会章程。但是,1870年4月底法国当局开始了警察迫害,并借口举行全民投票而逮捕了国际的会员,实质上使联合会的活动被迫中断。——487。

339　米·巴枯宁在国际工人协会巴塞尔代表大会上未能掌握国际的领导权,便改变策略,转而公开向总委员会开火。巴枯宁的追随者在《平等报》编辑部里攫取了优势,早在1869年11月6日就发表社论,指责总委员会违反了关于出版各国工人状况通报的条例的第二、三条。11月13日《平等报》发表第二篇社论,建议在英国成立一个专门的联合会委员会,据说是为了便于总委员会履行领导国际共同事务的职能。11月27日该报又发表文章鼓吹放弃政治,并在12月11日的一篇题为《思考》的社论中大肆攻击总委员会在爱尔兰问题上的立场。《进步报》(见注347)对总委员会也进行了类似的攻击。

1869年12月14日国际总委员会会议首次讨论了《平等报》和《进步报》的问题。马克思起草的致瑞士罗曼语区联合会委员会的通告信(见《马克思恩格斯全集》中文第1版第16卷第435—443页)于1870年1月1日经总委员会非常会议批准,分发给国际各支部。

《平等报》(L'Égalité)是瑞士的一家周报,国际罗曼语区联合会的机关报;1868年12月—1872年12月在日内瓦用法文出版;1869年11月—1870年1月,参加该报编辑部的巴枯宁、佩龙、罗班等人企图利用该报攻击国际总委员会;1870年1月罗曼语区联合会委员会改组了编辑部,撤销了巴枯宁主义者的职务,自此以后该报开始拥护总委员会的路线。——487、491。

340　和平和自由同盟即国际和平和自由同盟,是由一批小资产阶级共和主义者和自由主义者(包括维·雨果、朱·加里波第等人)1867年在瑞士日内瓦建立的资产阶级和平主义的组织。1867—1868年,米·巴枯宁参加了同盟的领导工作,同盟在巴枯宁的影响下企图利用工人运动和国际工人协会来达到自己的目的。和平和自由同盟曾宣称通过建立"欧洲联邦"可以消除战争。这一思想反映了小资产阶级广大阶层的和平愿望,但在群众中散布了荒谬的幻想,诱使无产阶级放弃阶级斗争。马克思指出,这一组织是"为同无产阶级国际相对抗而创立的国际资产阶级组织"(见本卷第 488 页)。——488。

341 1868 年 9 月 21—25 日巴枯宁在伯尔尼和平和自由同盟代表大会讨论该同盟的纲领草案时提出决议案,鼓吹在社会和经济方面实现阶级平等和个人平等、废除国家和继承权。为了维护自己的观点,巴枯宁在代表大会上曾多次发言,在他的企图遭到和平和自由同盟大多数人拒绝后,便同他的追随者们退出该同盟,另外成立国际社会主义民主同盟(见注 342),他的上述被否决的纲领草案成了这个同盟纲领的基础。巴枯宁在伯尔尼和平和自由同盟代表大会上的发言以及他和他的追随者们关于退出和平和自由同盟的声明,均发表在 1868 年 12 月 1 日亚·赫尔岑的报纸《钟声》(见注 349)第 14—15 号。——488、501。

342 社会主义民主同盟是巴枯宁于 1868 年 10 月在瑞士日内瓦建立的国际性无政府主义组织。同盟的盟员宣布以无神论、阶级平等和取消国家为自己的纲领,否认工人阶级进行政治斗争的必要性。同盟的这种小资产阶级无政府主义的纲领得到了意大利、瑞士和其他一些国家工业不发达地区的支持,这些地区还建立了该同盟的支部。1869 年总委员会同意在解散同盟这个独立组织的条件下接受同盟各支部加入国际。实际上,同盟盟员加入国际之后,仍然在国际内部保持着自己的秘密组织,并在巴枯宁的指挥下进行反对总委员会的活动。巴黎公社被镇压以后,同盟反对国际的斗争更加激烈,尤其激烈地反对无产阶级专政和按民主集中制原则建立工人阶级的独立政党。马克思、恩格斯和国际总委员会对同盟进行了坚决的斗争,揭露了这个力图分裂工人运动的宗派集团的真面目。1872 年 9 月国际工人协会海牙代表大会(见注 384)以绝对多数票通过了将同盟领导人巴枯宁和詹·吉约姆开除出国际的决定。——488、497、503、550。

343 指社会主义民主同盟的纲领和章程。这两个文件于 1868 年在日内瓦用法文和德文以传单的形式散发。1868 年 11 月 29 日约·菲·贝克尔将这两个文件寄请国际总委员会批准。12 月 15 日总委员会表示反对接纳该同盟加入国际,12 月 22 日马克思同恩格斯交换意见后写成的通告信《国际工人协会和社会主义民主同盟》(见《马克思恩格斯全集》中文第 2 版第 21 卷)稍加修改后被一致通过。通告信揭露了同盟的分裂主义策略。通告信作为机密通知分发给国际的所有支部。——488。

344 19 世纪 20 年代末,一批传播和发展圣西门学说的圣西门信徒(巴·安凡丹、圣阿尔芒·巴扎尔、奥·罗德里格、菲·毕舍等人)提出了废除继承权的要求。根据巴扎尔的讲稿,1830 年在巴黎出版的《圣西门学说释义》(第 1 卷,1830 年巴黎版),这本书反映了圣西门主义者对继承权的看法。——488。

345 在国际工人协会总委员会的坚持下,社会主义民主同盟纲领的第二条于 1869 年 4 月被改为:"同盟首先力求实现完全并彻底地消灭阶级,力求实现个人(不分男女)在政治、经济和社会方面的平等。"——490。

346 指国际工人协会总委员会把继承权问题列入国际工人协会巴塞尔代表大会(见注 333)的议程。在 1869 年夏代表大会的准备过程中,总委员会就这个问题进行了讨论,8 月 3 日总委员会通过了马克思起草的《总委员会关于继承权的报告》(见《马克思恩格斯文集》第 3 卷)。马克思的报告在 1869 年 9 月 11 日巴塞尔代表大会上由格·埃卡留斯宣读。——491。

347 《进步报》(Le Progrès)是瑞士巴枯宁派的机关报,公开反对国际总委员会;1868 年 12 月—1870 年 4 月用法文在勒洛克勒出版,编辑是詹·吉约姆。——491。

348 巴枯宁在 1870 年 3 月 2 日和 3 日《马赛曲报》(见注 337)第 72 和 73 号上发表追悼信。他在信中把亚·赫尔岑称为自己的朋友和同胞,认为他的死"对他的朋友、对俄国解放事业以及……对全人类的解放来说是一个巨大的损失"。他谈到 30 年来他和赫尔岑密切地联系在一起,并说"赫尔岑、奥格辽夫和我始终是一个目标"。1870 年 3 月 5 日、12 日和 19 日《进步报》第 10、11 和 12 号全文转载了这封追悼信。——492。

349 《钟声》(Колоколь)是俄国革命民主主义的报纸,1857—1865 年由亚·伊·赫尔岑和尼·普·奥格辽夫用俄文在伦敦不定期出版,1865—1867 年在日内瓦出版,1868—1869 年改用法文出版,同时出版俄文版附刊。——492。

350 指 1858 年俄国地主帕·巴赫梅季耶夫交给亚·赫尔岑的一笔宣传费(所谓的巴赫梅季耶夫基金)。1869 年在巴枯宁和尼·奥格辽夫的压力下,赫尔岑同意把基金分成两部分,其中一部分由奥格辽夫转交给谢·涅恰耶夫。1870 年,在赫尔岑死后,涅恰耶夫从奥格辽夫手中得到了另一部分基金。

马克思从约·菲·贝克尔 1870 年 3 月 13 日的来信中了解到这件事情。——492。

351 指一批俄国政治流亡者,他们是非贵族出身的具有民主主义思想的青年,是革命民主主义者尼·车尔尼雪夫斯基和尼·杜勃罗留波夫的追随者。1870 年春,这些人在日内瓦成立了国际工人协会俄国支部。1870 年 3 月 12 日支部委员会把它的纲领和章程寄给总委员会,并写信给马克思,请他担任支部在国际总委员会中的代表。在 1870 年 3 月 22 日的总委员会会议上,俄国支部被接受加入国际,马克思承担了该支部在总委员会中的代表的任务。在反对巴枯宁分裂活动的斗争中,俄国支部给予马克思和恩格斯很大的支持。——492。

352 1870 年 1 月,瑞士罗曼语区联合会委员会对《平等报》(见注 339)编辑部进行改组,撤销了巴枯宁分子的编委职务,此后该报开始拥护国际总委员会的路线。巴枯宁分子力图夺回失去的阵地,他们在 1870 年 4 月 4—6日于拉绍德封举行的罗曼语区联合会代表大会上取得了形式上的多数票。这次代表大会围绕是否接受巴枯宁派支部的问题展开了激烈的斗争。日内瓦俄国支部的领导人之一吴亭曾发言揭露巴枯宁的分裂活动。在这次代表大会上,巴枯宁派和总委员会的支持者之间最终发生分裂。巴枯宁派以罗曼语区代表大会的名义,选出了新的联合会委员会,并把会址改设在拉绍德封;总委员会的支持者们则继续在日内瓦的罗曼语区联合会委员会的领导下进行活动。于是,在瑞士罗曼语区就有了两个联合会委员会:一个在日内瓦,一个在拉绍德封。马克思所提到的关于在拉绍德封发生分裂的报道,发表在 1870 年 4 月 9 日《平等报》第 15 号上。

   1870 年 4 月初,罗曼语区联合会委员会的代表和巴枯宁派给总委员会寄去了关于拉绍德封代表大会的详细报告,并请求对分裂问题作出决定。总委员会于 1870 年 6 月 28 日通过了马克思提出的决议案,决定保持原有联合会委员会的职能,而建议巴枯宁派的联合会委员会另选名称(见《马克思恩格斯全集》中文第 1 版第 16 卷第 490 页)。1871 年 9 月在伦敦举行的国际工人协会代表会议(见注 362)批准了总委员会的上述决议案,并建议巴枯宁派的联合会定名为"汝拉联合会"(见《马克思恩格斯全集》中文第 1 版第 17 卷第 459—460 页)。——492。

353 《团结报》(La Solidarité)是瑞士的一家周报,巴枯宁派的机关报,1870 年4—9 月用法文在纳沙泰尔出版,1871 年 3—5 月在日内瓦出版。——492。

354 指 1870 年 4 月 18 日劳·拉法格的信。马克思称劳拉为洛朗,因为保·拉法格的笔名保尔·洛朗是由保尔和劳拉这两个名字组合而成的。——493。

355　《女王信使报》(The Queen's Messenger)是英国保守派的政治文学周报，1869 年 1—7 月在伦敦出版。——493。

356　巴黎起义胜利后，国民自卫军中央委员会于 1871 年 3 月 18 日接管政权。1871 年 3 月 28 日，它把权力转交给 1871 年 3 月 26 日选出的公社委员会。——494。

357　神圣罗马帝国(962—1806 年)是欧洲封建帝国。公元 962 年，德意志国王奥托一世在罗马由教皇加冕，成为帝国的最高统治者。1034 年帝国正式称为罗马帝国，1157 年称神圣帝国，1254 年称神圣罗马帝国。到了 1474 年，神圣罗马帝国被称为德意志民族神圣罗马帝国。帝国在不同时期包括德意志、意大利北部和中部、法国东部、捷克、奥地利、匈牙利、荷兰和瑞士，是由具有不同政治制度、法律和传统的封建王国和公国以及教会领地和自由城市组成的松散的联盟。1806 年对法战争失败后，弗兰茨二世被迫放弃神圣罗马帝国皇帝的称号，这一帝国便不复存在了。——494、645。

358　《埃尔伯费尔德日报》(Elberfelder Zeitung)是德国的一家日报，1790 年创刊，1834—1904 年用这个名称出版，此后改名为《埃尔伯费尔德日报。联合总汇报和地方报。随附附刊》(Elberfelder Zeitung. Vereinigte Allgemeine Zeitung und Provinzial-Zeitung nebst Intelligenzblatt)，继续出版至 1926 年；1839—1843 年主编是马·伦克尔，1844—1862 年为伯·腊韦；19 世纪 30—40 年代报纸持有福音教会正统派和保守派的观点。——495。

359　道德协会是普鲁士爱国的秘密政治团体，于 1806 年普鲁士被拿破仑法国战败之后创立。该协会联合了自由派贵族和资产阶级知识分子的代表人物。协会的宗旨是唤起人们的爱国热情，争取把自己的国家从拿破仑的占领下解放出来并建立立宪制度，支持在普鲁士进行温和的自由主义改革。1809 年，普鲁士国王在拿破仑的要求下取缔了道德协会，然而协会仍继续存在，直到拿破仑战争结束。拿破仑失败后，该协会由于提出宪法方面的要求而遭到迫害，很快便瓦解了。——495。

360　互助主义派是 19 世纪 60 年代身为国际法国支部成员的右翼蒲鲁东主义者的自称。他们提出了一个小资产阶级的改良主义计划，即采取组织互助(如建立合作社、互助会等)的办法来解放劳动者。——496。

361　实证论派又称孔德派，是因其创始人奥·孔德而得名的资产阶级哲学派别。实证论者反对任何革命行动,否认无产阶级和资产阶级利益的不可调和性。他们的理想是阶级合作。实证论者力图"科学地"证明资本主义是最好的社会组织。——497。

362 指国际工人协会 1871 年伦敦代表会议作出的下列决议:《关于各国委员会、地方支部、派别、团体及其委员会等组织的名称》(第二项决议第一条、第二条、第三条);《关于工人阶级的政治行动》(第九项决议);《关于社会主义民主同盟》(第十六项决议)以及《关于瑞士罗曼语区的分裂》(第十七项决议)(见《马克思恩格斯全集》中文第 1 版第 17 卷第 451—452、454—456、458—460 页)。

国际工人协会 1871 年伦敦代表会议 1871 年 9 月 17—23 日在伦敦秘密举行。出席会议的有 23 名有表决权的代表和 10 名有发言权的代表。代表会议总共召开了九次会议,主要讨论工人阶级的政治行动和组织问题,并通过了相关的决议。代表会议的第九项决议《关于工人阶级的政治行动》是一项极其重要的决议,该决议宣布,必须在每个国家建立以工人阶级夺取政权为目标的独立的无产阶级政党。国际工人协会伦敦代表会议的召开标志着马克思和恩格斯为建立无产阶级政党而进行的斗争进入一个重要阶段。——498。

363 1871 年 12 月 4 日卡·特尔察吉请求恩格斯从物质上支援他所办的《无产者报》(见注 364)。1872 年 1 月 6 日以后,恩格斯写完了给他的回信。但是,在信刚要寄出时,恩格斯从《玫瑰小报》(见注 365)获知,特尔察吉支持巴枯宁派的汝拉联合会关于立即召开代表大会的要求,因此,恩格斯 1 月 14—15 日重写了一封信,仅保留了原信的两段文字并略加修改。其余的文字,部分写在原信删去的各行之间,部分写在一张白纸上。——499。

364 《无产者报》(Il Proletario)是意大利的一家周报,1872—1874 年在都灵出版;该报支持巴枯宁派,反对总委员会和伦敦代表会议的决议。——499、503。

365 1871 年 12 月 28 日《玫瑰小报》第 360 号上刊登了一篇题为《工人运动》的评论。评论说,在卡·特尔察吉的影响下,都灵"无产者解放社"通过了支持汝拉联合会的松维利耶通告(见注 366)的决定。

《玫瑰小报》(Gazzettino Rosa)是意大利的一家日报,左派马志尼主义者的机关报,1867—1873 年在米兰出版;该报在 1871—1872 年维护巴黎公社,发表国际工人协会的报告和文件;1872 年起受巴枯宁派的影响。——499、503。

366　指1871年11月12日在巴枯宁派汝拉联合会的松维利耶代表大会上通过的松维利耶通告，即《给国际工人协会所有联合会的通告》。这个通告旨在反对总委员会和1871年伦敦代表会议(见注362)决议，宣扬政治冷淡主义和关于支部完全自治的无政府主义教条，并对总委员会的活动进行诽谤。在通告中，巴枯宁还建议所有联合会要求立即召开代表大会来重新审查国际的共同章程并谴责总委员会。恩格斯在《松维利耶代表大会和国际》(见《马克思恩格斯全集》中文第1版第17卷)一文中对这一通告进行了评价。——499、505。

367　指马克思和恩格斯于1872年1月中旬至3月初起草的《所谓国际内部的分裂。国际工人协会总委员会内部通告》(见《马克思恩格斯全集》中文第1版第18卷)。马克思在1872年3月5日总委员会会议上阐述了该通告的基本论点。

　　该通告于1872年5月底用法文印成单行本，由总委员会全体委员署名并分发给国际工人协会所有的联合会。——499。

368　1871年12月24日《平等报》(见注339)第24号发表了《罗曼语区联合会委员会对松维利耶代表大会十六名参加者的通告的答复》及该报反对松维利耶通告(见注366)的《编辑部声明》。——500、506。

369　指1869年国际工人协会巴塞尔代表大会(见注333)关于组织问题的决议。这些决议扩大了总委员会的权利。第五项决议授予总委员会拒绝接受新支部的权利，第六项决议授予总委员会在下届代表大会召开之前有暂时开除个别支部的权利。这些决议在1871年伦敦代表会议之后被纳入组织条例。决议遭到巴枯宁派的猛烈攻击。——500、503。

370　《社会革命报》(La Révolution Sociale)是瑞士的一家周报，1871年10月—1872年1月在日内瓦出版，1871年11月起为巴枯宁派汝拉联合会的机关报。——501、506。

371　马克思和恩格斯在《所谓国际内部的分裂》中引用并评述了巴枯宁派向松维利耶代表大会所作的报告(参看《马克思恩格斯全集》中文第1版第18卷第46—51页)。——501。

372　这是恩格斯对泰·库诺的几封来信的回复。库诺在1872年1月11日的信中说，他失去了自己担任的一家工厂的工程师职位，原因是这家工厂的老板要他退出国际工人协会，否则就不再雇用他。他还写道，警察警告过他，如果他不"修改"他的公开演说的内容，将被驱逐出意大利。
——501。

373 按照国际工人协会巴塞尔代表大会(1869年)的决定，下一届代表大会应该在巴黎举行。但是在法国，波拿巴政府对国际各支部进行警察迫害，使总委员会不得不把开会地点改为德国的美因茨(见《马克思恩格斯全集》中文第1版第16卷第486页)。普法战争的爆发使这次代表大会未能召开；在法国内战时期国际会员受到残酷迫害，特别是在巴黎公社被镇压以后，这种迫害更是变本加厉。鉴于这种情况，大多数国家的联合会都主张把代表大会推迟，并授权总委员会确定召开代表大会的日期。同时，由于同巴枯宁派和其他加紧进行分裂活动的宗派主义分子的斗争势在必行，加之还有其他的紧迫任务，因此有必要召开一次所有国家的国际代表会议。1871年7月25日总委员会会议根据恩格斯的建议，决定于9月的第三个星期日在伦敦召开国际的秘密代表会议。参看注362。——504。

374 《自由报》(La Liberté)是比利时民主派的报纸，1865—1873年在布鲁塞尔出版；1872—1873年每周出版一次；1867年起成为国际工人协会在比利时的机关报之一。——504。

375 1871年法国人支部是由一部分法国流亡者于1871年9月在伦敦成立的。支部的领导人同在瑞士的巴枯宁派建立了密切的联系，同他们勾结在一起，攻击国际的组织原则。1871年法国人支部章程发表在该支部的机关报《警觉报》上。这一章程在1871年10月14日国际总委员会的非常会议上被提交给总委员会，并交由总委员会的一个专门委员会进行审查。在10月17日的会议上，马克思代该委员会作了关于支部章程的报告，并提出一个决议案，这个决议案得到总委员会的一致批准(见《马克思恩格斯全集》中文第1版第17卷第471—474页)。决议指出，支部章程的某些条文与共同章程相抵触，建议支部修改这些条文，以适应国际的章程。支部在10月31日的信中声明不同意总委员会的决议，并对总委员会进行攻击。这封信经总委员会指定的一个委员会研究后，于1871年11月7日被提交总委员会讨论。法国通讯书记奥·赛拉叶提出了马克思草拟的决议案，其中对支部的异议进行了驳斥并重申了10月17日的决议。这个决议案得到总委员会的一致批准(见《马克思恩格斯全集》中文第1版第17卷第499—504页)。此后法国人支部便分散成了几个小组。——504。

376 国际工人协会西班牙联合会第二次代表大会于1872年4月4—11日在

萨拉戈萨举行。在这次代表大会上,巴枯宁分子和国际总委员会的拥护者之间展开了激烈的斗争。代表大会否决了瑞士的巴枯宁派关于立即召开全协会代表大会的要求,然而在无政府主义者的影响下,通过了一项决议,支持比利时联合会提出的关于修改共同章程以使地方支部享有更大的自治权的建议。代表大会否决了某些巴枯宁分子企图以无政府主义的精神修改西班牙联合会章程的要求,但是,在选举联合会委员会的新成员时,巴枯宁分子得以使当选的委员基本上都是社会主义民主同盟(见注342)盟员。在弗·莫拉拒绝参加委员会和安·洛伦佐退出委员会以后,西班牙联合会委员会就完全由巴枯宁分子所掌握了。——505。

377 都灵工人联合会于1871年9月底在都灵成立,处于马志尼分子的影响之下。1872年联合会发生分裂,反对马志尼的部分人退出了联合会,组成了"无产者解放社",后来这个团体被接收为国际的一个支部。——506。

378 《多事人报》(Ficcanaso)是意大利共和派的讽刺性日报,左派马志尼主义者的机关报,1868—1872年在都灵出版。——506。

379 1872年1月6—7日在开姆尼茨召开了德国社会民主工党萨克森区域代表大会。出席大会的有来自近60个地方组织的120名代表,其中包括奥·倍倍尔和威·李卜克内西。代表大会讨论了工人政党对普选权的态度问题以及组织工会的问题;在秘密会议上还研究了对松维利耶通告以及对国际工人协会内部进行的反无政府主义者斗争的态度问题。与会代表一致支持国际总委员会,并赞同1871年伦敦代表会议的决议。李卜克内西于1872年1月10日写信给恩格斯说:"区域代表大会开得很好……在代表们的秘密会议上,一致决定在反巴枯宁派的斗争中支持你们,并委托我把这个情况告诉你们。"在1872年1月23日国际总委员会会议上,马克思通报了代表大会的决定。——506。

380 1871年12月24—25日,国际工人协会比利时联合会代表大会在布鲁塞尔召开。大会在讨论松维利耶通告(见注366)时表示不支持汝拉联合会提出的立即召开国际代表大会的要求,但同时委托比利时联合会委员会拟定协会新章程草案,其目的在于剥夺国际总委员会的权利。关于代表大会的简短报道发表在1871年12月31日《国际报》(见注336)第155号上,标题是《比利时工人代表大会》。——506。

381 1869年,谢·涅恰耶夫同巴枯宁建立了联系,开始在俄国许多城市建立秘密组织"人民惩治会"。涅恰耶夫利用巴枯宁给他的"欧洲革命联盟"

的代表资格证,企图冒充国际工人协会的代表。涅恰耶夫组织被破获后,他所采取的敲诈、恐吓、欺骗等冒险手法被揭发。资产阶级报刊遂利用涅恰耶夫事件败坏国际的声誉。根据国际工人协会 1871 年伦敦代表会议(见注 362)的决定,马克思拟定了国际工人协会与所谓的涅恰耶夫密谋无关的声明(见《马克思恩格斯全集》中文第 1 版第 17 卷第 470 页)。——507。

382 恩格斯在这封信里谈了他从 1873 年开始撰写的著作《自然辩证法》(见本选集第 3 卷)的构思。这封信寄往曼彻斯特,因为当时马克思正在那里。恩格斯还请马克思把这封信转交给卡·肖莱马和赛·穆尔看过。信稿上保留有肖莱马作的边注。——508。

383 1869 年 8 月 7—9 日在德国爱森纳赫举行了德国、奥地利和瑞士社会民主主义者全德代表大会。会上成立了德国无产阶级的独立的革命政党德国社会民主工党,即爱森纳赫派或爱森纳赫党。该党的领导人是奥·倍倍尔和威·李卜克内西。党的领导机构是由五人组成的执行委员会,会址设在不伦瑞克,通称不伦瑞克委员会。另有十一人组成的监察委员会负责对执行委员会的工作进行检查,会址设在维也纳。这次大会通过的纲领,即爱森纳赫纲领,总的来说是符合国际工人协会共同章程的精神的。该党成为国际工人协会的一个支部。——511、551。

384 国际工人协会海牙代表大会于 1872 年 9 月 2—7 日在荷兰海牙举行。和历次代表大会相比,海牙代表大会按其组成来说是最有代表性的大会。出席这次代表大会的有来自 15 个全国性组织的 65 名代表。这次代表大会在马克思和恩格斯直接领导下,从理论上、组织上彻底揭露和清算了巴枯宁等人反对无产阶级革命、破坏国际工人运动的种种罪恶活动,并决定把巴枯宁等人开除出国际。海牙代表大会的决议为后来建立各国独立的工人阶级政党奠定了基础。——512、515、559。

385 弗·阿·左尔格于 1874 年 8 月 12 日辞去国际总委员会总书记职务并退出总委员会。他在 1874 年 8 月 14 日把此事告知恩格斯。他正式退出是在 1874 年 9 月 25 日。——514。

386 1875 年 10 月底至 11 月初,恩格斯同妻子去海德堡,送内侄女玛丽·艾伦·白恩士去上寄宿中学。——516。

387 恩格斯在这封信中对彼·拉·拉甫罗夫《社会主义和生存斗争》一文所发表的意见,其基本内容和《自然辩证法》中的札记《生存斗争》(见本选集第 3 卷第 986—988 页）的内容几乎完全一致。拉甫罗夫的这篇文章载于 1875 年 9 月 15 日《前进！双周评论》第 17 号。

　　《前进！双周评论》（Вперёд！Двухнедельное обозрение）是拉甫罗夫 1875—1876 年在伦敦编辑出版的一份俄文报纸，反映俄国革命民粹派右翼的立场和观点，总共出版了 48 号。——516。

388　《海陆漫游》（Über Land und Meer）是德国的一家每周出版的画报，1858—1923 年在斯图加特出版。——517。

389　"一切人反对一切人的战争"（bellum omnium contra omnes）是英国哲学家托·霍布斯的用语，出自他 1642 年的论文《论公民》中的致读者序（《霍布斯哲学著作集》1668 阿姆斯特丹版第 1 卷第 7 页）以及他用英文写的《利维坦：或教会国家和市民国家的实质、形式和权力》1651 年伦敦版的拉丁文译本（《霍布斯哲学著作集》1668 年阿姆斯特丹版第 2 卷第 83 页）。霍布斯认为，人的自然状态，即市民社会之外的状态，是一切人反对一切人的战争；为了克服这种状态，人们必须通过契约来建立国家。——517。

390　《每日新闻》（The Daily News）是英国自由派的报纸，曼彻斯特学派（见注 189）的机关报，工业资产阶级的喉舌；1846 年 1 月 21 日由威·黑尔斯在伦敦创刊，1909 年起同时在伦敦和曼彻斯特出版，1930 年停刊；第一任编辑为查·狄更斯，继任的编辑有约·福斯特、哈·马蒂诺（1852—1866）、亨·约·林肯、约·鲁宾逊（1868—1901）、阿·加德纳（1902—1919）等；报纸支持自由派的观点，1861 年美国内战（见注 129）爆发后，该报是英国报纸中唯一支持北方的报纸。19 世纪 70—80 年代马克思和恩格斯曾为报纸撰稿。——521。

391　1876 年 4 月，保加利亚爆发了反对土耳其统治的民族解放起义，这次起义于 1876 年 5 月遭到土耳其军队的残酷镇压。许多国家的报刊都对"土耳其暴行"表示了极大的愤慨。——521。

392　1876 年 8 月 12 日，本·迪斯累里被封为比肯斯菲尔德伯爵，他从这时起成为上院的保守党领袖。——521。

393　1876 年 7 月 2 日，塞尔维亚和黑山向土耳其宣战，目的是支持 1875 年夏在波斯尼亚和黑塞哥维那爆发的起义。可是，由于战争准备不足，塞尔维亚军队的进攻很快被阻止，随后就节节败退。在俄国的干预下，土耳其和塞尔维亚实现了停战。1877 年 2 月，两国缔结和约。塞土战争使东方危机进一步尖锐化。——521。

394 《未来。社会主义评论》(Die Zukunft. Socialistische Revue)是德国社会民主党人创办的杂志,1877 年 10 月—1878 年 11 月由卡·赫希柏格(笔名路德维希·李希特尔博士)在柏林出版,每月出两期;马克思和恩格斯曾对杂志的改良主义倾向提出尖锐批评。——522。

395 由于杜林派在 1877 年哥达代表大会上使出种种手段,企图禁止在党的中央机关报《前进报》(见注 398)上继续刊登恩格斯的《反杜林论》(见本选集第 3 卷),威·布洛斯在 1877 年 10 月 30 日—11 月 6 日期间写给马克思的一封信中询问,马克思和恩格斯对德国党的同志们是否真的生气了。布洛斯说,德国工人比任何时候都更加重视马克思和恩格斯在报刊上发表的言论。他还说,由于社会民主党人的活动,马克思和恩格斯的声望已经比他们自己所能想象的高得多。——524。

396 指《共产主义者同盟章程》(见《马克思恩格斯全集》中文第 1 版第 4 卷附录)。该章程于 1847 年 6 月在同盟第一次代表大会上拟定,经过同盟各支部讨论后重新提交第二次代表大会审查,最后于 1847 年 12 月 8 日获得通过。马克思和恩格斯曾积极参与了该章程的起草工作。——524。

397 德国社会主义工人党哥达代表大会 1877 年 5 月 27—29 日举行。在 5 月 29 日的会议上,杜林的追随者表示反对在党的中央机关报《前进报》上继续刊登恩格斯的《反杜林论》。代表大会经过争论,通过了经李卜克内西修改的倍倍尔的提案:像恩格斯《反杜林论》这样的著作,改在《前进报》学术附刊或学术评论(《未来》杂志)上发表,或以小册子的形式发表。《反杜林论》的第二编和第三编刊登在《前进报》学术附刊和附刊上。——524。

398 《前进报。德国社会民主党中央机关报》(Vorwärts. Central-Organ der Socialdemokratie Deutschlands)1876 年 10 月 1 日—1878 年 10 月 26 日在莱比锡出版,每周出三次,同时出版学术附刊和附刊;编辑是威·哈森克莱维尔和威·李卜克内西;马克思和恩格斯经常帮助报纸编辑部;1877—1878 年报纸以及它的学术附刊和附刊刊登了恩格斯的著作《反杜林论》;反社会党人法(见注 180)颁布以后报纸被迫停刊;它的续刊为反社会党人法期间在国外出版的《社会民主党人报》(Der Sozialdemokrat)(见注 174)。——525。

399 威·布洛斯在 1877 年 10 月 30 日—11 月 6 日期间写信告诉马克思,《北德总汇报》在几篇社论中都谈到"马克思博士和贝克斯神父之间的互相配合"。这些文章在报道国际社会党人根特代表大会时,把国际社会党人的联合同耶稣会、把马克思同耶稣会首领贝克斯相提并论。布洛斯还表示要经常给马克思寄这个报纸。——525。

400　19世纪70年代中叶,俾斯麦为了替普鲁士德意志军国主义国家的军备扩张寻找新的财源,开始宣传并推行普鲁士铁路的国有化和德意志帝国境内国家对烟草的专卖。

　　威·白拉克1878年4月26日写信给恩格斯说:"至于俾斯麦的计划,我仍然认为,应该坚决反对。老实说,如果他能够实行铁路法案,我将感到高兴;烟草专卖在我看来也并不是不能接受的;但是我仍旧认为,党参与实现这类措施的任何做法都是错误的。"——525。

401　这封信里谈到的关于资本主义制度下生产资料、交通手段和通讯工具转归国家所有的论点,在恩格斯《反杜林论》第三编第二章中有更详细的阐述(见本选集第3卷)。——526。

402　指1873年世界经济危机,这场危机席卷奥地利、德国、北美、英国、法国、荷兰、比利时、意大利、俄国等国家,具有猛烈而深刻的特点。在德国,这场危机从1873年5月以"大崩溃"开始,一直延续到70年代末。——526、529。

403　指尼·卡列耶夫《18世纪最后25年法国农民和农民问题》1879年莫斯科版。这本书是马·马·柯瓦列夫斯基征得作者同意后寄给马克思的。——527。

404　重农学派是18世纪法国古典政治经济学的一个学派,主要代表人物是弗·魁奈和雅·杜尔哥。当时在农业占优势的法国,因实行牺牲农业发展工商业的政策,农业遭到破坏并陷于极度衰落。重农学派反对重商主义,主张经济自由,重视农业,认为只有农业才能创造"纯产品",即总产量超过生产费用的剩余,亦即剩余价值,因而认为只有农业生产者才是生产阶级。这一学派从生产领域寻求剩余价值的源泉,研究社会总资本的再生产和流通,是第一个对资本主义生产进行系统理解的学派。但是,它没有认识到价值的实体是人类一般劳动,混同了价值和使用价值,因而没有看到一切资本主义生产中都有剩余劳动和剩余价值,以致把地租看成是剩余价值的唯一形式,把资本主义的生产形态看成是生产的永久的自然形态。——527。

405 妻的动产是从罗马法时期以来就有的法律术语,是指一种特殊的、妻子的不在嫁妆之内的财产。——528。

406 马克思很可能是指尼·丹尼尔逊1879年2月5日的信和随信寄去的书。丹尼尔逊在1879年3月5日给马克思的信中提到这封信。丹尼尔逊在信中写道,在2月5日寄信的同时,他还给马克思寄了关于"近十五年来"俄国财政状况和财政政策的资料以及大批书籍,其中一部分是珍本。——528。

407 指1844年银行法。1844年银行法是英国政府为了克服银行券兑换黄金的困难,根据罗·皮尔的创议,于1844年7月19日公布的《银行券发行改革法》,其中规定把英格兰银行分为两个独立部门,即银行部和发行部,并规定银行券应有一定数量的黄金作保证。没有黄金保证的银行券的发行额限定不得超过1400万英镑。但是1844年银行法没有取得成效,实际上流通中的银行券的数量不是取决于抵补基金,而是取决于流通领域内对银行券的需求量。在经济危机时期,因货币需求量特别大,英国政府暂时停止实行1844年的法令,增加了没有黄金保证的银行券的总额。马克思在《资本论》第三卷(见《马克思恩格斯文集》第7卷)第三十四章对1844年银行法的内容和意义作了专门评论。——530。

408 委托销售是在国外委托出售商品的一种形式。出口商,即委托者把商品运往国外的商行,即销售者的货栈,销售者按一定条件代为出售。——530。

409 伊·考夫曼曾在彼得堡出版的杂志《欧洲通报》(见注213)1872年第5期上匿名发表一篇关于马克思《资本论》第一卷的文章,题为《卡尔·马克思的政治经济学批判的观点》,认为马克思的"研究方法是严格的实在论的,而叙述方法不幸是德国辩证法的"。马克思对考夫曼这篇文章的看法,见《资本论》第一卷第二版跋(本选集第2卷第91—94页)。——534。

410 1878年5月11日和6月2日,威廉一世两次遇刺。第一次行刺的是帮工麦·赫德尔,第二次行刺的是无政府主义者卡·爱·诺比林。这两次遇刺成了俾斯麦加紧迫害社会民主党人和重新要求帝国国会通过反社会党人非常法(见注180)的有利借口。《社会民主党德意志帝国国会议员的报告》中把1878年5月帝国国会解散到1878年7月30日重新选举,直到反社会党人非常法通过这段时期称为"恐慌统治"时期。——535。

411　卡·考茨基在 1880 年 12 月 4 日的信中请恩格斯给他的新作《人口增殖对社会进步的影响》(1880 年维也纳版)提出批评意见,这本书已在 1880 年 12 月通过爱·伯恩施坦邮寄给恩格斯。

考茨基告诉恩格斯,他打算几个月后到伦敦拜访马克思和恩格斯。1881 年 3 月,他到了伦敦,与恩格斯就《人口增殖对社会进步的影响》一书多次交换了意见。——537。

412　讲坛社会主义者是 19 世纪 70—90 年代一个资产阶级思想流派的代表人物。这些人主要是德国的大学教授,他们在大学的讲坛上宣扬资产阶级改良主义。讲坛社会主义的代表有阿·瓦格纳、古·施穆勒、路·布伦坦诺、卡·毕歇尔、韦·桑巴特等人。他们认为国家是超阶级的组织,鼓吹资产阶级和无产阶级之间的阶级和平,主张不触动资本家的利益,逐步实行"社会主义"。因此,讲坛社会主义的纲领仅局限于提出一些社会改良措施,如设立工人疾病和伤亡事故保险等,其目的在于削弱阶级斗争,消除革命以及社会民主党人的影响,使工人同反动的普鲁士国家和解。马克思和恩格斯对讲坛社会主义进行了坚持不懈的斗争,揭露了它反动和反科学的性质。——537、541。

413　到 1882 年,阿·谢夫莱出版了以下著作:《人类社会的社会制度》(两卷集)1873 年蒂宾根第 3 版、《资本主义和社会主义》1878 年蒂宾根第 2 版、《社会机体的结构和生命》(四卷集)1875—1878 年蒂宾根版、《税收政策的基本原则》1880 年蒂宾根版、《社团的强制救济基金》1882 年蒂宾根版。流传最广的是谢夫莱的《社会主义的精髓》1875 年哥达版,到 1891 年,该书共出了 13 版。——538。

414　卡·考茨基在他的《人口增殖对社会进步的影响》一书中援用莱·欧拉的计算法,按照这种计算法,从纯粹理论上说,十二年多一点时间,人口就会增加一倍。恩格斯在做复利计算时把一个克劳泽定为 $\frac{1}{60}$ 古尔登。——538。

415　指斐·纽文胡斯的著作《卡尔·马克思。资本与劳动》1881 年海牙版。这是用荷兰文写的关于马克思的《资本论》第一卷的简明通俗的叙述。纽文胡斯在书上的题词是:"谨以此书献给伟大的思想家和争取无产阶级权利的勇敢斗士——卡尔·马克思,以表本书作者的崇敬之情。"该书第二版于 1889 年出版。——540。

416　指《当代伟人传》,是 1870—1882 年在哈勒姆出版的一套丛书。这套丛书由恩·巴尔森主编出版,丛书第十卷中刊载了阿·凯迪伊克写的《卡尔·马克思传》。——540。

417 马克思同讲坛社会主义(见注412)的代表人物之一路·布伦坦诺的论战是由1872年3月7日《协和》杂志(见注418)第10期上刊登的布伦坦诺所写的一篇诽谤性文章《卡尔·马克思是怎样引证的》引起的。布伦坦诺采用匿名的方式,企图破坏马克思作为一个学者的威信,指责马克思在科学上不诚实,伪造所使用的材料。《人民国家报》1872年6月1日发表了马克思的《答布伦坦诺的文章》(见《马克思恩格斯全集》中文第1版第18卷)之后,7月4日《协和》杂志第27期上刊登了布伦坦诺的第二篇匿名文章,对此马克思写了《答布伦坦诺的第二篇文章》(见《马克思恩格斯全集》中文第1版第18卷),发表在1872年8月7日《人民国家报》第63号上。马克思逝世以后,英国资产阶级经济学家塞·泰勒继续进行布伦坦诺掀起的诽谤运动,恩格斯1890年6月在《资本论》第一卷德文第四版序言中,1891年在小册子《布伦坦诺攻击马克思》(见《马克思恩格斯全集》中文第1版第22卷)中,对泰勒进行了彻底的揭露。在这本小册子的《文件》部分,恩格斯刊载了马克思的这两篇文章。——541。

418 《协和。工人问题杂志》(Concordia. Zeitschrift für die Arbeiterfrage)是德国大工业家和讲坛社会主义者的刊物,1871年创刊,在柏林出版至1876年。——541。

419 斐·纽文胡斯在1881年1月6日的信中请求马克思回答一个问题,即社会党人如果取得政权,为了保证社会主义的胜利,他们在政治和经济方面的首要立法措施应当是什么。纽文胡斯告诉马克思说,荷兰社会民主党人打算把这个问题提交即将召开的苏黎世国际社会党人代表大会讨论。但大会认为不宜讨论这个问题。

由于苏黎世州委员会不允许在当地举行大会,所以由比利时社会党人发起召开的国际社会党人代表大会于1881年10月2—12日在库尔(瑞士)举行。出席代表大会的有12个国家的代表。代表大会的议题是关于社会主义力量的国际联合问题。大会认为联合的时机尚未成熟,因为各国社会党还处于形成时期。代表大会决定下一次国际代表大会在巴黎举行。——541。

420 海外贸易公司是1772年在普鲁士成立的贸易信用公司。该公司享有许多重要的国家特权。它给予政府巨额贷款,实际上起到了政府的银行老板和财政经纪人的作用。1820年1月起,海外贸易公司正式成为普鲁士国家银行。——543。

421　《平等报。革命组织的刊物》（L' Égalité. Organe collectiviste révolutionnaire）是法国的一家社会主义周报，1877 年由茹·盖得创办，1880—1883 年为法国工人党机关报；1877—1883 年分五个专刊出版：第一、二、三辑三个专刊每周出一次（共出 113 期），第四、五辑两个专刊每日出一次（共出 56 期）；计划出版的第六辑专刊只在 1886 年 4 月出了一期；第二、三辑专刊先后在 1880 年 1 月 21 日—8 月 25 日、1883 年 2 月 16—25 日出版；编辑部成员先后有加·德维尔，茹·盖得、保·拉法格、卡·布伊·昂·布里萨克、莱·皮卡尔和埃·马萨尔；80 年代初马克思和恩格斯曾为报纸撰稿。——545。

422　暗指俾斯麦政府实行反社会党人非常法，见注 180。——546。

423　指从 1879 年延续到 1882 年的埃及人民民族解放运动后期发生的一些事件。埃及人民开展民族解放运动是为了反对已对埃及实行财政监督的英法资本家对埃及进行殖民掠夺，其导火线是英法代表以债权强国的身份于 1878 年进入埃及政府担任部长。领导民族解放运动的是资产阶级知识分子的代表和曾经提出"埃及是埃及人的"这一口号的阿拉比帕沙等进步军官。由于开罗卫戍部队起义，埃及总督（执政者）被迫于 1881 年 9 月实行宪制；12 月埃及召开了国会，在其中起主导作用的是 1879 年成立的"祖国党"，其成员是那些对外国资本的把持感到不满的自由派地主和商人，以及依靠农民和小资产阶级支持的、怀有爱国主义情绪的军官和知识分子。"祖国党"的目的是要实现埃及独立并在国内建立宪制。1882 年 2 月，埃及组成了民族政府（阿拉比在政府中担任陆军部长）。民族政府开始解除外籍官员在埃及担任的职务，并计划实行民主改革。1882 年夏天，英国挑起冲突，采取了反对埃及的军事行动。在阿拉比的率领下，埃及军队和人民群众进行了英勇抵抗。1882 年 9 月，抵抗运动遭到失败。英国侵略者在占领开罗以后，对民族解放运动的参加者进行野蛮屠杀，埃及沦为英国的殖民地。——549。

424　1882 年秋同时召开了两个法国社会主义者代表大会：在圣艾蒂安召开的可能派代表大会和在罗阿讷召开的盖得派（马克思派）代表大会。

　　1882 年 9 月 25 日在圣艾蒂安召开的法国工人党例行代表大会上，党的右翼的拥护者（可能派）由于在代表资格证上采取种种手段而成为多数，大会发生分裂。马克思派，即盖得派退出大会，并于 9 月 26 日在罗阿讷举行了法国工人党第六次代表大会。留在圣艾蒂安代表大会的可能派取消了由马克思帮助制定并在 1880 年 11 月勒阿弗尔代表大会上通过的党的统一纲领(见注 192),同时赋予各选区制定自己竞选纲领的权利。在圣艾蒂安代表大会上所通过的、作了根本修改的纲领导言中,用恩格斯的话说,"无产阶级的阶级性已经被抛弃"(见本卷第 550 页)。圣艾蒂安代表大会把党内马克思派的领袖和积极活动家茹·盖得、保·拉法格、埃·马萨尔、加·德维尔、弗雷雅克和古·巴赞开除出党,并确定了党新的名称——社会主义革命工人党。——549、554、555。

425 指法国工人党兰斯代表大会关于党纲的决议以及在巴黎举行的中部联合会联盟代表大会的决议。

兰斯代表大会于 1881 年 10 月 30 日—11 月 6 日举行。在这次代表大会上,贝·马隆和保·布鲁斯主持通过了一项自相矛盾的关于"最低纲领"的决议。决议认为,最低纲领"不完全"符合"劳动者的意图",因此,应当允许各个地方组织自主地制定自己的纲领;同时,决议指出,在新的纲领通过以前这个纲领仍然有效。这个决议旨在反对由茹·盖得领导的《平等报》(见注 421)周围的马克思派。马隆和布鲁斯等机会主义者采取的这一反对马克思主义纲领的行动,实际上是企图迫使盖得派首先公开起来反对他们,然后伺机以盖得派搞分裂为由把他们开除出党。

1882 年 5 月 14—21 日在巴黎举行的中部联合会联盟代表大会上,出席代表大会的《平等报》的代表被开除出联盟。《社会民主党人报》(见注 174)在 1882 年 6 月 1 日第 23 号上发表短文,对这次代表大会的决议进行谴责。——550。

426 指马克思 1880 年 5 月帮助制定并于 1880 年 11 月由勒阿弗尔党代表大会通过的《法国工人党纲领导言(草案)》,见注 192。——550。

427 这里的激进派是指 19 世纪 80—90 年代法国的一个议会派别,是从资产阶级温和共和派("机会主义派")政党中分裂出来的。这个派别继续坚持事实上已被共和派放弃了的一系列资产阶级民主要求,即废除参议院,教会和国家分离,实施累进所得税等等。为了把大批选民吸引到自己这方面来,该派也要求限制工作日,颁发伤残抚恤金以及实行其他一些社会经济措施。若·克列孟梭是该派的领袖。1901 年激进派在组织上形成了政党,主要代表中小资产阶级的利益。——550、652。

428 格·福尔马尔《废除非常法吗?》一文第二部分有"反对派的和自由思想派的'稀粥'"这一提法。——550。

429 指刊登在 1882 年 8 月 17 日和 24 日《社会民主党人报》第 34、35 号上的格·福尔马尔的两篇文章,标题都是《废除非常法吗?》。这两篇文章同年以单行本的形式在霍廷根—苏黎世出版,标题是《废除反社会党人法吗? 略论德国社会民主党的策略》,署名苏尔土尔。——552。

430 《审判报。汉堡、阿尔托纳及其郊区的日报》(Gerichts-Zeitung. Tageblatt für Hamburg, Altona und Umgegend)是德国社会民主党的一家日报,社会民主党右翼的机关报,1878—1881 年在汉堡出版。——552。

431 “埃及的肉锅”一词源于圣经,传说被奴役的以色列人逃离埃及,行至旷野,饥饿难忍,于是开始抱怨摩西,说他不应该带领他们离开埃及,因为他们在埃及虽然世代为奴,但毕竟可以围着肉锅吃饱肚子(参看《旧约全书·出埃及记》第 16 章第 1—3 节)。——552。

432 奥·倍倍尔 1882 年 11 月 14 日从莱比锡监狱给恩格斯写信,回复恩格斯信中的内容。倍倍尔在信中说,他只能想象两个事件会导致革命和废除反社会党人法。他说:“很快又要爆发一场工商业危机,……或者爆发一场欧洲战争,其结果之一无疑是欧洲革命。我想不出有第三种情况。”但是倍倍尔觉得在近期内不可能发生欧洲战争,因为欧洲各国的内阁都清楚地了解并且惧怕一场大战所能带来的后果。——552。

433 指奥·倍倍尔发表在 1882 年 10 月 12 日《社会民主党人报》第 42 号上的《废除反社会党人法吗?》一文。这篇文章批驳了在《社会民主党人报》上发表并以小册子出版的格·福尔马尔的两篇文章(见注 429)。倍倍尔主要针对福尔马尔的第二篇文章进行了尖锐的批判。福尔马尔在这篇文章中号召采取暴动和建立党的秘密组织的策略。倍倍尔认为这一策略对党来说是不能容许的和极为有害的。他在 1882 年 10 月 1 日给恩格斯的信中说,像福尔马尔这样的文章所使用的不审慎的腔调和语言,只会给党的队伍造成不必要的牺牲。——552。

434 斐·拉萨尔的“只是反动的一帮”这一论点被吸收进了 1875 年 5 月哥达代表大会通过的德国工人党的纲领。纲领中有这样一句话:“劳动的解放应当是工人阶级的事情,对它说来,其他一切阶级只是反动的一帮。”马克思在《哥达纲领批判》中对这一拉萨尔主义论点进行了批判。最后,爱尔福特代表大会(见注 491)通过的新纲领删掉了关于“反动的一帮”的段落。——552。

435 由于奥·倍倍尔批驳了用苏尔土尔的笔名以小册子出版的格·福尔马尔

的文章,右翼社会民主党人路·菲勒克在他出版的《南德意志邮报》上宣称,这本小册子与党的意见毫无共同之处。《社会民主党人报》编辑部1882年10月26日对菲勒克的声明表示抗议,强调指出载入小册子的文章是党的一个成员写的,而且最初是在党的机关报上发表的。

《南德意志邮报。供全体人民阅读的独立民主派机关报》(Süddeutsche Post. Unabhängiges demokratisches Organ für jedermann aus dem Volk)是德国的民主主义报纸,1869—1884年在慕尼黑出版。——553。

436 威·李卜克内西从1882年10月15日起入狱;奥·倍倍尔从1882年11月1日起被判处徒刑,1883年3月9日在莱比锡监狱服刑期满。——553。

437 指1882年慕尼黑电气展览会展出的法国物理学家马·德普勒在米斯巴赫至慕尼黑之间架设的第一条实验性输电线路。——556。

438 恩格斯这封信是为了回答菲·范派顿1883年4月2日来信而写的。范派顿在信中说,在不久前举行纪念马克思的游行时,约·莫斯特及其拥护者声称,莫斯特本人同马克思交往密切,他曾在德国协助开展《资本论》的普及工作,马克思赞扬了莫斯特所作的宣传。恩格斯把自己的信发表在1883年5月17日《社会民主党人报》第21号《卡尔·马克思的逝世》(见《马克思恩格斯全集》中文第2版第25卷)一文中,在这篇文章中,恩格斯还摘引了范派顿上述来信中的一段话。——558。

439 指法国社会主义者加·德维尔的著作《卡尔·马克思的〈资本论〉。简述,兼论科学社会主义》(1883年巴黎版)。这一著作早在马克思在世时就开始撰写,恩格斯答应德维尔为他校阅这一著作并作必要的修改。但是,对于恩格斯的大部分意见,德维尔并未采纳。——562。

440 所谓瑞士各旧州是指瑞士的山区各州,这些州在13—14世纪是瑞士联邦的基本核心。——563。

441 恩格斯考虑了马克思的意见并根据自己积累的许多研究成果,在近两个月的时间内(1884年4月初至5月底)撰写了《家庭、私有制和国家的起源》。恩格斯对爱·泰勒和约·拉伯克著作的批评性意见,见他为《家庭、私有制和国家的起源》1891年德文第四版所写的序言(见本卷)。——564。

442 指爱·伯恩施坦的两篇文章:《三月战斗纪念日》和《论人民党的自然历史》,作为社论分别发表在1884年3月13日和3月20日《社会民主党人报》第 11 号和 12 号上。——565。

443 1884 年 5 月 29 日至 6 月 4 日,恩格斯在黑斯廷斯(英国南部海滨)德国民
主派政论家西·波克罕家中做客。——566。

444 1884 年 5 月 29 日卡·考茨基和爱·伯恩施坦写信给恩格斯说,在《新时
代》杂志编辑部里,考茨基同出版者威·狄茨之间存在意见分歧,因此暂
时不要在该杂志上发表《家庭、私有制和国家的起源》。——566。

445 抱怨派是德国 1848—1849 年革命期间民主共和派给资产阶级立宪派起
的绰号。恩格斯有时把德国社会民主党右翼的代表称为抱怨派。
——566。

446 《新世界。大众消遣画报》(Die Neue Welt. Illustriertes Unterhaltungsblatt
für das Volk)是德国的社会主义杂志,1876—1883 年在莱比锡出版,后来
在斯图加特和汉堡出版到 1919 年;杂志编辑是威·李卜克内西(1876—
1880);70 年代,恩格斯曾为杂志撰稿。——569。

447 恩格斯在这封信中评论了卡·考茨基驳卡·施拉姆的文章。德国社会民
主党人、改良主义者施拉姆把他的《卡·考茨基和洛贝尔图斯》一文送到
《新时代》杂志编辑部发表,他在这篇文章中猛烈攻击此前该杂志发表的
考茨基的一篇文章《洛贝尔图斯的〈资本〉》。考茨基为此写了一篇题为
《答复》的答辩文章,连同施拉姆的文章一起寄给恩格斯,请恩格斯审阅。
施拉姆的文章和考茨基的答辩文章后来均发表在 1884 年《新时代》杂志
第 11 期上。——570。

448 与这封信一起保存下来的还有一个草稿,草稿中不同的地方在脚注中作
了说明。——574。

449 指俄国的第一个马克思主义团体"劳动解放社"。这个组织是由一部分
流亡国外的俄国社会民主主义者于 1883 年 9 月在日内瓦建立的。他们
在一份纲领性文件中宣布与民粹派运动决裂。他们提出的主要任务是:
传播马克思主义,批判革命阵营中占主导地位的民粹主义倾向,从马克思
主义的立场和俄国劳动人民的利益出发分析和阐明社会生活中的一些重
要问题。格·瓦·普列汉诺夫和维·伊·查苏利奇都是这个组织的成
员。——574。

450 1881 年 3 月 13 日,民意党(见注 220)人根据民意党执行委员会的决定,
在彼得堡刺死了俄皇亚历山大二世。——575。

451 指格·瓦·普列汉诺夫在他的著作《我们的意见分歧》(1884 年日内瓦版)中一再使用的说法,即俄国的公社关系处于不稳定的平衡状态。——575。

452 指格·瓦·普列汉诺夫《我们的意见分歧》一书中用位能和动能所作的比喻。书中有这样一段话:"我认为,俄国革命的位能是巨大的,不可战胜的,如果说反动势力日益抬头,那只是因为我们不善于把这种位能变成动能。"——575。

453 恩格斯在这里沿用了黑格尔《哲学史讲演录》第 2 卷(《黑格尔全集》第 14 卷 1833 年柏林版第 62 页)中的说法。黑格尔在那里解释"苏格拉底式的讽刺"时作了如下评论:"所有的辩证法都承认人所承认的东西,好像真是如此似的,然后让它的内部解体自行发展,——这可说是世界的普遍讽刺。"——575。

454 德国社会党人盖·吉约姆-沙克女士准备写一篇关于限制妇女劳动的文章,为此写信问恩格斯,马克思和他是否确实参加了拟订包含同工同酬要求的法国工人党纲领(见注 192)的工作。——576。

455 这封信是对卡·考茨基的母亲明·考茨基 1885 年 10 月 15 日来信的复信,明·考茨基是 1885 年夏天在伦敦同恩格斯认识的。——578。

456 指非德籍波兰人被驱逐出普鲁士东部各省一事。1885 年 11 月 26 日,波兰人党团就此事向帝国国会提出质询,得到社会民主党人的支持。在 1885 年 12 月 1 日帝国国会会议上,俾斯麦宣读了威廉一世的通告,宣称这个问题属于普鲁士政府的职权范围,帝国国会不能讨论。奥·倍倍尔在同一天的会议上发言,阐述了社会民主党党团支持这个质询的理由,并指出这个问题属于国会的权限,必须进行讨论。最后帝国国会在 1886 年 1 月 15—16 日就此事展开了一场辩论。——581。

457 这封信是恩格斯给费边社领导人爱·皮斯的回信的草稿。皮斯请求恩格斯为费边社准备出版的小册子《什么是社会主义?》写一篇文章,简要叙述一下社会主义者提出的经济、社会和政治的基本要求。

　　费边社是一批英国资产阶级知识分子于 1884 年建立的改良主义组织。它的主要领导人是悉·韦伯和比·韦伯。费边社的名称来自公元前 3 世纪罗马统帅费边·马克西姆的名字。他曾在同迦太基统帅汉尼拔的战争中采取待机策略,因而得到"孔克达特"(缓进者)的绰号。费边社的成员主要是资产阶级知识分子,他们反对马克思关于无产阶级斗争和社会主义革命的学说,鼓吹通过细微的改良逐渐改造社会,宣扬用所谓"市政社会主义"的办法即地方经济公有化的办法使资本主义过渡到社会主义。——582、633。

458 指统一工人党(见注166)的纲领,该党纲领的结束语写道:"我们声明:工人的解放只能靠工人自己"。而在其他的具体问题上,纲领仅仅提出了一些模棱两可的改革要求。这个纲领发表在1886年10月2日《社会主义者报》(见注460)上。——584。

459 1886年,美国针对各个工人组织的领导人及其成员的诉讼不断增多。不少工人领袖和工人组织成员因参加争取八小时工作日和其他民主权利的罢工和游行示威而被判处长期徒刑。1886年夏芝加哥的一次审判案最为轰动。而同年8月4日,德国弗赖堡萨克森地方法院以加入"秘密会社"的罪名判处德国社会民主党领导人伊·奥尔、奥·倍倍尔、乌尔里希、路·菲勒克、格·福尔马尔和弗罗特等人九个月监禁;判处威·狄茨、汉·弥勒和斯·海因策尔六个月监禁。——584。

460 《社会主义者报》(Der Sozialist)是美国的一家周报,北美社会主义工人党(见注163)的机关报,1885—1892年在纽约用德文出版。——585。

461 《人民报》即《纽约人民报。为了劳动人民的利益》(New Yorker Volkszeitung. Den Interessen des arbeitenden Volkes gewidmet),是美国的一家日报,北美社会主义工人党的机关报;由亚·约纳斯创办,1878—1932年在纽约用德文出版;出版者和主编是谢·吉维奇(1880—1881年)和阿·杜埃(1878—1888年)。——585。

462 救世军是基督教新教的一个社会活动组织,1865年由传教士威·蒲斯在伦敦创立。1878年该组织模仿军队编制,教徒称"军兵",教士称"军官";1880年正式定名为"救世军"。该组织主要在下层群众中开展慈善活动,并吸收教徒。在资产阶级的大力支持下,该组织进行广泛的宗教活动,并建立了一整套慈善机构。——589。

463 指发起1832年6月5—6日巴黎起义的共和党左翼和一些秘密革命团体。反对路易-菲力浦政府的马·拉马克将军的出殡是这次起义的导火线。当政府派出军队时,参加起义的工人构筑街垒,英勇顽强地进行自卫战。有一个街垒构筑在圣玛丽修道院原来所在的圣马丁街。这个街垒是最后陷落的街垒之一。巴尔扎克在长篇小说《幻灭》和中篇小说《卡金尼扬公爵夫人的秘密》中塑造了"在圣玛丽修道院墙下阵亡"的共和党人米·克雷蒂安的形象。巴尔扎克称他为"能够改变世界面貌的伟大的政治家"。——591。

464 指1876年成立的丹麦社会民主工党改良主义多数派和以格·特里尔及尼·彼得逊为首的革命少数派之间的斗争。聚集在《工人报》周围的革命派反对该党机会主义派的改良主义政策,力图使该党成为无产阶级的政党;1889年中央执委会把特里尔和彼得逊开除出党。革命少数派成立了自己的组织,但是由于领导人的宗派主义错误,这个组织未能发展成为群众性的无产阶级政党。

大型政治历史剧的德文原文是 Haupt- und Staatsaktion。这个词原本是指17世纪和18世纪上半叶德国巡回剧团演出的戏剧。这些戏剧用夸张的、粗俗的和笑剧的方式展现悲剧性历史事件。这个词的引申意义是指重大的政治历史事件。——592。

465 农民党(左派党)是1870年建立的丹麦资产阶级自由派政党。在20世纪,该党代表大地主、中等地主和一部分城市资产阶级的利益。——593、594。

466 指1875年开始的丹麦的宪法冲突。丹麦议会中的自由主义反对派力图以宪法来限制国王的权力,在财政问题上与政府发生了尖锐矛盾。议会以宪法第49条关于未经议会决定不得征收任何税款为根据,从1877年起多次否定政府提出的预算。针对这种情况,政府便实行临时预算,广义地解释宪法第25条。根据这一条的规定,国王在必要时可以颁布临时法律。这场宪法冲突一直持续到1894年政府与自由主义反对派达成协议为止。——594。

467 物质力量派是对宪章运动(见注109)两个派别中一派的通称,其领导者是菲·奥康瑙尔、乔·哈尼、厄·琼斯等人。与道义力量派相反,物质力量派主张依靠革命的斗争方法来实现自己的要求,坚持宪章运动的独立性,反对宪章运动服从于资产阶级激进派的领导。——594。

468 1889年9月,北美社会主义工人党执行委员会成员发生变动,执行委员会中去掉了罗森堡、欣策、骚特和葛利克,选进了舍维奇、赖默、易卜生和普拉斯特。这些变动是党内不同派别斗争的结果,导致了党的分裂。9月底和10月12日在芝加哥分别召开两个单独的代表大会,就是这种分裂的表现。聚集在《纽约人民报》(见注461)周围的党员于10月12日召开的代表大会通过了新党纲,这一党纲反映了党的先进一翼的观点。——594。

469　1890 年 9 月 16 日《人民呼声报》上发表了保·恩斯特的文章,文中歪曲
恩格斯的观点,声称恩格斯和"青年派"(见注 474)持有相同的观点。鉴
于这种情况,恩格斯写了《答保尔·恩斯特先生》(见《马克思恩格斯全
集》中文第 1 版第 22 卷)一文,其中附有这封信的部分内容。——595。

470　三十年战争(1618—1648 年)是一次全欧洲范围的战争,由新教徒和天主
教徒之间的斗争引起,是欧洲国家集团之间矛盾尖锐化的结果。德国是
战争的主要场所,是战争参加者进行军事掠夺和侵略的对象。

　　三十年战争分为四个时期:捷克时期(1618—1624 年)、丹麦时期
(1625—1629 年)、瑞典时期(1630—1635 年)以及法国瑞典时期(1635—
1648 年)。

　　三十年战争以 1648 年缔结威斯特伐利亚和约而告结束,和约的签订
加深了德国政治上的分裂。——596、645。

471　《德意志言论》(Deutsche Worte)是奥地利的一家经济和社会政治杂志,
1881—1904 年在维也纳出版;1881—1883 年 6 月是周刊,1883 年 7 月起
改为月刊。——598。

472　1890 年 6 月 14 日、28 日和 7 月 5 日、12 日《柏林人民论坛》以《每个人的
全部劳动产品归自己》为总标题连续刊载了斐·纽文胡斯、保·恩斯
特、理·费舍以及署名"一个工人"的文章,展开了关于未来社会中的产
品分配问题的辩论,7 月 12 日还刊载了关于辩论的结束语。

　　《柏林人民论坛。社会政治周报》(Berliner Volks-Tribüne. Social-
Politisches Wochenblatt),亦称《人民论坛》,是德国社会民主党的报纸,
1887—1892 年在柏林出版,接近半无政府主义反对派"青年派"。——
599、636。

473　奥·伯尼克为准备关于社会主义的讲演,于 1890 年 8 月 16 日写信给恩
格斯,请他回答,在目前社会各阶级的教育、认识水平等方面存在差别的
情况下,社会主义改造是否适宜和可能。伯尼克的第二个问题涉及燕
妮·马克思的家庭出身问题。——601。

474　1890 年 3 月底,柏林一些社会民主党人,其中包括麦·席佩耳,公布了题
为《五月一日应当做些什么?》的呼吁书,号召工人在这一天举行总罢工。
这一呼吁书反映了德国社会民主党内"青年派"的立场。

　　德国社会民主党国会党团 1890 年 4 月 13 日在《告德国男女工人书》

中对上述呼吁书作了回答,强调在新的政治形势下利用合法斗争形式的必要性,要求工人们避免采取那些可能导致工人运动遭到镇压的行动。

"青年派"是德国社会民主党内于 1890 年最终形成的小资产阶级半无政府主义反对派。它的主要核心是那些以党的理论家和领导者自居的年轻的大学生、著作家和一些地方党报的编辑("青年派"的名称由此而来)。"青年派"的思想家是保·恩斯特、保·康普夫迈耶尔、汉·弥勒、布·维勒等人。"青年派"忽视在反社会党人非常法废除之后党的活动条件所发生的变化,否认利用合法斗争形式的必要性,反对社会民主党参加议会选举和利用议会的讲坛;指责社会民主党及其执行委员会维护小资产阶级的利益,奉行机会主义,破坏党的民主。1891 年 10 月德国社会民主党爱尔福特代表大会把"青年派"一部分领导人开除出党(参看注491)。——603。

475 指法国的圣西尔军事专科学校。该校 1803 年由拿破仑·波拿巴创建于枫丹白露,1808 年迁至巴黎郊外凡尔赛宫附近的圣西尔,并因此而得名。该校早期主要为步兵和骑兵训练军官。——603。

476 《苏黎世邮报》(Züricher Post)是瑞士民主派的日报,1879—1936 年出版。——607。

477 恩格斯指自己 1842—1844 年在曼彻斯特的欧门—恩格斯公司所属的纺纱厂实习经商。这几年的经历对恩格斯世界观的形成以及他从唯心主义向唯物主义、从革命民主主义向共产主义的转变起了重要的作用。——607。

478 这封说明发表《哥达纲领批判》的意图、揭露拉萨尔真面目的信,虽然是写给卡·考茨基的,但实际上是写给奥·倍倍尔看的。恩格斯在同一天给考茨基的另一封短信中写道:

"礼尚往来:鉴于你把倍倍尔的信寄给了我,我就把附上的信写成这样,以便你也可以把它寄给倍倍尔,假如你出于和好的考虑同样认为这合适的话。此事完全由你酌定。"(见《马克思恩格斯全集》中文第 1 版第 38 卷第 35 页)

《哥达纲领批判》在马克思生前没有公开发表。1891 年 1 月,恩格斯为了反击德国社会民主党内正在抬头的机会主义思潮,彻底肃清拉萨尔主义的影响,帮助党制定正确的纲领,不顾党内某些领导人的反对,将这一著作发表在 1890—1891 年《新时代》(见注 131)杂志第 9 卷第 1 册,并写了序言。恩格斯在发表《哥达纲领批判》时,考虑了《新时代》杂志出版者威·狄茨和编辑卡·考茨基的要求,删去了一些针对个别人的词句和评语。——614。

479 1891年2月6、7、10和12日《萨克森工人报》(见注170)转载了马克思的《哥达纲领批判》,并加了编者按,指出它对德国社会民主党具有特殊的意义。

1891年2月6日,维也纳《工人报》的一篇柏林通讯写道,恩格斯在德国发表了一个具有重大理论和实践意义的文件——马克思的《哥达纲领批判》。通讯还指出,现在"在纲领中十分明确地、毫不妥协地阐明我们党的理论原则的时候到来了,在此刻公布这个文件也是完全适时的。"

1891年2月10日《苏黎世邮报》(见注476)发表了一篇由弗·梅林起草的社论《艰苦的努力》。这篇社论强调指出:马克思这一著作的发表,表明了德国社会民主党力求以其固有的客观态度和自我批评精神阐明自己的斗争目标,表明了党的威力和战斗力。

维也纳的《工人报》(Arbeiter-Zeitung)是奥地利社会民主党的机关报,1889年7月创办,1889—1893年每周出版一次,1894年每周出版两次,从1895年1月1日起每天出版;编辑是维·阿德勒;19世纪90年代,该报发表过恩格斯的许多文章;为该报撰稿的有奥·倍倍尔、爱·马克思-艾威林和其他工人运动活动家。——615。

480 德国社会民主党国会党团在1891年2月13日《前进报》(见注483)第37号上发表了一篇由威·李卜克内西起草的社论,指出马克思的《哥达纲领批判》对德国社会民主党具有"很大的现实意义",同时,这篇社论也试图削弱马克思对哥达纲领和拉萨尔的批判的实质性内容,尤其是要证明哥达合并大会的妥协纲领(见注183)是正确的。

1890—1891年《新时代》第9年卷第1册转载了这篇社论,并加了简短的引言。编辑部加的一个脚注中写道:"我们当然不认为自己有义务把马克思的这封信提交党的领导机构或国会党团审查……　发表的责任只由我们承担。"——615、617。

481 指威·李卜克内西在1890年10月12—18日哈雷代表大会上所作的关于德国社会民主党新纲领的报告。在分析哥达纲领时,李卜克内西不指明出处地引用了马克思批判该纲领的某些论点。

根据李卜克内西的建议,代表大会通过了一项决议:为将要在爱尔福特举行的下届党代表大会(见注491)起草一个新的纲领草案,并在代表大会召开前三个月公布,以便在地方党组织和报刊上展开讨论。——615。

482 斐·拉萨尔在1846—1854年曾办理过索·哈茨费尔特伯爵夫人的离婚案。拉萨尔过分夸大了为一个古老贵族家庭成员作辩护的诉讼案的意义,把这件事同为被压迫者的事业而斗争相提并论。——616。

483 《前进报》即《前进。柏林人民报》(Vorwärts. Berliner Volksblatt),是德国社会民主党的日报,1884年创办;根据哈雷党代表大会的决议,该报从1891年起成为德国社会民主党的中央机关报,并用《前进。柏林人民报》的名称出版;威·李卜克内西任主编;恩格斯曾为该报撰稿并纠正该报编辑部的错误和动摇,帮助它同机会主义作斗争;从19世纪90年代后半期起,即在恩格斯逝世后,该报编辑部渐渐转入党的右翼手中。——617、621、634、657、659。

484 在1891年2月20日的信中,理·费舍把德国社会民主党执行委员会关于再版马克思《法兰西内战》(见本选集第3卷)、《雇佣劳动与资本》(见本选集第1卷)和恩格斯《社会主义从空想到科学的发展》(见本选集第3卷)等著作的决定通知恩格斯,征求他的同意并请他作序。——617。

485 1891年夏秋两季,恩格斯由于过度劳累不止一次地中断工作,离开伦敦。6月26日—8月24日这段时间,他断断续续地同卡·肖莱马和乔·哈尼在赖德(怀特岛)休养,住在他的内侄女玛·埃·罗舍家里;后来,大约9月8—23日,他同玛·埃·罗舍和路·考茨基在爱尔兰和苏格兰旅行。——618。

486 指政治经济学教授尤·沃尔弗阻拦康·施米特担任大学讲师一事。沃尔弗反对施米特进入苏黎世大学,其理由是施米特担任过社会民主党报纸《柏林人民论坛》(见注472)的编辑。——618。

487 "从无通过无到无"见黑格尔《逻辑学》第1部第2编,《黑格尔全集》第4卷1834年柏林版第15、75、145页。——619。

488 新的纲领草案指德国社会民主党执行委员会1891年6月讨论通过并由理·费舍以机密文件形式寄给恩格斯审阅的纲领草案。参看注181。——620。

489 指第二次国际社会主义工人代表大会。这次代表大会于1891年8月16—22日在布鲁塞尔举行。出席代表大会的有来自欧洲许多国家和美国的337名代表。就其组成看来,这基本上是一次马克思派的代表大会。

这次代表大会就劳工保护法、罢工和抵制、工人阶级对军国主义的态度以及庆祝五一节等问题进行了讨论,并通过了相关决议。恩格斯对这次代表大会作了评价,认为"马克思派不论是在原则问题上,还是在策略问题上,都取得了全面的胜利"(见《马克思恩格斯全集》中文第1版第38卷第144页)。——620。

490 鉴于爱尔福特代表大会即将召开,德国社会民主党执行委员会在1891年10月6日《前进报》第233号附刊(1)上转载了自己的党纲草案和《新时代》(见注131)杂志编辑部提出的草案,并发表了各地党组织和个人在讨论纲领过程中所提出的其他草案和建议。

恩格斯在这里所说的"反动的一帮",见注434。——621。

491 指1891年10月14—21日在爱尔福特举行的德国社会民主党代表大会。

这次代表大会的中心议题是党的纲领和策略问题。在以奥·倍倍尔和威·李卜克内西为代表的革命的马克思主义者的领导下,代表大会一方面批驳了格·福尔马尔的右倾机会主义观点,另一方面粉碎了半无政府主义的"青年派"再次向党发起的进攻。绝大多数与会代表赞同倍倍尔提出的关于党的策略的决议。决议着重指出,工人运动的主要目的是无产阶级夺取政权,而要达到这一目的决不是靠意外的巧合,而是要靠在群众中坚持不懈地进行工作和巧妙地运用无产阶级斗争的一切途径和手段。决议还指出,德国党是斗争的党,它坚持过去的革命策略。福尔马尔及其支持者陷于孤立,不得不实行退却,表示服从大会的决议。大会通过了关于把"青年派"首领威·韦尔纳和卡·维尔德贝格尔开除出党的决议,因为他们的分裂和诽谤活动给党带来了危害。

代表大会通过了党的新纲领,即爱尔福特纲领。爱尔福特纲领比哥达纲领前进了一大步,从根本上说是一个马克思主义的纲领;它摒弃了拉萨尔派的改良主义教条,科学地论证了资本主义制度灭亡和被社会主义制度取代的必然性,并且指出,为了对社会实行社会主义改造,无产阶级必须夺取政权。但是,爱尔福特纲领也有严重缺点,其中最主要的是没有提到无产阶级专政是对社会实行社会主义改造的手段这一原理。纲领也没有提出推翻君主制、建立民主共和国、改造德国国家制度等要求。在这方面,恩格斯在《1891年社会民主党纲领草案批判》(见本卷)中对纲领草案提出的意见,也适用于爱尔福特代表大会通过的纲领。

爱尔福特代表大会作出的各项决议,标志着马克思主义确立了在德国工人运动中的地位。——623。

492 恩格斯在这里采用了马克思《揭露科隆共产党人案件》一文结束语中的说法(见《马克思恩格斯全集》中文第 2 版第 11 卷第 545 页)。

耶拿会战和奥尔施泰特会战都发生在 1806 年 10 月 14 日这一天,通常统称为耶拿会战。这次会战以普鲁士军队的失败而告终,普鲁士作为第四次反法同盟的成员国向拿破仑法国投降,并于 1807 年 7 月 9 日在蒂尔西特签订了普法和约。和约的签订使普鲁士丧失了将近一半领土,实际上使普鲁士陷入了拿破仑法国的附属国的境地。——623。

493 尼·丹尼尔逊在 1892 年 3 月 24 日、4 月 30 日和 5 月 18 日写给恩格斯的信中继续探讨了俄国经济发展道路的问题,并谈到他对 4 月 30 日和 5 月 18 日寄给恩格斯的两本书的看法,这两本书是:尼·卡布鲁柯夫的《农业工人问题》1884 年莫斯科版和尼·卡雷舍夫的《农民非份地的租佃》1892 年杰尔普特版。——626。

494 指俄国民粹派经济学家瓦·巴·沃龙佐夫《农民公社》1892 年莫斯科版。1892 年 3 月,尼·丹尼尔逊把这本书寄给了恩格斯。——629。

495 尼·丹尼尔逊在 1892 年 4 月 30 日的信中把自己对尼·卡布鲁柯夫《农业工人问题》一书的意见告诉了恩格斯。他写道,卡布鲁柯夫没有注意到农业工人实际上是短工,他们只是在大土地所有者需要劳动力的时候才有活干,他们的劳动所得不足以维持生计。——629。

496 《财政通报》即《财政与工商业通报》(Вестник финансов, промышленности и торговли),是俄国的一家周刊,财政部机关报;1885—1917 年用这个名称在彼得堡出版。——630。

497 1891 年 9 月,俄国与法国签订利息为 3% 的公债协议,奥·倍倍尔称之为军事公债。公债额为 50 000 万法郎(约 12 500 万金卢布),初期推销颇为顺利。但是,由于 1891 年俄国发生饥荒,经济状况恶化,其有价证券在欧洲交易所的价格猛跌,这笔公债最终只推销了约 9 600 万卢布。——630。

498 暗指 1891 年 7 月—8 月初法国分舰队在喀琅施塔得受到的隆重接待,这次接待是沙皇俄国和法国接近的公开表示。与此同时,两国进行了外交谈判,签订了法俄协定。根据这个协定,法国和俄国应当就国际政治问题进行协商,并且在一方受到进攻威胁时采取共同行动。这个协定是法俄联盟于 1893 年最终形成过程中的一个里程碑。法俄联盟是为了对抗德国、奥匈帝国和意大利三国同盟而建立的侵略性军事政治集团。——630。

499 雅·内克 1777 年出任法国财政总监,实行温和的措施解决财政困难,主要办法是缩减国家开支,取消宫廷中部分领取高俸的闲职,压缩国王的开支,并制定出一套节支制度。1781 年部分公布的政府财政报告透露了特权等级的年俸数额。这些做法引起特权阶层的不满,内克被迫去职。

沙·卡龙继任后,一方面以替宫廷贵偿还赌债、提高年金等办法争取特权者的支持,另一方面鼓励修筑道路、开挖运河、建设港口、发展对外贸易,但是这些措施未能改变财政困境,国家财政几近破产。卡龙只好多方举债,并要求进行税制改革,增加税收。1784 年 4 月,卡龙被免职。

1788 年初内克再度出任财政总监,支持召开三级会议并增加第三等级代表人数,主张各等级平等纳税,因而再次触怒国王和特权等级。1789 年 7 月 11 日内克被免职,这一事件进一步激怒了巴黎人民,成为巴黎 7 月 14 日起义的直接起因之一。——630。

500 这是恩格斯与尼·丹尼尔逊通信时使用的化名。恩格斯借用的是他内侄女婿珀西·怀特·罗舍的名字。——630、641。

501 巴拿马丑闻指巴拿马运河股份公司通过收买法国国务活动家、官员和报刊而制造的一场骗局,故也称巴拿马骗局。为了给开凿经过巴拿马地峡的运河筹措资金,工程师和实业家斐·莱塞普斯于 1879 年在法国成立了一家股份公司。1888 年底,这家公司垮台,引起了大批小股东的破产和无数企业的倒闭。后来,到 1892 年才发现,该公司为了掩盖它真实的财政状况及其滥用所筹集的资金的行为,曾广泛采用收买和贿赂手段,法国前内阁总理弗雷西内、鲁维埃、弗洛凯和其他身居要职的官员都接受过贿赂。1893 年,巴拿马运河公司的案件被资产阶级司法机关悄悄了结,被判罪的仅限于公司的领导人莱塞普斯和一些次要人物。"巴拿马"一词在一段时间内成为大骗局的代名词。——632、635。

502 指英国的建筑协会破产事件。1892 年,一个名为"解放者"的建筑协会因欺骗性经营而破产,致使投资者损失了近 800 万英镑,这些投资者主要是工人和小手工业者。身为协会主席的英国议员斯·巴尔福后来逃往国外。——632。

503 巴雷丑闻指波鸿钢铁公司总经理巴雷因企图漏税而隐瞒公司收入、伪造印章和提供质量低劣的铁轨受到控告。——632。

504 勒韦的犹太枪丑闻指勒韦公司兵工厂的犹太人工厂主故意向国家提供劣

质武器,同时向国家高级官员行贿。海·阿耳瓦尔特在他的小册子《新的揭露。犹太人的枪》(1892年德累斯顿版)中,揭露并谴责了这个犹太人工厂主。——632。

505 1892年对罗马银行检查的结果表明,这家银行违法发行了价值13 300万的纸币(限额是7 000万),并且用一大笔款项贿赂众议院和参议院的议员以及其他与政府关系密切的人员。参看恩格斯《关于意大利的巴拿马》(《马克思恩格斯全集》中文第1版第22卷)一文。——632。

506 俄国流亡社会主义者弗·雅·施穆伊洛夫在1893年2月4日给恩格斯的信中说,应彼得堡《名人传记丛书》出版者巴甫连柯夫的要求,他准备写一本篇幅为6—8个印张的详细的马克思传记。施穆伊洛夫请求恩格斯提供有关材料:1.马克思的简历;2.马克思的实际活动,特别是1847—1849年和国际工人协会时期;3.马克思主义的起源。施穆伊洛夫还请求恩格斯给他寄去一本《神圣家族》(见《马克思恩格斯文集》第1卷),如不可能,则把主要内容告诉他,或者摘出书中要点寄给他。他写道,如果在俄国不能出版这部著作,那就拿到国外去印刷。但是施穆伊洛夫的愿望并未实现。——635。

507 《柏林人民论坛》从1892年8月6日—12月24日发表了系列文章《汝拉联合会和米哈伊尔·巴枯宁》。作者为瑞士社会主义者路·埃里蒂埃,他的名字在最后一篇文章中才出现。这组文章依据巴枯宁的材料捏造在瑞士的国际工人协会组织的历史,企图为巴枯宁派,尤其是巴枯宁派的汝拉联合会的分裂活动辩护。这组文章还对国际总委员会,对马克思和他的战友约·菲·贝克尔等人进行诽谤。1892年11月12日发表的第10篇文章尤其糟糕,里面有很多歪曲事实的地方。

　　恩格斯决定不等所有文章登完就予以反驳。他于1892年11月15日写了一份致《柏林人民论坛》编辑部的声明寄给奥·倍倍尔,请他转交该报编辑部。声明发表在1892年11月19日《柏林人民论坛》(见《马克思恩格斯全集》中文第1版第22卷第405—408页)上。

　　1892年12月24日,该报在最后一篇即第13篇文章后面还刊登了埃里蒂埃的答复。埃里蒂埃在答复中,以及在1892年11月25日给恩格斯的信中,企图反驳对他歪曲国际工人协会(见注97)的历史所作的谴责。恩格斯给埃里蒂埃的回信,见《马克思恩格斯全集》中文第1版第39卷第10—12页。——636。

508 为了加快《资本论》第二卷俄文版的出版,恩格斯曾在1885年把该书德文版的清样寄给尼·丹尼尔逊。《资本论》第二卷俄文版也在同一年出版。——638。

509　恩格斯在这里所说的"我们的作者"是指马克思,"那封信"是指马克思《给〈祖国纪事〉杂志编辑部的信》。参看注217。——639。

510　这是马克思和恩格斯1882年1月21日为《共产党宣言》俄文版第二版写的序言中的一段话(参看本选集第1卷第379页)。恩格斯在这里引用的是格·瓦·普列汉诺夫翻译的版本,俄文译文与德文原文略有差别。——640。

511　恩格斯曾计划修改《德国农民战争》(见《马克思恩格斯文集》第2卷),增加有关德国史的大量材料,但由于要整理和编辑《资本论》第二、三卷及撰写其他文章,他的这个计划未能实现。不过,他为这个新版准备的片断和提纲保存了下来(见《马克思恩格斯全集》中文第1版第21卷第448—460页)。——645。

512　勃艮第公国是9世纪在法国东部塞纳河和卢瓦尔河的上游地区建立的,后来兼并了大片领土(弗朗什孔泰,法国北部一部分和尼德兰),在14—15世纪成为独立的封建国家,15世纪下半叶在勃艮第公爵大胆查理时代达到鼎盛。勃艮第公国力图扩张自己的属地,成了建立中央集权的法兰西君主国的障碍;勃艮第的封建贵族和法国封建主结成联盟,共同对抗法国国王路易十一的中央集权政策,并对瑞士和洛林发动了侵略战争。路易十一联合瑞士人和洛林人来对付勃艮第。在反对联盟的战争(1474—1477年)中大胆查理的军队被击溃,他本人在南锡附近的会战(1477年)中被瑞士、洛林联军击毙;勃艮第公国本土遂为法国兼并,尼德兰部分则转归哈布斯堡王朝。——645。

513　1894年1月3日,朱·卡内帕请求恩格斯为1894年3月起在日内瓦出版的周刊《新纪元》找一段题词,用简短的字句来表述未来的社会主义纪元的基本思想,以别于但丁曾说的"一些人统治,另一些人受苦难"的旧纪元。恩格斯在卡内帕来信的背面写了这封回信的草稿。——647。

514　《社会评论》(Critica Sociale)是意大利的一家双周杂志,是社会党的理论刊物;1891—1924年用这个名称在米兰出版;杂志的编辑是菲·屠拉梯;在19世纪90年代,该杂志发表过马克思和恩格斯的著作,在意大利传播马克思主义方面起了显著的作用。——647、669。

515　社会民主联盟是英国的社会主义组织,1884年8月在民主联盟的基础上成立。这个组织联合了各种各样的社会主义者,主要是知识分子中的社会主义者。联盟的领导权长期掌握在以亨·海德门为首的改良主义分子手中,他们推行机会主义和宗派主义政策。加入联盟的一小批革命的马克思主义者(爱·马克思-艾威林、爱·艾威林、汤·曼等人)反对海德门执行的路线,他们为争取同群众性的工人运动建立密切联系进行了坚决的斗争。1884年秋联盟发生分裂,联盟的左翼在1884年12月成立了独立的组织——社会主义同盟。此后,虽然机会主义者在社会民主联盟中的影响得以加强,但是在群众的革命情绪影响之下,联盟内部仍不断出现不满机会主义领导的革命分子。1907年,随着工人运动高涨,联盟改组为社会民主党,1911年又与独立工党中的左派合并为英国社会党。该党的一部分成员后来参与了英国共产党的创建。——653。

516 独立工党是1893年1月在布拉德福德会议上成立的。当时罢工斗争活跃,争取实行英国工人阶级的独立自主政策以同资产阶级政党相对抗的运动深入开展。一些新、旧工联的成员以及受费边社(见注457)影响的知识分子和小资产阶级分子参加了独立工党。该党的领袖是詹·基尔·哈第,其纲领包括争取集体占有一切生产资料、分配手段和交换手段,规定八小时工作日,禁用童工,实施社会保险和失业补助以及其他要求。恩格斯曾祝贺独立工党的成立,希望它能避免宗派主义错误而成为真正群众性的工人政党。但是独立工党的领导人采取资产阶级改良主义的立场,把主要的注意力放在议会斗争的形式上并且同自由党合作。1900年,独立工党并入英国工党。——653。

517 《工人领袖》(The Labour Leader)是英国的一家月刊,1887年起出版,最初刊名是《矿工》(Miner),1889年起改用《工人领袖》这一名称,是苏格兰工党的机关刊物;1893年起是独立工党(见注516)的机关刊物;1894年起改为周刊;在1904年以前,该刊的编辑是詹·基尔·哈第。——653。

518 托利党是英国的政党,于17世纪70年代末80年代初形成。1679年,就詹姆斯公爵(后来的詹姆斯二世)是否有权继承王位的问题,议会展开了激烈的争论。拥护詹姆斯继承王位的议员,被敌对的辉格党人讥称为托利。托利(Tory)为爱尔兰语,原意为天主教歹徒。托利党坚持反动的对内政策,维护国家制度中保守和腐朽的体制,反对国内的民主改革,曾与辉格党轮流执政。随着英国资本主义的发展,托利党逐渐失去了先前的政治影响和在议会中的垄断权。1832年议会改革使资产阶级代表人物进入议会。1846年废除谷物法,削弱了英国旧土地贵族的经济基础并造成了托利党的分裂。19 世纪 50 年代末 60 年代初,在老托利党的基础上成立了英国保守党。——653。

519 自由党人合并派是主张保持同爱尔兰合并的一派,以约·张伯伦为首,这些人是 1886 年因在爱尔兰问题上产生意见分歧而从自由党分裂出来的。自由党人合并派实际上依附于保守党,几年后甚至在形式上也依附于保守党。——653。

520 地方自治是 19 世纪 70 年代爱尔兰自由资产阶级提出的要求,即在不列颠帝国范围内实行爱尔兰自治。自由资产阶级要求设立独立的爱尔兰议会,但同时又容许最重要的部门继续掌握在英国的统治集团手中。——653。

521 1895 年 7 月 12—29 日英国举行了议会普选。保守党人在下院获得 150 个席位,超过半数。独立工党的候选人,包括詹·基尔·哈第在内全部落选。——654。

522 指格·福尔马尔 1894 年 10 月 25 日在德国社会民主党美因河畔法兰克福代表大会上的发言。关于这篇发言的报道,发表在 1894 年 10 月 26 日《前进报》第 250 号附刊(1)上。

德国社会民主党法兰克福代表大会 1894 年 10 月 21—27 日在美因河畔法兰克福举行。在代表大会上,关于主要议程——土地问题——的补充报告人是巴伐利亚社会民主党人领袖格·福尔马尔,他要求把不仅反映劳动农民的利益,而且也反映农村富裕阶层、农村资产阶级的利益的条目列入正在拟定的土地纲领中去。福尔马尔的主张虽然也遭到许多代表的反对,但总的说来,他的机会主义立场在代表大会上没有受到应有的回击。代表大会选出了一个专门委员会来制定土地纲领草案,以补充党的纲领。除土地问题外,代表大会还听取了党的执行委员会和国会党团的报告,研究了关于托拉斯和其他大资本主义联合公司的作用以及庆祝 1895 年五一节等问题。

德国社会民主党法兰克福代表大会报告的最后一部分载于 1894 年 10 月 31 日《前进报》第 254 号。——655、656。

523 1894 年 11 月 14 日,奥·倍倍尔在柏林第二选区党的会议上发表长篇演说,批评格·福尔马尔以及其他巴伐利亚社会民主党人在德国社会民主党法兰克福代表大会上所采取的机会主义立场;他还批评代表大会通过的关于土地问题的决议是模棱两可的。倍倍尔的发言刊登在 1894 年 11

月 16 日《前进报》第 268 号,此外,还在 1894 年 12 月 1 日《社会评论》第 23 期上转载。——656。

524 1894 年 9 月 30 日,巴伐利亚社会民主党第二次代表大会在慕尼黑举行,出席大会的有 160 名代表。大会的议题有两个:关于巴伐利亚邦议会社会民主党代表的活动,以及关于对农民的鼓动宣传。格·福尔马尔和卡·格里伦贝格尔在这两个问题上都得到代表大会多数的支持。大会赞同邦议会党团的活动,并决定建立巴伐利亚社会民主党的特别组织,由邦议会代表福尔马尔、格里伦贝格尔等人担任中央领导。

宗得崩德,见注 123。——656。

525 在德国社会民主党法兰克福代表大会上,有人提出关于不同意社会民主党巴伐利亚邦议会党团投票赞成巴伐利亚邦政府预算的提案。格·福尔马尔在会上发言,对该提案持反对意见。他在发言中强调"北德意志人"可能并不熟悉特殊的"巴伐利亚情况"和"巴伐利亚形式",还谈到"旧普鲁士的军人作风",并对"柏林人"进行嘲讽。——657。

526 指可能由威·李卜克内西写的两篇文章:一篇是 1894 年 11 月 23 日《前进报》第 273 号的社论,标题是《我们的内部情况》;另一篇是短评,标题同上,载于 1894 年 11 月 24 日《前进报》第 274 号"关于法兰克福党代表大会的讨论"栏。社论指出,编辑部对法兰克福党代表大会的态度同奥·倍倍尔在柏林第二选区党的会议上所发表的演说"完全相反";短评则更正了社论的说法,指出编辑部针对的仅仅是"倍倍尔对党代表大会的整个过程和思想水平的悲观性的评论"。——657。

527 《法兰克福报》(Frankfurter Journal)是德国最早的报纸之一,17 世纪初在美因河畔法兰克福创刊,1684—1903 年用《法兰克福报》的名称出版;1823—1903 年每日出版文学附刊《戏剧节目。精神、情感和舆论杂谈》(Didaskalia. Blätter für Geist, Gemüth und Publizität);19 世纪 40 年代报纸具有温和自由派的倾向;1842—1843 年曾多次转载马克思发表在《莱茵报》(见注 135)的文章。——658。

528 指德国社会民主党执行委员会因恩格斯《卡·马克思〈1848 年至 1850 年的法兰西阶级斗争〉一书导言》(见本卷)而产生的担忧以及恩格斯对此的态度。参看注 246。——659。

529 阿·博古斯拉夫斯基于 1895 年在柏林出版了《实实在在的斗争——不是虚有其表的斗争。简评国内的政治形势》一书,鼓吹通过上层政变来对付国内的反对派。——660。

530　五月法令是普鲁士宗教大臣法尔克根据俾斯麦的创议于 1873 年 5 月 11—14 日通过国会实施的四项法令的名称,这四项法令以此名而载入史册。这些法令确立了国家对天主教会活动的控制,是俾斯麦于 1872—1875 年采取的一系列反对天主教僧侣的立法措施中最重要的一环,也是所谓"文化斗争"的顶点。天主教僧侣是代表德国南部和西南部分立主义者利益的中央党的主要支柱。警察迫害引起了天主教徒的激烈反抗并为他们创造了光荣殉教的机会。1880—1887 年,俾斯麦政府为了联合一切反动势力对付工人运动,不得不在实施这些法令时采取缓和的态度,后来则取消了几乎所有反天主教的法令。——661。

531　路德派分为两派,一派是利用 1817 年的强制合并令同改革派(加尔文教派)合并为福音派的路德派;另一派是反对这个合并令,拥护"真正"路德派的老路德派。——661。

532　指基督教新教门诺派教徒特伦涅尔,他由于宗教信念而拒绝执行军勤。

门诺派由荷兰和瑞士追随再洗礼派宗教改革家门诺·西蒙主张的人组成。门诺原为天主教神父,后因反对贵族、地主和教会的土地占有制,反对婴儿受洗,1536 年辞去神父职务而参加再洗礼派。他在荷兰和瑞士的追随者组成的教会称为"门诺会"。——661。

533　1895 年,奥地利社会民主党为了争取在国内实行普选权,组织了广泛的群众运动。2 月 19 日,仅在维也纳就有 12 处群众集会支持这一要求。维·阿德勒为此在《工人报》"时事"栏连续发表了一组通讯。——661。

534　《文库》即《社会立法和统计学文库》(Archiv für soziale Gesetzgebung und Statistik),是德国一家进步的政治经济杂志,1888—1903 年在蒂宾根和柏林以季刊的形式出版,出版者是亨·布劳恩。——662。

535　恩格斯在编辑整理《资本论》第三卷期间和该卷出版之后,围绕价值规律和利润率问题以及交易所问题撰写了《价值规律和利润率》、《交易所》两篇文章作为对《资本论》第三卷的补充。参看恩格斯《〈资本论〉第三册增补》(本选集第 2 卷第 656—679 页)。——664。

536　西法兰克王国是在查理大帝帝国瓦解后建立的,该帝国是一个暂时的不巩固的军事行政联盟。843 年,帝国由查理的三个孙子瓜分。其中秃头查理得到了帝国的西部领土,包括现在法国的大部分,建立了西法兰克王国。莱茵河以东的土地(未来德国的核心)交给了德意志的路易。从北海到中意大利之间的狭长地带则归查理大帝的长孙洛塔尔掌管。
——668。

537 耶路撒冷法典是 1099 年第一次十字军征讨(见注 91)后在巴勒斯坦和叙
利亚建立的耶路撒冷王国的法律文献汇编;该法典于 12 世纪下半叶完
成。——668。

538 《中央导报》即《社会政治中央导报》(Sozialpolitisches Centralblatt),是德
国社会民主党的周报,1892—1895 年由亨·布劳恩在柏林出版;1895 年
同《社会实践报》(Blätter für soziale Praxis)合并后改名为《社会实践》
(Soziale Praxis)。——669。

539 安·拉布里奥拉校订了帕·马尔提涅蒂翻译成意大利文的《资本论》第
三卷序言。他把在意大利围绕阿·洛里亚对马克思的批评所出现的情况
告诉了恩格斯。恩格斯在 1895 年 2 月 26 日给保·拉法格的信中说:"拉
布里奥拉很高兴校订所有论述洛里亚的地方"。——669。

540 指保·拉法格发表的两篇文章:《略驳对马克思的价值理论的批评》和
《拉法格的回答》,刊登在 1894 年 10 月 16 日和 11 月 16 日《社会评论》第
20 和 22 期。这两篇文章是对某些意大利经济学家的反驳,这些经济学
家支持阿·洛里亚在《卡尔·马克思的遗著》一文(发表在 1895 年 2 月 1
日《科学、文学和艺术最新集萃》第 55 卷第 3 期)中提出的关于马克思
《资本论》第三卷的观点。——669。

人 名 索 引

A

阿庇安(Appianos〔Appian〕1 世纪末—2 世纪 70 年代)——古罗马历史学家;曾任执政官;写有二十四卷本《罗马史》。——260。

阿尔布雷希特,卡尔(Albrecht,Karl 1788—1844)——德国商人,曾因参加"蛊惑者"的反政府运动被判处六年徒刑;1841 年移居瑞士,在那里以宗教神秘主义形式鼓吹类似魏特林的空想共产主义思想。——205、331。

阿尔摩哈德王朝——12—13 世纪统治北非和西班牙南部的柏柏尔人的王朝。——328。

阿尔摩拉维德王朝——11—12 世纪统治北非和西班牙南部的柏柏尔人的王朝。——328。

阿尔塔薛西斯(Artaxerxes)——阿契美尼德王朝三个古波斯国王的名字,阿尔塔薛西斯一世(公元前 465—424 年执政),阿尔塔薛西斯二世(公元前 405—358/359 年执政)和阿尔塔薛西斯三世(公元前 358/359—338 年执政)。——142。

阿加西斯,路易·让·鲁道夫(Agassiz,Louis-Jean-Rudolphe 1807—1873)——瑞士动物学家和地质学家,达尔文主义的反对者,居维叶的学生,写有关于古生物和现代动物的著作和有关冰川理论的文章。——60。

阿里斯东(Ariston 公元前 6 世纪)——斯巴达王(公元前 574—520),阿拿克散德里德的共同执政者。——73。

阿里斯托芬(Aristophanes 约公元前 445—385)——古希腊剧作家,写有政治喜剧。——74、579。

阿米亚努斯·马尔采利努斯(Ammianus Marcellinus 约 332—400)——罗马历史学家,生于叙利亚,《罗马史》一书的作者,该书包括公元 96—378 年的罗马历史。——80、105。

阿拿克散德里德(Anaxandridas 公元前 6 世纪)——斯巴达王,公元前 560 年起执政,阿里斯东的共同执政者。——73。

阿那克里翁(Anakreon 公元前6世纪)——古希腊抒情诗人。——88。

埃德,埃米尔·德西雷·弗朗索瓦(Eudes, Émil-Désiré-François 1843—1888)
——法国商业部门的雇员,布朗基主义者,国际巴黎支部成员,巴黎公社委员,公社慈善委员会委员,国民自卫军将军,公社被镇压后被缺席判处20年要塞监禁,1872年改判死刑;流亡瑞士,后迁往英国;伦敦布朗基派革命公社成员(1872),后退出国际;1880年大赦后回到法国。——304。

埃尔哈德,约翰·路德维希·阿尔伯特(Erhard, Johann Ludwig Albert 生于1820年)——德国店员,共产主义者同盟盟员,科隆共产党人案件(1852)的被告之一,被陪审法庭宣告无罪。——215。

埃尔斯纳,卡尔·弗里德里希·莫里茨(Elsner, Karl Friedrich Moritz 1809—1894)——德国政论家和政治活动家,激进派;1848年是普鲁士制宪议会议员,属于左派;1849年是普鲁士第二议院议员;1849年布雷斯劳五月起义的参加者,被判处两年要塞监禁,1850年获释,1850—1851年流亡伦敦,回国后至1854年任《新奥得报》编辑,1855年起任主编;马克思曾为报纸撰稿。——6。

埃卡留斯,约翰·格奥尔格(Eccarius, Johann Georg 1818—1889)——德国工人运动和国际工人运动的活动家,工人政论家,职业是裁缝;侨居伦敦,正义者同盟盟员,后为共产主义者同盟盟员,伦敦德意志工人共产主义教育协会的领导人之一,国际总委员会委员(1864—1872),总委员会总书记(1867—1871年5月),美国通讯书记(1870—1872),国际各次代表大会和代表会议的代表;1872年以前支持马克思,1872年海牙代表大会后成为英国工联的改良派领袖,后为工联主义运动的活动家。——206、450、451。

埃里蒂埃,路易(Héritier, Louis 1863—1898)——瑞士社会主义者,写有革命运动和社会主义运动史方面的著作。——636。

埃斯库罗斯(Aischylos 公元前525—456)——古希腊剧作家,古典悲剧作家。——17—19、72、118、119、579。

埃斯皮纳斯,阿尔弗勒德·维克多(Espinas, Alfred-Victor 1844—1922)——法国哲学家、社会学家和经济史学家;进化论的拥护者。——41。

埃斯特鲁普,雅科布·布伦农·斯卡文尼乌斯(Estrup, Jacob Brönnum Scavenius 1825—1913)——丹麦国务活动家,保守党人;曾任内务大臣(1865—1869),财政大臣和首相(1875—1894)。——593、594。

埃瓦尔德,格奥尔格·亨利希·奥古斯特(Ewald, Georg Heinrich August 1803—1875)——德国哲学家和东方学家,圣经的研究者和批评家;"格丁根七贤"之一,国会议员(1867—1875)。——347。

艾利生,阿奇博尔德(Alison,Sir Archibald 1792—1867)——英国历史学家和
经济学家,托利党人。——424。

艾伦,乔治(Allen,George)——英国医生,曾给马克思一家治过病。——531。

艾威林,爱德华(Aveling,Edward 1851—1898)——英国社会民主主义者,作
家和政论家;1884年起为社会民主联盟盟员,后为社会主义同盟创建人之
一;80年代末—90年代初是非熟练工人和失业工人群众运动的组织者之
一;1889、1891和1893年国际社会主义工人代表大会代表;《资本论》第一
卷英文版译者之一;马克思的女儿爱琳娜的伴侣。——269。

艾韦贝克,奥古斯特·海尔曼(Ewerbeck,August Hermann 1816—1860)——
德国医生和政论家,1841—1846年领导巴黎正义者同盟人民议事会,正义
者同盟巴黎支部的领导人,后为共产主义者同盟盟员,1850年退出同盟;
1848—1849年革命时期是在巴黎建立的德国人协会书记和《新莱茵报》驻
巴黎通讯员;50年代是语言教师和图书管理员。——204、214。

艾希霍夫,卡尔·威廉(Eichhoff,Karl Wilhelm 1833—1895)——德国政论家
和新闻工作者,50年代末因在报刊上揭露威·施梯伯的密探活动而受到
法庭审讯;1861—1866年流亡伦敦,1867年起为国际会员,第一批第一国
际史学家之一;国际柏林支部的组织者,总委员会驻柏林通讯员,1869年
起为德国社会民主工党党员;曾与马克思和恩格斯有联系。——478、
589、636。

艾泽曼(Eisermann)——德国细木工,19世纪40年代是巴黎正义者同盟成
员,卡·格律恩的拥护者。——404、405。

爱德华·阿伯特,约克亲王(Edward Albert,Prince of York 1894—1972)——
英国王储,1936年1月20日起为英国国王,称爱德华八世,同年12月11
日退位。——654。

爱德——见伯恩施坦,爱德华。

安敦尼·庇护(Antoninus Pius 86—161)——罗马皇帝(138—161)。——334。

安年科夫,帕维尔·瓦西里耶维奇(Анненков,Павел Васильевич 1812—
1887)——俄国自由派地主、著作家、文学批评家和政论家;在国外旅行期
间同马克思相识。——407。

安斯,欧仁(Hins,Eugène 1839—1923)——比利时教员,蒲鲁东主义者,后为
巴枯宁主义者,国际比利时支部创始人之一,布鲁塞尔代表大会(1868)和
巴塞尔代表大会(1869)的代表。——504。

安条克四世(名王)(Antiochus IV Epiphanes)——塞琉古王朝的叙利亚王(公

元前 175—164）。——336。

奥顿诺凡-罗萨，耶利米（O'Donovan Rossa, Jeremiah 1831—1915）——爱尔兰芬尼社的创建人和领导人，《爱尔兰人民报》的出版者（1863—1865），1865年被捕，判处无期徒刑，1870年获赦，不久流亡美国，在那里领导芬尼社；80年代脱离政治活动。——482、486。

奥多亚克（Odovakar［Odoaker, Odoacre］434前后—493）——西罗马皇帝的日耳曼雇佣兵首领；476年推翻皇帝罗慕洛·奥古斯图路而成为意大利境内第一个"蛮族"王国的国王。——161。

奥古斯都（盖尤斯·尤利乌斯·凯撒·屋大维）（Augustus［Gaius Julius Caesar Octavianus］公元前63—公元14）——罗马皇帝（公元前27—公元14）。——135、137、163、347、650。

奥康瑙尔，菲格斯·爱德华（O'Connor, Feargus Edward 1794—1855）——英国宪章运动的左翼领袖之一，《北极星报》创办人和出版者；1848年后为宪章运动的右翼代表人物。——594。

奥丽珈（Ольга 890前后—969）——基辅女大公，945年起（她的丈夫伊戈尔死后，儿子斯维亚托斯拉夫·伊戈列维奇年幼时）执掌俄罗斯国家。——150。

奥托（马可·萨尔维·奥托）（Marcus Salvius Otho 32—69）——罗马国务活动家，卢蒂尼亚省（比利牛斯半岛西南部）总督（执政者）；69年1月趁军队和人民起来暴动反对加尔巴统治的时机策动禁卫军推翻加尔巴，杀死加尔巴后被推为皇帝；69年4月在持续不断的内战中战败后自杀。——348、349。

奥托，卡尔·武尼巴德（Otto, Karl Wunibald 1808—1862以后）——德国化学家，1848—1849年革命的参加者，科隆工人联合会会员，共产主义者同盟科隆支部成员，1850—1851年是同盟中央委员会委员，中央委员会派往莱比锡和德累斯顿的特使（1851），科隆共产党人案件（1852）的被告之一，被判五年徒刑，1856年9月获释。——215。

奥哲尔，乔治（Odger, George 1820—1877）——英国工联改良派领袖，职业是鞋匠，工联伦敦理事会创建人之一，1862—1872年为理事会书记，英国的波兰独立全国同盟、土地和劳动同盟和工人代表同盟盟员，改革同盟执行委员会委员；1864年9月28日伦敦圣马丁堂会议的参加者，国际总委员会委员（1864—1871）和主席（1864—1867），伦敦代表会议（1865）和日内瓦代表大会（1866）的参加者，在争取英国选举改革的斗争期间与资产阶级有勾结；1871年拒绝在总委员会的宣言《法兰西内战》上签名并退出总委员会。——449、450、465。

B

巴贝夫,格拉古(Babeuf, Gracchus 原名弗朗索瓦·诺埃尔 François-Noël 1760—1797)——法国革命家,空想平均共产主义的代表人物,1796 年是平等派密谋的组织者;密谋失败后被处死。——197。

巴尔,海尔曼(Bahr, Hermann 1863—1934)——奥地利资产阶级政论家、小说家、文学评论家和剧作家。——595。

巴尔贝斯,西吉斯蒙·奥古斯特·阿尔芒(Barbès, Sigismond Auguste Armand 1809—1870)——法国革命家,小资产阶级民主主义者,七月王朝时期秘密革命团体四季社的领导人之一;第二共和国时期是制宪议会议员(1848),因参加 1848 年五月十五日事件被判处无期徒刑,1854 年遇赦;后流亡荷兰,不久即脱离政治活动。——197。

巴尔塔扎尔——见斯勒尔,巴尔塔扎尔。

巴尔特,恩斯特·埃米尔·保尔(Barth, Ernst Emile Paul 1858—1922)——德国哲学家、社会学家和教育家;1890 年起为莱比锡大学教授。——598、599、613、619、624、642、644。

巴尔扎克,奥诺雷·德(Balzac, Honoré de 1799—1850)——法国现实主义作家。——590、591。

巴霍芬,约翰·雅科布(Bachofen, Johann Jakob 1815—1887)——瑞士语文学家、历史学家和法学家,《母权论》一书作者。——15、17—19、21、24、26、39、48、50、57、59、61、65、93。

巴枯宁,米哈伊尔·亚历山大罗维奇(Бакунин, Михаил Александрович 1814—1876)——俄国无政府主义和民粹主义创始人和理论家;1840 年起侨居国外,曾参加德国 1848—1849 年革命;1849 年因参与领导德累斯顿起义被判死刑,后改为终身监禁;1851 年被引渡给沙皇政府,囚禁期间向沙皇写了《忏悔书》;1861 年从西伯利亚流放地逃往伦敦;1868 年参加第一国际活动后,在国际内部组织秘密团体——社会主义民主同盟,妄图夺取总委员会的领导权;由于进行分裂国际的阴谋活动,1872 年在海牙代表大会上被开除出第一国际。——227、248、303、307、339、487—493、497、500—505、507、508、512、513、515、549—551、555、559、636。

巴雷,路易(Baare, Louis 1821—1897)——德国工业家,波鸿钢铁公司总经理,因漏税和其他不法行为受法庭审判。——632。

巴罗,卡米耶·亚桑特·奥迪隆(Barrot, Camille-Hyacinthe-Odilon 1791—1873)——法国政治活动家,七月王朝时期是自由主义的王朝反对派领袖之一；1848 年 12 月—1849 年 10 月任内阁总理，领导各个保皇集团的反革命联盟所支持的内阁；1849 年 11 月内阁辞职后脱离政治活动。——396。

巴伊，让·西尔万（Bailly, Jean-Sylvain 1736—1793）——法国天文学家；18 世纪末法国资产阶级革命的活动家，资产阶级自由立宪派领袖之一；任巴黎市长期间（1789—1791）曾下令向马尔斯广场上的要求建立共和国的游行示威群众开枪射击（1791），因此在 1793 年被革命法庭判处死刑。——8。

白恩士，约翰（Burns, John 笔名杰克 Jack 1858—1943）——英国工人运动活动家，80 年代为新工联的领导人之一，伦敦码头工人罢工（1889）的领导者；90 年代转到自由派工联主义立场；议会议员（1892 年起），曾任自由党内阁的地方自治事务大臣（1905—1914）和商业大臣（1914）。——654。

白拉克，威廉（Bracke, Wilhelm 1842—1880）——德国社会民主党人，出版商和书商，全德工人联合会不伦瑞克支部创始人（1865），1867 年起领导全德工人联合会中的反对派；社会民主工党（爱森纳赫派）创始人（1869）和领导人之一；曾进行反对拉萨尔派的斗争；不伦瑞克白拉克出版社的创办人（1871），《不伦瑞克人民之友》（1871—1878）和《人民历书》（1875—1880）的出版者；德意志帝国国会议员（1877—1879）；马克思和恩格斯的朋友和战友。——525。

拜尔，卡尔·罗伯特（Bayer, Karl Robert 笔名罗伯特·比尔 Robert Byr 1835—1902）——德国小说家。——517。

拜特洛，皮埃尔·欧仁·马塞兰（Berthelot, Pierre-Eugène-Marcelin 1827—1907）——法国化学家和政治活动家；从事有机化学、热化学和农业化学的研究，写有中古化学史方面的著作。——241。

班格，安东·克里斯蒂安（Bang, Anton Christian 1840—1913）——挪威神学家，写有斯堪的纳维亚神话和挪威基督教史方面的著作。——154。

班克罗夫特，休伯特·豪（Bancroft, Hubert Howe 1832—1918）——美国历史学家和民族学家，写有北美和中美的历史和民族学方面的著作。——43、58、60、175。

鲍德利，特伦斯·文森特（Powderly, Terence Vincent 1849—1924）——美国技师，工人运动中的机会主义派领袖之一；1879—1893 年是"劳动骑士团"的领导人，反对无产阶级革命运动，主张和资产阶级合作；1896 年归附共和党。——584、586。

鲍威尔，安德烈亚斯·亨利希（Bauer, Andreas Heinrich 约生于 1813 年）——德国工人运动活动家，职业是鞋匠；1838 年在巴黎成为正义者同盟盟员，1842 年被驱逐出法国；曾一度担任伦敦德意志工人共产主义教育协会主席,共产主义者同盟中央委员会委员(1847—1850),社会民主主义流亡者委员会的司库;1850年春是同盟派往德国的特使;1851年流亡澳大利亚。——197、198、209、212、214。

鲍威尔,布鲁诺(Bauer,Bruno 1809—1882)——德国唯心主义哲学家、宗教和历史研究者,资产阶级激进主义者;早期为黑格尔正统派的拥护者,1839年后成为青年黑格尔派的重要理论家,自我意识哲学的代表;1834年起在柏林大学、1839年起在波恩大学任非公聘神学讲师,1842年春因尖锐批判圣经而被剥夺教职;1842年为《莱茵报》撰稿人;1837—1842年初为马克思的朋友;1842年夏天起为"自由人"小组成员;1848—1849年革命后为《新普鲁士报》(《十字报》)的撰稿人;1866年后成为民族自由党人;写有一些基督教史方面的著作。——227、229、247、248、333—335、353。

贝达大师(Baeda the Venerable〔Beda Venerabilis〕673前后—735)——盎格鲁撒克逊神学家和历史学家。——149、150。

贝盖利,朱泽培(Beghélli,Giuseppe 1847—1877)——意大利新闻工作者,资产阶级民主主义者,加里波第远征的参加者(1866—1871),1871年起为都灵工人联合会会员,罗马代表大会的参加者;都灵的报纸《民主报》和《多事人报》的创办人和出版者。——506。

贝克,亚历山大(Beck,Alexander)——德国裁缝,正义者同盟盟员,1846年底因同盟案件被捕;科隆共产党人案件(1852)的证人。——200。

贝克尔,奥古斯特(Becker,August 1814—1871)——德国政论家,正义者同盟瑞士支部的盟员,魏特林的拥护者;德国1848—1849年革命的参加者;50年代初流亡美国,为民主派报纸撰稿。——199、331。

贝克尔,伯恩哈德(Becker,Bernhard 1826—1882)——德国政论家和历史学家,拉萨尔派;德国1848—1849年革命的参加者,革命失败后流亡伦敦;全德工人联合会成立大会代表,后任主席(1864—1865);1870年起为社会民主工党(爱森纳赫派)党员;国际海牙代表大会(1872)代表;1874年以后脱离工人运动。——457。

贝克尔,海尔曼·亨利希(Becker,Hermann Heinrich "红色贝克尔" der "rote Becker" 1820—1885)——德国地方法院见习法官和政论家,科隆工人和业主联合会的领导人之一,民主主义者莱茵区域委员会委员(1848—1849),《西德意志报》发行人(1849年5月—1850年7月);1850年底起为共产主义者同盟盟员,科隆共产党人案件(1852)的被告之一,被判五年徒刑;60年代是进步党人,后为民族自由党人;普鲁士第二议院议员(1862—1866),国会议员(1867—1874);1875年起为科隆市长。——215。

贝克尔,威廉·阿道夫(Becker,Wilhelm Adolf 1796—1846)——德国历史学家,莱比锡大学教授,写有古代史方面的著作。——72、113。

贝克尔,约翰·菲力浦(Becker,Johann Philipp 1809—1886)——德国工人运动和国际工人运动的活动家,职业是制刷工,1848年加入瑞士籍;三月革命以前的民主运动和1848—1849年革命的参加者;以瑞士军队军官身份参加了反对宗得崩德的战争;在巴登-普法尔茨起义时指挥巴登人民自卫团和志愿军;1848—1849年革命后转向无产阶级共产主义立场,瑞士"革命集中"成员(1850),国际日内瓦第一支部的创建人(1864),国际日内瓦支部委员会、德国和瑞士德语区中央委员会主席(1865),国际德语区支部主席(1866年起),在瑞士的国际德国人支部组织者,国际伦敦代表会议(1865)和国际各次代表大会代表,《先驱》杂志出版者和编辑(1866—1871),《先驱者》杂志编辑(1877—1882);马克思和恩格斯的朋友和战友。——490、571。

贝克斯,皮埃尔·让(Beckx,Pierre-Jean 1795—1887)——比利时教士,耶稣会的首领(1853—1884)。——525。

贝伦兹,尤利乌斯(Berends,Julius 生于1817年)——柏林一家印刷所的所有者,小资产阶级民主主义者;40年代中起是柏林手工业者联合会领导人;1848年是普鲁士制宪议会议员,属于左派;1849年是第二议院议员,属于极左派;1853年流亡美国。——6。

贝姆,约瑟夫(Bem,Józef 1794—1850)——波兰将军,民族解放运动活动家,1830—1831年起义的领导人;1848年维也纳十月起义的参加者;1849年是匈牙利革命军领导人;革命失败后避难土耳其,入伊斯兰教,被苏丹封为穆拉德帕沙,任土耳其军队指挥官。——423。

贝纳里,弗兰茨·斐迪南(Benary,Franz Ferdinand 1805—1880)——德国东方学家、语文学家和神学家,1829年起为柏林大学东方语系非公聘讲师,后为副教授;旧约的注释者;1842年恩格斯曾旁听他的有关约翰启示录的讲座。——347、349、350。

贝特曼(Bethmann)——德国银行家。——622。

倍倍尔,奥古斯特(Bebel,August 1840—1913)——德国工人运动和国际工人运动的活动家,职业是旋工;德国工人协会联合会创始人之一,1867年起为主席;第一国际会员,1867年起为国会议员,1869年是德国社会民主工党创始人和领袖之一,《社会民主党人报》创办人之一;曾进行反对拉萨尔派的斗争,普法战争时期站在无产阶级国际主义立场,捍卫巴黎公社;1889、1891和1893年国际社会主义工人代表大会代表;第二国际的活动家,在19世纪90年代和20世纪初反对改良主义和修正主义;马克思和恩格斯的朋友和战友。——389、511、534、552、553、567、568、580、615、634、656—658。

倍倍尔,尤莉娅(Bebel,Julie 1843—1910)——奥·倍倍尔的妻子。——557。

本格尔,约翰·阿尔布雷希特(Bengel,Johann Albrecht 1687—1752)——德国新教神学家,基督教经文的注释者和出版者。——350。

比尔,罗伯特——见拜尔,卡尔·罗伯特。

俾斯麦公爵,奥托(Bismarck〔Bismark〕,Otto Fürst von 1815—1898)——普鲁士和德国国务活动家和外交家,普鲁士容克的代表;曾任驻彼得堡大使(1859—1862)和驻巴黎大使(1862);普鲁士首相(1862—1872和1873—1890),北德意志联邦首相(1867—1871)和德意志帝国首相(1871—1890);1870年发动普法战争,1871年支持法国资产阶级镇压巴黎公社;主张在普鲁士领导下"自上而下"统一德国;曾采取一系列内政措施,捍卫容克和大资产阶级的联盟;1878年颁布反社会党人非常法。——73、189、190、216、266、267、284、381、382、386、389、397、455—458、464、503、507、526、545、546、553、556、575、584、593、616、617、644、660。

毕尔格尔斯,约翰·亨利希(Bürgers,Johann Heinrich 1820—1878)——德国政论家,《莱茵报》撰稿人(1842—1843),1846年参加共产主义通讯委员会的活动,1848—1849年是《新莱茵报》编辑;共产主义者同盟盟员,1850—1851年是共产主义者同盟中央委员会委员,科隆共产党人案件(1852)的被告之一,被判六年徒刑;后为民族自由党人;60年代为民族联盟盟员和杜塞尔多夫《莱茵报》的编辑。——4、214、215。

毕舍,菲力浦·约瑟夫·本杰明(Buchez,Philippe-Joseph-Benjamin 1796—1865)——法国政治活动家和历史学家,资产阶级共和党人,1821年起为圣西门的学生,七月革命后是基督教社会主义的思想家;国民议会议长(1848)。——475。

毕希纳,格奥尔格(Büchner,Georg 1813—1837)——德国剧作家,革命民主主义者,1834年吉森秘密的革命组织人权协会的组织者之一,《告黑森农民书》的作者,曾提出"给茅屋和平,对宫廷宣战"的口号。——197。

毕希纳,路德维希(Büchner,Ludwig 1824—1899)——德国医生和哲学家,庸俗唯物主义和无神论的代表人物;德国1848—1849年革命的参加者,属于小资产阶级民主派的极左翼;国际洛桑代表大会代表(1867)。——234、516。

庇西特拉图(Peisistratos 公元前600前后—527)——雅典僭主(公元前560—

527 断续掌权）。——134。

波尔恩，斯蒂凡（Born, Stephan 真名西蒙·布特尔米尔希 Simon Buttermilch
1824—1898）——德国排字工人，共产主义者同盟盟员；《新莱茵报》通讯员
（1848 年 6—8 月）；德国 1848—1849 年革命的参加者，工人兄弟会组织者
和领袖；1850 年被开除出共产主义者同盟；革命后脱离工人运动。——
210、211。

波尔特，弗里德里希（Bolte, Friedrich）——美国工人运动活动家，雪茄烟工人，
德国人，国际纽约第一支部成员和书记（1877），国际北美联合会第一次代
表大会（1872）代表，北美委员会中央委员会成员（1874 年以前）和书记；
《工人报》编委，海牙代表大会上选出的总委员会的委员（1872—1874），
1874 年为美国联合工会委员会书记，同年因参与分裂活动被开除出总委员
会。——496。

波卢克斯，尤利乌斯（Pollux, Julius 2 世纪）——希腊学者，编有百科辞典。
——116。

波拿巴——见拿破仑第一。

波拿巴——见拿破仑第三。

波旁王朝——法国王朝（1589—1792、1814—1815 和 1815—1830）。——256、
424。

波特尔，乔治（Potter, George 1832—1893）——英国工联改良派领袖之一，职业
是木工，工联伦敦理事会理事和建筑工人工联的领导人，《蜂房报》的创办人
和出版者，在报纸上一贯宣扬同资产阶级自由派妥协的政策。——453。

伯蒂歇尔，约翰·弗里德里希·威廉（Bötticher, Johann Friedrich Wilhelm
1789—1850）——德国语文学家和古代史学家，写有历史、语文学和神学方
面的著作；《迦太基史》的作者。——429。

伯恩施太德，阿达尔贝特（Bornstedt, Adalbert 1808—1851）——德国政论家，
小资产阶级民主主义者；《德意志—布鲁塞尔报》的创办人和编辑（1847—
1848），1848 年二月革命后是巴黎德意志民主协会领导人；曾为共产主义者
同盟盟员，后被开除出同盟（1848 年 3 月）；巴黎德国流亡者志愿军团组织
者之一；曾与警察局有联系。——209。

伯恩施太因，阿尔诺德·伯恩哈德·卡尔（Börnstein, Arnold Bernhard Karl
1808—1849）——德国小资产阶级民主主义者，巴黎德意志民主协会领导
人，巴黎德国流亡者志愿军团军事领导人。——209。

伯恩施坦，爱德华（Bernstein, Eduard 1850—1932）——德国社会民主党人，银
行雇员和政论家，1872 年起为德国社会民主工党党员，哥达合并代表大会

代表(1875),卡·赫希柏格的秘书(1878);1880 年结识马克思和恩格斯,
在他们的影响下成为科学社会主义的拥护者;《社会民主党人报》编辑
(1881—1890);后转向修正主义立场。——543、544、546、549、553、555、
556、560、565、566、569、613。

伯利欣根,葛兹·冯(Berlichingen, Götz von 1480—1562)——德国骑士,1525
年参加农民起义,任内卡河谷—奥登林山雇佣军支队的步兵上校,在柯尼
斯霍芬决战时出卖了农民;歌德的剧本《铁手骑士葛兹·冯·伯利欣根》和
拉萨尔的剧本《弗兰茨·冯·济金根》中的葛兹·冯·伯利欣根的原
型。——436。

伯尼克男爵,奥托(Boenigk, Otto Baron von)——德国社会活动家,曾在布雷斯
劳大学讲授社会主义。——601。

柏拉图(Platon〔Plato〕约公元前 427—347)——古希腊哲学家,客观唯心主
义的主要代表人物,奴隶主贵族的思想家,自然经济的拥护者。——334。

柏修斯(Perseus 公元前 212—166)——最后一个马其顿王(公元前 179—
168)。——163。

勃朗,加斯帕尔·安东(Blanc, Gaspard-Antoine 生于 1845 年)——法国印刷工
人,1866 年在里昂成为国际会员;曾为《团结报》撰稿,同巴枯宁关系甚密;
1870 年里昂九月起义的参加者;巴黎公社失败后流亡瑞士;1871 年在巴黎
被缺席判处要塞监禁,后成为波拿巴主义者。——507。

勃朗,路易(Blanc, Louis 1811—1882)——法国小资产阶级社会主义者,新闻
工作者和历史学家;1848 年临时政府成员和卢森堡宫委员会主席;采取同
资产阶级妥协的立场;1848 年 8 月流亡英国,后为伦敦的法国布朗基派流
亡者协会的领导人;1871 年国民议会议员,反对巴黎公社。——211、
214、241、326。

博尔吉乌斯,瓦尔特(Borgius, Walther)——德国大学生。——648。

博古斯拉夫斯基,阿尔伯特·冯(Boguslawski, Albert von 1834—1905)——德
国将军和军事著作家,曾参加镇压波兰起义(1863—1864);90 年代起为德
国民族主义报刊撰稿。——395、397、660、661。

布格,埃尔塞乌斯·索富斯(Bugge, Elseus Sophus 1833—1907)——挪威古文
学家和北欧语言学家,克里斯蒂安尼亚大学(奥斯陆)教授,写有古罗马文
学、古斯堪的纳维亚文学和神话方面的著作。——154。

布莱特,约翰(Bright, John 1811—1889)——英国政治活动家,棉纺厂主,自由
贸易派领袖和反谷物法同盟创始人;60 年代初起为自由党(资产阶级激进
派)左翼领袖;曾多次任自由党内阁的大臣。——294、448—450、453。

布莱希勒德,格尔森·冯(Bleichröder〔Bleichroeder〕,Gerson von 1822—1893)
——德国金融家,柏林一家大银行经理,俾斯麦的私人银行家、财务方面的
私人顾问和从事各种投机活动的经纪人。——190。

布朗基,路易·奥古斯特(Blanqui, Louis-Auguste 1805—1881)——法国革命
家,空想共产主义者,主张通过密谋性组织用暴力夺取政权和建立革命专
政;许多秘密社团和密谋活动的组织者,1830年七月革命和1848年二月革
命的参加者,秘密的四季社的领导人,1839年五月十二日起义的组织者,同
年被判处死刑,后改为无期徒刑;1848—1849年革命时期是法国无产阶级
运动的领袖;巴黎1870年十月三十一日起义的领导人,巴黎公社时期被反
动派囚禁在凡尔赛,曾缺席当选为公社委员;一生中有36年在狱中度
过。——197、304、307、339、387、575。

布劳恩,亨利希(Braun, Heinrich 1854—1927)——德国新闻工作者,社会民主
党人,改良主义者,《新时代》杂志创办人之一,《社会立法和统计学文
库》、《社会政治中央导报》等刊物的编辑,帝国国会议员。——662。

布林德,卡尔(Blind, Karl 1826—1907)——德国作家和新闻工作者,小资产阶
级民主主义者,1848—1849年巴登革命运动的参加者,1849年为临时政府
成员;与马克思同去伦敦,在那里成为德国政治流亡者救济委员会成员;
1849—1850年是共产主义者同盟盟员和《新莱茵报。政治经济评论》的撰
稿人;50年代中期起是在伦敦的德国小资产阶级流亡者的领袖之一,60年
代是民族自由党人,普法战争期间和战后为极端沙文主义者。——455。

布鲁斯,保尔·路易·玛丽(Brousse, Paul-Louis-Marie 1844—1912)——法国
医生,1872年起为国际工人协会会员和汝拉联合会中央委员会委员,1872
年9月被开除出国际;1872—1873年住在巴塞罗那;法国南方革命宣传委
员会的创始人;巴枯宁派的日内瓦代表大会(1873)和汝拉联合会历次代表
大会的参加者;伯尔尼支部成员(1874),伯尔尼社会民主联合会成员
(1876);1880年返回巴黎;法国工人党创始人之一,后为可能派的首
领。——544、545、549—551、554。

布伦坦诺,路德维希·约瑟夫(路约)(Brentano, Ludwig Joseph〔Lujo〕1844—
1931)——德国资产阶级庸俗经济学家,讲坛社会主义者。——541。

布洛赫,约瑟夫(Bloch, Joseph 1871—1936)——德国新闻工作者和出版商,
《社会主义月刊》编辑。——604。

布洛斯,威廉(Blos, Wilhelm 1849—1927)——德国新闻工作者和历史学家,
社会民主党人;《人民国家报》编辑(1872—1874),帝国国会议员(1877—
1878、1881—1887和1890—1907),属于社会民主党国会党团的右翼;90年

代为《前进报》编辑;第一次世界大战期间为社会沙文主义者;1918 年十一月革命后为符腾堡政府领导人。——524。

布日尔,阿尔弗勒德(Bougeart, Alfred 1815—1882)——法国政论家,写有关于 18 世纪末法国资产阶级革命史的著作。——7。

布斯凯,阿贝尔(Bousquet, Abel)——法国无政府主义者,1871 年 11 月起在贝济耶成为社会主义委员会主席,1872 年 9 月因警探身份被揭露而被开除出国际。——507。

C

查理一世,查理大帝(Charles I, Charlemagne 742—814)——法兰克国王(768—800)和皇帝(800—814)。——169—171。

查理五世(Karl V 1500—1558)——德意志神圣罗马帝国皇帝(1519—1556),称查理五世;曾为西班牙国王(1516—1556),称查理一世;拉萨尔的剧本《弗兰茨·冯·济金根》中查理五世的原型。——436—438、441。

查苏利奇,维拉·伊万诺夫娜(Засулич, Вера Ивановна 1851—1919)——俄国民粹运动、社会民主主义运动的活动家,劳动解放社(1883)的创始人之一;后来转到孟什维克立场。——574。

察赫尔,格奥尔格(Zacher, Georg 1854—1923)——德国法学家,柏林政治警察局局长;《赤色国际》一书的作者。——636。

车尔尼雪夫斯基,尼古拉·加甫里洛维奇(Чернышевский, Николай Гаврилович 1828—1889)——俄国革命民主主义者,作家和文艺批评家,经济学家,哲学家。——309、310、316、319。

D

达尔文,查理·罗伯特(Darwin, Charles Robert 1809—1882)——英国自然科学家,科学的生物进化论的奠基人。——25、236、252、459、471、516、517、563。

戴克里先(盖尤斯·奥勒留·瓦莱里乌斯·戴克里先)(Gaius Aurelius Valerius Diocletianus 245 前后—313)——罗马皇帝(284—305)。——398。

丹尼尔斯,罗兰特(Daniels, Roland 1819—1855)——德国工人运动活动家,职业是医生,1846 年参加共产主义通讯委员会的活动;共产主义者同盟盟员和领导人之一,1850 年起为同盟科隆中央委员会委员;科隆共产党人案件(1852)的被告之一,被陪审法庭宣告无罪;第一批尝试把辩证唯物主义运用到自然科学领域的人之一;马克思和恩格斯的朋友。——215、424。

丹尼尔逊,尼古拉·弗兰策维奇(Даниельсон,Николай Францевич 笔名尼古拉-逊 Николай-он 1844—1918)——俄国经济学家、政论家和民粹派思想家;曾与马克思和恩格斯通信,把马克思的《资本论》第一、二、三卷译成俄文(第一卷是和格·亚·洛帕廷合译的)。——528、531、625、626、638。

但丁·阿利格埃里(Dante Alighieri 1265—1321)——意大利诗人。——579、647。

德·库朗日——见菲斯泰尔·德·库朗日,尼马·德尼。

德穆特,海伦(琳蘅,尼姆)(Demuth,Helene [Lenchen,Nim] 1823—1890)——马克思家的女佣和忠实的朋友。——521、557。

德普勒,马塞尔(Deprez,Marcel 1843—1918)——法国物理学家和电气技师,曾从事远距离输电问题的研究。——556。

德维尔,加布里埃尔(Deville,Gabriel 1854—1940)——法国工人党的活动家和政论家,社会主义者;写有《资本论》第一卷浅释以及哲学、经济学和历史著作;1889 和 1891 年国际社会主义工人代表大会代表;20 世纪初脱离工人运动。——562。

狄奥多里希大帝(Theodorich der Große 454 前后—526)——东哥特国王(471 年起);493 年战胜奥多亚克,创立东哥特帝国并为皇帝(493—526)。——142。

狄奥多鲁斯(西西里的)(Diodorus Sicilus 公元前 80 前后—29)——希腊历史学家,住在罗马;《史学丛书》的作者。——153、162。

狄奥尼修斯(哈利卡纳苏的)(Dionysios Halikarnasseus 公元前 1 世纪—公元 1 世纪)——希腊历史学家和雄辩家,《古代罗马史》一书的作者。——118。

狄茨,约翰·亨利希·威廉(Dietz,Johann Heinrich Wilhelm 1843—1922)——德国出版商;社会民主党人,1881 年在斯图加特创办狄茨出版社,即后来的社会民主党出版社,1881 年起为国会议员。——15、615、617。

狄慈根,约瑟夫(Dietzgen,Joseph 1828—1888)——德国社会民主党人,自学成功的哲学家,独立地得出了辩证唯物主义若干原理;职业是制革工人,1848—1849 年革命的参加者,1852 年成为共产主义者同盟盟员;国际会员,国际海牙代表大会(1872)代表。——250、478。

狄德罗,德尼(Diderot,Denis 1713—1784)——法国哲学家,机械唯物主义的代表人物,无神论者,法国革命资产阶级的代表,启蒙思想家,百科全书派领袖;1749 年因自己的著作遭要塞监禁。——239。

狄凯阿尔科斯(Dikaiarchos 公元前 4 世纪)——古希腊学者,亚里士多德和泰奥弗拉斯特的学生,写有历史、政治、哲学、地理和其他方面的著作。——113。

狄摩西尼(Demosthenes 公元前 384—322)——古希腊政治活动家和演说家,

雅典的反马其顿派的领袖,奴隶主民主制的拥护者;雅典同盟反马其顿战争失败后(公元前338)被驱逐出雅典。——112。

迪斯累里,本杰明,比肯斯菲尔德伯爵(Disraeli〔D'Israeli〕,Benjamin,Earl of Beaconsfield 1804—1881)——英国政治活动家和著作家,40年代参加"青年英国";托利党领袖,19世纪下半叶为保守党领袖;曾任财政大臣(1852、1858—1859和1866—1868),内阁首相(1868和1874—1880)。——521。

迪希——见迪斯累里,本杰明,比肯斯菲尔德伯爵。

笛卡儿,勒奈(Descartes,René 1596—1650)——法国二元论哲学家、数学家和自然科学家。——233、234、598。

杜邦,欧仁(Dupont,Eugène 1831—1881)——法国工人,国际工人运动活动家,1848年巴黎六月起义的参加者,1862年起住在伦敦,1870年起住在曼彻斯特,国际总委员会委员(1864—1872),法国通讯书记(1865—1871),伦敦代表会议(1865)和日内瓦代表大会(1866)的参加者,洛桑代表大会(1867)主席,布鲁塞尔代表大会(1868)、伦敦代表会议(1871)和海牙代表大会(1872)的代表;《法兰西信使报》撰稿人,伦敦法国人支部成员(1868年以前),曼彻斯特法国人支部创建人之一(1870),国际不列颠联合会委员会委员(1872—1873),1874年迁居美国;马克思和恩格斯的战友。——487。

杜朗,古斯塔夫·保尔·埃米尔(Durand,Gustave-Paul-Émile 生于1835年)——法国首饰匠,警探,公社被镇压后在伦敦冒充流亡者;1871年为法国人支部书记,同年被揭发并被开除出国际。——500。

杜林,欧根·卡尔(Dühring,Eugen Karl 1833—1921)——德国折中主义哲学家和庸俗经济学家,小资产阶级社会主义者,形而上学者;在哲学上把唯心主义、庸俗唯物主义和实证论结合在一起;在自然科学和文学方面也有所著述;1863—1877年为柏林大学非公聘讲师;70年代他的思想曾对德国社会民主党部分党员产生过较大影响。——466—468、521、522、537、582、606、651。

杜罗·德拉马尔,阿道夫·茹尔·塞扎尔·奥古斯特(Dureau de La Malle,Adolphe-Jules-César-Auguste 1777—1857)——法国诗人、历史学家、语文学家和考古学家。——144。

杜西——见马克思-艾威林,爱琳娜。

敦克尔,弗兰茨·古斯塔夫(Duncker,Franz Gustav 1822—1888)——德国出版商,资产阶级进步党的活动家,1868年同麦·希尔施一起创建改良主义工会(1868—1933),人称希尔施—敦克尔工会。——465。

E

恩格斯,莉迪娅(莉希)(Engels,Lydia〔Lizzy,Lizzie〕父姓白恩士 Burns 1827—1878)——爱尔兰女工,爱尔兰民族解放运动的参加者;玛·白恩士的妹妹,恩格斯的第二个妻子。——472、522。

恩格斯,伊丽莎白(爱利莎)·弗兰契斯卡·毛里齐亚(Engels,Elisabeth〔Elise〕Franziska Mauritia 父姓范·哈尔 van Haar 1797—1873)——恩格斯的母亲。——494、495。

恩克,斐迪南(Encke,Ferdinand)——德国斯图加特市的一家出版社的所有者。——220。

恩斯特,保尔(Ernst,Paul 1866—1933)——德国政论家、批评家和剧作家;80年代末加入社会民主党;"青年派"领袖;1891年被开除出社会民主党,后来归附法西斯主义。——595。

F

法耳梅赖耶尔,雅科布·菲力浦(Fallmerayer,Jakob Philipp 1790—1861)——德国历史学家、旅行家、东方学家;1848年起为慕尼黑大学历史学教授;写有关于希腊历史方面的著作。——351。

法夫尔,克劳德·加布里埃尔·茹尔(Favre,Claude-Gabriel-Jules 1809—1880)——法国律师和政治活动家,温和的资产阶级共和派领袖之一;第二共和国时期先后任内务部秘书长、外交部副部长、制宪议会和立法议会议员(1848—1851),60年代为立法团议员,国防政府和梯也尔政府的外交部长(1870—1871),曾到法兰克福参加同德国关于巴黎投降及签订和约的谈判(1871)。——503。

法伊森,洛里默(Fison,Lorimer 1832—1907)——英国民族学家,长老会教士,曾在斐济群岛(1863—1871 和 1875—1884)和澳大利亚(1871—1875 和 1884—1888)传教;路·亨·摩尔根的通信伙伴;写有关于澳大利亚和斐济群岛各部落的著作;1871年起同阿·威·豪伊特合作,著有《卡米拉罗依人和库尔纳依人》和《库尔纳依部落及其平时和战时的习俗》。——51、53。

范派顿,菲力浦(Van Patten,Philipp)——美国政治活动家,曾参加社会主义运动;1876年起是美国工人党全国书记,1879年起是北美社会主义工人党全国书记;1883年起为国家官员。——558。

方塔纳,朱泽培(Fontana,Giuseppe 1840—1876)——意大利工人运动活动

国哲学家,黑格尔分子,写有多卷美学著作。——430。

费舍,理查(Fischer, Richard 1855—1926)——德国社会民主党人,新闻工作者,党的执行委员会书记(1890—1893),国会议员(1893—1926)。——617、659。

费希特,约翰·哥特利布(Fichte, Johann Gottlieb 1762—1814)——德国哲学家,德国古典哲学的代表人物,主观唯心主义者。——643。

弗拉维王朝——罗马皇朝(69—96)。——334。

弗腊斯,卡尔·尼古劳斯(Fraas, Karl Nikolaus 1810—1875)——德国植物学家和农学家,慕尼黑大学教授;写有一些关于植物学和农业方面的著作。——471、472。

弗莱里格拉特,斐迪南(Freiligrath, Ferdinand 1810—1876)——德国诗人,1848—1849年为《新莱茵报》编辑,共产主义者同盟盟员;50年代脱离革命斗争,50—60年代为瑞士银行伦敦分行职员。——215、425。

弗里布尔,厄内斯特·爱德华(Fribourg, Ernest-Édouard)——法国工人运动活动家,职业是雕刻工,后为商人;右派蒲鲁东主义者;1864年9月28日伦敦圣马丁堂会议的参加者,国际巴黎支部的领导人之一,伦敦代表会议(1865)和日内瓦代表大会(1866)代表;多家工人报纸的编辑部成员;1867年作为记者参加洛桑代表大会;1871年出版敌视国际和巴黎公社的《国际工人协会》一书。——636。

弗里茨,约斯(Fritz, Joß 约1470—1525)——1513年莱茵河上游地区鞋会的组织者。——442。

弗里德里希二世,弗里德里希大帝(Friedrich II, Friedrich der Große 1712—1786)——普鲁士国王(1740—1786)。——376。

弗里德里希-威廉(Friedrich-Wilhelm 1620—1688)——勃兰登堡选帝侯(1640—1688)。——644。

弗里德里希-威廉二世(Friedrich-Wilhelm II 1744—1797)——普鲁士国王(1786—1797)。——394。

弗里德里希-威廉三世(Friedrich-Wilhelm III 1770—1840)——普鲁士国王(1797—1840)。——221、224。

弗里德里希-威廉四世(Friedrich-Wilhelm IV 1795—1861)——普鲁士国王(1840—1861)。——227。

弗里曼,爱德华·奥古斯塔斯(Freeman, Edward Augustus 1823—1892)——英国历史学家,自由党人,牛津大学教授。——14。

弗路朗斯,古斯塔夫·保尔(Flourens, Gustave-Paul 1838—1871)——法国革命

家和自然科学家,布朗基主义者,曾因遭到迫害而离开法国,1868 年回国后,为《马赛曲报》撰稿人;1870 年被流放,同年 3 月逃往伦敦,9 月重回法国,1870 年 10 月 31 日和 1871 年 1 月 22 日巴黎起义的领导者之一;巴黎公社委员,公社军事委员会委员;1871 年 4 月 3 日被凡尔赛分子杀害。——492。

弗洛孔,斐迪南(Flocon, Ferdinand 1800—1866)——法国政治活动家和政论家,小资产阶级民主主义者,《改革报》编辑,1848 年为临时政府成员;山岳党人;1851 年十二月二日政变后被驱逐出法国。——210、326。

伏打,亚历山大罗·朱泽培·安东尼奥·阿纳斯塔西奥(Volta, Alessandro Giuseppe Antonio Anastasio 1745—1827)——意大利物理学家、化学家和生理学家,流电理论的创始人。——433。

伏尔泰(Voltaire 原名弗朗索瓦·玛丽·阿鲁埃 François-Marie Arouet 1694—1778)——法国自然神论哲学家、历史学家和作家,18 世纪资产阶级启蒙运动的主要代表人物,反对专制制度和天主教。——239、263、329。

孚赫,茹尔(尤利乌斯)(Faucher, Jules〔Julius〕1820—1878)——德国政论家和资产阶级庸俗经济学家,青年黑格尔分子;自由贸易的拥护者;1850 年为柏林《晚邮报》的创办人和编辑;1850—1861 年侨居英国,为《晨星报》的撰稿人,写有关于住宅问题的著作;1851 年为《伦敦新闻画报》德文版编辑;1861 年回到德国,后为进步党人,1866 年起为民族自由党人。——457。

福布斯,阿奇博尔德(Forbes, Archibald 1838—1900)——英国新闻工作者,《晨报》和《每日新闻》撰稿人,1870—1871 年普法战争和 1877—1878 年俄土战争时期为战地记者。——521。

福尔马尔,格奥尔格·亨利希·冯(Vollmar, Georg Heinrich von 1850—1922)——德国社会民主党人,德国社会民主党中机会主义和改良主义派的领袖;《社会民主党人报》编辑(1879—1880);多次当选德意志帝国国会议员和巴伐利亚邦议会议员;第一次世界大战期间为社会沙文主义者。——550、552、553、655—658。

福格特,奥古斯特(Vogt, August 约 1830—1883)——德国和美国工人运动的活动家,职业是鞋匠;共产主义者同盟盟员,德国 1848—1849 年革命的参加者,全德工人联合会会员,属于无产阶级反对派,同李卜克内西一起反对拉萨尔主义,国际会员,1866 年是国际柏林支部成员;1867 年侨居美国,纽约德意志共产主义者俱乐部会员和国际在美国的支部的组织者之一;总委员会驻美国的通讯书记;马克思和恩格斯的战友。——482。

福格特,卡尔(Vogt, Karl 1817—1895)——德国自然科学家,庸俗唯物主义者,小资产阶级民主主义者;1848—1849 年是法兰克福国民议会议员,属于左派;1849 年 6 月为帝国五摄政之一;1849 年逃往瑞士,50—60 年代是路易·波拿巴雇用的密探;马克思在抨击性著作《福格特先生》中对他进行了揭露。——234、303、516。

傅立叶,沙尔(Fourier, Charles 1772—1837)——法国空想社会主义者。——27、82、173、195、342、408、418、471。

G

盖得,茹尔(Guesde, Jules 真名马蒂厄·巴西尔 Mathieu Basile 1845—1922)——法国工人运动和国际工人运动的活动家,初期为资产阶级共和党人,资产阶级共和派报纸《自由报》撰稿人和《人权报》编辑部成员;1871 年被判处五年徒刑;后逃往瑞士,加入巴枯宁派,日内瓦社会主义革命宣传和行动支部创始人之一;松维利耶代表大会(1871)的参加者,汝拉联合会成员;1872 年流亡意大利,脱离巴枯宁派;1875 年返回瑞士,1876 年返回法国;后为法国工人党(1879)创始人之一和马克思主义思想在法国的宣传者;法国社会主义运动革命派的领导人;第一次世界大战期间为社会沙文主义者。——544、545、554。

盖尔马尼库斯(盖尤斯·尤利乌斯·凯撒·盖尔马尼库斯)(卡利古拉)(Gaius Julius Caesar Germanicus [Caligula] 12—41)——罗马皇帝(37—41)。——347。

盖尤斯(Gaius 2 世纪)——罗马法学家,罗马法系统化者。——66。

盖泽尔,布鲁诺(Geiser, Bruno 1846—1898)——德国政论家,社会民主党人,《新世界》杂志编辑,1881—1887 年为德意志帝国国会议员;80 年代末作为机会主义者被开除出社会民主党;威·李卜克内西的女婿。——569。

戈尔(Gore)——英国人,爱琳娜·马克思的熟人。——520。

戈克,阿曼德(Goegg, Amand 1820—1897)——德国海关官员、政论家和新闻工作者,小资产阶级民主主义者,1848—1849 年革命的参加者,1849 年是巴登临时政府财政部长,革命失败后流亡国外;1862 年返回德国;日内瓦和平和自由同盟的创建人之一,国际会员;70 年代加入德国社会民主党。——214。

戈克,玛丽(Goegg, Marie 生于 1826 年)——国际妇女协会主席。——479。

哥白尼,尼古拉(Kopernicus [Copernicus, Copernikus], Nikolaus 1473—1543)——波兰天文学家,太阳中心说的创立者。——232。

歌德,约翰·沃尔弗冈·冯(Goethe, Johann Wolfgang von 1749—1832)——德国诗人、作家、思想家和博物学家。——45、222、225、235、436。

格拉德瑙尔,格奥尔格(Gradnauer,Georg 1866—1946)——德国社会民主党人,90 年代是一些工人报纸和社会民主党报纸的编辑。——637。

格拉古(提比里乌斯·赛姆普罗尼乌斯·格拉古)(Tiberius Sempronius Gracchus 公元前 162—133)——古罗马的护民官(公元前 133),曾为农民利益进行争取实现土地法的斗争;盖尤斯·赛姆普罗尼乌斯·格拉古的哥哥。——397。

格莱斯顿,威廉·尤尔特(Gladstone,William Ewart 1809—1898)——英国国务活动家,托利党人,后为皮尔分子,19 世纪下半叶是自由党领袖;曾任财政大臣(1852—1855 和 1859—1866)和首相(1868—1874、1880—1885、1886 和 1892—1894)。——119、480、486、498、549、575—576、653。

格雷戈里(图尔的)(格雷戈里·弗洛伦修斯)(Grégoire de Tours〔Gregorius Florentius〕540 前后—594)——基督教神学家和历史学家,573 年起是图尔的主教;《法兰克人史》和《奇迹七卷》等书的作者。——156。

格雷维,茹尔(Grévy,Jules 1807—1891)——法国国务活动家,温和的资产阶级共和党人;共和国总统(1879—1887)。——304。

格里伦贝格尔,卡尔(Grillenberger,Karl 1848—1897)——德国社会民主党人,职业是钳工,后为政论家;纽伦堡合作印刷所所长(1874—1895);纽伦堡社会民主党报纸的出版者和编辑,《社会民主党人报》在南德秘密发行的组织者;德意志帝国国会议员(1881—1897)和巴伐利亚邦议会议员(1892—1897);德国社会民主党的领导成员(1884—1890),80 年代起转向机会主义立场。——656。

格林,雅科布·路德维希·卡尔(Grimm,Jacob Ludwig Karl 1785—1863)——德国语文学家和文化史学家,柏林大学教授;温和的自由主义者;1848 年是法兰克福国民议会议员,属于中间派;比较历史语言学的奠基人,第一部德语比较语法的作者;写有德国语言史、法学史、神话史和文学史方面的著作;1852 年与其弟威·卡·格林合作开始出版《德语辞典》。——152、469、470。

格律恩,卡尔(Grün,Karl 笔名恩斯特·冯·德尔·海德 Ernst von der Haide 1817—1887)——德国小资产阶级政论家,接近青年德意志和青年黑格尔派,40 年代中是"真正的"社会主义的主要代表人物;普鲁士制宪议会议员(1848),属于左翼,普鲁士第二议院议员(1849);1851 年起流亡比利时,1861 年回到德国,曾在美因河畔法兰克福高等商业工艺学校任艺术史、文学史和哲学史教授(1862—1865);1870 年到维也纳;1874 年出版路·费尔巴哈的书信集和遗著。——229、404—406。

格罗夫,威廉·罗伯特(Grove, William Robert 1811—1896)——英国物理学家和法学家。——461、462。

格罗特,乔治(Grote, George 1794—1871)——英国历史学家和政治活动家,大商人;皇家学会成员;写有关于柏拉图和亚里士多德的著作以及多卷本《希腊史》。——111—116。

葛兹——见伯利欣根,葛兹·冯。

古尔德,杰伊(Gould, Jay 1836—1892)——美国铁路企业主和金融家。——609。

H

哈布斯堡王朝——神圣罗马帝国皇朝(1273—1806 年,其中有间断)、西班牙王朝(1516—1700)、奥地利皇朝(1804 年起)和奥匈帝国皇朝(1867—1918)。——9。

哈茨费尔特伯爵夫人,索菲娅(Hatzfeldt, Sophie, Gräfin von 1805—1881)——斐·拉萨尔的朋友和拥护者。——454—457、616。

哈德良(普卜利乌斯·埃利乌斯·哈德良)(Publius Aelius Hadrianus 76—138)——罗马皇帝(117—138)。——334。

哈第,詹姆斯·基尔(Hardie, James Keir 1856—1915)——英国工人运动活动家,改良主义者,职业是矿工,后为政论家;苏格兰工党创始人(1888)和领袖,独立工党创始人(1893)和领袖。——653、654。

哈克奈斯,玛格丽特(Harkness, Margaret 笔名约翰·罗 John Law)——英国女作家,社会主义者,社会民主联盟盟员,曾为《正义报》撰稿;写有描写工人生活的小说。——589。

哈克斯特豪森男爵,奥古斯特·弗兰茨(Haxthausen, August Franz Freiherr von 1792—1866)——普鲁士官员和作家,联合议会议员(1847—1848),后为普鲁士第一议院议员;写有描述普鲁士和俄国土地关系中当时还残存的土地公社所有制方面的著作。——307、316。

哈林,哈罗·保尔(Harring, Harro Paul 1798—1870)——德国作家,小资产阶级激进派;1828 年起曾数度侨居国外。——204。

哈尼,乔治·朱利安(Harney, George Julian 1817—1897)——英国工人运动活动家,宪章派左翼领袖;正义同盟盟员,后为共产主义者同盟盟员;民主派兄弟协会创建人之一,《北极星报》编辑,《民主评论》、《人民之友》、《红色共和党人》等宪章派刊物的出版者;1862—1888 年曾数度住在美国;国际会员;曾同马克思和恩格斯保持友好联系;50 年代初和小资产阶级民主派接近,一度同工人运动中的革命派疏远。——203。

海德门,亨利·迈尔斯(Hyndman,Henry Mayers 化名约翰·布罗德豪斯 John Broudhouse 1842—1921)——英国社会主义者,改良主义者;1881 年是民主联盟(1884 年改组为社会民主联盟)的创始人和领袖,后为英国社会党领袖,1916 年因进行有利于帝国主义的宣传而被开除出党。——653、654。

海尔维格,格奥尔格(Herwegh,Georg 1817—1875)——德国诗人,小资产阶级民主主义者;1842 年起成为马克思的朋友,《莱茵报》等多家报刊的撰稿人;1848 年二月革命后是巴黎德意志民主协会领导人,巴黎德国流亡者志愿军团组织者之一;1848—1849 年革命的参加者,后长期流亡瑞士;1869 年起为德国社会民主工党(爱森纳赫派)党员。——209、403。

海涅,亨利希(Heine,Heinrich 1797—1856)——德国诗人,革命民主主义运动的先驱,马克思一家的亲密朋友。——221、342、488、524、547、603。

汉斯——见魏德迈,约瑟夫。

豪普特,海尔曼·威廉(Haupt,Hermann Wilhelm 约生于 1831 年)——德国店员,维护帝国宪法运动的参加者(1849),运动失败后流亡瑞士,后流亡英国;伦敦德意志工人共产主义教育协会会员,1850 年 10 月在汉堡成为共产主义者同盟盟员,科隆共产党人案件(1852)的被告之一,在审讯期间作了叛卖性的供述,审判前即被释放,1852 年迁居巴西。——214。

豪伊特,阿尔弗勒德·威廉(Howitt,Alfred William 1830—1908)——英国民族学家,驻澳大利亚的殖民官(1862—1901),达尔文主义者;写有关于澳大利亚各部落的著作,1871 年起同洛·法伊森合作,著有《卡米拉罗依人和库尔纳依人》和《库尔纳依部落及其平时和战时的习俗》。——53。

荷马(Homeros 约公元前 8 世纪)——相传为古希腊著名史诗《伊利亚特》和《奥德赛》的作者。——34、35、72、73、116—121。

贺拉斯(昆图斯·贺拉斯·弗拉克)(Quintus Horatius Flaccus 公元前 65—8)——罗马诗人。——618。

赫尔岑,亚历山大·伊万诺维奇(Герцен,Александр Иванович 1812—1870)——俄国唯物主义哲学家、政论家和作家,革命民主主义者,1847 年流亡法国,1852 年移居伦敦,在英国建立"自由俄国印刷所",并出版《北极星》定期文集和《钟声》报。——307、308、315、316、491、492。

赫尔瓦尔德,弗里德里希·安东·赫勒尔(Hellwald,Friedrich Anton Heller 1842—1892)——奥地利民族学家、地理学家和历史学家。——517。

赫希柏格,卡尔(Höchberg,Karl 笔名路德维希·李希特尔博士 Dr. Ludwig Richter 1853—1885)——德国作家和出版商,社会改良主义者,富商的儿

J

1848）；代表大金融资产阶级的利益。——256、650。

吉芬，罗伯特（Giffen，Robert 1837—1910）——英国资产阶级经济学家和统计学家，财政问题专家；《伦敦统计学会会刊》发行人（1876—1891），商业部统计局局长（1876—1897）。——366。

吉约姆，詹姆斯（Guillaume，James 1844—1916）——瑞士教师、政论家，巴枯宁的拥护者，国际会员，国际勒洛克勒支部的创建人（1866），1868 年起同巴枯宁建立联系，国际兄弟会的创建人之一；《进步报》（1868—1870）、《团结报》（1870—1871）和《国际工人协会汝拉联合会简报》（1872—1878）的编辑；国际日内瓦代表大会（1866）、洛桑代表大会（1867）、巴塞尔代表大会（1869）和海牙代表大会（1872）的参加者，社会主义民主同盟组织者之一，由于进行分裂活动在海牙代表大会上被开除出国际；第一次世界大战期间为社会沙文主义者。——491、492、500。

吉约姆-沙克，盖尔特鲁黛（Guillaume-Schack，Gertrud 1845—1903）——德国社会主义者，德国女工运动活动家。——576。

济贝耳，卡尔（Siebel，Karl 1836—1868）——德国诗人；曾协助传播马克思和恩格斯的著作和宣传《资本论》第一卷；恩格斯的远亲。——440。

济金根，弗兰茨·冯（Sickingen，Franz von 1481—1523）——德国骑士，曾参加宗教改革运动，1522—1523 年反对特里尔大主教的骑士起义的领袖；在兰茨胡特的城堡遭攻击时丧生；拉萨尔的剧本《弗兰茨·冯·济金根》中的济金根的原型。——435—443。

加尔巴（塞尔维乌斯·苏尔皮齐乌斯·加尔巴）（Servius Sulpicius Galba 公元前5—公元69）——罗马国务活动家，60 年代为西班牙塔拉戈纳省总督（执政者）；尼禄死后，在 68 年 6 月被推为皇帝；69 年 1 月军队和人民起来暴动反对加尔巴统治，奥托趁机策动禁卫军把他杀死。——347—349。

加尔文，让（Calvin，Jean 1509—1564）——法国神学家和宗教改革运动的活动家，新教宗派之一加尔文宗的创始人。——91、262、263、643。

加勒，约翰·哥特弗里德（Galle，Johann Gottfried 1812—1910）——德国天文学家，1846 年根据乌·让·勒维烈的计算发现了海王星。——232。

加里波第，朱泽培（Garibaldi，Giuseppe 1807—1882）——意大利革命家，民主主义者，意大利民族解放运动的领袖，意大利 1848—1849 年革命的参加者；1849 年 4—7 月是罗马共和国保卫战的主要组织者；50—60 年代领导意大利人民争取民族解放和国家统一的斗争；1860 年领导向南意大利的进军；1862 年为了把罗马从教皇军队和法国侵略者手中解放出来而组织远征；反奥地利战争的参加者（1848—1849、1859 和 1866），普法战争时期站在法兰西共和国一边,70 年代声援巴黎公社,赞成在意大利建立国际的支部。——450。

焦耳,詹姆斯·普雷斯科特(Joule, James Prescott 1818—1889)——英国物理学家,主要从事电磁理论和热的研究,通过实验测定了热的机械当量,为能量守恒定律提供了佐证。——433。

杰士卡,扬(Žižka, Jan 1360 前后—1424)——捷克统帅和政治活动家,胡斯运动领袖,塔博尔派军事首领,捷克人民的民族英雄。——329。

金克尔,哥特弗里德·约翰(Kinkel, Gottfried Johann 1815—1882)——德国诗人、作家和政论家,小资产阶级民主主义者,1849 年巴登-普法尔茨起义的参加者,被普鲁士法庭判处无期徒刑,1850 年在卡·叔尔茨帮助下越狱逃跑,流亡英国;在伦敦的德国小资产阶级流亡者的领袖,《海尔曼》周报编辑(1859);反对马克思和恩格斯。——214。

居利希,古斯塔夫·冯(Gülich, Gustav von 1791—1847)——德国资产阶级经济学家和经济史学家,德国保护关税派领袖;写有国民经济史方面的著作。——650。

居维叶男爵,若尔日·莱奥波德·克雷蒂安·弗雷德里克·达哥贝尔特(Cuvier, Georges-Léopold-Chrétien-Frédéric-Dagobert, baron de 1769—1832)——法国动物学家和古生物学家;曾经将比较解剖学上升为科学,并提出了灾变论。——38、470。

君士坦丁一世,君士坦丁大帝(Constantinus I [Constantin, Konstantin], Magnus, Flavius Valerius 约 280—337)——罗马皇帝(306—337)。——334、337、399。

K

卡布鲁柯夫,尼古拉·阿列克谢耶维奇(Каблуков, Николай Алексеевич 1849—1919)——俄国经济学家和统计学家,民粹派;莫斯科大学教授;莫斯科省地方自治局统计处主任,《莫斯科省统计资料汇编》的主编;写有经济学和统计学方面的著作。——629。

卡尔达诺,杰罗拉莫(Cardano, Gerolamo 1501—1576)——意大利数学家、医生和哲学家。——446。

卡雷舍夫,尼古拉·亚历山大罗维奇(Карышев, Николай Александрович 1855—1905)——俄国经济学家、统计学家和社会活动家,尤里耶夫(塔尔图)大学教授(1891—1893)和莫斯科农学院教授(1895—1904);持自由主义民粹派的观点;写有经济学和统计学方面的著作。——629。

卡利古拉——见盖尔马尼库斯(盖尤斯·尤利乌斯·凯撒·盖尔马尼库斯)

（卡利古拉）。

卡列耶夫，尼古拉·伊万诺维奇（Кареев，Николай Иванович 1850—1931）
——俄国历史学家和政论家，资产阶级自由主义者。——527。

卡龙，沙尔·亚历山大·德（Calonne, Charles-Alexandre de 1734—1802）——
法国国务活动家，财政总监（1783—1787），18 世纪末法国资产阶级革命时
期是反革命流亡分子的领袖。——630。

卡内帕，朱泽培（Canepa, Giuseppe 1865—1948）——意大利律师，社会党人，
改良主义者；第一次世界大战期间为社会沙文主义者。——646。

卡尼茨伯爵，汉斯·威廉·亚历山大（Kanitz, Hans Wilhelm Alexander Graf von
1841—1913）——德国政治活动家，保守党领袖，北德意志联邦国会议员
（1869—1870），普鲁士第二议院议员（1885—1890）和德意志帝国国会议
员（1889 年起）；代表大地主的利益。——364。

卡诺，玛丽·弗朗索瓦·萨迪（Carnot, Marie-François-Sadi 1837—1894）——
法国国务活动家，温和的资产阶级共和党人，历任部长；共和国总统
（1887—1894），1894 年被无政府主义者卡泽里奥刺杀。——304。

卡佩，路易——见路易十六。

卡普里维伯爵，莱奥（Caprivi, Leo Graf von 1831—1899）——德国国务活动
家，将军和军事活动家，德意志帝国首相（1890—1894）。——297。

卡瓦洛蒂，费利切（Cavallotti, Felice 1842—1898）——意大利政治活动家和政
论家，意大利民族解放运动的参加者，资产阶级激进派领袖；1873 年起为
议会议员。——323。

凯，约翰·威廉（Kaye, John William 1814—1876）——英国军事史学家和殖民
官员，曾任印度事务部政务机要司秘书（1858—1874），写有印度的历史和
民族学方面的著作以及英国在阿富汗和印度进行的殖民战争方面的著
作。——49。

凯迪伊克，阿尔诺德（Kerdijk, Arnold 1846—1905）——荷兰社会活动家和新
闻工作者，自由主义者，接近讲坛社会主义。——540。

凯里，亨利·查理（Carey, Henry Charles 1793—1879）——美国资产阶级庸俗
经济学家，阶级调和论的创始人。——466、468。

凯利-威士涅威茨基，弗洛伦斯（Kelley-Wischnewetzky, Florence 1859—1932）
——美国社会主义者，后为资产阶级改良主义者，曾将恩格斯的《英国工人
阶级状况》一书译成英文；1892 年以前为波兰流亡者拉·威士涅威茨基的
妻子。——269、585、587。

凯撒（盖尤斯·尤利乌斯·凯撒）（Gaius Julius Caesar 公元前 100—44）——

1894）——匈牙利政治活动家，匈牙利民族解放运动的领袖，1848—1849 年革命时期领导资产阶级民主派，匈牙利革命政府首脑，革命失败后流亡国外；50 年代曾向波拿巴集团求援。——214。

克莱因，约翰·雅科布（Klein，Johann Jacob 1817—约 1897）——德国医生，共产主义者同盟盟员，科隆共产党人案件（1852）的被告之一，被陪审法庭宣告无罪；60 年代初曾参加德国工人运动。——215。

克兰里卡德侯爵，乌利克·约翰·德·伯格（Clanricarde，Ulick John de Burgh，Marquess of 1802—1874）——英国政治活动家和外交家，辉格党人；爱尔兰的大庄园主；曾任驻彼得堡大使（1838—1841）、邮政大臣（1846—1852）和掌玺大臣（1857—1858）。——493。

克劳狄乌斯（提比里乌斯·克劳狄乌斯·尼禄·盖尔马尼库斯）（Tiberius Claudius Nero Germanicus 公元前10—公元54）——罗马皇帝（41—54）。——336、347、348。

克劳塞维茨，卡尔·菲力浦·哥特弗里德·冯（Clausewitz，Karl Philipp Gottfried von 1780—1831）——普鲁士将军、军事理论家和历史学家；首次把辩证法运用于军事理论；参加普鲁士军队的改革；1812—1814 年在俄军中供职；1818—1830 年任普通陆军学校校长，1831 年任普鲁士元帅奥·冯·格奈泽瑙的参谋长。——423。

克勒尔，恩斯特·马蒂亚斯·冯（Köller，Ernst Mattias von 1841—1928）——德国国务活动家，保守党人，帝国国会议员（1881—1888），曾任普鲁士内务大臣（1894—1895）；推行迫害社会民主党的政策。——398。

克里默，威廉·兰德尔（Cremer，William Randall 1838—1908）——英国工联主义运动和资产阶级和平主义运动活动家，改良主义者；粗细木工工联的创建人和领导人之一，工联伦敦理事会理事，英国的波兰独立全国同盟、土地和劳动同盟盟员；1864 年 9 月 28 日伦敦圣马丁堂会议的参加者，国际总委员会委员和总书记（1864—1866），国际伦敦代表会议（1865）和日内瓦代表大会（1866）的参加者，曾经参加改革同盟执行委员会；反对革命策略，在争取选举法改革斗争时期同资产阶级进行勾结，普法战争时期反对英国工人声援法兰西共和国的行动，后来是自由党议会议员（1885—1895 和 1900—1908）。——449—450、452。

克利盖，海尔曼（Kriege，Hermann 1820—1850）——德国新闻工作者，正义者同盟盟员；"真正的"社会主义的代表人物；1845 年前往纽约，在那里出版《人民代言者报》，宣传"真正的"社会主义思想，受到马克思和恩格斯的批判；1848 年返回德国，成为德意志民主协会中央委员会委员；1848—1849

年革命失败后又一次流亡美国。——204、205。

克利斯提尼(Kleisthenes 公元前6世纪下半叶)——雅典政治活动家,公元前508年前后实行改革,肃清了氏族制的残余,并建立奴隶主民主制。——131。

克虏伯,阿尔弗勒德(Krupp, Alfred 1812—1887)——德国大工业家,埃森冶金厂和兵工厂厂主;曾向欧洲许多国家供应枪炮和其他军火。——375。

克伦威尔,奥利弗(Cromwell, Oliver 1599—1658)——英国国务活动家,17世纪英国资产阶级革命时期资产阶级和资产阶级化贵族的领袖;1649年起为爱尔兰军总司令和爱尔兰总督,1653年起为英格兰、苏格兰和爱尔兰的护国公。——482、650。

孔德,奥古斯特(Comte, Auguste 1798—1857)——法国哲学家和社会学家,实证论的创始人。——463。

库尔曼,格奥尔格(Kuhlmann, Georg 生于1812年)——奥地利江湖医生,自命是"预言家";40年代利用宗教词句在瑞士的德国魏特林派手工业者中间宣传"真正的"社会主义的思想;后来证实他是奥地利政府的密探。——205、331、332。

库格曼,盖尔特鲁黛(Kugelmann, Gertrude 约生于1829年)——路·库格曼的妻子。——479。

库格曼,路德维希(Kugelmann, Ludwig 1828—1902)——德国医生,1848—1849年革命的参加者,国际会员,国际洛桑代表大会(1867)和海牙代表大会(1872)的代表;1862—1874年经常和马克思通信,通报德国的情况;马克思和恩格斯的朋友。——454、463、468、472、479、480、493。

库诺,亨利希·威廉·卡尔(Cunow, Heinrich Wilhelm Karl 1862—1936)——德国历史学家、社会学家和民族学家;社会民主党人,80—90年代是马克思主义者;后为修正主义者,第一次世界大战期间为社会沙文主义者。——69。

库诺,泰奥多尔·弗里德里希(Cuno, Theodor Friedrich 笔名弗雷德里科·卡佩斯特罗 Frederico Capestro 1847—1934)——德国工人运动和国际工人运动活动家,工程师,1869年起为社会民主工党党员,1870年是维也纳工人教育协会会员和国际日内瓦德语区支部成员;国际米兰第一支部和无产阶级解放工人俱乐部的创建人之一(1871),1872年被捕并被驱逐出意大利;国际海牙代表大会(1872)代表,会后侨居美国,在那里参加国际的活动;后参加美国的工人运动和社会主义运动,为美国工人组织劳动骑士团的领导人之一;曾为《纽约人民报》等多家社会主义报刊撰稿。——501。

魁奈,弗朗索瓦(Quesnay, François 1694—1774)——法国经济学家,重农学派的创始人,职业是医生。——527、528。

L

拉伯克,约翰(Lubbock, John 1834—1913)——英国生物学家、银行家、政治活动家和民族学家,达尔文主义者,自由党人;从事动物学、生物学、民族学和古代史方面的研究。——23—25、564。

拉布里奥拉,安东尼奥(Labriola, Antonio 1843—1904)——意大利哲学家和政论家,社会主义者;意大利第一批马克思主义宣传者之一;1893 年国际社会主义工人代表大会代表。——669。

拉法格,保尔(Lafargue, Paul 笔名保尔·洛朗 Paul Laurent 1842—1911)——法国工人运动和国际工人运动的活动家,医生和政论家;1865 年流亡英国,国际总委员会委员,西班牙通讯书记(1866—1869);曾参加建立国际在法国的支部(1869—1870)及在西班牙和葡萄牙的支部(1871—1872);巴黎公社的支持者(1871),公社失败后逃往西班牙;《解放报》编辑部成员,新马德里联合会的创建人之一(1872),海牙代表大会(1872)代表,法国工人党创始人之一(1879);1882 年回到法国,《社会主义者报》编辑;1889 年国际社会主义工人代表大会的组织者之一和代表,1891 年国际社会主义工人代表大会代表;法国众议院议员(1891—1893);马克思和恩格斯的学生和战友;马克思女儿劳拉的丈夫。——373、487、493、544、545、554、555、603、652、654、655、669。

拉法格,劳拉(Lafargue, Laura 父姓马克思 Marx 1845—1911)——法国工人运动的代表;曾把马克思和恩格斯的许多著作译成法文;马克思的第二个女儿,1868 年起为保·拉法格的妻子。——487。

拉斐德侯爵,玛丽·约瑟夫·保尔·罗什·伊夫·吉尔贝·莫蒂埃(Lafayette, Marie-Joseph-Paul-Roch-Yves-Gilbert Motier, marquis de 1757—1834)——法国将军,18 世纪末法国资产阶级革命时期的大资产阶级的领袖之一;在任国民自卫军长官期间(1789—1791)曾指挥士兵向马尔斯广场上要求建立共和国的游行示威群众开枪射击(1791);1792 年是一个军团的指挥官,妄图把它变成反革命的工具,1792 年 8 月 10 日人民起义后逃往国外;1830年资产阶级七月革命的领袖之一。——8。

拉夫莱男爵,埃米尔·路易·维克多(Laveleye, Émile-Louis-Victor, baron de 1822—1892)——比利时历史学家和经济学家,庸俗政治经济学的代表人物。——636。

拉甫罗夫,彼得·拉甫罗维奇(Лавров, Петр Лаврович 1823—1900)——俄国社会学家和政论家,民粹派的思想家,在哲学上是折中主义者;1870年起侨居国外;第一国际会员,巴黎公社参加者;《前进!》杂志编辑(1873—1876)和《前进!》报编辑(1875—1876);1889年国际社会主义工人代表大会副主席;从70年代初起同马克思和恩格斯通信。——516、518、519。

拉马丁,阿尔丰斯(Lamartine, Alphonse 1790—1869)——法国诗人,历史学家和政治活动家,40年代为温和的资产阶级共和派领袖;第二共和国时期任外交部长(1848),临时政府的实际上的首脑。——209。

拉马克,让·巴蒂斯特·皮埃尔·安东(Lamarck, Jean-Baptiste-Pierre-Antoine 1744—1829)——法国自然科学家,从事植物区系学和动物区系学方面的研究,生物学上第一个完整的进化论的创立者,达尔文的先驱。——235。

拉梅耐(德拉梅耐),于盖·费利西泰·罗伯尔·德(Lamennais〔de la Mennais〕, Hugues-Félicité-Robert de 1782—1854)——法国神父、政论家和哲学家,基督教社会主义的思想家;保皇派,后为自由派。——331。

拉萨尔,斐迪南(Lassalle, Ferdinand 1825—1864)——德国工人运动中的机会主义代表,1848—1849年革命的参加者;全德工人联合会创始人之一和主席(1863);写有古典古代哲学史、法学史和文学方面的著作。——193、279、287、305、389、430、435、438、447、454—458、465、475—478、497、504、511、513、522、524、551、554、581、594、615—617、622。

腊韦,昂利(Ravé, Henri 19世纪下半叶)——法国新闻工作者,曾将恩格斯的著作译成法文。——16。

莱布尼茨男爵,哥特弗里德·威廉(Leibniz〔Leibnitz〕, Gottfried Wilhelm Freiherr von 1646—1716)——德国自然科学家、数学家和唯心主义哲学家。——623、665。

莱瑟姆,罗伯特·戈登(Latham, Robert Gordon 1812—1888)——英国语文学家和民族学家,伦敦大学教授。——21。

莱特,阿瑟(Wright, Arthur 1803—1875)——美国传教士和民族学家,1831—1875年与印第安族塞讷卡人生活在一起,编过一部该部落的语言辞典;路·亨·摩尔根的通信伙伴。——57。

莱维,古斯塔夫(Levy, Gustav)——德国社会主义者,后为全德工人联合会的活动家;1856年受杜塞尔多夫工人的委派到伦敦拜见马克思。——427。

赖德律(赖德律-洛兰),亚历山大·奥古斯特(Ledru〔Ledru-Rollin〕, Alexandre-Auguste 1807—1874)——法国政论家和政治活动家,小资产阶级民主派领袖,《改革报》编辑;第二共和国时期任临时政府内务部长和执行委员会委员(1848),制宪议会和立法议会议员(1848—1849),在议会中领导山岳党；1849年六月十三日示威游行后流亡英国,1870年回到法国。——214、305、326。

赖夫,威廉·约瑟夫(Reiff, Wilhelm Joseph 约生于1824年)——德国代理商,共产主义者同盟盟员,1848年为科隆工人联合会会员,后为工人教育协会书记,1850年被开除出共产主义者同盟,科隆共产党人案件(1852)的被告之一,被判五年徒刑。——215。

朗格(Longos 2世纪)——希腊作家,《达夫尼斯和赫洛娅》的作者。——88。

朗格,弗里德里希·阿尔伯特(Lange, Friedrich Albert 1828—1875)——德国社会经济学家和哲学家,新康德主义者,小资产阶级民主主义者；杜伊斯堡商会文书(1864年以前),德国工人协会联合会常设委员会委员(1864—1866),《下莱茵河信使》编辑(1865—1866)；1866年前往瑞士；国际会员,洛桑代表大会(1867)代表,瑞士多家报纸的撰稿人；1870年起为苏黎世大学教授,1872年起为马堡大学教授。——459。

朗格,克里斯蒂安·康拉德·路德维希(Lange, Christian Konrad Ludwig 1825—1885)——德国语文学家和古典古代史学家,写有古罗马史方面的著作。——140。

勒鲁,皮埃尔(Leroux, Pierre 1797—1871)——法国政论家,空想社会主义者,基督教社会主义的创始人之一。——588。

勒吕贝,维克多(Le Lubez, Victor 生于1834年)——法国民主主义者和社会主义者；作为法国侨民的儿子在泽西岛长大,1858年侨居伦敦；1864年9月28日伦敦圣马丁堂会议的参加者,国际总委员会委员(1864—1866),法国通讯书记(1864—1865),比利时临时通讯书记(1865),1865年伦敦代表会议的参加者,伦敦的法国人支部成员,由于进行阴谋活动和诽谤,被日内瓦代表大会(1866)开除出总委员会。——450—453。

勒南,约瑟夫·厄内斯特(Renan, Joseph-Ernest 1823—1892)——法国宗教史学家、哲学家和东方学家,写有基督教史方面的著作。——211、248、329、333、335、340、347、350。

勒土尔诺,沙尔·让·玛丽(Letourneau, Charles-Jean-Marie 1831—1902)——法国社会学家和民族学家。——40、43。

勒韦,伊西多尔(Löwe, Isidor 1848—1910)——德国工业家,军火商,因故意向德国军队提供劣质步枪而于1892年受到公开指控。——632。

勒维烈,乌尔班·让·约瑟夫(Le Verrier, Urbain-Jean-Joseph 1811—1877)——法国天文学家和数学家,1846年不依靠亚当斯而独立地计算出当时还不为人知的海王星的轨道,并确定这个行星在宇宙中的位置。——232。

勒泽尔,彼得·格尔哈德(Röser,Peter Gerhard 1814—1865)——德国工人运动活动家,雪茄烟工人;1848—1849 年为科隆工人联合会副主席,《自由、博爱、劳动》的发行人;1850 年为共产主义者同盟盟员,同盟科隆中央委员会主席,科隆共产党人案件(1852)的被告之一,被判六年徒刑;后来成为拉萨尔派。——214、215。

李比希男爵,尤斯图斯(Liebig,Justus Freiherr von 1803—1873)——德国化学家,农业化学的创始人。——516。

李卜克内西,威廉(Liebknecht,Wilhelm 1826—1900)——德国工人运动和国际工人运动活动家,语文学家和政论家;1848—1849 年革命的参加者,革命失败后流亡瑞士,1850 年 5 月前往英国,在那里成为共产主义者同盟盟员;1862 年回到德国;国际会员,1867 年起为国会议员;德国社会民主党创始人和领袖之一;《人民国家报》编辑(1869—1876)和《前进报》编辑(1876—1878 和 1890—1900);1889、1891 和 1893 年国际社会主义工人代表大会代表;马克思和恩格斯的朋友和战友。—— 293、455、457、553、554、557、568、615、617、656。

李嘉图,大卫(Ricardo,David 1772—1823)——英国经济学家,资产阶级古典政治经济学最著名的代表人物。——274、431、460、466—468、473、527。

李维,梯特(Livius,Titus 公元前 59—公元 17)——罗马历史学家,《罗马建城以来的历史》一书的作者。——138、140、141、451。

里沙尔,阿尔伯·玛丽(Richard,Albert-Marie 1846—1925)——法国新闻工作者,1865—1871 年是国际里昂支部领导人之一,秘密社会主义民主同盟盟员,国际巴塞尔代表大会(1869)代表;1870 年 9 月里昂起义的参加者,起义失败后流亡伦敦,1871 年在里昂被缺席判处要塞监禁;巴黎公社被镇压后成为波拿巴主义者(1872);80 年代追随法国社会主义运动中的机会主义派别——阿列曼派。——491、507。

理查(格赖芬克劳的)(Richard von Greiffenklau 1467—1531)——特里尔的选帝侯和大主教(1511—1531),宗教改革的反对者,曾参加镇压 1522—1523 年的骑士起义和 1525 年的农民起义;拉萨尔的剧本《弗兰茨·冯·济金根》中的特里尔的理查的原型。——437、441。

理查一世(狮心理查)(Richard I,Lion-Hearted 1157—1199)——英国国王(1189—1199)。——643。

利乌特普朗德(Liutprand 约 922—972)——中世纪教会政治活动家和历史学家,伦巴德人;961 年起是克雷莫纳(北意大利)主教,《奖赏》一书的作者。——167。

莉希——见恩格斯，莉迪娅（莉希）。

列斯纳，弗里德里希（Leßner［Lessner］，Friedrich 1825—1910）——德国工人运动和国际工人运动的活动家，职业是裁缝；共产主义者同盟盟员，1848—1849年革命的参加者，1850年为威斯巴登工人教育协会会员；1850—1851年为美因茨工人教育协会主席和同盟美因茨支部领导人；在科隆共产党人案件（1852）中被判处三年徒刑，1856年起侨居伦敦，伦敦德意志工人共产主义教育协会会员，国际总委员会委员（1864—1872），国际伦敦代表会议（1865）、洛桑代表大会（1867）、布鲁塞尔代表大会（1868）、巴塞尔代表大会（1869）、伦敦代表会议（1871）和海牙代表大会（1872）的参加者，不列颠联合会委员会委员；在国际中为马克思的路线积极斗争，后为英国独立工党的创始人之一；马克思和恩格斯的朋友和战友。——206、215。

林顿，威廉·詹姆斯（Linton，William James 笔名斯巴达克 Spartacus 1812—1897）——英国雕刻家、诗人和政论家，小资产阶级激进主义者，曾参加宪章运动并为宪章派刊物撰稿；《英格兰共和国》杂志的出版者；1866年迁居美国。——308。

琳蓠——见德穆特，海伦。

琉善（Lucianus［Lukianus］约120—180）——希腊讽刺作家，无神论者。——45、329、331。

龙格，燕妮——见马克思，燕妮。

卢格，阿尔诺德（Ruge，Arnold 1802—1880）——德国政论家，青年黑格尔分子，《哈雷年鉴》的出版者，《莱茵报》的撰稿人，1843—1844年同马克思一起筹办并出版《德法年鉴》；1844年中起反对马克思，1848年为法兰克福国民议会议员，属于左派，50年代是在英国的德国小资产阶级流亡者领袖之一；1866年后成为民族自由党人。——214、403。

卢梭，让·雅克（Rousseau，Jean-Jacques 1712—1778）——法国启蒙运动的主要代表人物，民主主义者，小资产阶级思想家，自然神论哲学家。——239、643。

鲁普斯——见沃尔弗，弗里德里希·威廉（鲁普斯）。

路德，马丁（Luther，Martin 1483—1546）——德国神学家，宗教改革运动的活动家，德国新教路德宗的创始人，德国市民等级的思想家，温和派的主要代表；在1525年农民战争时期，站在诸侯方面反对起义农民和城市平民。——91、262、352、437、643、661。

路易十四（Louis XIV 1638—1715）——法国国王（1643—1715）。——263、533。

罗生克兰茨,约翰·卡尔·弗里德里希(Rosenkranz,Johann Karl Friedrich 1805—1879)——德国作家、哲学家和文学史家,保守党人,黑格尔主义者。——623。

罗素伯爵,约翰(Russell,John,Earl of 1792—1878)——英国国务活动家,辉格党领袖,议会议员,曾任内务大臣(1835—1839),陆军和殖民大臣(1839—1842),首相(1846—1852 和 1865—1866),外交大臣(1852—1853 和 1859—1865),枢密院院长(1854—1855);1855 年作为英国代表参加维也纳会议。——521。

罗雪尔,威廉·格奥尔格·弗里德里希(Roscher,Wilhelm Georg Friedrich 1817—1894)——德国庸俗经济学家,莱比锡大学教授,政治经济学中的历史学派的创始人。——466、468。

洛贝尔图斯-亚格措夫,约翰·卡尔(Rodbertus-Jagetzow,Johann Karl 1805—1875)——德国庸俗经济学家和政治活动家,资产阶级化的普鲁士容克的思想家,普鲁士容克的"国家社会主义"理论家。——570。

洛克,约翰(Locke,John 1632—1704)——英国唯物主义经验论哲学家和经济学家,启蒙思想家,早期资产阶级天赋人权理论的代表。——612。

洛朗,保尔——见拉法格,保尔。

洛里亚,阿基尔(Loria,Achille 1857—1943)——意大利社会学家和经济学家,庸俗政治经济学的代表人物。——669。

M

马尔,威廉(Marr,Wilhelm 1819—1904)——德国政论家和新闻工作者;汉堡《易北河观察家报》发行人(1865—1866),60 年代前半期支持俾斯麦的政策。——455。

马尔萨斯,托马斯·罗伯特(Malthus,Thomas Robert 1766—1834)——英国经济学家,教士,人口论的主要代表。——459、460、517、518、539。

马尔提涅蒂,帕斯夸勒(Martignetti,Pasquale 1844—1920)——意大利社会主义者,曾将马克思和恩格斯的著作译成意大利文。——15。

马基雅弗利,尼古洛(Machiavelli,Niccolò 1469—1527)——意大利政治活动家、历史学家和著作家,资本主义产生时期意大利资产阶级的思想家。——429。

马可·奥勒留·安敦尼(Marcus Aurelius Antoninus 121—180)——罗马皇帝(161—180),斯多亚派哲学家。——334。

马克思,亨利希(赫舍尔)(Marx,Heinrich〔Herschel〕1777—1838)——德国律师,特里尔的司法参事;马克思的父亲。——470。

马克思,燕妮(Marx,Jenny 笔名燕·威廉斯 J. Williams 1844—1883)——国际工人运动活动家,新闻工作者,在爱尔兰人民争取独立的斗争中起过很大作用;马克思的大女儿,沙·龙格的妻子(1872 年起)。——486、507、557。

马克思,燕妮(Marx,Jenny 父姓冯·威斯特华伦 von Westphalen 1814—1881)——马克思的妻子、朋友和助手。——522、525、528、557、602。

马克思-艾威林,爱琳娜(杜西)(Marx-Aveling, Eleanor〔Tussy〕1855—1898)——英国工人运动和国际工人运动的活动家、政论家、社会民主联盟成员,社会主义同盟创始人之一(1884);曾在恩格斯直接领导下工作,积极参加非熟练工人群众运动的组织工作,1889 年伦敦码头工人罢工的组织者之一;1889、1891 和 1893 年国际社会主义工人代表大会代表;马克思的小女儿,爱·艾威林的伴侣(1884 年起)。——269、520—522、525、554。

马拉,让·保尔(Marat,Jean-Paul 1743—1793)——法国政论家,18 世纪末法国资产阶级革命的活动家,雅各宾派的领袖之一。——7、8。

马隆,贝努瓦(Malon,Benoît 1841—1893)——法国政论家,染整工,小资产阶级社会主义者;国际会员(1865 年起),日内瓦代表大会(1868)代表,社会主义革命同盟和巴枯宁的国际兄弟会成员(1868 年起);1871 年国民议会议员,后辞职;国民自卫军中央委员会委员和巴黎公社公共工程委员会委员,公社被镇压后流亡意大利,后迁居瑞士,被缺席判处死刑;国际日内瓦支部成员,社会主义革命宣传和行动支部创建人之一,汝拉联合会会员,《社会革命报》编辑部成员;1880 年大赦后回到巴黎;法国工人党党员;后来成为法国社会主义运动中的机会主义派别——可能派的首领和思想家。——545、549—551、554。

马志尼,朱泽培(Mazzini,Giuseppe 1805—1872)——意大利革命家,民主主义者,意大利民族解放运动领袖,意大利 1848—1849 年革命的参加者,1849年为罗马共和国临时政府首脑;1850 年是伦敦欧洲民主派中央委员会组织者之一;1853 年是米兰起义的主要领导人,50 年代后反对波拿巴法国干涉意大利人民的民族解放斗争;1864 年成立第一国际时企图置国际于自己影响之下,1871 年反对巴黎公社和国际,阻碍意大利独立工人运动的发展。——198、201、214、324、451、503、505。

迈斯纳,奥托·卡尔(Meißner,Otto Karl 1819—1902)——德国出版商,曾出版《资本论》及马克思和恩格斯的其他著作。——250、380、464、562。

迈耶尔,古斯塔夫(Meyer,Gustav)——德国工厂主,路·库格曼的熟人。——472。

迈耶尔,齐格弗里德(Meyer,Sigfried 1840—1872)——德国工程师,社会主义者,全德工人联合会会员,反对拉萨尔主义,1864 年自己出钱在德国出版《共产党宣言》,国际会员,国际柏林支部创建人之一;1866 年侨居美国,纽约共产主义者俱乐部会员和国际在美国的支部的组织者之一;马克思和恩格斯的战友。——482。

麦克伦南,约翰·弗格森(McLennan, John Ferguson 1827—1881)——苏格兰法学家、历史学家和民族学家,写有婚姻和家庭史方面的著作。——19—27、37、56、71、98、146。

麦克马洪伯爵,玛丽·埃德姆·帕特里斯·莫里斯,马真塔公爵(Mac-Mahon, Marie-Edme-Patrice-Maurice, comte de, duc de Magenta 1808—1893)——法国将军和政治活动家,1859 年起为元帅,波拿巴主义者;克里木战争、意大利战争的参加者,普法战争时期任第一军军长,后任夏龙军团司令,阿尔及利亚总督(1864—1870),凡尔赛军队总司令(1871),第三共和国总统(1873—1879)。——387。

麦克米伦公司(MacMillan & Co.)——伦敦的一家出版公司。——12。

曼托伊费尔男爵,奥托·泰奥多尔(Manteuffel, Otto Theodor Freiherr von 1805—1882)——普鲁士国务活动家,贵族官僚的代表,曾参与宪法(1848 年 12 月)的颁布和三级选举制的实行(1849);曾任内务大臣(1848 年 11 月—1850 年 12 月),首相和外交大臣(1850—1858);1849 年为普鲁士第二议院议员,1866 年入选第一议院。——602。

毛勒,格奥尔格·路德维希(Maurer, Georg Ludwig 1790—1872)——德国历史学家,古代和中世纪的日耳曼社会制度的研究者;写有中世纪马尔克公社的农业史和制度史方面的著作。——107、155、157、469、600。

梅恩,亨利·詹姆斯·萨姆纳(Maine, Sir Henry James Sumner 1822—1888)——英国法学家和法学史专家,家庭和社会起源的宗法论的代表;作为印度总督参事会参事(1862—1869)和印度事务大臣参事会参事(1871 年起),曾参加制定英国的地方立法和实行对印度的殖民奴役。——91。

梅尔西埃·德拉里维耶尔,保尔·皮埃尔(Mercier de la Rivière, Paul Pierre 1720—1793)——法国资产阶级经济学家,重农学派。——528。

梅林,弗兰茨(Mehring, Franz 1846—1919)——德国工人运动活动家,历史学家和政论家,80 年代成为马克思主义者;《新时代》杂志编辑,戏剧团体"自由人民舞台"秘书,德国社会民主党左翼领袖;在德国共产党成立时发挥了重要作用;写有《马克思传》以及德国史和社会民主党史方面的著作。——641。

梅因,爱德华(Meyen, Eduard 1812—1870)——德国政论家,青年黑格尔分子,

"自由人"小组成员,小资产阶级民主主义者,1848—1849 年革命失败后流亡英国;《柏林改革报》编辑(1861—1863);后成为民族自由党人。——403。

美舍尔斯基公爵,弗拉基米尔·彼得罗维奇(Мещерский, Владимир Петрович, князь 1839—1914)——俄国政论家,保皇派;《公民》周刊的出版者(1872 年起),封建贵族特权和专制制度的维护者。——632。

门格尔,安东(Menger, Anton 1841—1906)——奥地利法学家,维也纳大学教授。——327。

门特尔,克里斯蒂安·弗里德里希(Mentel, Christian Friedrich 生于 1812 年)——德国裁缝,正义者同盟盟员,1846—1847 年因同盟案件被关在普鲁士监狱。——200。

蒙森,泰奥多尔(Mommsen, Theodor 1817—1903)——德国历史学家和法学家,柏林大学教师;写有关于古罗马史的著作。——113、137—139、141—142。

蒙特库库利伯爵,雷蒙德,梅尔菲公爵(Montecuculi, Raimond, Graf von, Herzog von Melfi 1609—1681)——奥地利统帅、军事著作家和改革家,原籍意大利,三十年战争的参加者;写有军事方面的著作。——423。

孟德斯鸠,沙尔(Montesquieu, Charles 1689—1755)——法国哲学家、社会学家、经济学家,18 世纪资产阶级启蒙运动的主要代表,立宪君主制的理论家;货币数量论的拥护者;早期资产阶级天赋人权理论的创始人之一。——643。

米尔柏格,阿尔图尔(Mülberger, Arthur 1847—1907)——德国医生,小资产阶级政论家,蒲鲁东主义者。——512。

米海洛夫斯基,尼古拉·康斯坦丁诺维奇(Михайловский, Николай Константинович 1842—1904)——俄国社会学家、政论家和文学批评家,自由主义民粹派的思想家,社会学中的主观方法的维护者;《祖国纪事》和《俄国财富》的编辑。——315。

米凯尔,约翰奈斯·冯(Miquel, Johannes von 1828—1901)——德国律师、政治活动家和金融家;1848—1849 年革命的参加者,50 年代为共产主义者同盟盟员,1850 年同盟分裂时追随马克思和恩格斯;民族联盟创建人之一,奥斯纳布吕克市市长(1865 年起)、美因河畔法兰克福市市长(1879 年起);1867 年起是民族自由党右翼领袖之一,普鲁士第二议院议员,国会议员(1867—1877 和 1887—1890),普鲁士财政大臣(1890—1901)。——294、455—456、458。

米拉波伯爵,奥诺雷·加布里埃尔·维克多·里凯蒂(Mirabeau, Honoré-

Gabriel-Victor Riqueti,comte de 1749—1791)——法国政论家,18 世纪末法国资产阶级革命的活动家,大资产阶级和资产阶级化贵族利益的代表。——456。

米涅,弗朗索瓦·奥古斯特·玛丽(Mignet, François-Auguste-Marie 1796—1884)——法国历史学家,早年研究法律,并获得律师资格(1818),后进入巴黎新闻界,为《法兰西信使报》撰稿人,《国民报》创办人之一(1830);写有《法国革命史》等历史著作。——256、650。

闵采尔,托马斯(Müntzer〔 Münzer〕,Thomas 1490 前后—1525)——德国神学家,宗教改革时期和 1525 年农民战争时期为农民平民阵营的领袖和思想家,宣传空想平均共产主义的思想。——437。

摩尔根(Morgan)——美国上校,路·亨·摩尔根的兄弟。——28。

摩尔根,路易斯·亨利(Morgan,Lewis Henry 1818—1881)——美国法学家、民族学家、考古学家和原始社会史学家,进化论的代表,自发的唯物主义者。——12—15、21、23—29、31、35—39、44、46、47、51、55、65—67、76、83、94—98、100、104、107、112—123、131、137、140、141、149、156、174、181、195、563、564、650。

摩莱肖特,雅科布(Moleschott,Jakob 1822—1893)——荷兰生理学家和哲学家,庸俗唯物主义的代表人物;曾在德国、瑞士和意大利的学校中任教。——234、516。

莫尔,约瑟夫(Moll,Joseph 1813—1849)——德国工人运动和国际工人运动的活动家,职业是钟表匠;正义者同盟领导人之一,共产主义者同盟中央委员会委员,1848 年 7—9 月是科隆工人联合会主席,民主主义者莱茵区域委员会委员;1848 年科隆九月事件后流亡伦敦,不久改名回到德国,在各地进行宣传鼓动;1849 年巴登-普法尔茨起义的参加者,在穆尔格河战斗中牺牲。——198、206、209、212。

莫里哀(Molière 原名让·巴蒂斯特·波克兰 Jean-Baptiste Poquelin 1622—1673)——法国喜剧作家。——184。

莫里斯,威廉(Morris,William 1834—1896)——英国诗人、作家和艺术家,80—90 年代参加工人运动和社会主义运动,1884—1889 年为社会主义同盟领导人之一,80 年代末起接受无政府主义影响;1889 国际社会主义工人代表大会代表。——593。

莫尼,詹姆斯·威廉·贝利(Money,James William Bayley 19 世纪)——英国著作家,律师;《爪哇,或怎样管理殖民地》一书的作者。——563。

莫斯库斯(Moschos〔 Moschus〕公元前 2 世纪)——古希腊诗人。——88。

莫斯特,汉斯——见莫斯特,约翰·约瑟夫。

莫斯特,约翰·约瑟夫(Most, Johann Joseph 1846—1906)——德国政论家,编辑
和书籍装订工,无政府主义者;1868 年起参加奥地利工人运动,1871 年起为
德国社会民主工党和社会民主党党员;德意志帝国国会议员(1874—1878);
1878 年反社会党人非常法颁布以后流亡英国;《自由》周报的创办人(1879)
和编辑;1880 年因宣传无政府主义而被开除出社会民主党;1882 年侨居美
国,继续进行无政府主义的宣传。——522、523、536、546、558。

默泽,尤斯图斯(Möser, Justus 1720—1794)——德国历史学家和政论家,德国保
守派资产阶级利益的代言人。——470。

N

拿破仑第一(拿破仑·波拿巴)(Napoléon I [Napoléon Bonaparte] 1769—
1821)——法国皇帝(1804—1814 和 1815)。——4、71、78、98、240、356、
421、495、504、596、611、649、650。

拿破仑第三(路易-拿破仑·波拿巴)(Napoléon III [Louis-Napoléon Bonaparte]
1808—1873)——法兰西第二共和国总统(1848—1851),法国皇帝(1852—
1870),拿破仑第一的侄子。——303、325、380、386—388、462、493、507、
532、560、606、613、616、651。

纳杰日杰,若安(Nădejde, Ion 1854—1928)——罗马尼亚政论家,社会民主主
义者,曾将恩格斯的著作译成罗马尼亚文;90 年代转到机会主义立场,1899
年加入资产阶级民族自由党,反对工人运动。——16。

纳皮尔,威廉·弗兰西斯·帕特里克(Napier, Sir William Francis Patrick
1785—1860)——英国将军、军事史学家和著作家;曾参加比利牛斯半岛的
反对拿破仑第一的战争(1808—1814)。——423。

奈阿尔科斯(Nearchos 约公元前 360—312)——马其顿海军统帅,马其顿王
亚历山大的战友和他的各次征战的参加者,写有记叙马其顿舰队从印度远
征美索不达米亚(公元前 326—324)的著作。——69。

内克,雅克(Necker, Jacques 1732—1804)——法国政治活动家、经济学家和银
行家;从 1770—1789 年多次任财政大臣;在法国大革命前夕曾试图进行某
些改革。——630。

尼布尔,巴托尔德·格奥尔格(Niebuhr, Barthold Georg 1776—1831)——德国
古典古代学家,写有古代史方面的著作,曾在丹麦和普鲁士供职。——
113、116、141、186。

尼布甲尼撒(Nebuchadnezzar 公元前 625 前后—562)——巴比伦王(公元前

1784—1865）——英国国务活动家，初为托利党人，1830 年起为辉格党领袖，依靠该党右派；曾任军务大臣（1809—1828），外交大臣（1830—1834、1835—1841 和 1846—1851），内务大臣（1852—1855）和首相（1855—1858 和 1859—1865）。——480。

培尔，皮埃尔（Bayle，Pierre 1647—1706）——法国政论家和怀疑派哲学家，神学和思辨哲学的反对者，法国启蒙运动和唯物主义思想的先驱。——263。

配第，威廉（Petty，William 1623—1687）——英国经济学家和统计学家，英国资产阶级古典政治经济学的创始人。——527、663。

彭普斯——见罗舍，玛丽·埃伦。

皮阿，费利克斯（Pyat，Félix 1810—1889）——法国政论家、剧作家和政治活动家，小资产阶级民主主义者；1848—1849 年革命的参加者，1849 年起侨居瑞士、比利时和英国；在小资产阶级流亡者中活动，1869 年回到法国；反对独立的工人运动；伦敦的法国人支部成员；1871 年国民议会议员，巴黎公社委员，公社被镇压后流亡英国，1880 年大赦后回到法国；《公社报》（1880 年 9—11 月）的出版者和编辑。——427。

皮斯，爱德华·雷诺（Pease，Edward Reynolds 1857—1955）——英国社会主义者，费边社的创始人和领导人之一；曾参与工党的建立。——582。

平达（Pindaros 约公元前 522—442）——古希腊抒情诗人，写有一些瑰丽的颂诗。——534。

蒲鲁东，皮埃尔·约瑟夫（Proudhon，Pierre-Joseph 1809—1865）——法国政论家、经济学家和社会学家，小资产阶级思想家，无政府主义理论的创始人，第二共和国时期是制宪议会议员（1848）。——211、248、305、339、387、404—418、455、470、476、478、496、497、501、504、515、550、588。

普芬德，卡尔（Pfänder，Carl 1819—1876）——德国微型画画家，德国工人运动和国际工人运动的活动家，1845 年起侨居伦敦，正义者同盟盟员，伦敦德意志工人共产主义教育协会会员；1849 年巴登-普法尔茨起义的参加者，起义失败后流亡英国；共产主义者同盟中央委员会委员，1850 年共产主义者同盟分裂后支持马克思和恩格斯；国际总委员会委员（1864—1867 和 1870—1872）；马克思和恩格斯的朋友和战友。——206。

普列汉诺夫，格奥尔吉·瓦连廷诺维奇（Плеханов，Георгий Валентинович 1856—1918）——俄国革命家和政论家，70 年代是民粹派；俄国第一个马克思主义团体劳动解放社的组织者（1883），1903 年俄国社会民主工党第二次代表大会后成了孟什维克的领袖；写过一些宣传马克思主义的著作。——309、313、575。

普林尼(老普林尼)(盖尤斯·普林尼·塞孔德)(Gaius Plinius Secundus Major 23—79)——古罗马政治活动家、作家和博物学家,《博物志》(共 37 卷)的作者。——159、163。

普卢塔克(Plutarchos 46—119 以后)——希腊著作家和唯心主义哲学家,道德论者,柏拉图哲学的拥护者,曾与伊壁鸠鲁学派和斯多亚学派论争;写有古希腊罗马名人传记以及哲学和伦理学著作。——73。

普罗科皮乌斯(凯撒里亚的)(Procopius of Caesarea 约 499—565)——拜占庭历史学家;曾以维利萨里统帅顾问和秘书的身份参加多次军事远征,曾撰写《查士丁尼同波斯人、汪达尔人及哥特人的战争史》(八卷集)一书,描写这些远征,反映不满查士丁尼皇帝的专制政策的奴隶主贵族的观点。——80。

Q

齐维利斯(尤利乌斯·克劳狄乌斯·齐维利斯)(Julius Claudius Civilis 死于 70 年以后)——日耳曼族巴达维亚人的酋长,罗马市民,一支由他的同乡组成的步兵队的领袖;曾领导日耳曼和高卢部落起义反对罗马的统治(69—70/71)。——155。

乔治,亨利(George Henry 1839—1897)——美国政论家,资产阶级经济学家;主张资产阶级国家的土地国有化是解决资本主义制度各种社会矛盾的手段。——272—274、583—587。

琼斯,厄内斯特·查理(Jones, Ernest Charles 1819—1869)——英国工人运动活动家、诗人和政论家,职业是律师,宪章派领袖;《北极星报》编辑,《寄语人民》和《人民报》的出版者;马克思和恩格斯的朋友;1858 年与资产阶级激进派妥协,因此马克思和恩格斯同他暂时断交。——434。

R

日罗-特隆,亚历克西斯(Giraud-Teulon, Alexis 生于 1839 年)——瑞士民族学家和原始社会史学家,日内瓦大学历史学教授,写有原始社会史方面的著作。——25、27、40、41、71。

茹柯夫斯基,尤利·加拉克季昂诺维奇(Жуковский, Юлий Галактионович 1822—1907)——俄国资产阶级庸俗经济学家和政论家;国家银行行长;曾撰写《卡尔·马克思和他的〈资本论〉一书》一文,攻击马克思主义。——315、639。

若米尼,昂利(Jomini, Henri 1779—1869)——瑞士将军和军事理论家,曾先后在法军(1804年起)和俄军(1813—1843)中供职,后来回到法国;写有关于战略和军事史方面的著作。——424。

S

萨尔维安(马赛的)(Salvianus von Marseille 约390—484)——基督教神学家、传教士和著作家,424年前后是勒莱修道院修士,约438年起为马赛的主教;《论神的统治》一书的作者。——167、171。

萨克雷,威廉·梅克皮斯(Thackeray, William Makepeace 1811—1863)——英国现实主义作家。——439。

塞尔维乌斯·土利乌斯(Servius Tullius 公元前578—534)——相传为古罗马第六个王。——144。

塞涅卡(小塞涅卡)(鲁齐乌斯·安涅乌斯·塞涅卡)(Lucius Annaeus Seneca Junior 公元前4前后—公元65)——罗马政治活动家、哲学家和著作家,斯多亚派的代表人物。——334。

塞万提斯·萨维德拉,米格尔·德(Cervantes Saavedra, Miguel de 1547—1616)——西班牙作家。——579。

桑巴特,韦尔纳(Sombart, Werner 1863—1941)——德国庸俗经济学家,初期为讲坛社会主义者,晚年转向法西斯主义立场。——662、669。

沙佩尔,卡尔(Schapper, Karl 1812—1870)——德国工人运动和国际工人运动的活动家,正义者同盟的领导者之一,伦敦德意志工人共产主义教育协会创建人之一,共产主义者同盟中央委员会委员;1848—1849年革命的参加者;民主主义者莱茵区域委员会委员,该委员会案件(1849年2月8日)的被告之一;1849年2—5月为科隆工人联合会主席,《新莱茵报》撰稿人;1850年共产主义者同盟分裂时为冒险主义宗派集团的领袖之一;1856年起重新同马克思和恩格斯接近;国际总委员会委员(1865),1865年伦敦代表会议的参加者。——197、198、204、209、212、214、215、427。

莎士比亚,威廉(Shakespeare, William 1564—1616)——英国戏剧家和诗人。——437、440—442。

绍耳(Scholl)——法国工人,国际里昂支部成员,侨居伦敦,1872年支持波拿巴集团复辟帝国的计划。——507。

舍曼,格奥尔格·弗里德里希(Schoemann, Georg Friedrich 1793—1879)——德国古代语文学家和古代史学家,写有古希腊艺术、法学和宗教史方面的著作。——73、119。

圣西门,昂利(Saint-Simon, Henri 1760—1825)——法国空想社会主义者。——

341、488、497、590。

施达克，卡尔·尼古拉（Starcke，Carl Nikolai 1858—1926）——丹麦资产阶级
　　哲学家和社会学家。——218、220、233、237—240、243、245。

施蒂纳，麦克斯（Stirner，Max 原名约翰·卡斯帕尔·施米特 Johann Caspar
　　Schmidt 1806—1856）——德国哲学家和著作家，青年黑格尔派，资产阶级
　　个人主义和无政府主义的思想家。——227、247、248。

施杜姆，卡尔·冯（Stumm，Karl von 1836—1901）——德国大工业家，保守党
　　人。——375。

施拉姆，卡尔·奥古斯特（Schramm，Karl August 1830—1905）——德国经济
　　学家，保险公司职员，70年代初成为社会民主党人，改良主义者，《人民国
　　家报》和《未来》杂志的撰稿人，《社会民主党人报》创办人之一，《社会科
　　学和社会政治年鉴》的编辑；70年代下半期起成为普鲁士容克的“国家社
　　会主义”的主要理论家；1886年脱离工人运动。——455、570。

施莱登，马蒂亚斯·雅科布（Schleiden，Mathias Jakob 1804—1881）——德国
　　植物学家，细胞学说的创立者之一。——432。

施勒弗尔，古斯塔夫·阿道夫（Schlöffel，Gustav Adolf 约1828—1849）——德
　　国大学生和政论家，革命民主主义者，小资产阶级社会主义者；1848年三
　　月革命后在柏林出版《人民之友》杂志，接受工人的要求，因而被判处要塞
　　监禁；1849年曾一度任《新莱茵报》通讯员，匈牙利自由斗争和巴登-普法
　　尔茨起义的参加者；1849年6月21日在瓦格霍伊瑟尔附近的一次战斗中
　　牺牲，弗·威·施勒弗尔的儿子。——4。

施留特尔，海尔曼（Schlüter，Hermann 1854—1919）——德国社会民主党人，80
　　年代为苏黎世的社会民主党出版社领导人，德国社会民主党档案馆的创建
　　人之一；1889年侨居美国，在那里参加社会主义运动；写有英国和美国工人
　　运动史方面的著作。——632。

施米特，康拉德（Schmidt，Conrad 1863—1932）——德国经济学家和哲学家；曾
　　一度赞同马克思的经济学说。——598、607、618、623、665、669。

施穆伊洛夫，弗拉基米尔·雅柯夫列维奇（Шмуйлов，Владимир Яковлевич
　　生于1864年）——俄国社会民主党人，1887年后流亡德国，在那里参加革
　　命运动；1892—1893年是德累斯顿地方社会民主党报纸的编辑；同劳动解
　　放社有联系，并参加将该社出版物转送到俄国的组织工作。——635。

施泰因，洛伦茨·冯（Stein，Lorenz von 1815—1890）——德国法学家、国家法
　　专家、历史学家和庸俗经济学家，普鲁士政府的密探，《现代法国的社会主
　　义和共产主义》一书的作者。——6。

施特芬，威廉·卡尔（Steffen，Wilhelm Karl）——普鲁士军官，共产主义者同盟盟员，科隆共产党人案件（1852）的被告证人，1853年流亡英国；50年代同马克思和恩格斯很接近；1858年迁居美国。——427。

施特劳斯，大卫·弗里德里希（Strauß，David Friedrich 1808—1874）——德国哲学家和政论家，黑格尔的学生；《耶稣传》（1835）和《基督教教义》（1840）的作者；他对圣经的历史性批判奠定了青年黑格尔派的理论基础；1866年后成为民族自由党人。——227、229、247、248、333。

施梯伯，威廉（Stieber，Wilhelm 1818—1882）——普鲁士警官，普鲁士政治警察局局长（1852—1860），科隆共产党人案件（1852）的策划者之一和主要原告证人；同卡·维尔穆特合编《19世纪共产主义者的阴谋》一书；普奥战争（1866）和普法战争（1870—1871）时期为军事警察局局长，在法国境内的德国情报机关的首脑。——196、207、540。

施梯勒，阿道夫（Stieler，Adolf 1775—1836）——德国地图学家。——423、424。

施旺，泰奥多尔（Schwann，Theodor 1810—1882）——德国动物学家，细胞学说的创立者之一，同植物学家马·施莱登共同奠定了细胞学说的基础。——432。

施韦泽，约翰·巴蒂斯特·冯（Schweitzer，Johann Baptist von 1833—1875）——德国律师和新闻工作者，拉萨尔派代表人物之一，《社会民主党人报》创办人和编辑（1864—1871）；全德工人联合会会员（1863年起）和主席（1867—1871）；支持俾斯麦所奉行的在普鲁士领导下"自上而下"统一德国的政策，阻挠德国工人加入国际工人协会，反对社会民主工党；国会议员（1867—1871）；1872年因同普鲁士当局的勾结被揭露而被开除出全德工人联合会。——455、457、475、497、504、594、617。

施维茨格贝尔，阿代马尔（Schwitzguébel，Adhémar 1844—1895）——瑞士工人运动活动家，职业是雕刻工，国际会员，巴枯宁主义者，社会主义民主同盟和汝拉联合会的领导人之一，国际海牙代表大会（1872）代表，1873年5月30日总委员会通过决议把他开除出国际。——500。

狮心理查——见理查一世。

叔尔茨，卡尔（Schurz，Carl 1829—1906）——德国政论家，小资产阶级民主主义者，1849年巴登-普法尔茨起义的参加者，起义失败后流亡瑞士，加入秘密组织"革命集中"；1852年迁居美国，站在北部方面参加美国内战，美国共和党领袖之一，曾任美国驻西班牙公使，后为参议员和内政部长（1877—1881）。——213。

舒尔采-德里奇,弗兰茨·海尔曼(Schulze-Delitzsch, Franz Hermann 1808—1883)——德国政治活动家和资产阶级庸俗经济学家,1848年是普鲁士国民议会议员,属于中间派左翼;主张在普鲁士领导下"自上而下"统一德国,民族联盟创始人之一(1859);60年代是进步党领袖之一,国会议员(1867年起);曾企图用组织合作社的办法来使工人脱离革命斗争。——6、457、461、475、581。

司各脱,瓦尔特(Scott, Walter 1771—1832)——英国诗人和作家,西欧文学中历史小说的开创者;苏格兰人。——149。

斯宾诺莎,巴鲁赫(贝奈狄克特)(Spinoza, Baruch[Benedictus]1632—1677)——荷兰唯物主义哲学家,无神论者。——528。

斯蒂凡,亨利希(Stephan, Heinrich 1831—1897)——德国国务活动家,德意志帝国邮政总局局长。——283。

斯勒尔,巴尔塔扎尔(Slör, Balthasar)——1525年德国农民战争的参加者,弗兰茨·冯·济金根的朋友和顾问,拉萨尔的剧本《弗兰茨·冯·济金根》中的巴尔塔扎尔·斯勒尔的原型。——436、437、441。

斯密,亚当(Smith, Adam 1723—1790)——英国经济学家,资产阶级古典政治经济学最著名的代表人物。——411、467、527、528、643、663。

斯奈德,雅科布(Snider, Jacob 死于1866年)——美国发明家,后装针发线膛枪的发明者。——462。

斯特拉本(Strabon[Strabo]约公元前63—公元20)——希腊地理学家和历史学家。——69。

苏格拉底(Sokrates 公元前470—399)——古希腊唯心主义哲学家,奴隶主贵族的思想家。——330。

苏里塔,阿隆索·德(Zurita, Alonso de 16世纪中叶)——中美的西班牙殖民官;他撰写的很有价值的民族学报告到19世纪才得以发表。——69。

梭伦(Solon 约公元前640—560)——雅典政治活动家和诗人,相传为古希腊"七贤"之一,在人民群众的压力下制定了许多反对氏族贵族的法律。——114、125、128—130、144、193、315。

索绪尔,昂利·德(Saussure, Henri de 1829—1905)——瑞士动物学家和旅行家;主要从事昆虫学方面的研究。——40。

T

塔克文(鲁齐乌斯·塔克文)(高傲的)(Lucius Tarquinius Superbus 公元前534—约509)——相传为古罗马最后一个(第七个)王,据传说人民起义把他驱逐出罗马,废除了王政,建立起共和制度。——143、145。

塔朗迪埃,皮埃尔·泰奥多尔·阿尔弗勒德(Talandier,Pierre-Théodore-Alfred 1822—1890)——法国法学家和新闻工作者,小资产阶级民主主义者,法国 1848—1849 年革命的参加者;1851 年十二月二日政变后流亡伦敦,国际总委员会委员(1864);《协会》杂志的撰稿人;1870 年返回法国,国民议会议员(1876—1880、1881—1885)。——426、486。

塔西佗(普卜利乌斯·科尔奈利乌斯·塔西佗)(Publius Cornelius Tacitus 约 55—120)——古罗马历史学家,《日耳曼尼亚志》、《历史》、《编年史》的作者。——14、24、34、35、79、105、153、155—162、336、348、353、470。

泰勒,爱德华·伯内特(Tylor,Edward Burnett 1832—1917)——英国人类学家和民族学家,人类学和民族学中进化论的创始人。——16、564。

泰伦齐安·摩尔(Terentianus Maurus 2 世纪)——罗马诗人。——439。

唐金,霍雷修·布赖恩(Donkin,Horatio Bryan)——英国医生,1881—1883 年曾为马克思及其一家治病。——557。

忒俄克里托斯(Theokritos 公元前 3 世纪上半叶)——古希腊诗人;田园诗歌的创始人。——88。

特德斯科,维克多(Tedesco,Victor 1821—1897)——比利时律师,革命民主主义者和社会主义者,工人运动参加者,布鲁塞尔民主协会创始人之一;共产主义者同盟盟员,1847—1848 年曾与马克思和恩格斯接近;里斯孔图案件的被告,被判处死刑,后改为 30 年徒刑,1854 年被赦免。——420。

特尔察吉,卡洛(Terzaghi,Carlo 约生于 1845 年)——意大利新闻工作者,都灵工人联合会和国际都灵支部"无产者解放社"创建人之一和书记,《意大利无产者报》创办人和编辑;1872 年 2 月因其警察局密探身份被揭露而被开除出"无产者解放社";1873 年在波洛尼亚代表大会上被开除出意大利联合会委员会;巴枯宁派的日内瓦代表大会的参加者;1874 年移居瑞士。——499。

特卡乔夫,彼得·尼基季奇(Ткачёв,Петр Никитич 1844—1885)——俄国政论家和文学批评家,民粹运动中的布朗基派思想家,彼得堡学生运动的参加者,1869 年被捕,1871 年 6 月被判处 16 个月的监禁,1873 年逃往伦敦,追随彼·拉甫罗夫,《前进!》的撰稿人;1874 年是苏黎世斯拉夫人支部成员。——307、308。

特里尔,格尔松·格奥尔格(Trier,Gerson Georg 1851—1918)——丹麦语文学家,丹麦社会民主党左派领袖之一,马克思主义宣传家;反对党内机会主义派的改良主义政策;曾将恩格斯的著作译成丹麦文。——16、592。

特里尔的大主教——见理查。

梯也尔,阿道夫(Thiers,Adolphe 1797—1877)——法国国务活动家和历史学家,奥尔良党人,曾先后任内务大臣、贸易和公共事务大臣(1832—1836)、首相(1836和1840);第二共和国时期是制宪议会和立法议会议员(1848);第三共和国政府首脑(内阁总理)(1871)、总统(1871—1873);镇压巴黎公社的刽子手。——256、386、424、494、507。

梯叶里,雅克·尼古拉·奥古斯坦(Thierry,Jacques-Nicolas-Augustin 1795—1856)——法国历史学家,早年热衷于圣西门的社会主义;写有诺曼人征服英格兰的历史和中世纪公社方面的著作。——256、650。

提比里乌斯(提比里乌斯·尤利乌斯·凯撒·奥古斯都)(Tiberius Julius Caesar Augustus 公元前42—公元37)——罗马皇帝(14—37)。——142、347。

图尔的格雷戈里——见格雷戈里(图尔的)。

图尔恩-塔克西斯——见沃尔弗,路易吉。

托里拆利,埃万杰利斯塔(Torricelli,Evangelista 1608—1647)——意大利物理学家和数学家;水银温度计的发明者,伽利略的学生。——648。

托伦,昂利·路易(Tolain,Henri-Louis 1828—1897)——法国雕刻工,右派蒲鲁东主义者,1864年9月28日伦敦圣马丁堂会议的参加者,国际巴黎支部领导人之一,国际伦敦代表会议(1865)、日内瓦代表大会(1866)、洛桑代表大会(1867)、布鲁塞尔代表大会(1868)和巴塞尔代表大会(1869)的代表;1871年国民议会议员;在巴黎公社时期投向凡尔赛分子,1871年被开除出国际;第三共和国时期为参议员。——449、500。

<h3 style="text-align:center">W</h3>

瓦·沃·——见沃龙佐夫,瓦西里·巴甫洛维奇。

瓦茨,格奥尔格(Waitz,Georg 1813—1886)——德国中古史学家,马尔克制度理论的反对者;格丁根大学教授,法兰克福国民议会议员;写有中古德国史方面的著作。——157。

瓦尔兰,路易·欧仁(Varlin,Louis-Eugène 1839—1871)——法国装订工人,左派蒲鲁东主义者,国际法国支部领导人之一,国际伦敦代表会议(1865)、日内瓦代表大会(1866)和巴塞尔代表大会(1869)代表,曾一度流亡比利时;国民自卫军中央委员会委员,巴黎公社委员,1871年5月25日起为公社军事委员会委员,28日即被凡尔赛分子杀害。——491。

瓦盖纳,海尔曼(Wagener,Hermann 1815—1889)——德国政论家和政治活动家,职业是律师;资产阶级化的普鲁士容克的思想家;《新普鲁士报》编辑

(1848—1854),《北德意志总汇报》撰稿人,普鲁士保守党的创始人,俾斯麦政府的枢密顾问(1866—1873);普鲁士容克的"国家社会主义"的拥护者,国会议员(1867—1873)。——456。

瓦格纳,理查(Wagner, Richard 1813—1883)——德国作曲家、指挥家、诗人和作家。——45。

瓦亨胡森,汉斯(Wachenhusen, Hans 1823—1898)——德国资产阶级政论家和作家。——494。

瓦克斯穆特,恩斯特·威廉·哥特利布(Wachsmuth, Ernst Wilhelm Gottlieb 1784—1866)——德国历史学家和语文学家,莱比锡大学历史学教授,《哈雷年鉴》和《德国年鉴》的书报检查官(1839—1842);写有关于古希腊罗马和欧洲史方面的著作。——74、644。

瓦鲁斯(普卜利乌斯·昆提利乌斯·瓦鲁斯)(Publius Quintilius Varus 公元前53前后—公元9)——罗马政治活动家和统帅,叙利亚总督(公元前7),后为日耳曼行省总督(公元7—9),日耳曼部落起义时在条顿堡林山会战中阵亡。——135。

瓦扬,爱德华·玛丽(Vaillant, Édouard-Marie 1840—1915)——法国社会党人,自然科学家、工程师和医师,布朗基主义者,国际会员,洛桑代表大会(1867)代表,巴黎公社执行委员会委员,教育委员会委员;1871年在巴黎被判处死刑,后逃往伦敦,国际总委员会委员(1871—1872),国际伦敦代表会议(1871)和海牙代表大会(1872)的参加者;由于代表大会决定将总委员会迁往纽约而退出国际;1880年大赦后回到法国;布朗基派革命中央委员会创建人之一(1881),1884年起是巴黎市参议院议员,1889年和1891年国际社会主义工人代表大会代表;法国社会党(工人国际法国支部)(1901)创建人之一,第一次世界大战期间持社会沙文主义立场。——304。

万德比尔特(Vanderbilt)——美国金融和工业巨头世家。——609。

威利斯,罗伯特(Willis, Robert 1800—1875)——英国力学家、工艺师和考古学家;曾给工人讲课(1854—1867)。——444。

威廉斯,燕妮——见马克思,燕妮。

威廉一世(胜者威廉)(Wilhelm I〔William the Victorious〕1797—1888)——普鲁士亲王,摄政王(1858—1861),普鲁士国王(1861—1888),德国皇帝(1871—1888)。——381、386、456、644。

威士涅格拉茨基,伊万·阿列克谢耶维奇(Вышнеградский, Иван Алексеевич 1831—1895)——俄国学者和国务活动家;1888—1892年为财政大臣。

——630。

威斯特华伦,斐迪南·奥托·威廉·亨宁·冯(Westphalen, Ferdinand Otto
Wilhelm Henning von 1799—1876)——普鲁士国务活动家,曾任内务大臣
(1850—1858);马克思夫人燕妮的异母哥哥。——602。

威斯特华伦,格尔哈德·尤利乌斯·奥斯卡尔·路德维希·埃德加·冯
(Westphalen, Gerhard Julius Oscar Ludwig Edgar von 1819—1890)——德国
法学家,1846年布鲁塞尔共产主义通讯委员会委员;1847—1865年侨居美
国,后回到德国;马克思夫人燕妮的弟弟,马克思的同学。——472。

威斯特华伦,燕妮·冯——见马克思,燕妮。

威斯特华伦,约翰·路德维希·冯(Westphalen, Johann Ludwig von 1770—
1842)——德国特里尔行政区首席顾问(1816年起),枢密顾问(1834年
起);燕妮·冯·威斯特华伦的父亲。——602。

韦斯顿,约翰(Weston, John)——英国工人运动活动家,职业是木匠,后为厂
主;欧文主义者,1864年9月28日伦敦圣马丁堂会议的参加者,国际总
委员会委员(1864—1872),1865年伦敦代表会议代表,改革同盟执行委
员会委员,土地和劳动同盟的领导人,不列颠联合会委员会委员(1872)。
——451、452。

韦斯特马克,爱德华·亚历山大(Westermarck, Edvard Alexander 1862—
1939)——芬兰民族学家、哲学家和社会学家,历任赫尔辛基大学社会学讲
师(1890—1906)、道德哲学教授(1908—1918)、亚波学院哲学教授
(1918—1930);主要从事婚姻史、道德观念的比较研究;著有《人类婚姻
史》(1891)等著作。——40、42、44、58—59。

维多利亚(Victoria 1819—1901)——英国女王(1837—1901)。——654。

维尔克(Wilke)——普鲁士军官,流亡伦敦。——462。

维尔穆特,卡尔·格奥尔格·路德维希(Wermuth, Carl Georg Ludwig 1803—
1867)——德国警官,汉诺威警察局长,科隆共产党人案件(1852)的策划
者之一和原告证人;同威·施梯伯合编《19世纪共产主义者的阴谋》一
书。——196、207。

维尔特,弗里德里希·莫里茨(Wirth, Friedrich Moritz 1849—1916以后)——
德国政论家。——598。

维利森男爵,卡尔·威廉(Willisen, Karl Wilhelm Freiherr von 1790—1879)——
普鲁士将军和军事理论家;1848年任王室驻波兹南专员;1848—1849年在
奥地利军队中供职,曾参与镇压意大利的革命运动和民族解放运动;1850
年统率石勒苏益格—荷尔斯泰因军队对丹麦作战;写有军事史方面的著

作。——423。

维利希,奥古斯特(Willich, August 1810—1878)——普鲁士军官,1847 年起为共产主义者同盟盟员,1849 年巴登-普法尔茨起义中为志愿军团首领;1850 年共产主义者同盟分裂时同卡·沙佩尔一起组成反对马克思的冒险主义宗派集团;1853 年侨居美国,站在北部方面参加美国内战,任将军。——10—11、212、214、215、425、427。

维努瓦,约瑟夫(Vinoy, Joseph 1800—1880)——法国将军,波拿巴主义者,1851 年十二月二日政变的参加者;在 1859 年奥意法战争中任师长,普法战争时期任第十三军军长,后任巴黎第二军团第一军军长和巴黎第三军团司令,1871 年 1 月 22 日起先后任巴黎武装力量总司令和凡尔赛分子预备军司令。——494。

维特利乌斯(奥鲁斯·维特利乌斯)(Aulus Vitellius 15—69)——罗马国务活动家;60 年代为日耳曼行省总督(执政者),69 年 1 月被推为皇帝,同年年底在内战中被杀。——336、348。

维泽泰利,亨利(Vizetelly, Henry 1820—1894)——英国作家、翻译家和出版商。——589。

魏德迈,约瑟夫(Weydemeyer, Joseph 1818—1866)——德国和美国工人运动活动家、军官、新闻工作者,"真正的"社会主义者(1846—1847),《威斯特伐利亚汽船》编辑;曾参加布鲁塞尔共产主义通讯委员会的活动(1846);共产主义者同盟盟员(在同盟内部一度以"汉斯"的名字通信),德国 1848—1849 年革命的参加者,《新德意志报》编辑(1849—1850);共产主义者同盟法兰克福区部领导人(1849—1851);1851 年流亡美国,站在北部方面参加美国内战;马克思和恩格斯的朋友和战友。——421、425。

魏勒妲(Veleda 1 世纪)——日耳曼族布鲁克泰人的女祭司和女预言家,曾积极参加齐维利斯酋长领导的日耳曼和高卢部落反对罗马统治的起义(69—70/71)。——155。

魏特林,克里斯蒂安·威廉(Weitling, Christian Wilhelm 1808—1871)——德国工人运动活动家,正义者同盟领导人,职业是裁缝;空想平均共产主义理论家和鼓动家;工人同盟的创始人,《工人共和国报》的出版者;1849 年流亡美国,晚年接近国际工人协会。——199—202、204、205、212、214、329、331、332、339、523。

沃邦侯爵,塞巴斯蒂安·勒普雷特尔(Vauban, Sébastien Le Prêtre [Prestre], marquis de 1633—1707)——法国元帅,军事工程师,写有筑城学和围攻方面的著作以及经济学著作《王国什一税》。——422。

沃尔弗,弗里德里希·威廉(Wolff, Friedrich Wilhelm 鲁普斯 Lupus 1809—1864)——德国无产阶级革命家和政论家,职业是教员,西里西亚农民的儿子;1834—1839年被关在普鲁士监狱;1846—1847年为布鲁塞尔共产主义通讯委员会委员,共产主义者同盟创始人之一和同盟中央委员会委员(1848年3月起),《新莱茵报》编辑(1848—1849),民主主义者莱茵区域委员会和科隆安全委员会委员;法兰克福国民议会议员,属于极左派;1849年流亡瑞士,1851年迁居英国,1853年起在曼彻斯特当教员;马克思和恩格斯的朋友和战友。——9、10、206、209、210、425。

沃尔弗,路易吉(Wolff, Luigi)——意大利军官,马志尼的拥护者,伦敦意大利工人组织共进会的会员,1864年9月28日伦敦圣马丁堂会议的参加者,国际总委员会委员(1864—1865),1865年伦敦代表会议的参加者;1871年被揭露为波拿巴的警探,同年5月30日总委员会通过决议把他开除出国际。——450—452。

沃尔弗拉姆·冯·埃申巴赫(Wolfram von Eschenbach 约1170—1220)——德国诗人,骑士诗《巴齐法尔》的作者。——81。

沃尔弗男爵,克里斯蒂安(Wolff, Christian Freiherr von 1679—1754)——德国哲学家,曾将莱布尼茨的哲学加以系统化和通俗化,开明的专制主义和早期资产阶级天赋人权理论的拥护者。——623、665。

沃康松,雅克·德(Vaucanson, Jacques de 1709—1782)——法国力学家,曾改进织机的构造和发明灵敏的自动装置。——446。

沃龙佐夫,瓦西里·巴甫洛维奇(Воронцов, Василий Павлович 笔名瓦·沃·В.В. 1847—1918)——俄国经济学家和政论家,80—90年代自由主义民粹派的思想家之一,写了一些关于俄国资本主义发展和农村公社命运的著作;反对马克思主义。——629。

沃森,约翰·福布斯(Watson, John Forbes 1827—1892)——英国医生、政论家和民族学家;殖民官,曾长期在印度军队任职;1858—1879年任伦敦印度博物馆馆长;写有一些关于印度农业和纺织业的著作。——49。

乌尔菲拉(武尔菲拉)(Ulfilas[Wulfila] 311前后—383)——西哥特教会主教,曾实行哥特人基督教化,哥特字母的创始人,曾将圣经译成哥特语。——142。

吴亭,尼古拉·伊萨科维奇(Утин, Николай Исаакович 1841—1883)——俄国革命家,60年代革命运动的参加者,"土地和自由"社中央委员会委员,1863年流亡英国,后迁瑞士;在俄国被缺席判处死刑;国际俄国支部的组织者之一,和平和自由同盟第一次代表大会代表(1867),国际日内瓦中央支

Z

文学作品和神话中的人物索引

A

阿波罗——古希腊神话中的太阳神和光明之神,艺术的保护神。——18、19。

阿尔诺德——明娜·考茨基的小说《旧和新》中的人物。——578、579。

阿耳泰娅——古希腊神话中国王铁斯特士的女儿,梅里格尔的母亲。——153。

阿芙罗狄蒂——古希腊神话中的爱神和美神,罗马神话中称之为维纳斯,掌管人类爱情、婚姻和生育以至一切动植物的生长繁殖。——77。

阿基里斯——古希腊神话中围攻特洛伊的一位最勇敢的希腊英雄,荷马的《伊利亚特》中的主要人物,他同希腊军队的领袖亚加米农的争吵和回到自己的营幕去,构成了荷马史诗《伊利亚特》第一章的情节。据传说,阿基里斯出生时被母亲海洋女神西蒂斯握住脚跟倒浸在冥河水中,因此他的身体除没有浸水的脚跟外,不能被任何武器所伤害,后来,他因脚跟,即他身上那个唯一致命的地方中箭而身亡。后人用"阿基里斯之踵"比喻可以致命的地方和最弱的一环。——72、121。

阿娜伊蒂斯——古希腊神话中水神和农神阿娜希塔的古希腊名字,对阿娜希塔的崇奉在亚美尼亚盛行,在那里人们把她的形象和小亚细亚的女农神的形象合而为一。——59、76。

埃策耳——古日耳曼民间叙事诗中的人物,也是中古德国长诗《尼贝龙根之歌》中的人物,匈奴人的国王。——89。

爱莎——明娜·考茨基的小说《旧和新》中的人物。——579。

奥德赛(乌利斯)——荷马的史诗《伊利亚特》和《奥德赛》中的主要人物,传说中的伊大卡岛国王,特洛伊战争时希腊军队领袖,以大胆、机智、善辩著称。传说他去过阴曹地府,同一些亡灵谈过话。——72、120、121。

奥列斯特——古希腊神话中亚加米农和克丽达妮斯特拉的儿子,为父报仇杀

死了自己的母亲和亚格斯都士；埃斯库罗斯的悲剧《祭酒的报信人》和《厄
默尼德》（《奥列斯特》三部曲第二和第三部）中的人物。——17、18、
72、74。

B

巴兰——据圣经传说，是预言家，是美索不达米亚的巫师，巴勒召他来诅咒以
　　色列人，他有一头会说话的驴，"巴兰的驴"已成为一句谚语，比喻平常沉
　　默驯服，突然开口抗议的人。——338、340。

巴勒——据圣经传说，是摩押王。——338。

巴录——据传说是未收入圣经的巴录书的作者。——336。

保罗——据圣经传说，是基督教使徒之一；在信基督教之前叫扫罗。——
　　329、333、340。

波吕涅克斯——古希腊神话中忒拜国王奥狄浦斯的儿子，他同他的哥哥伊托
　　克列斯争夺忒拜王位，在对阵中两人互伤身死；埃斯库罗斯根据这个神话
　　故事写成悲剧《七雄攻打忒拜》。——118。

波扎侯爵——席勒的悲剧《唐·卡洛斯》中的人物。——456。

布龙希耳德（布林希耳德）——古日耳曼民间叙事诗中的人物，也是中古德
　　国长诗《尼贝龙根之歌》中的人物，冰岛国女王，后为勃艮第人的国王贡特
　　尔的妻子。——89。

D

达夫尼斯——朗格的小说《达夫尼斯和赫洛娅》中的人物，热恋中的牧人的
　　典型。——88。

但以理——据圣经传说是先知，但以理书的作者。——335、336、345、346。

德莫多克——荷马《奥德赛》中的人物，传说中的法雅西亚人国王阿尔基诺
　　斯宫廷中的盲歌手。——121。

E

厄默尼德——见依理逆司。

F

菲力浦二世——席勒的悲剧《唐·卡洛斯》中的人物。——456。

菲尼士——古希腊神话中的盲预言家；由于听从了第二个妻子的怂恿，他残
　　酷地折磨同第一个妻子博雷阿的女儿克利奥帕特拉所生的孩子，因此受到

诸神的惩罚。——153。

弗莱雅——古斯堪的纳维亚神话中的农神和爱神,古斯堪的纳维亚民间故事诗老《艾达》中的人物,为自己的兄弟弗莱尔神的妻子。——45。

浮士德——歌德同名悲剧中的主要人物。——222。

福斯泰夫——莎士比亚的剧作《温莎的风流娘儿们》、《亨利四世》中的人物,爱吹牛的懦夫,谐谑者,酒徒。——442。

G

格兰特,阿瑟——英国女作家玛·哈克奈斯的小说《城市姑娘》中的主人公。——590。

贡特尔——古日耳曼叙事诗中的人物,也是中古德国长诗《尼贝龙根之歌》中的人物,勃艮第人的国王。——89。

古德龙——古日耳曼民间叙事诗中的主要人物,也是13世纪中古德国长诗《古德龙》中的主要人物,黑盖林格人的国王黑特耳和爱尔兰的希尔达的女儿;西兰岛黑尔维希的未婚妻;被诺曼人哈尔特木特抢走,因不从他的婚事而被囚13年;最后得到黑尔维希的解救,成为他的妻子。——89。

H

哈杜布兰德——古日耳曼英雄史诗《希尔德布兰德之歌》中的主要人物希尔德布兰德的儿子。——152。

哈尔特木特——古日耳曼民间叙事诗中的人物,也是13世纪中古德国长诗《古德龙》中的人物,诺曼人国王的儿子,古德龙所拒绝的求婚者。——89。

海格立斯——古希腊神话中的一个最为大家喜爱的英雄,以非凡的力气和勇武的功绩著称,他的十二件功绩之一是驯服并抢走地狱之犬塞卜洛士。——153。

赫洛娅——朗格的小说《达夫尼斯和赫洛娅》中的人物,热恋中的牧女的典型。——88。

黑尔维希——古日耳曼民间叙事诗中的人物,也是13世纪中古德国长诗《古德龙》中的人物,西兰岛国王,古德龙的求婚者,后为她的丈夫。——89。

黑特耳——古日耳曼民间叙事诗中的人物,也是13世纪中古德国长诗《古德龙》中的人物,黑盖林格人的国王。——89。

J

基督——见耶稣基督。

加尼米德——古希腊神话中的美少年,被诸神窃至奥林波斯山,成为宙斯钟爱的人和司酒童。——75。

珈桑德拉——古希腊神话中特洛伊国王柏里亚的女儿,女预言家;特洛伊陷落后被亚加米农当作奴隶带走;埃斯库罗斯的悲剧《亚加米农》中的人物。——72。

<h2 style="text-align:center">K</h2>

克里姆希耳德——古日耳曼民间叙事诗中的人物,也是中古德国长诗《尼贝龙根之歌》中的人物,勃艮第人的国王贡特尔的妹妹,齐格弗里特的未婚妻,后为其妻子,齐格弗里特死后为匈奴人的国王埃策耳的妻子。——89。

克丽达妮斯特拉——古希腊神话中亚加米农的妻子,杀害了从特洛伊战争回来的丈夫,埃斯库罗斯的悲剧《奥列斯特》三部曲中的人物。——17—18。

克利奥帕特拉——古希腊神话中北风神博雷阿的女儿。——153。

<h2 style="text-align:center">L</h2>

拉达曼——古希腊神话中的贤明公正的法官。——246。

罗慕洛——传说中的古罗马的奠基人(公元前753)和第一个王。——136、142。

洛基——古斯堪的纳维亚神话中的恶魔,火神,古斯堪的纳维亚民间叙事诗老《艾达》中的人物。——45。

<h2 style="text-align:center">M</h2>

玛丽亚——拉萨尔的剧本《弗兰茨·冯·济金根》中的女主人公。——437、438。

梅里格尔——古希腊神话中亚尼雅士(传说中的卡利登城国王)和阿耳泰娅的儿子,杀死了自己的舅舅们。——153。

靡菲斯特斐勒司——歌德《浮士德》和卡·谷兹科的剧作《维滕贝格的哈姆雷特》中的主要人物。——45、222。

米迦勒——据圣经传说,为天使长之一。——346。

米莉塔——伊施塔尔的古希腊名字,巴比伦神话中的爱神和农神。——59。

摩西——据圣经传说,摩西是先知和立法者,他带领古犹太人摆脱了埃及的奴役并给他们立下了约法。——16、62、337。

木利奥斯——荷马的史诗《奥德赛》中的人物,使者。——121。

N

奈斯托尔——古希腊神话中参加特洛伊战争的希腊英雄中最老最贤明的英雄;在文学传统中,他经常被当作饱经世故的聪明长者的典型。莎士比亚的剧作《特洛埃勒斯与克蕾雪达》中的人物。——116。

尼奥德尔——古斯堪的纳维亚神话中的农神,古斯堪的纳维亚民间叙事诗老《艾达》中的人物,弗莱雅和弗莱尔的父亲。——45。

尼贝龙根——中古德国长诗《尼贝龙根之歌》和理·瓦格纳的歌剧《尼贝龙根的指环》中的人物形象,传说中的侏儒族,据有宝物。——45、89。

尼哥拉——据圣经传说,是耶路撒冷的祭司,一个异教教派的创始人。——340。

P

佩雷格林——琉善的讽刺作品《佩雷格林之死》中的人物,奸徒和罪犯,披着传教士的外衣进行活动。——330—333。

普罗特斯——古希腊神话中为波赛东服务的海神,能预言,能变形。——330。

Q

齐格班特(爱尔兰的)——古日耳曼民间叙事诗中的人物,也是13世纪中古德国长诗《古德龙》中的人物,爱尔兰人的国王。——89。

齐格弗里特(莫尔兰的)——古日耳曼民间叙事诗中的人物,也是13世纪中古德国长诗《古德龙》中的人物,为古德龙所拒绝的求婚者。——89。

齐格弗里特——古代德国神话中的英雄,中古德国长诗《尼贝龙根之歌》中的主要人物之一;据传说,齐格弗里特杀死了巨龙之后在龙血流成的湖里沐浴,因而刀枪不入。——89。

乔治·唐丹——莫里哀的喜剧《乔治·唐丹,或被欺骗的男子》中的主要人物,憨头憨脑的富裕农民的典型,同一个巧妙地使他破产的贵族女人结了婚。——184。

丘必特(迪斯必特)——罗马神话中最高的神,雷神,相当于古希腊神话中的宙斯;他为了拐走美人欧罗巴而变成一头公牛。——330、351。

S

撒旦——圣经中为恶魔的专称。——338、340。

T

唐·吉诃德——塞万提斯的同名小说中的主要人物。——436。

唐达鲁士——古希腊神话中的吕底亚王,因侮弄诸神被罚沉沦地狱,永世受苦;他身立水中,头上悬挂着果子,每当他想掬水解渴或摘果充饥的时候,水和果子就消失不见。——329。

特夫克尔——荷马的史诗《伊利亚特》中的人物,曾参加特洛伊城的战斗。——72。

特里曼珠——荷马的史诗《奥德赛》中的人物,伊大卡岛国王奥德赛的儿子。——72。

提修斯(底西亚斯)——古希腊神话中的英雄,传说中的雅典国王,雅典国家的奠基者。——124。

铁拉孟——古希腊神话中的英雄,曾参加亚尔古船英雄的远航,哀杰克斯·铁拉孟的父亲。——72。

铁斯特士——古希腊神话中的人物,传说中的埃托利亚地方的普洛伊朗的国王。——153。

W

瓦那——古斯堪的纳维亚神话中的一类神。——45。

乌黛(挪威的)——古日耳曼民间叙事诗中的人物,也是13世纪中古德国长诗《古德龙》中的人物。——89。

X

西芙——古斯堪的纳维亚神话中的雷神托尔的妻子,古斯堪的纳维亚民间叙事诗老《艾达》中的人物。——152。

西维拉——古代走四方的"女预言家";据传说她住在库马城(古希腊在意大利南部的殖民地);她的占语被编成所谓的《西维拉占语集》,这个集子在古代罗马的宗教生活中起重大作用。——154、336。

希尔达——古日耳曼民间叙事诗中的人物,也是13世纪中古德国长诗《古德龙》中的人物,爱尔兰国王的女儿,黑盖林格人的国王黑特耳的妻子。——89。

希尔德布兰德——古日耳曼英雄史诗《希尔德布兰德之歌》中的主要人物。——152、179。

Y

优玛士——荷马的史诗《奥德赛》中的人物,伊大卡岛国王奥德赛的放猪人,
　　在奥德赛多年流浪在外期间始终忠实于自己的主人。——121。

犹大——据传说是圣经中犹大书的作者。——336。

约翰——据基督教传说,是基督教使徒之一,是耶稣基督最喜爱的门徒。按
　　习惯说法是启示录、约翰福音和约翰一、二、三书的作者,实际上这些作品
　　是由许多人写成的。——335—337、341、342、344、345、350。

Z

宙斯——古希腊神话中最高的神,克伦纳士神的儿子。——121、225。

马克思恩格斯书信分类索引

科学世界观的创立和发展

形成和创立

丰富和发展

用科学社会主义理论指导无产阶级革命实践

共产主义者同盟

国际工人协会

巴 黎 公 社

各国工人运动和工人政党

理论探索和重要著作的创作

政治经济学研究和《资本论》

其他理论和实践活动

文　学　艺　术

军　事　理　论

妇　女　解　放

民 族 问 题

宗 教 问 题

理想信念、高尚情操、伟大友谊

名 目 索 引

（第1—4卷）

本索引主条目按汉语拼音字母顺序排列；条目后面的罗马数字表示卷次，阿拉伯数字表示页码。

A

比较神话学——Ⅲ. 703；Ⅳ. 261。

比利时——Ⅱ. 194；Ⅲ. 42、108、181、249、717、809；Ⅳ. 278、356、394。

必然性和偶然性

——概述—— Ⅰ. 234—235、405；Ⅱ. 77、136、202、710；Ⅲ. 176、262—263、513、517、794、796—797、842、854、863—864、869、911、913、916—919、922、924、989、996；Ⅳ. 191—192、222—223、249—250、426、442—443、538—539、604—605。

——必然性和偶然性的客观性——Ⅱ. 262—266、489、650；Ⅲ. 386、399、794、918、924；Ⅳ. 191—192、221—223、254。

——必然性与偶然性的辩证关系——Ⅲ. 863、913、916—919、924；Ⅳ. 191—192、249—250、254、649。

——自然界中的必然性和偶然性——Ⅲ. 492、794、842、845、853、863—864、916—919、969、996；Ⅳ. 191—192、249—250、254。

——社会和历史中的必然性和偶然性—— Ⅰ. 36、162、184—185、188、199—200、202—204、207、210、214、234、302—305；Ⅱ. 210、216、267—268；Ⅲ. 176、216、240、262—263、386、393—394、399、508、512—513、517、532、543、653—654、658、664—665、669、673、683、778、789、794、796—797、809、813、859—860、924、1001；Ⅳ. 51、62、108、171、189、191、203、221—223、250—251、254、382—383、426、473—474、604—606、628—629、649。

——经济中的必然性和偶然性—— Ⅰ. 207、217、302—303、319；Ⅱ. 116、126、139、353—354、355、415、486；Ⅲ. 517、543、658、699；Ⅳ. 191—192。

——意识、思维、认识、科学研究中的必然性和偶然性——Ⅲ. 794、795—797、854、864、911、926—927、944、948；Ⅳ. 250—251。

——必然和自由—— Ⅰ. 202；Ⅲ. 490—492。

——人类从必然王国向自由王国的飞跃——Ⅲ. 671、815。

必要劳动—— Ⅰ. 321、325；Ⅱ. 187、189—190、191、201、245、359、495、611—613、719、722、758、775、779、784—787、832、840、844—845。

毕达哥拉斯派——Ⅲ. 869、870。

秘鲁、秘鲁人——Ⅱ. 647、703、727、742；Ⅳ. 32。

辩证法

——概述—— Ⅰ. 216—236；Ⅱ. 10—16、93—94、689—690、710；Ⅲ. 16、20、383、385—389、394—395、397—399、421、427、467、497、500—514、519—521、648、741、746—747、784、789—796、841、849—850、856、871—880、892、893、899、901—908、924、943、948、977—978；Ⅳ. 249—250、461—

波兰、波兰问题

——概述——I．313—316、434、457、607—608、610—613；Ⅲ．20、66、107、721；Ⅳ．326、436、526。

——奥地利、普鲁士和俄国瓜分波兰——I．609；Ⅲ．10、68、287—289。

——波兰民族解放运动——I．313、434；Ⅲ．291；Ⅳ．526。

——恢复波兰独立的意义——I．607—608；Ⅲ．285—292。

波拿巴主义(波拿巴制度)——I．73、664—665、709、713、718—719、722—724、745—746、750—751、755—759、762—771；Ⅲ．33、46—47、59—60、139—140、146—147、165、231、240—243；Ⅳ．385—386、560。

波斯、波斯人——I．794—797、857；Ⅲ．540、560、704；Ⅳ．43、471。

波斯战争——I．795；Ⅲ．540。

波义耳定律——Ⅲ．468、696。

剥夺

——概述——Ⅲ．99、730；Ⅳ．273—274、370。

——剥夺作为资本主义生产方式的出发点——Ⅱ．570、605；Ⅲ．729、833、839。

——对直接生产者的剥夺——Ⅱ．53、291、292、295、297—300、505、509、570、605、648—649、724、756—757；Ⅲ．105、147、188—189、325、659、729、730、820、826、832、833、839；Ⅳ．273—274、533、573。

——对小企业主、中等阶级的剥夺——Ⅲ．104、166。

——资本家对资本家的剥夺——Ⅱ．281、299、505、507、570；Ⅲ．511。

——无产阶级革命的历史任务是剥夺剥夺者——I．305—306、421；Ⅱ．46、299；Ⅲ．102、206、222—224、270—271、509、511—512；Ⅳ．375。

剥削

——概述——I．313、385、403、423、526；Ⅱ．872；Ⅲ．137、145—147、298、402、511—512、532、534—535、558、562、566、570、579、589、664、669、673、682—683、724—726；Ⅳ．185、192—195、201—202、291、434、460、634—635、655。

——剥削是所有对抗性社会的特征——Ⅱ．73—74；Ⅲ．392、534—535、562、589、726、796、812、813—814。

——奴隶社会的剥削——Ⅱ．50、191、245—246。

——封建社会的剥削——Ⅱ．50—51、74、191、245；Ⅲ．726、812；Ⅳ．192、273。

——资本主义社会的剥削——I．104；Ⅱ．49—52、73—74、177—179、189—

C

768、831、841、843、871—872、874；Ⅲ. 357、724；Ⅳ. 13、179、182—183、194、483。

——财富的生产和积累——Ⅰ. 51；Ⅱ. 70、103、234、254、334—335、355、369、384—385、646、721、739—740、759—761、764—765、767、782—787；Ⅲ. 275、357—359。

——资本主义以前的社会形态下的财富——Ⅱ. 762—763。

——资本主义条件下的财富——Ⅰ. 51、233—235、257、326；Ⅱ. 369、571、599—601；Ⅲ. 726、767；Ⅳ. 86、133、184、298。

——共产主义条件下的财富——Ⅱ. 739、787。

采掘业、采矿业——Ⅱ. 332、364、379、399、639、699、673、792、846。

产业革命——见**工业革命（产业革命）**。

产业后备军

——概述——Ⅲ. 664、698、805—806、808、816；Ⅳ. 460—461、655。

——是资本主义生产的必要条件——Ⅰ. 39；Ⅱ. 67、77、785—786；Ⅲ. 216、803—805、807—808、810、816。

——和机器的使用——Ⅰ. 47、168；Ⅱ. 67、77；Ⅲ. 216、661—662、804—806、816。

——和资本积累——Ⅱ. 76—77；Ⅲ. 662、805—806。

——和贫困——Ⅱ. 77。

产业资本（工业资本）

——概述——Ⅰ. 262—263；Ⅱ. 88、159、297—299、313、524—525、528—530、531—532、719。

——产业资本的产生——Ⅱ. 291、295—297、674—676。

——产业资本的形式——Ⅱ. 513—517、519—520、530、532、536、543。

——产业资本的运动、循环和周转——Ⅱ. 313—314、315—317、319、320—321、322、357—358、518—519、530—532。

——产业资本和商业（商人）资本——Ⅱ. 513—520、524—525、526—527、529、533—534。

——产业资本和货币资本——Ⅱ. 159、162—163、177—179、197—198、719。

——产业资本的积聚和集中——Ⅱ. 198、280—283、298—300。

超额（额外）利润——Ⅱ. 346、493—494、615—622、628—629、630—631、636—637、638；Ⅳ. 667。

超额剩余价值——Ⅱ. 201—206、222—223、346、478、636、676、845。

城市和乡村

262、322、327、372、374、387—389、402、407、419—420、422、424、433—435、436—437、497、521、615—616、700—706、708—709；Ⅲ. 447、930、931、950；Ⅳ. 652。

——对唯心主义抽象方法的批判—— Ⅰ. 1、9、18、133、135、137、139、157—158、209；Ⅱ. 11—12、551；Ⅲ. 791—792；Ⅳ. 242—243、247。

抽象劳动—— Ⅱ. 98—99、103—106、109—113、115—119、124、132、704—706、861；Ⅲ. 482—483、572、577—578、694—695。

传统—— Ⅰ. 421、669、763；Ⅲ. 772—773、776、793、853；Ⅳ. 65、263、574、579、584、605、648。

纯产品—— Ⅱ. 261；Ⅲ. 629—632、634、637—639。

磁——Ⅲ. 413、435、442、854、857、862、870、895、908、910、913、920、934、942、955、959、960、974；Ⅳ. 252、433、509、556。

刺激、刺激感应——Ⅲ. 459、494、858、896、997。

存在

——概述—— Ⅰ. 152、157、166—167、177—178、202—204；Ⅱ. 3、9、513—514、552；Ⅲ. 396、410—411、416—421、427—428、755、791—792、932—934；Ⅳ. 229—235。

——空间和时间是存在的基本形式——Ⅲ. 425、427—428、939—941。

——存在和思维、意识—— Ⅰ. 151—152、161—163、166、421；Ⅱ. 2、3、8—9、688；Ⅲ. 401、409—420、517、755、796、878、901—902、908—911、940、977—978、983、995—996；Ⅳ. 229—234、238、253—256、261、665—666。

——思维和存在的关系问题是哲学的基本问题——Ⅳ. 230。

——意识在任何时候都只能是被意识到了的存在—— Ⅰ. 152。

——不是人们的意识决定人们的存在，相反，是人们的社会存在决定人们的意识——Ⅱ. 2、8。

——人们的意识随着人们的生活条件、人们的社会关系、人们的社会存在的改变而改变—— Ⅰ. 419—420。

D

达尔文、达尔文的进化论

——概述—— Ⅰ. 380；Ⅲ. 386、388、444—451、746、751、793、804、842、845、855、860、880、895、908、909、919—920、930、931、985—990、1002；Ⅳ. 235、252、459、471、516—519、563、668。

马克思恩格斯选集

E

——18 世纪资产阶级革命以前的法国—— I. 213、217、402、568、577、763、773；II. 743；IV. 668。

——18 世纪的资产阶级革命——见 **18 世纪法国资产阶级革命**。

——18 世纪资产阶级革命时期、执政时期和帝国时期的法国—— I. 414、442、446、524、525、568、572；III. 643。

——波旁王朝复辟——IV. 560、596。

——1830 年的七月革命和七月王朝—— I. 101、423、446、453、454—457、459、469、487、498、511、518—520、679—680、696；IV. 381、391、532、560—561。

——1848 年革命以前的法国——II. 671；III. 393—394、400—401、619、843、846；IV. 173、189、262—263、296、381—382。

——1848—1849 年革命时期的法国——见**法国 1848—1849 年革命**。

——第二帝国——见**法兰西第二帝国**。

——第三共和国——见**法兰西第三共和国**。

——经济状况—— I. 68、167、194、246、252、447—450、457—460、474—475、486、518—520、521—526、529—530、538—540、568、669、708—710、747—749、762、765—767、771；II. 89、155、194、198、671、769；III. 95、99—100、104—106、544、632—635、766、780—781；IV. 384、387、532—533、572—573。

——社会和政治状况—— I. 180、456、476—477、482、506—511、521、522、534—536、549—551、668、673、674、676、677、683、684、691、694、697—700、702—706、707—710、714—715、717、719、721、730—733、737—741、743、755、761—763、767—768、773；II. 293；III. 67—69、81—82、106—109、116—118、544—545、597、781；IV. 267、590—591。

——资产阶级—— I. 13、446—452、458、463—466、469—470、480、497、518、537、565、567、676、680—682、687、696；II. 88—89；III. 27、45—47、79、96—98、101、149、154—156、400—401、544—545、723、766、767、772、778—779、909；IV. 7、189、262—263、590—591。

——小资产阶级—— I. 446、447、680、758；IV. 7、597。

——无产阶级—— I. 116—117、280、446、451、453、469—470、531、571、582、677、766；III. 45—46、50、58—61、71、75—76、87、96、98、102、124—126、138、154—155、372、400、545、769、772；IV. 3、7、189。

——农民—— I. 425、446、522—527、762—766；II. 294；III. 72、97、105—106、145、148、633；IV. 170、173、355—361、368—371、394、597。

——关于未来社会的分配——Ⅲ. 361—364、365、509、860；Ⅳ. 473、599。

分析——Ⅱ. 697—698、699、702—703；Ⅲ. 417、923、930—931。

分子——Ⅲ. 435、439—440、442、453、464、505、654、696、842、874、893、903—906、914、944—945、946—947、951、958—959、970—971、979—982。

芬尼社社员、芬尼运动——Ⅳ. 483、486。

封建社会

——概述—— Ⅰ. 206、232—233、254、274、309、420、430、443、760；Ⅱ. 869；Ⅲ. 481—483、660、799—804、815。

——封建国家——Ⅳ. 173、188、645。

——阶级、阶级斗争—— Ⅰ. 149—150、186、400—402；Ⅱ. 150；Ⅲ. 481—484；Ⅳ. 173、242、262、328、436、440—442、560。

——和资产阶级社会的产生——Ⅱ. 683—684、828—829、869。

——封建社会的解体和灭亡—— Ⅰ. 190、309、401；Ⅱ. 683、720、756—757、764—765、767；Ⅲ. 761—764、798—804。

封建主义（封建制度）

——概述—— Ⅰ. 50、149—150、197、211—212、232—233、243、255、442、443、606、666、669；Ⅱ. 209、268、291、294、295—296、604、605、610、664—665、668—669、706、707、828—831、834、869；Ⅲ. 95、98、123、136—137、159、163、723、761、769、798、803、812、815；Ⅳ. 173、188、409、416、560、668。

——封建主义的产生和发展—— Ⅰ. 147、150、207；Ⅲ. 803；Ⅳ. 172—173。

——封建主义的生产关系—— Ⅰ. 149—150、200—201、212、303、405、568、588；Ⅱ. 651、707、741、750—752、754—757；Ⅲ. 566、799；Ⅳ. 129、365、412。

——封建主义经济—— Ⅰ. 149—150、185—188、190—195、200—201、212、232—233、243—245、401、589、590；Ⅲ. 482—483、544、556—557、659、846。

——社会制度和政治制度—— Ⅰ. 149—150、204—205、206、232—233；Ⅲ. 136、798、812；Ⅳ. 89—91、161—162、169—170、262、409、645。

——阶级和阶级斗争—— Ⅰ. 149、185—187、197—200、232—233、274；Ⅱ. 829；Ⅲ. 761—764、776—777；Ⅳ. 189—190、242、328—329、436、440—443、560。

——意识形态——Ⅳ. 242、262。

——封建制度和资产阶级——Ⅲ. 481—484、528—529、542—545、643—644、655、760—764、798。

519、522、526、766—767；Ⅱ. 633、709、867；Ⅲ. 96、141、168、177、375、
540；Ⅳ. 188—189、297、366—367、381。

——税收制度和资本原始积累——Ⅱ. 296。

——税收和农民——Ⅰ. 522、526。

——各种税收形式——Ⅰ. 17、72、305、361、362、373、514—515、521、544；Ⅲ.
177、325、375、627；Ⅳ. 297、319、366。

——直接税——Ⅰ. 421、459、479、531、766—767；Ⅳ. 366。

——间接税（消费税）——Ⅰ. 257、522—526、710、771；Ⅲ. 626；Ⅳ. 208、
297、366。

——累进税——Ⅰ. 305、421、479、523、531；Ⅳ. 208、297、366。

赋役——Ⅰ. 524；Ⅲ. 185。

G

概念

——概述——Ⅰ. 30；Ⅱ. 154、514、690、700、701、710、713、717、720、776、780；
Ⅲ. 389、413、590、924、930；Ⅳ. 149、194。

——概念是现实的事物、关系和过程在思想上的反映——Ⅱ. 489—490；Ⅲ.
389、396—399、413、473、790—794；Ⅳ. 231、249—250、570、666—668。

——概念和辩证思维——Ⅱ. 690、710；Ⅲ. 389、396—400、792、923—924；
Ⅳ. 625。

——概念和形而上学的思维——Ⅲ. 791—792。

——概念的发展和思维的历史——Ⅲ. 521、924；Ⅳ. 249—250。

感觉——Ⅰ. 133、134、137；Ⅲ. 455—456、459—460、494、938—939；Ⅳ. 234、
238、243。

感觉器官——Ⅰ. 635；Ⅲ. 460、925、936—937、939—940、992；Ⅳ. 234。

感性——Ⅰ. 52—54、56—57、133—135、155—158；Ⅲ. 977。

感知——见知觉、感知。

高利贷——Ⅰ. 263、455、500、525、556、572、587、607、765；Ⅱ. 296、413、739、
759、764；Ⅲ. 30、145、147、188、196、208、210、220、325—326、335、583、
692、827、832；Ⅳ. 125、126、167、185、193、314、343、359、363—364、367、
533、655。

高卢、高卢人——Ⅰ. 16、206；Ⅲ. 17、822、834；Ⅳ. 155、164、166、169、170、
398。

哥白尼学说——Ⅲ. 843、848、850；Ⅳ. 232。·

304、311、313—314、357—358、368、386、397、408—413、422、431、454、509、526、615、776；**Ⅱ.** 234、274—275、299—300、334、438、445、451—454、487、492—494、508、528、530、639、649、654、724—725、740、751—752、756—758、760—762、765—766；**Ⅲ.** 30、105、147、215、366、392、400、526、537、545、645、659—662、768、780、805—806、811—812、817；**Ⅳ.** 270、384、496、498、548。

——工人阶级的世界历史作用——**Ⅰ.** 70、132、385、397、406—407、411、414、419、421—422、454、469、470、531、553、558、564、653、769、777；**Ⅱ.** 90、299；**Ⅲ.** 10—11、35、103、139、147、152—153、160、169、172、198、339、341—342、367、511—512、536—537、545、668、671、724、812—813、817、818；**Ⅳ.** 203、215—216、272、323—324、426、558—559。

——是唯一彻底革命的阶级，劳动群众利益的代表者——**Ⅰ.** 164、170—171、280、410、411、454—455、483、499—500、530、553、559、653；**Ⅲ.** 103—104、139、148、198、256、280、366、818；**Ⅳ.** 384—385、456、536。

——工人阶级的解放应当是工人自己的事情——**Ⅲ.** 171、198、366、724、734、739—740；**Ⅳ.** 190、299。

——工人阶级解放的物质前提——**Ⅱ.** 779、783—784、786—787；**Ⅲ.** 10—11、17、103、152—154、197—200、724、818；**Ⅳ.** 544。

——无产阶级阶级意识的发展——**Ⅰ.** 101—102、110—111、119、130—131、132、170、235、311、391、394、410、434、564、571；**Ⅲ.** 10—11、103、152、160、242、272、1003；**Ⅳ.** 2—3、215—216、271—273、486。

——国际工人阶级的团结——**Ⅰ.** 383、397；**Ⅲ.** 10—11、171—174、345—346、1005—1006；**Ⅳ.** 206—207、216、266—267。

——战斗口号："全世界无产者，联合起来!"——**Ⅰ.** 393、435；**Ⅲ.** 11；**Ⅳ.** 207。

——工人阶级组成一个独立政党的必要性——见**无产阶级政党**。

——和农民——**Ⅰ.** 280、408、411、422、455、470、499、526—528、530、562、766；**Ⅲ.** 29—31、105、141、145—149、177、335、337—339、366—367；**Ⅳ.** 299、323、355—359、362—363、365—377、384、385、396、427、536、565、580、594。

——和城市小资产阶级——**Ⅰ.** 408、410—411、428、470、471、499、530、555—556、570、600。

工人阶级的贫困化——**Ⅰ.** 412、415、735；**Ⅱ.** 67—68、71—72、76—77、231、234、269—270、276、278、289、487；**Ⅲ.** 1、5—6；**Ⅳ.** 184、257—258。

309、313、411、414—415、421—422、435、478、557；Ⅱ. 46、76—78、126—127、300、641；Ⅲ. 9、102—103、146—147、177—178、223—224、246、265—267、275、299、338、340、363、365、508—513、517、529、574、665—670、696、705、724、729、808—817、818、822—826、828、988；Ⅳ. 87、207、273—275、293、310—312、313—315、361—362、363、369—377、381、406、426、467、488—489、502、519、526、544、581、601—602。

——社会的共产主义改造的长期性和复杂性—— I. 128—129、303—307、520；Ⅲ. 103、143—144、299—300、342、509、684；Ⅳ. 601—602、618。

——无产阶级革命和无产阶级专政的历史必然性——Ⅱ. 46；Ⅲ. 10、206、223—224、338、373、734、737—738、811—812、816—817；Ⅳ. 273、325、356、394、426、493—494、498、501—502、558—559、592、613—614、633。

——共产主义社会的两个阶段及其分配原则——Ⅲ. 361—365、724。

——劳动和生产—— I. 26—41、43、61—62、163、165—167、170—171、184、198、202、207—210、302、305、307—308；Ⅱ. 46—47、77—78、126—127、486、511、627、641、723、739、779、783—784、786—787、790—791、843；Ⅲ. 9、102—103、143—144、146—147、178、199—200、265、275—276、323、347、360—366、371、492、493、509—512、517、562、581、654、665—671、680—685、696—697、705、710、724、729、782—783、808—817、823、825、829、860；Ⅳ. 461、467、473、518—519、538、577、599、601—602。

——社会生产的自觉的、有计划的组织——Ⅲ. 509、529、667、671、683、696—697、705、860；Ⅳ. 191、311。

——交换、分配、消费—— I. 27、33、37—38、61、167、292、302、303、306—307、308；Ⅱ. 126—127、386、647、739、790；Ⅲ. 201、270—271、359—366、509、528—529、537、581—582、724、860、988；Ⅳ. 599。

——工业和农业—— I. 31、292、302—309；Ⅱ. 627—628；Ⅲ. 683—684；Ⅳ. 273—275、355—356、359—360、362—363、365—366、370—377、461、581、602。

——阶级对立的消灭—— I. 164—165、170—171、201—202、275、307—308、314、326、385、417—422、431—433、532、557；Ⅲ. 98、102—103、169、199—200、248、256、323、371、393、471、484、492、537、668—670、724、777、813、817、999；Ⅳ. 87、190、203、207、381、426、490。

——城市和乡村的对立的消灭——Ⅲ. 680—681、683—685；Ⅳ. 370—371、556。

——脑力劳动和体力劳动的对立的消灭——见**脑力劳动和体力劳动**。

408、452、457、458、544、789—790。

——固定资本的折旧——**Ⅱ.** 40、340—342、344—346、348—357、360、365、401—402、452、458、544。

——固定资本的生产、再生产和补偿——**Ⅱ.** 401—419、434—435、450、694、781—782、788—789、790—791。

——固定资本的平均生命周期和经济危机的周期性——**Ⅱ.** 358。

雇农、雇农阶级——**Ⅰ.** 263、653；**Ⅱ.** 836；**Ⅲ.** 606；**Ⅳ.** 359、602、655、658。

雇佣劳动

——概述——**Ⅰ.** 332、333、343—344、350—351、357、359、373、407、414—415、432、478；**Ⅱ.** 1、46—47、49、50、53、63、68—69、491、528—529、645、649、651—652、655、673、695、702、709、740、758、766—767、782、834；**Ⅲ.** 9、102、369、511、532、542、562、599、657—659、725、800、802、812、816；**Ⅳ.** 77、189、192、364、373、374、381、431、489、501。

——雇佣劳动是资本主义生产的基本形式——**Ⅱ.** 164、266、322、328、334、397、649、651—652、655、833—834、852—853、856；**Ⅲ.** 532、542—543、562、657、659、668；**Ⅳ.** 77、192。

——雇佣劳动和资本——**Ⅰ.** 34、46、49—51、104、110、114、208、300—301、332、333、343—344、347—351、357、359、373、407、412、414—415、453、698；**Ⅱ.** 49、71—73、491、528—529、645、649、651—652、655、695、696、700、709、714—715、719、740、774—775、776—779、782、827—829、839—840、849—850、854；**Ⅲ.** 532、698、797、802；**Ⅳ.** 501。

关节点(量变向质变的转化点)——**Ⅲ.** 420、442、504、906。

关税同盟(1834—1871年)——**Ⅰ.** 569、573；**Ⅱ.** 7。

观念、思想

——概述——**Ⅰ.** 28、151—152、166—174、222；**Ⅱ.** 93、441、684、747；**Ⅲ.** 401、473、878、921—922；**Ⅳ.** 4、186、223、228、230、231、233、235、242、249、251、253、260—261、339、344。

——观念、思想的起源、形成和本质——**Ⅰ.** 151—153、222、419—420、531—532；**Ⅳ.** 409—410、415—416。

——观念、思想和现实——**Ⅰ.** 9、151—152、162、172—177、200、218、222、227—228、230、235、413、419—420、442、586、644；**Ⅱ.** 93；**Ⅲ.** 196、261、392、399、410—411、473、492、794；**Ⅳ.** 228、231、253、412—413、417—418、642。

——观念、思想和社会关系、阶级——**Ⅰ.** 151—152、178—181、218、222—

H

海军——Ⅲ. 552—554；Ⅳ. 128、130。

汉撒同盟——Ⅱ. 669—671、673。

行会、行会制度——Ⅰ. 150、186、189、232、237、244、250、300、303、309、426、442、571、590、592；Ⅱ. 206、295、664、668—670、722、732、751、753—756、759—760、829—830、834；Ⅲ. 95、262、392、483、544、564、597、643、657—659、777、778—779、801、802、804；Ⅳ. 92、202、257、409—410、428。

航海业、航运业——Ⅰ. 100、191、192、244；Ⅱ. 447、673、846；Ⅲ. 865、995；Ⅳ. 124、128、531、580、596—597。

好望角——Ⅰ. 244；Ⅳ. 548。

合作工厂——Ⅱ. 561、571；Ⅲ. 8—9。

合作社——Ⅳ. 370—371、580—581、601—602。

和平和自由同盟(1867 年)——Ⅲ. 368、374；Ⅳ. 487。

荷兰(尼德兰)——Ⅱ. 296、671；Ⅲ. 570、762、912；Ⅳ. 263、278、541、563。

黑格尔、黑格尔主义

——概述——Ⅰ. 2、9、143、216—221、225、668、778；Ⅱ. 4、693、701；Ⅲ. 36、392、398—399、427—428、434、519、940—941；Ⅳ. 221—229、244、248—251、253、255、575。

——黑格尔的辩证法——Ⅰ. 225、226、778；Ⅱ. 10—15、93—94；Ⅲ. 16、385—387、394、398—400、421、496—497、499—510、518、519—521、648、746—747、784、789、792—796、841、874—880、892—893、901—902、905—907、923、943、949—951、977—978；Ⅳ. 222—235、249—251、410、433、468、614、623—625。

——黑格尔的唯心主义——Ⅰ. 9、143—145、168—169、172—174、180—182、218—223；Ⅱ. 2、4、10—13；Ⅲ. 16、386—387、399—400、410、411、418、522、793—796、877—878、892、901、908；Ⅳ. 228、231—233、237、243、248—250、253、255—256、258、468、623—625。

——黑格尔的精神现象学——Ⅳ. 224、225、513—514。

——黑格尔的逻辑学——Ⅲ. 410、421、443、503、522、892—893、901、918—919、925—934、949；Ⅳ. 222—224、233、249、461—462、471、623—625。

——黑格尔的自然哲学——Ⅲ. 386—387、399—400、410、792—795、851、878、943—944、969—970、975—976；Ⅳ. 223、225、228、249—250、432—433、461—462、463。

J

——机器和资本主义生产方式——**II.** 60、67、216、217、218、219—228、271、272、289—290、331、339—340、343、345—346、350、351—355、359—361、363、390、402、403—404、450—451、452、458、711、773—777、779、781、788—789、840、846；**III.** 661—662、679—680、682、785、804—806、821、825。

——机器和分工——见**分工**。

——机器和工人——见**工人**。

机器制造业——**II.** 358—360、452、454、678、846。

机体——见**有机体**、**机体**(生物学上的)。

机械论

——18世纪法国唯物主义的机械论——**III.** 400、851、894、911、919、943、948—951、971。

——19世纪自然科学唯物主义的机械论——**III.** 842、911、915—923、937、946—951、971。

机械运动

——概述——**III.** 435—436、437—438、453、755、854、857、862、902—903、920、927、946—947、960、971—974；**IV.** 252、433、509、556。

——机械运动是最简单的运动形式——**III.** 498、942、951；**IV.** 509。

——机械运动和热的相互转化——**III.** 492、854、857、862、894—895、902—903、920、927、931、945、960、972—974、981；**IV.** 433、509、556。

积分——见**微分和积分**。

基督教

——概述——**I.** 18、424、575、710；**II.** 706；**III.** 279、284、470、478、481、484、848、999；**IV.** 166、240—241、262—264、327—328、335、398、549。

——基督教的产生和传播——**III.** 769；**IV.** 166、261—262、327—354、398—399。

——基督教是世界宗教——**IV.** 241—242、261—262、334、337—338、344、353。

——基督教和犹太教——**IV.** 262、334—335、340—341、346。

——基督教和哲学——**I.** 145、219、420；**III.** 767；**IV.** 230、261、334、344、353。

——自然科学家与基督教信仰——**III.** 843、847—848、850—852、880、896—897、899—900。

级差地租——**II.** 615—622、623—627、628—631、632、638。

几何学——**III.** 516、754、848、868、912、931、979；**IV.** 336、348、350。

184、190、195—196、197—199、212、274、303、308、400—402、419、422、461、499、522、568—573、695；Ⅱ. 238—239、291、294、295—300；Ⅲ. 102、178、192、323、337、339、342、401、470、526—527、536、559—562、654—655、669—670、722—725、795—798、811—814、999—1000；Ⅳ. 123、125、130—131、144—145、173、178、180、183、184—185、190、192—193、256—257、263、409—410、425—426。

——阶级和分工——见**分工**。

——阶级和所有制——见**所有制（所有权、财产）**。

——阶级和国家、法—— Ⅰ. 164—166、170—171、212—213、300；Ⅳ. 13、123、125、128—130、186—191、256—260、501—502、558—559、604—605、610—611、648。

——阶级矛盾、阶级对立—— Ⅰ. 38、164、170—171、178—181、196、199—200、232—236、271、275、385、396、400—401、410—412、414、419、421—422、431—432、445、456、468—470、488、557、594—596、623、686—687；Ⅱ. 83—84、88—89、190、298—299、755；Ⅲ. 391—392、471、526、527、536、558、562、566、589、668、671、673、681、698、999—1000；Ⅳ. 7、13、76、78、85、110、123、125、127、133、178、185—187、189、192、194、203、207、242、244、246、271、273、298、327、384、426、501、647。

——资本主义以前的社会中的阶级—— Ⅰ. 232、275、297、303、400；Ⅱ. 191；Ⅲ. 177、338、723、726、760—761、769、776—777；Ⅳ. 124—125、130—131、133、144—145、173—174、180、184—185、187—189、436、440—441、560。

——资本主义社会中的阶级和阶级斗争—— Ⅰ. 13—15、44、101—102、165、170—171、179—180、196、200、201、210、232、275、280、296—297、299—301、306、314—315、327—332、358、401—407、408—412、425、447、455、465—470、479—482、483、498、531、572、592、652—654、675—677、727；Ⅱ. 3、75—78、83、88—89、192、193、209—210、236、299、709、749—750；Ⅲ. 30—31、45、96、102、105、137—143、147、149—156、164—167、199、214—215、256、264、366、723、760、761、763、767—774、785、796、813—814、827、829；Ⅳ. 183、215、246、257、271、274、426、456、647、667。

——阶级利益——见**利益**。

——市民阶级——见**市民、市民阶级**。

——资产阶级——见**资产阶级（资本家阶级）**。

捷克——**I.** 606、609。

解放

——概述——**I.** 10—16、61、291、298、314—315。

——工人的解放包含普遍的人的解放——**I.** 61。

——无产阶级只有解放全人类,才能最后解放自己——**I.** 15、385。

——人的解放与社会的共产主义改造——见**人**、**个体**、**个人**。

解剖学——**II.** 705;**III.** 707、761、791、845、849、854、865、895、919;**IV.** 432、536。

借贷——见**国债**、**公债**、**借贷**。

借贷利息

——是剩余价值(利润)的转化形式——**II.** 53—54;**III.** 207。

——和产业利润——**II.** 53。

借贷资本——**II.** 413、419、431、504—505、541—542、543—552、555、558、563—564、573、581—584、586—587、588、589、593、598、719。

金和银

——概述——**I.** 17、18、90、340、779、781;**III.** 482、623—625、691、692、696;**IV.** 92、177、180、319。

——金银的开采或生产——**II.** 314、385、418、420;**IV.** 608。

——金矿的发现——**I.** 66、190—191、244、643、779、781、837;**II.** 4;**III.** 166、622;**IV.** 608。

——金和银的价值和使用价值——**II.** 42、132、597、599、777;**IV.** 177。

——金和银作为货币——**II.** 32、121、132、134、147—148、314、385、420、537、596—597、600、603、644、777;**IV.** 180、530。

——金和银作为资本——**II.** 147—148、418、420、599—601。

——金和银的流入和流出——**I.** 17、779、851;**II.** 32、595—599;**IV.** 530、608。

进化论——见**达尔文**、**达尔文的进化论**。

禁欲、禁欲主义——**I.** 424、431;**III.** 284、754、777;**IV.** 341。

经济的社会形态

——概述——**II.** 2—3、309、641;**III.** 722—723、730、824、836;**IV.** 599。

——经济的社会形态的演进及其历史性质——**I.** 669;**II.** 3、8、83—84、644—645。

——经济的社会形态的特征——**II.** 2—3、171—172、188、191;**III.** 729。

——大体说来,亚细亚的、古希腊罗马的、封建的和现代资产阶级的生产方式

137、140、150、163—164、240—242、547、765、766、843、846；**Ⅳ.** 3、120—123、188、224、560、565、612、622、628、632、652。

K

——历史上的类比—— I. 405、453；III. 373、730、799—800；IV. 146、256—257、327—332、339—342、397—399。

——社会现象和自然现象之间的类比—— II. 301—303；III. 595、695—697、822—824、940—941；IV. 241、254。

——辩证法为自然界中出现的发展过程，为各种普遍的联系，为一个研究领域向另一个研究领域过渡提供类比，从而提供说明方法——III. 874。

——类比和区别—— I. 665；III. 23—24。

类人猿——III. 988、989；IV. 42。

黎凡特——II. 670—672；III. 482。

李嘉图、李嘉图学派—— I. 20、25、29、216、234、260—263、319、322—323、366、371；II. 36、67、88、303、511—512、683、687、695、716—717、719、816—820、838、839；III. 282、445、572、576、593、605、609、640；IV. 274、460、467、474。

理论和实践

——概述—— I. 55；II. 301—304、667、704—705、784—785；III. 279、297、298、301、318、363—364、391、817、865—866、915、921—923、932、1003；IV. 201、202、205、226—227、378、408—409、416—419、445—446、473、523、527—528、574、619。

——理论和实践的关系—— I. 1—2、10—11、16、22、27、35、133—136、137—140、151—153、157、160—162、170—177、181—182、205、218、221—222、226、234—236、282、290—291、382—383、390—391、413、478、533—534、728；II. 8、14、465、490、676；III. 16、23、36—37、142、272、363—364、391、393、401、413、464—467、484—485、605—606、639、645、703—705、775、777—778、780、795—796、817、865—866、873—874、921—922、934—935、992、995—996、999—1000、1003；IV. 1—2、88、93—94、196—197、222—223、231—232、265、278、301、360、367—368、384—385、416—417、445—446、574、582、604—605、648—649。

——实践在改变客观现实中的作用—— I. 9—10、133—136、137—140、154—155、171—173；II. 8—9；III. 705。

——实践在认识中的作用—— I. 54、133—135、137—140；IV. 224、232、649—650。

——实践是检验真理的标准—— I. 35、44—45、133—135、137—140、152—153、376—377；III. 757—759、921—923；IV. 205、232、462—463、586。

——理论思维的重要性—— I. 11、19—20、22、26、30—31、35—36、39；III.

M

449、533。

美学——Ⅰ. 57、131；Ⅱ. 683；Ⅳ. 225、435—443、589—590、599、625。

美洲——Ⅰ. 190、237、244、346、378、401、433、636、677；Ⅱ. 671、698、743；Ⅲ. 622、720、723、762、769、1004；Ⅳ. 32、51、58、60、63、100、103—104、110、117、160、204、356、396、410、529、538、564、608、631、655。

民主、民主制

——概述——Ⅰ. 164、479—480；Ⅲ. 374—376；Ⅳ. 189。

——古希腊罗马的民主——Ⅳ. 118—119、121、134、187。

——军事民主制——Ⅳ. 120—121、142、180。

——资产阶级的民主——Ⅰ. 126、280、555—560；Ⅲ. 392、550；Ⅳ. 565。

——无产阶级的民主——Ⅰ. 421；Ⅲ. 55、98、100、107、340、371、550、667—669；Ⅳ. 565。

民主运动、民主主义——Ⅰ. 280、284—285、311、315、482—483、501—510、555—564、569—570、584—585、586、599—600、645—647、654—656、661；Ⅳ. 5、210—212。

民族

——概述——Ⅰ. 7、17、19、21、23、147、162、168、195、314—315、404、405、419、573、589、605、607—609、612—613、636—637、653；Ⅱ. 686、697、700、703、707、708、725、743、757、769；Ⅲ. 38、291、471、475、481、517、663、708、730、846、865、995；Ⅳ. 8、25、33、75、109、132、162—165、168、172、179、182、261、310、328、343、385、576、627。

——民族的形成——Ⅰ. 147、168、184、195、204、404—405、605、636—637、761；Ⅳ. 105、108、117、164、343。

——民族意识、民族感情——Ⅰ. 404、449、589、609、613、636—637。

——国家和民族的结合——Ⅳ. 172、645—646。

——民族的独立和统一——Ⅰ. 313—315、397、573、607—608；Ⅳ. 375、386。

民族大迁徙——Ⅰ. 207、403；Ⅳ. 152、160、161。

民族问题

——概述——Ⅰ. 315、607—609、612—613；Ⅳ. 605。

——民族压迫及其社会根源和后果——Ⅰ. 327、396—397、419、470、588；Ⅳ. 481—486。

——民族问题和国际工人运动——Ⅰ. 395；Ⅳ. 481—486。

——压迫其他民族的民族是不能获得解放的——Ⅰ. 314；Ⅲ. 292。

——民族的独立和平等是无产阶级解放的先决条件——Ⅰ. 395、397、470、

——无产阶级政党及其领导人的权威——IV. 500—501、503。

——对迷信权威的批判——IV. 524—525。

群众——见**人民**、**人民群众**。

R

燃素、燃素说——II. 301—302；III. 262、849、879—880；IV. 234。

让渡——I. 33；II. 147、543—551、610；III. 256、835。

热

——概述——III. 386、439—440、442、452、699、857、862、879—880、895、920—921、931、942、956、962、968—970、972、974—975、981、984。

——热是物质的运动形式、分子运动——III. 388、435、442、854、857、862、879、895、902—903、920、927、942、945、958—959、960、967、972—975、984。

——热是排斥的一种形式——III. 956、958、962、967—968、970。

——机械运动和热的相互转化——见**机械运动**。

——宇宙热寂假说——III. 861、862、864、984。

热力学——III. 431—432、437—440、845、874、879—880、894—895、931、935。

热那亚——II. 669、671。

热素、热素说——III. 386、879—880、932。

人、个体、个人

——概述——I. 41、50、53—63、159、292、334、339、373；II. 688—689、743—745、825—826、839、841；III. 409—410、444—445、509、793、868、909、919、930、936；IV. 13—14、23—24、76、223、226、231、238—239、244—245、322—323、538。

——人的起源——II. 705；III. 358、478、492、850、908、988—997；IV. 30、40—42、251、519。

——人和动物——见**动物**。

——人和动物的本质区别——I. 56、147、161—162；II. 684、749；III. 358、559、671、815、845、858—860、988—998；IV. 30、40—43、434、518。

——劳动在从猿到人转变过程中的作用——III. 842、845、858—860、988—998。

——人的本质——I. 2、9—10、16、24、37、56—58、135、144、146、151、155、157、177、181、252、292、334、339、373、427；II. 648、749；IV. 228、243、247。

223、234、249。

——人脑和劳动——Ⅲ. 992、995—996。

人权

——概述——Ⅲ. 392、481、483、776、777；Ⅳ. 91—93。

——人权的历史性质——Ⅲ. 479—484；Ⅳ. 175、245—246。

——资产阶级人权观念及其局限性——Ⅰ. 699；Ⅲ. 392、479—484、776。

——资产阶级国家中劳动人民的无权地位——Ⅰ. 300、453—454；Ⅲ. 484；Ⅳ. 91—92、189、245—246。

——无产阶级要求平等的权利和平等的义务——Ⅲ. 171、393、480、484；Ⅳ. 291、299。

人权和公民权宣言——Ⅲ. 766。

人与自然

——概述——Ⅰ. 18、24、28、34、55、57—59、146、156、157、161、168、183、762、776、854、862；Ⅱ. 644、654、683—687、711、715—716、724、739—742、748—749、778、783—785；Ⅲ. 264—265、275—276、357、409—411、491—492、555、558、667、671、704—705、755、793、811、815、817、855—856、858—859、864、922—924、934—935、941、981、987—992、995—999；Ⅳ. 30—35、42、110、126、225、228、247、250—253、446、611、625。

——人的活动和自然界——Ⅰ. 28、52、54、146、151、156—157、168、172、183、246、340、862；Ⅲ. 998、1001。

——人对自然力的利用和支配——Ⅰ. 59、168、197、246、405、862；Ⅱ. 42、102—103、127、169—174、234、235、239—241、298—299、363—364、385、644、654、687、714—716、735—736、741—745、777—778、783—785、788；Ⅲ. 491—492、555、558—559、671、859、991、997—998；Ⅳ. 33。

——人通过认识和利用自然界的客观规律来支配自然力——Ⅰ. 405、776、854、862；Ⅱ. 42；Ⅲ. 275—276、811、815—817、998；Ⅳ. 126。

——人与自然界的关系以及人们之间的相互关系——Ⅰ. 55、145—146、147、156、157、161、168、172—173、183、340、405、762、767、776；Ⅲ. 793、815、817；Ⅳ. 225。

——人靠科学和创造性天才地征服自然界，自然界也对人进行报复——Ⅱ. 42；Ⅲ. 275—276、997—998。

——人与自然关系的调节，归根结底要靠生产方式和社会制度的变革——Ⅲ. 671、998—1001。

人种（种族）——Ⅲ. 44、69、818；Ⅳ. 503、631。

——商业和资本主义生产方式——I. 19、20、102、157、167、190—193、212；II. 408、761—766、840。

——商业和生产——I. 157、187—190、191—195、212；II. 713—714；III. 6、543、722—723；IV. 318、414、608—609、627—629。

——商业和交通工具的发展——I. 187、194、401、862；IV. 530—533。

——商业和分工——I. 147—150、186—188、207；IV. 182。

——商业和竞争——I. 23—27、36—37、38—39、192—196、197—198、569。

——商业和经济危机——I. 781—785；II. 408。

——商业欺诈——I. 22、37；III. 192—193、644、779。

商业利润——II. 520—530、532—536；III. 593—595。

商业民族——II. 703、708。

商业危机——I. 406、450、457、747—748；II. 151；III. 543、663—664；IV. 182、192、460。

商业信用——I. 459、460；II. 564—565、584—589。

商业战争——I. 23、190；II. 296；III. 661、804。

商业(商人)资本

——概述——II. 513—515、517—520、536—538、668—673、708、830—831、872；III. 583、657。

——商业资本的职能——II. 513—521、526—527、529、541—542、674—675。

——商业资本的周转——II. 159、518—519、530—536。

——商业资本的利润——II. 520—525、529、533—535。

——和产业资本、商品资本——II. 513—520、524—527、529、533—534。

上层建筑——见**经济基础和上层建筑**。

上帝、神

——概述——I. 6、18、51、58、60；III. 257、411、418—419、429、437、462、481、522、757、759、769、851、862、867、881、899—901、917；IV. 17、71、75、230、242、261、337、345—346、350—351、408、413—417、665。

——神的概念的产生和实质——III. 703—704；IV. 230—231、261。

——自然科学在破除对神的信仰中的作用——III. 896—898、900—901。

社会

——概述——I. 40—41、49、62、135—136、138—139、165、170—173、180、201、210、243、254、340、420、422、431、671、708、756、760、769、785；II. 82—84、127、379、386；III. 204、391—392、414、465、473—474、479—482、493、504、520、558—560、563、667—671、678、681—683、693—694、

136—146、152、158—159、163—168、175、177—178、240—243、260—261、323—324、345、359、363—364、372—376、796、809—815；IV. 13、67、108、114、122—125、128、134、185—189、190、192—194、258—260、408—409。

——社会和社会意识——I. 151—152、160—163、222、419—421；II. 2—3、8。

——社会形态、社会形式——I. 135、139、148—151、161、165、174、199、207、210、243；II. 77；III. 207、216、776；IV. 194、309、311、313、408—409、663。

社会必要劳动时间——II. 99—100、105、122—123、174、179、186—187、191、202—203、248、455、482、486、509、612、619、652、664—667；III. 574、585、695。

社会存在和社会意识——I. 151—152、161、172、203、380、385、419—420、532；II. 2—3、8、123—126、127、231；III. 777；IV. 604—605、642。

社会的总体工人（总体劳动者）——II. 212、213、222—225、235—236。

社会分工——I. 162—165、199、202、214、238、244、247、249、296、401、760；II. 102、124、126、137—139、214—216、240、331、362、399、453、486、515、518、520、612、618、655、835、841；III. 136、261、279、560—561、657、677、681—682、800；IV. 608、611。

社会革命——I. 36、43、170、196、205、210、303、327、375、470、478、653、671、775—776、853—854、862；II. 3、8；III. 133、139、143、189、192、205、224、256、275、277、323、327、338、339；IV. 87、419、502、558—559、633。

社会关系——I. 135、139、145、151、160、162、171—172、201、220、222—223、227、258、268、340、403、417、419、456、478、532、541、695、762；II. 344、507、508、567—568、604—605、644—645、646、650、652—654、684、710、711、719、741—742、754—755、791、827—829、833—836；III. 26、392、465、473—476、530、668；IV. 62、83、85、271、322、409—410、415、428、445、570。

社会规律

——概述——I. 431；II. 92—93、230—233、687、688、695；III. 399、520、530、564、667、671、815、901、907、987、1002；IV. 473、517—518。

——社会规律的客观性质——I. 232；III. 414；IV. 192、253—254。

——社会规律起作用的方式和特点——II. 82；III. 659—660、667、671；IV. 192、256。

——社会生产、生产的社会性——Ⅱ. 126—127、215、230—234、254、280—282、298—299、389、400、490、570—571、600、649—654、684—685、705—707、741；Ⅲ. 8、143—144、200—201、799—805、807—813、815—817；Ⅳ. 85、167、178—179、191—192、301、311—313。

——生产的发展——Ⅰ. 39、147、152、157、183—184、190、203—204、207—208、222、291、303、306—307、404—406、419；Ⅱ. 500、508—509、511—512、571—572、640、654、683—688、698—699、709、713—716、835—836、838；Ⅲ. 16、176、511、517、525—529、540—546、559—561、581、654、657、662—665、667—670、678、684、699、724、799—801、807—808、814、815—817；Ⅳ. 13、30—35、110、123、126—127、160、166、171、176—186、191—192、213、245、257—258、298—299、378、409、426、518、599。

——资本主义以前各社会形态下的生产——Ⅱ. 697—698、720、725—727、738、742—743、747—748、754—755、765—767、829—831、834、869。

——资本主义生产——见**资本主义生产方式**。

——共产主义条件下的生产——Ⅰ. 29、165、305—308、421—422、862；Ⅱ. 126—127、230、232、327、379、386、400、403、783—784、786—787、790；Ⅲ. 9、143—144、177—178、201、347、361—365、517、529、581、667—671、681—685、724、811—817、860、999；Ⅳ. 538—539、599—601。

生产方式

——概述——Ⅰ. 147、151、160—162、181、206、210、282、291、303、353；Ⅱ. 200、204—206、214、331、333、697—698、747—749、827—829、849；Ⅲ. 402、501、512、540、543、586、644、654—667、681、684—685、696、1000、1002；Ⅳ. 126、213、312、358—359、371、374—375、408—410、414—416、445、648。

——生产方式和社会、社会关系——Ⅰ. 151、160、171—173、209—210、222、227、385、403、421、667；Ⅱ. 2—3、8、509、647—650、653—654、687、695—698、828—829、839—843、868—871；Ⅲ. 202、798—802、1002；Ⅳ. 258—259、408—410、648。

——物质生活的生产方式制约着整个社会生活、政治生活和精神生活的过程——Ⅱ. 2、8。

——生产方式和生产力、生产资料——Ⅰ. 151、160、222、227、233、295—296、303、403—406；Ⅱ. 46、216、298—299、309、331、508—509、560、567、571—572、618—619、648、653—654；Ⅲ. 178、323、365、654—656、664、725、780、798—800、808、811—814、816—817、823—824；Ⅳ.

798—799、808—809、813—817；Ⅳ. 213、257—258、408—410、412—414、556。

——资本主义制度下的生产力—— Ⅰ. 404—407、541、563、669、776、858；Ⅱ. 3、8、77—78、230—231、233—234、289、683—684、714—715、721—723、776—777、788；Ⅲ. 6、199—200、323、370、529、537、545、644—645、648、650、655—656、663—670、681、724—725、780、787、798—799、802—805、807—810、816—817、987—988；Ⅳ. 213、257—258、460、518—519、556。

——共产主义条件下的生产力—— Ⅰ. 37、165、169—170、196、209—210、305—307、411、421—422、557、776；Ⅱ. 739、782—783、785—787、790；Ⅲ. 199—200、256、323、365、724、729、787、811、814—815、817；Ⅳ. 460、556。

生产时间—— Ⅱ. 323—324、338—339、358—367、372—374、379—380、383、385—386、446—447、531—532。

生产条件——见**劳动条件**(生产条件)。

生产资本

——概述—— Ⅰ. 344—345、351、355、358、368；Ⅱ. 316、323、330—332、359、363—364、531、803—805、831、875。

——作为产业资本的形式—— Ⅱ. 313、316、364、370、381、521。

——生产资本的组成部分和实物形式—— Ⅱ. 308、309、316、331、344—349、356、388、401—402、529。

——生产资本的职能—— Ⅱ. 308—310、315、316、319—320、348—349。

——生产资本的循环—— Ⅱ. 309—323、381、387。

生产资料

——概述—— Ⅰ. 178、186、206、253、267、304、320、354、405、426、563；Ⅱ. 51、201、389—390、451、452—453、509、510、570—571、644、651—652、841；Ⅲ. 103、182—183、185、201、299、508—509、540—541、543、676、681、685、688、692、705、725、730、801、802、808、815、820、824；Ⅳ. 462。

——生产资料的组成—— Ⅱ. 51、53—54、67、170—174、183—184、271、390、398—399、778—779、789、849；Ⅳ. 272—275、460、609。

——作为生产的要素—— Ⅱ. 100、170—173、254、272、278—279、306、309、340、391—393、772、829、841—842。

——生产资料的生产、再生产—— Ⅱ. 358、389、391、401、407、409、412、417、435；Ⅲ. 508—509、574、589、705。

——生产资料和生产方式—— Ⅰ. 222、227、245、295—296、400、403—406、

——思维是物质发展的产物和运动的形式——Ⅲ. 410—411、845、864、896、951、971；Ⅳ. 223、234、249、473。

——思维是现实的反映—— Ⅰ. 133、137、145、151—152、175；Ⅲ. 409—420、517、790—791、792—794、798；Ⅳ. 223、230—234、238、249、570、625、642—643、666。

——思维和实践—— Ⅰ. 133—138、147、151—153、161—163、172—173、178—182；Ⅲ. 460、873—874、922、923—924、992、995—996；Ⅳ. 222—223、231—232。

——思维和认识—— Ⅰ. 133、134、137；Ⅳ. 222—223、231—232。

——思维方法——Ⅲ. 206—207、315、389、394—401、410、789—796、874、898、925—930；Ⅳ. 222、223、235、251、570。

——思维规律——Ⅲ. 386、389、399—400、410、414、467、519—520、794、874、901、907、925—927、977—978；Ⅳ. 249、261、264。

——抽象思维—— Ⅰ. 9、11、135、139、180、218；Ⅱ. 11、14；Ⅲ. 399、893、899—900、920、932—933；Ⅳ. 570。

——理论思维——Ⅲ. 389、616、851—852、861—862、873—877、889—891、893—894、899、951—952、977。

——一个民族要想站在科学的最高峰,就一刻也不能没有理论思维——Ⅲ. 875。

——辩证思维——Ⅲ. 389、394—400、467、498—500、519—521、789、794、874、876、890、899、901、908—910、923—925、978；Ⅳ. 235、249、264。

——对唯心主义和形而上学思维观的批判—— Ⅰ. 143—145、152—153、173—175、178—183、220—222；Ⅲ. 389、395—397、433、497—500、520—521、523、791—796、849—852、875—876、880、890、893、899、909—910、915、920—921、954—955；Ⅳ. 235、250、413、665—666。

思想——见**观念、思想**。

斯巴达、斯巴达人——Ⅲ. 393、777；Ⅳ. 73、74、79、107。

斯多亚派——Ⅳ. 261、334、344。

斯拉夫人—— Ⅰ. 606—607、609、610—612、636—637；Ⅱ. 707、751；Ⅲ. 287、338、527、696、704；Ⅳ. 67、200、311、313、646。

死亡——Ⅲ. 397、459、499、792、861、864、914、985。

苏格兰—— Ⅰ. 231；Ⅲ. 557、649、674；Ⅳ. 146、149、263、307—308、312、484、529。

所有制(所有权、财产)

——私有制——见**私有制**(私有权、私有财产)。

——公有制、社会所有制——见**公有制、社会所有制**。

T

太平天国起义(1851—1864 年)—— I. 778—783、787、797—800、806、813、818、822。

太阳、太阳系——III. 398、435、793、848—852、856—864、869、877、900、911、915、917、921、922、934—935、941、943、962—970、973、979;IV. 232、235。

碳——III. 505、905、948。

特殊——见**个别、特殊和普遍**(一般)。

体力劳动——见**脑力劳动和体力劳动**。

体系、系统

——概述——III. 399、412、433、871;IV. 220、225—226、233、235、248、252、431、528、604、619、643。

——世界、自然界是一个体系——III. 795、896、936、952;IV. 250—254。

——关于自然和历史的无所不包的、最终完成的认识体系,是同辩证思维的基本规律相矛盾的——III. 399、794。

天体——III. 400、435、856—857、863、896、904、923、934、942、951、955、971。

天体演化学——III. 387、398、433、746、793、852、857、877、956;IV. 235。

天文学—— I. 778;III. 433、436、464、761、844、847—854、856、863、865—866、935、941、942、955、982;IV. 232。

天主教—— I. 22、528、585;III. 470、705、761、843、848、853;IV. 81、166、261—263、643、661。

铁路—— I. 100、409、448、592、771、858—859;II. 15、350—352、360、362、368—369、379、691、784—785;III. 179、274、276、335、525、564、665—666、723、808;IV. 208、258、314、318—319、340、460、525、530—533、535、609、655。

通货——见**货币流通、通货**。

同业公会—— I. 50、251;II. 669、751、753;IV. 24、359、543。

同义反复—— II. 36、40、45、687—688、701、741;III. 327、416、974。

童工——见**儿童劳动**。

统计、统计学—— II. 83;III. 617;IV. 591。

投机

517、541、555—558、824；Ⅳ. 128、179—180、192—193。

——封建土地所有制—— Ⅰ. 201、405、568、588；Ⅱ. 707、751、757；Ⅲ. 566；Ⅳ. 129、365、413。

——资本主义条件下的土地所有制—— Ⅰ. 50、258—259、524—525、696；Ⅱ. 604—605、695—698、709、724、750—757、759、767—768、791—792、842；Ⅳ. 313、355、357—359、368、370、373、375、484、533、573、580—581、602、640、655。

——地产的集中和分割—— Ⅰ. 50；Ⅱ. 698、831；Ⅳ. 484。

——和地租—— Ⅰ. 29—31、213—214、262—264、267；Ⅱ. 53、695、707—708。

——和土地抵押、高利贷—— Ⅰ. 525—526、572、765、766；Ⅳ. 184、193、314。

——和资本—— Ⅰ. 696；Ⅱ. 1、632、696、707—708、709、724—725、791—792、831。

——土地私有制的废除和土地公有制的建立—— Ⅰ. 31、33、305、421、562；Ⅱ. 627—628、641；Ⅲ. 30、175—178、267、268—271、338、509、517、824—829；Ⅳ. 69、158、208、273、274、310、312—315、361—375、489、527、580—581、602。

土地析分、小块土地—— Ⅰ. 150、246、524—525、669、762—769；Ⅱ. 696、698、729—731、750、842；Ⅲ. 177、326、338、824、828、838；Ⅳ. 166、183—184、312、355、357—358、362—363、368—369、370—377。

土耳其—— Ⅰ. 206；Ⅱ. 697；Ⅳ. 429、522。

推动

——力学中(外来)的推动—— Ⅲ. 437、441、850、956、965、984。

——"第一推动"(牛顿的)—— Ⅲ. 398、429、435、849—852、900。

推理—— Ⅲ. 926、928—931、992。

托拉斯—— Ⅱ. 282、568、580、678；Ⅲ. 748、808—810、817；Ⅳ. 290。

W

外化——见异化(外化)。

外汇行市——见汇兑率。

外在的——见内在的和外在的。

万有引力定律—— Ⅰ. 778；Ⅲ. 386、453、850。

威尔士—— Ⅰ. 99、117、122；Ⅱ. 742；Ⅲ. 3、5；Ⅳ. 146、150。

威尼斯—— Ⅰ. 739、741；Ⅱ. 669—672；Ⅲ. 67。

微分和积分—— Ⅲ. 464、497、513、516、521、849、978—982。

897、899—900、995—996；Ⅳ. 231、233、249—250。

——唯心主义历史观—— Ⅰ. 141—145、158、160、162、172—173、198、206、210；Ⅱ. 11；Ⅲ. 23、399—402、538、539、796、897—898；Ⅳ. 237、240—248、408—409、416—417、489。

——唯心主义方法—— Ⅰ. 19；Ⅱ. 11—13；Ⅳ. 233、249—250。

——唯心主义和自然科学——Ⅳ. 233、432—433。

——唯心主义和宗教—— Ⅰ. 143—145、174—175；Ⅳ. 228、230—231、240—243。

唯意志论——Ⅳ. 209、214。

维也纳会议(1814—1815 年)—— Ⅰ. 574、583、679。

魏特林、魏特林主义——Ⅲ. 788；Ⅳ. 199、201、204—205、212、329、331、339、523。

文化—— Ⅰ. 7；Ⅱ. 683、709；Ⅲ. 199、358—359、364；Ⅳ. 29—35、439。

文明—— Ⅰ. 24、47、53、183、184、266、302、404、406、425、435、481、592、610、637、677、799、804、834、853、861；Ⅱ. 66、715、721；Ⅲ. 68、102、118—121、125、177、200、304、373、784；Ⅳ. 25、29—35、57、60、65、75、76、78、86、95、108、110、127、164—165、172、179、182、188、190—195、409、415。

文学艺术—— Ⅰ. 55、187、670；Ⅱ. 3、684、692、701、710—712、784、817、862、866、872—873；Ⅲ. 20、199、317、465、562、669、708、813、843、846、990、995、1002；Ⅳ. 17—19、34—35、45、72、81、120—121、149、153—154、194、227、255、353、435—443、578—579、589—591、596—597、613、649。

文艺复兴—— Ⅰ. 666；Ⅲ. 843、846—847；Ⅳ. 260。

文字、字母——Ⅳ. 34、159。

无产阶级——见工人阶级、无产阶级。

无产阶级革命、社会主义革命

——概述—— Ⅰ. 155、166—167、169—173、177、180—181、210、304—306、785；Ⅱ. 90、232、299—300、641；Ⅲ. 471、574、705、988；Ⅳ. 488—489、493、500—501、519、537—539、541—542、552—553、558、560—561、592、621—622。

——条件、前提和历史必然性—— Ⅰ. 11、36、70、164—167、170、173、195—196、235—236、274—275、291、301—303、306、315、397、405—406、408—412、431、454—455、541、566、675—677、861、862；Ⅱ. 2—3、8—9、68—69、77—78、572、654、717；Ⅲ. 102—103、143、153、159、198—199、205—

遗传——Ⅲ. 444、447、448、908、978、986、990。

以色列、以色列人——Ⅰ. 3、496；Ⅳ. 336、338、346。

以太——Ⅲ. 870、952、969、970、981、982。

艺术——见**文学艺术**。

议会

——概述——Ⅲ. 54、85、96、137、139、163、166、237；Ⅳ. 297、355、356、389—390、417、535、593。

——议会的阶级性和职能——Ⅰ. 528、645—646、682—683、688—690、703、711—712、726—727、746、759。

——"议会迷"——Ⅰ. 643、733、753。

——工人阶级利用资产阶级议会——Ⅲ. 25、28；Ⅳ. 208、304、388—389。

异化(外化)

——概述——Ⅰ. 51—53、58、60—63；Ⅱ. 124—126、646、739—740；Ⅳ. 187、191—193、224、228、235、249。

——异化和私有制——Ⅰ. 49—51、60—63、164—167、208—209；Ⅱ. 208—210、256—257、259—260、264—266、567—568。

——资本主义条件下劳动的异化——见**劳动**。

——人的异化、自我异化——Ⅰ. 2、52、60—63、134、135、138、139、164—167、169、179、200—202、209、210、307—308、427；Ⅱ. 739—740。

——在宗教中人的本质的异化——Ⅰ. 2、52、59、135、139。

——异化的消除——Ⅰ. 134、164—165、169、179、202；Ⅱ. 297—300、567—568。

异教、异教徒——Ⅳ. 262、336、341、351。

意大利——Ⅰ. 188、206、396、402、588、620、848；Ⅱ. 29、292、670、672、708、760、766；Ⅲ. 10、68、181、556、590、768、822、834、843、846—847、866、998；Ⅳ. 34、322、532、626。

意识

——意识的产生和发展——Ⅰ. 23、132、151—152、161、210、403、417、612、695；Ⅲ. 843—844、847—848、858—859、992、995、997；Ⅳ. 234、261。

——意识和存在——Ⅰ. 151—152、161—163、165—166、419—421；Ⅱ. 2—3、8—9；Ⅲ. 401、410、417、517、754—755、796、878、939—940、977、995—996；Ⅳ. 231—234、238、253—256、261、666。

——不是人们的意识决定人们的存在，相反，是人们的社会存在决定人们的意识——Ⅱ. 2、8。

397、446、590、671、892、913—914、916—922、939；Ⅳ. 258、462、607、614、643—644、649。

——历史上的因果性，历史原因—— Ⅰ. 405、408—409、566—569、609、618、747—749、765、778—779；Ⅲ. 47、60、325、326、760—761、797—798；Ⅳ. 61、86—87、149、182、210、255—258、378—379、604—606、643—644。

——辩证法的因果观和形而上学的因果观—— Ⅱ. 11—12；Ⅲ. 396—397、421—423、722、790—793、892、913、915—920、921、949—950、973—974；Ⅳ. 462、614、643—644、649。

音乐——Ⅲ. 452、847、990。

银——见金和银。

银行、银行家

——概述—— Ⅰ. 193、206、305、421、447、458—459、540、589、744、771；Ⅱ. 29、151、154、155、413、562—565、573、584、585、592—595、599、814；Ⅲ. 52、203、248、821；Ⅳ. 320、371、529—533、609、638。

——银行和银行(货币)资本—— Ⅰ. 421、446—448、458—459、539—540、589、744；Ⅱ. 563—564、572—581、594—595。

——银行准备金、银行储备金—— Ⅱ. 578—579、581、592、595—596、599；Ⅳ. 530。

——银行家、金融贵族—— Ⅰ. 446—449、457、459、497、518—519、521、539、695、743—744；Ⅱ. 569、798；Ⅲ. 7；Ⅳ. 532、576。

——法兰西银行——见**法兰西银行**。

——英格兰银行——见**英格兰银行**。

——过渡时期的银行—— Ⅰ. 421；Ⅳ. 371。

银行法(1844年)—— Ⅱ. 591；Ⅳ. 530。

银行券—— Ⅰ. 459、539—540；Ⅱ. 30、31、145、152、153、564—565、589—593、596—597；Ⅲ. 571；Ⅳ. 530。

引力——Ⅲ. 386、453、849、850、966、969—970。

印第安人——Ⅳ. 13、25、32、55、56、95、175。

印度

——概述—— Ⅰ. 58、66、168、244、246、299、400、401、779、784、848—854、856—862；Ⅱ. 102、149、447、671、687、697、727、742；Ⅲ. 147、330、331、482、527、542、555、559、560、561、696、704、762；Ⅳ. 33、59、69、70、307、312、356、530、563、608、627。

——印度公社(村社)—— Ⅰ. 400；Ⅱ. 102、131、647、727、742；Ⅲ. 555、561、

Z

293、295、323、384、560、565—566、644、652。

——议会制共和国（立宪共和国）—— I. 509、512、517—518、526—527、535—537、691、696—697、703、712、732、749、755—761、764。

——联邦共和国—— I. 555、563、586、600。

——和工人阶级—— I. 451—453、463—470、587、600。

——和农民—— I. 481、526。

资产阶级古典政治经济学—— I. 19、23—24、234、319—322；II. 88、106、154、162—164、218、246、269、285、302—304、344、348、374、511、559、638、645、646、684—685、695—697、700、703—704、716—721、816—817、838—839；III. 390、445、475、529—530、572—573、576、590、593、604—607、610、613—626、639—640；IV. 413—414、431、466—467、527—528、643、663—664。

资产阶级国家

——概述—— I. 212、328、405、452—454、470、522、677、686—687、760—761、766；II. 709；III. 40、96—98、136—142、163—168、238—241、242、278—279、345、372—375、643、809—813；IV. 189—192、258—260。

——它的各种形式—— I. 448、453、465—466、476—478、503、517、530、536、537、677、687；III. 97、100—101、139—141、163—166、372—377。

——它的阶级性质和寄生性质—— I. 212、402、407、452、470、522、555、707—709、760—761；III. 100、136—138、143、145、164、166、665—666、810；IV. 258。

——三权分立—— I. 437、708、717、726、759。

——和社会—— II. 709；III. 95—98、136—140、163—168、241、298—299、345—346、366—377、809—813。

资产阶级社会

——概述—— I. 116、200、211、274、275、340、401、403、405—406、412、414—416、442、449、541、670、677—678、696—697、776；II. 3、70、76—77、82、95、103—104、147—148、153、167—168、215、229、683、684、704—708、714—715、738—740、783—788、791；III. 6—7、45、61、95、103、124、125、163、165、208、215—217、256、265、274、284、326、342、359、373、393、537、566—567、588—589、626、643—648、655—656、663—664、673、704—705、726、763、778、783—785、806—809、816—817、820、822、831、860、987—988、1002；IV. 13、78、213、242、246、257—260、271、309、310、312—313、362、416—418、426、460—461、467、473—474、518、

马克思恩格斯生平大事年表

1818 年

5 月 5 日

卡尔·马克思出生于德国特里尔市。

1820 年

11 月 28 日

弗里德里希·恩格斯出生于德国巴门市。

1830 年

10 月

马克思进入特里尔中学学习。

1834 年

10 月

恩格斯进入埃尔伯费尔德文科中学学习,此前在巴门市立学校学习。

1835 年

9 月 24 日

马克思毕业于特里尔中学,毕业考试时写了作文《青年在选择职业时的考虑》。

10 月 15 日

马克思进入波恩大学法律系学习。

1836 年

10 月 22 日

马克思转入柏林大学法律系学习。

1837 年

4—8 月

马克思钻研黑格尔哲学,并参加青年黑格尔派的活动。

9 月

恩格斯中学肄业,到他父亲在巴门的公司当办事员。

1838 年

1838 年 7 月中—1841 年 3 月下半月

恩格斯在不来梅一家贸易公司见习。

1839 年

1839 年初—1841 年 3 月

马克思研究古希腊哲学,撰写博士论文《德谟克利特的自然哲学和伊壁鸠鲁的自然哲学的差别》。

约 1 月—3 月初

恩格斯撰写《伍珀河谷来信》。

1841 年

3 月 30 日

马克思毕业于柏林大学。

4 月 6 日

马克思把博士论文寄给耶拿大学哲学系主任。

4 月 15 日

耶拿大学授予马克思哲学博士学位证书。

1841 年 9 月底—1842 年 10 月 8 日

恩格斯作为志愿兵在柏林服役;利用公余时间在柏林大学旁听哲学课程并参加青年黑格尔派的活动;撰写一系列著作对谢林作了尖锐的批判。

1842 年

2 月初—2 月 10 日

马克思撰写《评普鲁士最近的书报检查令》。

约 3 月 26 日—4 月 26 日

马克思撰写《第六届莱茵省议会的辩论(第一篇论文)。关于新闻出版自由和公布省等级会议辩论情况的辩论》。

10 月

马克思撰写《第六届莱茵省议会的辩论(第三篇论文)。关于林木盗窃法的辩论》。

10 月 15 日

马克思担任科隆《莱茵报》编辑。

11 月下半月

恩格斯动身前往英国,到曼彻斯特欧门—恩格斯公司实习经商。赴英途中,恩格斯访问了科隆的《莱茵报》编辑部,在那里和马克思初次见面。

1842 年 12 月—1844 年 8 月

恩格斯考察英国工人阶级的状况,参加各种群众大会和工人集会;研究古典政治经济学和空想社会主义代表人物的著作。

1842 年 12 月底—最迟 1843 年 1 月 26 日

马克思撰写《摩泽尔记者的辩护》。

1843 年

1843 年

恩格斯结识爱尔兰女工玛丽·白恩士,后来同她结为伴侣。

3 月 17 日

马克思由于普鲁士书报检查机关的迫害,退出《莱茵报》编辑部。

约 3 月中—9 月底

马克思撰写《黑格尔法哲学批判》。

约 5—6 月

恩格斯在伦敦和正义者同盟建立联系,结识了同盟领导人卡·沙佩尔、约·莫尔和亨·鲍威尔。

6 月 19 日

马克思和燕妮·冯·威斯特华伦在克罗伊茨纳赫结婚。

7—8 月

马克思在克罗伊茨纳赫研究国家学说和宪政史,研究欧洲各国和美国的历史,特别是法国大革命的历史,并作摘录和笔记。

1843 年 9 月底或 10 月初—1844 年 3 月中

恩格斯为马克思和阿·卢格创办的《德法年鉴》撰稿,写了《国民经济学批判大纲》以及以《英国状况》为题的系列文章。

1843 年 10 月—1845 年 2 月

马克思旅居巴黎,创办《德法年鉴》杂志;撰写《论犹太人问题》和《〈黑格尔法哲学批判〉导言》;同法国的民主主义者和社会主义者、德国和法国工人团体的领导人建立了联系,经常出席德国和法国的工人和手工业者的集会;研究古典政治经济学和空想社会主义代表人物的著作。

1844 年

2 月底

马克思和阿·卢格主编的《德法年鉴》第 1—2 期合刊在巴黎出版。

约 5 月底 6 月初—8 月

马克思撰写《1844 年经济学哲学手稿》。

8 月底—9 月初

恩格斯从英国回德国时,绕道巴黎会见马克思。这次会见为他们终生不渝的伟大合作奠定了基础。马克思和恩格斯着手合著《神圣家族》,该著 1845 年 2 月在美因河畔法兰克福出版。

1844 年 9 月—1845 年 3 月

恩格斯在巴门撰写《英国工人阶级状况》,该著 1845 年 5 月底在莱比锡出版;在莱茵省积极参加民主主义运动的宣传和组织工作。

1845 年

1845 年 2 月—1848 年 3 月初

马克思因遭法国当局驱逐,旅居布鲁塞尔。

春天

马克思撰写《关于费尔巴哈的提纲》。

4 月

恩格斯迁往布鲁塞尔,与马克思共同从事革命活动。

7—8 月

马克思和恩格斯到伦敦和曼彻斯特作为期六周的考察旅行。

1845 年秋—1846 年 5 月

马克思和恩格斯撰写《德意志意识形态》。

1846 年

年初

马克思和恩格斯在布鲁塞尔创立共产主义通讯委员会。

8 月 15 日

恩格斯来到巴黎,向正义者同盟巴黎各支部宣传科学社会主义思想,组织共产主义通讯委员会,并同魏特林主义、蒲鲁东主义和"真正的社会主义"进行斗争。

12 月 28 日

马克思写信给俄国著作家帕·瓦·安年科夫,批判蒲鲁东的《经济矛盾的体系,或贫困的哲学》一书,同时阐明历史唯物主义的重要原理。

1847 年

1 月—6 月 15 日

马克思撰写《哲学的贫困》,该著 1847 年 7 月在巴黎和布鲁塞尔出版。

1 月底

马克思和恩格斯在确信正义者同盟领导人愿意改组同盟并接受科学社会主义理论之后,同意加入同盟。

6 月初

恩格斯出席在伦敦召开的共产主义者同盟第一次代表大会,为同盟起草了纲领草案《共产主义信条草案》。

8 月 5 日

在马克思领导下,共产主义者同盟的支部和区部在布鲁塞尔成立。马克思当选为支部主席和区部委员会委员。

9 月 27 日以前和 10 月 3 日

恩格斯撰写《共产主义者和卡尔·海因岑》。

10 月底—11 月

恩格斯为共产主义者同盟起草纲领草案《共产主义原理》。

11 月 29 日

马克思和恩格斯在伦敦出席民主派兄弟协会为纪念 1830 年波兰起义而举行的国际大会。马克思和恩格斯在大会上发表了关于波兰问题的演说。

11 月 29 日—12 月 8 日

马克思和恩格斯出席共产主义者同盟第二次代表大会。大会委托马克思和恩格斯以宣言的形式为共产主义者同盟起草一个准备公布的理论和实践的纲领。

1847 年 12 月 9 日—1848 年 1 月底

马克思和恩格斯撰写《共产党宣言》。

12 月下半月

马克思在布鲁塞尔德意志工人教育协会作关于雇佣劳动与资本的演说。

1848 年

1 月 9 日

马克思在布鲁塞尔民主协会召开的公众大会上发表关于自由贸易问题的演说。

1 月底

恩格斯被法国当局驱逐,迁居布鲁塞尔。

2 月底

《共产党宣言》在伦敦出版。

2 月 27 日前后

由于法国爆发革命,在伦敦的共产主义者同盟中央委员会把职权移交给马克思领导的布鲁塞尔区部委员会。

3 月初

由于法兰西共和国临时政府的邀请,同时也由于比利时当局的驱逐,马克思于 3 月 5 日到达巴黎。

3 月 11 日

共产主义者同盟新的中央委员会在巴黎成立。马克思当选中央委员会主席,在布鲁塞尔的恩格斯缺席当选中央委员会委员。

3 月下半月—4 月初

鉴于德国爆发三月革命,以马克思为首的共产主义者同盟中央委员会组织了三四百名德国工人(大多数是同盟盟员)分散回国参加革命。

3 月 21 日前后

恩格斯来到巴黎,参加共产主义者同盟中央委员会的工作。

3 月 21—29 日之间

马克思和恩格斯起草了共产主义者同盟在德国革命中的行动纲领《共产党在德国的要求》。

4 月 6 日前后

马克思和恩格斯离开巴黎,回德国参加革命。

4 月 11 日

马克思和恩格斯到达科隆,筹办《新莱茵报》。

6 月 1 日

马克思主编的《新莱茵报》创刊号在科隆出版。

6 月 25 日—7 月 1 日

马克思和恩格斯撰写有关巴黎六月起义的一系列文章。

7 月 6 日

马克思因《新莱茵报》7 月 5 日发表揭露司法当局行径的《逮捕》一文受到法院传讯。此后,普鲁士司法当局经常以各种借口传讯马克思、恩格斯以及《新莱茵报》编辑部的其他人员。

8 月 13—14 日

马克思和恩格斯参加莱茵省第一届民主主义者代表大会。

9 月 11—15 日

马克思撰写题为《危机和反革命》的一组文章。

9 月 13 日

《新莱茵报》编辑部、科隆工人联合会和民主协会在科隆弗兰肯广场召开民众大会。马克思和恩格斯被选入由 30 人组成的安全委员会。

9 月 17 日

恩格斯参加由科隆各民主团体发起的在科隆附近沃林根召开的民众大会。恩格斯被选为大会书记。

9 月 26 日

科隆戒严。警备司令部命令《新莱茵报》和其他一些民主派报纸停止出版。

9 月 26 日以后

恩格斯面临被捕的危险,不得不离开科隆,先后到达比利时、法国和瑞士。

10 月 12 日

经过马克思不懈斗争,《新莱茵报》复刊。

12 月 9—29 日

马克思撰写题为《资产阶级和反革命》的一组文章。

1849 年

1 月中

恩格斯回到科隆,重新全力投入《新莱茵报》的编辑工作。

2 月 7 日

科隆陪审法庭开庭审理《新莱茵报》因发表《逮捕》一文被控侮辱检察官和诽谤宪兵一案,马克思和恩格斯在法庭上当众揭露普鲁士反动当局的诬陷和迫害。陪审法庭宣告马克思、恩格斯无罪。

5 月中

恩格斯参加埃尔伯费尔德的起义。

5 月 16 日

马克思接到当局把他驱逐出普鲁士的命令。

5 月 19 日

《新莱茵报》被迫停刊,用红色油墨印出终刊号第 301 号。

6 月 3 日前后

马克思到达巴黎。

6 月 6 日

普鲁士政府下令通缉恩格斯。

6 月 13 日—7 月 12 日

恩格斯作为奥·维利希的副官参加巴登-普法尔茨起义军的多次战斗。起义失败后,恩格斯于 7 月 12 日随同最后一批起义军越过边界退入瑞士境内。

8 月 24 日

马克思因受到法国当局迫害,离开巴黎前往伦敦。

8 月 26 日前后

马克思来到伦敦,在这里一直居住到逝世。马克思到达伦敦后,着手筹办《新莱茵报。政治经济评论》,并重新组织共产主义者同盟中央委员会。

9 月初

马克思参加伦敦德意志工人教育协会,此后在协会中讲授政治经济学和《共产党宣言》的基本观点。

11 月 10 日前后

恩格斯到达伦敦,立即投入共产主义者同盟中央委员会的工作,与马克思一起改组同盟和筹办《新莱茵报。政治经济评论》,后来又参加德意志工人教育协会的工作。

1849 年底—1850 年 11 月

马克思撰写一组总结法国革命经验的文章《1848 年至 1849 年》。1895 年恩格斯将这些文章编成单行本出版,标题为《1848 年至 1850 年的法兰西阶级斗争》。

1850 年

3—11 月

马克思和恩格斯创办的《新莱茵报。政治经济评论》出版了六期(其中第 5—6 期是合刊)。该杂志发表了马克思的《1848 年至 1849 年》和恩格斯的《德国维护帝国宪法的运动》、《德国农民战争》等著作。

3 月和 6 月

马克思和恩格斯共同起草了两篇《共产主义者同盟中央委员会告同盟书》。

9 月 15 日

马克思和恩格斯在共产主义者同盟中央委员会会议上尖锐地批判了维利希和沙佩尔的宗派冒险主义策略。会议决定把中央委员会迁往科隆,委托科隆区部组建新的中央委员会。

1850 年 9 月—1853 年 8 月

马克思写了 24 本有关政治经济学问题的摘录笔记,即《伦敦笔记》。

11 月中

恩格斯迁居曼彻斯特,重新回到欧门—恩格斯公司工作。

11 月底

恩格斯在曼彻斯特开始系统地研究军事问题。

1851 年

8 月 8 日

马克思写信告诉恩格斯,《纽约每日论坛报》编辑查·德纳约他为该报撰稿。马克思接受了德纳的建议。由于马克思忙于政治经济学的研究工作,恩格斯大力协助马克思为该报撰稿。马克思和恩格斯为该报撰稿持续十年以上。

1851 年 8 月 17 日—1852 年 9 月 23 日

恩格斯撰写《德国的革命和反革命》一组文章,发表时署名马克思。

约 1851 年 12 月中—1852 年 3 月 25 日

马克思撰写《路易·波拿巴的雾月十八日》,这部著作 1852 年 5 月发表在纽约出版的不定期刊物《革命》杂志上。

1852 年

3 月 5 日

马克思在给约·魏德迈的信中阐述他对阶级、阶级斗争和无产阶级专政问题的新结论。

10—11 月

马克思和恩格斯密切关注科隆共产党人案件的审讯进程,想方设法把揭露普鲁士警察当局阴谋的文件和材料寄往科隆,帮助被告辩护人在法庭上证明起诉的虚假性。

10 月底—12 月初

马克思撰写《揭露科隆共产党人案件》。

11 月 17 日

鉴于欧洲反动势力日益猖獗,共产主义者同盟实际上已经无法进行正常活动等情况,马克思在共产主义者同盟伦敦区部会议上提议解散同盟。马克思的提议获得通过。

1853 年

5 月 31 日前后

马克思撰写《中国革命和欧洲革命》。

6 月和 7 月

马克思撰写《不列颠在印度的统治》和《不列颠在印度统治的未来结果》。

9 月 28—29 日

鉴于克里木战争即将爆发,恩格斯为《纽约每日论坛报》撰写分析俄土两军兵力对比的文章。此后直到 1856 年战争结束,恩格斯就克里木战争写了一系列军事评论。

1854 年

8 月 25 日—12 月 8 日

鉴于西班牙爆发资产阶级革命,马克思撰写题为《革命的西班牙》的一组文章。

1854 年 12 月—1855 年 1 月

马克思审阅并整理自己前几年作的政治经济学笔记。

1855 年

6 月 15 日

马克思写信告诉恩格斯,《纽约每日论坛报》的编辑查·德纳建议马克思为纽约的杂志《普特南氏月刊》撰写论述欧洲军队的文章。应马克思的要求,恩格斯担负了撰写这些文章的工作。

6 月 24 日和 7 月 1 日

马克思参加在伦敦海德公园举行的群众示威,反对损害人民群众利益的禁止星期日交易法案。

1856 年

4 月 14 日

马克思应宪章派机关报《人民报》编辑部的邀请,参加该报创刊四周年纪念会,发表关于无产阶级的世界历史使命的演说。

9—11 月

马克思就国际市场危机撰写一系列文章,并深入研究政治经济学问题。

1857 年

3 月

马克思撰写《俄国的对华贸易》和《英人在华的残暴行动》。

5 月 20 日前后

恩格斯撰写《波斯和中国》。

6 月 30 日

马克思撰写关于印度军队起义的文章。此后,马克思和恩格斯写了一系列论述印度 1857—1859 年民族解放起义的文章。

7 月

马克思撰写评论弗·巴师夏和查·凯里的经济学论文。

1857 年 7 月—1860 年 11 月

马克思和恩格斯为《美国新百科全书》撰写条目,许多条目是两人合作的成果。

8 月下旬

马克思为计划中的经济学巨著《政治经济学批判》撰写《导言》。

1857 年 10 月—1858 年 2 月底

马克思详细研究世界经济危机的发展,搜集了大量有关危机进程的材料。

约 1857 年 10 月中—1858 年 5 月底

马克思撰写《政治经济学批判(1857—1858 年手稿)》,这是《资本论》的第一个稿本。

1858 年

7 月 14 日

恩格斯写信告诉马克思自己研究比较生理学、物理学以及其他自然科学的情况。

8 月 31 日—9 月 28 日

马克思撰写《鸦片贸易史》、《英中条约》和《中国和英国的条约》。

10 月 25 日前后

恩格斯撰写《俄国在远东的成功》。

1858 年 11 月—1859 年 1 月

马克思进行《政治经济学批判。第一分册》的最后定稿。

1859 年

2 月底—3 月 9 日

恩格斯撰写《波河与莱茵河》。

6 月 11 日

马克思的著作《政治经济学批判。第一分册》在柏林出版。马克思在该书序言中对唯物史观基本原理作了经典表述。

约 7 月 3 日—8 月 20 日

马克思担任伦敦德意志工人教育协会等团体的机关报《人民报》的实际领导和编辑工作。该报不久因经费困难而停刊。

8 月 3—15 日

恩格斯为马克思的《政治经济学批判。第一分册》撰写书评。

9 月和 11 月

马克思撰写《新的对华战争》和《对华贸易》。

12 月 12 日

恩格斯写信告诉马克思,他正在阅读达尔文的著作《物种起源》,指出达尔文成功地证明了自然界的历史发展,从而驳倒了唯心主义的目的论。

1860 年

1 月 11—26 日

马克思和恩格斯密切关注美国争取消灭奴隶制的运动和俄国争取废除农奴制的运动。

2—11 月

马克思撰写《福格特先生》,该著 12 月 1 日在伦敦出版。

2 月 4—20 日

恩格斯撰写《萨瓦、尼斯与莱茵》。

11 月底—12 月 19 日

马克思研究自然科学,阅读达尔文的《物种起源》。

1861 年

1861 年 6 月—1862 年 11 月

马克思和恩格斯鉴于美国爆发内战,特别注意研究美国内战发生的原因和战争进程。

1861 年 8 月—1863 年 7 月

马克思撰写《政治经济学批判(1861—1863 年手稿)》,这是《资本论》的第二个稿本。

1862 年

12 月 28 日

马克思写信告诉路·库格曼,他打算以《资本论》为标题、《政治经济学批判》为副标题出版他的经济学著作。

1863 年

1 月

马克思结束了关于剩余价值理论的主要篇章的写作。他后来打算把这一部分作为《资本论》的第四部分即理论史部分出版。同时他编写了《资本论》第一和第三部分的写作计划,这两部分成为后来《资本论》第一卷和第三卷的基础。

1 月 6 日

恩格斯夫人玛丽·白恩士逝世。

2 月中—5 月初

马克思和恩格斯充分肯定用革命方法解决波兰问题的意义,决定以伦敦德意志工人教育协会的名义就波兰起义发表呼吁书,并撰写论述波兰人民斗争的小册子。

7 月初

马克思研究数学,特别是微分学和积分学。

1863 年 8 月—1867 年

马克思用更加系统的形式来表述他的经济学著作的理论部分,完成了《资本论》理论部分三册的新稿,并将《资本论》第一册整理付印。

1864 年

6 月 30 日

恩格斯和欧门兄弟签订为期五年的协议,成为曼彻斯特欧门—恩格斯公司的股东。

9 月 28 日

马克思出席在伦敦圣马丁堂举行的国际工人会议。这次会议通过了成立国际工人协会(后通称第一国际)的决议。马克思当选为协会临时委员会委员。

10 月 20—27 日

马克思起草国际工人协会的纲领性文件——成立宣言和临时章程。

11 月 1 日

马克思在国际工人协会临时委员会会议上宣读了他起草的国际工人协会成立宣言和临时章程,这两个文件获得一致通过。临时委员会按章程被确定为协会的领导机构(后改称总委员会,1866 年 9 月 8 日以前通称中央委员会)。马克思作为德国通讯书记参加总委员会。

11 月 4 日

马克思写信给恩格斯,详尽地叙述了成立国际工人协会和起草成立宣言、临时章程的经过。

1865 年

1 月 24 日

马克思撰写《论蒲鲁东(给约·巴·施韦泽的信)》。

1 月 27 日—2 月 11 日

恩格斯撰写《普鲁士军事问题和德国工人政党》。

6 月 20 日和 27 日

马克思在国际工人协会中央委员会会议上作关于工资、价格和利润的报告,用通俗的形式阐述了剩余价值理论的基本观点。

9 月 25—29 日

马克思参加国际工人协会伦敦代表会议。

1866 年

1 月底—2 月中

马克思由于紧张写作《资本论》而患病。恩格斯建议马克思将第一卷先送去付印。马克思按照恩格斯的意见,决定首先发表《资本论》第一卷。

9 月 3—8 日

国际工人协会日内瓦代表大会按照马克思起草的《给临时中央委员会代表的关于若干问题的指示》通过了各项主要决议,批准了以马克思起草的临时章程为基础的国际工人协会的章程和条例。马克思被代表大会选入中央委员会。

1867 年

4 月 2—4 日

马克思写信告诉恩格斯,他已写完《资本论》第一卷。恩格斯回信给马克思,衷心祝贺《资本论》第一卷的完成。

6 月 3—16 日

马克思把《资本论》第一卷前五个印张的清样寄给恩格斯校阅。恩格斯读完《资本论》第一卷第一批校样后,在给马克思的信中谈了自己的意见。

约 6 月 17—27 日

马克思写作《资本论》第一卷第一章的附录《价值形式》。

7 月 25 日

马克思写完《资本论》第一卷的序言。

8 月 16 日

马克思看完《资本论》第一卷最后一个印张的校样。他在深夜两点写信给恩格斯,衷心感谢恩格斯在他写作这部著作期间所给予的无私帮助。

1867 年 8 月下半月—1883 年初

马克思继续在政治经济学和其他许多领域进行广泛研究,写作和修改《资本论》第二卷和第三卷。但因忙于领导国际工人运动、修订出版《资本论》第一卷德文第二版和法文版、研究其他领域的问题以及经常患病等原因,马克思生前未能出版《资本论》第二卷和第三卷。

9 月 6 日

马克思被国际工人协会洛桑代表大会选入总委员会。

9 月中旬

《资本论》第一卷在汉堡出版。

1867 年 10 月—1868 年 6 月

恩格斯为了宣传《资本论》的理论观点,打破资产阶级报刊和学术界对《资本论》第一卷的出版蓄意保持的沉默,发表了一系列书评。

11 月

马克思研究爱尔兰问题,并在同恩格斯的通信中阐述了自己的观点。

1868 年

1—3 月

马克思在给恩格斯和路·库格曼的书信中对欧·杜林写的《资本论》第一卷书评和杜林的其他著作作了评论。马克思指出了《资本论》第一卷在经济理论和研究方法方面不同于以往的资产阶级经济学的三个崭新因素,以及他的阐述方法与黑格尔的不同之处。

1868 年春—1870 年中

马克思撰写《资本论》第二册的第 II 稿。

3 月

马克思和恩格斯研究德国历史学家格·毛勒的著作,并给予很高的评价。

3 月 1—13 日

恩格斯为德国工人报纸《民主周报》撰写《资本论》第一卷书评。

4 月底

马克思研究利润率和剩余价值率之间的关系。他几次写信给恩格斯,介绍自己的研究结论,并谈到《资本论》第二、三册的内容。

9 月 6—13 日

国际工人协会布鲁塞尔代表大会根据马克思提出并由总委员会批准的草案,通过了关于在资本主义制度下使用机器的后果的决议和关于缩短工作日的决议。马克思被代表大会选入总委员会。大会还通过一项决议案,倡议各国工人学习马克思的《资本论》。

1869 年

6 月 23 日

马克思为《路易·波拿巴的雾月十八日》第二版撰写序言。

6 月 30 日

恩格斯结束曼彻斯特欧门—恩格斯公司的工作,从此全力以赴地投身于无产阶级解放事业。

9 月 7 日和 11 日

马克思起草的国际工人协会总委员会的报告和关于继承权的报告先后在国际工人协会巴塞尔代表大会上宣读。马克思再度当选为总委员会委员。

10—12 月

恩格斯着手撰写《爱尔兰史》。

1870 年

2 月 11 日

恩格斯把为《德国农民战争》德文第二版撰写的序言寄给马克思,请他提意见。

7 月 19—23 日

马克思撰写国际工人协会总委员会关于普法战争的第一篇宣言。

1870 年 7 月 27 日前后—1871 年 2 月中

恩格斯撰写了 59 篇关于普法战争的文章。

9 月 6—9 日

马克思撰写国际工人协会总委员会关于普法战争的第二篇宣言。

9 月 20 日

恩格斯和他的第二个夫人莉希·白恩士迁居伦敦,住在马克思家附近。此后,恩格斯在伦敦一直居住到逝世。

10 月 4 日

经马克思提名,恩格斯当选为国际工人协会总委员会委员,并先后担任总委员会比利时、意大利、西班牙、葡萄牙和丹麦的通讯书记。

1871 年

2 月 13 日

恩格斯代表国际工人协会总委员会写信答复西班牙联合会委员会的来

信,他在信中阐明了建立无产阶级政党和开展政治斗争的重要性。

3 月 19 日—5 月

马克思和恩格斯仔细研究 3 月 18 日巴黎爆发革命后的局势和 3 月 28 日宣布成立的巴黎公社的材料,同公社社员建立联系,并在有关内外政策的各种问题上向公社提供建议。马克思和恩格斯动员各国工人声援巴黎公社,致信国际工人协会各支部,呼吁对公社给予支持。

4 月 12 日和 17 日

马克思在给路·库格曼的信中,援引自己在《路易·波拿巴的雾月十八日》一书中作出的无产阶级必须打碎资产阶级的军事官僚国家机器的结论,强调巴黎公社的世界历史意义。

4 月 18 日—6 月初

马克思受国际工人协会总委员会委托,撰写关于法兰西内战的宣言。

5 月 23 日

马克思在国际工人协会总委员会会议上作关于巴黎公社的发言,指出即使公社遭到失败,公社的原则也是永存的,是消灭不了的。

5 月 30 日

马克思在国际工人协会总委员会会议上宣读他起草的宣言《法兰西内战》,并经总委员会一致通过。宣言用英文印成单行本出版,同时还刊登在国际的许多机关刊物上。

6—12 月

马克思和恩格斯组织对巴黎公社流亡者的救济和援助。

6 月中—约 7 月 26 日

恩格斯把马克思的著作《法兰西内战》译成德文。

9 月 17—23 日

马克思和恩格斯领导国际工人协会伦敦代表会议的工作。马克思和恩格斯在会上作了关于工人阶级的政治行动的发言。

9 月 24 日

马克思在伦敦举行的国际工人协会成立七周年庆祝会上发表讲话,论述国际的任务和目的,阐明巴黎公社的性质和无产阶级专政的意义。

9 月底 10 月初—约 11 月 6 日

马克思和恩格斯对国际工人协会的章程和组织条例重新作了修订。

1871 年 12 月—1873 年 1 月

马克思为出版《资本论》第一卷德文第二版做修订工作。

1872 年

1872 年 3 月—1875 年 1 月

马克思校订《资本论》第一卷法文译稿。

3—4 月

马克思应国际工人协会曼彻斯特支部领导人欧·杜邦的请求,就该支部正在争论的土地国有化问题撰写了详细意见。

5—12 月

恩格斯撰写《论住宅问题》。

6 月 24 日

马克思和恩格斯为《共产党宣言》1872 年德文版撰写序言。

1872 年 7 月—1873 年 5 月

《资本论》第一卷德文第二版陆续分册出版。1873 年 5 月底 6 月初,各分册合成一卷出版。马克思为这一版写了跋。

9 月 2—7 日

马克思和恩格斯领导国际工人协会海牙代表大会的工作,挫败了巴枯宁派的分裂阴谋。

1872 年 9 月 17 日—1875 年底

《资本论》第一卷法文版陆续分册出版。1876 年初,各分册合成一卷出版。马克思为这一版写了序言和跋。

10 月

恩格斯撰写《论权威》。

1872 年 12 月—1873 年 1 月

马克思撰写《政治冷淡主义》。

1873 年

约 2 月

恩格斯撰写批判德国庸俗唯物主义的代表人物路·毕希纳的提纲。恩格斯对毕希纳的批判性研究超出了计划的范围,由此转入自然辩证法的研究和写作。

5 月 30 日

恩格斯写信给马克思,介绍《自然辩证法》一书的构思和自然辩证法的要点。他在 1873—1882 年间写了大量论文、札记和片断,后因忙于整理马克思遗稿和领导国际工人运动,这部著作没有最终完成。

约 1873 年 10 月—1874 年 2 月

恩格斯研究德国史相关资料和著作并作详细摘要,撰写《关于德国的札记》。

1874 年

1874 年—1875 年初

马克思对巴枯宁的《国家制度和无政府状态》一书作了摘要,并写了批判性评注。

约 1874 年 5 月中—1875 年 4 月中

恩格斯撰写以《流亡者文献》为题的一组文章。

6 月底

恩格斯在他的《德国农民战争》第三版准备付印时,对 1870 年为该书第二版所写的序言作了补充。

1875 年

3 月 18—28 日

恩格斯写信给德国社会民主工党领导人奥·倍倍尔,批判社会民主工党(爱森纳赫派)同全德工人联合会(拉萨尔派)为准备合并而起草的纲领草案。

约 4 月底—最晚 5 月 7 日

马克思撰写《德国工人党纲领批注》(后来通称《哥达纲领批判》)。

5 月 20 日—8 月上半月之间

马克思为《资本论》第三册撰写一份用数学公式说明剩余价值率和利润率的手稿。

1875 年底或 1876 年上半年

恩格斯撰写《自然辩证法》中第一篇较完整的长篇论文《导言》。

1876 年

5—6 月

恩格斯撰写《自然辩证法》中的《劳动在从猿到人的转变中的作用》。

5 月 24—26 日

马克思和恩格斯鉴于德国小资产阶级社会主义者欧·杜林的思想对德国社会主义工人党的危害日益严重,商讨开展对杜林思想的批判。

1876 年 9 月—1878 年 6 月

恩格斯撰写《欧根·杜林先生在科学中实行的变革》(即《反杜林论》)。

1876 年秋—1881 年春

马克思撰写《资本论》第二册的第 V、VI、VII、VIII 稿。

1877 年

3 月 5 日

马克思把他为《反杜林论》第二编第十章写的手稿《评杜林〈国民经济学批判史〉》寄给恩格斯。

6 月中

恩格斯根据威·白拉克的请求为《人民历书》撰写马克思传略。

10—11 月

马克思写信给《祖国纪事》杂志编辑部,答复俄国政论家和文学评论家尼·康·米海洛夫斯基的《卡尔·马克思在尤·茹柯夫斯基先生的法庭上》一文。

1878 年

1878—1882 年

马克思钻研代数学,写了大量札记,还写了微分学简史。

约 1—4 月之间

恩格斯撰写《自然辩证法》中的《神灵世界中的自然研究》。

1878 年中—1882 年 8 月之间

恩格斯研究德国史,收集资料并撰写《论德意志人的古代历史》和《法兰克时代》。

8 月下半月—9 月

恩格斯写完《反杜林论》以后,打算着手系统地整理《自然辩证法》的材料,为此他拟订了这一著作的总计划草案。

9 月 12 日

恩格斯的夫人莉希·白恩士在伦敦逝世。

1879 年

1879 年下半年—1881 年初

马克思写关于阿·瓦格纳《政治经济学教科书》的批评意见。

不早于 9 月

恩格斯撰写《自然辩证法》中的《辩证法》。

9 月 16—18 日之间

马克思和恩格斯起草给奥·倍倍尔、威·李卜克内西、威·白拉克等人的通告信,批评在反社会党人法实施以后德国社会主义工人党内出现的机会主义倾向。

1879 年秋—1880 年夏

马克思阅读马·马·柯瓦列夫斯基的著作《公社土地占有制,其解体的原因、进程和结果》,并作了详细笔记。

1880 年

1 月—3 月上半月

恩格斯应保·拉法格的请求,把《反杜林论》的部分章节改编为一篇独立的通俗著作,由拉法格译成法文,题为《空想社会主义和科学社会主义》。同年出版了这一著作的法文单行本,马克思为单行本写了前言。1883 年出版德文单行本时书名改为《社会主义从空想到科学的发展》,附有恩格斯写的序言。

2 月中—7 月底

恩格斯撰写《自然辩证法》。他拟定了一个涉及《自然辩证法》局部内容的计划草案,随后撰写了《运动的基本形式》、《运动的量度——功》、《潮汐摩擦。康德和汤姆生—泰特》。

5 月 10 日前后

马克思和恩格斯应保·拉法格和茹·盖得的请求,帮助制定法国工人党纲领。马克思口授了法国工人党纲领导言,即纲领的理论部分。

约 1880 年夏—1881 年夏

马克思研究路·亨·摩尔根《古代社会》等著作,作了评注性摘录。

1881 年

2 月 18 日前后—3 月 8 日

马克思收到维·伊·查苏利奇的信,她在信中请求马克思谈谈对俄国社会经济发展前景,特别是对俄国农村公社的命运的看法。3 月 8 日,马克思给查苏利奇写了复信,此前写了四个复信草稿。

8 月 17—18 日

恩格斯研究马克思的数学手稿,并在信中对马克思的观点给予高度评价。

12 月 2 日

马克思的夫人燕妮·马克思在伦敦逝世。恩格斯于 12 月 5 日在燕妮的葬礼上发表讲话。

约 1881 年底—1882 年底

马克思研究世界通史,作了编年摘录(通称《历史学笔记》)。

1882 年

约 1882 年初—8 月 11 日

恩格斯撰写《自然辩证法》中的《热》、《电》。

1 月 21 日

马克思和恩格斯为格·瓦·普列汉诺夫翻译的《共产党宣言》俄译本撰写序言。

2 月 9 日—10 月初

马克思由于健康状况恶化前往阿尔及尔、法国、瑞士等地疗养。

4 月下半月

恩格斯撰写《布鲁诺·鲍威尔和原始基督教》。

1882 年秋—1883 年 1 月初

马克思为出版《资本论》第一卷德文第三版做修订工作。

1883 年

3 月 14 日

卡尔·马克思在伦敦逝世。

3 月 17 日

马克思的葬仪在伦敦海格特公墓举行。恩格斯发表墓前讲话。

3 月下半月

恩格斯着手整理马克思的遗稿。

6 月 28 日

恩格斯为《共产党宣言》1883 年德文版撰写序言。

1883 年 12 月—1884 年 10 月

恩格斯审定马克思的著作《哲学的贫困》的德译本,为这个版本作注和撰写序言。序言 1885 年以《马克思和洛贝尔图斯》为题发表。

1884 年

2 月初

恩格斯完成了马克思的《资本论》第一卷的修订工作后,出版了该书德文第三版。

2 月中—3 月初

恩格斯撰写《马克思和〈新莱茵报〉(1848—1849 年)》。

4 月初—5 月 26 日

恩格斯撰写《家庭、私有制和国家的起源》。

1884 年 6 月—1885 年 2 月

恩格斯正式进行《资本论》第二卷的编辑工作。

年底

恩格斯为修订《德国农民战争》撰写一篇手稿。手稿在恩格斯逝世后以《论封建制度的瓦解和民族国家的产生》为题发表。

1885 年

2 月中以前

恩格斯为马克思的著作《路易·波拿巴的雾月十八日》第三版写序言。

2 月底

恩格斯开始编辑《资本论》第三卷。这一工作持续了近十年时间。

7 月

恩格斯编辑的马克思《资本论》第二卷在汉堡出版。

9 月 23 日

恩格斯写完《反杜林论》德文第二版的序言。

10 月 8 日

恩格斯写完《关于共产主义者同盟的历史》,作为马克思的著作《揭露科隆共产党人案件》德文第三版的引言。

1886 年

1 月—2 月初

恩格斯撰写《路德维希·费尔巴哈和德国古典哲学的终结》,4—5 月发表在《新时代》。

2 月 25 日—8 月 5 日

恩格斯审定《资本论》第一卷英译稿。

3 月 15 日

恩格斯写信给法国社会主义者,在纪念巴黎公社十五周年之际表示与他们团结一致。

1887 年

1 月初

经恩格斯审定并附有恩格斯所写《序言》的《资本论》第一卷英文版出版。

1 月 10 日

恩格斯写完自己的著作《论住宅问题》第二版序言。

1 月 26 日

恩格斯写完《英国工人阶级状况》一书美国版的序言。这篇序言后经恩格斯译成德文以《美国工人运动》为题发表。

1887 年 3 月—1888 年 1 月

恩格斯审定《共产党宣言》的英译本,为这个版本作注和撰写序言。

1887 年 12 月下半月—1888 年 4 月

恩格斯撰写《暴力在历史中的作用》。

1888 年

2 月 21 日

恩格斯为《路德维希·费尔巴哈和德国古典哲学的终结》一书的单行本撰写序言。

4 月—5 月 9 日

恩格斯审定马克思《关于自由贸易问题的演说》的英译文,并撰写序言。序言经恩格斯译成德文以《保护关税制度和自由贸易》为题发表。

8 月 8 日—9 月 29 日

恩格斯到美国和加拿大旅行。

1889 年

1—7 月

恩格斯积极参加定于 7 月 14 日在巴黎召开的国际社会主义工人代表大会的筹备工作。这次代表大会标志着第二国际的成立。

约 10 月—11 月中

恩格斯准备出版《资本论》第一卷德文第四版,重新核对引文,作了勘误和订正,增加和补充了一些注释。

1889 年 12 月—1890 年 2 月

恩格斯鉴于法德之间矛盾激化,法俄之间出现相互接近的迹象,以及爆发全欧战争的危险日益增长,研究欧洲局势,撰写《俄国沙皇政府的对外政策》。

1890 年

2 月 21 日—4 月 12 日

恩格斯在文章和书信中高度评价社会民主党在德意志帝国国会选举中获得胜利的意义。

4 月—5 月初

恩格斯密切关注根据 1889 年国际社会主义工人代表大会决议在伦敦举行五一节示威游行和群众大会的准备工作。5 月 4 日,恩格斯参加了在伦敦举行的五一节示威游行和群众大会。

5 月 1 日

恩格斯为《共产党宣言》1890 年德文版撰写序言。

9 月 7 日

恩格斯撰写《给〈萨克森工人报〉编辑部的答复》。

9 月 7 日以后—9 月中

恩格斯撰写《给〈社会民主党人报〉读者的告别信》。

10 月底 11 月初

经恩格斯审定并附有恩格斯所写序言的《资本论》第一卷德文第四版出版。

11 月 28 日

恩格斯 70 岁生日。各国社会主义政党和工人组织及其活动家向恩格斯表示祝贺。

1890 年 12 月—1891 年 1 月 6 日

恩格斯整理发表马克思于 1875 年写的《哥达纲领批判》的手稿,并撰写序言。这一著作连同恩格斯的序言 1891 年 1 月底发表在《新时代》。

1891 年

3 月 14 日

恩格斯写完为纪念巴黎公社二十周年而准备出版的马克思的著作《法兰西内战》德文第三版的导言。

4 月 30 日

恩格斯写完马克思《雇佣劳动与资本》新版单行本的导言。

5 月 12 日

恩格斯为《社会主义从空想到科学的发展》德文第四版撰写序言。

6 月 16 日

恩格斯写完《家庭、私有制和国家的起源》第四版序言,序言以《关于原始家庭的历史(巴霍芬、麦克伦南、摩尔根)》为题发表。

6 月 19—27 日之间

恩格斯撰写《1891 年社会民主党纲领草案批判》。

1892 年

2 月 10 日

恩格斯为《共产党宣言》波兰文版撰写序言。

4 月 20 日

恩格斯写完《社会主义从空想到科学的发展》英文版导言。导言经恩格斯译成德文后以《论历史唯物主义》为题发表。

7 月 21 日

恩格斯写完《英国工人阶级状况》德文第二版序言。

11 月 10—23 日之间

恩格斯为《政治科学手册》撰写马克思传略。

1892 年 11 月—1893 年 7 月

恩格斯准备出版《资本论》第二卷德文第二版。

1893 年

约 1 月底—4 月

恩格斯写信给奥地利、德国、捷克、西班牙和法国工人庆祝五一节,指出庆祝这一节日对无产阶级国际团结的意义。

1 月 31 日—2 月 1 日

恩格斯撰写《共产党宣言》意大利文版序言。

2 月 13—23 日之间

恩格斯撰写题为《欧洲能否裁军?》的一组文章。

3 月 31 日

根据恩格斯的倡议,德国、法国和英国的社会主义者议员奥·倍倍尔、保·拉法格和约·白恩士在恩格斯家里会晤。恩格斯认为这次会晤本身证明国际工人运动取得了巨大成就。

8 月 1 日—9 月 29 日

恩格斯到德国、瑞士和奥匈帝国旅行。参加在苏黎世举行的国际社会主义工人代表大会的最后一次会议并发表演说;出席社会民主党人在维也纳和柏林举行的欢迎会和庆祝会并发表演说。

11 月

经恩格斯审定并附有恩格斯所写序言的《资本论》第二卷德文第二版出版。

12 月 19 日

恩格斯写信祝贺在日内瓦举行的国际社会主义者大学生代表大会。

1894 年

1 月 3 日

恩格斯为《〈人民国家报〉国际问题论文集(1871—1875)》撰写序言。恩格斯专门为这本论文集中《论俄国的社会问题》一文写了跋。

1 月 25—26 日

恩格斯撰写《未来的意大利革命和社会党》。

5 月 23 日

恩格斯为《反杜林论》德文第三版撰写序言。

6 月 19 日—7 月 16 日之间

恩格斯撰写《论原始基督教的历史》。

10 月 4 日

恩格斯写完《资本论》第三卷序言;表达了继续整理《资本论》第四卷即《剩余价值理论》的愿望。

11 月 12—29 日之间

恩格斯撰写《法德农民问题》。

12 月初

恩格斯编辑的《资本论》第三卷在汉堡出版。

1895 年

上半年

恩格斯就出版马克思和他自己的著作的全集和文集同路·库格曼、理·费舍、弗·梅林等人通信。

2 月 14 日—3 月 6 日之间

恩格斯为马克思的著作《1848 年至 1850 年的法兰西阶级斗争》单行本撰写导言。

4 月初—6 月初

恩格斯写《资本论》第三册增补。

5 月

恩格斯开始出现食道癌的症状。

8 月 5 日

弗里德里希·恩格斯在伦敦逝世。

8 月 10 日

恩格斯的追悼会在伦敦滑铁卢火车站大厅举行。

9 月 27 日

恩格斯的骨灰罐投葬在伊斯特本海滨的岩崖附近的海中。

责任编辑：邓仁娥
装帧设计：曹　春
版式设计：程凤琴
责任校对：吴海平　张　彦
责任印制：贲　菲　周文雁

图书在版编目（CIP）数据

马克思恩格斯选集　第四卷／中共中央马克思恩格斯列宁斯大林著作编译局编译.
－北京：人民出版社，2012.9（2021.1 重印）
ISBN 978－7－01－010762－2
Ⅰ.马…　Ⅱ.中…　Ⅲ.马恩著作-选集　Ⅳ.A11
中国版本图书馆 CIP 数据核字（2012）第 051530 号

书　　名　马克思恩格斯选集
　　　　　MAKESI ENGESI XUANJI
　　　　　第四卷
编 译 者　中共中央马克思恩格斯列宁斯大林著作编译局
出版发行　人民出版社
　　　　　（北京市东城区隆福寺街 99 号　邮编　100706）
邮购电话　（010）65250042　65289539
经　　销　新华书店
印　　刷　北京新华印刷有限公司
版　　次　2012 年 9 月第 3 版　2021 年 1 月北京第 13 次印刷
开　　本　880 毫米×1230 毫米 1/32
印　　张　33.75
字　　数　939 千字
印　　数　100,001－120,000 册
书　　号　ISBN 978－7－01－010762－2
定　　价　82.00 元

ISBN 978-7-01-010762-2